Le guide du

routard

Moscou, Saint-Pétersbourg

Directeur de collection et auteur
Philippe GLOAGUEN

Cofondateurs
Philippe GLOAGUEN
et Michel DUVAL

Rédacteur en chef
Pierre JOSSE

Rédacteurs en chef adjoints
Amanda KERAVEL
et Benoît LUCCHINI

Directrice de la coordination
Florence CHARMETANT

Directrice administrative
Bénédicte GLOAGUEN

Direction éditoriale
Catherine JULHE

Olivier PAGE
Véronique de CHARDON
Isabelle AL SUBAIHI
Anne-Caroline DUMAS
Carole BORDES
André PONCELET
Marie BURIN des ROZIERS
Thierry BROUARD
Géraldine LEMAUF-BEAUVOIS
Anne POINSOT
Mathilde de BOISGROLLIER
Alain PALLIER
Gavin's CLEMENTE-RUÏZ
Fiona DEBRABANDER

2012/2013

hachette

Remarque importante aux hôteliers et restaurateurs

Les enquêteurs du *Guide du routard* travaillent dans le plus strict anonymat. Aucune réduction, aucun avantage quelconque, aucune rétribution n'est jamais demandé en contrepartie. Face aux aigrefins, la loi autorise les hôteliers et restaurateurs à porter plainte.

Hors-d'œuvre

Le *Guide du routard,* ce n'est pas comme le bon vin, il vieillit mal. On ne veut pas pousser à la consommation, mais évitez de partir avec une édition ancienne. Les modifications sont souvent importantes.

routard.com

✓ Rejoignez la plus grande communauté francophone de voyageurs : plus de **2 millions** de visiteurs !

✓ Échangez avec les routarnautes : forums, photos, avis d'hôtels.

✓ Retrouvez aussi toutes les informations actualisées pour choisir et préparer vos voyages : plus de 200 fiches pays, une centaine de dossiers pratiques et un magazine en ligne pour découvrir tous les secrets de votre destination.

✓ Enfin, comparez les offres pour organiser et réserver votre voyage au meilleur prix.

✓ ***routard.com,*** le voyage à portée de clics !

Avis aux lecteurs

Les réductions accordées à nos lecteurs ne sont jamais demandées par nos rédacteurs afin de préserver leur indépendance. Les hôteliers et restaurateurs sont sollicités par une société de mailing, totalement indépendante de la rédaction, qui reste donc libre de ses choix. De même pour les autocollants et plaques émaillées.

Mille excuses, on ne peut plus répondre individuellement aux centaines de CV reçus chaque année.

I.S.B.N. 978-2-01-245332-6

TABLE DES MATIÈRES

COMMENT Y ALLER ?

RUSSIE UTILE

HOMMES, CULTURE, ENVIRONNEMENT

MOSCOU

À VOIR DANS LES ENVIRONS 265

QUITTER MOSCOU 268

SAINT-PÉTERSBOURG

INFORMATIONS PRATIQUES ET CULTURELLES 286

OÙ DORMIR ? 294

OÙ MANGER ? 302

À FAIRE 387

À VOIR DANS LES ENVIRONS 393

NOUVEAU ET IMPORTANT : DERNIÈRE MINUTE

Sauf exception, les *Guides du routard* bénéficient d'une parution annuelle à date fixe. Entre ces deux dates, des événements fortuits (formalités, taux de change, catastrophes naturelles, conditions d'accès aux sites, fermetures inopinées, etc.) peuvent modifier vos projets en voyage. Pour éviter les déconvenues, nous vous recommandons de consulter la rubrique « Guide » par pays de notre site • *routard.com* • et plus particulièrement les dernières *Actus voyageurs.*

Remerciements

– Benoît Lardy et toute la charmante équipe de Tsar Voyages à Moscou et Saint-Pétersbourg.

– Nadia Simonova, amoureuse de sa ville et guide à Saint-Pétersbourg.

– Anastassia Sannikova, amatrice de bières à Moscou.

Nous tenons à remercier tout particulièrement Loup-Maëlle Besançon, Thierry Bessou, Gérard Bouchu, François Chauvin, Grégory Dalex, Stéphanie Déro, Solenne Deschamps, Fabrice Doumergue, Cédric Fischer, Carole Fouque, Michelle Georget, Claude Hervé-Bazin, Emmanuel Juste, Dimitri Lefèvre, Sacha Lenormand, Fabrice de Lestang, Romain Meynier, Éric Milet, Pierre Mitrano, Jean-Sébastien Petitdemange, Thomas Rivallain, Dominique Roland et Solange Vivier pour leur collaboration régulière.

Et pour cette nouvelle collection, nous remercions aussi :

Maureen Abel
David Alon
Sarah Amoyel
Pauline Augé
Emmanuelle Bauquis
Solene de Bellefon
Gwladys Bonnassie
Jean-Jacques Bordier-Chêne
Michèle Boucher
Alain Chaplais
Stéphanie Condis
Élodie Coué
Agnès Debiage
Jérôme Denoix
Tovi et Ahmet Diler
Clélie Dudon
Sophie Duval
Clara Favini
Alain Fisch
David Giason
Adrien et Clément Gloaguen
Stéphane Gourmelen
Xavier Haudiquet
Bernard Hilaire
Sébastien Jauffret
François et Sylvie Jouffa
Laetitia Le Couédic
Solenne Leclerc
Jacques Lemoine
Valérie Loth
Jacques Muller
Caroline Ollion
Nicolas Pallier
Martine Partrat
Odile Paugam et Didier Jehanno
Delis Pusiol
Amélie Robin
Prakit Saiporn
Jean-Luc et Antigone Schilling
Laura Vanzo

Direction : Nathalie Pujo
Contrôle de gestion : Héloïse Morel d'Arleux et Virginie Laurent-Arnaud
Secrétariat : Catherine Maîtrepierre
Direction éditoriale : Catherine Julhe
Édition : Matthieu Devaux, Géraldine Péron, Olga Krokhina, Gia-Quy Tran, Julie Dupré, Juliette Genest, Christine de Geyer, Barbara Janssens, Anaïs Petit et Clémence Toublanc
Préparation-lecture : Marie Sanson
Cartographie : Frédéric Clémençon et Aurélie Huot
Fabrication : Nathalie Lautout et Audrey Detournay
Relations presse France : COM'PROD, Fred Papet. ☎ 01-70-69-04-69.
• *info@comprod.fr* •
Direction marketing : Muriel Widmaier, Lydie Firmin et Claire Bourdillon
Contacts partenariats : André Magniez (EMD). • *andremagniez@gmail.com* •
Édition des partenariats : Élise Ernest
Informatique éditoriale : Lionel Barth
Couverture : Clément Gloaguen et Seenk
Maquette intérieure : le-bureau-des-affaires-graphiques.com, Thibault Reumaux et npeg.fr
Relations presse : Martine Levens (Belgique) et Maureen Browne (Suisse)
Régie publicitaire : Florence Brunel-Jars

??? LES QUESTIONS QU'ON SE POSE LE PLUS SOUVENT

Quelles sont les formalités préalables à remplir ?
Le passeport et le visa sont obligatoires, avec des formalités un peu compliquées. Il vaut mieux passer par une agence. Aucun vaccin n'est requis pour entrer dans le pays. L'examen VIH est obligatoire pour les longs séjours.

Quel est le décalage horaire ?
Moscou et Saint-Pétersbourg sont en avance de 2h sur Paris en été, et de 3h tout au long de l'hiver. Moscou est à 3h30 de vol de Paris.

Quelle est la meilleure période pour y aller ?
De mai à septembre, mais gare à la chaleur l'été et aux brusques changements de température au printemps, surtout à Saint-Pétersbourg. Août est superbe. Mai et septembre sont assez doux et moins touristiques. C'est en février qu'il y a le plus de neige.

La vie est-elle chère ?
Pour le logement, oui. Moscou est l'une des villes les plus chères du monde. Les hôtels ne sont pas formidables mais en progrès, surtout du côté des auberges de jeunesse. Côté repas, on se régale à prix très raisonnables. Transports et boissons sont très bon marché. Les musées restent onéreux pour les étrangers (mais ½ tarif pour les étudiants).

Peut-on partir avec les enfants ?
Pas de problème de sécurité. Mais Moscou et Saint-Pétersbourg sont des villes énormes, et la première est assez polluée. Et puis les enfants peuvent rapidement être saturés de musées et d'églises.

Quelle langue utiliser ?
Comprendre un peu le russe est très conseillé. Apprendre à déchiffrer le cyrillique est presque indispensable. L'anglais est (un peu) utilisé dans les lieux touristiques et commence à être appris par les jeunes. Trouver un interlocuteur en français tiendra de l'heureux hasard.

Avec quelle monnaie peut-on payer ?
En roubles, pardi ! Le dollar reste la deuxième monnaie pour les règlements en liquide, mais aucun problème pour changer les euros dans les banques et les bureaux de change.

Quelle ville choisir si l'on ne peut pas faire les deux ?
Si vous préférez l'histoire de la Grande Russie, Moscou semble plus indiquée. Les esthètes romantiques pencheront plutôt pour Saint-Pétersbourg. Culturellement, les deux villes se valent, mais dans des styles très différents.

Est-il possible de se loger sans réserver ?
Pour les grandes villes, il est toujours sage de prévoir ses arrières, et les réservations d'hébergement sont quasiment obligatoires pour obtenir le visa.

Trouve-t-on facilement du caviar ?
Du mauvais et du faux, très facilement. Si vous cherchez la qualité, allez dans les bonnes galeries marchandes ou les épiceries fines. En Russie, comme partout, le bon est onéreux, mais il reste trois à cinq fois moins cher qu'en France !

LES COUPS DE CŒUR DU ROUTARD

À MOSCOU

Arpenter la mythique place Rouge le soir, quand elle est presque déserte, frôler le tombeau de Lénine tout en admirant les bulbes-berlingots de la cathédrale Basile-le-Bienheureux.

Se laisser emporter par la musique d'un orchestre improvisé dans le métro.

Visiter les recoins de Moscou pour y découvrir, dans les petites rues, des télescopages d'architecture de tous les styles et de toutes les époques.

Prendre un somptueux chocolat au *Café Pouchkine,* dans une ambiance raffinée.

S'offrir une soirée au Bolchoï, ou dans l'un des innombrables théâtres et opéras de la ville.

Plonger dans les profondeurs du métro, dont certaines stations, comme *Kievskaïa* et *Plochad Revolioutsi,* sont de véritables témoignages du passé.

S'étonner du kitsch et de la hauteur invraisemblable de la très controversée **statue de Pierre le Grand** (94 m) bizarrement habillée... en Christophe Colomb.

Méditer au monastère de Novodiévitchi et dans son prestigieux cimetière, où se trouvent les plus grandes personnalités du pays et les tombes les plus originales.

Se lancer dans un vrai trek culturel, en visitant les très nombreuses maisons-musées des écrivains et artistes ayant vécu à Moscou.

Visiter les rayons du *Goum,* devenu le lieu favori des nouveaux riches russes.

Parcourir les salles des galeries *Tretiakov* et du musée *Pouchkine,* une des plus belles collections du monde.

Vivre pleinement l'intensité des nuits branchées moscovites, où les discothèques rivalisent de clinquant et de glamour.

À SAINT-PÉTERSBOURG

Parcourir sur toute sa longueur, de la Neva à la laure Alexandre-Nevski, la fameuse Nevski prospekt, l'artère vibrante de la ville.

Participer à l'effervescence des nuits blanches en assistant, entre autres, à l'ouverture des ponts sur la Neva.

Se laisser surprendre par les collections de peintures uniques de l'Ermitage et du Musée russe.

Embarquer pour une minicroisière sur les canaux de Saint-Pétersbourg, à la découverte de son richissime patrimoine architectural.

Se payer un ticket au prestigieux théâtre *Mariinski* pour assister à une représentation de ballet ou d'opéra.

Déambuler au milieu des salles d'apparat, des appartements privés, et admirer les célèbres fontaines et les merveilleux jets d'eau du **château de Peterhof,** la résidence d'été de Pierre le Grand.

Admirer l'incroyable chambre d'ambre du **palais de la Grande-Catherine** à Tsarskoïe Selo.

Monter à bord du légendaire croiseur amarré aux berges de la Neva, qui déclencha en 1917 la révolution d'Octobre.

Marcher sur les traces des plus grands écrivains russes, tels Pouchkine, Dostoïevski et Nabokov, en découvrant l'univers intime des lieux où ils ont vécu.

Assister à la messe du soir à Saint-Nicolas-des-Marins, au milieu de la ferveur orthodoxe.

COMMENT Y ALLER ?

EN AVION

Les compagnies régulières

▲ **AIR FRANCE**

Rens et résas au ☎ 36-54 (0,34 €/mn ; tlj 6h30-22h), sur • airfrance.fr •, dans les agences Air France (fermées dim) et dans ttes les agences de voyages.

➢ Air France dessert Moscou avec 10 vols/j. directs, dont 5 en collaboration avec la compagnie *Aeroflot,* et assure 3 vols/j. pour Saint-Pétersbourg au départ de Paris-CDG 2, terminal E.

Air France propose à tous des tarifs attractifs toute l'année. Vous avez la possibilité de consulter les meilleurs tarifs du moment sur Internet dans l'onglet « Achats & enregistrement en ligne », rubrique « Meilleures offres ».

Le programme de fidélisation Air France KLM permet de cumuler des *miles* à son rythme et de profiter d'un large choix de primes. Avec votre carte *Flying Blue,* vous êtes immédiatement identifié comme client privilégié lorsque vous voyagez avec tous les partenaires.

Air France propose également des réductions jeunes avec la carte *Flying Blue Jeune,* réservée aux jeunes âgés de 2 à 24 ans résidant en France métropolitaine, dans les départements d'outre-mer, au Maroc ou en Tunisie. Avec 800 destinations, et plus de 100 partenaires, *Flying Blue Jeune* offre autant d'occasions de cumuler des *miles* partout dans le monde.

▲ **AEROFLOT**

• aeroflot.ru •

– Paris : 127, av. des Champs-Élysées, 75008. ☎ 01-42-25-43-81. Ⓜ George-V. Lun-ven 9h-18h.

– Nice : aéroport Nice-Côte d'Azur, terminal 2. ☎ 04-93-21-44-82.

➢ La compagnie russe dessert seulement Moscou, à raison de 10 vols/j. (dont 5 en collaboration avec *Air France*) au départ de Paris-CDG, terminal 2E *(☎ 01-42-56-19-30).* Au départ de Nice, 2-3 vols/j. en été et 1 vol/j. en hiver. Liaisons également depuis Lyon avec Air France), Bruxelles, Zurich et Genève.

▲ **LUFTHANSA**

• lufthansa.fr •

– En France (CDG 1) : ☎ 0892-231-690 (0,34 €/mn ; tlj 8h-17h), ou auprès de votre agence de voyages.

➢ Depuis Paris-CDG 1, Lufthansa dessert 9 destinations en Russie, dont Moscou (Domodedovo) avec 9 vols/j. et Saint-Pétersbourg avec 3 vols/j. Liaisons via Francfort, Munich ou Düsseldorf selon vols. Départs également de Bordeaux, Lyon, Marseille, Mulhouse, Nice, Strasbourg et Toulouse.

▲ **ROSSIYA AIRLINES**

• rossiya-airlines.com/fr •

– Paris : à CDG 2C, terminal 2. ☎ 01-48-62-59-97. Tlj 9h-17h.

– Nice : aéroport Nice-Côte d'Azur, terminal 1. ☎ 04-89-98-51-25. Lun-jeu et dim 9h-17h.

➢ Cette compagnie russe dessert Saint-Pétersbourg quotidiennement depuis Paris-CDG, 1 fois/sem depuis Nice. Rossiya assure aussi des liaisons tte l'année vers Saint-Pétersbourg au départ de Genève et Zurich, à des fréquences diverses mais plus importantes (jusqu'à 4 fois/j.) en déc-janv et en été. Correspondance assurée pour Moscou.

▲ **BRUSSELS AIRLINES**

Pour tt rens : ☎ 0892-640-030 (0,34 €/mn) depuis la France et 0902-51-600 (0,75 €/mn) depuis la Belgique. • brusselsairlines.com •

➢ La compagnie assure 7 vols/sem entre Brussels Airport (accessible en Thalys en 1h47 depuis la gare du Nord) et Moscou (Domodedovo). 2de fréquence quotidienne en été (tlj sf dim). Correspondances à Bruxelles depuis Paris, Lyon, Marseille, Nice, Strasbourg et Toulouse.

Les compagnies *low-cost*

Ce sont des compagnies dites « à bas prix ». De nombreuses villes de province sont desservies, ainsi que les aéroports limitrophes des grandes villes. Ne pas trop espérer trouver facilement des billets à prix plancher lors des périodes les plus fréquentées (vacances scolaires, week-ends...). À bord, c'est le service minimum. Afin de réduire les files d'attente dans les aéroports, certaines font même payer l'enregistrement aux comptoirs d'aéroport. Pour éviter cette nouvelle taxe qui ne dit pas son nom, les voyageurs ont intérêt à s'enregistrer directement sur Internet, où le service est gratuit. La réservation se fait parfois par téléphone (pas d'agence, juste un numéro de réservation et un billet à imprimer soi-même) et souvent par Internet, et aucune garantie de remboursement n'existe en cas de difficultés financières de la compagnie. En outre, les pénalités en cas de changement d'horaires sont assez importantes, et les taxes d'aéroport rarement incluses. Il faut aussi rappeler que plusieurs compagnies facturent maintenant les bagages en soute ou limitent leur poids. En cabine également le nombre de bagages est strictement limité. À bord, tous les services sont payants (boissons, journaux...). Ne pas oublier non plus d'ajouter le prix du bus pour se rendre à ces aéroports, souvent assez éloignés du centre-ville. Au final, même si les prix de base restent très attractifs, il convient de prendre en compte tous ces frais annexes pour calculer le plus justement son budget.

– Un moyen économique de rejoindre Saint-Pétersbourg est de prendre un vol *low-cost* jusqu'à Helsinki, en Finlande, et de poursuivre en train ou en bus.

▲ **AIR BERLIN**

• airberlin.com •

– En France : ☎ 0826-96-73-78 (0,15 €/mn).

– En Belgique : ☎ 070-654-737 (0,15 €/mn).

– En Suisse : ☎ 0848-737-800 (0,08 Fs/mn).

➢ Cette compagnie assure des liaisons directes avec Moscou Domodedovo depuis Paris-CDG et 6 liaisons/sem vers Saint-Pétersbourg au départ de Paris-Orly. Vols également au départ de Nice, Bâle-Mulhouse et Zurich vers les 2 villes.

▲ **GERMANWINGS**

Rens : ☎ 0702-74-900 (0,15 €/mn) depuis la Belgique et ☎ 0900-000-407 (0,64 Fs/mn) depuis la Suisse. • germanwings.com •

➢ Liaisons entre Maastricht – Aix-la-Chapelle (pour ceux qui habitent l'est de la Belgique) et Zurich et l'aéroport de Moscou-Vnoukovo.

EN TRAIN

Pour Moscou et Saint-Pétersbourg

La ville de Moscou dispose de neuf gares ferroviaires, autant de terminus qui rivalisent par leur folklore architectural. Les voyageurs en provenance d'Europe occidentale arrivent à Moscou à la gare de Biélorussie *(Moskva Bielorusskaya)*, située au nord du centre de la ville. Le trajet passant par l'Allemagne (changement à Berlin), la Pologne et la Biélorussie. Il faut donc prévoir un **visa de transit** pour ce pays. À moins de bénéficier de réductions substantielles, le trajet en train est plus cher qu'en avion ; supporter les vérifications – limite arnaque – des contrôleurs biélorusses et emporter de quoi se nourrir n'est donc ni vraiment intéressant ni agréable. On vous le déconseille, mais si vous êtes allergique à l'avion, comme on ne vous cache rien, on vous conseille de vous adresser aux chemins de fer allemands de la *Deutsches Bundesbahn* qui fournissent les

meilleures infos sur des horaires et des tarifications très fluctuantes.

– *Contact* ***DBFrance*** *: 20, rue Laffitte, 75009 Paris. ☎ 01-44-58-95-40. • db france.fr •*

Les voyageurs occidentaux pour Saint-Pétersbourg arrivent à la gare de Vitiebsk *(Sankt Petersburg Vitebsky)*, au sud du centre-ville.

TRAJET FRANCE-ALLEMAGNE

Les trajets France-Allemagne sont commercialisés par la SNCF.

– Rens : ☎ 36-35 (0,34 €/mn). • voya ges-sncf.com •

– Rens également dans les gares, les boutiques SNCF et les agences de voyages agréées SNCF.

TRAJET ALLEMAGNE-RUSSIE

Les trajets Allemagne-Russie ne sont pas commercialisés par la SNCF, mais par la filiale de la compagnie ferroviaire allemande ***DBFrance*** (voir plus haut). La mise en vente pour ces trains se fait 45 j. avant le départ et il est préférable de réserver au plus tôt, la réservation étant ouverte au-delà de 45 j. en Russie. Il est recommandé d'emporter sa nourriture et ses boissons depuis le départ de Berlin.

➢ À noter tout de même, pour ceux qui voudraient s'offrir une petite folie, que depuis 2010, un train de luxe relie Nice à Moscou en 48h, 1 fois/sem. Le train passe par Menton, Gênes, Milan, le col du Brenner, Vienne, la République tchèque, Varsovie et Minsk (visa biélorusse). Le prix d'un aller simple varie de 306 € à 1 200 € en fonction du confort choisi. Le train, opéré par la compagnie russe RZD, comprend 12 voitures au total. Vous pouvez acheter des billets dans les gares SNCF, ou sur Internet.

N.B. : il n'y a pas d'Interrail en Biélorussie et en Russie.

NOUVEAUTÉ

Une liaison ferroviaire Moscou-Berlin-Paris (gare de l'Est) est entrée en service en décembre 2011. Par sa longueur de 3 177 km, il s'agit du 2e itinéraire transeuropéen desservi par les trains russes (après la ligne Moscou-Nice). Le train n° 23/24 traverse cinq États (Russie, Biélorussie, Pologne, Allemagne et France) et dessert les villes de Viazma, Smolensk, Krasnoïe, Orcha, Minsk, Brest, Terespol, Varsovie, Poznan, Rzepin, Oderbruch, Francfort-sur-l'Oder, Berlin, Hanovre, Fulda, Francfort-sur-le-Main et Sarrebruck. Sa vitesse maximale est de 200 km/h et le temps de trajet total de 37h30 (sens Paris-Moscou) et 38h30 (sens Moscou-Paris). En période d'hiver, le train part 3 fois/sem. Sa fréquence passe à 5 départs hebdomadaires durant l'été. Le tarif d'un billet 2e classe s'élève à 330 €, ce qui n'est pas donné, d'autant plus que transitant par la Biélorussie, il faut aussi s'acquitter d'un visa de transit, en plus du visa russe.

EN VOITURE

La Russie en voiture, une belle aventure de près de 3 000 bornes ! Ça fait une trotte, au minimum quatre jours de voyage en roulant bien, sauf la nuit, en Russie, mais les inconditionnels du camping-car et des voyages itinérants peuvent y songer. Première chose, renseignez-vous auprès de l'ambassade de Russie en France, en Belgique ou en Suisse pour savoir quels papiers vous seront demandés afin de passer la frontière avec votre véhicule et de circuler librement sur le territoire. En principe, un permis international est requis ainsi qu'une assurance locale pour circuler avec un véhicule immatriculé hors de Russie. Contactez aussi votre agent d'assurances. Côté visas, depuis l'élargissement de l'Union européenne aux pays de l'Est en 2004, on peut accéder au territoire russe sans sortir de l'UE, via les pays Baltes, donc avec un minimum de formalités de douane à condition d'éviter la Biélorussie.

Voici le chemin que nous pensons le plus pratique : traverser l'Allemagne, puis la Pologne, contourner ou bien traverser l'enclave russe de Kaliningrad (entre la Pologne et la Lituanie), selon le nombre d'entrées que vous permet le visa russe, puis passer par les territoires lituanien et letton ou estonien, si Saint-Pétersbourg est votre objectif. Après environ 2 300 km (depuis Paris), voilà la frontière russe ! De là, il reste à peu près 350 km jusqu'à Saint-

TSAR
VOYAGES
Réceptif et créateur de voyages en Russie
MOSCOU - SAINT-PETERSBOURG - ANNEAU D'OR
BAIKAL - CARELIE - SIBERIE
TRANSSIBERIEN
www.tsarvoyages.com
Moscou
Tél. : +7 495 22 11 936
Tél. : 09 74 76 16 26
(prix d'un appel local)
Paris
Tél. : 01 75 43 96 77
Saint-Petersbourg
Tél. : +7 812 336 60 80
CIRCUITS - SEJOURS - WEEK-ENDS - CROISIERES
A LA CARTE - EVENEMENTIELS - VISAS - BILLETS DE TRAINS

Pétersbourg et largement 500 km pour Moscou. D'une manière générale, les routes russes sont de plus ou moins bonnes à carrément pourries, et le trafic y est parfois dangereux à cause de la différence de vitesse entre les grosses limousines et 4x4 puissants et les vieilles Lada poussives. Prudence donc !

Un autre itinéraire plus direct est envisageable pour Moscou : en traversant la Biélorussie. Mais cela pose le problème du visa biélorusse à une entrée, qu'il faut obtenir à l'ambassade. Autant éviter ça, sauf si vous souhaitez visiter Minsk.

Pour ceux qui tenteraient l'aventure, il leur sera utile de savoir que la vitesse est limitée à 110 km/h sur autoroute, 90 km/h sur les routes et voies rapides, et 60 km/h en ville, et que la tolérance en matière d'alcool est de ZÉRO ! Feux de croisement obligatoires en permanence hors agglomération. Trousse de secours et extincteur obligatoires à bord. Peu de stations-service, donc faire le plein dès qu'on en voit une.

EN BATEAU

➢ Depuis Helsinki, il est depuis peu possible de rejoindre Saint-Pétersbourg par un bateau-navette. Particularité : les passagers de ces navires ont le droit de passer **72h sans visa** sur le territoire de la Fédération de Russie. • *stpeterline.com* •

EN BUS

▲ **EUROLINES**

☎ 0892-89-90-91 (0,34 €/mn ; lun-sam 8h-21h, dim 10h-17h). • eurolines.fr • Vous trouverez également les services d'Eurolines sur • routard.com • Gare routière internationale à Paris : 28, av. du Général-de-Gaulle, 93541 Bagnolet Cedex. Ⓜ Gallieni. Eurolines propose 10 % de réduc pour les jeunes (12-25 ans) et les seniors. 2 bagages gratuits/pers en Europe et 40 kg gratuits pour le Maroc.

➢ Avec Eurolines, 3-6 bus/sem partent pour Moscou et Saint-Pétersbourg au départ de Paris ou de Strasbourg. Plus de 15 villes de départ en France. Attention : l'itinéraire traverse la Biélorussie, vous avez donc besoin du visa de transit (à prendre avt de partir à l'ambassade de Biélorussie). Trajet très long : compter 3 j., en passant les nuits assis dans le bus. Le prix défie ts les autres moyens de transport ; reste à voir si votre corps tiendra le coup.

Première *low-cost* par bus en Europe, Eurolines permet de voyager vers plus de 500 destinations en Europe et au Maroc avec des départs quotidiens depuis 90 villes françaises.

– *Pass Eurolines :* pour un prix fixe valable 15 ou 30 jours, vous voyagez autant que vous le désirez sur le réseau entre 44 villes européennes. Également un *minipass* pour visiter deux capitales européennes (six combinés possibles).

LES ORGANISMES DE VOYAGES

– Ne pas croire que les vols à tarif réduit sont tous au même prix pour une même destination à une même époque : loin de là. On a déjà vu, dans un même avion partagé par deux organismes, des passagers qui avaient payé 40 % plus cher que les autres... Authentique ! De plus, une agence bon marché ne l'est pas forcément toute l'année (elle peut n'être compétitive qu'à certaines dates bien précises). Donc, contactez tous les organismes et jugez vous-même.

– Les organismes cités sont classés par ordre alphabétique, pour éviter les jalousies et les grincements de dents.

EN FRANCE

▲ **ACCENT DE L'EST**

– Lussan, Bastide d'Audabiac, 30580. ☎ 01-80-92-60-05. • accent-de-lest.com • Lun-ven 9h30-17h30.

Sympathique agence spécialisée sur la République Tchèque, la Hongrie, la Pologne, la Croatie, la Roumanie, l'Ukraine, la Russie et les Pays Baltes, créée par une Tchèque, Jitka Bedel, il y a 20 ans. Propose un service sur mesure et apporte de bons conseils grâce à sa très bonne connaissance du

terrain. Spécialiste du logement chez l'habitant, location d'appartements et des gîtes, hôtels de caractère, et autres propositions « hors des sentiers battus ». Également billets d'avion, de spectacles, visites guidées et locations de voitures. Promotions régulières sur le site.

▲ AMSLAV TOURISME

– Paris : 60, rue de Richelieu, 75002. ☎ 01-44-88-20-40. • amslav.com • Ⓜ Bourse, Sentier ou Châtelet-Les Halles. Lun-ven 9h-18h ; sam 10h-13h, 14h-18h.

Tour-opérateur et créateur de voyages, Amslav Tourisme est spécialiste de l'Europe centrale et orientale, dont la Russie. L'équipe, composée de personnel expérimenté connaissant parfaitement le terrain pour y avoir vécu ou pour y être né, réunit son expérience et son savoir-faire pour proposer une gamme variée de produits : week-ends, voyages à la carte, séjours libres ou organisés, autotours, circuits culturels, circuits combinés dans plusieurs pays d'Europe centrale et orientale. Également des séjours balnéaires, des croisières sur la Volga et le Dniepr, et des suggestions d'itinéraires sur le mythique Transsibérien. Le savoir-faire d'Amslav donne l'occasion de découvrir dans les meilleures conditions la culture de l'Europe de l'Est.

▲ NOSTAL'ASIE

– Paris : 19, rue Damesme, 75013. ☎ 01-43-13-29-29. • ann.fr • Ⓜ Tolbiac. Sur rdv ; permanence lun-sam 10h-13h, 15h-18h.

Parce qu'il n'est pas toujours aisé de partir seul, Nostal'Asie, depuis 1994, propose de véritables voyages sur mesure. L'intérêt pour l'Asie de ce voyagiste artisanal, farouche défenseur de voyages en individuel organisés, se prolonge jusqu'à Saint-Pétersbourg. Amoureux de ce vaste pays, le voyagiste propose la Grande Russie en long et en large : combiné Moscou/Saint-Pétersbourg, grand Transsibérien avec *stop-over* et découverte de chaque escale, en contournant le lac Baïkal dans les deux sens pour arriver en Asie. Il peut aussi vous dénicher les quelques cabines en haute saison dans la très prisée croisière sur la Volga.

▲ NOUVELLES FRONTIÈRES

Rens et résas dans tte la France : ☎ 0825-000-825 (0,15 €/mn). • nouvelles-frontieres.fr • Les brochures Nouvelles Frontières sont disponibles gratuitement dans les 300 agences du réseau, par téléphone et sur Internet.

Nombreuses formules : vols sur *Corsairfly,* la compagnie de Nouvelles Frontières, au départ de Paris et de province, et sur toutes les compagnies aériennes régulières ; circuits, aventure ou organisés ; séjours en hôtels, en hôtels-clubs et en résidences ; week-ends, formules à la carte.

▲ POUCHKINE TOURS

Rens : ☎ 02-98-73-19-93. • pouchkine-tours.com •

Depuis sa création en 2003, Pouchkine Tours a su s'imposer en tant que spécialiste incontournable de l'immense territoire qu'il a exploré en acquérant un savoir-faire certain : la Russie, les républiques de l'ex-URSS, les pays de l'Est, l'Asie centrale et le Transsibérien. L'ensemble de ces destinations bénéficie des atouts essentiels de Pouchkine Tours pour garantir un voyage réussi : des programmes conçus par des spécialistes, des liens étroits avec les équipes locales (présence permanente d'un bureau à Moscou), des guides accompagnateurs francophones, des vols Air France avec des départs de province pour la plupart des destinations.

▲ TROÏKA – RUSSIE VOYAGES

– Paris : 60, rue de Richelieu, 75002. ☎ 01-45-78-77-13. • russie.travel • troika.fr • Ⓜ Bourse, Palais-Royal, Quatre-Septembre. Spécialiste des voyages sur mesure en Russie, Troïka propose les grands classiques que sont Moscou, Saint-Pétersbourg, les croisières sur la Volga, l'Anneau d'Or, mais fait aussi une large place aux voyages en Transsibérien. Elle propose également des itinéraires originaux permettant de découvrir des régions et des villes méconnues mais au fort potentiel touristique telles que la Carélie, les îles Solovki, Vologda, Sotchi, Kazan, Ekaterinbourg, l'Altaï, la Bouriatie, le Kamtchatka... L'équipe composée de véritables connaisseurs de ce vaste pays propose toutes sortes de formules : week-ends découverte, séjours à la

Adresses utiles

1 Office [redacted]sme
[redacted]

Où dormir ?

11 Pension [redacted]es
[redacted]
23 R[redacted]s
24 H[redacted]
25 Ho[redacted] Melo

Où manger ?

30 Restaurante F[redacted]ndo
31 Rest[redacted]

44 Restaura[redacted]ndo
[redacted]
57 [redacted]

Où boire un verre ?

61 Caruag[redacted]m Bar
62 Bar d[redacted]
[redacted]
74 Caf[redacted]Belem
75 Caf[redacted]
76 Es[redacted]rde

Où sortir?

83 Pingou[redacted]n do [redacted]orte
84 Pav[redacted]
[redacted]
88 Ca[redacted]

À voir

90 Palacio do [redacted]onte
91 Pavilh[redacted]tre
[redacted]

carte, combinés, circuits organisés, croisières, billets d'avion et de train et répond aux demandes les plus exigeantes.

▲ TSAR VOYAGES

– Paris : 2 bis, rue Édouard-Jacques, 75014. ☎ 01-75-43-96-77. • tsarvoyages.com • Ⓜ Gaîté ou Pernety. Bureaux à Moscou et Saint-Pétersbourg.

En pénétrant dans leur petite agence, vous aurez l'impression de mettre déjà le pied sur le sol de Russie. Créée il y a 7 ans par un couple franco-russe, l'agence Tsar Voyages propose des voyages sur mesure pour les individuels et les groupes à travers toute la Russie. Grâce à ses équipes francophones, Tsar Voyages peut vous proposer toutes les options possibles sur la Russie : circuits incontournables, mais aussi voyages « hors des sentiers battus ». Son bureau parisien vous apporte la garantie d'obtenir votre visa, et la possibilité de payer en France. C'est la seule agence française à pouvoir émettre des vols intérieurs sur toutes les compagnies aériennes russes existantes, ainsi que des billets de trains russes, par l'intermédiaire de son bureau moscovite. Propose aussi le train de Nice à Moscou.

▲ VOYAGES 4A

– Tarnos : 306, rue de l'Industrie, 40220. Rens et résas : ☎ 05-59-23-90-37. • voyages4a.com • Ouv 9h30-12h, 14h-18h.

Spécialiste des voyages en autocar à destination de toutes les grandes cités européennes. Week-ends, séjours et circuits en bus toute l'année, grands festivals et événements européens. Formules pour tout public, individuel ou groupe, au départ de toutes les grandes villes de France.

▲ VOYAGES-SNCF.COM

Voyages-sncf.com, acteur majeur du tourisme français qui recense 9 millions de visiteurs par mois, propose d'acheter en ligne des billets de train, d'avion, des chambres d'hôtel, des locations de voitures, de vacances et des séjours clés en main ou Alacarte®, ainsi que des spectacles, des excursions et des visites de musées. Un large choix et des prix avantageux sont offerts toute l'année, pour tous types de voyages dans le monde entier : SNCF, 180 compagnies aériennes, 84 000 hôtels référencés et les principaux loueurs de voitures.

Leur site • *voyages-sncf.com* • permet d'accéder tous les jours, 24h/24, à plusieurs services : envoi gratuit des billets à domicile, « Alerte Résa » pour être informé de l'ouverture des résas et profiter du plus grand choix, calendrier des meilleurs prix (TTC), mais aussi des offres de dernière minute et des promotions...

Pratique : • *voyages-sncf.mobi* • le site mobile pour réserver, s'informer et profiter des bons plans n'importe où et à n'importe quel moment.

Et grâce à l'ÉcoComparateur, en exclusivité sur • *voyages-sncf.com* •, possibilité de comparer le prix, le temps de trajet et l'indice de pollution pour un même trajet en train, en avion ou en voiture.

▲ VOYAGEURS EN RUSSIE ET EN EUROPE CENTRALE

• vdm.com •

– Voyageurs en Russie et en Europe centrale (Allemagne, Autriche, Belgique, Hongrie, pays baltes, Pays-Bas, Pologne, République tchèque, Russie, Slovénie, Ukraine) : ☎ 01-42-86-17-60.

– Paris : La Cité des Voyageurs, 55, rue Sainte-Anne, 75002. ☎ 01-42-86-16-00. Ⓜ Opéra ou Pyramides. Lun-sam 9h30-19h.

– Également des agences à Bordeaux, Caen, Grenoble, Lille, Lyon, Marseille, Montpellier, Nantes, Nice, Rennes, Rouen, Strasbourg et Toulouse.

Parce que chaque voyageur est différent, que chacun a ses rêves et ses idées pour les réaliser, Voyageurs du Monde conçoit, depuis plus de 30 ans, des projets sur mesure. Les séjours proposés à travers 120 destinations sont des suggestions élaborées par leurs 180 conseillers voyageurs. Spécialistes de leur pays, ils vous aideront à personnaliser les voyages présentés à travers une trentaine de brochures d'un nouveau type et sur le site internet où vous pourrez également découvrir leurs hébergements exclusifs et consulter votre espace personnalisé.

Chacune des 15 *Cités des Voyageurs* est une invitation au voyage : librairies spécialisées, accessoires de voyage, expositions-ventes d'artisanat et conférences. Voyageurs du Monde est membre de l'association ATR (Agir pour un tourisme responsable) et a obtenu en 2008 sa certification Tourisme responsable AFAQ AFNOR.

Comment aller à Roissy et à Orly ?

Bon à savoir

- ***Le pass Navigo*** est valable pour Roissy-Rail (RER B, zones 1-5) et Orly-Rail (RER C, zones 1-4).
- ***Le billet Orly-Rail*** permet d'accéder sans supplément aux réseaux métro et RER.

À Roissy-Charles-de-Gaulle 1, 2 et 3

Attention : si vous partez de Roissy, pensez à vérifier de quelle aérogare votre avion décolle car la durée du trajet peut considérablement varier en fonction de cette donnée.

TRANSPORTS COLLECTIFS

Les cars Air France : *☎ 0892-350-820 (0,34 €/mn). • cars-airfrance.com • Paiement par CB possible à bord.*
Le site internet diffuse les informations essentielles sur le réseau (lignes, horaires, tarifs...), permettant de connaître l'état du trafic en temps réel, afin de mieux planifier son départ. Il propose également une boutique en ligne, qui permet d'acheter et d'imprimer les billets électroniques pour accéder aux bus.
➢ *Paris-Roissy :* départ pl. de l'Étoile (1, av. Carnot), avec un arrêt pl. de la Porte-Maillot (bd Gouvion-Saint-Cyr). Départs ttes les 20 mn, 6h-22h. Durée du trajet : 35-50 mn env. Tarifs : 15 € l'aller simple, 24 € l'A/R ; enfants 2-11 ans : 7,50 €.
Autre départ depuis la gare Montparnasse (arrêt rue du Commandant-Mouchotte, face à l'hôtel *Pullman*), ttes les 30 mn, 6h-21h30, avec un arrêt gare de Lyon (20 bis, bd Diderot). Tarifs : 16,50 € l'aller simple, 27 € l'A/R ; enfants 2-11 ans : 8 €.
➢ *Roissy-Paris :* les cars *Air France* desservent la pl. de la Porte-Maillot, avec un arrêt bd Gouvion-Saint-Cyr, et se rendent ensuite au terminus de l'av. Carnot. Départs ttes les 30 mn, 6h-23h, des terminaux 2A et 2C (porte C2), 2E et 2F (niveau « Arrivées », porte 3 de la galerie), 2B et 2D (porte B1), et du terminal 1 (porte 34, niveau « Arrivées »). À destination de la gare de Lyon et de la gare Montparnasse, départs ttes les 30 mn, 6h-22h, des mêmes terminaux. Durée du trajet : 45 mn env.

Roissybus : *☎ 32-46 (0,34 €/mn). • ratp.fr •* Départs de la pl. de l'Opéra (angle rues Scribe et Auber) ttes les 15 mn (20 mn à partir de 20h), 5h45-23h. Durée du trajet : 45-60 mn. De Roissy, départs 6h-23h des terminaux 1, 2A, 2B, 2C, 2D et 2F, et à la sortie du hall d'arrivée du terminal 3. Tarif : 10 €.

Bus RATP n° 351 : de la pl. de la Nation, 5h30-21h20. Solution la moins chère mais la plus lente. Compter en effet 1h30 de trajet. Ou ***bus n° 350,*** de la gare de l'Est (1h15 de trajet). Arrivée Roissypôle-gare RER.

RER ligne B + navette : départ ttes les 15 mn. Compter 30 mn de la gare du Nord à l'aéroport (navette comprise). Un 1er départ à 4h53 de la gare du Nord et à 5h26 de Châtelet. À Roissy-Charles-de-Gaulle, descendre à la station (il y en a 2) qui dessert le bon terminal. De là, prendre la navette adéquate. Tarif : 9,10 €.

Si vous venez du nord, de l'ouest ou du sud de la France en train, vous pouvez rejoindre les aéroports de Roissy sans passer par Paris, la gare SNCF Paris-Charles de Gaulle étant reliée aux réseaux TGV.

EN TAXI

Compter au moins 50 € du centre de Paris, en tarif de jour.

EN VOITURE

Chaque terminal a son propre parking. Compter 35 € par tranche de 24h. Également des parkings longue durée (PR et PX), plus éloignés des terminaux, qui proposent des tarifs plus avantageux (forfait 24h 23 €, forfait 7 à 8 j. 130 €).

Possibilité de réserver sa place de parking via le site • *aeroportsdeparis.fr* • Stationnement au parking Vacances (longue durée) dans le P3 Résa (terminaux 1 et 3) situé à 2 mn du terminal 3 à pied ou le PAB (terminal 2). Formules de stationnement 1-30 j. (120-190 €) pour le P3 Résa. De 2 à 5 j. dans le PAB 12,50 € par tranche de 12h et de 6 à 14 j. 25 € par tranche de 24h. Réservation sur Internet uniquement. Les P1, PAB et PEF accueillent les 2-roues : 15 € pour 24h.

COMMENT SE DÉPLACER ENTRE ROISSY-CHARLES-DE-GAULLE 1, 2 ET 3 ?

Les rames du CDG-VAL font le lien entre les 3 terminaux en 8 mn. Fonctionne tlj 24h/24. Gratuit. Accessible aux personnes à mobilité réduite. Départ ttes les 5 mn 4h-minuit, et ttes les 20 mn, minuit-4h. Desserte gratuite vers certains hôtels, parkings, gares RER et gares TGV.

À Orly-Sud et Orly-Ouest

TRANSPORTS COLLECTIFS

Les cars Air France : ☎ *0892-350-820 (0,34 €/mn).* • *cars-airfrance.com* • *Tarifs : 11,50 € l'aller simple, 18,50 € l'A/R ; enfants de 2 à 11 ans 5,50 €. Paiement par CB possible dans le bus.*

➢ *Paris-Orly :* départs de l'Étoile, 1, av. Carnot, ttes les 30 mn, 5h-22h40. Arrêts au terminal des Invalides, rue Esnault-Pelterie (Ⓜ Invalides), Gare Montparnasse (rue du Commandant-Mouchotte, face à l'hôtel *Pullman* ; Ⓜ Montparnasse-Bienvenüe, sortie Gare SNCF) et Porte d'Orléans (arrêt facultatif uniquement dans le sens Orly-Paris).

➢ *Orly-Paris :* départs ttes les 20 mn, 6h-23h40, d'Orly-Sud, porte L, et d'Orly-Ouest, portes B et C, niveau « Arrivées ».

RER C + navette Orly-Rail : ☎ *36-58 (0,23 €/mn).* • *transilien.com* • Prendre le RER C jusqu'à Pont-de-Rungis (un RER ttes les 15-30 mn). Compter 25 mn depuis la gare d'Austerlitz. Ensuite, navette Orly-Rail pdt 15 mn pour Orly-Sud et Orly-Ouest. Compter 6,45 €. Très recommandé les jours où l'on piétine sur l'autoroute du Sud (w-e et jours de grands départs) : on ne sera jamais en retard. Pour le retour, départs de la navette ttes les 15 mn depuis la porte G à Orly-Ouest (5h40-23h14) et la porte F à Orly-Sud (4h34-23h15).

Bus RATP Orlybus : ☎ *32-46 (0,34 €/mn).* • *ratp.fr* •

➢ *Paris-Orly :* départs ttes les 15-20 mn de la pl. Denfert-Rochereau. Compter 20-30 mn pour rejoindre Orly (Ouest ou Sud). La pl. Denfert-Rochereau est très accessible : RER B, 2 lignes de métro et 3 lignes de bus. Orlybus fonctionne tlj 5h35-23h, jusqu'à minuit ven, sam et veilles de fêtes dans le sens Paris-Orly ; et tlj 6h-23h20, jusqu'à 0h20 ven, sam et veilles de fêtes dans le sens Orly-Paris.

➢ *Orly-Paris :* départ d'Orly-Sud, porte H, quai 4, ou d'Orly-Ouest, porte J, niveau « Arrivées ». Compter 6,90 € l'aller simple.

Orlyval : ☎ *32-46 (0,34 €/mn).* • *ratp.fr* • Ce métro automatique est facilement accessible à partir de n'importe quel point de la capitale ou de la région parisienne (RER, stations de métro, gare SNCF). La jonction se fait à Antony (ligne B du RER) sans aucune attente. Permet d'aller d'Orly à Châtelet et vice versa en 40 mn env, sans se soucier de la densité de la circulation automobile. Compter 10,75 € l'aller simple entre Orly et Paris. Billet Orlyval seul : 8,30 €.

➢ *Paris-Orly :* départs pour Orly-Sud et Ouest ttes les 6-8 mn, 6h-22h15.

➢ *Orly-Paris :* départ d'Orly-Sud, porte J, à proximité de la livraison des bagages, ou d'Orly-Ouest, porte W du hall 2, niveau « Départs ».

EN TAXI

Compter au moins 35 € en tarif de jour du centre de Paris, selon circulation et importance des bagages.

EN VOITURE

À proximité d'Orly-Ouest, parkings P0 et P2. À proximité d'Orly-Sud, P1 et P3 (à 50 m du terminal, accessible par tapis roulant). Compter 27,50 € pour 24h de stationnement. Ces 4 parkings à proximité immédiate des terminaux proposent des forfaits intéressants : « week-end » valable du ven 0h01 au lun 23h59 (43 €) et « grand week-end » du jeu 15h au lun 23h59 (59 €). Forfaits disponibles aussi pour les P4, P5 et P7 : 15,50 € pour 24h et 1 € par jour supplémentaire au-delà de 8 j. (45 j. de stationnement max). Il existe pour le P7 des forfaits Vacances 1 à 30 j. (15-130 €). Les P4, P7 (en extérieur) et P5 (couvert) sont des parkings longue durée, plus excentrés, reliés par navettes gratuites aux terminaux. *Rens : ☎ 01-49-75-56-50.* Comme à Roissy, possibilité de réserver en ligne sa place de parking (P0 et P7) sur ● *aeroportsdeparis.fr* ● Les frais de résa (en sus du parking) sont de 8 € pour 1 j., de 12 € pour 2-3 j. et de 20 € pour 4-10 j. de stationnement pour le P0. Les parkings P0-P2 à Orly-Ouest, et P1-P3 à Orly-Sud accueillent les 2-roues : 6,20 € pour 24h.

Liaisons entre Orly et Roissy-Charles-de-Gaulle

Les cars Air France : *☎ 0892-350-820 (0,34 €/mn).* ● *cars-airfrance.com* ● Départs de Roissy-Charles-de-Gaulle depuis les terminaux 1 (porte 34, niveau « Arrivées »), 2A et 2C (porte B1), 2B et 2D (porte C2), 2E et 2F (niveau « Arrivées », porte 3 de la galerie) vers Orly 5h55-22h30. Départs d'Orly-Sud (porte K) et d'Orly-Ouest (porte B-C, niveau « Arrivées ») vers Roissy-Charles-de-Gaulle 6h30 (7h le w-e)-22h30. Ttes les 30 mn (dans les 2 sens). Durée du trajet : 50 mn env. Tarif : 19 € ; enfants 2-11 ans : 9,50 €.

RER B + Orlyval : *☎ 32-46 (0,34 €/mn).* Depuis Roissy, navette puis RER B jusqu'à Antony, et enfin Orlyval entre Antony et Orly, 6h-22h15. Tarif : 17,60 €.

– ***En taxi :*** compter 50-55 € en journée.

EN BELGIQUE

▲ CONTINENTS INSOLITES

● *continentsinsolites.com* ●
– Bruxelles : rue César-Franck, 44 A, 1050. ☎ 02-218-24-84. Lun-ven 10h-18h, sam 10h-13h.

Continents Insolites, organisateur de voyages lointains sans intermédiaire, propose une gamme étendue de formules de voyages détaillées dans leur guide annuel gratuit sur demande.
– *Voyages découverte taillés sur mesure :* à partir de 2 personnes. Un grand choix d'hébergements soigneusement sélectionnés, du petit hôtel simple à l'établissement luxueux et de charme.
– *Circuits découverte en minigroupes :* de la grande expédition au circuit accessible à tous. Des circuits à dates fixes dans plus de 60 pays en petits groupes francophones de 7 à 12 personnes. Avant chaque départ, une réunion est organisée. Voyages encadrés par des guides francophones, spécialistes des régions visitées.

▲ NOUVELLES FRONTIÈRES

● *nouvelles-frontieres.be* ●
– Nombreuses agences dans le pays dont *Bruxelles, Charleroi, Liège, Mons, Namur, Waterloo, Wavre* et au *Luxembourg.*
Voir texte dans la partie « En France ».

▲ SERVICE VOYAGES ULB

● *servicevoyages.be* ●
22 agences dont 11 à Bruxelles.
– Bruxelles : campus ULB, av. Paul-Héger, 22, CP 166, 1000. ☎ 02-650-40-20.
– Bruxelles : rue Abbé-de-l'Épée, 1, Woluwe, 1200. ☎ 02-742-28-80.
– Bruxelles : hôpital universitaire Érasme, route de Lennik, 808, 1070. ☎ 02-555-38-63.
– Bruxelles : chaussée d'Alsemberg, 815, 1180. ☎ 02-332-29-60.
– Ciney : rue du Centre, 46, 5590. ☎ 08-321-67-11.
– Marche : av. de France, 11, 6900. ☎ 08-431-40-33.
– Wepion : chaussée de Dinant, 1137, 5100. ☎ 08-146-14-37.
Service Voyages ULB, c'est le voyage à l'université. Billets d'avion sur vols charters et sur compagnies régulières à des prix compétitifs.

▲ VOYAGEURS DU MONDE

– Bruxelles : chaussée de Charleroi, 23, 1060. ☎ 0-900-44-500 (0,45 €/mn).
● *vdm.com* ● Voir le texte dans la partie « En France ».

EN SUISSE

▲ STA TRAVEL

• statravel.ch • 058-450-49-49.
– Fribourg : rue de Lausanne, 24, 1701. ☎ 058-450-49-80.
– Genève : rue de Rive, 10. ☎ 058-450-48-00.
– Genève : rue Vignier, 3, 1205. ☎ 058-450-48-30.
– Lausanne : bd de Grancy, 20, 1006. ☎ 058-450-48-50.
– Lausanne : à l'université Anthropole, 1015. ☎ 058-450-49-20.

Agence spécialisée notamment dans les voyages pour jeunes et étudiants. 150 bureaux STA et plus de 700 agents du même groupe répartis dans le monde entier sont là pour donner un coup de main *(Travel Help).*

STA propose des voyages avantageux : vols secs *(Blue Ticket),* hôtels, écoles de langue, *work & travel,* circuits d'aventure, voitures de location, etc. Délivre la carte internationale d'étudiant et la carte *Jeune.* STA est membre du fonds de garantie de la branche suisse du voyage ; les montants versés par les clients pour les voyages forfaitaires sont assurés.

▲ TUI – NOUVELLES FRONTIÈRES

– Genève : rue Chantepoulet, 25, 1201. ☎ 022-716-15-70.
– Lausanne : Grand-Chêne, 4, 1002. ☎ 021-321-41-11.

Voir le texte dans la partie « En France ».

AU QUÉBEC

▲ INCURSION VOYAGES

– Québec : 2480, chemin Sainte-Foy, bureau 100, G1V-1T6. ☎ (418) 687-2400 ou 1-800-667-2400 (n° gratuit). • incursion-voyages.com •

Incursion Voyages conçoit et organise des voyages à travers le monde avec un accompagnement francophone. La croisière « Russie au fil de l'eau » suit le parcours Moscou/Saint-Pétersbourg le long de la Volga. Également de nombreux séjours retenus pour leur excellent rapport qualité-prix.

▲ RÊVATOURS

• revatours.com •

Ce voyagiste, membre du groupe *Transat A.T. Inc.,* propose quelque 25 destinations à la carte ou en circuits organisés. De l'Inde à la Thaïlande en passant par la Russie, le client peut soumettre son itinéraire à Rêvatours, qui se charge de lui concocter son voyage.

▲ VOYAGES CAMPUS/ TRAVEL CUTS

• voyagescampus.com •

Campus/Travel Cuts est un réseau national d'agences de voyages spécialisées pour les étudiants et les voyageurs qui disposent d'un petit budget. Le réseau existe depuis 40 ans et compte plus de 50 agences, dont 6 au Québec. Voyages Campus propose des produits exclusifs comme l'assurance « Bon voyage », le programme de vacances-travail (SWAP), la carte d'étudiant internationale (ISIC) et plus. Ils peuvent vous aider à planifier votre séjour autant à l'étranger qu'au Canada, et même au Québec.

UNITAID

UNITAID a été créé pour lutter contre le VIH/sida, le paludisme et la tuberculose, principales maladies meurtrières dans les pays en développement. UNITAID intervient dans 94 pays en facilitant l'accès aux médicaments et aux diagnostics, en en baissant les prix, dans les pays en développement. Le financement d'UNITAID provient principalement d'une contribution de solidarité sur les billets d'avion mise en place par 6 pays membres, dont la France. En France, la taxe est de 1 € sur les vols intérieurs et de 4 € sur les vols internationaux (ce qui représente le traitement d'un enfant séropositif pour 1 an). En 5 ans, UNITAID a réuni plus d'un milliard de dollars Les financements d'UNITAID ont permis à près d'un million de personnes atteintes du VIH/sida de bénéficier d'un traitement et de délivrer plus de 19 millions de traitements contre le paludisme. Moins de 5 % des fonds sont utilisés pour le fonctionnement du programme, 95 % sont utilisés directement pour les médicaments et les tests. Pour en savoir plus : *• unitaid.eu •*

RUSSIE UTILE

ABC DE LA FÉDÉRATION DE RUSSIE

- *Superficie :* 17 098 000 km² sur 9 fuseaux horaires !
- *Population :* 142,9 millions d'hab., dont 120 de russophones.
- *Densité :* 8,3 hab./km².
- *Espérance de vie :* 58 ans pour les hommes et 68 ans pour les femmes.
- *Monnaie :* le rouble (R).
- *Président de la fédération :* 3e mandat de Vladimir Poutine depuis mars 2012.
- *Premier ministre :* Dmitri Medvedev pressenti.
- *PIB/hab. :* 14 000 €.
- *Taux de chômage :* 6,2 %.
- *Indice de développement humain :* 0,817 (71e sur 477).

AVANT LE DÉPART

Adresses utiles

En France

■ ***Ambassade de Russie :*** *40-50, bd Lannes, 75116 Paris. ☎ 01-45-04-05-50. • france.mid.ru/fr • RER C : Avenue-Henri-Martin.*

■ ***Service consulaire :*** *40-50, bd Lannes, 75116 Paris. ☎ 01-45-04-05-01. RER C : Avenue-Henri-Martin. Lun-ven 9h-12h.*

■ ***Consulat général de Russie :***
– Marseille : 3, av. Ambroise-Paré, 13008. ☎ 04-91-77-15-25.
– Strasbourg : 6, pl. Sébastien-Brant, 67000. ☎ 03-88-36-73-15.

En Belgique

■ ***Ambassade de Russie :*** *av. de Fré, 66, Bruxelles 1180. ☎ 02-374-34-00, 57-38 ou 68-86. • belgium.mid.ru •*

■ ***Service consulaire :*** *rue Robert-Jones, 78, Bruxelles 1180. ☎ 02-374-35-69. Lun, mer et ven 9h-12h30.*

■ ***Consulat de Russie :*** *Della-Faillelaan, 20, Antwerpen 2000. ☎ 03-827-04-64. • russian-consulate-antwerp.be •*

En Suisse

■ ***Ambassade de Russie :*** *Brunnadernrainstr, 37, 3006 Bern. ☎ (031) 352-05-66 ou 64-65. • switzerland.mid.ru •*

■ ***Service consulaire :*** *Brunnadernstr, 53, 3006 Bern. ☎ (031) 352-05-67 ou 04-25 (répondeur). Lun, mer et ven 9h-12h.*

■ ***Consulat de Russie :*** *rue Schaub, 24, 1202 Genève. ☎ (022) 734-79-55 ou 90-83. Lun, mer et ven 9h-12h.*

Au Canada

■ ***Ambassade de Russie :*** *285 Charlotte St, Ottawa (Ontario) K1N-8L5. ☎ (0613) 235-4341 ou (0613) 236-1413. • rusembassy.ca •*

■ ***Service consulaire :*** *52 Range Rd, Ottawa (Ontario) K1N-8J5. ☎ (0613) 236-7220 ou 6215. Lun-ven 9h-12h30.*

■ ***Consulat de Russie :*** *3685, av. du Musée, Montréal (Québec) H3G-2E1. ☎ (0514) 843-5901 ou (0514) 842-5343. • montreal.mid.ru •*

Formalités

Rubrique à lire attentivement !

Visa obligatoire pour la Russie pour les ressortissants de l'UE. Les Suisses et les Canadiens ont intérêt à consulter le site de l'ambassade de Russie dans leur pays.

À noter que les ambassades et consulats sont fermés lors des fêtes nationales russes (voir la liste dans « Jours fériés et fêtes traditionnelles ») ; tenez-en compte pour les délais d'obtention de votre visa.

Comment obtenir le visa ?

Pour obtenir un visa russe, chaque candidat doit recevoir au préalable une « invitation » (un *voucher*) d'une agence de voyages russe, d'un hôtel, d'une auberge de jeunesse ou d'une organisation immatriculée au registre du commerce russe. Depuis peu, l'invitation d'une famille vivant en Russie ne suffit plus, il faut obligatoirement réserver une prestation touristique (en général, un hébergement). Sans cette invitation (payante), aucun consulat russe ne vous délivrera de visa.

Ensuite vous attend une aventure périlleuse, qui vous demandera patience et persévérance. Pour ne pas être refoulé, il est conseillé de se présenter au consulat 2h avant la fermeture, mais le mieux est de commencer à faire la queue au moins 1h avant l'ouverture. Actuellement, tout demandeur doit préparer son dossier avec un soin extrême sous peine de se voir refuser le visa (signatures du passeport et du formulaire identiques, pas de ratures et pas de stylo bleu, photo – 3 cm x 4 cm – non scannée, etc.). Les documents doivent être déposés **minimum 3 semaines** avant la date du départ. D'avril à août, ce délai peut passer à 35-40 jours ! Si vous êtes hors délai, il vous faudra sans doute vous acquitter des frais d'un visa dit « en urgence », deux fois plus cher. À certaines périodes, le dépôt de demandes trop à l'avance est refusé. N'hésitez pas à téléphoner pour être bien sûr, ou, plus commode, passez par une agence. Les envois postaux de documents ne sont pas acceptés.

Prenons les choses dans l'ordre ; il vous faudra être en possession :

– d'un ***passeport,*** avec deux pages libres minimum et en cours de validité (6 mois après la date du retour) ; les photocopies ne sont pas acceptées ; la signature sur votre passeport et celle de votre demande de visa doivent être identiques. Les enfants de plus de 11 ans doivent avoir leur propre passeport ;

– d'une ***attestation nominative*** à demander auprès de votre ***assurance voyage*** (agréée par les autorités russes) couvrant la totalité du séjour ; attention, il faut un document original (une photocopie ou un fax ne suffisent pas) ; ne pas oublier que la plupart des cartes de paiement possèdent déjà une assurance rapatriement et que certaines mutuelles (comme la MAIF) possèdent une assurance admise par le consulat ;

– d'une ***assurance reconnue pour l'obtention d'un visa,*** dont l'ambassade de Russie a publié la liste, disponible sur leur site internet ; faites-en une copie pour la produire à l'arrivée en Russie (elle est parfois réclamée au contrôle des passeports) ;

– d'un ***justificatif de séjour,*** c'est-à-dire une confirmation de réservation d'hôtel ou un *voucher* avec le numéro d'agrément auprès du MAE ; le numéro de fax provenant de Russie doit figurer sur le haut du *voucher* ;

– d'une ***photo*** d'identité récente non scannée ;

– d'***argent*** (espèces ou cartes de paiement acceptées, pas les chèques) ; le visa se prépaie (voir coût du visa plus loin).

Une fois sur place, vous n'avez plus qu'à remplir deux formulaires : un formulaire de demande de visa et un formulaire d'attestation d'assurance (à ne pas confondre avec l'attestation d'assurance elle-même). Puis vous refaites la queue pour payer. Pour gagner du temps, vous pouvez télécharger (en PDF) les deux formulaires précédents sur le site • *france.mid.ru/fr* • Attention, un miniquestionnaire reprenant les principales informations de la demande de visa est à remplir en plus. Comme il est uniquement en russe, il faut se faire aider dans la queue ou au guichet... cela allonge encore le temps d'attente.

Rappel : ces documents permettent uniquement d'obtenir le visa et ne comprennent pas l'enregistrement auprès des autorités locales, formalité obligatoire à laquelle vous êtes soumis quelle que soit la provenance des invitations. À noter : l'enregistrement n'est plus obligatoire si vous séjournez moins d'une semaine en Russie.

COMMENT OBTENIR LE VISA TOURISTIQUE PAR UNE AGENCE ?

Il vaut mieux passer par une agence spécialisée : le visa vous coûtera un peu plus cher, mais vous économiserez votre temps et vos nerfs ! Voir aussi « Les organismes de voyages » dans « Comment y aller ? », plus haut.

Voici trois agences spécialisées dans l'obtention de visas. En fonction du service demandé, des tarifs proposés et des rabais accordés à nos lecteurs, il ne vous reste plus qu'à sortir votre calculette !

■ ***Action-Visas.com :*** *10-12, rue du Moulin-des-Prés, 75013 Paris. ☎ 01-45-88-56-70. Fax : 01-45-88-59-84.* • *action-visas.com* • Ⓜ *Place-d'Italie. Lun-ven 9h30-12h, 13h30-18h30 ; sam 9h30-13h. Prix du service pour nos lecteurs : 14 €, tarif unique, en plus des frais consulaires (et des frais d'expédition si besoin). Il suffit de fournir la copie de la page du guide avec la demande de visa.* Cette agence sérieuse s'occupe d'obtenir votre visa pour toutes destinations. Délais rapides, traitement immédiat du dossier dès réception (aucune attente) et service fiable. Pour la province, demandez le visa par correspondance quelle que soit la destination. Possibilité d'imprimer les formulaires sur leur site et de suivre l'évolution de votre dossier en ligne.

Réception d'un courriel sur votre messagerie à chaque étape du processus d'obtention du visa. Prix du service entre 27 et 35 € selon les destinations plus les frais consulaires. Réduction de 13 € pour nos lecteurs pour chaque destination et par personne. Il est impératif de fournir la copie de la page du guide avec la demande de visa pour que le tarif vous soit appliqué.

Par ailleurs, Action-Visas prélève 1 € de sa marge commerciale pour financer un projet humanitaire qui peut être suivi en direct sur leur site internet.

■ ***Home Visas :*** *55, av. Édouard-Vaillant, 92100 Boulogne-Billancourt. ☎ 01-46-21-80-40. Fax : 01-46-21-01-15.* • *homevisas.com* • *Lun-ven 9h30-13h30, 14h30-18h30 ; sam 9h30-12h30.* Prix du service : 26 € en délai normal et 58 € en urgent, de 1 à 4 passeports, quelle que soit la destination, en plus des frais consulaires (et des frais d'expédition si besoin). Intéressant quand on est plusieurs. Pour nos lecteurs, avec copie de cette page du guide, tarif unique de 19 € par personne, au lieu de 26 €, dès le 1er visa (+ 32 € à la prestation en cas d'urgence).

■ ***Visas Express :*** *54, rue de l'Ouest, BP 48, 75014 Paris. ☎ 0825-08-10-20.* • *visas-express.fr* • Ⓜ *Pernety ou Gaîté. Ouvert lun-ven 9h-12h30 (9h30 accueil téléphonique), 14h-18h ; sam 10h-12h30.* Prix de la prestation de 28 à 45 € en fonction de la destination, mais dégressif en fonction du nombre de passeports. Intéressant donc en famille ou en groupe. À cela il faut ajouter les frais consulaires (et des frais d'expéditions si besoin). Remise de 5 % sur le prix du service sur présentation de ce guide.

Cette société se charge de l'obtention de votre visa pour un grand nombre de destinations. Devis, téléchargement des formulaires, tarifs détaillés et suivi des dossiers en ligne sur leur site. On y trouve également toutes les coordonnées et horaires des consulats, ce qui permet aux voyageurs d'être autonomes pour obtenir leur visa par eux-mêmes s'ils le souhaitent.

Coût et délai d'obtention du visa

Visa touristique (30 jours) : 35 €. Visa d'affaires : 35 €. Tarifs réduits pour les moins de 16 ans.
Le délai d'obtention du visa peut varier de 1 à 3 semaines. Téléphonez ou consultez le site de l'ambassade. Possibilité d'obtenir le visa en urgence : 70 € dans un délai de 3 jours.
ATTENTION : en cas de dépassement du délai de validité du visa, des pénalités sévères sont applicables : 70 US$ pour 1 jour, 90 US$ pour 2 jours, 150 US$ pour 3 jours. Soyez donc attentif !

Pensez à scanner passeport, visa, carte de paiement, billet d'avion et *vouchers* d'hôtel. Ensuite, adressez-les-vous par e-mail, en pièces jointes. En cas de perte ou de vol, rien de plus facile pour les récupérer dans un cybercafé. Les démarches administratives en seront bien plus rapides. Merci tonton Routard !

Vaccinations

Aucune vaccination obligatoire, mais vérifier que les vaccinations traditionnelles sont à jour (voir également plus loin la rubrique « Santé »). Cependant, le test VIH est obligatoire pour les visas multiples et les longs séjours.

Assurances voyage

■ ***Routard Assurance** (c/o AVI International) :* *106, rue de La Boétie, 75008 Paris.* ☎ *01-44-63-51-00.* ● *avi-international.france@wanadoo.fr* ● *avi-international.com* ● Ⓜ *Saint-Philippe-du-Roule ou Franklin-D.-Roosevelt.* Depuis 1995, *Routard Assurance,* en collaboration avec *AVI International,* spécialiste de l'assurance voyage, propose aux routards un tarif à la semaine qui inclut une assurance bagages de 2 000 € et appareils photo de 300 €. Pour les séjours longs (2 mois à 1 an), il existe le *Plan Marco Polo.* Depuis peu, également un nouveau contrat pour les seniors, en courts et longs séjours. *Routard Assurance* est aussi disponible en version « light » (durée adaptée aux week-ends et courts séjours en Europe). Vous trouverez un bulletin de souscription dans les dernières pages de chaque guide.

■ ***AVA :*** *25, rue de Maubeuge, 75009 Paris.* ☎ *01-53-20-44-20.* ● *ava.fr* ● Ⓜ *Cadet.* Un autre courtier fiable pour ceux qui souhaitent s'assurer en cas de décès-invalidité-accident lors d'un voyage à l'étranger, mais surtout pour bénéficier d'une assistance rapatriement, perte de bagages et annulation. Attention, franchises pour leurs contrats d'assurance voyage.

■ ***Pixel Assur :*** *18, rue des Plantes, 78600 Maisons-Laffitte.* ☎ *01-39-62-28-63.* ● *pixel-assur.com* ● *RER A : Maisons-Laffitte.* Assurance de matériel photo et vidéo tous risques dans le monde entier. Devis basé sur le prix d'achat de votre matériel. Avantage : garantie à l'année.

Carte internationale d'étudiant (carte ISIC)

La carte ISIC prouve le statut d'étudiant dans le monde entier et permet de bénéficier de tous les avantages, services, réductions étudiants du monde, dans le domaine du transport, de l'hébergement, de la culture, des loisirs, du shopping... C'est la clé de la mobilité étudiante !
Elle permet aussi d'accéder à des avantages exclusifs sur le voyage (billets d'avion tarif étudiants, hôtels et auberges de jeunesse, assurances, cartes SIM internationales, location de voitures...).
Pour plus d'informations sur la carte ISIC et pour la commander en ligne, ren-

dez-vous sur • *isic.fr* • *statravel.fr* • Renseignements supplémentaires : ☎ *01-40-49-01-01.*

Pour l'obtenir en France

– Commande en ligne.
– Ou boutique ISIC *(2, rue de Cicé, 75016 Paris)* muni du certificat de scolarité, d'une photo d'identité et de 13 € (12 € + 1 € de frais de traitement). Émission immédiate sur place ou envoi à domicile le jour même de la commande en ligne.

En Belgique

La carte coûte 12 € (+ 1 € frais d'envoi) et s'obtient sur présentation de la carte d'identité, de la carte d'étudiant et d'une photo auprès de :

■ ***Connections :*** *rens au ☎ 070-23-33-13 ou ☎ 479-807-129.* • *isic.be* •

En Suisse

Dans toutes les agences *STA Travel (☎ 058-450-40-00),* sur présentation de la carte d'étudiant, d'une photo et de 20 Fs. Commande de la carte en ligne : • *isic.ch* • *ou* • *statravel.ch* •

Au Canada

La carte coûte 20 $Ca (+ 1,50 $Ca frais d'envoi) ; disponible dans les agences *TravelCuts/Voyages Campus,* mais aussi dans les bureaux d'associations étudiants. Pour plus d'infos : • *voyagescampus.com* •

Organismes culturels ou associations

■ ***Centre culturel de Russie :*** *61, rue Boissière, 75116 Paris.* Ⓜ *Victor-Hugo ☎ 01-44-34-79-79.* • *russiefrance.org* • Le Centre culturel de Russie a pour but de promouvoir, soutenir et développer, dans tous les domaines culturels et scientifiques, les relations entre la France et la Russie... Vaste programme ! Des concerts, des conférences, un ciné-club, une bibliothèque et une vidéothèque, des cours de russe tous niveaux dans une vingtaine de villes en France, des stages en Russie et un club d'échecs...

■ ***Union France-Russie-CEI :*** *62, av. Guy-Môquet, 94400 Vitry-sur-Seine. ☎ 01-46-82-90-02.* • *francerussie.cei.free.fr* • *Accueil ts les jeudis 14h30-16h30.* Groupement de 80 associations en lien avec la Russie et la CEI, sous le sigle UNFRCEI. Ils vous orienteront vers une association proche de chez vous ou spécialiste de votre destination. Une autre façon de préparer votre voyage et de découvrir la Russie hors des sentiers battus. Certaines peuvent vous aider à trouver un hébergement chez l'habitant ou à découvrir le pays de manière plus « couleur locale ».

■ ***Association France-Oural :*** *140, rue de Saussure, 75017 Paris. ☎ 01-46-22-55-18.* • *franural.free.org* • Pour un voyage plus original, à thème ou en dehors des circuits traditionnels, pour découvrir les lieux et les hommes, vous pouvez contacter, au sein de l'Union, France-Oural/Tourisme et Loisirs 93, qui propose un tourisme associatif et alternatif !

Librairies russes

■ ***Le Globe :*** *67, bd Beaumarchais, 75003 Paris. ☎ 01-42-77-36-36.* • *info@librairieduglobe.com* • Ⓜ *Bréguet-Sabin ou Chemin-Vert. Tlj sf dim 10h30 (14h lun)-19h30 (20h jeu et sam) ; fermé le mat 20 juil-20 août.* La librairie qui a reçu Gagarine ! Livres neufs en russe, disques, CD-Rom, DVD, livres en français sur la Russie et traductions des auteurs russes. Incontournable pour la littérature. Rayon pour l'apprentissage du russe. Manifestations culturelles (expos, rencontres).

■ ***Les Éditeurs réunis :*** *11, rue de la Montagne-Sainte-Geneviève, 75005 Paris. ☎ 01-43-54-74-46.* • *editeurs-reunis.fr* • Ⓜ *Maubert-Mutualité. Lun 14h-18h30 ; mar-sam 10h-18h30.* Livres en russe et en français sur la Russie et sur l'orthodoxie. C'est l'éditeur de Soljenitsyne. Charme des années d'avant guerre. Vieille balance à poids. Chaises pour les clients. Quelques CD. Choix énorme de livres sur l'orthodoxie. Des occasions à prix cassés. Cave avec grand stock. Accueil sympathique.

ARGENT, BANQUES, CHANGE

– ***La monnaie*** est le *rouble* (R). Un rouble se divise en 100 *kopecks*.

– ***Le taux de change,*** début 2012, était le suivant : 1 € = environ 40,70 R (100 R = 2,45 € environ). Bien sûr, le taux de change connaît des fluctuations régulières. La variation de la fourchette est, en moyenne, de 35 à 45 R environ pour 1 €, alors renseignez-vous avant le départ. **Nous garderons, pour cette édition 2012, la valeur moyenne de 1 € = 40 R (100 R = 2,50 €),** ce chiffre facilitant le calcul mental. Pour nos lecteurs suisses et canadiens, début 2012, le taux était de : 100 R = 3 Fs et 3,20 $Ca.

On peut ***changer*** les euros (à un taux pas moins avantageux que les dollars, inutile donc de s'encombrer de ces derniers) dans les banques et bureaux de change, qu'on trouve désormais partout. Pratique : à Saint-Pétersbourg, ceux-ci sont ouverts tous les jours, quelquefois même 24h/24. À Moscou, on les repère à leurs enseignes lumineuses qui font clignoter le taux de change du jour. Taux assez semblables, mais ne pas omettre de comparer malgré tout, surtout si on change de grosses sommes. S'attendre aussi à une petite commission, soit directe, soit sous forme de pourcentage, soit aussi, surtout à Moscou, sous forme d'un taux de change moins avantageux. Attention, le taux affiché est souvent légèrement moins bon une fois à l'intérieur. En effet, ce taux est valable si vous changez une certaine somme, en général élevée. En deçà, le taux baisse. Évitez de changer dans le métro, il y a trop de cas d'arnaques signalés. Dans tous les cas, pensez à recompter vos billets. Certains bureaux de change acceptent les francs suisses et les dollars canadiens. Attention aux billets vieux ou abîmés : ils peuvent être refusés.

Sinon, on peut également retirer de l'argent liquide avec une ***carte de paiement*** *Visa* ou *MasterCard* aux DAB (distributeurs automatiques de billets), qui sont de plus en plus fréquents et sûrs. Privilégiez tout de même les plus grosses banques et les distributeurs affichant clairement les logos *Visa, MasterCard* et *Cirrus,* certains petits distributeurs ne fonctionnant pas toujours, ou alors... en russe. Cela dit, attention, les commissions de retrait sont assez élevées. Concernant les cartes de paiement toujours, elles sont également acceptées dans la plupart des hôtels (sauf les moins chers et les AJ), les restos des catégories « Prix moyens » et « Plus chic », et aussi de plus en plus souvent dans les boutiques.

Quelle que soit la carte que vous possédez, chaque banque gère elle-même le processus d'opposition et le numéro de téléphone correspondant ! Avant de partir, notez donc bien le numéro d'opposition propre à votre banque (il figure souvent au dos des tickets de retrait, sur votre contrat ou à côté des distributeurs de billets), ainsi que le numéro à 16 chiffres de votre carte. Bien entendu, conservez ces informations en lieu sûr et séparément de votre carte. Par ailleurs, l'assistance médicale se limite aux 90 premiers jours du voyage et l'assistance véhicule aux cartes haut de gamme (renseignez-vous auprès de votre banque).

– **Carte bleue Visa :** *assistance médicale incluse ; numéro d'urgence (Europe Assistance) : ☎ (00-33) 1-41-85-85-85. • visa-europe.fr • Pour faire opposition, contactez le numéro communiqué par votre banque. Ou à défaut, si vous êtes en France, faites le ☎ 0892-705-705 (0,34 €/mn).*

– **Carte MasterCard :** *assistance médicale incluse ; numéro d'urgence : ☎ (00-33) 1-45-16-65-65. • mastercard france.com • En cas de perte ou de vol, composez le numéro communiqué par votre banque, ou à défaut, le numéro général : ☎ (00-33) 892-699-292 pour faire opposition.*

– *Pour la carte* ***American Express :***

téléphonez en cas de pépin au ☎ (00-33) 1-47-77-72-00 (numéro accessible tlj, 24h/24). • americanexpress.fr •

– *Pour ttes les cartes émises par* **La Banque postale,** *composez le : ☎ 0825-809-803 (0,15 €/mn) depuis la France métropolitaine ou les DOM, et le ☎ (00-33) 5-55-42-51-96 depuis les DOM ou l'étranger.*

– Également un numéro d'appel valable pour faire opposition, ***quelle que soit votre carte de paiement*** *: ☎ 0892-705-705 (serveur vocal à 0,34 €/mn). Ne fonctionne ni en PCV ni depuis l'étranger.*

Petite mesure de précaution : si vous retirez de l'argent dans un distributeur, utilisez de préférence les distributeurs attenants à une agence bancaire. En cas de pépin avec votre carte (carte avalée, erreurs de numéro...), vous aurez un interlocuteur dans l'agence, du moins pendant les heures ouvrables.

Western Union

En cas de besoin urgent d'argent liquide (perte ou vol de billets, chèques de voyage, carte de paiement), vous pouvez être dépanné en quelques minutes grâce au système *Western Union Money Transfer.* Pour cela, demandez à quelqu'un de vous déposer de l'argent en euros dans l'un des bureaux *Western Union* ; les correspondants en France de *Western Union* sont *La Banque postale (fermée sam ap-m, n'oubliez pas ! ☎ 0825-00-98-98 ; 0,15 €/mn)* et *Travelex* en collaboration avec la *Société financière de paiements (SFDP ; ☎ 0825-825-842 ; 0,15 €/mn).* L'argent vous est transféré en moins de 15 mn. La commission, assez élevée, est payée par l'expéditeur. Possibilité d'effectuer un transfert en ligne 24h/24 par carte de paiement (*Visa* ou *MasterCard* émise en France). *• westernunion.com •*

ACHATS

Artisanat et souvenirs

L'artisanat traditionnel est d'autant plus riche que les hivers sont longs en Russie et que la vie au village laisse du temps pendant plusieurs mois, quand la neige recouvre tout alentour. Cela explique aussi l'usage – que l'on peut trouver abusif – de couleurs vives et abondantes.

LA POUPÉE GIGOGNE

Elle s'appelle « matriochka » et sert même de métaphore littéraire ou philosophique... Alors, ne vous en privez pas. Vous ne pourrez la rater dans les lieux touristiques. De paysanne, elle est devenue politique et sportive ces dernières années : vous aurez celles représentant tous les chefs d'État, depuis Lénine, voire le tsar Nicolas II, jusqu'à Poutine, Sarkozy, Obama, et les plus grands footballeurs. La facture est de qualité inégale... et le prix varie en fonction du nombre de poupées qui s'emboîtent.

Les grands yeux à la Walt Disney sont aujourd'hui de mise et il vous sera difficile de trouver d'autres modèles plus traditionnels. Regardez sur les marchés et aux abords des grandes gares. Quelquefois, des paysannes en vendent, qui sont autrement plus jolies et plus grandes.

Si vous êtes fan de poupées, voyez aussi les poupées en costumes traditionnels, très appréciées des petites filles et dont les parents font collection...

LES SAMOVARS

Tout aussi symboliques que la matriochka. Ils sont en cuivre et quelquefois en argent. Aujourd'hui, souvent en simple métal et électriques. À l'origine, ils se chauffaient au charbon ou au bois. On mettait les bûches dans la cheminée au milieu et l'eau autour. Sur la couronne dentelée du dessus, on déposait la théière avec une

infusion très forte de thé. Pour servir, on versait un peu d'infusion et on noyait avec l'eau du samovar en plaçant la tasse sous le robinet.
Du temps de Tchekhov, on passait l'après-midi, voire la journée, à boire du thé dans le parc, et, grâce au samovar, le thé était toujours chaud. Dans les cantines, vous en verrez encore. Les meilleurs samovars étaient fabriqués à ***Toula*** (au sud de Moscou). Attention, vous devez obtenir une autorisation pour exporter des samovars anciens.

LES CHKATOULKI

Ce sont les boîtes peintes en papier mâché. On en fait aussi en bois verni qui sont bon marché et peuvent faire un souvenir présentable. Mais elles n'ont rien à voir avec celles de Palekh, ville où des peintres peignent à la détrempe des objets (boîtes, broches, icônes...) en papier mâché. Les peintures sont vives, le fond est noir, le dessin s'inspire de contes russes ou de sujets historiques ou religieux et relève de l'art des miniaturistes. Chaque boîte est une œuvre d'art et le prix est élevé. Il y a d'autres villes et villages qui font ce genre d'objets, comme ***Fédoskino*** (région de Moscou), avec des incrustations de nacre sur des représentations de paysages ou de nature morte. Mais Palekh est la plus réputée, au point d'être devenue un nom générique.

LES CHÂLES COLORÉS

Ils sont quasi incontournables. Si on aime, l'avantage, c'est qu'ils ne pèsent pas lourd à rapporter. Là aussi, les qualités sont très différentes. Les plus beaux sont fabriqués à ***Pavlov Possad*** (région d'Ivanovo, au nord-est de Moscou). Voyez aussi les châles en dentelle blanche de laine, fins et chauds, et vendus par des paysannes près des marchés, des gares et quelquefois sur l'Arbat. Pour qu'un châle soit parfait, il faut qu'il passe entièrement dans une bague (c'est rare). Il y a aussi des tissus (serviettes, dessus-de-lit) en dentelle de Vologda (ville du Nord).

LES PLATEAUX PEINTS

Les plus connus sont peints à ***Jostovo,*** un village de la région de Moscou proche de Mytichtchi (où l'on construit aussi les wagons du métro). Ce sont des plateaux métalliques sur lesquels des fruits ou des fleurs sont peints à l'huile en couleurs vives sur fond noir.

LA VAISSELLE EN BOIS PEINT

Des cuillères, des bols, de la vaisselle, ou même des meubles sont peints de décors végétaux en couleurs, noir, rouge et or. Le fond est doré. Ce motif traditionnel s'appelle ***Khokhloma.*** Les originaux viennent de la région de ***Nijni Novgorod,*** mais il y a des imitations. La cuillère en bois, unique couvert pendant longtemps dans les campagnes russes, est un cadeau souvenir fréquent.

LA CÉRAMIQUE DE GJEL

Gjel est un village de la région de Moscou. Sa vaisselle (sucriers, théières, tasses, etc.), ses jouets, personnages et objets divers en majolique sont réputés et souvent collectionnés. Les dessins bleu foncé, plus rarement bleu clair, sur glaçure blanche, rehaussés d'or, sont facilement reconnaissables. Il y a du vrai ***Gjel*** et du faux. C'est écrit en dessous, comme pour la porcelaine.

LES SCULPTURES SUR BOIS OU SUR OS

Des jouets représentant des personnages finement sculptés inspirés de contes populaires et souvent astucieusement animés viennent de Bogorodsk (près de ***Serguiev Possad,*** où vous irez peut-être voir l'un des plus grands centres de l'Église orthodoxe, à quelque 70 km de Moscou). La sculpture sur os vient plus particulièrement des régions du Nord (***Kholmogory*** sur la Dvina) ou de l'Est (***Tchoukotka*** en

Extrême-Orient) et représente souvent des animaux, des peignes ou des petits vases. Parfois des os ou des bois de renne, plus rarement de l'ivoire de mammouth venant de Sibérie.

LES PIERRES SEMI-PRÉCIEUSES ET L'AMBRE

Des bijoux et des boîtes en pierres semi-précieuses *(samotsvety)* venant de la région de l'Oural sont maintenant proposés dans les bijouteries et les magasins de souvenirs de Moscou et de Saint-Pétersbourg. Le design ne plaît pas toujours aux Occidentaux, mais la variété de pierres est intéressante et vous pourriez vous laisser tenter. L'ambre est mieux connu et vient de la mer Baltique. Colliers et broches présentent parfois des incrustations amusantes. Comparez les prix et la qualité, car c'est un article très touristique. Et n'oublions pas les émaux de ***Rostov le Grand...***

LARMES MINÉRALES

Dès l'âge de la pierre, l'ambre occupe une place privilégiée parmi les gemmes semi-précieuses. Issues de la résine fossile sécrétée par les conifères, ces gouttelettes mordorées, relativement translucides, apparaissaient mystérieusement sur les côtes de la Baltique après chaque tempête. Il n'en fallait pas plus pour attribuer à ce don de la mer des propriétés magiques et différentes vertus médicinales.

LES ICÔNES

On peut parfaitement acheter des icônes dans les boutiques d'églises et les cathédrales, comme celle du Christ-Sauveur à Moscou. Évidemment, ce sont des reproductions, car il est interdit d'exporter des icônes anciennes.

BAKCHICH

Avec l'introduction de la loi du marché, la nécessité de graisser la patte des « mètrodotel' » pour être conduit à table dans un resto a disparu. Le touriste d'aujourd'hui n'a en général pas besoin de « se mettre d'accord » avec les uns et les autres pour passer un séjour agréable. Le pourboire (*na chaï,* soit, littéralement, « pour le thé ») est, en revanche, une tradition respectée : 5 à 10 % dans les restos, quelques dollars dans les hôtels, à votre bon cœur dans toute situation où vous serez bien servi. En règle générale, on attendra plus d'un touriste occidental que d'un touriste russe (qui bien souvent « oubliera » de donner un pourboire...).

BUDGET

Un voyage en Russie peut coûter assez cher. On dit même que Moscou est devenue la ville la plus chère du monde en ce qui concerne l'hébergement ! Tout dépend encore de votre niveau d'exigence. Le problème est que certains postes sont hors de prix, tandis que, pour d'autres (comme les restos), on peut s'en tirer à assez bon compte.
Voici le détail des échelles de prix de notre guide. De rares hôtels affichent leurs prix en dollars ou en euros, mais, la plupart du temps, c'est en roubles que les tarifs sont annoncés.

Hébergement

C'est le poste qui revient le plus cher, compte tenu du rapport qualité-prix assez médiocre. Les tarifs valent essentiellement pour Saint-Pétersbourg. À Moscou attendez-vous à payer un peu plus.

– ***Bon marché :*** jusqu'à 1 000 R (25 €) par personne ou 2 000-2 500 R (50-62,50 €) pour deux (AJ surtout).
– ***Prix moyens :*** de 2 500 à 4 000 R (62,50 à 100 €) pour deux.
– ***Chic :*** de 4 000 à 7 000 R (100 à 175 €).
– ***Plus chic :*** de 7 000 à 10 000 R (175 à 250 €).
– ***Très chic :*** plus de 10 000 R (250 €).

Restos

Incontestablement une meilleure affaire que les hôtels ! Les prix sont donnés pour un repas moyen, sans les boissons.
– ***Bon marché :*** moins de 300 R (7,50 €).
– ***Prix modérés :*** de 300 à 600 R (7,50 à 15 €).
– ***Prix moyens :*** de 600 à 1 200 R (15 à 30 €).
– ***Chic :*** de 1 200 à 2 000 R (30 à 50 €).
– ***Très chic :*** plus de 2 000 R (50 €).

Boissons

La bière locale, comme la *Baltika,* est très bon marché. Les boissons importées, en revanche, font vite grimper l'addition. Et on ne vous parle pas du vin !

Transports

Le bus (peu pratique) et le métro (très pratique) sont bon marché. Mais les taxis sont plus onéreux : une course moyenne à Saint-Pétersbourg revient vite à 500 R (que ce soit un taxi officiel ou non). À Saint-Pét', les fauchés prendront plutôt les voitures de « M. Tout-le-Monde » (taxis non officiels), presque deux fois moins chères.

Musées

Là, il va falloir prévoir un vrai budget. Le prix d'entrée moyen d'un grand musée, d'un palais ou d'un château se situe de 200 à 500 R. De plus, supplément pour les appareils photo et les caméras (de 100 à 300 R !), même si la tendance est de réduire ce coût additionnel un peu étrange... ou de supprimer purement et simplement le droit de faire des photos et des films afin de faciliter la vente de cartes postales et de livres d'art ! En revanche, les étudiants étrangers ont souvent droit à une grosse réduction (carte d'étudiant exigée à la caisse). Comme les Russes, eux, paient un peu moins (pas toujours), certains touristes essaient de se faire passer pour des locaux. Mais ça ne marche généralement pas... Bref, ne pas négliger de budgéter ce poste culturel, car ce sera sans doute, avec l'hébergement et certains restos, le plus lourd.

CLIMAT

Les températures se refroidissent du sud au nord, mais également d'ouest en est à mesure que l'influence continentale grandit. Cela dit, Moscou et Saint-Pétersbourg connaissent des températures relativement peu éloignées (légèrement plus tempérées à Saint-Pétersbourg) : les moyennes de janvier tournent autour de - 7 °C dans la ville de Pierre le Grand contre - 10 °C à Moscou ; celles de juillet autour de 16 à 18 °C. On note toutefois une plus grande fluctuation de ces températures à Moscou, où des variations d'amplitude de 10 °C ou plus en quelques jours, voire en quelques heures, sont fréquentes.
Les précipitations sont à peu près les mêmes dans les deux villes, mais il tombe plus de neige que de pluie à Moscou – le problème pour les touristes occidentaux est alors de parvenir à garder l'équilibre sur le verglas. En hiver, chapka et gants

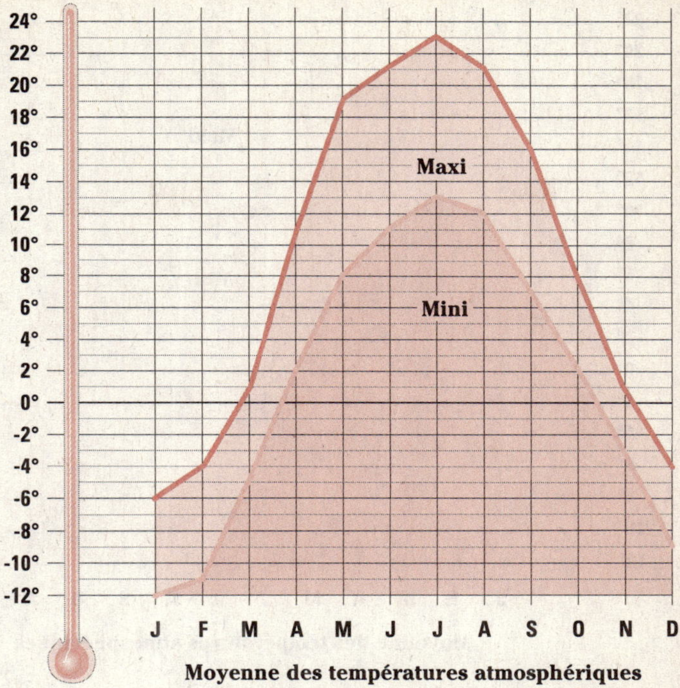

Moyenne des températures atmosphériques

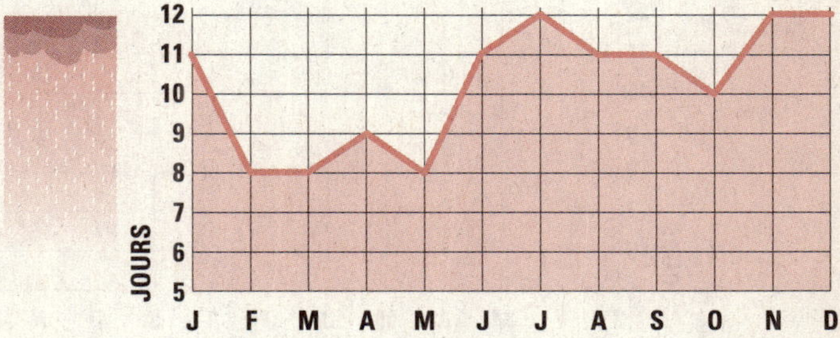

RUSSIE (Moscou) :
nombre de jours de pluie

obligatoires ! Attention aussi aux batteries (notamment de portables) qui se déchargent plus vite à cause des grands froids. Le soleil est un tout petit peu plus présent dans la capitale en hiver, mais les nuits blanches (qui ne le sont pas tout à fait), en juin, sont un phénomène unique dans les régions du Nord et à Saint-Pétersbourg. Les célèbres nuits blanches de Saint-Pétersbourg durent du 24 ou 25 mai au 16 ou 17 juillet et culminent le 21 juin, lorsque le soleil à minuit ne descend que de 6° sous l'horizon. Dans cette dernière ville, le vent venu de la Baltique souffle très souvent. Pour une visite en avril, il faut s'attendre à patauger, car c'est l'époque de la fonte des neiges...

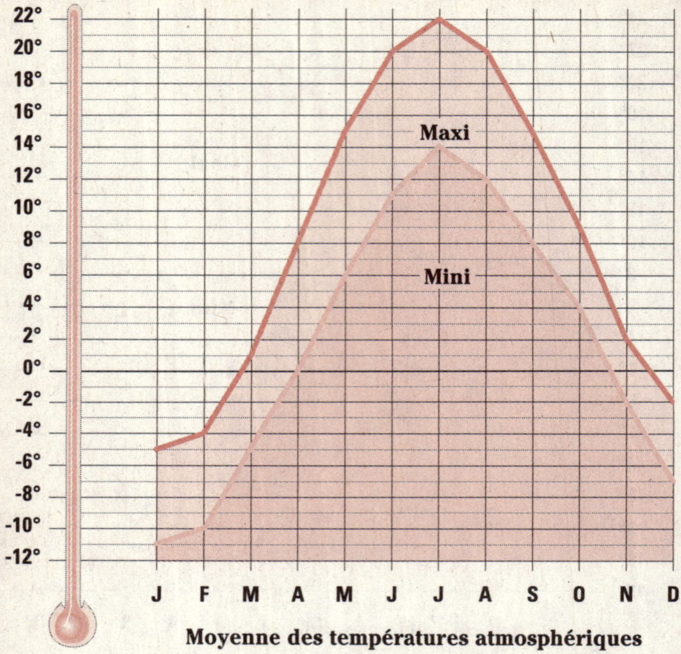

Moyenne des températures atmosphériques

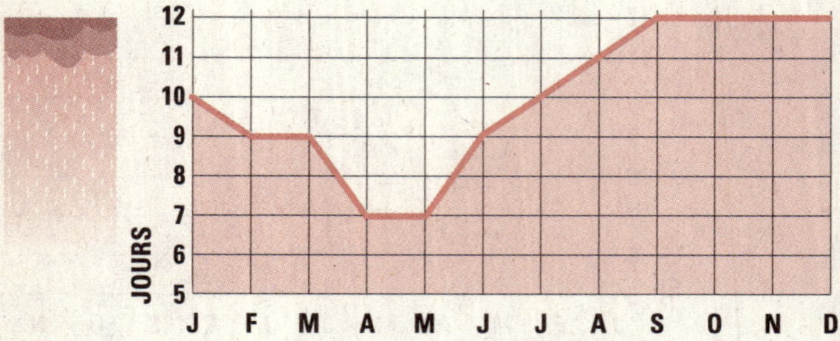

RUSSIE (Saint-Pétersbourg) :
nombre de jours de pluie

COURANT ÉLECTRIQUE

Le courant est du 220 V alternatif cadencé à 50 Hz, comme en Europe occidentale. Les prises femelles soviétiques avaient des trous légèrement plus petits que les nôtres. Elles sont encore très fréquentes, sauf dans les grands hôtels bien entendu. La prise mâle d'un transformateur d'ordinateur portable, par exemple, entre dans ce type de prise (pas toujours cependant), mais pas celle d'un fer à repasser. Pour ce type d'appareil, il faut un petit adaptateur *(adapter)*, qu'on achètera dans une grande surface avant le départ (ou dans un kiosque à Moscou).

DANGERS ET ENQUIQUINEMENTS

Beaucoup s'interrogent sur les dangers liés à la mafia. Pas de soucis : à moins que vous n'alliez en Russie pour conclure l'affaire mafieuse du siècle, vous n'intéressez personne. En revanche, comme partout, inégalités sociales égalent délinquance, et cela concerne tout le monde, Russes ou touristes. Que votre vigilance soit adaptée aux circonstances ! Pas d'ostentation dans la richesse, évitez de tenter d'éventuels candidats à un gain rapide et facile. Moins on verra vos valeurs et objets précieux, mieux vous vous porterez. À l'hôtel, ils doivent se trouver au coffre (beaucoup de mains baladeuses dans les chambres) ; lors d'un voyage en train, sur vous-même : ne vous fiez pas aux verrous des compartiments.
Dans les grandes villes, vous pourrez rencontrer quelques ivrognes dans la rue. Passez votre chemin tranquillement. Il pourra vous arriver aussi de vous retrouver entouré d'enfants tsiganes vous demandant l'aumône. Sachez qu'ils peuvent en profiter pour se servir eux-mêmes.
Des groupes de jeunes gens ont pris l'habitude de dévaliser les touristes en les bloquant dans la rue et en leur faisant les poches d'autorité. Tout se passe en quelques secondes, mais on frôle l'agression. À Saint-Pétersbourg, soyez vigilant lorsqu'un groupe de quatre ou cinq personnes fait mine de vous entourer d'un peu trop près. Dégagez-vous au plus vite ! De même, on nous signale que des touristes ont parfois affaire à de faux policiers qui leur demandent passeport et... portefeuille. Évidemment, il n'y a aucune raison de montrer son portefeuille à qui que ce soit. Quant au passeport, faites attention, ça se revend bien.
Si vous prenez les transports en commun, attendez-vous à être bousculé aux heures de pointe. La promiscuité n'effraie pas la population du métro et des autres moyens de transport en commun. Parfois, vous n'aurez pas d'autre choix que d'aller avec le flot : impossible de faire demi-tour ! Si vous portez un sac à dos, prenez les précautions d'usage.
Sans en faire une généralité, il faut aussi déplorer que, faute de contacts avec des étrangers et pour des raisons historiques, psychologiques ou religieuses, le Russe moyen manifeste un certain racisme à l'égard des visiteurs à la peau basanée. On croit nécessaire d'avertir nos lecteurs d'origine africaine ou maghrébine qu'ils risquent de rencontrer parfois des regards hostiles à leur présence dans les transports en commun ou dans les magasins. C'est d'autant plus vrai depuis les attentats tchétchènes. Le peuple russe ne connaît pas la compassion !
Au chapitre formalités, veillez à ce que votre visa soit enregistré par l'hôtel, l'organisation ou la personne qui vous a invité (moyennant finance, en général). Cela doit être fait dans les 7 jours ouvrés suivant votre arrivée. Si vous ne l'avez pas fait, vous risquez des ennuis avec la police des frontières à votre départ (c'est l'ancien héritage des dispositions qui s'appliquaient aux touristes qui visitaient l'Union soviétique, mais ils s'en souviennent parfois). Ce qui signifie également que si vous restez sur le territoire russe moins de 7 jours, vous êtes dispensé de cette obligation. En cas de doute, demandez à votre hôtel.

DÉCALAGE HORAIRE

Moscou et Saint-Pétersbourg sont en avance de 2h sur Paris durant la période estivale. Quand il est 12h à Paris, il est 14h à Moscou et Saint-Pétersbourg. **Attention, depuis 2011, les Russes ne passent plus à l'heure d'hiver,** le décalage est alors de 3h de début novembre à la fin mars.

JOURS FÉRIÉS ET FÊTES TRADITIONNELLES

À noter que les ambassades et consulats russes à l'étranger sont fermés aux dates marquées d'un *.
– ***1er janvier :*** Nouvel An classique* (vacances jusqu'au 5 janvier, parfois plus).
– ***7 janvier :*** Noël orthodoxe*.
– ***13 janvier :*** Nouvel An orthodoxe.
– ***23 février :*** jour de la Défense de la mère patrie*.
– ***8 mars :*** Journée internationale des Droits de la femme*.
– ***1er mai :*** fête du Printemps et du Travail*.
– ***9 mai :*** jour de la Victoire*.
– ***12 juin :*** jour de la Russie*.
– ***1er septembre :*** fête de l'Enseignement (non férié).
– ***Septembre :*** fête de la Ville.
– ***4 novembre :*** jour de l'Unité du peuple*.
– ***25 décembre :*** Noël classique.
À la Pâque orthodoxe, beaucoup de musées ferment leurs portes.

LANGUE

Jusqu'au XVIIIe s, la Russie n'a pas une, mais deux langues, l'une parlée, l'autre écrite. La première, issue du peuple, est impropre à exprimer des notions abstraites et ne satisfait pas la nouvelle intelligentsia, tandis que la seconde est devenue avec le temps quasi inintelligible. Au point qu'au XVIIIe s, la noblesse avait adopté le français pour combler cette carence linguistique.
À la fin du XVIIIe s, ***Nikolaï Karamzine,*** à la fois écrivain et historien, propose d'inventer une nouvelle langue en exploitant le capital linguistique de la langue parlée, sans craindre, au besoin, d'inventer les mots qui lui font défaut. C'est ainsi qu'est née la langue russe moderne, à laquelle Alexandre Pouchkine allait donner ses lettres de noblesse en littérature et en poésie.

L'EMPRUNT FRANCO-RUSSE

Dans l'autre sens, certains mots russes sont arrivés dans la langue française comme le mot karandach *(lui-même issu du turc), qui signifie « crayon » et a d'abord été emprunté par un caricaturiste français d'origine russe, Emmanuel Poiré, avant de devenir une célèbre marque suisse de crayons de qualité. En revanche, une légende populaire veut que le mot* bistro, *qui veut dire « vite », soit né de l'occupation russe de Paris au début du XIXe s, quand les soldats criaient dans les cafés pour boire un coup « vite » fait, loin du regard de leur supérieur hiérarchique... dit-on.*

Chez les Slaves, la langue écrite est un phénomène relativement tardif, fruit de l'entreprise d'évangélisation des peuples slaves des Balkans menée par les frères ***Cyrille et Méthode*** au nom de l'Église byzantine au IXe s. Les deux évangélisateurs mirent au point l'alphabet dit « glagolitique », qui subsista en Moravie jusqu'au XVIIIe s.
L'alphabet cyrillique fut inventé par les élèves de Méthode après la mort de ce dernier. Ils utilisèrent pour ce faire l'alphabet grec et l'alphabet glagolitique. En 1708, Pierre le Grand introduisit une première réforme de l'alphabet, qui a donné naissance à l'alphabet russe proprement dit.
L'alphabet moderne comprend 33 signes, dont un « signe dur » (**ъ**) et un « signe mou » (**ь**). Ils servent à distinguer les consonnes molles et dures comme, par exemple, dans les mots **брать/брат** signifiant dans le premier cas « prendre » et dans le second « frère »...

L'alphabet cyrillique russe

А а	a comme dans	**a**llô
Б б	b	**b**ébé
В в	v	**v**oir
Г г	g	**g**rand
Д д	d	**d**roit
Е е	ié	m**ie**l
Ё ё	io	v**io**lon
Ж ж	j	**j**oie
З з	z	**z**éro
И и	i	**i**doine
Й й	ï	trava**il**
К к	k	**c**roc
Л л	l	**l**oin
М м	m	**m**oi
Н н	n	**n**appe
О о	o	**o**range
П п	p	**p**ont
Р р	r	**r**ire
С с	s	**s**oir
Т т	t	**t**oi
У у	ou	bij**ou**
Ф ф	f	**f**aon
Х х	kh	*A**ch** so* (en allemand)
Ц ц	ts	**ts**ar
Ч ч	tch	**tch**èque
Ш ш	ch	**ch**at
Щ щ	chtch	bor**chtch**
Ъ ъ	[-] rare	
Ы ы	entre « é » et « i »	c**i**rque
Ь ь	léger « ï » après la consonne, comme le son qui suit « n »	campag**ne**
Э э	è	m**è**re
Ю ю	yu	p**iou**piou
Я я	ya	**ya**ck

Lexique

Si vous souhaitez voyager tranquille en Russie, ne manquez pas de vous procurer notre ***Guide de conversation du routard* en russe.**

Oui	да	*da*
Non	нет	*nièt*
Pas	не	*nié*
S'il vous plaît	пожалуйста	*paj**a**lousta*
Merci	спасибо	*spass**i**ba*
Je vous en prie	прошу вас	*prach**ou** vas*
Excusez-moi	извините	*izvin**i**tié*
Bonjour	здравствуйте	*zdr**a**stvouïtié*
Au revoir	до свидания	*da svid**a**nia*
Bonjour (le matin)	доброе утро	*d**o**broayé **ou**tra*
Bonjour (à la mi-journée)	добрый день	*d**o**brïï di**é**n'*
Bonsoir	добрый вечер	*d**o**brïï vi**é**tcher*
Bonne nuit	спокойной ночи	*spak**o**ïnaï notch'*
Salut !	привет !	*privi**è**t !*

Là	там	*tam*
Quoi ?	что ?	*chto ?*
Ici	здесь	*zdiés'*
Où ?	где ?	*gdié ?*
Pourquoi ?	почему ?	*patchem**ou** ?*
Quand ?	когда ?	*kagd**a** ?*
Maintenant	сейчас	*siéïtch**a**ss*
Plus tard	позже	*p**o**zje*
Puis-je... ?	можно... ?	*m**o**jna... ?*
C'est possible/permis	можно	*m**o**jna*
Ce n'est pas possible/ permis	нельзя	*nielzi**a***
Grand	большой	*bal'ch**o**ï*
Petit	маленький	*m**a**lién'kiï*
Chaud (eau, nourriture)	горячий	*gar**ia**tchiï*
Chaud (temps)	жарко	*j**a**rka*
Froid	холодный	*khal**o**dniï*
Bon, bien	хорошо	*khrach**o***
Bon (à manger)	вкусно	*fk**u**sna*
Mauvais, mal	плохо	*pl**o**kha*
Près	близко	*bl**i**zka*
Loin	далеко	*daliék**o***
En haut	наверху	*navièrkh**ou***
En bas	внизу	*vniz**ou***
Tôt	рано	*r**a**na*
Tard	поздно	*p**o**zna*
Libre	свободно	*svab**o**dna*
Gratuit	бесплатно	*biéspl**a**tna*
Toilettes	туалет	*toual**iè**t*
Pour hommes	мужской	*moujsk**o**ï*
Pour femmes	женский	*j**è**nskiï*

Conversation

EXPRESSIONS COURANTES

Comment vous appelez-vous ?	как вас зовут ?	*kak vas zav**ou**t ?*
Je m'appelle...	меня зовут...	*mini**a** zav**ou**t...*
Je suis français(e)...	я француз (француженка)...	*ia frants**ou**z (frants**ou**jénka)...*
... suisse	... швейцарец (швейцарка)	*... chvets**a**riéts (chvets**a**rka)*
... belge	... бельгиец (бельгийка)	*... biélgu**i**iéts (biélgu**i**ïka)*
... canadien(ne)	... канадец (канадка)	*... kan**a**diéts (kan**a**dka)*
... russe	... русский (русская)	*... r**ou**skiï (r**ou**skaya)*
Comment allez-vous ?	как дела ? очень	*kak diél**a** ? **o**tchién'*
Très bien, merci	хорошо, спасибо	*khrach**o**, spas**i**ba*
Enchanté	очень приятно	***o**tchen pri**ya**tna*
Pouvez-vous me dire quand nous arrivons à... ?	скажите, пожалуйста, когда мы приедем в... ?	*skaj**i**tié, paj**a**lousta, kagd**a** mi pri**yé**diem v... ?*
C'est très loin ?	это далеко ?	***è**ta daliék**o** ?*
Parlez-vous...	вы говорите...	*vi gavar**i**tié...*
... l'anglais ?	... по-английски ?	*... po-angl**i**ski ?*
... le français ?	... по-французски ?	*... po-frants**ou**ski ?*

VIE PRATIQUE

Comment va-t-on à... ?	как добраться до... ?	*kak dabr**a**t'sia da... ?*
Ville	город	*g**o**rad*
Poste	почта	*p**o**tchta*
Banque	банк	*bank*

TRANSPORTS

Gare des bus	автовокзал	*avtovagz**a**l*
Gare	вокзал	*vagz**a**l*
Taxi	такси	*taks**i***
Station (de métro)	станция	*st**a**ntsiya*
Aéroport	аэропорт	*aèrap**o**rt*

ARGENT, ACHATS

Argent	деньги	*di**é**ngui*
Roubles	рубли	*roubl**i***
Bureau de change	обмен валюты	*abmi**è**n vali**ou**ty*
Euros	евро	***ié**vro*
Dollars	доллары	*d**o**llary*
Changer	поменять	*pomén**ia**t'*
Ouvert	открыто	*atkr**y**ta*
Fermé	закрыто	*zakr**y**ta*
Combien cela coûte-t-il ?	сколько это стоит ?	*sk**o**l'ka **é**ta st**o**ït ?*
Je voudrais acheter...	я хотел (хотела) бы купить...	*ia khati**è**l (khati**è**la) by koup**i**t'...*
Avez-vous... ?	у вас есть... ?	*ou vas iést'... ?*
Prenez-vous les cartes de paiement ?	вы принимаете кредитные карточки ?	*vy prinim**a**ïétié kriéd**i**tniyé k**a**rtotchki ?*

***À L'HÔTEL* – В отеле (V AT*E*LIÉ)**

Hôtel	гостиница	*gast**i**nitsa*
Avez-vous une chambre libre ?	у вас есть свободный номер ?	*ou vas iést' svab**o**dny n**o**miér ?*
Chambre pour deux personnes avec un grand lit	номер с двуспальной кроватью	*n**o**miér s dvousp**a**l'noï krav**a**t'iou*
Chambre à deux lits	двухместный номер	*dvoukhmi**é**snyï n**o**miér*
Chambre pour une personne	одноместный номер	*adnami**é**snyï n**o**miér*
Salle de bains, douche	ванная, душ	*v**a**nnaya, douch*

AU RESTAURANT* – В ресторане** (V RÉSTARA***NIÉ)

Restaurant	ресторан	*réstar**a**n*
Une table pour deux, s'il vous plaît	стол на двоих пожалуйста	*stol na dva**ï**kh paj**a**lousta*
J'aimerais réserver une table	я хочу заказать стол	*ia khotch**ou** zakaz**a**t' stol*
L'addition, s'il vous plaît	счёт пожалуйста	*stchiot, paj**a**lsta*
Petit déjeuner	завтрак	*z**a**ftrak*
Déjeuner	обед	*abi**è**t*
Dîner	ужин	***ou**jin*

BOISSONS* – Напитки** (NAPI***TKI)

Jus d'orange	апельсиновый сок	*apiel's**i**novy sok*
Eau minérale	минеральная вода	*minér**a**l'naya vad**a***

Vin blanc	белое вино	_bi**é**loyé vin**o**_
Vin rouge	красное вино	_kr**a**snoyé vin**o**_
Bière	пиво	_p**i**va_
Café	кофе	_k**o**fié_
Eau	вода	_vad**a**_
Thé	чай	_tchaï_
Glace	лё**д**	_liod_

URGENCES

Au secours !	помогите !	_pamagu**i**tié !_
Stop !	стоп !	_stop !_
Laissez-moi tranquille !	оставьте меня в покое !	_ost**a**ftié mini**a** v pak**o**yé !_
Appelez un docteur !	позовите врача !	_pazav**i**tié vratch**a** !_
Appelez une ambulance !	вызовите скорую помощь !	_V**y**zavitié sk**o**rouyou p**o**moch' !_
Au feu !	пожар !	_paj**a**r !_
Appelez les pompiers !	вызовите пожарных !	_v**y**zavitié paj**a**rnykh !_
Police	милиция	_mil**i**tsia_
Où y a-t-il un...	где...	_gdié..._
... téléphone ?	... телефон ?	_... tiéliéf**o**n ?_
... hôpital ?	... больница ?	_... bal'n**i**tsa ?_
... poste de police ?	... милиция ?	_... mil**i**tsia ?_

NOMBRES

1	один/одна/одно	_ad**i**n/adn**a**/adn**o**_
2	два/две	_dva/dvié_
3	три	_tri_
4	четыре	_tchié**t**yrié_
5	пять	_piat'_
6	шесть	_chést'_
7	семь	_siém'_
8	восемь	_v**o**ssiém'_
9	девять	_d**ié**viat'_
10	десять	_d**ié**ssiat'_
100	сто	_sto_
1 000	тысяча	_t**y**ssiatcha_

LIVRES DE ROUTE

Les incontournables

– ***Anna Karénine,*** de Léon Tolstoï (Le Livre de Poche, n° 3141, 1 024 p.). Les tribulations adultérines d'Anna, qui décide d'abandonner sa famille et son statut social pour suivre le comte Vronski, son amant. Affichant libéralisme et mépris de la morale bourgeoise, le personnage de cette Emma Bovary à la sauce russe, tiraillée entre raison et passion, fut inspiré à Tolstoï par un fait divers. Bien pour tuer le temps dans le Transsibérien.

– ***Guerre et Paix*** *(tomes I et II),* de Léon Tolstoï (Le Livre de Poche, nos 1016 et 1019, 1 616 p. en tout). Saga humaine, enchevêtrement de personnages épiques tels que Natacha, Pierre Bézoukhov ou encore Andreï Bolkonski, sur fond de guerres napoléoniennes. Entre bals moscovites et Berezina, 7 années furent nécessaires à la rédaction de ce monument de la littérature, fort peu concis il faut bien l'avouer.

– ***Crime et Châtiment,*** de Dostoïevski (Le Livre de Poche, n° 3110, 640 p.). À la fois drame psychologique et roman policier, *Crime et Châtiment* raconte les exactions de Raskolnikov, un antihéros mis en scène avec suspense. Un coup de maître pour cette première grande œuvre de Dostoïevski, qui passa plusieurs années de sa vie au bagne et dont le père fut assassiné. Ceci explique peut-être cela.
– ***Les Frères Karamazov,*** de Dostoïevski (Le Livre de Poche, n° 4626, 920 p.). Dernière œuvre de Dostoïevski, sous le prétexte d'une histoire de meurtre, celui de Fédor Karamazov, sur fond de misère sociale de la Russie des années 1860, c'est un immense roman à portée philosophique universelle.
– ***La Cerisaie,*** d'Anton Tchekhov (Le Livre de Poche, n° 1090, 160 p.). Les déboires de Lioubov avec Lopakhine, un ancien serviteur reconverti dans les affaires qui décide de racheter sa propriété, la Cerisaie, pour commencer par la détruire. Pièce de théâtre métaphorique qui évoque à coups de hache la fin de l'aristocratie face à la classe ouvrière, à la veille de la première révolution de 1905.
– ***La Mouette,*** d'Anton Tchekhov (Le Livre de Poche, n° 6123, 160 p.). Pièce de théâtre créée en 1896. Toute une flopée de personnages bohèmes attirés par un lac, et parmi lesquels Nina, qui se voit offrir une mouette morte par l'écrivain Treplev. Ça vole haut, autant vous le dire tout de suite, mais quel régal pour les adeptes du genre !
– ***Nouvelles de Pétersbourg,*** de Nicolas Gogol (Le Livre de Poche, n° 9630, 384 p.). Une succession d'histoires débordant d'imagination, qui se déroulent à Saint-Pétersbourg, c'est là leur seul point commun. Des chiens doués de parole, un nez déguisé en conseiller d'État (la nouvelle certainement la plus célèbre), des inconnus sur la perspective Nevski, l'auteur joue avec le hasard des rencontres et de son imagination débridée. De là à penser qu'il porte bien son nom, il y a un gouffre que nous ne saurions franchir.
– ***La Dame de pique,*** d'Alexandre Pouchkine (Le Livre de Poche, n° 6214, 190 p.). Un jeune homme tue involontairement une vieille comtesse à qui il souhaitait extorquer le secret du succès aux jeux, et il est dévoré par les remords. La dame de pique, à la fois carte à jouer et métaphore de la femme assassinée, ne cessera de le tarauder (sans jeu de mots) jusqu'à l'issue fatale. Le livre comprend, outre cette nouvelle fantastique, cinq autres récits de la même veine.
– ***La Fille du capitaine,*** d'Alexandre Pouchkine (Le Livre de Poche, n° 6094, 224 p.). Sous le règne de Catherine II, Pierre Griniov, un jeune officier affecté à la lointaine forteresse de Bielogorsk, risque sa vie pour sauver celle qu'il aime, en pleine rébellion paysanne. À la frontière du récit historique, ce roman est considéré comme l'une des œuvres fondatrices de la littérature russe moderne.
– ***Le Docteur Jivago,*** de Boris Pasternak (Gallimard, coll. « Folio », n° 79, 704 p.). L'une des histoires d'amour impossible les plus célèbres de la littérature russe. En 1917, Iouri Andréiévitch Jivago, étudiant en médecine et issu d'une riche famille de Moscou, s'éprend de Lara, le tout sur fond de révolution et de guerre. Un roman fourni en références historiques et en personnages brillamment dépeints. Qui n'a pas vu le film et versé une larme devant le désespoir du docteur Jivago, alias Omar Sharif ?
– ***L'Accompagnatrice,*** de Nina Berberova (Librio, 88 p.). Petrograd sert de décor à la destinée de cette jeune fille de 18 ans, engagée comme accompagnatrice chez une soprano « de la haute », comme on dit, et qui se rebelle contre les injustices sociales et les hasards, parfois malheureux, de la vie. Une fresque psychologique dense et sans merci qui a donné lieu à un film à succès et qui place l'auteur parmi les écrivains phares du XXe s (une femme, faut-il le signaler ?).
– ***C'est moi qui souligne,*** de Nina Berberova (Actes Sud, coll. « Babel », n° 22, 621 p.). Écrit dans les années 1960. L'auteur raconte sa vie peu ordinaire et entraîne le lecteur d'abord à Saint-Pétersbourg, ville de sa jeunesse, où elle fréquente les poètes et les écrivains de la jeune génération. Puis surgit la révolution russe, les difficultés de l'immigration, la guerre mondiale en France. C'est une écriture de la nécessité, comme le souligne Nina, après avoir vécu en Russie, en France et aux

États-Unis. On est frappé par la vitalité de cette femme et par sa capacité d'adaptation aux événements sociaux et personnels qui jalonneront sa vie.

– ***Le Maître et Marguerite,*** de Mikhaïl Boulgakov (Pocket, 608 p.). Un des chefs-d'œuvre de la littérature soviétique. L'une des plus longues gestations littéraires aussi. Entrepris en 1929, abandonné par Boulgakov en 1940, quelques semaines avant sa mort, *Le Maître et Marguerite* ne fut publié qu'au moment du dégel qui suivit la mort de Staline (et encore, avec de nombreuses coupes qui ne furent rétablies qu'en 1967). Dans cette édition, toutes les coupes sont signalées. On mesure mieux aujourd'hui la stupidité et la perversité des censeurs de l'époque. Toutes les critiques du régime furent systématiquement traquées et extirpées, même les allusions les plus anodines, les métaphores les plus subtiles... Récit très dense, voire touffu, où s'imbriquent plusieurs histoires. On pourra être décontenancé, parfois perdu par ce mélange de la passion du Christ, l'intrusion du diable à Moscou et ces séquences de la vie d'un écrivain censuré et persécuté. Cependant, quelle jouissance quand le gros chat Béhemot sème la zizanie et provoque d'époustouflantes situations ! On arrive à des moments sublimes dans le fantastique. Satire du régime, comédie délirante, Boulgakov démontre un sens aigu de l'observation et un humour ravageur, défini ici véritablement, dans un sens « wildien », comme la politesse du désespoir !

– ***Voyage en Russie*** et ***Voyage au Caucase,*** d'Alexandre Dumas (éd. Hermann, 576 et 415 p.). Lumières boréales sur la Volga et impressions de la Russie du XIXe s, voilà le contenu de deux ouvrages réédités et dont l'auteur « panthéonisé » fut un témoin privilégié, sur son périple vers Astrakhan et le Caucase. Le voyage eut lieu autour de 1858, à l'invitation d'un comte russe. Ouvrages magnifiquement illustrés, hélas pas à la portée de toutes les bourses et difficiles à caser dans le sac à dos.

Parutions contemporaines

– ***L'Archipel du Goulag,*** d'Alexandre Soljenitsyne (Fayard, 566 p.). Âmes sensibles, s'abstenir : plus de 200 anciens détenus ont contribué à l'achèvement de cet ouvrage sur l'archipel du goulag, sigle désignant l'administration générale des camps d'internement de l'URSS de 1918 à 1956. Rien n'est épargné : l'arrestation, la torture, les transferts, les conditions de vie effroyables, l'anonymat des « ennemis du peuple » utilisés comme main-d'œuvre gratuite. Un témoignage rigoureux sur des faits historiques pas si lointains que ça. Depuis 2010, une version écourtée est devenue obligatoire au programme des étudiants russes de 16-17 ans.

– ***Au temps du fleuve Amour,*** d'Andreï Makine (Gallimard, coll. « Folio », n° 2885, 266 p.). Un trio de jeunes Sibériens ne rêve que d'une chose : prendre le Transsibérien pour partir découvrir l'Occident. Makine traîne ses guêtres vers Belleville et écrit en français, mais il est né à quelques encablures de la Mongolie. Il a obtenu en 1995 les prix Goncourt et Médicis pour *Le Testament français.* On vous prévient, le style poétique et parfois pénible ne conviendra pas à tout le monde. Mais c'est à lire absolument si l'on veut être à la page des nouveautés. Même topo (les prix littéraires en moins) pour Viktor Pelevine et son roman ***La Flèche jaune*** (Fayard, Mille et Une Nuits, « Petite Collection », 88 p.).

– ***Catherine II,*** d'Hélène Carrère d'Encausse (Fayard, 656 p.). Une biographie de la Grande Catherine par une autre femme, académicienne et spécialiste de la Russie. Cinquième impératrice du pays, Catherine II régna de manière peu banale, loin s'en faut. Adepte des Lumières et fine diplomate d'origine allemande, elle contribua à l'épanouissement du pays, à la fin du XVIIIe s, dans un contexte d'épidémies, de conflits internes et de guerres sanglantes. Une vraie saga à elle seule.

– ***L'Empire d'Eurasie,*** d'Hélène Carrère d'Encausse (Livre de Poche, 544 p.). Un opus ambitieux de madame l'académicienne qui brosse la fresque depuis 1552 d'un des plus vastes ensembles géopolitiques de l'histoire toujours écartelé entre Asie et Europe. Utile pour comprendre l'actualité agitée de nos voisins du « Far East ».

– ***Le Roman de Saint-Pétersbourg,*** de Vladimir Fedorovski (Le Livre de Poche, nº 15610, 267 p.). Les grands moments de la vie sentimentale de la ville de Pierre Ier, illustrés de manière très plaisante par une galerie de portraits rendus plus vivants encore par l'exploitation d'archives confidentielles devenues publiques très récemment.

– ***Le Roman du Kremlin,*** de Vladimir Fedorovski (Le Livre de Poche, nº 30387, 238 p.). Un voyage dans les coulisses du siège du pouvoir absolu de la Russie éternelle. Une galerie de portraits de leurs célèbres occupants, tous aussi mystérieux et inquiétants les uns que les autres.

– ***Dictionnaire amoureux de la Russie,*** de Dominique Fernandez (Plon, 857 p.). Une sorte d'inventaire subjectif dressé par un amoureux de la Russie (comme le titre l'indique) qui emmène le lecteur à travers les époques et les différents aspects de la culture russe, des grands noms de l'histoire à ceux de la littérature. Un bon point de départ pour une première approche du pays.

– ***Le Livre noir du communisme :*** ouvrage collectif (Pocket, coll. « Agora », nº 325). Même si l'ouvrage a soulevé des polémiques à sa sortie en 1997, il s'efforce de décrire comment une idéologie égalitaire née d'un idéal de justice et de fraternité au XIXe s a pu, au siècle suivant, engendrer une des plus effroyables organisations totalitaires et une machine à broyer les individus et les consciences. De Lénine à Staline, de Mao à Hô Chi Minh, de Pol Pot à Castro, cette somme de plus de 1 100 pages dresse l'inventaire abondamment chiffré des massacres, des persécutions, des famines et déportations organisées au nom d'une raison d'État préconisant la suprématie d'une classe sociale sur les autres.

– ***Danseur,*** de Colum McCann (10/18, nº 3740, 416 p.). Épousant le mouvement magique de la danse, le roman entraîne son lecteur dans un tourbillon de personnages dont la figure centrale est le célèbre Rudolf Noureev. On approche ainsi le mythe en lui laissant toujours sa part insaisissable. Lecture indispensable.

– ***Seule sur le Transsibérien,*** de Géraldine Dunbar (Transboréal ; nouvelle édition 2010 avec chapitre sur Moscou). Qui n'a pas rêvé du mythique voyage de 23 000 km de Moscou à Vladivostok et retour ? Géraldine l'a fait, « à la russe » et à son rythme : 4 mois à passer de train en train, de gare en ville-étape où elle séjourne, de forêts de bouleaux en steppes infinies, des rives des fleuves charriant les glaces aux rives du lac Baïkal, de l'Oural au Pacifique. Simple carnet de voyage ? Non. Ce qui fait la force de ce récit, c'est le foisonnement de portraits étonnants tout droit sortis d'un univers russe en pleine mutation, tiraillé entre nostalgie soviétique et modernité déroutante.

– ***Dictionnaire insolite de la Russie,*** de Catherine Alexeïev (Cosmopole). Un petit abécédaire au format poche et bon marché, à emporter en voyage pour donner les clés de cet univers à part et dépaysant qu'est la Russie.

La Russie en B.D.

– ***Tintin au pays des Soviets,*** de Hergé (Casterman). Routard à la houppette et en culotte de golf, Tintin a réalisé sa première enquête en URSS. Celui que le général de Gaulle qualifiait de « mon seul rival international » a maille à partir avec les affreux bolcheviks. Il faut dire que le jeune Hergé était à l'époque sous l'influence de son patron au journal le *XXe siècle,* l'abbé Wallez, un bouffeur de cocos de premier plan. Le scénario est naïf, mais tout y est : le KGB et ses coups fourrés, le pochetron un peu marteau, les voitures à double fond. Le dessin est encore simpliste et sans couleurs (ça manque de rouge !), mais cette B.D. est à avoir absolument dans sa bibliothèque : les rééditions sont rares.

– ***Ibicus,*** de Rabaté (Vents d'Ouest). On est loin du roman-fleuve à la russe, mais, dans le domaine de la B.D., la série *Ibicus* fait figure de référence. Librement inspirée de l'œuvre de Tolstoï, elle illustre la réussite sociale de Nevzorof, un simple comptable de la Russie de 1917. Le tome II a remporté le prix du meilleur album au Festival d'Angoulême 2000. Dans le genre, c'est du grand art.

Et pour les têtes blondes...

– ***Pierre et le Loup,*** de Serge Prokofiev (Gallimard Jeunesse, coll. « Folio Benjamin »). Conte musical, classique des classiques à écouter ou à lire, ou les deux. Un petit garçon échappé du jardin, un loup poursuivi par les chasseurs, un chat-clarinette qui reluque l'oiseau sur la branche (car, rappelez-vous, chaque personnage est interprété par un instrument), tous les ingrédients sont là pour initier les petits moujiks en herbe à la Russie. Le must, c'est de se procurer l'enregistrement inégalable réalisé par Gérard Philipe en 1956.
– ***Les Contes de Russie,*** illustrés par Ivan Yakovlévitch Bilibine (Actes Sud Junior). Autre incontournable qui trône sur la table de nuit de tous les petits enfants russes. On retrouve le *Loup* (gris cette fois-ci), aux prises avec un tsarévitch, mais aussi l'*Oiseau de feu* et bien sûr *Vassilia la très belle* et la *Princesse grenouille,* à faire chavirer le cœur des bambins. Les célèbres illustrations de Bilibine font presque autant partie de la légende.

PHOTO

Quelques conseils de bon sens.
– Ne pas prendre de photos de miliciens ou de soldats, sauf autour du Kremlin (relève de la garde, par exemple).
– Il est encore plus déconseillé de mitrailler de près véhicules de la milice ainsi que camions de l'armée et bâtiments utilisés par les « garants » de l'ordre public. Tolérance pour le ministère des Affaires étrangères (intéressante architecture), le Kremlin (à l'évidence impossible d'interdire) et dans une certaine mesure la Loubianka, qui excite bien sûr la curiosité. Savoir que ce qui compte, ce n'est pas votre perception des choses mais celle du milicien obtus ou du nostalgique parano. On ne change pas en si peu de temps de vieilles habitudes.
– Également, ne pas prendre de photos dans les marchés où l'on vend de la contrefaçon. Vendeurs particulièrement susceptibles, et les *okhrana* (gardes) risquent de s'emparer de votre appareil photo, d'en saisir la carte mémoire et de la garder. Au cas où vous auriez un appareil jetable, ces gardes sans légitimité peuvent très bien le confisquer aussi.
– Il était auparavant interdit de prendre des photos dans le métro de Moscou ; il y a de belles stations dont les vues sont quasi introuvables. À présent, c'est parfaitement toléré (se reporter à la rubrique « Moscou. À voir. Visitez le métro ! »).
– Essayez d'être le plus discret possible si vous tenez vraiment à prendre des photos d'activités ou de personnages douteux...
– En règle générale, sauf exception moyennant paiement, les photos ne sont pas autorisées dans les églises.
– Pour les nostalgiques de l'argentique, il est possible de trouver un bon vieux Zénith aux puces de *Ismaïlovo* à des prix défiant toute concurrence. Enfin, les collectionneurs ne manqueront pas de faire emplette d'un beau Leica (made in RDA) tout doré, avec gaine de cuir pour une cinquantaine d'euros (et parfois en état de marche).

POSTE

La poste est une des victimes de l'introduction brutale de la loi du marché. Bien sûr, par rapport à l'époque soviétique où tout le courrier avec l'étranger était lu et mettait donc très longtemps à être acheminé (et souvent n'arrivait pas du tout), il y a du progrès. Les délais se sont un peu réduits. Mais pas tant que ça ! Avant la révolution de 1917, selon une étude, une lettre mettait 5 jours de Londres ou Paris à Saint-Pétersbourg. À l'époque soviétique, 50 ans plus tard, jamais moins de 1 mois.

Aujourd'hui, environ 3 semaines, mais avec des pointes à 1 semaine et des extrêmes à 3-4 mois (vos amis russes peuvent très bien recevoir vos vœux de Nouvel An vers mars-avril). Dans l'ensemble, les lettres arrivent. Les colis, non, surtout s'il y a quelque chose de précieux dedans. Les services sont lents et peu fiables, et les délais sont imprévisibles. Résultat des courses : on est obligé de recourir aux géants des messageries privées : DHL, FedEx, UPS, TNT... Un courrier Moscou-Paris coûte ainsi de 30 à 50 € au lieu de 0,75 €. À l'énoncé de ces chiffres, on comprend bien que personne en Russie ne va songer à améliorer le service public de la poste. Priorité au marché libre. Et puis il est tellement préférable de toucher les royalties des courriers privés. Ces derniers, du coup, sont très fiables et ont su vaincre les obstacles douaniers, bureaucratiques et autres. Une remarque à part pour les transferts d'argent : on comprend bien que les mandats postaux sont peu réalistes, et donc que vous vous retrouviez orienté vers *Western Union* (voir plus haut dans « Argent, banques, change »). Attention : en plus du prix élevé qu'ils vous font payer pour le service rendu de transfert d'argent, ils vous imposeront un taux de change assez éloigné du marché et toujours à leur avantage.

SANTÉ

N'oubliez pas qu'une assurance voyage d'une compagnie reconnue par le consulat russe est indispensable pour obtenir un visa.
La situation sanitaire en Russie répond grosso modo aux mêmes normes qu'en Europe occidentale : la vaccination de la population a été l'un des grands programmes de la politique sociale de l'après-guerre. Quelques petits conseils s'imposent toutefois.
– Il est bon de s'assurer avant le départ qu'on est à jour pour les ***vaccinations*** dites « universelles » (diphtérie, tétanos, poliomyélite), et celle contre l'hépatite B est recommandée.
– Pour les étrangers, l'***eau du robinet*** n'est pas potable en Russie. En revanche, les crudités proposées dans les restos sont sans danger car en principe lavées à l'eau purifiée.
– Préférez faire vos achats de produits frais sur les ***marchés*** en centre-ville plutôt que sur ceux de la périphérie ; les contrôles y sont plus stricts. Laver les fruits et légumes, c'est du bon sens. Un coup d'œil à la date de péremption d'un produit conditionné n'est pas superflu non plus.
– Pour les ***insectes*** dans les zones rurales en été, préférez acheter un répulsif surpuissant (DEET à 50 %) avant le départ : ceux vendus sur place ne sont pas assez efficaces.
– Se servir de préservatifs au cas où : c'est indispensable. Les autorités ont recensé quelque 200 000 personnes atteintes du virus du ***sida*** ; mais selon leurs propres estimations, la réalité serait plutôt aux alentours de 1 million de personnes (des jeunes femmes pour environ un quart).

SITES INTERNET

• ***routard.com*** • Rejoignez la plus grande communauté francophone de voyageurs !
Échangez avec les routarnautes : forums, photos, avis d'hôtels.
Retrouvez aussi toutes les informations actualisées pour choisir et préparer vos voyages : plus de 200 fiches pays, une centaine de dossiers pratiques et un magazine en ligne pour découvrir tous les secrets de votre destination. Enfin, comparez les offres pour organiser et réserver votre voyage au meilleur prix. *Routard.com*, le voyage à portée de clics !

• ***russie.net*** • Un incontournable. Le Web franco-russe, une fenêtre ouverte sur la Russie et les pays de la CEI dans les domaines culturel, économique et touristique.
• ***paris-moscou.com*** • Un autre incontournable. Spectacles, expos, vie culturelle, musique, gastronomie, interprètes et traducteurs... il y en aura pour tout le monde !
• ***art-russe.com*** • Pour plonger dans l'ambiance. Le festival Internet de l'art russe : les rendez-vous culturels russes en France, des interviews et reportages sur la Russie. Liens vers Russie TV.
• ***lecourrierderussie.ru*** • Toute l'info de Russie via un bimensuel en ligne en langue française.
• ***boutique.france-cei.com*** • À la maison comme en Russie. Boutique en ligne France-CEI. Large choix d'objets artisanaux venant de Russie/CEI (Biélorussie, Ukraine, Arménie...) : boîtes laquées, œufs décorés, châles, vêtements brodés, matriochkas, vaisselle, bijoux, musique, films, etc. Paiement sécurisé.
• ***ambafrance-ru.org*** • Utile. Le site de l'ambassade de France à Moscou pour toutes sortes de renseignements pratiques.
• ***visitrussia.com*** • Site en anglais avec des liens vers des sites moins connus de l'univers russe.
• ***russia-travel.com*** • À destination des voyageurs anglophones, un site assez complet et relativement bien réactualisé.
• ***waytorussia.net*** • Un site en anglais avec de bonnes infos pratiques et un forum intéressant.
• ***moscowtimes.ru*** • En anglais. Pour prendre la température avant de sortir.
• ***rambler.ru*** • Pour les russophones. Une vraie mine d'or pour commencer un voyage avant le décollage ! Des horaires de trains aux sites des musées en passant par ceux des hôtels et des bars-restaurants, et plus encore !
• ***yandex.ru*** • Un moteur de recherche russe très complet et performant. Même si la langue d'accueil est en cyrillique, vous pouvez y faire vos recherches en alphabet latin (translittération).

TÉLÉPHONE ET COMMUNICATIONS

Téléphone

– ***France → Russie :*** composez le 00, puis le 7 (code de la Russie), suivi de l'indicatif de la ville et du numéro de votre correspondant.
– ***Russie → France, Belgique ou Suisse :*** composez le 8, attendre un bip continu, puis faites le 10, puis l'indicatif du pays, puis le numéro de votre correspondant.
– ***D'une ville de Russie à une autre ville de Russie :*** composez votre numéro précédé du 8 (attendre le bip) et du code de la ville.
ATTENTION : depuis 2008, la ville de Moscou a adopté un ***deuxième indicatif téléphonique,*** autre que le **495,** pour une partie de son territoire : le **499.** Attention, ce n'est pas simple ! Pas de panique néanmoins : la plupart des numéros moscovites conservent l'indicatif « 495 ». Voici la marche à suivre :
– si vous appelez d'un numéro « 495 » à un autre « 495 » à l'intérieur de Moscou, pas besoin de composer le « 495 » ; en revanche, si vous appelez d'un « 499 » à un autre « 499 », il faut composer le « 499 » !
– si vous appelez d'un « 495 » à un « 499 », ou inversement, faites le code et faites précéder l'un ou l'autre d'un « 8 » ;
– d'une autre ville que Moscou, il faut composer le « 8-499 » (ou « 7-499 » si on appelle de l'étranger) ou le « 8-495 » (ou « 7-495 » de l'étranger) ;
– si votre tentative d'appel n'aboutit pas, tentez l'autre code, il y a de grandes chances que ce soit le bon !

COMMENT TÉLÉPHONER ?

Pour passer un appel en France depuis la Russie, un moyen simple et économique est d'utiliser ***Skype*** dans un cybercafé ou un centre Internet. Bien sûr, votre correspondant doit avoir téléchargé le logiciel Skype de son côté. Mais on ne paie que le tarif du cybercafé (et strictement rien à l'autre bout du téléphone). Sinon, on trouve parfois des ***centres d'appels*** avec des cabines téléphoniques qui proposent des tarifs avantageux. Autre solution, acheter une ***carte téléphonique*** pour l'international *(karta dlya mejdounarodnykh zvonkov)* dans les kiosques à journaux ou boutiques de téléphonie, et appeler de n'importe quel téléphone fixe (ou portable, voir plus bas). Attention, l'offre est vaste et fluctuante, mieux vaut parler un peu le russe (ou se faire aider d'un Russe qui parle l'anglais) pour s'y retrouver. Vérifiez que la carte permet les appels en Europe. Sinon, demandez une carte *Zebra* ou *Apollo,* ce sont parmi les plus répandues et elles possèdent, en principe, des instructions en anglais. Évidemment, évitez les appels internationaux depuis votre hôtel, ils sont généralement ruineux !

On vous rappelle que de nombreuses « box » (style *Freebox* ou *Livebox*) incluent les communications vers la Russie. Sinon, vous pouvez passer par l'opérateur *Télé Rabais* : de fixe à fixe, la communication entre la France et la Russie coûte le prix d'un appel local en France. Il suffit que votre interlocuteur compose le 0811-31-45-45 et qu'il suive les instructions. S'il vous appelle sur votre portable, il devra composer le 0821-15-90-90 : cela lui coûtera environ 0,09 €/mn, sans compter le coût de réception d'appel à l'étranger pour vous.

En revanche, si vous voulez passer un appel local, contentez-vous plutôt de chercher un téléphone public qui fonctionne avec des pièces (ils sont encore assez nombreux), les cartes pour appels locaux semblant avoir quasiment disparu de la circulation. Vous pouvez aussi demander à téléphoner d'un resto ou de tout autre endroit qui possède un téléphone, parfois on ne vous fera même pas payer la communication (si elle reste locale).

PORTABLES

Si vous comptez beaucoup téléphoner de Russie (que ce soit à l'intérieur du pays ou vers l'étranger), la meilleure solution consiste à emporter votre portable et d'acheter sur place une carte SIM, très bon marché, qui vous permettra de passer des appels relayés par un opérateur russe (sinon, vos appels seront pris en charge par votre opérateur national et là, bonjour la facture). ATTENTION, pensez à faire débloquer votre portable avant de partir, sinon ça ne marchera pas !

Les opérateurs russes sont nombreux et souvent regroupés à l'intérieur d'une même boutique, très nombreuses elles aussi, en particulier aux abords des stations de métro. Compter environ 150 à 200 R (3,80 à 5 €) pour la carte et un crédit d'appels d'environ 2h de communication locale. Quand ce crédit est épuisé, il suffit de recharger dans une boutique, ou même à des machines qu'on trouve à présent un peu partout (dans les boutiques de téléphonie, les stations de métro, les *produkti,* et même les banques). Il suffit alors de sélectionner son opérateur, d'introduire son numéro de portable et des billets (ou une carte de paiement) en fonction du crédit d'appels désiré. Comptez, avec ce système, environ 3 R/mn pour les appels locaux et 8-9 R/mn pour les appels internationaux, mais si vous comptez appeler à l'étranger avec votre portable, on vous conseille quand même d'acheter en plus une carte (avec un code à gratter) pour l'international, les tarifs sont plus avantageux.

Attention, pour l'achat de la carte SIM, il est indispensable de se munir de son passeport et de la carte d'immigration (reçue dans l'avion et dûment tamponnée par la douane puis l'hôtel).

Les opérateurs les plus utilisés sont *Megafon, Bee Line* et *MTS.* À vous de voir sur place, car tout cela évolue assez vite. Dernier conseil, si vous comptez appeler l'étranger depuis votre portable muni de sa carte SIM russe, procurez-vous de préférence une carte d'appels pour l'international *(karta dlya mejdounarodnykh zvonkov),* en vente dans les kiosques et magasins de téléphonie. Cela reviendra moins cher qu'en utilisant le crédit d'appels associé à la carte SIM.

Urgence : en cas de perte ou de vol de votre téléphone portable

Suspendre aussitôt sa ligne permet d'éviter de douloureuses surprises au retour du voyage ! Voici les numéros des trois opérateurs français, accessibles depuis la France et l'étranger :
– ***SFR :*** depuis la France : ☎ 1023 ; depuis l'étranger : + 33-6-1000-1900.
– ***Bouygues Télécom :*** depuis la France comme depuis l'étranger : ☎ 0-800-29-1000 (remplacer le 0 initial par « + 33 » depuis l'étranger).
– ***Orange :*** depuis la France comme depuis l'étranger : + 33-6-07-62-64-64.
La suspension de votre portable peut aussi se faire via le site internet de votre opérateur.

L'Internet russe ou net.ru

Plus de 60 millions de Russes sont connectés sur le Web, sans compter ceux qui parlent le russe partout dans le monde. En 2008, la Russie était le pays qui enregistrait la plus forte progression en Europe (+ 27 %). Aujourd'hui, la liberté d'information est totale sur l'Internet russe, malgré la surveillance du FSB par un système nommé *Sorm,* et surtout des États-Unis, par l'intermédiaire des grandes oreilles de la NSA qui surveille le monde entier.
Le développement actuel du net.ru est très rapide, y compris celui du chiffre d'affaires du e-commerce. Vous pouvez tout acheter sur le net.ru, mais évitez d'utiliser votre carte de paiement. Achetez plutôt un porte-monnaie électronique qui se vend avec les cartes téléphoniques, moins cher dans les magasins et kiosques.
On trouve désormais des bornes wifi presque partout, dans les hôtels, les cafés, etc. De même, la plupart des AJ privées et les hôtels possèdent un ou plusieurs ordinateurs connectés à Internet, à disposition de leurs clients en libre accès (les AJ) ou non.
N.B. : deux grands portails par lesquels vous trouverez tout en surfant : • *rambler.ru* • et • *google.ru* • qui reconnaissent les mots en latin, plus • *yandex.ru* • seulement en cyrillique. Pour afficher la page en russe sur PC, allez dans « Affichage », « Encodage », puis sélectionnez l'une des quatre variantes de cyrillique. Il ne reste plus qu'à apprendre le russe pour savoir comment elle s'appelle...

TRANSPORTS

– ***Le train*** est une formule tout à fait séduisante pour voyager entre Moscou et Saint-Pétersbourg, d'autant qu'il y a désormais un TGV russe pour s'y rendre, le *Sapsan.* Tarif intéressant, que ce soit en « L » (l'équivalent d'une 1re classe ; 2 personnes par compartiment), ou en « Coupé » (4 personnes). Tradition et folklore (service du thé, location des draps...) sont au rendez-vous. L'occasion, aussi, de tailler une bavette et de partager un en-cas dans le couloir avec ses voisins de compartiment. Ce mode de transport séduit de plus en plus de visiteurs pour gagner la Sibérie et, éventuellement, la Mongolie et Pékin sur les lignes du fameux Transsibérien. De plus, ça permet d'économiser quelques nuits d'hôtel (cher, en Russie). Et depuis peu, pour les plus aisés, il existe même une ligne Nice-Moscou...
– ***L'avion,*** qui n'est pas tellement plus cher, vous permettra de passer toutes vos nuits dans un vrai lit (argument facile à retourner si l'on a un budget serré, vu le prix des hôtels). Les aéroports de Domodedovo et Vnoukovo ont été modernisés, et les flottes utilisées par les différentes compagnies exploitant les lignes intérieures s'améliorent. Reste que si vous allez dans un coin perdu, vérifiez quand même que vous n'allez pas voler dans un cercueil ailé... Sur les petites lignes, souvent, les sièges fonctionnent comme des strapontins, la moquette est arrachée, les parois

pas lavées depuis 1980, etc. Mais l'hôtesse vous offrira un bonbon au cassis avec le sourire. Les pilotes russes touchent au génie dès qu'il s'agit de décoller ou d'atterrir sur la glace.

– On peut aussi opter pour une ***location de voitures*** : soit réserver auprès d'une grande compagnie avant le départ (plus sûr mais plus cher), soit voir sur place auprès des compagnies locales (à l'inverse...). Évidemment, les routes n'ont rien d'allemand, mais elles ne se révèlent pas si mauvaises que ça. Attention quand même à la route de Moscou à Saint-Pétersbourg, étroite, dangereuse et pleine de camions, en attendant que l'autoroute (en cours de construction) soit terminée... Et méfiez-vous de la conduite en ville, en général très dense et assez sauvage. Pour trouver les coordonnées des loueurs de voitures, consultez la rubrique dans « Adresses utiles » à Moscou et Saint-Pétersbourg.

HOMMES, CULTURE, ENVIRONNEMENT

ARCHITECTURE

– ***Le baroque Narychkine :*** les Narychkine, famille de la mère de Pierre le Grand, ont développé un type de baroque que l'on retrouve dans de nombreuses églises de Moscou et de sa région. Ce style, dont l'âge d'or se situe de 1690 à 1710, est caractérisé par un plan en carré, avec une grande tour centrale. Tout autour s'emboîtent des étages parfois surmontés de petites tours. La décoration extérieure est riche, avec des corniches ajourées et de gracieux chambranles de fenêtres. Les habituels *kokochniki* sont remplacés par des rangées de crêtes de coq ou des coquilles sculptées. Parmi les plus beaux exemples de baroque Narychkine, citons l'*église de la Résurrection-de-Kadachi,* à Moscou.

– ***Le baroque pétrovien :*** style que l'on retrouve surtout à Saint-Pétersbourg, le baroque de Pierre le Grand s'inspire à l'évidence des architectures d'Europe nordique et occidentale. D'ailleurs, les auteurs de ces édifices, bâtis pour la plupart de 1700 à 1720, étaient des architectes étrangers (Trezzini, Mattarnovi...). Signes distinctifs : une partie centrale surmontée d'un dôme ou d'une flèche, des pilastres et colonnettes à chapiteaux sculptés, des encadrements de fenêtres verticaux et une ornementation sobre (pas de *kokochniki*). Les façades revêtent une couleur vive, en général du bleu clair, du vert ou du jaune, qui contraste fortement avec les pilastres et chambranles blancs. Exemple typique de baroque pétrovien : la *Kunstkamera* de Saint-Pétersbourg.

– ***Les baroques Anne et Élisabeth :*** associés à l'architecte italien Rastrelli, grand maître de ces styles qui firent fureur dans les années 1730 à 1760, aussi bien à Moscou qu'à Saint-Pétersbourg. Empreint du style baroque occidental, le baroque russe donna naissance à des édifices majestueux et un peu prétentieux, dotés de longues colonnades, de façades allongées peintes en bleu ou vert et surchargées de moulures, frontons et angelots dorés. Les églises baroques comportaient cinq coupoles. Le *palais d'Hiver,* l'*ensemble Smolny,* les *palais de Peterhof* et de *Tsarskoïe Selo* comptent parmi les chefs-d'œuvre de cette époque, qui survit principalement à Saint-Pétersbourg.

– ***Le classicisme :*** inspiré de l'Antiquité grecque et romaine. Les Italiens Quarenghi et Rossi se spécialisèrent dans les formes solennelles et monumentales de ces palais et hôtels particuliers construits dans les années 1770 à 1800 : au menu, imposantes arcades et doubles colonnades, rotondes, jardins peuplés de statues mythologiques, moulures et bas-reliefs antiques... Catherine II en fit son style de prédilection. Le *palais d'Hiver* fut partiellement remis au goût classique ; l'ensemble du *théâtre Alexandra* et le *palais de Pavlovsk* (Saint-Pétersbourg) en sont de beaux exemples, ainsi que de nombreuses *oussadba* (villas de banlieue) autour de Moscou.

– ***Le style Empire :*** issu du style Empire de Napoléon, il fut importé à Saint-Pétersbourg par des architectes français dans les années 1810 et dura jusqu'au milieu du siècle. Voir *Notre-Dame-de-Kazan,* à Saint-Pétersbourg, une étonnante réalisation de Voronikhine. Les architectes russes développèrent une variante de ce style à Moscou, notamment avec Bové, Gilardi et Grigoriev. On retrouve une géométrie monumentale, avec des volumes massifs : un plan en carré surmonté d'une coupole, un portique encadré de colonnades en guise d'entrée. Tout cela se rapproche du style classique, exception faite de la déco intérieure, plus étudiée, avec des meubles possédant plus de relief, des placages de bois précieux...

– ***L'historicisme :*** un retour en fanfare de styles dépassés et hétéroclites : Renaissance, baroque, gothique, oriental... On trouve alors des salons chinois, des vestibules égyptiens, des éléments rococo, des chapelles gothiques...

– ***Le « pseudo-russe » :*** style qui s'appuie sur la tradition russe, à l'opposé du classicisme. En plein essor dans la seconde moitié du XIXe s, il ne se souciait guère de l'uniformité propre au classique et revendiquait une culture russe et des formes architecturales héritées du Moyen Âge. Bel exemple : le *musée d'Histoire,* sur la place Rouge de Moscou.

– ***L'Art nouveau*** *(ou modern style)* **:** populaire dans les années 1900 à 1910, ce style est le fruit d'une volonté de rompre avec le passé et de profiter des avancées techniques (comme le béton armé et les ferronneries). On assiste à une résurgence des thèmes médiévaux et du style néogothique, qui concernera surtout des hôtels particuliers et immeubles de rapport. On peut admirer de telles créations sur la *Kamennoostrovski prospekt*, à Saint-Pétersbourg, et un peu partout à Moscou (entre autres l'*hôtel Métropole* et la *maison de Gorki*).

– ***Le néoclassicisme :*** retour du classicisme, vers 1905-1910. Nombre d'hôtels particuliers et d'édifices publics (le *musée des Beaux-Arts,* la *gare de Kiev*) furent construits pendant cette période.

– ***L'architecture soviétique :*** elle est malheureusement allée de pair avec de tragiques destructions, ne voulant pas s'accommoder de la concurrence des styles précédents. Ce style a traversé plusieurs périodes : l'*avant-gardisme* dans les années 1920, puis le *néoclassicisme soviétique* dans les années 1930 à 1950, l'*architecture industrielle* des années 1960 et enfin le *postmodernisme* des années 1970-1980. Tous ont en commun un utilitarisme forcené, qui accorde la primauté à l'aménagement de l'espace et à la fonctionnalité. D'extérieur rigoureux et gris, en vertu des principes *constructivistes* (limiter la forme au nécessaire et faire fi des fioritures), les immeubles de béton fabriqués en série ont vite pullulé dans les villes (notamment les « célèbres » *khrouchtchevki* des années 1960).

L'ARCHITECTURE DU FUTUR

Dans le district de Presnensky, au cœur de Moscou, s'est ouvert le chantier du quartier d'affaires futuriste de Moskva-City, déjà surnommé le « Manhattan de Moscou ». Ce quartier de 60 ha, combinant habitations, bureaux et lieux de divertissement, ne comptera pas moins de 15 gratte-ciel, dont un immense tipi de verre appelé Crystal Island, de 450 m de haut, et la tour de Russie, le plus haut immeuble d'Europe (612 m), dessinés par Norman Foster. Fin des travaux vers 2014.

BOISSONS

Proverbe russe : « On ne boit de la vodka qu'en deux occasions : quand on a soif et quand on n'a pas soif ! »

L'âme russe n'est pas sobre et d'illustres souverains russes ont revendiqué l'acte de boire comme un élément constitutif de leur culture. Vladimir, l'un des fondateurs de la Russie kiévienne, commente son rejet de l'islam en 989 en affirmant que « le Russe trouve sa joie dans la boisson, et il ne peut pas vivre sans elle ».

Au XVIIe s, 700 ans plus tard, Pierre le Grand prétendra même que « celui qui ne boit pas n'a pas sa place parmi les Russes ».
Le pouvoir soviétique, quant à lui, pourrait bien avoir délibérément utilisé l'alcool comme moyen pour asservir le peuple. C'est du moins l'accusation que le Prix Nobel de la paix Andrei Sakharov lance en 1975 dans *Mon pays et le monde* : « [...] comme ça, le peuple se tient tranquille, il revendique moins et l'argent n'en tombe pas moins dans les caisses de l'État. »
Aujourd'hui, les revenus de l'État liés à la production et au commerce de l'alcool représentent toujours une source budgétaire majeure. La vodka demeure l'antidote de la détresse sociale et économique que l'on rencontre dans toutes les régions du pays, et continue à transformer en enfer la vie de millions de femmes et d'enfants qui vivent avec des alcooliques. Suivant des statistiques tout à fait officielles, 40 000 femmes meurent chaque année de sévices conjugaux. On appelle *« zapoï »* le fait de se soûler plusieurs jours d'affilée, ce qui n'est pas forcément l'apanage des alcooliques. Dans ce pays aux conditions de travail et de vie souvent dures, c'est considéré comme un droit légitime.
Toutefois, une évolution est peut-être en train d'avoir lieu. Dans les grandes villes, les jeunes générations délaissent la vodka au profit de la bière, une boisson dont la consommation en Russie est d'ailleurs bien plus ancienne que celle de la vodka. Les « nouveaux Russes », qui ont succédé à la nomenklatura d'antan, ont, quant à eux, lancé la mode du vin, aussi quelques hommes d'affaires ont-ils entrepris de relancer la viticulture en Russie méridionale. Résultat de l'alcoolisme ambiant : l'espérance de vie est en Russie de 58 ans pour les hommes, la plus faible du monde occidental !

Bière, hydromel et boissons non alcoolisées

Les premiers breuvages alcoolisés connus en Russie, dont l'usage remonte au moins au VIe s, sont l'hydromel, la bière et le kvas. Produite à l'origine par fermentation de miel, une denrée noble (et chère !), la ***miedovukha*** doit faire face, à partir du XVe s, à la concurrence de produits bien meilleur marché. Aujourd'hui, certaines recettes authentiques subsistent dans les campagnes, mais le « vin de miel » produit industriellement se résume à de l'eau-de-vie diluée et parfumée au miel.

LE KVAS

C'est une boisson faiblement alcoolisée et pétillante, produite en faisant fermenter du pain dans de l'eau. Malgré la concurrence de la bière, il reste très apprécié, surtout l'été. À cette saison, à l'extérieur du centre encombré des villes de Moscou et Saint-Pétersbourg, on trouve encore, aux carrefours, des citernes jaunes où l'on sert pour quelques kopecks un kvas moussant à souhait. À goûter absolument !

La fidélité des Russes envers la bière et le kvas ne s'est, elle, jamais démentie. Jusqu'au XIXe s, la bière sert de « vin de messe » dans l'Église orthodoxe. Depuis plusieurs années, la consommation de bière connaît une croissance exponentielle. Elle bénéficie d'un véritable matraquage publicitaire, notamment à la TV. Pourtant, les quelques dizaines de marques qui se disputent les faveurs du consommateur russe servent, à de rares exceptions près, un breuvage insipide, produit d'une technologie bon marché standard. Les marques ***Baltika*** et ***Zolotaya Botchka*** servent une qualité à peu près convenable. On pourra notamment goûter par curiosité la *Baltika N°8,* aromatisée à l'amande amère et au basilic ! En ce qui concerne le kvas, si vous souhaitez en rapporter, *Ochakovsky* est une bonne marque.
Quelques autres boissons non alcoolisées sont servies sur les tables des familles russes et dans certains restos : *kompot, morse* et *kissel.* Le *kompot,* à base de baies ou de fruits (souvent de la datcha) qu'on fait cuire dans de l'eau bouillante, est stocké dans de grands bocaux jusqu'à l'hiver. Le *morse* (pas l'animal) est une bois-

son rafraîchissante à base de jus de baies (airelle, cassis, groseille) et sucrée. Le *kissel* est plus épais (on y ajoute de la fécule) et se boit souvent chaud. Spécial, il faut aimer.

Vin

Les principales régions fournissant traditionnellement la Russie en vin se trouvent en Moldavie, en Ukraine (en Crimée notamment) et en Russie même, entre la mer Noire et la Caspienne. Il faut noter que depuis la guerre en Géorgie, en août 2008, les vins géorgiens font l'objet d'un embargo et sont introuvables sur le territoire de la fédération.

La viticulture naît sous Pierre le Grand, qui importe les premiers cépages d'Occident. Mais elle se développe surtout à la fin du XIXe s. L'Église adopte alors pour ses besoins un vin cuit, initialement importé de la ville française de Cahors, puis produit à Massandra, en Crimée. Ce cahors local ***(Kagor)***, bon marché et qui avait l'avantage de pouvoir être supporté par l'estomac malade de Pierre le Grand, est encore l'une des bouteilles favorites des Russes sur la table des repas de fêtes.

Toujours à la fin du XIXe s, le prince Lev Sergueievitch Galitsyne introduit en Russie la recette du champagne, découverte 200 ans plus tôt par le moine champenois dom Pierre Pérignon. Il lance la production à Abrau Durso (où l'on trouve aussi un bon rouge), ainsi qu'à Massandra, en Crimée. Ce ***Champanskoye*** est un vin mousseux sucré tout aussi bon marché que la vodka, et constitue l'apanage de la gent féminine.

Ce n'est que récemment que la préférence donnée par les Russes aux vins doux a été remise en cause : le champagne français et les vins secs importés de l'étranger en général sont en effet incomparablement plus chers que le *Kagor* et le *Champanskoye* traditionnels, d'où leur succès auprès des nouveaux Russes ! On trouve aujourd'hui en Russie des vins français facturés trois ou quatre fois le prix qu'ils valent en France, mais également des vins géorgiens (beaucoup moins depuis 2008), légèrement plus abordables et dont certains valent le détour. Mais attention à l'authenticité ! Afin d'éviter les déceptions, il convient de bien faire attention au prix. Une bouteille de « vrai » vin géorgien, non coupé, mis en bouteilles au vignoble, devra valoir à peu près le même prix qu'un vin français de qualité équivalente en France. Attention, la plupart sont des vins liquoreux rappelant (de loin) les monbazillacs et autres sauternes. Les vins moldaves sont un peu moins chers. À noter en particulier, le « kaberné », à l'arôme de violette, et le « bordeaux », le meilleur des crus moldaves.

La vodka...

... AU FIL DES ÂGES

Contrairement à ce que l'on aurait tendance à penser, la vodka est à ranger dans les traditions récentes. C'est au XVe s qu'est introduite pour la première fois l'eau-de-vie, une boisson analogue sur le plan technologique à la vodka, mais produite par distillation du vin. Pour cette raison, elle reçoit un accueil mitigé, la Russie se trouvant à l'écart de la civilisation de la vigne. Tout juste consent-on à s'en servir à des fins thérapeutiques. Les choses changent lorsqu'on découvre la possibilité de produire une eau-de-vie par distillation de grain. Apparaît alors une boisson qu'on désignera durant plus de trois siècles par le terme de « vin de pain » et qui deviendra au XIXe s la vodka (« petite eau »).

Au début du règne de Catherine II, durant la seconde moitié du XVIIIe s, les nobles sont libérés du service obligatoire à l'État. Dans la foulée, ils obtiennent le monopole de la production du breuvage. Cette industrie lucrative suscite alors de nombreuses vocations. La vodka constitue un présent de choix dont l'impératrice honore volontiers ses hôtes de marque. Savants et philosophes du monde entier sont conquis. Une visite que fit en Russie ***Carl von Linné,*** auteur du premier système de classification scientifique des plantes, lui inspira un traité intitulé *La Vodka dans les mains du philosophe, du médecin et du simple citoyen* : tout un programme. Voltaire et Goethe, entre autres, surent également apprécier la vodka impériale.

À la fin du XIXe s, grâce aux travaux du physicien Dimitri Mendeleïev, sont mis au point les procédés permettant la production industrielle de la « spéciale de Moscou » ***(Moskovskaya ossobaya),*** fleuron de l'usine *Cristal* de Moscou. Son titre de 40°, censé correspondre à la teneur idéale en alcool, acquit valeur de norme universelle.

PERMIS DE SOÛLERIE

C'est à l'époque de Pierre le Grand que remonte le geste de se faire une chiquenaude sous le côté droit du menton pour signifier « s'en jeter un ». On dit que le tsar eut la vie sauve grâce à l'un de ses sujets et qu'il aurait promulgué un oukase autorisant son sauveur à boire autant qu'il le voulait dans toutes les tavernes de l'empire. Celui-ci l'aurait fait tatouer sous le menton, et n'avait qu'à le montrer du doigt pour être aussitôt servi. Une « spécial V.I.P. », quoi !

... BUE À TROIS

La bouteille de vodka (50 cl) partagée par trois compères sous un porche est le plus basique des rituels liés à la vodka. Un grand classique de la Russie soviétique ouvrière. Les trois compères pouvaient s'être rencontrés dans la queue pour acheter la bouteille. Il suffisait de lever la main et d'indiquer avec les doigts le nombre de compères souhaités. En plus, elle valait 3 roubles et les verres contenaient un tiers de la bouteille. Pratique ! Et puis, à trois, on a plus de choses à se dire !

... ET ZAKOUSKA

L'art d'accompagner la vodka connaît, fort heureusement, de plus grands raffinements. Car en Russie, c'est la nourriture qui accompagne la vodka, et non l'inverse...

Certains zakouski constituent avec la vodka des alliances particulièrement harmonieuses. Citons le cornichon salé, les *masliata* (petits champignons qui, marinés, ont une consistance visqueuse), le maquereau *(skumbria)* salé, la *julienne* (petite entrée à base de champignons cuits au four) et le *kholodets* (gelée préparée avec des morceaux cartilagineux de porc).

Au chapitre de la diversité, la vodka n'est pas en reste par rapport à sa compagne la *zakouska.* La vodka peut être soit parfaitement pure, soit légèrement adoucie grâce à l'ajout de certains arômes de plantes à doses homéopathiques, soit encore préparée avec des fruits rouges ou du piment marinés. Dans ce cas, on parle de *nastoïki.* En tout état de cause, n'oubliez pas qu'elle se boit toujours cul sec !

CINÉMA

Les débuts du cinéma à l'ère révolutionnaire

Vous êtes au pays de Sergueï Eisenstein *(Potemkine, La Grève),* de Vsevolod Poudovkine *(La Mère),* d'Alexandre Dovjenko *(La Terre)* et du documentariste ***Dziga Vertov.*** C'est l'élan idéologique révolutionnaire qui a inspiré ces maîtres du cinéma mondial, comme beaucoup d'autres artistes dans les années 1920. La perspicacité propagandiste des bolcheviks leur a paradoxalement donné des moyens de travailler, du moins au début. En nationalisant dès 1919 l'industrie cinématographique encore jeune (le premier film russe est sorti en 1908), le nouveau pouvoir mettait certes les réalisateurs sous sa coupe (ce qui ne gênait pas les plus engagés d'entre eux), mais leur donnait les moyens de justifier la révolte sociale et d'inspirer

MOSCOU
PLANS ET CARTES
EN COULEURS 1

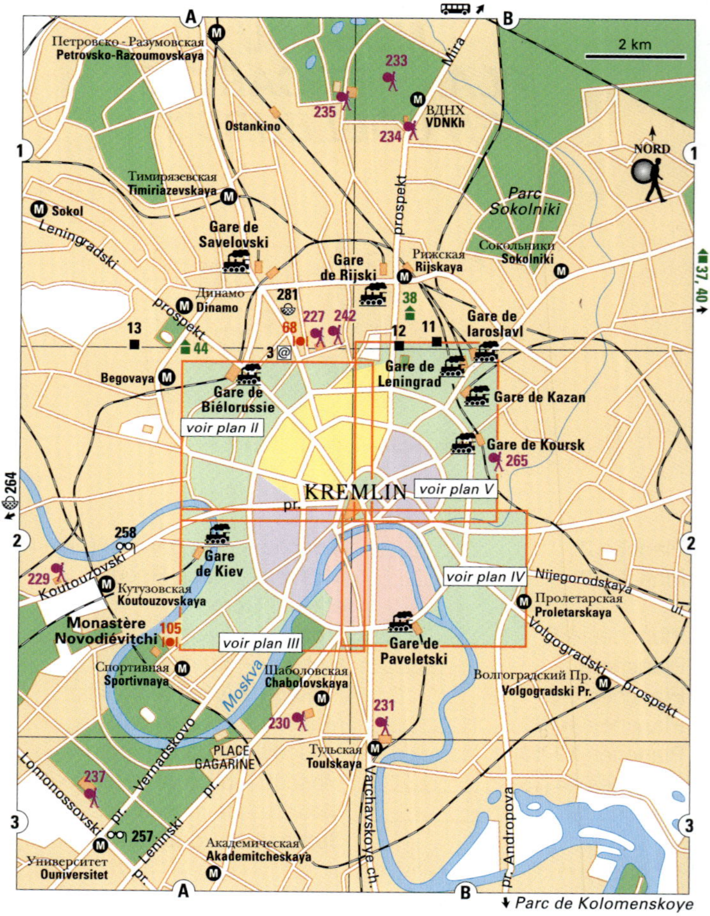

MOSCOU – PLAN GÉNÉRAL (PLAN I)

■ **Adresses utiles**

@ 3 Cafemax
11 International SOS Clinic et American Clinic « Intermed Center »
12 American Medical Center
13 Hôpital Botkine

Où dormir ?

37 Hôtel Vega
38 Hôtel Gasis
40 Hôtel Alpha
44 Hôtel Bega

Où manger ?

68 Vokzal
105 Kroshka Kartoshka, Kafé 1927 et Pirosmani

À voir

227 Maison natale de Dostoïevski
229 Musée de la Bataille de Borodino
230 Monastère Donskoï
231 Monastère Danilovski
233 Centre panrusse des expositions (VVTs)
234 Monument aux Conquérants de l'espace et musée des Cosmonautes
235 Palais Ostankino
237 Université de Moscou
242 Musée central des Forces armées
265 Winzavod

Culture

257 Bolchoï Moskovski Tsirk
258 Théâtre des Chats

Achats

264 Gorbouchka
281 Maison de la Photo

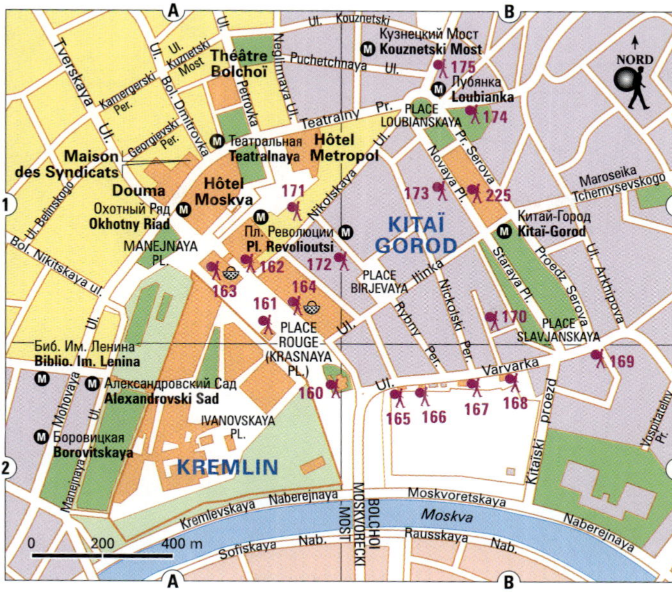

MOSCOU – PLACE ROUGE ET KITAÏ GOROD

À voir

160 Cathédrale Basile-le-Bienheureux
161 Mausolée de Lénine
162 Cathédrale de Kazan
163 Musée d'Histoire de l'État
164 Goum
165 Église Sainte-Barbe
166 Ancien hôtel des Anglais
167 Palais des boyards Romanov
168 Église Saint-Georges
169 Église de Tous-les-Saints-du-Lieu-dit-Koulichki
170 Église de la Trinité-à-Nikitniki
171 Imprimerie du Synode
172 Monastère de l'Épiphanie
173 Musée d'Histoire de Moscou
174 Musée Maïakovski
175 Loubianka
225 Musée polytechnique

Achats

163 Russian Museum World
164 Gastronome n° 1

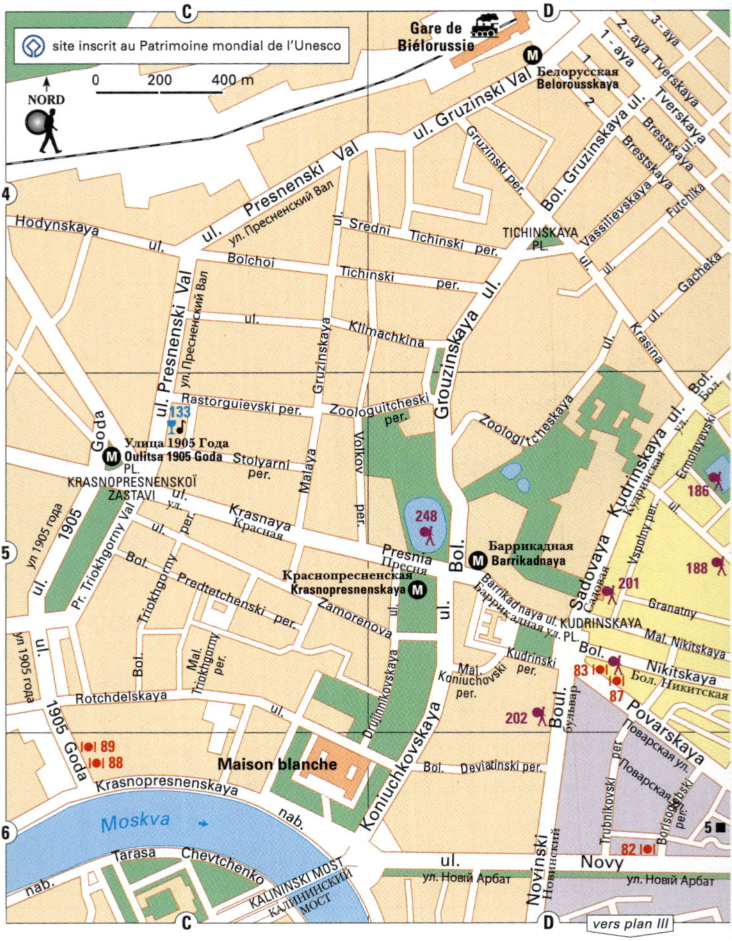

Adresses utiles

- 5 Ambassade et consulat de Belgique
- 9 European Medical Center
- 14 Apteka 36.6
- 16 Centre médical Alliance française

Où dormir ?

- 31 Godzilla's Hostel
- 45 Hôtel Péking
- 51 Hôtel Budapest
- 52 Royal Meridien National
- 55 Hôtel East-West
- 57 Chocolate Hostel

Où manger ?

- 60 Mou-Mou
- 63 Menza
- 67 Yapochka
- 70 Les Z'amis de Jean-Jacques
- 71 Lavach
- 73 Café Pouchkine
- 74 Beloe Solnce Pustini
- 76 Café des Artistes
- 78 Chachlitchnaya ou Nikitskikh Vorot
- 79 Mari Vanna
- 80 Mayak
- 81 Chech-Bech
- 82 Kich-Mich
- 83 Karetny Dvor
- 85 Café Margarita
- 86 Pavillon
- 87 Club-restaurant CDL
- 88 Shinok
- 89 Oblomov na Presnie

Où boire un bon café ou un onctueux chocolat ? Où déguster une glace ou une pâtisserie ?

- 73 Café Pouchkine
- 120 Boscobar
- 121 Le Pain Quotidien
- 123 Coffee Mania
- 125 Art Lebedev Café

Où boire un verre ? Où écouter de la musique ?

- 132 Café-club Gogol
- 133 16 Tons

Où assister à un concert ?

- 139 B2

MOSCOU – TVERSKAYA (PLAN II)

À voir

52 Hôtel National
87 Hôtel de l'ancienne Union des écrivains
177 Monastère Saint-Pierre-d'en-Haut
178 Théâtre du Bolchoï
179 Hôtel Metropol
180 Maison des syndicats
181 Douma
182 Ancienne université
183 Mossoviet
184 Épicerie Elisséïev
185 Église de la Nativité-de-la-Vierge-à-Poutinki
186 Étang des Patriarches
187 Appartement de Boulgakov
188 Hôtel Morozov
189 Maison-musée de Gorki
190 Conservatoire de musique
191 Maison-musée de Stanislavski
199 Église Saint-Siméon-Stylite
200 Maison Lermontov
201 Maison-musée de Tchekhov
202 Maison-musée de Chaliapine
225 Musée des Matriochki
226 Musée d'Histoire contemporaine
238 Musée d'Art moderne
240 Musée du Goulag
243 Musée des Arts décoratifs
244 Musée d'Art d'Orient
246 Musée zoologique
248 Parc zoologique
259 Musée archéologique

Culture

178 Bolchoï
190 Conservatoire
250 MKhAT Tchekhova
251 MKhAT Gorkovo
253 Novaya Opera
254 Théâtre musical Stanislavski et Nemirovitch-Dantchenko
255 Lenkom
256 Moskovski Tsirk Nicoulina

Achats

184 Épicerie Elisséïev
261 Magasin Mekha
262 Moskovski dom Knigui
269 Rosa Azora et Chonn
271 Antikvar
287 Moskva

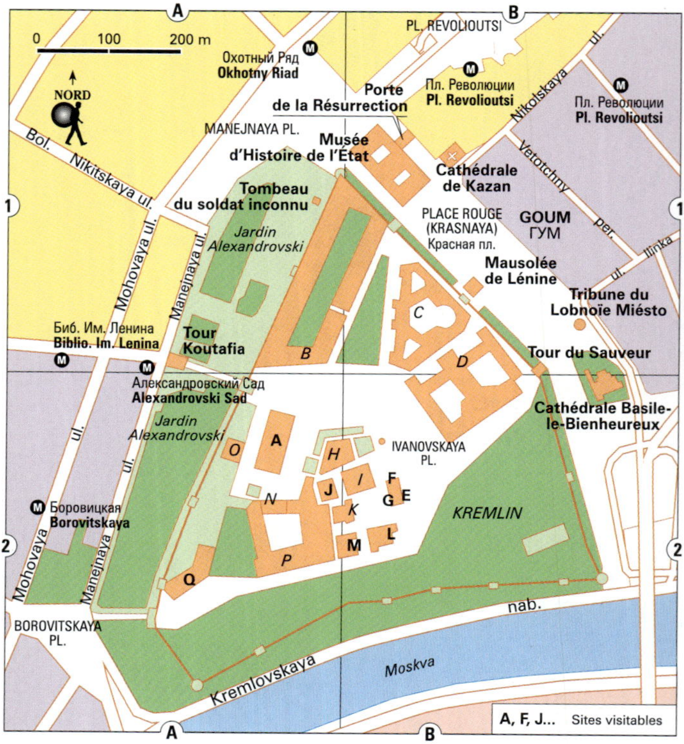

MOSCOU – KREMLIN

A Palais des Congrès
B Arsenal
C Sénat
D École militaire du Comité exécutif central de l'URSS
E Reine des Cloches
F Tsar des Canons
G Ensemble du clocher d'Ivan-le-Grand
H Palais des Patriarches
I Cathédrale de l'Assomption
J Église de la Déposition-de-la-Robe-de-la-Vierge
K Palais à Facettes
L Cathédrale de l'Archange-Saint-Michel
M Cathédrale de l'Annonciation
N Palais des Terems
O Palais des Petits-Plaisirs
P Grand Palais du Kremlin
Q Palais des Armures

Adresses utiles

6 Ambassade et consulat du Canada
8 Ambassade du Luxembourg
10 European Dental Center

Où dormir ?

32 HM Hostel Moscow
33 Home from Home Hostel
46 Moscow Home Hostel
47 Buddy Bear Hostel
49 Kebur Palace
50 Russo Balt

Où manger ?

60 Mou-Mou
100 Mama Nina
101 Guria
102 Guenatzvali
103 Tiflis

Où boire un verre ? Où écouter de la musique ?

130 Rhythm & Blues Cafe
138 The Rolling Stone

Où sortir en boîte ?

138 Mao
149 Mio

À voir

192 Bibliothèque nationale de Russie (ex-Lénine)
193 Maison Pachkov
194 Maison-musée de Scriabine
195 Église de la Transfiguration-du-Sauveur-sur-les-Sables
196 Maison Melnikov
197 Maison-musée de Pouchkine et maison-musée d'Andreï Biély
198 Ministère des Affaires étrangères
203 Musée des Beaux-Arts Pouchkine, galerie d'Art européen du musée Pouchkine et musée des Collections privées
204 Musée littéraire Pouchkine
205 Musée Tolstoï
206 Hôtel Dérojinski
207 Église Saint-Nicolas-des-Tisserands
208 Maison-musée de Tolstoï
239 Hôtel Toutchkov
241 Musée Roerich
247 Monument à Pierre le Grand
249 Maison du quai

Achats

270 Buro Nakhodok
273 Sofrino
280 NB Gallery

MOSCOU – REPORTS DU PLAN III

vers plan II
G
H
7
8
9
NORD
Koutouzovski prospekt
Oukraïnski
Boul.
KALININSKI MOST
КАЛИНИНСКИЙ МОСТ
nab.
Tarassa
Chevtchenko
Smolenskaya
ul.
ул.
Novy
Новый
Novinski
boul.
Smolenskaya pl.
Смоленская ул.
Kompozitorskaya ul.
Nikolopeskovski
Prototchny per.
Смоленская
Smolenskaya
10
per. Voievodina
194
195
196
60
33
197
198
1-i Nikolochtchepovskii per.
Krivoarbatski
Sivtsev
Plotnikov
1-aya Borodinskaya
Bolchaya Dorogomilovskaya ul.
BORODINSKI
Smolenskaya ul.
SMOLENSKAYA-SENNAYA PL.
MOST
БОРОДИНСКИЙ МОСТ
PL. KIEVSKOGO VOKZALA
2-oï Brianski per.
Brianskaya ul.
Kievskaya ul.
Киевская
Kievskaya
Gare de Kiev
Pliouchtchikha
Roujeiny per.
Smolenski
Смоленский
ul. Zlazovski per.
Vesnina
per.
Levchinski
M. Kevsinski per.
Bol.
Kropotkinski
47
46
270
Rostovski
Rostovskaya
Moskva
1-i Neopalimovski per.
Zemledeltcheski
бульвар
boul.
7-oy
1 Vrajski per.
Bourdenko
ZOUBOVSKAYA PL.
ЗУБОВСКАЯ ПЛ.
Zoubovski boul.
Зубовский бульвар
Zoubovskaya ul.
Berejkovskaya
1-i Troujenikov per.
Elanskogo
Proïezd Devitchievo polia
2 Troujenikov per.
Savinski
Savinskaya
Bol.
T. Frounze
208
Lva Tolstogo
ул. Льва Толстого
207
Pirogovskaya
Pogodinskaya
Obolenski per.
KLINITCHESKAYA PL.
Malaya
Pirogovskaya
Troubetskaya
Ousatchiova
per. Kholzounova
Nesvijski per.
Bolchaya
Komsomolski
Комсомольский
Фрунзенская
Frounzenskaya
Frounzenskaya
Monastère Novodiévitchi
site inscrit au Patrimoine mondial de l'Unesco

MOSCOU – ARBAT (PLAN III)

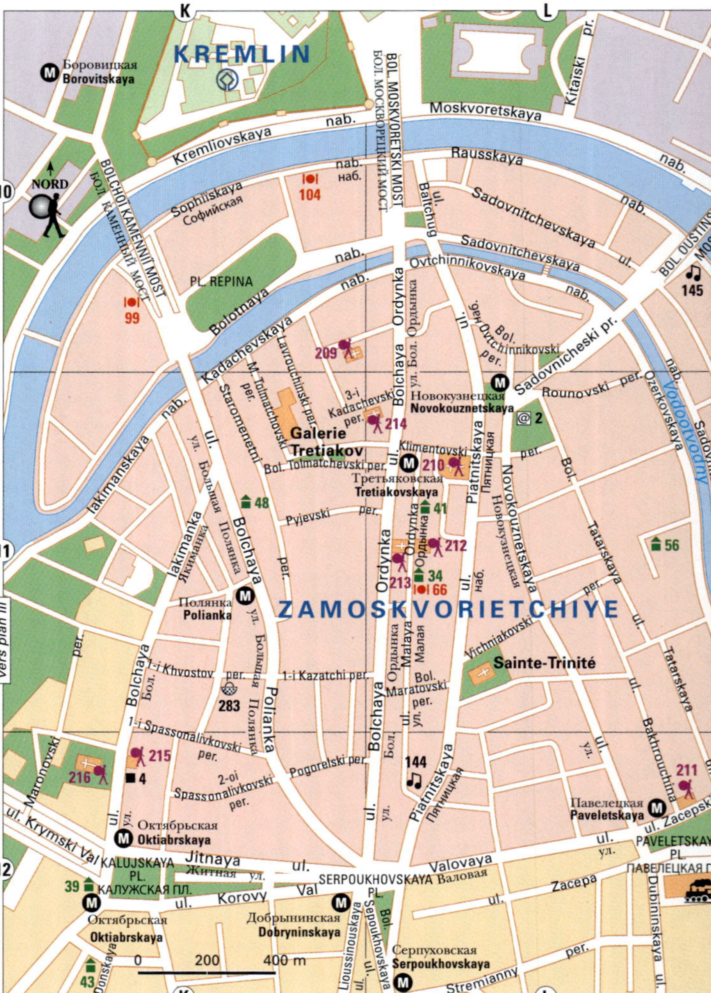

■ **Adresses utiles**

@ 2 Cafemax
4 Ambassade et consulat de France
15 Centre culturel français

Où dormir ?

34 O'Hostel
39 Hôtel Varchava
41 Capital Hostel
43 Hôtel Akadémitcheskaya
48 Hôtel Park Inn Sadu
56 Hôtel Aquamarine

Où manger ?

66 Vkusnee
94 Club Vissotsky
96 Les Z'amis de Jean-Jacques
99 Spetsboufet N° 7
104 Dymov n° 1

♫ **Où sortir en boîte ?**

144 Jet Set
145 Fabrique

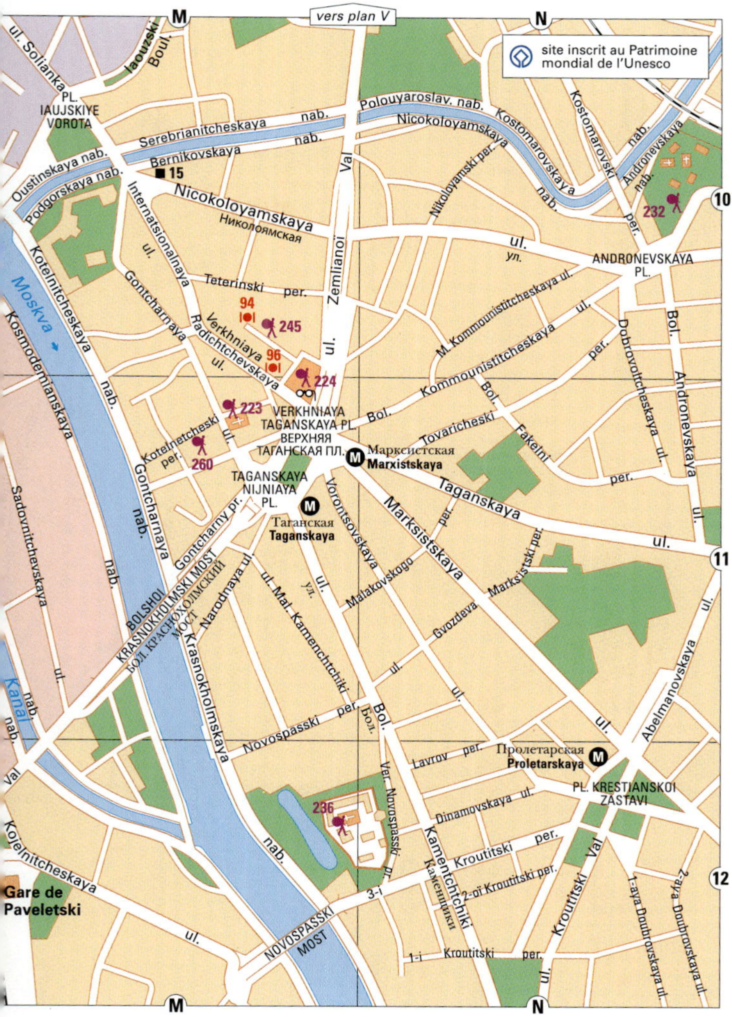

MOSCOU – SUD (PLAN IV)

À voir

- **209** Église de la Résurrection-de-Kadachi
- **210** Église Saint-Clément-Pape-de-Rome
- **211** Musée du théâtre Bakhrouchine
- **212** Maison-musée d'Ostrovski
- **213** Église Saint-Nicolas-de-Pyji
- **214** Église de l'Icône-de-la-Vierge-Joie-de-Tous-les-Affligés
- **215** Maison Igoumnov
- **216** Église Saint-Jean-le-Guerrier
- **223** Église Saint-Nicolas
- **224** Théâtre de la Taganka
- **232** Monastère Andronikov et musée Andreï-Roublev
- **236** Monastère de Novospasski
- **245** Musée Vissotsky
- **260** Bunker 42

Culture

- **224** Teatr na Taganke

Achats

- **283** Galerie Iragui

MOSCOU – NORD-EST (PLAN V)

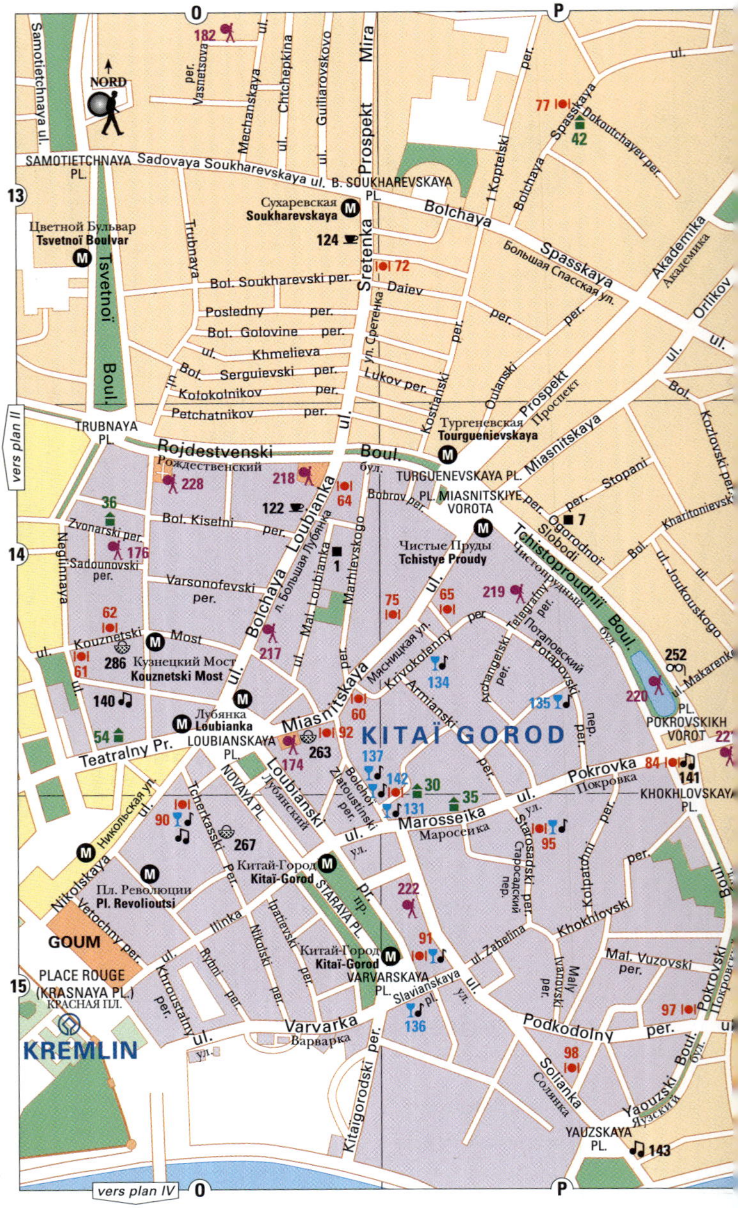

■ Adresses utiles

1 Tsar Voyages
7 Ambassade et consulat de Suisse

Où dormir ?

30 Napoleon Hostel
35 Comrade Hostel
36 TNT Hostel
42 Hôtel Volga
53 Hilton Moscow Leningradskaya
54 Artel Hotel

Où manger ?

60 Mou-Mou
61 Elki Palki
62 Jagannath
64 Le Charme Discret de la Bourgeoisie
65 Club Petrovitch
72 Chtcherbet
75 Dantes
77 Sirena
84 Mi Piace
90 Che
91 The Chinese Pilot Jao Da
92 Tanuki
93 Trattoria
95 Art Garbage-Zapasnik
97 Datcha
98 Expedition

Où boire un bon café ou un onctueux chocolat ? Où déguster une pâtisserie ?

122 Korkunov
124 Wolkonsky

Où boire un verre ? Où écouter de la musique ?

90 Che
91 The Chinese Pilot Jao Da
95 Art Garbage-Zapasnik
131 Pirogui
134 Café Bilingua
135 Proekt OGUI
136 Prado Café
137 Bourbon Street
142 Propaganda

Où sortir en boîte ?

140 Karma Bar
141 Kriziszhanra
143 Kult

À voir

174 Musée Maïakovski
176 Baria Sandounov
182 Maison-musée de Vasnetsov
217 Résidence du comte Rostoptchine
218 Monastère Srétienski
219 Tour Menchikov
220 Tchistye Proudy
221 Maison Apraksin
222 Grande Synagogue de Moscou
228 Monastère de Rojdéstvenski

Culture

252 Sovremennik

Achats

263 Biblio Globus
267 Librairie Pangloss
286 Librairie étrangère

MOSCOU – NORD-EST (PLAN V)

MOSCOU – PLAN DU MÉTRO

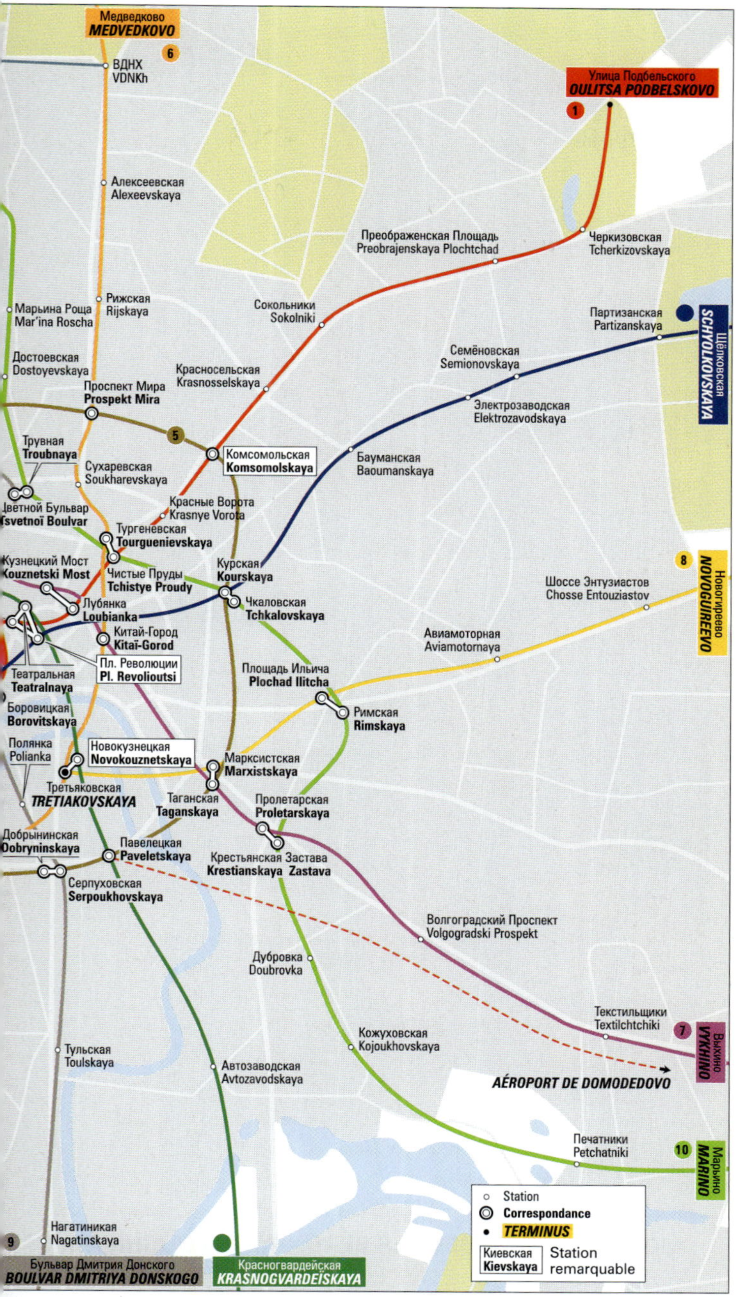

MOSCOU – PLAN DU MÉTRO

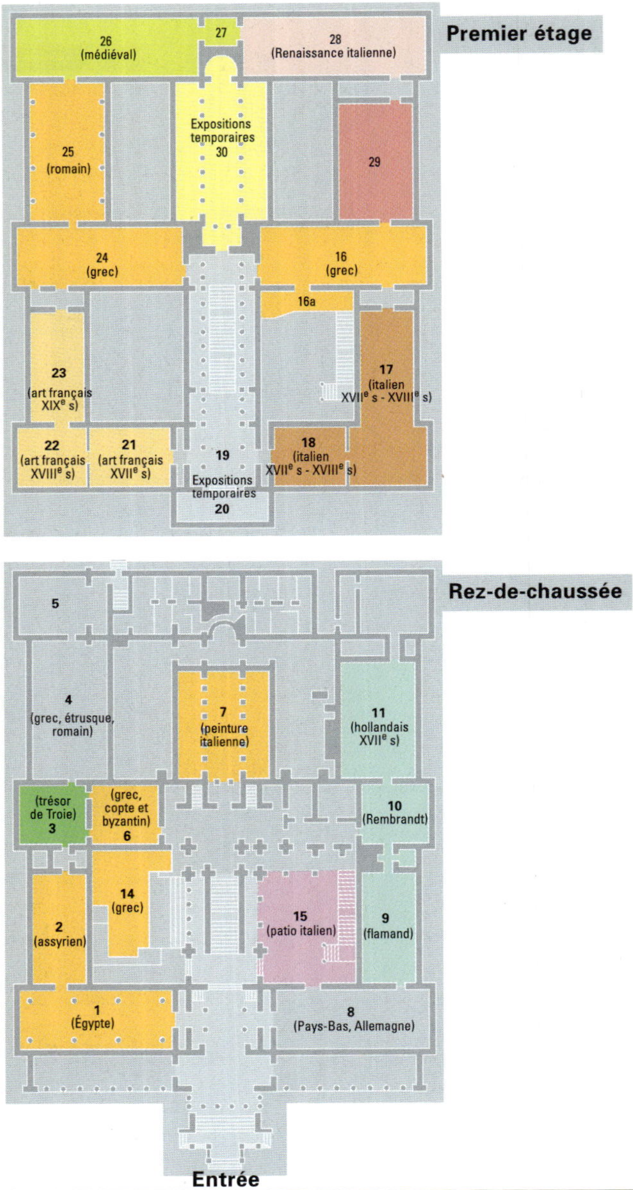

MOSCOU – LE MUSÉE DES BEAUX-ARTS POUCHKINE

les foules en montrant des séquences de l'avenir radieux que devait leur apporter le socialisme. Cela se justifiait d'autant plus que le pays connaissait la famine, la misère et la guerre civile, et que l'objectif de la révolution mondiale n'était pas encore abandonné. À propos, si vous en avez l'occasion, essayez de voir en cinémathèque *L'Esclave de l'amour,* un des premiers films de Nikita Mikhalkov (1978), qui raconte justement le tournage d'un film en pleine tourmente révolutionnaire et les déchirements politiques de l'équipe.

Ces débuts, alliés aux traditions artistiques russes antérieures, expliquent non seulement le contenu des premiers films avant-gardistes, mais aussi certaines approches esthétiques : la pureté et le soin apportés à l'image, le traitement des visages, l'élaboration du montage... Toutes qualités qui ont donné évidemment un certain académisme avec les décennies.

Le totalitarisme stalinien a aussi utilisé le pouvoir du cinéma, tout en mettant fin à l'avant-garde dont les représentants politiques étaient liquidés dans les procès de Moscou et les camps. Les pressions sur les réalisateurs – même ***Eisenstein*** a eu à en souffrir – et les nouvelles exigences idéologiques et esthétiques avec le « réalisme socialiste » ont donné une production inégale. Dans les années 1930, les films sont devenus plus allégoriques et mythologiques : *Tchapaev* des frères Vassiliev sur la guerre civile, *Alexandre Nevski* d'Eisenstein sur le prince vainqueur des chevaliers Teutoniques... Le premier film parlant sort en 1931, et le premier film en couleurs en 1936, puis viennent les comédies musicales *Les Joyeux Garçons* de Grigori Alexandrov ou *Les Conducteurs de tracteurs* d'Ivan Pyrev, après un séjour de leurs auteurs aux États-Unis, en compagnie d'Eisenstein. Le reste est souvent inerte, grandiloquent et indigeste à voir aujourd'hui.

PROPAGANDE CINÉMATOGRAPHIQUE

Alexandre Nevski, *le chef-d'œuvre d'Eisenstein, était une commande de Staline, conçue à l'origine comme un film épique de propagande contre l'expansionnisme nazi. Les chevaliers Teutoniques du XIIIe s sont précédés d'emblèmes aux croix gammées et leurs casques ressemblent à ceux de la Wehrmacht et évoquent clairement une menace. Sorti en URSS en décembre 1938, il est retiré des écrans lors de la signature du pacte germano-soviétique en août 1939. Mais avec le déclenchement de l'opération Barbarossa en juin 1941, le film réapparaît pour galvaniser l'élan patriotique contre l'attaque germanique.*

Le cinéma soviétique

La Seconde Guerre mondiale a fourni une source d'inspiration infinie, constante et sans risques si l'on évitait les sujets tabous. Certains films sont des chefs-d'œuvre On voit apparaître les noms de ***Serguei Bondartchouk,*** Grigori Tchoukhraï et, surtout, Andreï Tarkovski. Mais le thème a été trop largement utilisé jusqu'à la fin de l'époque soviétique. *Quand passent les cigognes,* de ***Mikhaïl Kalatozov,*** a marqué en 1957 le retour du cinéma soviétique sur la scène mondiale (Grand Prix à Cannes). Mais ce sont les années 1960 qui, tout comme en littérature et en poésie, ont marqué une vraie renaissance grâce au « dégel » de l'époque khrouchtchévienne, qui a relâché un peu et provisoirement la censure. De grands réalisateurs apparaissent : Kira Mouratova, Elem Klimov, Gleb Panfilov, ***Andreï Kontchalovski...*** Ils ne remettent pas en cause les choix socialistes de leur société, mais prônent un socialisme à visage humain.

Autres tournants des années 1960 qui se sont poursuivis jusqu'à la perestroïka : l'esthétisation et les sentiments face au dogmatisme, avec notamment *Le Miroir* ou *Andreï Roublev,* d'***Andreï Tarkovski.*** Internationalisation du cinéma soviétique avec la généralisation de studios et d'écoles dans la plupart des républiques : la Géorgie, la Lituanie, l'Estonie, l'Ukraine (où les studios *Dovjenko* sont énormes), le Kazakhstan. ***Sergueï Paradjanov,*** un Arménien né à Tbilissi et ayant travaillé en Géorgie, où il a aussi été emprisonné, en est un représentant symbolique. Avec *Le Repentir,* qui dénonce les mécanismes totalitaires, il annonce la perestroïka. Dans les années 1970 apparaît ***Nikita Mikhalkov,*** fils de Sergueï Mikhalkov, auteur de l'hymne soviétique. Le fils se fait d'abord un prénom comme acteur dans le film *Je marche dans Moscou.* Il est aujourd'hui sans doute l'un des plus connus des cinéastes russes et l'un des plus commerciaux. Ses premiers films, *Partition inachevée pour un piano mécanique* et, plus tard, *Cinq soirées,* sont les plus réussis et ont fait le tour du monde, avant *Soleil trompeur.* Enfin, n'oublions pas ***Otar Iosseliani*** qui, avec *Il était une fois un merle chanteur* (1970, 5 ans interdit à l'exportation) et *Pirosmani* réalisé avec ***Georgui Chengelalaïa,*** apporta une grosse bouffée d'air frais en pleine grisaille brejnévienne.

Le cinéma et l'économie de marché

En 1986, l'Union des cinéastes est autorisée à élire une direction libérale qui lève la censure et le monopole d'État sur les achats de films, et sort les films interdits des placards. *La Petite Vera,* de ***Vassili Pitchoul,*** est le dernier film soviétique et le premier de la nouvelle époque : il montre une jeunesse peu sage et des scènes de sexe. Cinquante millions de spectateurs l'ont vu en salle. Depuis, aucun film russe n'a atteint une telle audience. Mais l'implosion de l'URSS en 1991 porte un coup sévère au cinéma. Il commence à peine à s'en relever.

La tutelle de l'État pesait lourd sur les artistes et réalisateurs, mais les mettait à l'abri du besoin. Les lois du marché introduites brutalement ont pour le moins déstabilisé l'édifice. Paradoxalement, la liberté soudaine de créer a quelque peu coupé l'inspiration des auteurs (ça s'est vu sous d'autres cieux). Dans un premier temps, ils se sont tous précipités dans la dénonciation du régime soviétique (y compris, et peut-être surtout, ceux qui en avaient le plus profité). Il en est sorti des films intéressants, mais il n'y avait plus personne pour les voir. Car les circuits de distribution et les salles ont fermé en masse à cause de la nouvelle pauvreté des gens et de l'arrivée de la vidéo. Les autres se sont mis à programmer des films américains dont les spectateurs russes avaient été privés. Le cinéma français en a d'ailleurs souffert, car c'est en URSS qu'il avait le plus de spectateurs. Avec la privatisation et la criminalisation de l'économie au début des années 1990, la production russe a d'abord atteint 500 films par an, contre 140 à l'époque soviétique. Mais personne ne les voyait et ils ne servaient pour la plupart qu'à blanchir de l'argent. Les grands studios d'État ont été pillés, les compagnies privées ont fait faillite et seules des coproductions, dont beaucoup avec la France, comme les films de ***Pavel Lounguine*** *(Taxi Blues, Lunapark)* ou avec les États-Unis comme ceux de Nikita Mikhalkov *(Le Barbier de Sibérie),* ont permis une continuité. L'*Arche russe* d'Alexandre Sokurov (2002) ou l'*Amiral* d'Andreï Kravtchouk renouent, eux, avec le genre historique.

En l'absence d'un public en Russie, les réalisateurs ont fait des films destinés à des festivals et à un public choisi à l'étranger. Avec l'amélioration de la situation économique, une nouvelle aide de l'État et la création d'un distributeur qui a soutenu une renaissance des salles de cinéma dans les grandes villes (et aussi une lassitude du public pour les productions hollywoodiennes), les réalisateurs russes recommencent à viser de nouveau le grand public. Les studios revivent petit à petit et, avec 120 films par an (en 2002), la production rattrape peu à peu les années d'avant la perestroïka. Malheureusement, peu de grosses productions s'avèrent rentables, sauf si elles ont la chance d'être distribuées en Europe. Saluons l'initiative courageuse de plusieurs cinéastes de porter à l'écran des sujets politiques délicats comme *Litvinenko* d'Andreï Nekrassov, du nom de cet ex-agent du KGB, empoisonné au polonium à Londres en 2006 et surtout *Khodorkovski,* de Cyril Tuschi (sorti en 2011), du nom de l'ancien PDG de *Ioukos* emprisonné depuis 2004, et qui constitue un véritable documentaire, extrêmement fouillé, soulignant les paradoxes et contradictions qui continuent de plomber l'avenir de la Russie.

À Moscou, les hauts lieux du cinéma sont les *studios Mosfilm,* les *studios Gorki* où se trouve aussi l'*Institut du cinéma* qui forme les cinéastes, la *Maison du cinéma* et le *Kinotsentr* avec un petit musée du Cinéma et une salle dotée du plus grand écran de Russie. À Saint-Pétersbourg, les studios s'appellent *Lenfilm.* Il y a aussi des festivals de cinéma réputés. Le *Festival de Moscou* se déroule au cinéma Pouchkinskaya. Le *festival Nika* a lieu à la Maison du cinéma...

COUTUMES, CROYANCES, CONTES ET LÉGENDES

Qu'est-ce que l'âme russe ?

Qu'est-ce qui crée le mystère en Russie et fascine tant le visiteur étranger ? Une partie de la réponse se trouve dans ce que les Russes appellent eux-mêmes, non sans un soupçon d'ironie, l'« âme russe » *(russkaya ducha).*
Mystérieuse mais non secrète, l'âme slave ne s'embarrasse ni de subtilités protocolaires ni de belles manières. Bref, il est indispensable de prendre les Russes par les sentiments et de toucher leur sens de l'humour pour les voir s'ouvrir avec une facilité déconcertante et une chaleur exceptionnelle. C'est le côté méridional de ce pays, dont les frontières jouxtent le pôle Nord et qui se dispute une partie de l'archipel des Aléoutiennes avec les Japonais !
Le paradoxe que renferme l'âme russe consiste précisément à associer l'exubérance la plus latine à une subtilité tout orientale. Car l'Orient est une « affaire délicate », disent les Russes, qui, depuis Gengis Khan, en savent quelque chose. Peu leur importe que cette spécificité fasse leur bonheur ou leur malheur : elle fait en tout cas leur fierté. Elle se traduit par une limite invisible, mais perceptible, entre le « nous » par lequel ils se désignent eux-mêmes et le « vous » qui s'adressera à un Français, un Belge... voire à l'étranger en général.
L'âme russe est constituée d'une éblouissante profusion de coutumes, de croyances et de légendes millénaires. Celles-ci sont restées étonnamment vivantes malgré les multiples turbulences, politiques et religieuses, traversées par le pays. Les plus anciennes remontent à l'époque païenne. Au Xe s, le premier « grand-prince » russe Vladimir doit se doter d'une religion d'État pour briser les structures tribales et consolider son autorité. Il choisit l'Église chrétienne d'Orient. La répression du paganisme est violente. Croyance païenne et foi chrétienne coexistent néanmoins pendant près de trois siècles. Puis les cultes païens s'effacent. Mais les croyances et les traditions du passé continueront à marquer profondément la culture russe.

Coutumes, croyances et superstitions

Ici, la superstition se charge de nous rappeler la signification profonde de gestes simples. On ne sert pas la main de quelqu'un à travers un seuil de porte. Car le seuil traditionnel est une frontière protégeant l'isba (maison traditionnelle en bois) des forces maléfiques du monde extérieur. De même s'interdit-on de verser à boire à quelqu'un la main tournée vers l'extérieur : un geste de déni incompatible avec la valeur symbolique du geste de servir, associé à de vieilles habitudes de communion païenne.
Les grands saints de la foi orthodoxe eux-mêmes sont associés à d'anciennes divinités païennes, à travers des croyances tout à fait particulières. Aussi, par temps d'orage, dit-on qu'Ilia (saint Elias) traverse les cieux sur son char en frappant le sol

de son marteau ! Dans cette image manifestement peu chrétienne, c'est en réalité Peroun, dieu du Tonnerre et de la Guerre et pourfendeur du Mal chez les Slaves païens, qui est évoqué.

Comme partout, beaucoup de traditions et d'usages en Russie sont liés à la table. Il est vrai aussi que ceux-ci se perdent, surtout ces dernières années. Mais de nombreuses personnes préféreront que vous posiez couteau et sel sur la table plutôt que de vous les prendre des mains. Il ne faut pas faire interférer des symboles (le Malin craint le sel) avec un geste trivial comme celui de se passer quelque chose de main à main.

Les usages les plus vivaces sont, bien entendu, ceux liés à la bouteille, et l'on peut parier que ceux-là auront la vie dure. Si le sexe faible est représenté à table, il serait très mal perçu qu'au moins un toast, généralement le deuxième, ne soit pas porté en son honneur. La boisson la plus adaptée aux grandes circonstances est la vodka, que l'on ne « sirote » pas (en tout cas pas en Russie !), mais que l'on boit « *do dna* » (« jusqu'au fond », cul sec, quoi !).

TOAST : MODE D'EMPLOI

Une fois le bras levé, pas question de reposer le verre sans l'avoir vidé. Le faire serait le signe évident d'un manque d'adhésion à ce qui est en train d'être dit ou a été dit. On vous demandera de poser le verre sur la table pour le remplir, car le tenir soulevé est un mauvais signe. Lorsqu'une bouteille est finie, on ouvre la suivante et les bouteilles vides sont posées par terre. La présence d'une bouteille vide sur la table serait en effet de mauvais augure.

Fêtes et traditions

À l'ère païenne, le solstice d'hiver et le passage d'une année à l'autre sont marqués par de grandes festivités. Cette tradition appartient à l'ensemble du monde indo-européen, où elle a donné Noël. Dans la Rus' (nom anciennement donné à la Russie), ces fêtes étaient appelées « Koliada ». Elles étaient dédiées à Yarilo, dieu-soleil créateur de vie et fils de Vêles. Dans le calendrier des fêtes chrétiennes, elles ont été remplacées par Noël (*Rojdestvo,* littéralement, la Nativité). Mais l'ancien nom est resté en Biélorussie, où Noël se dit *Koleda.* Jusqu'au début du XXe s, Noël (fêté le 7 janvier) reste en Russie une fête chrétienne fortement teintée de réminiscences païennes. Le 13 janvier, c'est le vieux Nouvel An qui fournit le prétexte à de folles festivités carnavalesques. Elles donnent lieu à ripailles, tournois de lutte, chants et rituels permettant de prédire l'avenir.

Lorsque Noël tombe en désuétude à l'ère soviétique, toute sa charge symbolique est reportée sur le Nouvel An. Ce n'est que depuis quelques années que l'on fête de nouveau Noël dans les grandes villes. Le Noël orthodoxe (le 7 janvier) reste une fête éminemment religieuse, même si tout le monde ne lui accorde pas la même importance. Certains fêtent aussi le Noël catholique, juste pour le plaisir de partager une autre fête avec le reste du monde (ou du moins une partie). Mais la fête la plus célébrée est sans doute le Nouvel An, pour laquelle on se prépare en avance et que l'on fête entre amis plusieurs jours d'affilée. Le soir du 31 décembre, on « accompagne » d'abord l'année passée. Les 12 coups de minuit frappés par l'horloge de la tour Spasskaya du Kremlin sont retransmis par la première chaîne. Il est temps alors d'« accueillir » la nouvelle année. Les Russes, qui aiment faire la fête, n'attendent pas qu'une année soit écoulée pour recommencer. Le calendrier orthodoxe, en retard de 13 jours sur le nôtre, leur fournit en effet le prétexte de fêter de nouveau le Nouvel An en janvier. D'ailleurs, le gouvernement a décrété une douzaine de jours de congé obligatoires chaque année à cette période, histoire d'englober les deux Nouvel An. Cela dit, ça ne fonctionne pas vraiment car, la plupart des gens partageant un même logement entre générations, on se retrouve vite les bras ballants à la maison (on ne peut pas boire sans cesse) en espérant le retour au travail pour éviter une cohabitation un peu lourde !

Dans certaines campagnes, au début de l'été, la fête d'Ivan Koupala (comparable à la Saint-Jean) donne encore lieu à la perpétuation de traditions antérieures à l'arrivée du christianisme. Ivan Koupala célèbre à la fois saint Jean (Ivan), responsable par son baptême de la seconde naissance du Christ, et Koupala, le dieu du Soleil se baignant dans l'eau pour renaître. La fête se déroule durant la nuit du solstice au bord d'une rivière. Elle s'accompagne de rites complexes liés au feu et à l'eau, au cours desquels les jeunes femmes descendent dans la rivière et sont aspergées d'eau, dans un geste doté d'une ancienne valeur sacrificielle.

Contes et légendes

Dans les croyances russes, les forces de la destruction et celles de la création s'équilibrent et même s'accordent. Il en va de même dans les contes.
À partir du Xe s, des prêtres des anciens cultes se retirent dans les forêts, pourchassés par l'Église chrétienne. Ils mettent en œuvre leurs savoirs magiques pour combattre les nouveaux venus sur le terrain du sacré. Tout maléfiques qu'ils sont, ces sorciers *(koldun)* n'en incarnent pas moins la Sagesse et le Savoir. Le mélange de fascination et de terreur qu'ils inspirent est à la source des personnages des contes de sorcellerie.
La sorcière Baba Yaga habite une isba qui, dressée sur des pattes de poule, est un sas d'entrée dans le monde des esprits. À celui qui s'y aventure, Baba Yaga arrache la peau du dos pour en confectionner une ceinture, et ce n'est là que l'une des cruelles épreuves qui l'attendent. Ayant pour monture un pilon géant, elle ne se sert de son balai que pour effacer les traces de son passage.
Personnage essentiellement mauvais, il lui arrive néanmoins de faire des dons de pouvoirs magiques à Ivan Tsarévitch, qui doit venir à bout du maléfique Kochtchey l'Immortel. Kochtchey tient son immortalité de ce que sa mort, dissimulée sous la forme d'une aiguille, est enfermée dans un œuf caché loin de ce monde. Ivan devra trouver l'œuf et casser l'aiguille. Son entreprise est donc une quête de cet œuf, symbole de l'immortalité.
Les contes russes, avec leur mélange de cruauté et d'humour, de sagesse et de folie, complètent des croyances puisées dans les millénaires d'une histoire souvent mal connue. Ensemble, ils forment un imaginaire, une source inépuisable de création artistique et intellectuelle, depuis le ballet *Le Sacre du printemps* et l'opéra *L'Oiseau de feu* de Stravinsky, ou les contes d'inspiration populaire de Pouchkine, tel *Le Cavalier de bronze,* aux *Veillées à la ferme Dikanka,* empreintes de surnaturel, de Nicolas Gogol.

HIP, HIP, HIP, HOURRA !

En fait, ce seraient les Anglais qui auraient emprunté le mot « hourra » aux Russes. L'origine de cette interjection sonore provient du slave hu-raj, *qui veut dire « au paradis ». À l'origine, c'était le cri de ralliement des cosaques, puis des soldats russes au fil des temps. Le principe était que tout homme mort au combat allait directement au paradis. Ce cri a pratiquement toujours été utilisé dans l'armée russe, que ce soit l'armée tsariste, l'armée Rouge (soviétique) ou l'armée russe postsoviétique.*

CUISINE

Difficile de parler de gastronomie russe, parce que le mot « gastronomie » n'existe pas en russe. En fait, à l'ère soviétique, le mot « gastronome » désignait avant tout des magasins d'alimentation, où la gastronomie tenait bien peu de place ! Les « grands » chefs, aussi bien à Moscou qu'à Saint-Pétersbourg, sont soit français

soit italiens. Allez savoir pourquoi ! Pourtant, de mémoire de Russe, l'art de la ripaille est un sport national, pour lequel il n'existe ni heure ni protocole.
À propos de caviar, sachez que la population de bélougas, d'osciètres et de sterlets, d'où sont issus les œufs tant convoités, est gravement menacée dans la mer Caspienne. En effet, le marché du caviar est à 80 % aux mains de la contrebande, et une action du gouvernement pour imposer des quotas serait inutile. De toute façon, les Russes eux-mêmes ne peuvent se passer de caviar. À terme, seul l'élevage en captivité approvisionnera le marché, ce qui fera baisser la qualité du caviar, car, au dire des Russes, le meilleur caviar est celui de bélouga de la mer Caspienne...

Zakouski (entrées)

Tout commence par les zakouski (entrées). À ce chapitre, on trouve aussi bien le ***roi-caviar*** *(ikra),* le vrai, le « noir », mais aussi le « rouge » (œufs de saumon) et les autres « caviars », d'aubergine ou de courgette. Vous aimez le poisson ? Servez-vous ! ***Poissons*** fumés (crus ou cuits) ou salés, esturgeon, saumon, flétan, sprat, hareng, maquereau, et l'on en passe. Les Russes adorent les ***champignons.*** La cueillette (la « chasse silencieuse ») est un rite, et les salaisons un délice. Les ***pirojki*** (chaussons à la viande, au chou, aux champignons, etc.) sont excellents. Et les Russes sont aussi maîtres en salades ; nous vous recommandons particulièrement la ***séliodka pod chouboy*** (littéralement le « hareng sous son manteau ») : ce qui sert de « manteau » aux petits morceaux de harengs salés est un mélange de betteraves et de carottes râpées, de dés de pomme de terre et de mayonnaise. La « vinaigrette » ***(viniegriet)*** à la russe est en fait une salade dans laquelle on mélange, entre autres, betterave et pomme de terre. Mais il faut se réfréner, car les zakouski accompagneront tout le repas : ils servent à « faire passer » la vodka.

Piervoye (soupe)

Les choses sérieuses commencent avec la soupe, composante quasi obligatoire d'un repas complet. On ne l'appelle d'ailleurs pas « soupe », mais *piervoye* (le premier). ***Chtchi*** (soupe au chou généralement servie avec de la crème fraîche) ou ***borchtch*** (pas obligé de prononcer le « t » entre les deux « ch » !) ? Optons pour le borchtch : une soupe à base de betterave, à laquelle elle doit sa couleur rouge. Généralement à la viande, il comprend un mélange de légumes et d'épices qui en fait un plat qui vaut vraiment le détour. Dans le sud de la Russie, on y ajoute viande et autres légumes. Plus familiales sont les ***oukha*** (soupe de poisson) et autres ***solyanka*** et ***rassolnik.*** La *solyanka,* à la viande ou au poisson, comprend des petits morceaux de cornichons salés et est relevée d'olives. Le *rassolnik* est une sorte de *solyanka* aux abats de volaille et au riz, ou à l'orge. En été, il faut absolument goûter l'***okrochka,*** soupe froide à base d'une boisson fermentée appelée le kvas, dans la composition de laquelle entrent différents légumes cuits et crus et de petits morceaux de viande ou de saucisson bouilli.

Vtaroye (plat de résistance)

Le plat de résistance, appelé, fort logiquement, *vtaroye* (le deuxième), n'offre pas moins de choix. Les ***goloubtsi*** sont des choux farcis, mais on farcit également les courgettes (dont la taille est comprise entre celle de nos courgettes et celle de notre courge). Les ***pielméni*** et les ***varienniki*** (littéralement : les « bouillies ») sont différentes sortes de bouchées composées de viande et d'oignons hachés dans des enveloppes de pâte fraîche, que l'on fait soit griller soit bouillir – en clair, des sortes de raviolis. Excellents, ils sont souvent saupoudrés d'aneth. Il existe également des variantes, notamment au fromage blanc et à la cerise, qui se rapprochent plus d'un dessert. Parmi les plats préparés au four, il ne faudrait pas rater l'occasion de se régaler d'esturgeon (assez gras, rappelant la viande) ou de carpe (tout aussi savoureuse grillée, mais attention aux arêtes dans les deux cas). Impossible de ne pas mentionner le ***bœuf Stroganov,*** incontournable dans les menus des restos traditionnels – de fines lamelles de viande bien cuite baignant dans une sauce à la crème et aux oignons. Citons aussi les ***kotliéti pa kievski*** (des blancs de poulet au beurre). La ***grietchnievaya kacha,*** ou ***kacha*** tout court (sarrasin bouilli), est un accompagnement très traditionnel (par *kacha* on désigne en fait tout grain bouilli). Enfin, le plat de cuisine familiale par excellence est la ***solyanka*** (version « plat de résistance »), dont il existe plusieurs variantes, la base étant du chou grillé. Il existe même une rue à Moscou qui porte son nom.

Tchaï (thé)

Puis vient le moment salvateur du thé *(tchaï).* Si vous avez été sage, il vous sera servi avec des ***pirojki*** fourrés, cette fois-ci, au coulis d'abricots ou de fruits rouges, ou avec des ***blintchiki,*** petites crêpes, généralement nappées elles aussi de différentes bonnes choses.

Konfiéty (bonbons)

Les Russes raffolent des ***klioukvas*** (canneberges), ces baies qui viennent du Nord. Ce qu'ils préfèrent, c'est les manger enrobées de sucre glace en prenant le thé (tout comme les biscuits aux graines de pavot). Les canneberges se déclinent aussi en thé à la canneberge et crème de canneberge (pour les nostalgiques du kir !). On en trouve en général dans les supermarchés.

Cuisines du Caucase et d'Asie centrale

Il serait dommage de ne pas profiter d'un séjour en Russie pour goûter les cuisines caucasienne et d'Asie centrale. Le ***plov,*** plat de riz et de viande, est typiquement ouzbek mais se rencontre aussi en Azerbaïdjan et en Arménie, avec des variations propres à chaque région. L'Asie centrale nous sert également des ***manti,*** sortes de *pielméni* deux fois plus gros, dont la pâte doit « fondre » en bouche. La cuisine géorgienne, elle, est un hymne aux épices et aux bonnes herbes, parmi lesquelles la coriandre occupe une place importante ; celles-ci entrent notamment dans la composition de toutes sortes de plats en sauce, souvent froids comme les ***lobio*** (haricots rouges dans une sauce aux noix et à la coriandre) ou les ***satsivi*** (au poulet ou à l'esturgeon, toujours avec une sauce aux noix). Le ***tchanakhi*** et le ***tchakhokhbili*** sont aussi des plats en sauce, mais chauds. Il s'agit pour le premier de mouton aux aubergines et aux tomates, pour le second de poulet aux tomates et aux oignons (plus quelques dizaines d'autres ingrédients dans les deux cas, mais passons... enfin, c'est du grand art !). La soupe nationale caucasienne est le ***khartcho,*** à base de mouton et de riz et agrémentée de pruneaux, d'épine-vinette et d'estragon. Le Caucase propose aussi sa version des *manti* : les ***khinkali*** géorgiens sont, tout comme leurs cousins d'Asie centrale, à déguster exclusivement avec les doigts et à avaler entiers, sinon tout leur jus se retrouvera dans l'assiette (au mieux !).
La cuisine géorgienne est aussi l'occasion de boire autre chose que de la vodka ! Il existe en effet toute une gamme d'excellents vins géorgiens. Le grand classique, le ***kinzmaraouli,*** est légèrement sucré, de même que le ***khvantchkara*** ; le ***tsinandali*** et le ***moukouzani*** sont plus secs.

Shashlick (brochettes)

Il est vrai qu'on ne mange pas qu'à table ! Pourquoi ne pas vous laisser entraîner dans une partie de ***shashlick*** ? C'est la coutume gastronomique la plus conviviale du pays. Côté nourriture, les Russes ont une préférence pour le porc. On met les morceaux à mariner la veille au soir dans du *kéfir* (lait fermenté), de l'oignon ou du vinaigre. On prépare de la même façon l'esturgeon, le bœuf et le mouton. C'est excellent ! Côté boisson : bon, vous avez compris ! Ne soyez pas surpris si l'on vous propose une partie de *shashlick* par - 15 ou - 20 °C... ça fait partie des sports d'hiver ! La recette est la même que pour les *shashlick* d'été... avec double ration de vodka ! Les *shashlick* apparaissent sur les cartes de très nombreux restaurants caucasiens, aux côtés du ***lioulya kebab*** – des brochettes de boulettes de viande aromatisées.

DROITS DE L'HOMME

La situation en matière de Droits de l'homme en Russie reste préoccupante, lit-on dans le rapport annuel d'*Amnesty International* 2011, qui pointe également du doigt l'augmentation du nombre de crimes racistes perpétrés dans le pays. Extraits :
« Les défenseurs des droits humains et les journalistes indépendants étaient toujours en butte à des menaces, des manœuvres de harcèlement, voire des agressions. Les enquêtes sur ces agissements ne donnaient guère de résultats concrets. La liberté de rassemblement et d'expression a, cette année encore, subi des attaques : des manifestations ont été interdites ou violemment dispersées, et des poursuites en justice ont visé des particuliers au titre de la législation contre l'"extrémisme". Des actes de torture et d'autres mauvais traitements imputables aux agents de la force publique ont été signalés à maintes reprises dans toute la Russie » [...] « Les dirigeants du pays proclamaient toujours leur volonté de modernisation, mettant en avant leur désir de renforcer l'état de droit et de réformer le système judiciaire. Toutefois, de l'avis de beaucoup, cette ambition était sérieusement compromise par une corruption omniprésente et le non-respect, dans la pratique, de la séparation des pouvoirs » [...] « On pouvait s'inquiéter de ce que la presse écrite, la radio et la télévision s'alignaient sur des choix politiques partisans, mais les médias électroniques faisaient preuve de davantage de pluralisme. Les vidéos numériques et les réseaux sociaux en ligne, utilisés de manière inventive, permettaient de développer le militantisme social et de dénoncer les violations des droits humains. Les médias d'État, et en particulier la télévision, servaient souvent à discréditer les personnalités politiques de l'opposition, certains dirigeants de pays voisins ou les militants de la société civile »...
« Le deuxième procès de Mikhaïl Khodorkovski et Platon Lebedev, sur lesquels pesaient des accusations liées à des vols de pétrole produit par la compagnie *Ioukos,* a suscité de nouvelles interrogations quant à l'indépendance du parquet et de l'appareil judiciaire. La mise en accusation de ces deux hommes avait manifestement un caractère politique. Ils ont été condamnés l'un et l'autre en décembre 2010 à un total de 14 ans d'emprisonnement, à l'issue d'un procès inéquitable, entaché d'irrégularités de procédure, parmi lesquelles on peut signaler le harcèlement des témoins ou le refus de la cour d'entendre des témoins essentiels de la défense. Compte tenu des années déjà passées en prison, ils devraient donc être libérables en 2017. »

Signe tout de même encourageant : en janvier 2010, à l'initiative de la Douma, la Russie a ratifié (la dernière sur 47 des membres du Conseil de l'Europe) le protocole 14 qui permet de faciliter le travail de la Cour européenne des Droits de l'homme.

ÉCONOMIE

Si la démographie décroît...

Le premier souci des dirigeants russes, la dégringolade de la démographie, si elle n'est pas liée directement à l'économie, ne manquera pas de l'influencer dans les décennies à venir. La population de la Fédération est en régression depuis les années 1990. Prise en tenailles entre un taux de mortalité qui ne cesse de croître

(14,3 ‰) et une natalité qui a chuté avant de se rétablir à 12,6 ‰, à l'horizon 2050, selon le scénario le plus dramatique, cette population pourrait décroître de 47 %, pour atteindre à cette date 77 millions d'individus. Un scénario plus optimiste permettrait de limiter cette érosion à une perte de 30 %, laissant à la Russie une population de 102 millions d'habitants à la même échéance. Mais cette baisse démographique a néanmoins ralenti depuis le milieu des années 2000, et en 2009 la population totale du pays a très légèrement augmenté pour se situer à 142 millions d'habitants. La Russie compte également 13 millions d'handicapés, presque 9 % de la population, ce qui représente une très lourde charge pour le budget fédéral. La diminution de la population rurale est trois fois plus importante que celle de la population urbaine, ce qui révèle les carences des services de santé en dehors des grands centres.

UNE GRENADE DÉGOUPILLÉE

La terrible mortalité masculine annonce une catastrophe humanitaire. La consommation d'alcool (souvent frelaté) et de drogues en est à l'origine et induit suicides, accidents de la route... 40 % de la population fume, et l'accès au système de santé se dégrade. Au total, il manque plus de 10 millions d'hommes. Le renouvellement de la population n'est plus assuré.

Longtemps considérée comme un signe de puissance militaire et économique, la démographie russe – et sa faiblesse actuelle – constitue, pour l'opposition nationaliste et communiste, la preuve tangible de l'échec de la politique économique conduite depuis une dizaine d'années, d'abord par Boris Eltsine, puis par ses héritiers, Vladimir Poutine et Dmitri Medvedev.

Plus que le déficit de la natalité, c'est le taux de mortalité (156e place mondiale) qui provoque l'érosion : un Russe de 20 ans a aujourd'hui une chance sur deux d'atteindre l'âge de 60 ans, alors que celles d'un Américain sont de 9 sur 10. Plus révélatrice encore, l'espérance de vie d'un homme russe est de 10 ans inférieure à celle d'une femme russe, l'une des différences les plus importantes au monde. Le gouvernement russe a inscrit dans son programme la mise en place d'une politique nataliste reposant sur des incitations financières pas négligeables pour la naissance des deuxième et troisième enfants, doublées de l'attribution d'un lopin de terre.

Idéalement, la Russie devrait avoir recours à l'immigration de main-d'œuvre qualifiée, mais c'est l'inverse qui se passe avec le départ de nombreux diplômés vers les USA, le Canada, l'Europe et même l'Australie.

... l'économie va mieux

Le fonctionnement de l'économie russe a subi des transformations radicales suite aux réformes entamées par Gorbatchev dès la seconde moitié des années 1980. Le passage d'une économie planifiée contrôlée par l'État à un mode de fonctionnement libéral basé sur l'économie de marché est à l'origine d'une crise économique profonde, dont la Russie s'est progressivement relevée depuis le début du siècle : le PIB a retrouvé en 2007 son niveau de 1990.

On revient de loin

Pourtant, souvenons-nous, en août 1998, elle avait connu une grande crise financière avec une dévaluation de fait de plus de 60 % du rouble et une suspension du paiement des dettes, tragique au niveau national – et du plus mauvais effet au niveau mondial.

La transition de l'économie planifiée à des règles de marché, caricaturales à force d'être pures et dures (plus dures que pures), a été très douloureuse pour une majorité de la population. La libération du totalitarisme s'est faite dans un contexte politique et juridique hasardeux, qui a permis un pillage en règle du pays et un abandon total des acquis, notamment sociaux et culturels, de l'ancien régime. Ils ont un peu jeté le bébé avec l'eau du bain...

Les bienfaits de l'or noir

L'évolution du prix des matières premières a grandement favorisé la reprise économique amorcée en 1998. Avec une croissance du PIB supérieure à 6 % en moyenne depuis cette date (4,9 % en 2011), l'État russe a pu régler par anticipation les emprunts contractés au plus fort de la crise financière et ramener la dette publique à 2 % fin 2009, de quoi rendre jalouses les économies occidentales.
L'inflation est plus ou moins contenue (8,8 % en 2010 contre 36 % en 1999). La Russie s'est constitué la troisième réserve de change du monde (520 milliards de dollars en avril 2011) grâce à une balance des paiements excédentaire de 7 % du PIB. Le budget se trouve régulièrement en boni grâce à une gestion prudente de la manne financière constituée par des rentrées fiscales plus efficaces, et le prix des hydrocarbures a permis de lancer des projets d'envergure (infrastructures, soutien à l'investissement). Des secteurs importants de l'industrie russe sont aussi confrontés à la concurrence des entreprises étrangères : celle-ci n'est freinée que dans des domaines jugés stratégiques (construction automobile, ressources minières et énergétiques, industrie de l'armement).
La Russie reste le premier exportateur mondial d'armes (avions de chasse, blindés, sous-marins...). Mal préparée, l'industrie légère russe a vu ses parts de marché fondre sur le marché national. Le phénomène touche également des industries de pointe comme la construction aéronautique civile. Les exportations sont désormais en grande partie composées de produits à faible valeur ajoutée (hydrocarbures et métaux, qui représentaient, en 2008, 70 % des exportations, 40 % du PIB, et surtout 35 % du budget fédéral qui n'est équilibré que lorsque les cours du baril de pétrole dépassent 70 $). La croissance de cette économie peu diversifiée est donc très sensible aux évolutions du prix des matières premières. En 2010, la Russie est devenue le premier producteur mondial de pétrole, mais les réserves ne représentent que le quart de celles de l'Arabie Saoudite. Un nouveau pipe-line géant est en construction, destiné à approvisionner la Chine, premier consommateur mondial... après les États-Unis.

UN ÉTAT RENTIER

La Russie est devenue le 1er exportateur mondial de pétrole et de gaz. Ses ressources considérables assurent la moitié du budget du pays. Résultat, les impôts sont plutôt faibles, notamment sur les revenus les plus élevés. On comprend qu'une telle manne favorise le clientélisme et la corruption, donc l'autocratie.

Mais ce n'est pas gagné !

Ce n'est évidemment pas tout rose pour autant, la pauvreté et le bas niveau de vie côtoient partout des richesses insolentes : minimum vital à 80 €, salaire mensuel minimum à 120 € et revenu moyen mensuel à 200 €, les chiffres variant selon qu'ils concernent Moscou et Saint-Pétersbourg ou le reste de la Fédération de Russie, et les disparités sont grandes. À Moscou, le revenu moyen mensuel est d'environ 700 €. Et encore, ce n'est pas si simple puisqu'il existe un salaire officiel et un salaire officieux, ce dernier, légèrement inférieur au premier, venant s'y ajouter...
Le PIB est très inégalement réparti. La libéralisation économique a accentué un phénomène qu'avait jusqu'à présent contrebalancé le régime socialiste. La richesse s'est concentrée dans quelques régions favorisées : les deux métropoles de Moscou et Saint-Pétersbourg, les régions sibériennes où sont situés les gisements

d'hydrocarbures et quelques régions industrielles. Les soins médicaux sont souvent réservés aux riches, les retraites sont dramatiquement basses, l'éducation est délaissée ou livrée au secteur privé. Environ 16 % de la population vit en dessous du seuil de pauvreté. Toutefois, les Russes des campagnes ou des banlieues ont pour tradition de cultiver et de stocker en bocaux une grosse partie de leur alimentation, ainsi que du bois de chauffage, un vieux réflexe qui leur permet dans un climat généralement rigoureux, de traverser des épreuves économiques difficiles. Durement touchée à l'été 2010, et pendant plusieurs semaines, par de graves incendies, la Russie a connu une perte de 1 % de point de croissance de ce fait. Les cours du blé sur les marchés mondiaux ont connu une hausse spectaculaire pour les mêmes raisons.

Moscou

Moscou a une place importante dans l'économie russe : la ville et sa région produisent près de 30 % du PIB de la Fédération pour environ 10 % de la population. Moscou bénéficie de la majorité des investissements étrangers, et la croissance y est plus forte qu'au niveau national. Elle concentre la forte majorité des filiales d'entreprises étrangères établies dans le pays. Après sept décennies de communisme, Moscou s'est transformée en mégapole capitaliste en trouvant sa place dans l'économie européenne et mondiale. La construction du Centre commercial international de Moscou (CCIM), appelé aussi « Moskva-City », est le symbole de cette transformation.
Mais cette mutation ne s'est pas faite sans problèmes. Le prix de l'immobilier, surtout de standing, le renforcement du rouble et la présence importante des nouveaux millionnaires russes expliquent en partie pourquoi Moscou est classée depuis 2006 comme la ville la plus chère au monde pour les expats. Les écarts socio-économiques sont devenus considérables : une part de la population s'est fortement enrichie tandis que l'augmentation du coût de la vie a aggravé les conditions de vie des plus modestes. Les Moscovites occupent souvent de petits appartements qui leur ont été donnés ou vendus à des prix symboliques durant la période soviétique ou au début des années 1990, cela s'ajoutant aux prix très faibles des services publics et de l'énergie et à un impôt sur le revenu de seulement 13 %, ce qui permet de diminuer fortement le coût global de la vie pour les habitants de la capitale. Le faible impôt sur le revenu et ces bas coûts du logement et de l'énergie (électricité et gaz) ont comme conséquence principale que la part du revenu alloué à la consommation est beaucoup plus élevée qu'en Europe occidentale.

Saint-Pétersbourg

Centre de communications et site majeur de la recherche et de l'industrie russes, Saint-Pétersbourg bénéficie depuis le début des années 2000 de la prospérité financière qui découle de la hausse du prix des matières premières. Mais son poids relatif dans l'économie russe et son rôle symbolique sont en déclin. Elle a perdu son statut de deuxième capitale et tend à redevenir une simple capitale régionale. Traditionnellement important, le poids de l'industrie était pour une part non négligeable liée au complexe militaro-industriel. Elle compte à présent des entreprises dans pratiquement toutes les branches d'activité, la construction navale et le secteur des machines-outils étant particulièrement bien représentés. Les infrastructures portuaires de Saint-Pétersbourg en font le premier port commercial de Russie et couvrent près de 25 % du transit marchand de la Russie. Tous les brise-glaces atomiques et la majorité des sous-marins y sont construits. Saint-Pétersbourg était autrefois le port principal de la flotte de l'Union soviétique, et une grande partie des navires de combat et des sous-marins se trouvent encore aujourd'hui dans le port militaire de la ville.

Les secteurs industriels également bien représentés sont l'électronique (aéronautique et aérospatiale), les nouveaux matériaux, la production d'énergie, l'appareillage médical, les secteurs de la santé et l'ingénierie écologique. Grâce aux incitations des dirigeants russes, l'industrie automobile étrangère a installé ses usines de montage dans la région, à l'instar de *GM* ou *Scania.* Plusieurs multinationales étrangères se sont également installées, comme *Wrigley, Gillette, Rothmans, Unilever, Japan Tobacco* et *Coca-Cola.* La brasserie *Baltika,* entreprise locale, est la plus grosse brasserie de Russie et la deuxième d'Europe en taille.
Le tourisme joue aussi un rôle croissant dans l'économie de Saint-Pétersbourg. Selon l'Unesco, la ville fait partie des 10 destinations préférées des vacanciers.

ENVIRONNEMENT

Les Russes ont avec leur terre un rapport extrêmement sentimental. L'action des pouvoirs publics en vue de protéger le milieu naturel a connu des hauts et des bas, mais il faut savoir que la création du premier parc national (la Russie en compte 98) remonte à 1916 ! Reste que cette passion, chantée par les grands écrivains russes, ne se traduit que fort peu dans la réalité. Au quotidien, pollution et appât du gain font fort peu de cas de l'écologie. Les rivières charrient leur lot de polluants chimiques (qu'importe, on y pêche quand même), les rues empestent les gaz d'échappement, les derniers tigres de Sibérie finissent en descentes de lit... Les conditions actuelles de la vie civile et politique marginalisent complètement le parti écologiste Kedr (« le Cèdre »). Seule l'organisation Greenpeace parvient à maintenir son action. Vu l'échelle du pays, les problèmes d'environnement auxquels il est confronté concernent toute la communauté internationale. Ainsi, un ministre adjoint de l'Économie suggéra un jour que la Russie rembourse une partie de ses dettes au Club de Paris en facturant la protection du lac Baïkal, le plus grand réservoir d'eau douce du monde !
En tant que pays froid, la Russie n'a pas directement intérêt à agir contre le réchauffement de la planète. Un degré de plus dans les moyennes des températures annuelles peut en effet réduire sensiblement sa facture de chauffage. L'entrée en vigueur du protocole de Kyoto était conditionnée par l'adhésion de 55 pays, représentant au moins 55 % des émissions de gaz à effet de serre. Pour y parvenir, il fallait que la Russie, qui représente 17,4 % des émissions mondiales, accepte de le ratifier. Elle a enfin accepté cette ratification – dont l'application pourrait devenir pour elle une source de rémunération – en 2004, même si, en 2003, un de ses hauts responsables déclarait que son pays se trouvait dans l'impossibilité de réduire les émissions de gaz à effet de serre dans la mesure où les moyens pour y arriver risquaient de brider la croissance économique.
Il est un fait que la Russie manque cruellement de ressources pour répondre à ses différents défis environnementaux. L'un des sujets les plus préoccupants reste toutefois le problème des déchets radioactifs, notamment en raison du secret qui l'entoure. Le journaliste Grigori Pasko, envoyé en septembre 2002 en camp de travaux forcés, a payé de sa personne la divulgation d'informations à ce sujet. Il a été libéré aux deux tiers de sa peine.

Moscou

Le programme d'assèchement des marais autour de Moscou a été lancé dans le cadre de l'une des campagnes délirantes de Leonid Brejnev en 1979. Moscou en fait les frais aujourd'hui. Durant les étés secs, la capitale est parfois recouverte d'un nuage de fumée noire dû aux incendies de tourbières. Voilà aussi pourquoi les gigantesques incendies de l'été 2010 ont été si dangereux, provoquant une hausse de 50 % de la mortalité. À part cela, Moscou, au regard de la grande concentration d'industries qu'elle abrite et de l'important trafic d'automobiles et de camions d'un autre âge, jouit d'un air relativement respirable. Elle le doit notamment à plusieurs massifs forestiers qui pénètrent dans la ville de sa périphérie vers le centre. Pierre le Grand avait interdit l'implantation de manufactures au sud-ouest de la capitale, car c'est de là que soufflent les vents dominants. C'est dans cette direction, le long de la *Roublievskoye chosse,* où étaient déjà établies les datchas gouvernementales, que poussent comme des champignons les lotissements où se retrouve l'élite économique de la capitale.

Saint-Pétersbourg

Saint-Pétersbourg souffre de la forte concentration d'activités industrielles (notamment industries lourdes et transformation agroalimentaire), représentant une menace permanente pour ses eaux de surface aussi bien que souterraines. Pas plus qu'à Moscou, ni où que ce soit en Russie, l'eau du robinet n'y est donc potable. Les nombreux jardins, dont la création a commencé dès l'époque de Pierre le Grand, ont apporté à la ville un grand nombre d'espèces nouvelles qui côtoient les conifères et les bouleaux de la forêt originelle. À moins de 200 km à l'est de la ville, aux abords du lac Ladoga, entre marais et taïga, se trouve le parc national de Nijniesvirski, l'un des plus riches de Russie.

FEMMES RUSSES

L'insondable mystère de la femme russe

La ***princesse Olga*** de Kiev fut la première souveraine chrétienne de la Russie au IXe s. Elle a été béatifiée et demeure vénérée, malgré une cruauté inouïe envers ses ennemis. ***Catherine II*** fut une tsarine aux dizaines d'amants, qui correspondait avec Voltaire et Diderot, mais qui introduisit le servage en Ukraine. ***Alexandra Kolontaï*** fut la première femme ambassadrice de l'URSS, après avoir été une militante féministe qui estimait, au moment de la révolution, qu'on pouvait « faire l'amour comme on buvait un verre d'eau », et qui le faisait... Les femmes des insurgés décabristes (ou décembristes), ces jeunes nobles militaires contaminés par la Révolution française (et qui ont osé réclamer une Constitution au tsar Nicolas Ier), ont fait l'admiration de toute une époque en voulant accompagner leurs maris déportés en Sibérie. Toutes ces femmes de tête ont marqué l'histoire de la Russie et sont des références loin d'être oubliées aujourd'hui.

L'aspiration impossible à l'éternel féminin

La poésie d'***Anna Akhmatova,*** sans doute la plus grande poétesse russe de la première moitié du XXe s, peut aider à saisir l'aspiration à l'éternel féminin, qui se baptise volontiers « sexe faible », mais dissimule mal une passion et une ténacité dans le sentiment amoureux comme dans d'autres, dont bien peu d'hommes (russes ?) sont capables avec autant de continuité. ***Nadejda Mandelstam,*** femme du poète disparu dans les camps dans les années 1920, a attendu 50 ans pour livrer les textes de son mari qu'elle avait appris par cœur et se répétait en secret tous les jours dans les pires circonstances. La femme russe personnifie cette capacité d'endurance et de patience qui étonne et agace tant l'Occidental chez les Russes. Et c'est vrai que, face aux épreuves qui ne manquent pas, la femme russe supporte et attend. Mais pas comme Pénélope. Si, comme cette dernière, elle résiste, elle fait aussi marcher tout le pays. L'absence des hommes, massacrés à la guerre ou dans les camps staliniens, ou simplement décimés et mis hors d'état de faire quoi que ce soit par l'abus de vodka, la met au premier plan. Ce sont les femmes qui ont reconstruit le pays, au sens propre du terme, au lendemain de la Seconde Guerre mondiale. D'où ces images de femmes hommasses trimbalant des parpaings sur les chantiers de construction.

Rêves de femmes

En fait, la femme russe savait déjà tout faire avant en tirant les ficelles des hommes-marionnettes dont elle laissait la vanité s'exercer aux jeux du pouvoir social. Les petites annonces matrimoniales, qui aujourd'hui vantent le caractère docile et bonne ménagère de jeunes femmes slaves cherchant des maris dans des pays riches, ne sont pas contradictoires. Cet aspect est authentique. La femme russe aspire à ce rôle féminin de femme au foyer qui ferait hurler de dégoût toute Occidentale. À l'époque soviétique, le rêve des jeunes filles russes était d'épouser un officier, car c'était la seule profession où les épouses ne travaillaient pas. Au début des années 1990, sous la perestroïka, un sondage dans les lycées a soulevé l'effroi, car plus de 60 % des gamines disaient rêver d'être des *poutana,* c'est-à-dire des prostituées pour étrangers à devises fortes... Et c'est vrai qu'en ce domaine aussi les femmes russes ont pris les choses en main face aux difficultés économiques, en se coulant dans le naufrage moral environnant. Aujourd'hui, la femme d'affaires, la *business lady,* a remplacé la *poutana* dans les aspirations. Le nombre de femmes patrons est en progression rapide.

Et rêves d'hommes

Les aspirations à l'éternel féminin chanté par Akhmatova ou Marina Tsvetaeva, elle aussi poétesse, s'avèrent inaccessibles face à la vie quotidienne. Déçue ou insatisfaite, la femme quitte sa peau de jeune fille romantique et sentimentale. C'est pourtant celle-ci qui fait aussi rêver l'homme russe, comme en témoignent les personnages immuables de ***Natacha Rostova*** dans *Guerre et Paix* de Tolstoï ou de ***Tatiana Larina*** d'*Eugène Onéguine* chez Pouchkine. Ce nouveau paradoxe russe est sans doute le plus fondamental, finalement.

COURTOISIE DE FAÇADE ?

Toute Occidentale en visite en Russie se réjouira des marques de galanterie envers les femmes, surgies d'une époque qui semble révolue : Journée de la femme, baise-main (même aux jeunes filles), fleurs offertes au moindre rendez-vous (même d'affaires), porte tenue pour laisser passer les dames... Vous verrez aussi en hiver les hommes porter le sac de leurs compagnes... mais « la vraie raison serait d'éviter l'usure prématurée de l'onéreux manteau de fourrure », ajoutent les mauvaises langues !

Terre mère et matriarcat

La Russie est assimilée à la petite mère *(matouchka Rossia)* dans l'imaginaire et le patriotisme collectifs. Le culte de la Vierge y prend une place particulière, qui doit beaucoup sans doute à l'ancien culte de la déesse mère, qu'on appelle plutôt Terre mère. La plupart du temps, on estime que la Russie vit pour une large part sous le régime du matriarcat. Ce n'est pas évident quand on voit dans un foyer des attitudes masculines depuis longtemps oubliées en Occident. Et pourtant, c'est souvent madame qui commande quand l'invité de passage a le dos tourné. Entre le « décembrisme », les révolutions, les guerres et les purges staliniennes, certains (ou certaines) n'hésitent pas à affirmer que les hommes ont disparu ou ont vu leur fierté s'effondrer, quitte à voir leur orgueil de mâle paradoxalement enfler à travers des pulsions machistes ou une tendance à la boisson, le tout s'avérant assez destructeur pour la cellule familiale. Selon les hommes, souvent accusés d'être démissionnaires, c'est ce pouvoir des mères et surtout des belles-mères qui explique l'éclatement des familles russes. L'aspiration affirmée des femmes russes à l'épanouissement par la vie de famille est remise en cause par les femmes elles-mêmes. En exerçant un pouvoir excessif, elles déresponsabilisent l'homme, qui s'empresse de démissionner et de plonger dans la bouteille. Elles font voler en éclats cette cellule familiale à laquelle elles croient tant tenir, en réduisant trop vite l'une de ses composantes à néant. Résultat, on ne compte plus le nombre de filles-mères ou d'épouses divorcées ayant choisi de retourner vivre chez... leurs parents, voire chez leur mère. Ce sont souvent les grands-parents qui élèvent les enfants tandis que les parents cumulent plusieurs boulots. Une vérité beaucoup plus criante dans les villes, évidemment.

Mais au fait, pourquoi sont-elles si belles ?

Difficile de ne pas relever (avec agacement ou ravissement, c'est selon !) la forte densité de très jolies filles dans les rues de Moscou, de Saint-Pétersbourg et d'ailleurs. De grands spécialistes masculins de bars à bières (*pivnoï bar,* ou café du commerce en version française) attribuent cette abondance de beauté à la génétique. La variété et la richesse des gènes de beauté féminine ont été mieux préservées en Russie, car ce pays n'a pas connu au Moyen Âge la Sainte Inquisition et la carbonisation systématique des sorcières. Ces dernières, contrairement aux représentations qu'on s'en fait selon l'histoire revue et corrigée, n'étaient pas du tout des horreurs aux nez crochus avec loupes et grains de beauté poilus. La plupart, assurent toujours nos spécialistes de comptoirs russes, étaient au contraire des jeunes femmes fort attirantes qui ne laissaient guère les messieurs indifférents. Du coup, en Occident, les épouses installées, soucieuses de ne pas laisser leur mari courir le guilledou et risquer de dilapider les deniers chèrement acquis, jugeaient bon de dénoncer à la vindicte des inquisiteurs ces rivales trop bien pourvues... Sur plusieurs générations, les flammes ont ainsi compromis la biodiversité et clairsemé les rangs des beautés en Europe occidentale...
L'histoire vous vaudra un certain succès, mais on ne garantit pas sa véracité historique... ni génétique.

Escroqueries sur Internet

La pénurie d'hommes en Russie et les conditions de vie en dehors des grandes villes amènent de nombreuses femmes russes à tenter leur chance sur les sites de rencontre spécialisés, espérant un avenir meilleur dans le mariage avec un Occidental. Mais attention, certains sites ouvrent la voie à des escroqueries qui se déroulent selon le scénario suivant : des jeunes femmes russes profitent de la crédulité de leurs interlocuteurs pour leur soustraire des sommes d'argent (1 500-2 000 €) afin, officiellement, de financer une visite en France, et disparaissent purement et simplement après avoir reçu l'argent de leur correspondant lointain.
Le moteur de recherche français • *inter-mariage.com/fr/phtm/scamlist7.html* • permet en principe de savoir si l'internaute figure sur une liste noire.

GÉOGRAPHIE

L'écrivain Viktor Pelevine compare, dans une de ses nouvelles, la Russie à un taureau : au Kamtchatka correspondrait sa queue, tandis que la Carélie figurerait les cornes. Les 17 millions de kilomètres carrés de l'animal s'étendent d'ouest en est en cinq bandes de territoire à la végétation contrastée. Du nord au sud, on trouve : la toundra, recouverte de glace en hiver et qui laisse en été pousser le lichen dont se nourrissent les rennes ; la taïga, qui constitue le plus vaste massif forestier du monde ; la forêt mixte, où les déboisements entrepris à partir du XIIe s ont permis le développement d'une agriculture en Russie centrale ; puis la steppe et quelques étendues de désert au nord des ex-républiques d'Asie centrale.

Moscou

Le Kremlin, noyau historique de la ville, surplombe la rivière Moskva depuis une colline. La ville s'est développée en anneaux autour de ce centre à mesure de la croissance de sa population, qui compte aujourd'hui 11 millions d'habitants. Les méandres de la rivière la traversent d'ouest en est. La gare fluviale située à proximité de *Leningradskoïe chosse,* au nord-est de la ville, sert de point de départ à de nombreuses croisières. Elle est située sur le canal Moskva-Volga, qui rejoint la Volga à une centaine de kilomètres au nord de la capitale. À une distance équivalente, au sud-est, la Moskva se jette dans l'Oka, un affluent de la Volga.

Saint-Pétersbourg

Saint-Pétersbourg a été arrachée aux marais qui occupaient une partie du delta de la Neva, à son embouchure dans le golfe de Finlande. Déjà presque millionnaire en âmes à la fin du XIXe s, elle compte aujourd'hui un peu moins de 5 millions d'habitants, ce qui en fait la deuxième plus grande ville de Russie après Moscou. Les canaux qui la parcourent et lui valent l'appellation de « Venise du Nord » étaient censés la préserver des inondations. Ils ont dû être complétés par une immense digue, d'ailleurs laissée inachevée à cause des perturbations écologiques qu'elle engendrait.

GLOSSAIRE

Quelques explications de mots spécifiques à la civilisation russe que vous risquez de rencontrer dans nos textes :

– ***Ambon :*** tribune placée devant l'autel, d'où on lisait les sermons et l'Évangile. La chaire a remplacé l'ambon.

– ***Ambulants :*** groupe de peintres fondé en 1870 à Saint-Pétersbourg, qui souhaitait rendre l'art accessible à toute la population en organisant des expositions itinérantes. En dehors du courant académique, les Ambulants ont tracé de nouvelles voies picturales et popularisé les scènes de genre et la peinture à vocation sociale. Le plus célèbre d'entre eux reste Ilia Repine.

– ***Anachorète :*** religieux vivant seul, en ermite.

– ***Apparatchik :*** fonctionnaire du parti communiste russe.

– ***Archimandrite :*** supérieur d'un monastère orthodoxe.

– ***Armée Rouge :*** fondée en 1918 et placée sous le commandement de Trotski pendant la guerre civile, elle est devenue l'une des plus puissantes armées du monde. Son fonctionnement était très étroitement lié au pouvoir politique.

– ***Atlante :*** statue d'homme musclé servant de colonne. Le mot fait référence au dieu grec Atlas, qui portait le ciel sur ses épaules.

– ***Balalaïka :*** instrument de musique traditionnelle ressemblant au luth, mais avec une caisse triangulaire. Compagnon inséparable du bandonéon.

– ***Barchtchina :*** corvée due par un paysan à son seigneur.

– ***Bolchevik :*** signifie « majoritaire ». Fraction du parti socialiste ouvrier favorable à la révolution, par opposition aux mencheviks. Les bolcheviks conduits par Lénine deviendront en 1918 le parti communiste.

– ***Boyard :*** noble de haut rang, dans l'ancienne Russie. Par extension, peut désigner un riche propriétaire terrien, un bourgeois local souvent très influent dans sa province. Pierre le Grand a supprimé le statut de boyard.

– ***Bulbe :*** coupole en forme d'oignon qui surmonte élégamment les églises russes. Doré ou plaqué de matières variées (émail, céramique), de forme pointue, un bulbe ne ressemble jamais à un autre bulbe.

– ***Calendrier julien :*** jusqu'en 1918, la Russie vivait au rythme du calendrier julien (mis en place par Jules César et abandonné en Europe à la fin du XVIe s). C'est pourquoi les dates antérieures à 1918 comptent 13 jours de retard par rapport à notre calendrier grégorien.

– ***Cariatide :*** statue de femme portant un entablement ou une corniche sur la tête. L'épouse de l'atlante, quoi.

– ***Chamane :*** sorcier, devin et guérisseur, chez les peuples de Sibérie, de Russie septentrionale et d'Asie centrale.

– ***Chatior :*** toit pyramidal coiffant la tour d'une église, destiné à faciliter l'écoulement de la neige.

– ***Combinat de production :*** groupement d'industries connectées dans un but productiviste.

– ***Complexe militaro-industriel :*** usines d'armement qui pouvaient influencer les décisions politiques.

– ***Constructivisme :*** mouvement artistique qui se développa dans les années 1915-1920 en Russie, continuateur du cubisme et du suprématisme. Plutôt qu'une plastique des masses, ce courant puisa dans une plastique de lignes et de plans.

– ***Coopérative :*** forme d'entreprise instituée par Gorbatchev en 1987, qui donnait la liberté aux travailleurs d'avoir un salaire proportionnel aux bénéfices et égal pour tous, ainsi que de commercer directement avec l'étranger.

– ***Cosaques :*** ne pas confondre avec Kazakh, qui désigne les gens de nationalité kazakhe. Les paysans fuyant le servage, les vieux-croyants *(raskolniki)* voulant échapper aux persécutions religieuses se sont retrouvés aux marches de l'empire où ils se sont organisés en société très égalitaire avec des *atamans* (chefs) élus et sans propriété des terres. Ils ont enlevé des épouses chez les populations autochtones et ont vécu de rapines chez les voisins (souvent turcs). Les Cosaques Zaporogues ont véritablement créé la particularité, voire la nationalité ukrainienne. Les tsars ont récupéré la chose en acceptant de laisser les Cosaques tranquilles, à condition qu'ils protègent les frontières de l'empire, qu'ils colonisent de nouvelles terres en Sibérie et qu'ils fournissent des détachements à cheval pour l'armée du tsar. Ce dernier les a souvent utilisés pour réprimer des mouvements sociaux au début du XXe s, d'où une réputation paradoxalement sulfureuse de ces hommes libres des steppes, dans les villes.

– ***Cyrille et Méthode :*** deux frères byzantins ayant vécu au IXe s ; ils ont converti au christianisme les Slaves du Sud grâce à un nouvel alphabet, le glagolitique, qui donnera à force de transformations le cyrillique. Avec eux, le slavon devint une langue liturgique reconnue.

– ***Cyrillique :*** écriture slave utilisée par les Russes, Ukrainiens, Serbes, Bulgares, ainsi que par des peuples non slaves mais ex-soviétiques, comme les Kazakhs ou les Mongols. Elle ressemble visuellement au grec et comprend 32 lettres (dont deux sans sonorité).

– ***Déisis :*** thème iconographique représentant Jésus encadré de Marie et de Jean-Baptiste.

– ***Diaconicon :*** cabine où s'habillent les prêtres orthodoxes avant l'office.

– ***Douma :*** assemblée élue. Fait généralement référence à la douma concédée par Nicolas II, dont la première s'est tenue en 1906. Il y en eut trois autres, puis cet organe législatif stérile disparut avec le régime tsariste. Aujourd'hui, la Russie possède de nouveau une douma.

– ***Échecs :*** jeu favori des tsars, des écrivains et de tous les grands esprits qu'engendra la Russie. Lénine institua les échecs à l'école. Ce pays a produit les plus grands champions de l'histoire, d'Alekhine à Karpov et Kasparov. Aujourd'hui encore, vous pouvez voir les gens de toutes origines et de toutes conditions s'affronter dans les squares et sur les places publiques, preuve de la popularité des échecs.

– ***Emprunts russes :*** de 1888 à 1917, la France a avancé près de 14 milliards de francs-or de l'époque (grosso modo 4,3 milliards d'euros, le tiers de l'épargne française) pour financer le développement de l'allié russe. Les bolcheviks ont répudié cette dette en 1918 et, depuis, on rappela régulièrement aux amis russes débiteurs ce petit magot pas tout à fait oublié... En août 2000, la Russie finit de rembourser les emprunts russes du tsar en vertu de l'accord passé entre la France et la Russie en novembre 1996 sous Tchernomyrdine. Le montant fixé a été de 400 millions de dollars. Moscou considère l'affaire comme close. Mais les associations de porteurs (leurs descendants) considèrent que ce n'est pas assez et font encore des recours.

– ***Glasnost :*** transparence des informations, voulue par Gorbatchev dans le cadre de la perestroïka.
– ***Gosplan :*** organe central de la planification, ce comité était chargé d'élaborer et d'exécuter les plans quinquennaux, sous les ordres du Conseil des ministres.
– ***Goulag :*** système concentrationnaire révélé au public grâce au livre de Soljenitsyne, *L'Archipel du Goulag.* On y envoyait les dissidents politiques aux côtés des droits communs, pour des années (souvent des vies entières) de travaux forcés qui fournissaient une main-d'œuvre gratuite à l'État.
– ***Historicisme :*** tendance architecturale du XIXe s, marquée par un retour aux formes passées.
– ***Horde d'or :*** puissant khanat du nord de la mer Noire et de la Caspienne, fondé au XIIIe s par le fils de Gengis Khan. Les Mongols ont réussi à soumettre toutes les principautés russes (à part la région de Novgorod), obligées de payer un lourd tribut durant deux siècles et demi.
– ***Icône :*** image religieuse peinte sur bois, typique de la religion orthodoxe.
– ***Iconoclasme :*** crise de la chrétienté aux VIIIe et IXe s, pendant laquelle les empereurs byzantins interdirent le culte des images saintes et firent détruire celles qui existaient.
– ***Iconostase :*** cloison incrustée d'icônes qui sépare la nef d'une église orthodoxe du sanctuaire réservé aux prêtres. Au centre se trouve la porte Sainte, ouverte seulement pendant l'office. Chaque rangée d'icônes résume la Bible, selon un agencement strict : rangée des patriarches, rangée des fêtes, Déisis, etc.
– ***Internationale (l') :*** chanson écrite en 1871 ; paroles du chansonnier français Eugène Pottier, mises en musique par l'ouvrier belge Pierre Degeyter. Au congrès de la IIe Internationale de 1910, cette chanson fut adoptée par les socialistes du monde entier et traduite dans toutes les langues. Le refrain, « C'est la lutte finale, groupons-nous et demain, l'Internationale sera le genre humain... », et les six couplets furent l'hymne de l'URSS de 1917 à 1944.
– ***Isba :*** maison traditionnelle de l'ancienne Russie, construite en rondins de bois (voire directement en troncs d'arbre...).
– ***Iskra :*** le journal qu'a fondé Lénine en 1900 à Leipzig (Allemagne). Cette publication, mensuelle puis bimensuelle, organe du parti social-démocrate ouvrier, joua un rôle essentiel en fédérant, de l'étranger, les révolutionnaires russes en exil. Ce journal, dont le titre signifie « étincelle », était introduit clandestinement en Russie, réimprimé et distribué sous le manteau. Le 112e et dernier numéro parut en 1905.
– ***Izvestia :*** « Les Nouvelles », journal quotidien du Soviet suprême.
– ***KGB :*** comité de sécurité d'État, héritier de la Tcheka et du NKVD. C'est le mythique service secret chargé de collecter l'information extérieure, de contre-espionner et de traquer et faire parler les dissidents, ou tous ceux qui gênaient la petite cuisine du régime soviétique. On estime qu'il comptait environ 700 000 agents (parmi lesquels un certain Vladimir Poutine) et 6 millions d'informateurs. Dans l'URSS brejnévienne et postbrejnévienne, ce fut à peu près le seul appareil qui tenait encore debout. Créé en 1954, il fut dissous en 1991. Le FSB a succédé au KGB, après une réorganisation en 1995.

PARLE PLUS BAS !

À l'époque de Staline, la chape de plomb de la répression était tellement lourde que le peuple soviétique avait pris l'habitude de parler tout bas, de crainte des oreilles indiscrètes. On surnomma tous ces gens effrayés par les dénonciations les cheptchouchtchii *(les chuchoteurs).*

– ***Khan :*** empereur mongol ou tatar (voir Gengis Khan, Kubilaï Khan...). Ce titre fut étendu à certains souverains et chefs religieux du Moyen-Orient et de l'Inde.
– ***Khanat :*** région administrée par un khan (le khanat de Crimée fut le dernier à se soumettre à l'URSS).

– ***Knout :*** instrument de supplice très populaire dans la Russie ancienne (voir les romans de Dostoïevski). C'est un fouet à lanières de cuir terminées par des crochets ou des boules de métal. On s'en servait soit pour obtenir des aveux, soit pour punir. Les serfs étaient plus volontiers châtiés à coups de verges (baguettes).
– ***Kokochniki :*** petits arcs décoratifs (reprenant la forme d'une coiffure de femme) qui ornent en épi les édifices typiques de l'architecture russe.
– ***Kolkhoze :*** exploitation agricole collective *(kollektivnoïé khoziaïstvo)*. Bâtiments, bêtes et machines sont propriété commune.
– ***Kominform :*** bureau d'information des partis communistes du monde entier, qui officia de 1947 à 1956.
– ***Komintern :*** organe exécutif central de la IIIe Internationale, créé en 1919 puis dissous en 1943 et remplacé par le Kominform.
– ***Komsomol :*** organisation des jeunesses communistes ; membre de cette organisation.
– ***Kopeck :*** un centième de rouble. Ne vaut pas un radis, donc. C'était aussi une ancienne monnaie créée par Ivan le Terrible.
– ***Koulak :*** riche propriétaire terrien, présenté par le régime soviétique comme la bête à abattre. Les koulaks possédaient de nombreuses terres et louaient leurs plus mauvaises parcelles à de pauvres paysans. La « dékoulakisation » menée par Staline a entraîné la mort d'environ 5 millions de paysans, pas vraiment riches mais souvent les plus travailleurs et les moins alcoolos.
– ***Kremlin :*** désignait, dans l'ancienne Russie, la partie centrale et fortifiée d'une ville. Plusieurs villes possèdent un kremlin, mais, quand on emploie le mot avec une majuscule, le Kremlin, on entend celui de Moscou, et par là même le pouvoir central russe (puisque le gouvernement y siège).
– ***Laure :*** monastère orthodoxe.
– ***Literaturnaya Gazeta*** *(Gazette littéraire)* **:** hebdomadaire émis par l'Union des écrivains soviétiques.
– ***Menchevik :*** fraction minoritaire du parti ouvrier, plus modérée que les bolcheviks de Lénine. Eux et les bolcheviks divergeaient, non pas sur le but (la révolution), mais sur les moyens qui devaient y mener. Ils seront éliminés après la révolution d'octobre 1917.
– ***Métropolite :*** titre important dans la hiérarchie de l'Église orthodoxe russe (équivalent de cardinal). Le métropolite se situe entre le patriarche et les évêques.
– ***Moujik :*** paysan. Par extension, on appelait « moujiks » les petites gens, représentants de la Russie d'en bas.
– ***Narychkine :*** grande famille russe (la mère de Pierre le Grand était une Narychkine), qui donna son nom à un style d'églises caractérisées par la présence de *chatior,* de cinq bulbes et d'une ornementation baroque exubérante.
– ***Nationalité :*** du temps de l'URSS, on était citoyen soviétique tout en restant de nationalité ukrainienne, kazakh ou géorgienne. C'est le fameux mot d'ordre – assez théorique – lancé par Lénine : le « droit des peuples à disposer d'eux-mêmes ». Mais cette définition de la nation se heurtera vite au centralisme soviétique, qui accélérera l'assimilation des peuples au sein de l'URSS (par exemple en imposant le russe comme langue d'enseignement supérieur et la transcription des langues nationales d'Asie centrale en écriture cyrillique). De même, aujourd'hui, est-on citoyen russe tout en restant tchétchène.
– ***Néorusse :*** style architectural des années 1900 caractérisé par un retour aux lignes des XVIe et XVIIe s.
– ***NEP :*** nouvelle politique économique lancée en 1921 par Lénine ; il s'agit d'une parenthèse capitaliste destinée à sortir l'URSS de la crise, en autorisant provisoirement le petit commerce et l'artisanat. « Enrichissez-vous ! », voilà ce que conseillait Boukharine aux paysans, qui pouvaient désormais vendre les produits de leur terre. La production fut rétablie. Les koulaks et *nepmen* se sont enrichis. Staline mit fin à l'expérience en 1929.

– ***Nihilisme :*** issu du latin *nihil,* « rien », ce mot est attribué à Tourgueniev. Propagé par les jeunes intellectuels russes révoltés des années 1860, ce mouvement de pensée luttait contre les valeurs morales de l'époque et a conduit à des grèves et attentats (lire *Les Possédés* de Dostoïevski).
– ***NKVD :*** commissariat du peuple aux affaires intérieures. Exerçant un contrôle total sur tout et sur tous, le NKVD (le célèbre Guépéou de la période antérieure) était un État dans l'État, tant il avait de pouvoir : il mena les purges et dirigeait à la fois le système des goulags, les services secrets, etc. Le nom de Beria, dirigeant du NKVD de 1938 à 1946, lui reste attaché.
– ***Nomenklatura :*** le « Who's Who » du régime soviétique ; dirigeants politiques, syndicaux, industriels et autres figuraient sur une liste spéciale, ce qui leur donnait droit à des privilèges exceptionnels.
– ***Nouvelles de Moscou** (Moskovskiye Novosti)* **:** journal hebdomadaire ; d'abord à la botte du pouvoir, il a profité de la plus grande liberté de la presse permise par la perestroïka pour s'émanciper.
– ***Novy mir :*** journal de l'Union des écrivains soviétiques, un important cercle littéraire présidé par Maxime Gorki. A joué un rôle important lors du dégel khrouchtchévien.
– ***Ogoniok :*** hebdomadaire réformiste issu de la perestroïka.
– ***Okhrana :*** police politique tsariste, en lutte contre les nihilistes et révolutionnaires de la fin du XIXe s.
– ***Opritchnina :*** territoires réservés au tsar Ivan le Terrible et à ses milices. Afin de punir les boyards « traîtres » envers le régime, Ivan IV a mis la main sur leurs terres (dans les environs de Moscou) et les a placées sous son administration directe par l'intermédiaire de ses fidèles *opritchniki,* qui ont exécuté ou déporté les propriétaires. L'*opritchnina* a duré de 1565 à 1572. Ce terme fait écho à la *zemchtchina,* territoires communs.
– ***Oukase :*** édit promulgué par le tsar. Se dit aussi d'une décision autocratique, arbitraire et qui ne souffre aucune contestation.
– ***Pamiat :*** Front populaire de la mémoire. Association littéraire et historique d'obédience réactionnaire, antisémite et xénophobe, opposée à la perestroïka. Ils organisaient des manifs et meetings, vêtus de chemises noires.
– ***Panaghia :*** « la toute sainte », qualificatif grec désignant la Vierge chrétienne et, par extension, une boîte ou un médaillon avec l'image de celle-ci.
– ***Pantocrator :*** qualificatif grec désignant le dieu chrétien et, dans l'orthodoxie, un type de représentation du Christ en majesté.
– ***Patriarche :*** chef de l'Église orthodoxe. La Russie, reconnue indépendante du patriarcat de Constantinople dès 1589, possède son propre patriarche, qui siège à Moscou. Pierre le Grand avait supprimé ce patriarcat, qui ne fut rétabli qu'en 1917, avant que Staline ne refuse l'élection d'un nouveau patriarche (jusqu'en 1943). Rétabli après Staline. Le patriarche Alexis II est mort en décembre 2008. Il est remplacé peu après par Kirill Ier, ancien métropolite de Smolensk.
– ***PCUS :*** parti communiste de l'Union soviétique. Issu du parti bolchevik au congrès de 1918, le PCUS était le ciment de l'URSS et son secrétaire général le vrai chef de l'État. C'était le parti unique jusqu'en 1990, date à laquelle il abandonna la direction de la vie politique soviétique. Le Parti fut suspendu par Eltsine à la suite du putsch raté de 1991.
– ***Perestroïka :*** « reconstruction ». Orientation préconisée par Mikhaïl Gorbatchev en 1985 (véritablement entamée en 1987), consistant en une libéralisation relative de l'économie, de l'information et des mentalités. Mais les changements se sont révélés contradictoires avec le socle de l'économie soviétique : pas de reconnaissance de la propriété privée, prix fixés par l'État... Cette série de demi-mesures a précipité l'URSS dans une grave crise économique (inflation, déficit de l'État, pénurie et rationnement...) et entraîna la chute de l'URSS.
– ***Petite-Russie :*** nom donné à l'Ukraine sous le régime tsariste.

– ***Politburo :*** bureau politique du Parti, créé en 1917 et formé de membres du Comité central.
– ***Pope :*** prêtre de paroisse dans la religion orthodoxe slave (on dit plutôt *papas* en grec). Les popes ont le droit de se marier, mais seulement avant leur ordination. Attention, « pope » est un mot péjoratif en russe.
– ***Possad :*** dans la Russie médiévale, c'était la partie de la ville située en dehors des remparts du kremlin.
– ***Pravda :*** « La Vérité », journal quotidien fondé en 1912 à Saint-Pétersbourg et dirigé par Lénine. Porte-parole officiel du parti communiste après 1905, ce journal tirant à plus de 11 millions d'exemplaires dans les années 1980 subsiste aujourd'hui tant bien que mal, mais souffre d'une image démodée : ce n'est plus qu'une feuille de chou de quatre pages (dont une de programmes TV).

LÉONID, UN JOYEUX DRILLE

Le 26 janvier 1982, Brejnev convoque le Comité central du parti communiste de l'URSS et prend la parole après une longue heure d'applaudissements. « Camarades, je suis très fâché après vous ! » Aussitôt, un vent sibérien fige l'atmosphère de la salle, et certains membres du Comité central commencent à ressentir des sueurs froides. « Oui camarades, vous m'avez tous profondément déçu : hier, lors des obsèques du camarade Mikhaïl Andreïevitch Souslov (l'idéologue du Parti), lorsque la musique a commencé à jouer, moi seul ai pensé à inviter les dames à danser. »

– ***Raskol :*** schisme de l'Église orthodoxe russe faisant suite aux réformes du patriarche Nikon en 1654 ; par exemple, le signe de croix devait se faire avec trois doigts et non plus avec deux. S'opposant à cette révolution liturgique, les vieux-croyants (également appelés *raskolniki,* schismatiques) furent considérés comme hérétiques et parfois brûlés vifs. Le protagoniste du roman de Dostoïevski *Crime et Châtiment* s'appelle Raskolnikov. La *Khovanchtchina* de Moussorgski raconte le Raskol.
– ***Rouble :*** monnaie créée au début du XIVe s. C'est toujours la même depuis. Le rouble se divise en 100 kopecks. Il a connu une grave crise financière en 1998 et une dévaluation massive depuis l'époque soviétique.
– ***Samovar :*** bouilloire utilisée pour préparer le thé. Autrefois en laiton ou en cuivre et fonctionnant au charbon ; aujourd'hui, plutôt en métal et électrique.
– ***Slaves :*** peuples d'Europe centrale et orientale. Les Russes, Polonais, Ukrainiens, Bulgares, Tchèques, Slovaques, Serbes... sont des Slaves. Leurs langues sont apparentées.
– ***Slavon :*** langue liturgique des Slaves orthodoxes, issue de la traduction de la Bible par Cyrille et Méthode au IXe s. Plus personne ne le comprend, mais les messes sont encore dites en slavon.
– ***Slavophiles :*** courant du milieu du XIXe s attaché aux valeurs traditionnelles slaves et au caractère du peuple russe d'avant Pierre le Grand. Les slavophiles s'opposent aux occidentalistes (comme Pierre), qui souhaitaient un rapprochement avec la culture ouest-européenne. Pris au sens général, un slavophile est une personne qui aime les peuples et la culture slaves.
– ***Soviet :*** conseil d'ouvriers, de paysans ou de soldats. Ils sont l'unité de base du régime soviétique. Le Soviet de Petrograd fut le principal artisan de la révolution de 1917.
– ***Soviet suprême :*** « Parlement » de l'URSS, l'instance supérieure de l'État soviétique. Il était composé du Soviet de l'Union (formé de députés élus) et du Soviet des nationalités (représentants des républiques fédérées et autonomes). À sa tête, le Soviet suprême avait un *présidium* dirigé par un président (le chef de l'État) et une trentaine d'autres membres.
– ***Sovkhoze :*** exploitation agricole appartenant à l'État. Il s'agissait de fermes modèles, images d'une forme ultime de production socialiste.

– ***Soyouz :*** signifie « union » ou « association ». C'est le petit nom de la fusée spatiale russe.
– ***Spoutnik :*** du russe « compagnon de route », le célèbre *Spoutnik,* lancé le 4 octobre 1957, fut le premier satellite artificiel du monde. Son nom est entré dans le langage courant pour désigner un satellite artificiel.
– ***Stagnation :*** les deux décennies de présidence de Leonid Brejnev (1964-1982) sont appelées « période de stagnation » et caractérisées par l'âge élevé des dirigeants du pays et l'immobilisme en matière de réformes.
– ***Stakhanovisme :*** idéal du bon travailleur patriote.
– ***Streltsy :*** corps de soldats créé par Ivan le Terrible. Assez indépendants et jouissant de nombreux privilèges, ils sont à l'origine d'une révolte contre le futur tsar Pierre le Grand, en 1682, qui est obligé de partager le trône avec son demi-frère et qui voit sa famille massacrée par les *streltsy.* Il se vengea en exécutant et en torturant des milliers de ces gardes sur la place Rouge en 1698.
– ***Suprématisme :*** style pictural et théorie artistique de Kasimir Malevitch. Il consiste en une abstraction géométrique dépouillée, à base de masses (le plus souvent des carrés) censées être les seules vraies formes de création, puisqu'elles ne reproduisent pas les formes de la nature.

UN HÉROS DE PACOTILLE

En 1935, Alexis Stakhanov, mineur soviétique de la région de Donetsk, parvient à extraire 105 t de charbon en 6h de travail. Il est récompensé par Staline qui en fait le symbole d'une nouvelle méthode de rendement du travail : le stakhanovisme. Devenu une bête de foire, le glorieux mineur est exhibé dans toute l'URSS. Beau résultat pour un vrai tricheur : il s'était fait aider pour réaliser son exploit.

– ***Synode :*** assemblée ecclésiastique convoquée afin de délibérer des questions doctrinales. Le Saint-Synode orthodoxe était un conseil chargé d'assister le patriarche ; il fut supprimé en 1917.
– ***Taïga :*** forêt de conifères qui borde le sud de la toundra sibérienne.
– ***TASS :*** agence de presse soviétique, rebaptisée *ITAR-TASS* et toujours en activité.
– ***Tcheka :*** police politique fondée par Lénine après la révolution d'octobre 1917, chargée de combattre les contre-révolutionnaires et le sabotage. La Tcheka a mené la « terreur rouge » de 1918. Elle changera de nom dès 1922, devenant le Guépéou, lui-même rattaché au NKVD.
– ***Terem :*** partie d'un palais réservée aux femmes.
– ***Toundra :*** steppe de la zone arctique, dont la végétation se compose surtout de mousses et de lichens, et parfois de buissons et d'arbrisseaux résistants. Le sol reste gelé une bonne partie de l'année. Les rennes sont ici sur leur territoire.
– ***Tovaritch :*** « camarade ». Nom censé remplacer « monsieur » sous l'ère soviétique. Plus du tout utilisé, bien sûr (ou alors sous forme humoristique).
– ***Tsar** (ou tzar)* **:** titre pris par l'empereur russe depuis Ivan le Terrible en 1547. Le mot slave *czar* vient du latin *caesar* et se décline en « tsarine », pour l'impératrice, et « tsarévitch » pour le fils aîné du tsar (et héritier du trône).
– ***Uniates :*** catholiques de rite byzantin, aujourd'hui en bisbille grave avec les orthodoxes (voir plus loin la rubrique « Religions et croyances »). Certaines Églises orientales acceptent la doctrine catholique et reconnaissent l'autorité du pape de l'Église romaine, tout en conservant leurs propres liturgie et organisation.
– ***Verste :*** ancienne unité de distance, correspondant à 1 067 m.
– ***Vetché :*** dans la Russie kiévienne (du IXe au XIIe s), conseil de notables, dominé par les boyards, qui délibérait sur la place de la ville à propos des lois, des guerres à mener, des arbitrages territoriaux, etc. Dans la principauté de Novgorod, indépendante des princes russes de 1136 à 1478, le *vetché* élisait le maire *(possadnik)* et l'archevêque.

– ***Vieux slave :*** langue du IXᵉ s. Utilisée comme langue liturgique, on l'appelle slavon.
– ***Voiévode*** *(ou* ***voïvode****)* ***:*** mot slave très ancien désignant un chef d'armée. Au XVIIᵉ s, ils sont investis de responsabilités militaires, policières et administratives, devenant des sortes de gouverneurs de voïvodies obéissant directement au tsar.
– ***Zakomar :*** partie cintrée de la façade d'une église, correspondant à la courbure d'une voûte intérieure.
– ***Zemski sobor :*** assemblée populaire, dans la Russie ancienne ; sorte d'états généraux.
– ***Zemtsvo :*** assemblée provinciale élue par les nobles, citadins et paysans, depuis Alexandre II et jusqu'en 1917.

HISTOIRE

Des origines des Slaves au premier royaume russe

Le russe, qui appartient au groupe slave oriental, compte parmi les langues indo-européennes les plus proches de l'indo-européen ancien. C'est vers le IVᵉ millénaire av. J.-C. que la civilisation indo-européenne se répand du haut Iénisseï jusqu'au Dniepr.
Hérité du vieux panthéon indo-européen, celui des Slaves accueille entre autres Sventovit, le dieu du Vent, doté de quatre visages comme le Brahmâ védique. Ces anciens cultes païens ont laissé peu de traces matérielles mais ont fortement imprégné toute la culture slave.
Au Iᵉʳ millénaire av. J.-C., les grands empires nomades d'Asie centrale et de Sibérie envahissent l'Europe. Tantôt fuyant l'envahisseur, tantôt pénétrant à sa suite dans des territoires dévastés, les Slaves se retrouvent dispersés des rives de la Baltique à celles de la mer Noire, et des rivages de l'Adriatique aux vallées de la haute Volga.
Selon les chroniques byzantines et arabes du Vᵉ s apr. J.-C., les Slaves, généralement pacifiques, vivent en petits groupes, chaque groupe n'étant soumis à aucune autre autorité que celle de son chef.
Au IXᵉ s, les Slaves de l'Est parviennent à se défaire de la domination des ***Khazars,*** installés à Itil (Astrakhan). Ils s'allient aux *Rous',* une tribu de Vikings qui avait fondé un comptoir commercial à Novgorod. Conduits par un certain Riourik, les Rous' permettent aux Slaves de constituer une vaste confédération regroupant des tribus aussi bien slaves que non slaves. Les frontières du nouvel État, baptisé Rous', s'étendent des rives de la Baltique à celles de la haute Volga, et comprennent Kiev, sur le Dniepr. Kiev, dernier comptoir majeur sur la route de Constantinople (la Cité de l'Empereur, comme l'appellent les Slaves), devient grâce à Oleg, successeur de Riourik, la nouvelle capitale. Aussi ce premier royaume russe est-il connu sous le nom de Russie kiévienne.

Kiev et Byzance

Les conquêtes des descendants de Riourik permettent à la Russie de contrôler rapidement un vaste ensemble de voies terrestres et fluviales par lesquelles transite un commerce lucratif avec l'Orient et Byzance.
En 988, ***Vladimir le Grand*** proclame le christianisme de l'Église d'Orient nouvelle religion officielle. Ce choix, motivé avant tout par une volonté d'affermir l'autorité de l'État, est responsable de l'apparition de nouvelles formes d'expression artistique et culturelle par lesquelles Kiev affirme sa filiation avec Byzance.
Les libertés tribales disparaissent et le paganisme recule sous la pression du christianisme, énergiquement promu par Vladimir. L'apparition de l'alphabet cyrillique, inventé au début du Xᵉ s par deux moines byzantins, ***Cyrille*** et ***Méthode,*** favorise le développement de la culture slave. Les premières constructions en pierre, égli-

ses et monastères, apparaissent à Kiev. Leur architecture, inspirée par l'architecture byzantine, constituera un des modèles de référence pour les villes de Vladimir, Souzdal et Novgorod au XIIe s, puis pour Moscou à partir du XIVe s. Kiev emprunte également à Byzance l'art de l'icône, qui se répand dans la Russie à travers les monastères de ses cités. La Russie kiévienne atteint son apogée sous Iaroslav le Sage au XIe s. Elle est alors l'État le plus vaste d'Europe et l'un des plus cultivés.

La Rous' attaquée et divisée

À peine la Russie kiévienne a-t-elle atteint sa pleine maturité, sur les plans artistique, culturel, politique et religieux, que pointent à l'horizon les dangers qui causeront sa ruine. Les rivalités entre principautés russes mettent à mal l'unité du royaume, et des tribus venues d'Asie harcèlent déjà sa partie méridionale.
Lorsqu'il meurt, en 1054, Iaroslav, père de cinq enfants, partage son héritage entre ses cinq fils : une décision lourde de conséquences. Les hordes de cavaliers mongols, descendues par l'est de la taïga, déferlent dans la plaine de la Slavie méridionale, brûlant et détruisant tout sur leur passage. Mais, divisés, les héritiers de Iaroslav sont incapables de se défendre contre l'envahisseur.
Vladimir Monomaque, fondateur éponyme de sa ville, en 1109, parvient à ressouder le royaume et à conserver cette union jusqu'en 1125. Mais, même si Kiev est de nouveau capitale, il ne s'y trompe pas : l'avenir appartient désormais aux villes du Nord-Est.

La « Russie d'au-delà la forêt »

La Russie est traversée par une large bande de forêt qui, de la Pologne aux monts Oural, borde la steppe au nord. Tout au long du XIIe s, cette étendue boisée, qui ne favorise pas les déplacements, joue un rôle de rempart. Au moment du déclin de la Russie kiévienne, la Russie du Nord-Est (ou « Russie d'au-delà la forêt ») bénéficie d'un afflux de populations fuyant le Sud, ce qui favorise le développement de villes comme Vladimir ou Souzdal. Leur richesse architecturale est alors comparable à celle qu'avait connue Kiev deux siècles plus tôt. À la même période, Novgorod connaît également un développement considérable, fondé notamment sur sa foire, l'une des plus importantes d'Europe. Quant à Moscou, également située dans cette large bande forestière, elle se tient pour l'heure à l'ombre de ses aînées.

Youri Dolgorouki, l'illustre fondateur

Moscou s'est vraisemblablement constituée au Xe s. Elle n'est alors qu'une petite agglomération de 1 ha, flanquée d'un kremlin (fortifications) qui se dresse au confluent de la Moskova et de la Neglinnaya, une rivière aujourd'hui souterraine.
Elle devient au XIIe s un carrefour commercial important, traversé par les routes qui relient Vladimir à Smolensk et à Novgorod. Le bourg marchand est implanté à l'est du Kremlin au bord de la rivière. Le premier à s'intéresser à Moscou est ***Youri Dolgorouki*** (« au bras long »), fils de Vladimir Monomaque. En 1156, il entreprend d'ériger de nouvelles fortifications. Le Kremlin redessiné englobe l'ancien bourg fortifié ainsi que le bourg marchand. Moscou, ainsi délimitée, atteint presque la superficie de l'actuel Kremlin. Ces initiatives vaudront à Youri Dolgorouki d'être retenu par l'histoire comme le fondateur de la ville. Son prénom, une variante de Georgi, le prédestinait à une telle gloire, car dans la Rous' ancienne, saint Georges est le protecteur des guerriers et des chevaliers de l'orthodoxie. Au XIVe s, ce saint est adopté comme le patron de Moscou, puis, sous Ivan le Terrible, rejoint l'aigle bicéphale sur le blason de la Russie impériale.

Le joug tatar

Parvenue au sommet de sa puissance à la mort de Gengis Khan en 1227, la Horde d'or réunit l'ensemble des tribus tatares. Le raffinement de sa civilisation n'a d'égal

que la perfection de son organisation militaire, fondée sur la conscription générale, la conquête et le pillage. Dix ans plus tard, sous les assauts de la Horde menés par le khan Batiï, petit-fils de Gengis Khan, la Russie kiévienne s'effondre. Ses villes somptueuses, Kiev, mais également celles du Nord-Est, dont Moscou, sont détruites. Seule Novgorod, trop éloignée, est épargnée. L'acceptation forcée du « joug » tatar oblige les princes russes à aller chercher leur « yarlik » (mandat de gouvernement) dans la capitale tatare de Saraï, sur la Volga.
Grâce à l'appui de la Horde, ***Alexandre Nevski,*** de Novgorod, devient prince de Vladimir. Il installe son fils Daniel à Moscou. Ce dernier devient ainsi le premier prince de la branche moscovite des Riourik.

L'essor de la Moscovie

Reconstruite, Moscou redevient rapidement un endroit tout à fait vivable. Ivan Ier (1325-1341), fils de Daniel, poursuit l'habile politique de conciliation engagée par son père avec les Tatars. Il gagne l'appui de l'Église, qui transfère le siège du Métropolite à Moscou. Ce soutien de l'Église, dont les terres sont exemptées du tribut à verser aux Tatars, sera décisif par rapport aux destinées futures de la ville. Désormais, c'est Moscou qui traite avec les Tatars.
En 1380, Dimitri Donskoï parvient à vaincre les Tatars lors de la célèbre ***bataille de Koulikovo Pole*** (le Champ-des-Bécasses), sur le Don. Cette victoire historique marque le début d'une lente reprise de leur indépendance par les Slaves. C'est Pierre le Grand qui, en 1700, paiera le dernier tribut aux Tatars de Crimée. Après la fracture causée par l'invasion des Tatars au XIIIe s, Vladimir et Souzdal ne retrouveront jamais leur gloire passée.

Le développement du Moscou médiéval

Sous Ivan Ier, le Kremlin connaît un nouvel élargissement de son territoire et atteint la surface qu'il occupe aujourd'hui. Les bourgs situés à l'extérieur connaissent également une croissance importante. Au nord se sont implantés les artisans, parmi lesquels les fondeurs de canons, dont le quartier est établi le long d'une rue qui porte encore le nom de rue des Canons *(Pouchetchnaya ulitsa).* À l'est, dans ce qu'on appelle le Grand Bourg et qui deviendra Kitaï Gorod, les boyards et les riches marchands vivent dans des demeures cossues, les *oussadba.* Au sud, dans le Zamoskvorechiye (qui signifie, littéralement, « de l'autre côté de la Moskva »), vivent aussi des artisans et des émigrants tatars, qui commercent avec l'Orient.
Le renforcement des défenses de Moscou justifie dès le XIVe s l'adoption d'un principe d'urbanisation en cercles concentriques. ***Dimitri Donskoï*** dote le Kremlin d'une enceinte en pierre calcaire. De hautes palissades protègent le Grand Bourg ainsi que les faubourgs artisans de la rive droite. Dans le même temps, le mouvement monastique, sous l'impulsion de saint Serge de Radonège, connaît un essor sans précédent dans toute la Moscovie.

Ivan le Grand : les fondements de la puissance moscovite

Les premiers grands changements interviennent sous Ivan III, dit le Grand (mais aussi « le rassembleur de la terre russe »). Monté sur le trône à Moscou en 1462, il régnera durant plus de 40 ans. Il s'engage dans une politique d'unification menée sans ménagements, notamment à l'égard de Novgorod. Avec ses 30 000 âmes, Novgorod est plus peuplée que Moscou. Elle s'était rendue indépendante de Kiev en 1136, puis avait constitué une république marchande gouvernée par une assemblée de citoyens. ***Ivan le Grand*** en chasse les marchands de la Hanse et la contraint à intégrer le giron moscovite. Novgorod perd ainsi à la fois son indépendance, sa démocratie (toute relative) et les fondements de sa prospérité. Cette annexion fait suite à la conquête des principautés de Tver et de Riazan, placées dans l'orbite du grand-duché de Lituanie. L'expansionnisme de ce voisin, récemment converti au catholicisme, inquiète fortement Ivan le Grand, qui lui conteste ses terres « russes » – la Lituanie s'étend alors jusqu'à la mer Noire, comptant une majorité de sujets russes et orthodoxes.

Par une victoire décisive obtenue en 1480 avec l'alliance du khan de Crimée, Ivan III réduit en outre fortement le pouvoir de nuisance de la Horde d'or – et cesse de payer le tribut au grand khan mongol.

Souverain ambitieux, Ivan met en place une série de réformes. Celles-ci portent notamment sur la création du premier code de lois et sur l'instauration d'un système d'attribution de terres *(pomestie)* à une sorte de noblesse de service. Les boyards, qui constituaient autrefois des armées mobiles au service des princes, se sédentarisent. Leur transformation en une caste de propriétaires terriens, vivant des redevances et du travail des paysans établis sur leurs domaines, conduit à l'institutionnalisation du servage, même si celui-ci ne sera légalisé qu'au XVIIe s.

C'en est bien fini de la confédération de principautés indépendantes mise en place par les Vikings au IXe s. L'absolutisme, l'expansion territoriale et la centralisation de l'État constitueront désormais les remparts de la Russie contre ses envahisseurs et la menace de l'anarchie.

L'ouverture aux influences étrangères

Grâce à Ivan III, l'ancien système féodal qui aboutissait au partage de la capitale en plusieurs zones d'administration confiées aux membres de la famille princière prend fin. À partir de la seconde moitié du XVe s, la brique fait son apparition comme matériau de construction, sous l'influence de la Hanse, bien implantée à Novgorod. C'est à cette époque également que remonte la présence des maîtres italiens, à la suite de l'arrivée à Moscou de ***Sophie Paléologue.*** Princesse byzantine appelée d'abord Zoé, elle s'est réfugiée avec sa cour en Italie du Nord après la prise de Byzance par les Ottomans. Sur pression du pape, qui espère ainsi voir revenir le grand-duché de Moscovie dans le giron catholique, elle épouse Ivan III. Ce dernier souhaite doter le Kremlin d'un édifice d'une magnificence outrepassant celle de l'église-cathédrale de Vladimir, le *sobor* de la Dormition. Après qu'un premier édifice, érigé par une équipe de maîtres moscovites, s'est écroulé, il fait appel à un architecte italien qui réalise son projet dans le respect de la tradition de Vladimir, mais de nombreuses formes sont empruntées à l'art roman italien, contemporain de Vladimir.

À la suite d'un incendie, les abords du Kremlin, sur sa façade orientale, sont rasés. C'est ainsi que naît la place Rouge *(Krasnaya plochad),* ou Belle Place, le mot *krasnïï,* en vieux russe, signifiant à la fois « rouge » et « beau ». Ce sont également deux Italiens qui réaliseront la nouvelle enceinte du Kremlin, construite en brique, ainsi qu'un nouveau palais impérial. La marque de la Renaissance italienne est particulièrement manifeste dans ces derniers ouvrages du règne d'Ivan le Grand.

Ivan le Terrible

En 1547, 14 ans après la mort de son père Vassili III, fils d'Ivan III et de Sophie, Ivan IV se fait couronner *tsar,* c'est-à-dire « César ». Il est alors âgé de 17 ans. Jusque-là, le titre de tsar était réservé à l'empereur byzantin, ainsi qu'au grand khan tatar. Ivan le Terrible pouvait d'ailleurs se considérer comme l'héritier aussi bien de l'un que de l'autre. Son grand-père n'avait-il pas épousé la nièce du dernier empereur byzantin et n'était-il pas, de surcroît, le vainqueur des Tatars ? La référence à Moscou comme « troisième Rome » succédant à Byzance est illustrée par l'aigle bicéphale.

Le tsar ne parvient pas à conserver le fragile équilibre atteint par ses prédécesseurs dans les relations de la Russie avec ses voisins occidentaux. Il envahit la Livonie (actuelles Lettonie et Estonie), qui, quelques années plus tôt, s'est donnée aux Polonais. En 1569, la Lituanie est annexée à cette même Pologne, et une guerre interminable avec les Suédois fait perdre à la Russie toutes ses possessions sur le golfe de Finlande. ***Ivan le Terrible*** est en revanche plus heureux dans les campagnes qu'il entreprend contre les Tatars. Ses victoires sur les khanats de Kazan (dès 1552) et d'Astrakhan (1556) ouvrent la voie à la conquête des steppes s'étendant en direction de la mer Noire. Puis se dessine l'extension vers la Sibérie : l'Oural sera franchi en 1581. Quelques riches familles princières, comme les Stroganov, s'engagent dans l'exploitation des richesses de ces nouveaux territoires. Le gouvernement tsariste en confiera la garde à des garnisons de cosaques, constituées pour l'essentiel d'aventuriers et de paysans fuyant l'oppression du régime.

L'AIGLE BICÉPHALE RUSSE

Il apparaît pour la première fois sous Ivan III, qui s'octroie le titre de tsar et autocrate de la Russie. Par son mariage, en 1472, avec la nièce du dernier empereur de Byzance, il se veut l'héritier des droits impériaux et adopte l'aigle bicéphale. Dans l'héraldique byzantine, les deux têtes symbolisaient la domination des empereurs romains sur l'Est et l'Ouest. Dans ses serres, l'aigle tient un sceptre à droite, et un globe à gauche. Sur l'écu rouge, un cavalier argenté vêtu d'une cape bleue terrasse de sa lance un dragon noir.

Sur le plan intérieur, Ivan poursuit dans une large mesure la politique autoritaire de ses prédécesseurs. L'évolution du régime foncier renforce encore davantage les prérogatives de l'État sur la terre, ce qui conduit à la généralisation du servage. Une sorte de corps d'élite d'arquebusiers, les *streltsy* (les « tireurs »), s'établit dans le *Zamoskvorechiye* à Moscou. L'armée régulière, elle, exerce des ponctions de plus en plus importantes sur les masses paysannes. En 1565, la création des *opritchnina,* des territoires placés sous la coupe de militaires de la garde, permet de mettre à sa botte les boyards : leurs terres peuvent désormais être confisquées.

En 1560, la tsarine ***Anastassia*** meurt. Ivan est persuadé qu'elle a été empoisonnée et se croit entouré d'ennemis. Cet épisode dramatique marque un changement dans l'atmosphère de son règne, qui sera ponctué d'horreurs jusqu'à sa mort, en 1584.

En 1570, les habitants de Novgorod, soupçonnés injustement de comploter avec la Pologne, sont massacrés par les gardes personnels du tsar et, 3 ans avant sa propre mort, il tue son fils aîné dans un accès de démence paranoïaque.

Le temps des troubles

Sous le règne d'Ivan le Terrible, malgré des apparences de stabilité, la Russie traverse une période de crise profonde. La violence de la seconde partie du règne d'Ivan est annonciatrice des catastrophes à venir, celles que ses deux fils survivants, Fiodor et Dimitri, ne pourront éviter.

Depuis la mort de son père, Fiodor règne avec la participation active de Boris Godounov, son beau-frère. Il meurt en 1598 sans laisser d'héritier. Son frère cadet, Dimitri, a disparu dans des conditions mystérieuses en 1591. Boris Godounov, qui s'est autoproclamé tsar à la mort de Fiodor, meurt en 1605. Les Polonais sont déjà en marche vers Moscou, conduits par un « faux » Dimitri. Puis un deuxième. Puis un troisième...

Le développement de Moscou, durant cette période agitée, continue à être largement modelé par les impératifs de défense. Par deux fois encore, durant cette fin de XVIIe s, la ville est attaquée par les Tatars et mise à feu et à sang. Le Grand Bourg est entouré d'un mur en pierre, après qu'une première enceinte faite d'une palissade a été jugée insuffisante. Le Grand Bourg prend alors le nom de Kitaï Gorod, un nom d'origine probablement turco-mongole.

L'enceinte en bois protégeant les faubourgs de la rive gauche, au-delà des murs du Kremlin et de Kitaï Gorod, est elle aussi transformée en un mur de brique que l'on peint en blanc. Ces faubourgs constituent ce qu'on appelle désormais la Ville Blanche *(Biely Gorod)*. Là se côtoient nobles, boyards et artisans. La plupart des grandes artères contemporaines de la ville sont alors déjà tracées.
Un autre rempart, en terre celui-là, est élevé à l'emplacement de l'actuelle ceinture des Jardins *(Sadovoye koltso)*. Ce rempart a laissé son nom à l'un des boulevards qui constituent cette ceinture : le *Zemlyanoï Val*, « rempart de terre ».
Dans ses nouvelles limites, la ville est l'une des plus étendues d'Europe. Sur la place Rouge, la cathédrale de Basile-le-Bienheureux célèbre la victoire d'Ivan le Terrible sur le khanat de Kazan.

L'avènement des Romanov et la reconstruction de Moscou

Après avoir chassé les Polonais, entrés dans Moscou en 1610, l'assemblée des boyards porte sur le trône Michel (Mikhaïl) Romanov, le petit-neveu d'Anastassia, la première femme d'Ivan le Terrible. De 1613 à 1682, sous Mikhaïl, Alexis et Fiodor, les règnes s'enchaînent sans heurts, et la Russie connaît une stabilité sans précédent. La paix est signée avec la Suède, qui rend Novgorod, puis avec la Pologne, l'Ukraine est conquise.
D'importants territoires ont été perdus au sud et à l'ouest. La Russie reste privée d'accès à la mer Baltique, mais le développement du port d'Arkhangelsk, lancé sous Ivan le Terrible, se poursuit. Les étrangers ont maintenant leur quartier à Moscou. Cette *Niemetskaya Sloboda* (littéralement « quartier des Muets » en ancien russe, car les étrangers étaient incapables de parler le russe ; par extension, le mot est devenu synonyme d'« Allemands »), située sur la rive gauche de la Yaouza entre les remparts de Biely Gorod et le Zemlianoï Val, connaît un développement dynamique.
Dans Kitaï Gorod, le début du XVIIe s voit la construction des galeries marchandes, dont le nom en russe *(Gostiny Dvor)* signifie littéralement « cour des Hôtes » ; les marchands étrangers étaient en effet considérés comme les hôtes de la capitale. Désormais, les églises sont presque toujours construites en maçonnerie. L'habitat commence à s'organiser autour de ces nouveaux points de repère mais reste majoritairement en bois. Toutefois, malgré le cosmopolitisme et le mélange des influences qui la caractérisent déjà, Moscou reste une ville profondément médiévale.

L'entrée en scène de Pierre le Grand (1682-1725)

En 1676, à la mort d'Alexis Romanov, que l'on considère comme le dernier tsar de la Russie médiévale, neuf de ses enfants sont encore en vie. Son fils aîné, Fiodor, lui succède mais ne lui survit que 6 ans. Pierre est l'unique fils qu'Alexis a eu de sa seconde épouse Nathalie. Après la mort de Fiodor, il partage durant 14 ans, pacifiquement, le pouvoir avec Ivan V, le frère cadet de Fiodor.
Cette curieuse dyarchie est instituée après la féroce bataille pour le pouvoir que se livrent les familles issues des deux épouses d'Alexis. La famille des Narychkine, celle de Nathalie, la mère de Pierre le Grand, est en partie massacrée par les *streltsy*. Cette vieille garde d'Ivan le Terrible, quelque peu marginalisée au XVIIe s du fait de la modernisation de l'armée régulière, a en effet choisi de se ranger du côté de la branche maternelle de Fiodor. Durant ces funestes événements, Pierre, emprisonné avec sa mère au Kremlin, assiste à une partie du massacre.
Les jeux militaires constituent l'occupation favorite du jeune tsar. Ils ont pour terrain *Préobrajenskoïe*, l'un des villages qui abritent les résidences tsaristes, au bord de la Yaouza, et où sa mère vit retirée. Nombre des camarades de jeux de Pierre sont, comme ***Alexandre Menchikov***, d'origine modeste. Ils formeront le noyau d'une classe d'hommes nouveaux amenés à jouer un rôle de premier plan dans la

société pétrovienne. Une découverte faite à *Préobrajenskoïe* marque le point de départ d'une passion que Pierre conservera durant toute sa vie. Dans un hangar abandonné, il tombe par hasard sur un vieux voilier. Cette embarcation, dont la copie est aujourd'hui exposée à la forteresse Pierre-et-Paul à Saint-Pétersbourg, est aussitôt mise à l'eau. Enthousiasmé par les joies de la navigation, Pierre se lance dans la construction navale. Le coin de campagne qui abrite *Préobrajenskoïe* est situé à proximité de la Niemetskaya Sloboda. Ce quartier où résident les étrangers est aussi un lieu de débauche éloigné du regard des vieilles familles garantes de l'orthodoxie. Pierre ne dédaigne pas de s'amuser, et ce voisinage n'est pas pour lui déplaire. Il lui permet également de fréquenter artisans et mercenaires étrangers. Il se lie avec l'amiral Frantz Lefort, d'origine genevoise, ainsi qu'avec le général écossais Gordon. C'est grâce au soutien de ce dernier que Pierre parvient, en 1689, à mettre fin à la régence de sa demi-sœur Sophie au profit de sa propre mère. Ainsi l'année 1689 marque-t-elle le début du règne effectif de Pierre le Grand.

UN TRÔNE POUR DEUX TSARS

Le trône biplace de Pierre et de son demi-frère Ivan V est exposé au musée des Armures de Moscou. Il constitue un témoignage étonnant de cet épisode unique dans l'histoire de la Russie. Il est équipé d'un trou qui permettait à la régente Sophie, sœur aînée des co-tsars, de leur souffler leurs répliques.

De la Grande Ambassade à la liquidation des *streltsy* et à la fondation de Saint-Pétersbourg

Ensuite, l'étape décisive du règne de Pierre sera un périple de 18 mois (entamé en 1697) à travers l'Europe, organisé avec un sens de la mise en scène caractéristique de ses jeux d'adolescent... et d'adulte. Pierre nomme à la tête de cette expédition trois « ambassadeurs », en vertu de quoi cette entreprise reçoit le nom de Grande Ambassade. Cette singulière ambassade est accompagnée d'une suite de 250 personnes. Le tsar lui-même est de la partie, mais, durant tout le périple, il est pour tout le monde Pierre Mikhaïlov. Ce pseudonyme n'est censé tromper personne. Pierre Mikhaïlov souhaite avant tout éviter de perdre du temps à recevoir les honneurs qui auraient été dus à Pierre le Grand.

Durant l'absence de Pierre est institué à Moscou un conseil de régence. En réalité, le pouvoir est exercé par le gouverneur de Moscou et chef de la police secrète, ***Fiodor Romodanovsky,*** l'éternel vainqueur par avance des jeux d'adolescent de Pierre. Ce dernier donne d'ailleurs à son ami et bras droit le titre semi-officiel de prince-tsar, le désignant en quelque sorte comme sa doublure. Quant à la Grande Ambassade, elle a pour objectif d'apprécier l'équilibre des forces en Europe. Mais aussi de réaliser quelques bonnes affaires, et surtout de marquer les capitales traversées par un train de vie débridé. Le tsar, toujours prêt à mettre la main à la pâte, en profite aussi pour s'essayer à toutes sortes d'activités nouvelles : il travaille comme charpentier sur les chantiers navals d'Amsterdam et fait un stage dans un atelier d'armement anglais ! Pierre n'obtient pas des puissances européennes le soutien qui lui aurait permis de pousser plus avant ses conquêtes dans l'Empire ottoman. En revanche, il constate que les gouvernements européens apprécient peu l'expansionnisme de la Suède, qui occupe déjà les côtes baltes et se bat contre la Pologne et la Prusse.

À quelques mois du retour de Pierre, des régiments de la garde des *streltsy,* pourtant étroitement surveillée par Rodomanovsky, tentent d'attaquer Moscou. Ils sont aussitôt matés. À la fin de l'été 1698, au retour de la Grande Ambassade, c'est un procès de masse contre les *streltsy* qui s'engage et qui va durer des mois. Les accusés sont amenés par charretées entières à *Préobrajenskoïe* pour y être inter-

rogés, torturés ou exécutés : sur un corps qui comptait environ 20 000 soldats, 1 200 d'entre eux sont ainsi pendus ou décapités. Cette opération de nettoyage permet au tsar de désarmer la vieille garde de la Russie médiévale, tout en assumant la vengeance de sa famille maternelle. Immédiatement après, il déclare la guerre à la Suède, ce qui va l'entraîner dans un conflit (la guerre du Nord) qui se poursuivra jusqu'en 1721 et marquera la plus grande partie de son règne.
Parallèlement, Pierre introduit des réformes sans précédent : le patriarcat est aboli, les terres de l'Église sont confiées à des administrateurs laïcs et... le port de la barbe est interdit aux nobles – pour lutter contre le traditionalisme. Devant le peu de succès de cette mesure, il va même jusqu'à taxer les barbus !
Ayant affermi ses positions sur l'embouchure de la Neva et choisi comme quartier général l'île aux Lièvres, Pierre déclare un jour de mai 1703 : « Qu'ici soit une ville. » Il la baptise Sankt Petersburg, d'après le nom de son saint patron. En 1712, elle sera proclamée nouvelle capitale de l'empire, au grand dam des nobles moscovites, contraints de déménager pour ne pas déplaire au tsar... Un Sénat vient alors tout juste d'être créé, en remplacement de l'ancienne Douma des boyards.

L'« âge de la noblesse »

Après les brefs règnes de l'épouse de Pierre le Grand, Catherine Ire, et de son petit-fils, Pierre II, c'est au tour d'une de ses nièces, Anne, fille d'Ivan V, de monter en 1730 sur le trône. Son règne inaugure une sorte d'âge d'or de la noblesse, au cours duquel prévaut une certaine harmonie dans les relations entre le souverain et l'aristocratie. Exit le Haut Conseil secret, cette instance composée des hommes de confiance de Pierre le Grand, sorte de gouvernement des sages mis en place par Catherine Ire pour lui éviter d'avoir à gouverner. Déchirée, également, la promesse faite par Anne au Haut Conseil secret de rétablir la capitale à Moscou. La cour pétersbourgeoise retrouve partiellement les prérogatives qu'elle avait eues à Moscou avant Pierre le Grand. En 1732, l'Alaska est découvert.

LA SERVANTE DEVENUE TSARINE

Catherine Ire, Marthe Skavronska de son vrai nom, est née en Livonie de parents fermiers. Très tôt, lors de la guerre russo-suédoise, elle est violée et échappe de peu au bordel en épousant un soldat suédois... qui finalement la vend pour sa beauté. Faite captive après la prise de Marienbourg par les Russes, elle est à nouveau achetée, cette fois par un certain Menchikov, qui en fait sa domestique. Ce dernier voulait surtout en faire sa femme, mais c'était compter sans son ami... Pierre (le Grand), qui, passant par là un jour, trouva la belle fort à son goût !

Lorsque Anne meurt en 1740, ***Élisabeth,*** fille de Pierre le Grand et de Catherine Ire, est portée au pouvoir et détrône Ivan VI, petit-neveu et fils adoptif d'Anne, proclamé tsar à l'âge de 2 mois.

La question du servage

Suit Pierre III, neveu d'Élisabeth, en 1762. Né et éduqué en Allemagne, il est resté profondément allemand (luthérien, il persécute les orthodoxes) bien qu'il soit le petit-fils de Pierre le Grand. Il recherche pourtant l'appui de la noblesse russe.
En 6 mois de règne, Pierre III est parvenu à jeter un énorme pavé dans la mare russe. Son décret du 18 février 1762 libérant la noblesse du service obligatoire à l'État permet à cette dernière de voyager et de s'instruire plus facilement. Plus indépendante, elle prend une certaine distance par rapport à son souverain. Mais le fossé se trouve aussi davantage creusé avec les masses paysannes, restées soumises au servage. Pressentant probablement les risques que pouvait comporter

une telle situation, Pierre III prévoit de promulguer un deuxième décret, portant sur l'abolition du servage. Mais Pierre, qui choque par son admiration immodérée pour l'Allemagne de Frédéric le Grand, ne compte que des opposants. Suite logique des événements, un coup d'État force le tsar à abdiquer. Une semaine plus tard, il est tué par ***Alexis Orlov,*** l'un des nombreux favoris de son épouse, Catherine II, née princesse allemande sous le nom de Sophie d'Anhalt-Zerbst.

Catherine la Grande (1762-1796) : 34 ans de despotisme éclairé

À l'inverse de Pierre le Grand, plutôt que de jouer sur les apparences, ***Catherine la Grande*** préfère réformer petit à petit, mais en profondeur. Ses premières mesures visent à huiler les rouages du pouvoir à l'échelle locale, condition nécessaire pour mener à bien quelque réforme que ce soit. Une grande partie des terres appartenant à l'Église sont sécularisées, la pragmatique Catherine reprochant au clergé de n'avoir rien fait pour améliorer le sort des serfs qui peuplent ses terres.

Catherine entretient des relations étroites avec les philosophes des Lumières, comme Voltaire ou Diderot, dont elle sauve la bibliothèque lorsque ce dernier est aux prises avec des difficultés financières. Mais les courants libéraux seront fortement discrédités par les excès de la Révolution française et Catherine s'en démarquera. La franc-maçonnerie progresse de manière significative et parvient même à « enrôler » le propre fils de Catherine, Paul. Catherine mettra toute son énergie à empêcher une mainmise des francs-maçons sur le pouvoir.

En ce temps-là, on voit naître en Europe occidentale un véritable engouement pour la Russie, particulièrement en France, là où Pierre le Grand n'était guère parvenu qu'à signer un vague traité d'amitié. L'effort de modernisation de l'armée et de la diplomatie entrepris par Pierre le Grand et poursuivi sous Anne et Élisabeth n'est pas étranger à ce succès.

En 1774, la Russie connaît un soulèvement paysan de grande ampleur, dirigé par le cosaque ***Pougatchev.*** Cet épisode historique servira de toile de fond à *La Fille du capitaine,* le roman de Pouchkine.

La révolte incite l'impératrice à faire d'une pierre deux coups. Les rebelles sont contraints de se replier vers le sud en direction de Volgograd, où ils sont défaits. Sur leur lancée, les troupes gouvernementales libèrent la Crimée du joug ottoman. Ces gains conduiront à la construction du port international d'Odessa et à la reconnaissance par les puissances européennes d'un protectorat russe sur la Géorgie. À la même époque, la Pologne est dépecée au profit, entre autres, de la Russie.

LE PRINCE POTEMKINE

Le principal artisan de la politique étrangère de la Russie sous Catherine la Grande est le prince ***Grigori Potemkine.*** Après l'annexion de la Crimée en 1783, il est nommé gouverneur de cette province et fait prince de Tauride, le nom de la presqu'île au temps des Grecs. C'est ainsi qu'en récompense de ses services l'impératrice lui fait bâtir le palais de Tauride à Saint-Pétersbourg.

Mais Catherine a d'autres raisons de récompenser cette immense figure politique. De ses nombreux favoris, il est celui avec lequel elle entretient la plus longue relation, et qui devient probablement son mari à l'issue d'un mariage secret. Premier ministre de fait, il joue un rôle de premier plan dans l'histoire diplomatique et militaire de son règne. Aussi donnera-t-il son nom à l'un des navires de guerre de la flotte de la mer Noire. Avec l'aide du cinéaste Eisenstein, la propagande bolchevique fera d'ailleurs du *Cuirassé Potemkine* un des symboles de la révolution.

Potemkine est aussi l'une des hautes figures de la culture de son époque. Il devient le protecteur des arts. En particulier, il fait venir en Russie de nombreux compositeurs étrangers et contribue à faire sortir la musique du seul chant religieux où elle s'est longtemps trouvée cantonnée. Le faste des réceptions qu'il organise dans ses palais oblige aussi l'impératrice à le sauver de la déroute financière à plusieurs reprises.

ÉVOLUTIONS URBANISTIQUES À MOSCOU SOUS CATHERINE LA GRANDE

Tandis que l'esprit des Lumières dicte aux architectes de se plier aux modèles classiques, les *oussadba* de la noblesse prennent des allures de palais impériaux. La maison Pachkov, due à l'architecte Vassili Bajenov, surplombe majestueusement les rives de la Moskva en face du Kremlin. C'est, avec le palais Michel à Saint-Pétersbourg, une des rares œuvres de l'architecte qui subsistent de nos jours. Catherine renonce à l'idée, caressée un moment par elle, de transférer de nouveau la capitale à Moscou. Un important projet de reconstruction du Kremlin développé par Bajenov est ainsi abandonné.

Paul Ier qui voulait croquer Malte et Alexandre Ier face à Napoléon

En 1796, à la mort de Catherine la Grande, son fils lui succède sous le nom de Paul Ier. Selon une hypothèse persistante qui se fonde sur la correspondance de Catherine, Paul Ier serait le fruit d'une liaison avec le comte Saltykov. On peut en déduire que, de Paul Ier à Nicolas II, les souverains seraient des Saltykov (comme Pierre III, son propre père, avant lui... quel tombeur ce Saltykov !), et non des Romanov. Le règne de Paul Ier est marqué par la campagne visant à libérer les républiques italiennes de la tutelle napoléonienne. Cet épisode s'achève par la spectaculaire retraite à travers les Alpes, dirigée par le général ***Souvorov.*** En fait, Paul ne souhaite pas envahir la France. Fait grand maître de l'ordre hospitalier de Saint-Jean-de-Jérusalem, Paul avait comme principal objectif (qui lui a échappé, d'ailleurs) la petite île de Malte. L'excentricité de Paul ne tarde pas à lasser la Cour. Flairant le complot, il se réfugie en 1801 entre les murs de sa forteresse (le palais Saint-Michel), mais il y est assassiné à peine 40 jours après y avoir élu domicile...
Élevé à la française, ***Alexandre Ier,*** son fils (qu'un testament de Catherine, détruit par Paul, désignait en fait comme son héritier direct sur le trône), ouvre un vaste chantier de réformes. Avec son secrétaire d'État Spéranski, le code des lois subit une cure de jouvence dont il avait bien besoin. En revanche, sur les questions clés de la fin de l'absolutisme et de l'abolition du servage, Alexandre se montre indécis. Il fait preuve d'un esprit beaucoup plus entreprenant dans le domaine de la politique internationale. Napoléon s'irrite de l'obstination d'Alexandre à refuser d'appuyer son blocus continental de l'Angleterre. Dans l'espoir d'être accueilli en libérateur dans un pays incontestablement en retard sur le plan des réformes de ses institutions, Napoléon envahit la Russie en août 1812, mais le calendrier désastreux choisi par l'empereur français pour sa campagne sauve le pays. Après la terrible ***bataille de Borodino,*** il se retrouve coincé avec son armée dans Moscou désertée de ses habitants et bientôt en proie aux flammes. Privé de ravitaillement, défait sur la Berezina (d'où l'expression...), Napoléon est contraint à battre en retraite pour fuir l'hiver russe. Sur près de 600 000 hommes engagés, à peine un cinquième survivra. La faim, le froid et l'armée russe, qui poursuit Napoléon jusqu'à Paris, auront raison du reste.

Moscou après 1812

Moscou est entièrement reconstruite après 1812. Le style Empire, qui a déjà fait son apparition à Saint-Pétersbourg avant la guerre, est mis à l'honneur. Au-delà même de l'apparence, ces transformations touchent en profondeur la ville, dont les habitants ont perdu leur insouciance d'avant 1812. Faiblement touchée par l'agitation politique et intellectuelle qui règne à Saint-Pétersbourg, et qui culminera avec les événements de décembre 1825, Moscou connaît un développement dicté par le pragmatisme : les nonchalantes *oussadba* du Moyen Âge tendent à disparaître au profit de maisons de rapport.

L'architecture des bâtiments publics évolue sous l'influence d'Ossip Bové, d'origine italienne, à qui l'on doit notamment le théâtre Bolchoï. Le Boulevarnoïe Kol'tso, sur l'emplacement des anciens remparts de Biely Gorod, est enfin achevé. Le Zemlianoï Val, quant à lui, est remplacé par la ceinture des Jardins *(Sadovoye koltso),* ainsi nommée car les maisons construites en bordure sur l'espace laissé libre par le rempart doivent obligatoirement avoir un jardin donnant sur le boulevard.

Les décabristes

C'est en Sibérie que ces officiers ont reçu le nom de « décabristes » (du russe « dekabr » signifiant « décembre ») sous lequel ils sont passés à la postérité. Ces révolutionnaires avant l'heure y seront exilés avec familles et enfants après leur coup d'État avorté de décembre 1825. Ils constituaient plusieurs « sociétés » réparties dans différentes régions de Russie, qui travaillaient autour de deux revendications clés : l'adoption d'une Constitution et l'abrogation du servage. Après avoir échoué à faire passer leurs idées en usant de leur influence sur les membres du gouvernement, ils en viennent à l'idée d'un coup d'État.

En décembre 1825, Alexandre Ier meurt dans des conditions restées mystérieuses lors d'un voyage en Crimée. ***Nicolas Ier,*** son frère, connu pour son caractère austère et son conservatisme, doit lui succéder. La perspective d'un brusque arrêt des réformes incite les « sociétés » à passer à l'action. Alors que Nicolas a déjà été intronisé, 3 000 soldats sont rassemblés sur la place du Sénat pour réclamer qu'il se retire au profit de son frère Constantin. Après une journée de face-à-face avec les troupes gouvernementales, ces dernières reçoivent finalement l'ordre de tirer et font plus d'un millier de morts. Près de 300 personnes sont arrêtées, cinq peines capitales sont prononcées et une quarantaine de comploteurs sont condamnés aux travaux forcés en Sibérie.

UNE MORT CONTROVERSÉE

À l'annonce de la mort d'Alexandre Ier, des doutes naissent, étayés par le fait que ceux qui défilent devant son cadavre ne le reconnaissent pas ! On lui aurait substitué le cadavre d'un soldat vaguement ressemblant. La rumeur se répand alors selon laquelle le tsar se serait retiré en Sibérie, menant une vie d'ermite durant près de 40 ans encore, pour expier son soutien au meurtre de son père, Paul Ier. Certains historiens et la famille Romanov partagent cette opinion. Lorsque Alexandre III fait ouvrir son tombeau afin de vérifier le bien-fondé des rumeurs, le cercueil est vide... Allô, Alain Decaux ?

Nicolas Ier

Le mouvement des décabristes, dont la direction est quand même restée coupée des masses populaires, a une portée avant tout symbolique. Nicolas Ier se sent néanmoins menacé par cette idéologie et cette aspiration à une Russie plus démocratique, proche de la Russie kiévienne. Il fera tout pour la combattre. Pouchkine, sympathisant des décabristes, se trouvait déjà en exil au moment des événements. Nicolas lui rend sa liberté mais le soumet à une surveillance et une censure sévères. À ce tableau peu glorieux de l'attitude de Nicolas envers les intellectuels, il faut ajouter les 6 années de travaux forcés en Sibérie infligées à Dostoïevski après un simulacre d'exécution, ainsi que l'enfermement en asile d'aliénés du philosophe Tchadaev.

La situation des serfs est plus dramatique encore. Hypothéqués comme de vulgaires marchandises, ils sont vendus d'office lors des faillites, les familles souvent séparées, malgré les oukases interdisant cette pratique. Les révoltes se succèdent sans que rien ne soit fait pour remédier à la situation.

La guerre de Crimée

L'incompréhension entre le pouvoir tsariste et une partie importante des élites intellectuelles nuit au développement du pays. Le désastre de la guerre de Crimée va brusquement accélérer l'histoire en mettant en évidence l'état d'arriération de la Russie et en entraînant de graves répercussions dans l'opinion publique : flotte sous-développée, désorganisation de l'armée et de la logistique, crise financière réveillent l'opposition.

LE DOIGT DU TSAR

Dès 1842, on décida de construire une ligne ferroviaire entre Moscou et Saint-Pétersbourg. Les responsables demandèrent au tsar de tracer l'itinéraire sur une carte. Son doigt déborda de la règle, ce qui provoqua un détour en demi-cercle de 17 km, à la hauteur de Verebinsky. Personne n'osa rectifier l'erreur.

En 1852, les Français convainquent les Turcs de retirer aux Grecs orthodoxes l'église de la Nativité de Bethléem pour la placer sous l'autorité de l'Église catholique. Il n'en faut pas plus pour déclencher des représailles de la part des Russes, qui envahissent deux provinces turques limitrophes de l'Empire russe. Les Français et les Anglais mettent alors le cap sur Sébastopol. Durant une guerre dans laquelle les armées alliées se révéleront aussi incompétentes que l'armée russe, Sébastopol, assiégée pendant 1 an, finit par céder après la prise du fort de Malakoff, dispositif clé des fortifications.
Lorsque Nicolas Ier meurt en 1855, le conflit n'est pas terminé. ***Alexandre II*** y met fin par la signature du traité de Paris (1856) et promet l'abrogation du servage pour désamorcer la révolte qui, depuis quelque temps, gronde dans les différentes parties de l'empire.

Les réformes d'Alexandre II et les évolutions sociales

L'abrogation du servage en 1861 est certainement la plus spectaculaire des réformes d'Alexandre II. Mais ce n'est pas la plus réussie. Les conditions du rachat par les serfs de terres (trop chères) conduisent à leur paupérisation et contraignent de plus en plus de paysans à venir chercher du travail dans les villes. La tâche des intellectuels, en quête de leviers pour faire basculer le pouvoir, n'en est que facilitée. D'une manière générale, l'insatisfaction engendrée par les réformes est à la hauteur des espoirs qu'elles ont suscités, notamment parmi les slavophiles, où l'on retrouvait de nombreux défenseurs de la cause des serfs. À partir des années 1860-1870, cette insatisfaction favorise l'émergence d'idées plus radicales. Le premier cercle révolutionnaire voit le jour à Saint-Pétersbourg en 1869.

L'idée révolutionnaire à la fin du XIXe s

Le populisme des années 1870 échoue dans sa volonté de mobiliser la paysannerie pour créer les bases d'un soulèvement populaire. S'ensuit une période de terrorisme qui culmine en 1881 avec l'assassinat d'Alexandre II, le jour même où le tsar vient d'accorder une Constitution au pays. Après une sévère répression, les mouvements terroristes sont éradiqués.
Tandis qu'Alexandre III et Nicolas II, ses successeurs, reprennent l'attitude de fière indifférence de Nicolas Ier à l'égard des libéraux, les mouvements révolutionnaires gagnent des partisans. Dans les années 1880, Georgi Plekhanov, un ex-populiste, répand les idées du marxisme en Russie. Après quelques années d'exil en Sibérie, sur les bords de la Lena (à laquelle il emprunte son pseudonyme de révolutionnaire), le jeune ***Vladimir Oulianov,*** l'une des premières recrues de Plekhanov, part le rejoindre en Europe. Lénine voyage et affine sa stratégie révolutionnaire.

À l'occasion du second congrès du parti ouvrier social-démocrate, deux tendances rivales s'affrontent : les *mencheviks* (« minoritaires »), dirigés par Plekhanov, contre les *bolcheviks* (« majoritaires ») menés par Lénine. Les bolcheviks, pour lesquels l'action doit reposer sur le secret et le complot, se détournent résolument de leurs homologues sociaux-démocrates européens.

Nicolas II dans l'antichambre de la révolution

Monté sur le trône en 1894 contre son désir, Nicolas II n'en reste pas moins attaché au prestige du pouvoir absolu des tsars. Le processus d'industrialisation dans lequel est lancée la Russie appelle pourtant à une souplesse accrue des structures du pouvoir.

Cependant, Nicolas II reste avant tout soucieux d'accroître son prestige sur la scène internationale, alors même que toute avancée sur la scène européenne est bouchée. Afin de consolider son implantation sur le sol chinois, où il a déjà reçu des concessions pour la construction et l'exploitation de voies de chemin de fer (Vladivostok, terminus du Transsibérien, est gelée en hiver), il entre en guerre avec le Japon, qui possède lui-même des visées impérialistes dans la région. En 1904, les Japonais attaquent. Mais les forces en présence sont déséquilibrées et les moyens de communication et de transport vers l'Extrême-Orient dont dispose la Russie ne sont pas suffisants pour lui permettre d'intervenir de façon efficace. De cette guerre, seul le mécontentement populaire ressort accru.

ATTAQUE SURPRISE À PORT-ARTHUR

Le 8 février 1904, à la suite de l'échec des négociations pour le retrait des troupes russes de Mandchourie, sans déclaration de guerre, la flotte nippone attaque la base russe de Port-Arthur en Chine. Sept navires russes sont coulés. La guerre russo-japonaise commence. Elle s'achève en septembre 1905 après 10 mois de siège de Port-Arthur, où 8 000 Russes meurent. Le nain jaune recevra de l'ours russe le sud de l'île de Sakhaline, le Liaodong et le chemin de fer sud-mandchourien. Le général russe est condamné à 10 ans de prison pour s'être rendu. C'est aussi la fin de l'expansionnisme tsariste en Extrême-Orient.

En janvier 1905, à Saint-Pétersbourg, une manifestation d'ouvriers protestant contre leurs conditions de travail est réprimée dans un bain de sang par l'armée. C'est le « Dimanche rouge ». Le mouvement révolutionnaire de 1905 marque le progrès des socialistes révolutionnaires dans les campagnes. En juin, une minorité de matelots du cuirassé *Potemkine* s'emparent du bâtiment de la flotte de Crimée et essaient – en vain – de soulever Odessa. La grève générale qui éclate en décembre est suivie dans une grande partie du pays. Suite au manifeste d'octobre, promettant l'établissement d'une monarchie constitutionnelle, les tendances modérées bénéficient d'un sursis. De 1906 à 1917, le travail de la nouvelle assemblée élue, la Douma, permet de nombreuses avancées. L'accroissement des libertés civiles, l'amélioration de la justice, le développement de l'enseignement se traduisent par une amélioration sensible de la situation économique. Mais la déliquescence du pouvoir tsariste s'accompagne d'un excès de répression. Le moine Raspoutine, guérisseur-mentor de la tsarine, devient tout-puissant. Paysans, ouvriers et libéraux restent sans aucune représentation.

La guerre aura raison de l'Empire

Il y a pourtant encore tant à faire à l'intérieur ! Mais Nicolas II se porte, en 1914, après l'attentat de Sarajevo, au secours des petits frères slaves de Serbie, menacés par l'expansionnisme austro-hongrois. L'Allemagne et son alliée l'Autriche-Hongrie se retrouvent ainsi dans un face-à-face avec la Triple Entente (Angleterre-France-Russie) qui se transforme en quelques semaines en Première Guerre mondiale. On peut spéculer sans fin sur le cours qu'aurait pris l'histoire sans la participation volontaire de la Russie à la guerre. Dès 1915, celle-ci se transforme en hécatombe pour les Russes. La Grande Guerre leur coûtera en tout 4 millions de morts. Le tsar, qui n'a plus autorité sur rien ni personne, abdique au début de 1917.

« Dix jours qui ébranlèrent le monde »

La formule est du journaliste et militant socialiste américain ***John Reed.*** Il a ainsi témoigné et sympathisé avec la révolution qui s'est produite en 1917 en Russie, et en a fait un livre. En fait, ce sont deux révolutions en une qui se sont déroulées : en février d'abord, puis en octobre (novembre selon le calendrier grégorien). La première révolution de février a porté au pouvoir un gouvernement provisoire qu'on dit « bourgeois », qui met fin de facto à la monarchie (le tsar Nicolas II abdique dès le mois de mars). Mais ce sont les soldats-paysans lassés par la guerre, les ouvriers mécontents de leurs conditions de vie et des paysans frustrés par une répartition des terres toujours injuste qui font cette révolution sur le terrain. Les ouvriers sont peu nombreux mais très politisés parce que concentrés dans des usines aussi modernes que rares. Ils joueront un rôle prépondérant au début de la révolution. En revanche, les nobles, les fonctionnaires, les patrons d'industrie ou les propriétaires terriens qui forment le gouvernement provisoire se montrent incapables de procéder aux réformes de fond qu'exige la situation, et se refusent à mettre fin à la guerre.
Conduites par des partis politiques d'autant mieux organisés qu'ils étaient pour la plupart clandestins, les classes populaires se sentent mieux représentées par leur propre structure de pouvoir originale, les *soviets* (conseils), sortes d'assemblées générales devenues permanentes sur les lieux de travail ou dans les quartiers. Ces conseils d'ouvriers, de soldats et de paysans ont été mis au point lors de la « répétition générale » de la révolution de 1905. Il en résulte une dualité de pouvoirs bien évidemment insoutenable à long terme. De février à octobre, les événements révolutionnaires à Saint-Pétersbourg, et dans une moindre mesure à Moscou, se résument à la lutte entre les deux pouvoirs, qui se termine en octobre au profit des soviets.

Avec Lénine et Trotski

En mars 1917 donc, le tsar Nicolas II abdique. La famille impériale est placée en résidence surveillée. En avril, ***Lénine,*** chef du parti bolchevik, exilé en Suisse et que les Allemands ont autorisé à traverser leur pays dans un train sous scellés (on a dit blindé), rentre au pays. Le dirigeant révolutionnaire le plus radical livre alors ses « thèses d'avril », selon lesquelles il ne faut pas ménager le gouvernement provisoire. Il est suivi peu après par ***Léon Trotski,*** lui aussi exilé après avoir été le principal animateur de la révolution de 1905 à Saint-Pétersbourg. Il n'est pas bolchevik, mais il rejoint Lénine et les siens, et défend les thèses dites « de la

UN SECRET BIEN GARDÉ

Pendant 70 ans, les Soviétiques ont passé sous silence l'existence de la maîtresse de Lénine, Inès Armand. Française ayant vécu en Russie dans une famille de riches industriels, elle rencontre Lénine en 1910 quand il habite Paris avec sa femme, au 4, rue Marie-Rose (14e arrondissement). Il installe sa maîtresse... au n° 2. En 1917, elle accompagne le chef des bolcheviks à Moscou. Elle meurt du choléra en 1920. Lénine lui organise des funérailles nationales.

révolution permanente ». Selon ces dernières, la bourgeoisie en Russie n'est pas capable de procéder à la nécessaire révolution bourgeoise (comme la Révolution française de 1789). Pour Trotski, seul le prolétariat peut accomplir cette révolution et, bien sûr, en allant plus loin. La révolution d'Octobre a trouvé ses principaux chefs.

En juillet, les affrontements tournent à l'avantage du gouvernement provisoire. Lénine se cache. En septembre, le général Kornilov tente une contre-révolution à Saint-Pétersbourg (alors baptisée Petrograd), mais échoue. Mobilisation qui remet les bolcheviks en scène. La république est proclamée et Lénine élu président du soviet de Petrograd. Le 24 octobre (7 novembre), les bolcheviks lancent l'assaut contre le palais d'Hiver (l'Ermitage) avec bombardement symbolique par le croiseur *Aurore* (un seul coup tiré à blanc) et prennent le pouvoir. À Moscou, des combats ont lieu pendant 7 jours et le Comité militaire révolutionnaire, émanation du Soviet et des bolcheviks, s'empare du pouvoir le 3 novembre (16 novembre).

Les difficultés commencent pour les bolcheviks, selon la formule de Lénine et Trotski. Ils veulent procéder à une refonte totale de la société et nationalisent les grandes industries, les banques et les transports dès 1917-1918. « Le socialisme, c'est le pouvoir des soviets, plus l'électrification de tout le pays », proclame Lénine. La paix est immédiatement proclamée, la distribution des terres aux paysans homologuée.

Les Blancs contre les Rouges

Avec l'appui des pays de l'Entente antiallemande, les adversaires de la révolution déclenchent une guerre civile qui va durer jusqu'en 1922, dans un pays ruiné et ravagé par la famine – 1 million de personnes périssent dans la seule année 1921. Cette guerre met aux prises les Rouges (révolutionnaires) et les Blancs (monarchistes et antibolcheviks), alliés à plusieurs pays européens (dont la France), et dont certains ont même envoyé un contingent. C'est là qu'on se rappelle la révolte des marins français de la mer Noire (dirigée par Marty et Tillon), qui refusèrent de combattre la révolution russe. Trotski crée et commande l'armée Rouge, et gagne finalement la guerre. Les généraux Denikine et Wrangel et l'amiral Koltchak commandent les Blancs, et la perdront. Par manque de motivation dit-on, mais aussi pour cause de corruption (les armes fournies par les Alliés étaient en partie revendues aux Rouges...) et de mésentente avec les puissances occidentales sur les buts à atteindre. Beaucoup de leurs partisans émigreront et deviendront chauffeurs de taxi à Paris (les fameux « Russes blancs », dont l'un travaillait encore dans les années 1970).

MÉPRISE ROYALE

Cousins germains par leurs mères, Nicolas II de Russie et le roi George V d'Angleterre se ressemblaient à tel point qu'ils étaient souvent confondus l'un avec l'autre. Ainsi, au lendemain de la révolution russe et de l'exécution de la famille impériale, un jour où le roi George V entrait dans la pièce où se trouvait la grande-duchesse Xenia Alexandrovna, sœur de Nicolas II, entourée de ses serviteurs, ces derniers se jetèrent aux pieds du souverain anglais, croyant que Nicolas II de Russie était ressuscité.

Le monde est profondément ébranlé par cette révolution qui proclame une vocation mondiale « d'émancipation du prolétariat » grâce à une « révolution ouvrière mondiale » espérant « construire le socialisme ». Très rapidement, le régime deviendra dictatorial et complètement totalitaire sous la coupe de ***Joseph Staline,*** qui s'empare du pouvoir après la mort de Lénine en 1924. Il liquide physiquement les bolcheviks qui ont fait la révolution et survécu à la guerre civile. Lénine avait pressenti ce qui allait se passer, et dans un de ses derniers écrits, il avait dénoncé la brutalité de Staline.

À Moscou pendant ce temps-là

Dès mars 1918, Lénine transfère de nouveau la capitale de Saint-Pétersbourg à Moscou. Les Pétersbourgeois en sont encore aujourd'hui profondément vexés, jugeant les bolcheviks bien peu reconnaissants. Poutine, originaire de Saint-Pétersbourg, leur a rendu un rôle plus en vue après plus de 80 ans !
En fait, alors que Moscou est au cœur de la Russie, Saint-Pétersbourg est trop excentrée et trop occidentalisée, et cela a contribué à couper les « élites » de l'ancien régime de leur population. Lénine a prétexté la vulnérabilité de Saint-Pétersbourg face aux opérations de guerre, mais c'est un choix politique et stratégique qu'il a vraiment fait. En 1922, lorsque l'URSS est proclamée, Moscou en devient la capitale.

L'ère Djougachvili, dit Staline

En 1922, Lénine échappe à un deuxième attentat : Fanny Kaplan, une anarchiste, lui tire trois balles, il en réchappe. La syphilis l'achève le 21 janvier 1924. Dès lors, Iossif Vissarionovitch Djougachvili inaugure sa carrière de tyran, l'un des pires que le monde ait connus au cours de son histoire (elle n'en est pourtant pas avare). Il se débarrasse d'abord de l'opposition de gauche et de Trotski, son chef de file et héritier pressenti de Lénine. Comme il ne fait que débuter, il le laisse filer à l'étranger mais ne manquera pas, après quelques tentatives ratées, de le faire assassiner à Mexico en 1940. Les autres chefs bolcheviks seront liquidés plus tard, au nom de Lénine bien sûr, qu'on aura en quelque sorte « béatifié » en le mettant dans un mausolée digne d'un pharaon. Staline en rajoute une couche dans l'idolâtrie en donnant son nom à Saint-Pétersbourg, qu'on appellera Leningrad, au métro de Moscou, à la Bibliothèque nationale et à tout ce qui passait par là...
Dans les années 1930, les autres révolutionnaires « historiques » se retrouvent au centre d'une comédie funèbre : les fameux procès de Moscou. Staline va clore cette élimination en apothéose en faisant fusiller les meilleurs généraux de l'armée Rouge (Toukhatchevsky, Yakir, Blücher...) à la veille de la guerre contre Hitler, à laquelle il ne croyait guère, selon l'écrivain Alexandre Soljenitsyne (et pourtant, ses services secrets l'avaient prévenu !). Cela aura pour conséquence de rendre l'état-major inopérant lors de la guerre contre la Finlande et en 1941 lors de l'invasion allemande.
Il met aussi brutalement fin à la politique de libéralisation économique, appelée NEP, qui a permis au pays de souffler un peu après la guerre, et qu'il avait pourtant défendue le temps de se débarrasser de ses adversaires. Il reprend ce programme en le dénaturant et se lance dans la collectivisation et les plans quinquennaux à marche forcée. D'autant plus forcée que les camps de concentration se remplissent déjà et fournissent une main-d'œuvre d'esclaves de toute qualification et exploitable à souhait. Les résultats espérés sont atteints : le pays s'industrialise. Coupés de toute référence extérieure, les Russes restés en liberté pensent vivre un projet de société sur la lancée de la révolution. Et ceux qui ne le pensent pas (ou n'y croient plus) ont intérêt à faire semblant. Ils doivent par-

PURGES MASSIVES

En août 1936, les procès staliniens instaurent la terreur en URSS. À la Maison des syndicats, Andreï Vychinski est le procureur d'un tribunal qui juge 16 hommes sous les yeux de la presse internationale et de Staline en personne. L'accusateur traite les accusés de « pitres, chiens enragés et d'abjects pygmées », et ceux-ci ne manquent pas de se dénoncer mutuellement au cours d'aveux manifestement extorqués sous la torture, malgré l'absence flagrante de preuves. Zinoviev et Kamenev, héros de la révolution de 1917, sont condamnés et immédiatement exécutés. Les procès ne se termineront qu'avec la mort de Staline en 1953.

ticiper aux manifestations de masse et aux réunions interminables et creuses au cours desquelles on applaudit sans oser s'arrêter le « nom glorieux du Coryphée des sciences, du chef illustre du Prolétariat mondial ». Peu après sa prise du pouvoir, Staline s'est pourtant empressé de laisser tomber ce dernier en renonçant à la révolution mondiale et en proclamant sa volonté de construire « le socialisme dans un seul pays ». C'est d'ailleurs ce qui l'avait toujours opposé à Trotski.
Paradoxalement, durant les années 1920, malgré les incroyables difficultés de la jeune révolution (la guerre civile l'a saignée), la vie intellectuelle bouillonne en Russie : poésie (l'âge d'argent du début du XXe s se poursuit), littérature et critique littéraire avec l'école formaliste, cinéma avec Dziga Vertov ou Sergeï Eisenstein, peinture avec l'art abstrait, psychanalyse avec une forte école freudienne russe, polémiques politiques même au sein du parti bolchevik... Avec Staline, l'esprit est sous l'éteignoir.

Quelques acquis chèrement payés

Malgré tout, l'alphabétisation se poursuit et l'éducation reste un véritable acquis jusqu'à la fin de la période soviétique. L'industrie lourde se développe à pas de géant (avec la contribution contrainte et forcée des déportés des goulags, véritables esclaves), mais la paysannerie est massacrée à la faveur de la collectivisation de 1929 et des famines quasiment organisées.
La Russie était en décollage économique en 1913, à la veille de la Grande Guerre. C'est cette dernière qui a accéléré la crise née de l'inadéquation entre la croissance économique et le régime politique. L'échec du Premier ministre Alexandre Stolypine, rejeté par une partie de la classe dominante et assassiné en 1913, condamnait sans doute le régime tsariste, mais personne ne peut dire que la Russie s'est mieux développée grâce au régime soviétique. Ni le contraire. En tout cas, le coût humain du stalinisme, qui a fait au moins 20 millions de morts et a éliminé la plus grande partie de l'intelligentsia pré et postrévolutionnaire ainsi que la partie active de la paysannerie, a mis le pays à genoux. Pour le monde, en revanche, le bilan est peut-être différent : grâce au soutien de l'URSS, des partis et des syndicats ouvriers ont pu imposer certaines conquêtes sociales dans les pays développés capitalistes. Mais tout l'est de l'Europe s'est trouvé figé dans un glacis après la Seconde Guerre mondiale. Le marché mondial s'est développé sans lui. En revanche, des colonies ont obtenu leur indépendance sans doute plus rapidement. Mais tout n'a pas toujours très bien tourné...

L'architecture socialiste

À Moscou, on démolit plusieurs églises, dont la fameuse église du Christ-Sauveur, édifiée un siècle plus tôt grâce à une souscription publique pour célébrer la victoire sur Napoléon. Le projet d'ériger un gigantesque palais des Soviets à cet endroit a tourné court, et tout s'est terminé par une piscine, fermée à son tour, en 1994, lorsque le maire de Moscou, Iouri Loujkov, a fait reconstruire en un temps record l'église symbolique pour Moscou. D'autres églises qui avaient été détruites à cette époque ou plus tard sont aujourd'hui rebâties dans tous les quartiers de Moscou et de Saint-Pétersbourg. Les plus symboliques sont les portes d'Hiver et l'église de Notre-Dame-de-Kazan à l'entrée de la place Rouge, détruites parce qu'elles gênaient le passage des chars lors des défilés. Les clochers des églises (dans le Moscou d'avant la révolution, il y en avait quand même 40 fois 40, selon un proverbe) sont remplacés par des immeubles massifs, comme la bibliothèque Lénine ou l'académie militaire Frounzé.

Hitler et Staline, deux dictateurs en guerre

Malgré le dépeçage de la Pologne en 1939 au profit des deux parties, le pacte germano-soviétique ne préserve pas longtemps l'URSS des appétits nazis. Le

22 juin 1941, lors de l'***opération Barberousse,*** l'Allemagne attaque l'URSS et bouscule sans trop de problèmes une armée Rouge non préparée et privée de chefs militaires. Une semaine avant l'attaque, des pilotes allemands s'entraînaient encore en territoire soviétique... Les troupes allemandes arrivent aux portes de Moscou à la fin septembre, mais ne parviennent pas à y entrer. Les chevaux de frise énormes que l'on peut voir en arrivant à Moscou à l'aéroport de *Cheremetievo* marquent l'endroit. Aujourd'hui, la ville a grignoté les champs qui s'étendaient encore aux alentours à la fin de l'époque soviétique.

À Leningrad non plus les Allemands ne parviennent pas à prendre la ville, mais le siège qui s'ensuit, long de 900 jours, sera fatal à un tiers de la population pétersbourgeoise, bombardée sans relâche et réduite à une extrême famine. Au point que beaucoup ont soupçonné Staline d'avoir volontairement laissé la ville isolée face aux troupes nazies, trop content de voir ces dernières liquider la population frondeuse de l'ancienne capitale.

En 1943, avec la chute de Stalingrad, reprise aux nazis, la guerre bascule. Mais elle a saigné un pays qui n'en pouvait déjà plus. Quelque 27 millions de Soviétiques ont perdu la vie. Des centaines de milliers de soldats, faits prisonniers par les Allemands, ont été déclarés « traîtres à la patrie » et connaîtront, après 1945, le réconfort des camps sibériens... La chape de plomb qui avait paradoxalement donné l'impression de s'être levée un peu durant la guerre est vite retombée. Il avait bien fallu tolérer, pendant les heures sombres de la guerre, que les gens trouvent un réconfort religieux et qu'ils prennent quelques initiatives pour combattre. Le roman de ***Vassili Grossman,*** *Pour une juste cause,* et sa suite, *Vie et Destin,* le font bien sentir. Après la victoire, Staline renouera bien vite avec son trip « tyran parano » : c'est le moment où il voit un complot de médecins, la plupart juifs, contre les principaux dirigeants soviétiques, et c'est l'arrestation des « blouses blanches ».

La reconstruction stalinienne

Les Russes, là encore, en ont vu d'autres : le pays se reconstruit. En partie grâce aux dédommagements de guerre pris chez l'ennemi et aux prisonniers allemands, dont quelques « malgré-nous » alsaciens. Mais le traumatisme de la guerre qui a frappé chaque famille est resté omniprésent jusqu'à la fin des années 1980. Le thème a souvent été usé jusqu'à la corde par le régime pour faire marcher la population et « expliquer » les pénuries, les retards de développement et le reste.

Moscou voit la construction d'immeubles majestueux et le prolongement de grandes avenues. Les sept fameux gratte-ciel staliniens *(vyssotniye zdaniya),* quelque peu mégalos, sont entamés à la fin des années 1940 et achevés au début des années 1950. Pour concurrencer ceux qui hérissent désormais le ciel nord-américain – la guerre froide est à l'ordre du jour. Prisonniers de guerre et détenus du goulag sont mis à contribution pour construire ces bâtiments, dont la solidité reste appréciée aujourd'hui. L'immeuble le plus connu est celui de l'université sur les *Vorobyovy Gory* (mont des Moineaux). Il y a aussi le ministère des Affaires étrangères, place Smolenskaya, l'hôtel *Ukraine,* etc.

LA FIN DU PETIT PÈRE DES PEUPLES

Le soir du 28 février 1953, Staline regagne sa datcha et s'enferme dans une chambre blindée. Dans la nuit du 4 au 5 mars, le chef de la garde, sans nouvelles, décide de forcer la porte. Ils le trouvent inconscient, mais vivant, allongé sur le tapis, comme frappé d'une attaque cérébrale. Craignant (sic !) son courroux, les gardes attendent plusieurs heures avant d'appeler un médecin. Beria, chef du NKVD, sachant que Staline prépare une purge le concernant, s'y oppose. Le médecin arrive, mais trop tard. Staline est déclaré mort le 6 mars, à 6h. Des archives récentes laissent croire qu'il a été empoisonné.

De son côté, Leningrad se relève (lentement) de ses cendres. Mais la ville a tant souffert du siège qu'elle connaîtra pendant toutes les années à venir un développement nettement ralenti par rapport à celui de sa rivale historique.
En 1949, l'URSS fait exploser sa première bombe atomique. Avec ses nouveaux « alliés », elle fonde en 1949 le CAEM (Conseil d'assistance économique mutuelle), dont l'appellation OTAN est COMECON. Le pacte de Varsovie de défense est constitué en 1953, date de la première bombe à hydrogène. Les jouets de la guerre froide sont en place pour plus de 35 ans.

Le dégel

Staline meurt en mars 1953. Nikita Khrouchtchev, nommé premier secrétaire du Parti, arrive au pouvoir. Il répond aux aspirations de la bureaucratie, lasse comme tout le pays des fantaisies répressives du dictateur. Moins de 3 semaines après la disparition de Staline, les « blouses blanches » sont blanchies... mais la lessive a laissé des traces.
En 1956, Nikita Khrouchtchev met fin au culte de la personnalité en « déstalinisant » au cours du XXe Congrès du parti communiste de l'Union soviétique. Des millions de gens ont ainsi pu être libérés des camps de concentration, et même amnistiés avec la formule « illégalement réprimé »...
Le Parti laisse Soljenitsyne publier *Une journée d'Ivan Denissovitch*, et Grossman publie *Tout passe* (pour *Vie et Destin*, il faudra encore attendre). De jeunes poètes lisent leurs œuvres devant la statue de Vladimir Maïakovski à Moscou (Evgueni Evtouchenko, André Voznessenski, Bella Akhmadoulina, Robert Rojdestvenski). C'est le mouvement intellectuel qu'on a appelé les « soixantards » *(Chestidesiatniki)*, inspirateur indirect du mouvement de Prague de 1968 et de son aspiration à un « socialisme à visage humain », et sans doute de Mikhaïl Gorbatchev. En 1957, le rideau de fer se soulève un peu et laisse se tenir à Moscou un festival international de la Jeunesse avec des jeunes du monde capitaliste venus pour la première fois à Moscou (mais quand même après sélection par les partis frères). Pour les Moscovites, ce fut une bouffée d'air dont on n'imagine pas l'importance aujourd'hui.

RÈGLEMENT DE COMPTES AU COMITÉ CENTRAL

Arrivé au pouvoir en 1956, Khrouchtchev critique la période stalinienne en condamnant la dictature du « petit père des peuples ». La dénonciation a lieu lors d'une séance de nuit du XXe Congrès du PCUS, où il lit un rapport dévastateur sur les écarts de Staline à la « légalité socialiste ». La séance a lieu en l'absence de la presse mondiale et des délégués des partis frères, mais le texte est rapidement diffusé en Occident. Moscou ne dément pas. En France, Maurice Thorez, secrétaire du PCF, n'utilisera jamais que l'expression « rapport attribué au camarade Khrouchtchev » pour bien se garder de mettre en œuvre la déstalinisation au sein de son propre parti.

À l'étranger, on se souvient de Khrouchtchev pour son nom imprononçable et sa silhouette sentant bon le terroir du *tchernoziom* (« terre noire ») de l'Ukraine. On le voit réprimer le soulèvement hongrois, taper de sa chaussure sa table de l'assemblée générale de l'ONU et se mesurer à John Kennedy lors de la crise des missiles à Cuba. Mais en Russie, malgré la reconnaissance de ceux qui ont été libérés et de leurs familles, Khrouchtchev a laissé un souvenir mitigé. L'approvisionnement a été encore plus mauvais sous son régime, et il fallait se lever tôt pour avoir du pain à la boulangerie. C'est à cette époque qu'ont été construits les milliers d'immeubles de quatre ou cinq étages que les Russes appellent « *khrouchtchevki* », où les plafonds sont bas et les appartements tous identiques. Aujourd'hui, à Moscou, les immeubles de cette période sont progressivement détruits et remplacés.

Stagnation et gérontocratie

En 1964, une nouvelle révolution de palais porte au pouvoir ***Leonid Brejnev,*** d'abord flanqué de Nicolas Podgorny et d'Alexis Kossyguine. Avec lui commence l'ère dite « de la stagnation », au cours de laquelle l'URSS creuse encore son retard par rapport à l'Occident. C'est lui qui mène l'écrasement du Printemps de Prague en 1968, comme Khrouchtchev avait écrasé la révolution hongroise de 1956 (avant de lancer le XXe Congrès). Mais cette fois, pas de XXe Congrès bis. Sur la fin de sa vie, complètement gâteux, Brejnev donne son feu vert à l'intervention en Afghanistan. À noter quand même que c'est sous son « règne » que sont signés les accords d'Helsinki, grâce auxquels la notion de Droits de l'homme fait son apparition en URSS, et qu'une dissidence commence à se faire entendre.

L'époque est pourtant au marasme moral : plus personne ne croit en rien et les promesses du communisme semblent s'éloigner de plus en plus. D'autant plus que dans le camp d'en face, Ronald Reagan s'efforce de mettre l'URSS à genoux en lançant un programme de « guerre des étoiles » que les Soviétiques ne peuvent suivre, et en s'organisant avec l'Arabie Saoudite pour faire baisser les prix des hydrocarbures et ainsi tarir les recettes financières du géant aux pieds d'argile.

En même temps, la corruption, les détournements et les abus de biens sociaux deviennent une règle de vie. Les réseaux créés à cette époque vont se retrouver dans les mafias qui se sont développées plus tard en mettant à profit la perestroïka.

En 1982, les toubibs n'arrivent plus à garder Brejnev en vie. ***Youri Andropov*** lui succède : on dit de lui qu'il est plus intelligent, et sans doute le plus moderne des dirigeants soviétiques de l'époque, mais c'est aussi le chef du KGB. Il ne survit qu'un an, mais c'est lui qui donne l'impulsion aux transformations tout en remplissant les cliniques psychiatriques de dissidents. Son successeur, ***Tchernenko,*** est tout le contraire. Il est déjà dans un stade de sénilité avancé en arrivant au Kremlin et parvient à tout figer deux années encore.

L'arrivée de Gorby

Il faut attendre l'arrivée de ***Mikhaïl Gorbatchev*** en 1985 pour voir l'histoire soviétique et mondiale s'accélérer. En même temps qu'une campagne antialcoolique qui a mal tourné et ruiné le budget de l'État, Gorby lance la ***« Glasnost »,*** c'est-à-dire la transparence, pour permettre la ***« perestroïka »,*** la reconstruction. En 1986, la Glasnost, qui implique notamment une certaine liberté de la presse, a une occasion tragique de se manifester pour annoncer au monde l'explosion de ***Tchernobyl.*** Les catastrophes nucléaires précédentes, comme celle de 1957 à Tcheliabinsk (Oural), avaient été dissimulées.

C'est de cette région de l'Oural, symbolique pour l'Europe (de l'Atlantique à l'Oural, disait le général de Gaulle), que vient ***Boris Eltsine,*** le futur président russe. Connaissant son dynamisme et pensant renforcer son aile réformatrice, Mikhaïl Gorbatchev le convainc de devenir patron de Moscou en 1985. Il le regrettera plus tard, dépassé par la vitesse des événements...

Malgré une énorme popularité à l'étranger due à sa contribution à enterrer la guerre froide, Gorbatchev se heurte à l'intérieur à une opposition des conservateurs et à des manifestations nationalistes dans le Caucase, et surtout dans les pays baltes. Sa libéralisation, qui permet une véritable liberté d'expression, notamment de lire tout ce qui était interdit et surtout de voyager à l'étranger, est contrebalancée par un manque de cohérence et de suivi des réformes. La fin de la répression policière, l'introduction de l'initiative privée dans l'économie, la réduction des camps de travail s'accompagnent d'une hausse de la criminalité dont l'activité est amplifiée par la liberté d'information. Les intellectuels soutiennent encore Gorby, mais dans la population, ça gronde.

En 1989, les derniers soldats de l'armée Rouge quittent l'Afghanistan. La guerre a affaibli le pays en lui coûtant cher et en lui donnant mauvaise conscience. Elle a traumatisé une génération et l'a plongée dans la drogue.

Eltsine guette du haut d'un char

Eltsine, évincé de la direction du parti communiste de Moscou (le chef du Parti était le vrai patron de la ville) et du bureau politique du Parti pour s'être colleté avec les conservateurs, se fait le porte-voix des réformes plus radicales. Pendant ce temps, à Leningrad, la mairie est occupée par un libéral très médiatique : ***Anatoli Sobtchak,*** dont l'un des adjoints s'appelle ***Vladimir Poutine.*** Sobtchak, avec l'assentiment de la population, consultée par référendum, va rebaptiser sa ville Saint-Pétersbourg.

En août 1991, quelques dinosaures du Parti, du KGB et de l'armée profitent des vacances de Gorbatchev en Crimée pour tenter un coup d'État. Gorby est assigné à résidence. L'armée entre à Moscou, mais les soldats ne sont guère motivés. D'abord effrayés, les Moscovites descendent dans la rue, discutent avec les soldats et manifestent. Les chefs du comité ne sont même pas capables de faire arrêter Eltsine, qui, depuis le 12 juin, est élu président de la République de Russie. Ce dernier arrive près de la Maison Blanche (le Parlement) et réussit un formidable coup médiatique en se juchant sur un char devant les caméras de télévision du monde entier. Le 2e jour, les militaires qui ont rejeté le putsch font allégeance à Eltsine, mais l'émotion « révolutionnaire » grandit à Moscou. Des monuments soviétiques sont abattus. À Saint-Pétersbourg, Sobtchak organise aussi la « résistance » contre... personne. Au 3e jour, on va chercher Gorby en avion. Mais il a perdu tout crédit et toute représentativité, et c'est Eltsine qui, impitoyablement, lui indique quoi signer et où.

UNE PRISE DE POUVOIR IMPROVISÉE

Alors que Gorbatchev, président, est bloqué en Crimée, à Moscou, Eltsine, d'abord indécis, profite d'un accident malheureux où trois Moscovites sont écrasés par un char. Il sent que le bain de sang menace et fait reculer les blindés. Les putschistes hésitent et cèdent en mettant fin à l'état d'urgence. Face à un Gorby étrangement passif, Eltsine s'affirme en leader et lui fait signer la dissolution du Parti communiste. Le pays des Soviets a vécu, quasiment sans effusion de sang. Son président, sans pouvoir, démissionne. La voie est largement ouverte pour Eltsine et ses copains oligarques.

Exit l'URSS

En décembre 1991, Eltsine réunit ses homologues biélorusse et ukrainien pour décider de supprimer purement et simplement l'URSS. À la demande des républiques d'Asie centrale qui se sentent un peu abandonnées, les anciennes composantes de l'URSS, à l'exception des pays baltes, proclament la CEI (Communauté des États indépendants), en tentant de sauvegarder au moins une défense et un espace économique commun.

Gorby se retrouve président de rien du tout. Il en prend acte à la fin décembre et se retire sans faire d'histoires. Sur le palais du Kremlin et les administrations, le drapeau russe blanc, bleu, rouge a remplacé le drapeau rouge frappé de la faucille et du marteau. La deuxième puissance militaire mondiale a implosé, presque sans effusion de sang, mais en ouvrant une période douloureuse pour ses habitants. L'empire a « éclaté », toutefois, contrairement aux prévisions, ce ne sont pas les républiques musulmanes qui se sont révoltées contre la Russie, mais cette dernière qui a rendu leur liberté à tous les pays de l'empire, sans vraiment leur demander leur avis.

Libéral mais pas social

Tout s'écroule en même temps, partout, la situation économique et sociale est catastrophique, sauf pour ceux qui veulent entreprendre, et surtout, hélas, pour ceux qui peuvent profiter de leur situation pour s'accaparer à grande échelle les biens de l'État. Eltsine décide de foncer dans le libéralisme sans foi ni loi et donne le pouvoir à une équipe dirigée par le Premier ministre ***Egor Gaïdar*** et son acolyte, ***Anatoly Tchoubaïs.*** Leur priorité est d'empêcher tout retour du communisme. Pour appliquer ce programme, ils reçoivent le soutien de théoriciens américains de l'ultralibéralisme et du FMI. Ils privatisent alors à tour de bras, quitte à favoriser consciemment des gangsters. En estimant que, faute de capitalistes ayant suffisamment de capitaux en Russie pour racheter les entreprises, il faut laisser les plus débrouillards s'emparer du tout. Les anciens bureaucrates les moins honnêtes du Parti et les criminels pur jus en profitent allègrement. L'appareil d'État est confié à des intérêts privés amis, même la collecte de l'impôt : inutile de dire que les caisses sont rapidement vides. En l'absence de droit, tout se règle à coups de flingue ou d'hommes de main. Le système médical, la protection sociale volent en éclats, l'enseignement gratuit s'écroule. Plus personne ne croit en rien, sauf au dieu dollar.

En septembre 1993, le conflit politique se règle par la force. Eltsine fait tirer au canon sur la Maison Blanche, où les communistes sont majoritaires et en rébellion contre lui. Cela choque fortement l'opinion, mais Boris consolide son pouvoir. Il fait ensuite adopter une Constitution renforçant considérablement le pouvoir présidentiel. En revanche, physiquement, rien ne va plus : Eltsine ne peut se passer de sa vodka et s'écroule. Il prend pension à l'hôpital.

UN ÉTAT FANTOCHE

Après l'éclatement de l'URSS, des Soviétiques nostalgiques décidèrent, en 1990, de créer la Transnistrie. Prise sur la Moldavie et grande comme un département français, cette enclave est dirigée par d'anciens militaires russes et d'ex-membres du KGB. La Transnistrie n'est reconnue par aucun pays, pas même la Russie ! Tout y rappelle la période stalinienne hard : drapeau rouge avec faucille et marteau, statue de Lénine, Soviet suprême et abus de pouvoir.

Pillage économique et problème de la Tchétchénie

La situation politique se stabilise un peu. Mais le désordre économique subsiste. S'y ajoute une crise en Tchétchénie, devenue plaque tournante de beaucoup de trafics. La guerre éclate pour régler des comptes sans doute peu avouables avec Doudaev, l'ancien général soviétique, qui s'est autoproclamé président d'une Tchétchénie indépendante. Le ministre de la Défense, ***Pavel Gratchev,*** appelé « Pacha Mercedes », juge bon d'y envoyer la troupe : de jeunes appelés qui viennent d'être enrôlés et à qui on ordonne de canonner n'importe comment avant de se faire massacrer. Début d'une catastrophe militaire et humaine.

En 1996, le général ***Alexandre Lebed*** signe avec Aslan Maskhadov, chef indépendantiste, un accord de paix qui sera ratifié en 1997 à Moscou par Boris Eltsine, lorsque Maskhadov aura été élu président. L'accord reconnaît une indépendance de facto à la Tchétchénie et promet une aide de l'État fédéral au pays ravagé par 21 mois de combats. ***Maskhadov*** perd peu à peu le contrôle des seigneurs de guerre et des clans islamiques. Des enlèvements avec demandes de rançons et des attaques contre les républiques voisines se généralisent. Les indépendantistes n'ont pas su ou pu se rendre crédibles au cours des 3 ans d'indépendance. En 1999, un détachement tchétchène, conduit par Chamil Bassaïev, attaque et occupe des localités au Daghestan voisin. Quelques jours plus tard, des explo-

sions font sauter des immeubles entiers à Moscou et Vologodonsk, faisant des centaines de victimes. Ces massacres sont attribués à des Tchétchènes, mais sans qu'on sache s'il n'y a pas eu un autre commanditaire. Dès le 23 septembre, les forces fédérales bombardent Grozny. C'est le début de la seconde guerre de Tchétchénie.
Parallèlement, la Russie profite de l'abondance de ses matières premières pour vivre au-dessus de ses moyens et importer la quasi-totalité de sa nourriture. Le président est de plus en plus entre les mains des oligarques, ces nouveaux riches du système qui contrôlent les sociétés qui exploitent ces richesses. L'argent fuit à l'étranger, même du fait du premier cercle présidentiel que la presse appelle « la Famille ». En dépit des difficultés, une mince classe moyenne apparaît. La liberté de déplacement, d'entreprise et d'information est réelle, surtout par comparaison avec l'époque soviétique.

UNE GUERRE SAUVAGE COMME TOILE DE FOND À LA TRAGÉDIE

La seconde guerre de Tchétchénie dure 3 ans. Elle est particulièrement sanglante et fait des dizaines de milliers de morts. Des deux côtés, les combattants redoublent de férocité. Les indépendantistes tchétchènes (et des brigands se réclamant de l'indépendance) se distinguent en enlevant des gens contre rançon après leur avoir coupé les doigts ou les oreilles pour mieux « convaincre » les familles de payer. Aux revendications indépendantistes et islamistes des combattants tchétchènes, ajoutez à la marmite infernale des intérêts pétroliers et géopolitiques, en plus des trafics en tout genre où Tchétchènes et Russes se retrouvent joyeusement mêlés, et vous comprendrez à quel point le dossier tchétchène est pourri.

OTAGES D'OCTOBRE

En octobre 2002, Moscou connaît une énorme prise d'otages de 800 personnes. Les Russes la vivent comme un événement comparable au 11 septembre de l'année précédente à New York.
Au cours d'un spectacle de music-hall, un commando d'hommes armés fait irruption sur scène. Comme la scène, à ce moment-là, est pleine d'acteurs habillés en soldats, les spectateurs applaudissent à ce développement soudain du spectacle. Mais les 40 preneurs d'otages sont des Tchétchènes indépendantistes et islamistes, commandés par le Arbi Barayev, pas vraiment un enfant de chœur, et soupçonné d'avoir coupé la tête de représentants étrangers de la Croix-Rouge quelques années plus tôt.
Les preneurs d'otages réclament le retrait des troupes de Tchétchénie en menaçant de tout faire sauter si quoi que ce soit est tenté contre eux. Les femmes du commando ont la taille ceinturée d'explosifs. Des négociations improvisées se déroulent sans relâche en occupant la presse et les TV. Poutine (élu président en 2000), dont le rôle politique est de « remettre de l'ordre » en Russie après le grand bazar de la perestroïka, ne peut se permettre de céder aux exigences du commando. Le dénouement est tragique. L'assaut est donné à 5h du matin à la fin de la 3e nuit de calvaire. Les troupes d'élite insufflent par les bouches d'aération un gaz anesthésiant à haute dose, sans doute fortement opiacé. Dans la salle, les otages et le commando n'ont pas le temps de réagir. Inconscients, ils s'étouffent dans leurs vomissures ou avalent leur langue. Les médecins, peu nombreux, administrent à la hâte des piqûres d'antidote. Puis les gens endormis sont transportés sans précaution. Beaucoup d'otages meurent faute de soins appropriés.
Dans l'ensemble, les Russes ont ressenti cette action comme un « retour de dignité » après les humiliations de la perestroïka, les cuites d'Eltsine et les chasses à l'ours de Tchernomyrdine.

Capitale étincelante pour un pays ruiné, mais repris en main par Poutine

Moscou, sous l'impulsion de son maire ***Iouri Loujkov,*** s'est transformée à toute vitesse. Une autoroute périphérique a été construite (100 km), des immeubles de bien meilleure facture ont surgi de partout, le métro a été prolongé, un quartier d'affaires a commencé à sortir de terre, des centres commerciaux ont été construits çà et là, d'anciens quartiers prestigieux ont été restaurés, l'église symbolique du Christ-Sauveur a été reconstruite. Cela dit, ses détracteurs lui reprochent d'avoir rasé une partie du vieux Moscou, d'avoir enrichi ses copains promoteurs et... sa propre femme, Elena Batourina, entrée dans le Top 50 des milliardaires russes selon le magazine *Forbes*.
Mais dans le pays, plus de 50 % de la population est toujours à la limite ou au-dessous du seuil de pauvreté. La démographie est négative : la Russie perd environ 600 000 habitants par an. En 1998, le pays se trouve en cessation de paiement. Le rouble a été dévalué de facto de 60 %. Eltsine appelle au poste de Premier ministre ***Evgueni Primakov,*** un homme d'expérience qui rassure. Il calme le jeu et refuse les instructions du FMI. La production russe repart grâce à la dévaluation et à la politique prudente de Primakov et de la Banque centrale, qui mettent fin aux abus criants des oligarques et des amis de la famille Eltsine. La hausse des prix mondiaux du pétrole consolide encore la reprise.
Sur le plan politique, la « Famille » persuade Eltsine de se débarrasser de Primakov et de le remplacer par un jeune inconnu venu de Saint-Pétersbourg, Vladimir Poutine. Elle mise sur lui pour préserver ses acquis et lui éviter des procès qui la menacent en Suisse et aux États-Unis. Ça tombe bien, Poutine est aussi choisi par ses anciens collègues du KGB pour remettre de l'ordre, auquel tout le pays aspire. Ils veulent tous un homme fort capable d'imposer des lois qui leur garantissent la propriété définitive de ce qu'ils ont acquis par des moyens rarement avouables.

La première présidence de Poutine

En 2000, après un scrutin bidonné dont on ne connaîtra sans doute la réalité que dans quelques décennies, Poutine est élu président. Eltsine a démissionné 6 mois avant terme avec, en guise de viatique, la promesse de rester à l'abri de poursuites. La seconde guerre de Tchétchénie a éclaté au cours de cette campagne électorale (voir plus haut).
L'arrivée de Poutine dans un contexte économique favorable permet une véritable stabilisation politique du pays. Certains des oligarques qui ont porté Poutine au pouvoir s'en mordent les doigts, car ils sont quasiment chassés du pays. Exemples : Vladimir Goussinski, en exil en Espagne, et surtout Vladimir Berezovsky, qui avait pourtant soutenu l'élection de Poutine, parti s'exiler à Londres. Les deux hommes étaient aussi patrons de grands groupes de médias (dont des chaînes de TV). Peu à peu ces médias sont confiés à leurs créanciers, comme Gazprom, et deviennent nettement moins virulents contre le pouvoir.
Le jeune président, ancien espion en Allemagne, judoka et skieur émérite un brin macho, a choisi un gouvernement de technocrates réformateurs qui fait preuve d'une incontestable efficacité. En 3 ans, la plupart des réformes (fiscale, juridique, foncière) les plus urgentes sont votées et commencent à être appliquées. Avec une idée-force : adapter les lois et règlements du pays aux standards de l'Union européenne aux portes de laquelle la Russie est bien décidée à frapper à moyen terme. Moscou a encore accéléré son développement et change à vue d'œil. Quant à Saint-Pétersbourg, les fêtes du tricentenaire de 2003 et la bienveillance de la manne présidentielle lui permettent de retrouver rapidement sa splendeur et de prétendre à une place de futur centre européen, pour lequel elle a toujours eu vocation, dès ses origines.

La seconde présidence de Poutine

Sur le plan économique, Poutine a renforcé sa mainmise sur les mégasociétés productrices d'énergie en mettant à l'ombre en 2003 le dirigeant de *Ioukos,* devenu le quatrième consortium mondial dans son domaine. ***Michaïl Khodorkovski*** a sans doute eu le tort d'annoncer qu'il finançait deux partis libéraux d'opposition et, surtout, de négocier avec le groupe texan *Exxon* une prise de participation dans son capital. Avec cette offensive contre les derniers oligarques pilleurs de richesses, on assiste donc à un renforcement de l'influence du camp des *siloviki,* issus des appareils de sécurité, avec l'assentiment tacite d'une écrasante majorité de l'opinion préférant un pouvoir fort qui rassure, par la prise en main de sa destinée individuelle, et qui restaure selon le sociologue Iouri Levada « l'image de l'Empire soviétique sans doute révolu mais dont l'absence provoque toujours une souffrance diffuse comme celle occasionnée par la perte d'un membre amputé ».
On peut toujours s'interroger sur la nature réelle des ambitions de Poutine en observant que sa trajectoire surfe en permanence sur une ligne de crête entre autoritarisme et démocratisation, les deux tendances coexistant au sein de son action politique et dans son entourage. En tout cas, après sa réélection en mars 2004 faute de candidats solides et le laminage de ses adversaires, il a eu les mains libres jusqu'en 2008, terme de son second mandat.
Le Russe de base, quant à lui, se désintéresse manifestement de la politique, trop absorbé par les dures réalités du quotidien, la faiblesse des salaires et la cherté de la vie.

La tragédie de Beslan

Le 1er septembre 2004, jour de la rentrée scolaire, un commando d'une trentaine de personnes investit une école de la petite ville de Beslan (40 000 habitants), en Ossétie du Nord – une république orthodoxe du sud de la Russie, en mauvaise relation avec la Tchétchénie voisine. Des centaines d'enfants, de parents et de grands-parents (près de 1 500) sont pris au piège lors de la prise d'otages qui se poursuit 2 jours durant sans qu'aucune communication ne puisse véritablement être établie. Le vendredi, explosions et coups de feu se succèdent. Les forces spéciales russes ont-elles décidé d'intervenir ?
Bilan de la plus dramatique prise d'otages de l'histoire : 344 morts officiellement, plus de 500 blessés, dont environ la moitié sont des enfants. Un affront à la politique de fermeté de Vladimir Poutine et à sa volonté d'affirmer que tout est sous contrôle dans la république séparatiste. Le 17 septembre, le chef de guerre radical Chamil Bassaïev revendique l'attaque. C'est lui, déjà, qui s'était enorgueilli du coup de main sur le théâtre de la Doubrovka.
Janvier 2005, une commission parlementaire conclut à l'implication des officiels de Beslan dans l'affaire. Mai : procès du seul assaillant rescapé ; condamnation à mort (commuée en perpétuité), mais les débats n'ont pas apporté la lumière.

Reprise en main très ferme

Sur fond de ces événements, le président Poutine renforce encore sa position : projets de lois sur l'élection des gouverneurs de région qui seraient nommés par le Kremlin, ainsi que sur la libre circulation des personnes en Russie. Autant de risques de rogner les libertés des Russes déjà peu respectées par l'État. Poutine annonce pourtant qu'il ne se représentera pas en 2008, mais qu'il pourrait bien devenir le Premier ministre du nouveau président... pas de changement en vue au Kremlin en quelque sorte !
Octobre 2006 : ***Anna Politkovskaïa,*** une journaliste de 48 ans très connue en Russie, qui avait consacré nombre d'articles à la dénonciation des exactions en Tchétchénie ainsi qu'à la corruption dans la Russie de Vladimir Poutine, est assassinée chez elle à Moscou. Elle est la 42e journaliste tuée en Russie depuis l'effondrement de l'URSS et la 12e depuis l'arrivée de Poutine au pouvoir, en 2000. Elle avait

dénoncé à plusieurs reprises les violations des Droits de l'homme dont se rendaient coupables les forces fédérales en Tchétchénie. L'enquête sur l'assassinat d'Anna Politkovskaïa a été close en 2008 par la mise en examen de quatre suspects : trois Tchétchènes et un officier du FSB. Aucun commanditaire n'a été identifié. Le principal exécutant présumé de l'assassinat est toujours en fuite. En février 2009, un tribunal militaire moscovite a acquitté les quatre suspects.

2007-2008 : du chaud et du froid, comme toujours

En avril, Boris Eltsine, l'ancien président aussi controversé que haut en couleur, meurt à l'âge de 76 ans et a droit à des funérailles nationales. Le violoncelliste et chef d'orchestre Mstislav ***Rostropovitch*** le suit 2 jours plus tard. Ils sont inhumés, presque côte à côte, au prestigieux cimetière de Novodievitchi, à Moscou.
En mars 2008, l'élection présidentielle porte au pouvoir le poulain de Vladimir Poutine, *Dmitri Medvedev,* qui l'emporte sans surprise avec 70,2 % des voix et une participation officielle de 67,7 %. En attendant sa nomination programmée au poste de Premier ministre, Poutine annonce que la Russie va établir des représentations diplomatiques avec les gouvernements séparatistes d'Abkhazie et d'Ossétie du Sud. Une importante partie de la population possède désormais un passeport russe et a voté lors des dernières élections. L'accélération du processus de russification est une réponse à l'indépendance du Kosovo et au principe annoncé par le sommet de Bucarest d'une prochaine adhésion de l'Ukraine et de la Géorgie à l'OTAN. Retour de la guerre froide ? En mai, Dmitri Medvedev est investi président et nomme comme prévu Vladimir Poutine Premier ministre. Quelle surprise ! En juin, le pouvoir annonce que les restes exhumés l'année précédente dans la forêt proche d'Ekaterinbourg sont bien ceux du tsar Nicolas II, du prince Alexis et de la grande-duchesse Maria, tués et brûlés par les bolcheviks en 1918, en compagnie des autres membres de la famille impériale et des domestiques.
En août, coup de tonnerre, le président géorgien Mikheil Saakachvili décide, sur un coup de poker insensé, de partir à la reconquête des provinces autonomistes géorgiennes, et plus particulièrement de l'Ossétie du Sud. Le 7 août, l'armée géorgienne pénètre dans le territoire de la République ossète autonome et l'occupe « en faisant 1 600 morts », disent les Russes. Aussitôt, l'ours russe, qui ne dormait que d'un œil, reprend le contrôle de la capitale ossète. Les milices armées ossètes s'en donnent à cœur joie et massacrent les Géorgiens. Nicolas Sarkozy, en sa qualité de président en exercice de l'UE, saute dans son avion, fait la navette entre Moscou et Tbilissi, et réussit à faire accepter un cessez-le-feu et un calendrier de retrait des troupes. Poutine et Medvedev démontrent aux Occidentaux que la zone d'influence sur le pourtour de la Fédération est une donnée stratégique à ne pas sous-estimer, d'autant plus que flotte en permanence la bonne odeur du pétrole du Caucase dans cette région sensible. Puis survient la crise financière internationale qui frappe toute la planète et fait chuter les prix du pétrole. La bourse russe perd jusqu'à 50 % de sa valeur !
Et puis, 8 ans après le drame du *Koursk,* la Marine russe annonce un nouvel incident grave à bord d'un sous-marin d'attaque à peine sorti des chantiers navals. Vingt marins y trouvent la mort.
Du côté des institutions, le mandat présidentiel passe de 4 à 6 ans.

Dernières nouvelles de Russie

EN 2009

– ***Juillet :*** Obama et Medvedev signent un accord portant sur la réduction d'un tiers des arsenaux nucléaires des deux pays. Natalia Estemirova, militante des Droits de l'homme, est retrouvée morte à Grozny.
– ***Septembre :*** Dmitri Medvedev juge son pays « arriéré et corrompu » dans une critique à peine voilée de la politique de son Premier ministre. Divergences de

vues dans le tandem dirigeant, ou discours convenu dans la répartition des rôles ?

EN 2010

– ***Janvier :*** le prix de la vodka double. Il est désormais interdit de vendre de l'alcool de plus de 15° (donc la vodka) du vendredi soir (22h) au lundi matin (10h) et de s'adonner à la boisson dans la rue. Une batterie de mesures révolutionnaires pour limiter l'alcoolisme des Russes.
– ***Mars :*** deux attentats aux stations de métro Loubianka et Park Koultoury font une quarantaine de victimes. Le FSB, qui a justement son siège au métro Loubianka, les attribue à des femmes kamikazes du Caucase du Nord (tchétchènes, ingouches ou daghestanaises).
– ***Juillet-août :*** tandis que les températures flirtent avec les 40 °C, de gigantesques incendies cernent la capitale, obligeant les Moscovites à se protéger des fumées toxiques ou à quitter la ville pour se réfugier dans les campagnes, tandis que les forêts et les parcs de la capitale sont arrosés à titre préventif. Les autorités locales et gouvernementales sont accusées de minimiser l'ampleur d'une catastrophe qui a fait près de 56 000 morts sur le territoire de la Fédération.
– ***Septembre :*** Iouri Loujkov, le maire de Moscou, est limogé par Medvedev. Son refus de rentrer de vacances pour gérer les incendies autour de la capitale, les soupçons de collusion avec de riches entrepreneurs et ceux concernant l'enrichissement personnel de son épouse, plus son opposition au pouvoir en place auront achevé de le faire tomber de son piédestal. Loujkov déclare que le Kremlin a surtout voulu préparer au mieux l'élection de 2012. D'ailleurs, un organisme gouvernemental enregistre le dépôt d'un site internet intitulé « poutine-2012.rf », signe que le Premier ministre de Medvedev compte bien redevenir président.
– ***Octobre :*** Sergueï Sobianine, le nouveau maire de Moscou, est nommé par Medvedev. C'est un fidèle de Poutine. Son premier discours se veut anticorruption... Voici donc l'explication officielle du limogeage de Loujkov.
– ***Novembre :*** à Moscou, deuxième procès de Mikhaïl Khodorkovski et de son ancien associé Platon Lebedev, ex-patrons du groupe pétrolier *Ioukos* et opposants au pouvoir en place. Cette fois, ils sont accusés d'avoir volé 20 % du pétrole russe. L'ancien oligarque le plus riche du pays accuse de nouveau le Kremlin d'étouffer les libertés. Le procureur réclame 14 ans de prison. Il passera finalement 6 ans de plus à l'ombre.
– ***Décembre :*** la FIFA désigne la Russie pour organiser la Coupe du monde de football en 2018.

EN 2011

– La Russie est prête à simplifier les procédures de l'enregistrement pour l'entrée sur le territoire du pays pour les touristes et les businessmen, par exemple, dixit Dmitri Medvedev. La bonne nouvelle que voilà !
– ***Août :*** à 8 mois de l'élection présidentielle de mars 2012, la rivalité entre Dmitri Medvedev et son Premier ministre Vladimir Poutine s'exacerbe : Medvedev voudrait briguer un second mandat, comme le permet la Constitution, mais Poutine entend récupérer le poste qu'il a laissé contre son gré en 2008. Réalité ou écran de fumée pour donner l'apparence d'un débat démocratique ?
– ***Septembre :*** soignant son image d'homme fort, Poutine s'exhibe vêtu d'un pantalon de cuir noir, et chevauchant une Harley-Davidson, en compagnie de ses frères motards, membres du club, les « Loups de la nuit ».
– ***Novembre :*** adhésion de la Russie à l'Organisation mondiale du commerce.
– ***Décembre :*** élections législatives, 4 mois avant la présidentielle de 2012. Les observateurs dénoncent les fraudes commises dans les bureaux de vote. S'ensuivent des manifestations monstres à Moscou conspuant Vladimir Poutine. Le changement est-il en marche ? En tous cas, le parti Russie Unie est descendu pour la première fois sous la barre des 50 %.

EN 2012

– ***Mars :*** 3e mandat de Vladimir Poutine. Manifestations d'opposition nombreuses.

ICÔNES

Emblème de la religion orthodoxe, l'icône est une image sainte, peinte en général sur une planche de bois. Importé de Byzance après la christianisation de la Russie en 988, cet art fut enseigné par des moines byzantins (dont le plus connu est Théophane le Grec). Ensuite, les peintres russes ont élaboré leur propre style et fondé plusieurs écoles. Tous sont restés anonymes, à l'exception du moine ***Andreï Roublev,*** maître incontesté de la discipline. Quant aux principales écoles, ce sont celles de Moscou, Novgorod et Pskov. L'école de Novgorod s'est démarquée par la représentation de scènes historiques et de la vie quotidienne. Les icônes les plus célèbres et vénérées sont exposées à la galerie Tretiakov de Moscou (*La Trinité* de A. Roublev, la *Vierge de Vladimir...*).
La conception d'une icône obéit à des critères stricts : chaque couleur possède une signification précise ; par exemple, la Vierge porte toujours une robe bleue, référence au ciel, et Jésus adulte est vêtu d'une tunique aussi rouge que le sang qu'il a dû verser. Les corps sont allongés, disproportionnés par rapport à la taille de la tête. Le fond est souvent doré, parfois même « habillé », recouvert d'une plaque d'argent et rehaussé de pierres précieuses (une seule école peint avec des fonds verts). La Vierge, sujet favori des peintres d'icônes, est représentée dans l'une de ces trois attitudes : les mains levées en signe de prière (Vierge du signe), désignant l'Enfant qu'elle porte sur le bras gauche (Vierge conductrice) ou joue contre joue avec l'Enfant, posé sur son bras droit (Vierge de la tendresse).
On prête aux icônes une puissance bienfaitrice, variable selon le saint auquel elles se vouent. Influence qui peut s'exercer dans un domaine précis comme la guérison, la chance, etc. Les croyants prient devant l'icône appropriée à chaque situation, déposent un cierge et embrassent la vitre qui la protège. Bon à savoir : dans une église, l'icône la plus vénérée est toujours la première à droite de l'iconostase (la paroi qui sépare l'assemblée des fidèles du sanctuaire où se déroule l'eucharistie).

LITTÉRATURE

C'est souvent par les noms de Pouchkine, Dostoïevski, Gogol ou Tolstoï que la plupart d'entre nous ont entendu parler de la Russie. La littérature russe, tout comme la musique et la peinture, est pour une grande part mondiale. Quelques repères transversaux pour vous aider à vous y retrouver sans plonger dans un foisonnement de noms qui peut en effrayer certains.
Il y a la littérature russe d'avant ***Alexandre Pouchkine,*** peu connue, et celle d'après Pouchkine, appréciée du monde entier. L'écrivain ou le poète russe est plus qu'un artiste : il a été une conscience sociale, politique et morale, et a rempli le rôle d'une opposition politique le plus souvent interdite, aussi bien sous le tsarisme que sous le régime soviétique. Beaucoup l'ont payé cher : la mort, l'exil, la prison, l'isolement dans leur propre pays.
La poésie occupe une place importante dans cette littérature (jusque dans les années 1960) et elle a connu deux âges fastes : l'âge d'or du début du XIXe s et l'âge dit « d'argent » du début du XXe s.
Il y a deux tendances littéraires : l'une plutôt sombre, qu'on peut qualifier de lunaire, et l'autre plus « optimiste », qu'on appellerait solaire : Pouchkine, Tolstoï ou Tchekhov sont plutôt solaires, Dostoïevski et Gogol plutôt lunaires. Bien sûr, il y a des passerelles entre les deux.

Certains écrivains sont davantage liés à Saint-Pétersbourg, d'autres à Moscou. Dostoïevski, Gogol et Pouchkine sont indissociables de la capitale du Nord. ***Tolstoï*** avait un domaine à *Iasnaïa Poliana,* au sud de Moscou, même s'il a passé quelques années à Saint-Pétersbourg. On retrouve Pouchkine écrivain universel à Moscou aussi. Les maisons-musées des écrivains dans les deux villes vous en diront plus. Pour les grands écrivains, il a quelquefois suffi de quelques semaines de passage dans un appartement pour le rendre éligible au titre de musée.

L'épopée du prince Igor

La littérature russe a sa *Chanson de Roland* : elle date du XIe-XIIe s et s'appelle *Le Dit des campagnes du prince Igor de Kiev.* Kiev était encore la capitale de la Russie d'alors. Auparavant, il y avait eu *Le Discours du philosophe,* considéré comme la première œuvre littéraire et qui racontait l'histoire du monde jusqu'à l'apparition de l'Église chrétienne. Un genre littéraire populaire, dit des *bylines,* existait sous forme de récits psalmodiés bien adaptés aux traditions de transmission orale dans le monde rural. Dans les années 1960, il y avait encore des vieillards qui savaient chanter des bylines. Des ethnologues les ont enregistrés. Il faudrait mentionner aussi la bibliothèque mystérieuse du tsar Ivan le Terrible, cachée quelque part dans le Kremlin sans qu'on sache où... La correspondance d'Ivan le Terrible est considérée comme une œuvre littéraire. Autre mention : celle du protopope Avvakoum, chef de file du *Raskol* (schisme) des vieux-croyants au XVIIe s, qui a fini par être brûlé en 1682. Il a été le premier à écrire en slave commun au lieu du slavon d'église. C'est un peu comme s'il avait écrit en vieux français au lieu du latin.
À signaler aussi le fabuliste ***Ivan Krylov*** (1768-1844), fortement inspiré par La Fontaine, Ésope et Phèdre. Vous verrez également que l'université de Moscou s'appelle ***Lomonossov.*** C'est un self-made-man génial venu d'une famille de pêcheurs du Nord et père de la science russe. Mais il est aussi écrivain, auteur d'odes assez peu lues de nos jours.

Puis vint Pouchkine

Le vrai père de la littérature russe moderne, c'est ***Pouchkine*** (1799-1837). À l'étranger, on connaît son nom, mais on l'a relativement peu lu. Sans doute parce qu'il est difficile à traduire. C'est un poète dont chaque russophone connaît quelques vers. On peut faire un parallèle avec Victor Hugo. C'est un maître de la langue. Par sa vie et son image, c'est un spécimen unique : son sang africain, issu d'un grand-père éthiopien que Pierre le Grand avait fait venir en Russie, le classe à part de tous ses compatriotes. Pour les Africains qui auraient à entendre des réflexions racistes malheureusement assez fréquentes, une référence à Pouchkine met quelquefois les choses au point. C'est un héros romantique, admirateur de Byron. C'est un voyou génial et persifleur qui va droit au cœur des Russes, profondément anarchistes (tout en étant fascinés par l'ordre qu'ils sont incapables d'établir). Il est contemporain des guerres napoléoniennes et du mouvement des décabristes (avec lequel il sympa-

ANNIVERSAIRE

Sous Staline, on décide de fêter avec faste le centenaire de Pouchkine. Le Praesidium *lance un concours pour élever une statue à la gloire de l'écrivain. De toutes les régions de l'URSS, les projets affluent, des plus modestes aux plus grandioses : Pouchkine marchant, Pouchkine écrivant, Pouchkine lisant, Pouchkine haranguant le peuple, le peuple rendant hommage à Pouchkine... Le comité se retire alors pour délibérer. Très vite le verdict est rendu : la statue représentera Staline lisant Pouchkine.*

thise). Son *Eugène Onéguine* est caractéristique de l'époque et annonce des idées démocratiques rendues révolutionnaires par l'absolutisme. Comme il se doit, Pouchkine est mort jeune : tué en duel par un Français, Georges d'Anthès, pour une affaire de jalousie. Vous risquez d'en entendre parler à l'occasion, car Pouchkine est présent dans le cœur de tout Russe. Même les contes pour enfants les plus connus sont de Pouchkine, qui a retranscrit les récits de sa nounou.
À Moscou, il faut aller à l'église où il s'est marié et dans sa maison-musée sur le Vieil Arbat. Dans les environs de Saint-Pétersbourg, allez voir le lycée de Tsarskoïe Selo et lisez le poème de Pouchkine consacré au cavalier de bronze devant la statue de Pierre le Grand, dont « Saint-Pétersbourg est la création », écrit Pouchkine. Dans cette ville aussi, un appartement-musée lui est dédié, sur les bords de la Moïka. C'est là qu'il est mort, au retour de son duel fatal avec d'Anthès.

L'esprit et le malheur des romantiques

L'autre grand romantique est ***Mikhaïl Lermontov*** (1814-1841), mort plus jeune encore que Pouchkine. Ses poèmes sur le Caucase ont une certaine actualité – tout comme d'ailleurs *Le Prisonnier du Caucase* de Pouchkine. Son *Héros de notre temps* est encore souvent évoqué. Lui aussi a un appartement-musée à Moscou. Autre romantique mort dans la trentaine, quasi inconnu en Occident et pourtant de tout premier plan en Russie : ***Alexandre Griboyedov*** (1795-1829). Sa pièce, *Le Malheur d'avoir trop d'esprit,* est aussi un reflet de l'époque. Elle est considérée comme la première œuvre du nouveau théâtre russe réaliste et non religieux. Il sera suivi de quelques années par ***Alexandre Ostrovski*** (1823-1886), grand auteur du théâtre russe social et réaliste qui a mis en scène la vie quotidienne de l'époque. Elle ne manque pas de certaines analogies avec celle d'aujourd'hui, notamment par ses situations liées à la vie des fonctionnaires. Cela explique la raison pour laquelle Ostrovski est toujours joué avec beaucoup de succès dans les théâtres russes. Si Pouchkine est un Victor Hugo pour les Russes, Ostrovski serait un Molière (toutes choses étant différentes par ailleurs).

Toute la prose sort du manteau de Gogol

La prose russe moderne sort du manteau et du nez de ***Nicolas Gogol*** (1809-1852), l'un des écrivains les plus géniaux. À la fois peintre social naturaliste, avec des œuvres comme *Les Âmes mortes* ou *Le Revizor* (contrôleur financier), il est aussi un maître du fantastique mêlé au réel dans ses récits de la nuit de Noël ou les récits de Saint-Pétersbourg. Un très grand critique russe de cette époque a joué un rôle considérable dans la constitution de la littérature qu'on pourrait appeler classique. ***Vissarion Grigorievitch Belinski*** (1811-1848) était journaliste et critique littéraire, et c'est lui qui a théorisé l'aspiration à une littérature réaliste inspirée par les idées sociales occidentales. Ses *Rêveries littéraires* et l'*Aperçu de la littérature russe,* ainsi que la *Lettre à Gogol* font encore autorité aujourd'hui en la matière.
Avec ***Alexandre Herzen*** (1812-1870), la littérature de la seconde partie du XIXe s affirme ce caractère politique et social. Ses héros sont des gens mécontents de l'ordre social existant en Russie. Herzen, qui était considéré comme l'une des plus grandes intelligences de son époque, mènera aussi une vie d'opposant politique en exil où il publiera le journal *Kolokol* (« La Cloche »). Herzen est très connu (un resto-club porte son nom à Moscou) et il a été considéré par Lénine comme le maillon ayant permis la jonction entre le mouvement décabriste et le socialisme. Une maison-musée à Moscou présente cette activité politique. Mais Herzen est peu lu de nos jours. Il en est de même d'***Alexandre Radichtchev*** (1749-1802), qui a été le premier à se lancer dans le roman politique critique avec son *Voyage de Saint-Pétersbourg à Moscou.* ***Nikolaï Tchernichevski*** (1829-1889), lui aussi préoccupé de justice sociale, est le premier à utiliser le titre *Que faire ?,* que reprendra Lénine et qui revient comme un leitmotiv dans la vie politique russe.

Ivan Tourgueniev (1818-1883), avec *Le Nid de gentilhommes, Roudine* et *Pères et Fils,* décrit les processus sociologiques et les évolutions idéologiques dans la province russe. Il est bien connu en France. Il a vécu à Bougival (ouest de Paris), où sa maison est un musée. Il a aussi fondé une bibliothèque à Paris, qui existe encore. La vie de province et des hobereaux est décrite par ***Ivan Gontcharov*** (1812-1881), peu connu en Occident, et auteur des romans *Oblomov* et *Le Ravin,* qui sont de véritables références en Russie. À Moscou, un restaurant s'appelle *Oblomov* (attention avant de vous y précipiter, c'est très cher !), parangon du hobereau russe aussi lucide et intelligent que nonchalant et paresseux.

L'anarchisme moral de Tolstoï

Léon Tolstoï (1828-1910) apporte un contrepoids salutaire au destin tragique des poètes qui meurent jeunes. Il a vécu longtemps, a eu beaucoup d'expériences dans la vie, dont les guerres du Caucase (*Haji Mourat, Les Cosaques* ou *Récits de Sébastopol*) et la guerre de Crimée comme officier. Il a rencontré la plupart de ses contemporains de la littérature, notamment grâce à la grande revue littéraire du XIXe s, *Sovremennik* (« Le Contemporain »), éditée à Saint-Pétersbourg. Ses grands romans, *Guerre et Paix* (à moitié écrit en français), *Anna Karénine* et *Résurrection,* ont fait écho dans la littérature mondiale. Pourtant, l'évolution et les exigences morales de ce noble propriétaire terrien confronté à l'abolition du servage en 1861 se perçoivent mieux dans des nouvelles comme *La Sonate à Kreutzer* ou *La Mort d'Ivan Ilitch.* Sa recherche de la perfection morale de l'individu l'a fait passer par une période « écolo » avant la lettre. Il a décidé de vivre dans l'ascétisme et s'est mis à se rapprocher de la nature, en fabriquant par exemple lui-même des souliers en tille *(lapti)* de paysan. Il a aussi fait dans le pédagogique en alphabétisant les paysans (et pas mal les paysannes) de son domaine.

Enfin, cet ancien officier est devenu un pacifiste fervent et a influencé Gandhi. À Moscou, trois musées lui sont consacrés. Le plus important est une maison en bois près du métro Park Koultoury. Si vous avez le temps et que votre admiration pour Tolstoï est sans bornes, vous n'hésiterez pas à franchir près de 200 km pour visiter Iasnaïa Poliana, sa résidence de campagne.

CORRECTEUR DE VIE

Passionné par l'idée du bien, Léon Tolstoï chercha toute sa vie à progresser, mais aussi à faire progresser les autres : il allait même jusqu'à lire le journal intime de sa femme et à l'annoter de remarques dans la marge ! Histoire de corriger son style, on suppose...

Dostoïevski, prophète de l'inconscient

Parmi les monuments de la littérature mondiale qu'on cite ici au pas de charge, ***Fiodor Dostoïevski*** (1821-1881) est le plus impressionnant, profond, déroutant et visionnaire. Il se révèle être un véritable prophète sur de nombreux aspects, essentiellement grâce à une exploration prémonitoire, par rapport au freudisme, du champ de son propre inconscient et, par extension, de celui de ses personnages. Son passé (il perdit très tôt ses parents), sa sensibilité d'épileptique, sa profonde sensibilité sociale et sa réelle compassion devant la misère et l'injustice (*Les Pauvres Gens* est son premier roman) expliquent en partie le succès de cette démarche dans sa vie et sa création littéraire. Ce désir de justice et d'équité l'a poussé à un engagement socialisant dans sa jeunesse, qui a failli lui coûter la vie. Condamné à mort, il a été gracié au moment où le peloton d'exécution avait déjà armé les fusils. Cette expérience est décrite dans ses *Notes écrites dans un souterrain.* Déporté en Sibérie après ce simulacre d'exécution, avec la Bible comme seul livre, il devient croyant. Sa réflexion porte sur l'étendue du libre arbitre de l'homme, souvent placé dans des situations extrêmes. La confrontation au champ du divin devient possible dans les faits, mais constitue une transgression qui fait basculer dans le diabolique ceux qui s'estiment autorisés à franchir les limites, on dirait aujourd'hui, des champs de compétences. C'est ainsi que Raskolnikov, le héros dramatique de ***Crime et Châtiment,*** se croit autorisé à tuer l'usurière, car elle est méchante et ne sert à personne et que sa mort pourrait l'aider à sauver la pauvre Sonia. Mais c'est ignorer que la décision de vie ou de mort ne relève pas de l'humain. Raskolnikov se rattrape en expiant. Ce n'est pas le cas des héros des *Démons* (quelquefois traduit comme ***Les Possédés***), qui ont carrément basculé. Ce roman tardif, non édité du temps de l'URSS, sauf dans une œuvre complète au tirage réduit, est souvent considéré comme prémonitoire du totalitarisme qu'a connu la Russie un siècle plus tard. Les choix offerts à l'inconscient humain par Dostoïevski sont aussi compliqués par les passions et les tentations que peut connaître l'homme, comme le jeu *(Le Joueur)* ou la méchanceté *(L'Idiot).*

Les Frères Karamazov est le dernier roman de Dostoïevski. Celui qu'il voulait le plus achevé et où l'on retrouve en effet tous les thèmes de l'auteur. L'un de ces thèmes est une réflexion profonde et actuelle, avec des idées que vous verrez rarement traîner aujourd'hui chez les maîtres-penseurs de la rive gauche parisienne, sur les relations morales et intellectuelles entre l'Europe occidentale et le monde slave. D'un point de vue littéraire, le lecteur francophone est souvent perdu dans les noms. Il faut utiliser des trucs pour se noter les noms en entier (prénom, patronyme, nom de famille, qui peuvent être utilisés seuls ou accompagnés et dans le désordre). Quant au récit, il est au contraire le plus léger et le plus simple possible, compte tenu de la densité de la signification. C'est souvent la forme du roman policier qu'emprunte Dostoïevski, avec des faisceaux croisés et le recours à des personnages de bouffon pour divertir.

Poètes et écrivains dans le naturalisme social

La préoccupation d'une refonte de la société avec une aspiration à l'équité domine la fin du XIXe s d'après l'abolition du servage (1861). Elle se radicalisera encore par la suite. Un peu à la manière des peintres itinérants, la plupart des écrivains dépeignent leur époque d'une façon naturaliste, invitant le lecteur à comprendre et, pour certains, à s'indigner de « ce qui ne va pas ». L'un des grands maîtres de la description de la Russie provinciale et de la langue russe de cette seconde moitié du siècle est ***Nikolaï Leskov*** (1831-1895), dont l'œuvre est quasi inconnue en pays francophones. Avec des récits comme *Le Gaucher* ou *Le Barbier* et des romans comme *Les Paroissiens,* il montre les talents étonnants qui existent en Russie profonde, et la façon dont ils sont souvent gâchés. L'écrivain ***Vladimir Korolenko*** (1853-1921) reprend des thèmes proches, ainsi que plusieurs autres qui sont moins connus. La veine est illustrée par ***Anton Tchekhov*** (1860-1904), dont les pièces *La Cerisaie, Les Trois Sœurs, La Mouette* ou *Oncle Vania* sont parmi les plus jouées en Europe occidentale, et surtout en France. Sans doute pas à cause de la vie provinciale russe qui y est dépeinte, mais pour l'approche assez occidentale qu'en a Tchekhov et en raison du caractère universel de certaines situations. Les effets de mise en scène que permettent ces pièces doivent aussi être une des raisons de ces nombreuses reprises dans toutes les banlieues des grandes villes occidentales. Tchekhov a aussi écrit des récits, moins connus que son théâtre.

Un auteur a choisi la forme satirique pour décrire les mêmes situations et soulever les mêmes questions. ***Mikhaïl Saltykov Chtchedrine*** (1826-1889) fait encore rire aujourd'hui avec son *Histoire de la ville bête* ou ses *Croquis de province.* Il annonce une composante ironique et humoristique minoritaire, mais brillamment représentée au XXe s par ***Mikhaïl Zochtchenko*** (1895-1958), ***Ilya Ilf*** (1897-1940) et ***Eugène Petrov*** (1903-1942), auteurs des *Douze Chaises* et du *Veau d'or* dans les années 1920, à l'époque soviétique. Tous ces auteurs sont peu connus en Occident, et c'est dommage. On retrouve la même veine avec toute une dimension supplémentaire plus

récemment encore chez ***Venedikt Erofeev*** (1938-1990) dans son fameux *Moscou-Pétouchki,* qu'on a traduit quelquefois comme *Moscou sur Vodka.*
Mais si Erofeev a annoncé à sa manière l'implosion du régime soviétique dans son délire éthylique, un siècle plus tôt, c'est le romancier ***Maxime Gorki*** (1868-1936) qui se révélait comme « l'oiseau annonciateur de la tempête révolutionnaire ». Ses œuvres trempées dans un pessimisme social comme *La Mère* ou *Les Bas-fonds* sont bien connues en France. Gorki a joué un rôle de dénonciation et de propagation des idées révolutionnaires avant la révolution, mais il ne faut pas oublier aussi qu'il a joué un rôle important après la révolution en sauvant de nombreux intellectuels et des gens qui tombaient sous les coups de la répression du nouveau régime. Staline n'a pas osé le tuer. Il lui a été conseillé de voyager à l'étranger. Il a survécu jusqu'en 1936.
Il faut absolument visiter la maison de Gorki à Moscou, près de la porte Nikitski. C'est une architecture *Modern Art* qui entre dans le patrimoine mondial. Gaudí à Moscou !
En même temps, des prosateurs restent dans une tradition classique et plus esthétique. C'est le cas d'***Ivan Bounine*** (1870-1953), maître de la prose esthète et sensuelle. Il aura le prix Nobel de littérature en 1933, alors qu'il vit en exil dans le sud de la France après avoir fui la révolution. Bounine est enterré dans le cimetière russe de Sainte-Geneviève-des-Bois (au sud de Paris). C'est aussi le cas d'***Alexandre Kouprine*** (1870-1938), qui lui aussi se retrouvera émigré à Paris. Il y aura toute une littérature russe qui se poursuivra en exil, essentiellement en France (à Paris et dans le Midi) et qui a été découverte en Russie après la perestroïka.
Dans la poésie de la seconde moitié du XIXe s, un ***Nikolaï Nekrassov*** (1821-1877) s'inscrit dans la préoccupation civique. Son *Pour qui fait-il bon vivre en Russie ?* et son poème *Les Femmes russes* sont des références en la matière.
En revanche, le poète ***Afanassi Fet*** (1820-1892) reste dans une préoccupation esthétique et lyrique. ***Fiodor Tioutchev*** (1803-1873), qui a vécu plutôt vieux pour son époque, écrit une poésie philosophique, souvent assez mystique. La fameuse formule sur l'impossibilité de « comprendre la Russie avec l'esprit car en Russie on ne peut que croire ! » est de lui.
Au cours de l'âge d'argent de la poésie russe, cette dualité de la poésie se retrouve avec plusieurs nuances.

L'âge d'argent

L'expression prête à polémique. Elle est souvent employée, mais il n'y a pas vraiment de raisons de laisser entendre qu'elle pourrait être inférieure à l'âge d'or pouchkinien. Cet « âge d'argent doré » ou « nouvel âge d'or argenté », qui commence en 1895, n'a pas vu un nouveau Pouchkine, mais une multitude de grands poètes (on n'en citera que quelques-uns – les initiés, ne vous fâchez pas !) après une période assez creuse.
Le philosophe mystique et poète ***Vladimir Soloviev*** (1853-1900) peut être considéré comme le principal inspirateur du courant symboliste qui naît à la suite du mouvement français, mais avec une approche nettement plus métaphysique. La préoccupation morale passe au second plan. On est dans la recherche du beau et du soi.
Le créateur du courant symboliste russe est ***Valery Brioussov*** (1873-1924). Il sera suivi de ***Constantin Balmont*** (1867-1942). Sont indissociables de ce courant la poétesse ***Zinaïda Hippius*** (1869-1945) et son mari l'écrivain et philosophe ***Dimitri Merejkovski.*** Les trois derniers sont morts en France, en exil, et très hostiles au régime soviétique. Après une crise, le symbolisme a aussi accueilli un grand nom de la poésie, ***Alexandre Blok*** (1880-1921), qui a rappelé l'origine scythe des Russes et accueilli la révolution d'Octobre positivement au début par le poème *Les Douze.* Mais il meurt vite de désespoir et de déception. Il ne sera pas le seul des poètes de cette génération. ***Andreï Biély*** (1880-1934), ***Viatcheslav Ivanov*** (1866-

1949), ***Fiodor Sologoub*** (1863-1927) ont aussi pris part au courant symboliste. Vous rencontrerez leurs noms si la poésie vous intéresse.

L'autre courant de l'époque s'appelle l'« acméisme ». Il est « décidé » en 1912, en réaction contre les excès de métaphysique du symbolisme. Ses promoteurs s'étaient regroupés l'année précédente dans « l'atelier des poètes » et se révèlent les plus grands poètes de la période avec Blok : ce sont ***Nikolaï Goumilev*** (1886-1921) et sa femme ***Anna Akhmatova*** (1889-1966), ainsi que leur ami ***Ossip Mandelstam*** (1891-1938), mort en déportation. Goumilev a divorcé d'Anna Akhmatova dès 1918 et a été fusillé en 1921. Quant à cette dernière, souvent considérée comme une poétesse sentimentale, sa biographie tragique (second mari et enfants déportés, elle-même interdite de publication et éloignée en Asie centrale) a enrichi sa poésie et fait d'elle l'une des plus grandes en ce domaine. Il faut visiter sa maison-musée à Saint-Pétersbourg, pleine de souvenirs. Il y a des différences intéressantes entre les poètes de Moscou et ceux de Saint-Pétersbourg.

Littérature et révolution

Autre poète connu en Occident pour son ralliement à la révolution et son modernisme à tout crin, ***Vladimir Maïakovski*** (1893-1930) se reconnaît dans le courant poétique futuriste, et Maïakovski l'est vraiment jusqu'à l'excès. Sincère et enflammé par la révolution d'Octobre, il ne peut pas ne pas être déçu et finit par se suicider en 1930, rejoignant ainsi le désespoir de Blok et d'un autre poète qui s'est suicidé à Saint-Pétersbourg, ***Sergueï Essenine*** (1895-1925). Sa poésie décrit avec un lyrisme délicat une Russie paysanne qui le place un peu à part.

Autre solitaire de cette époque où, surtout juste après la révolution, dans les années 1920, les groupes littéraires furent nombreux, ***Boris Pasternak*** (1890-1960), lauréat du prix Nobel de littérature 2 ans avant sa mort. Sa poésie est peu connue à l'étranger. En revanche, tout le monde connaît le roman *Le Docteur Jivago.*

Autre destin tragique, celui de ***Marina Tsvetaeva*** (1892-1941), condisciple d'Akhmatova. Admiratrice de Napoléon et de l'Aiglon, elle émigre en France en 1922. Mais son mari choisit le stalinisme et retourne en Russie en 1937. Elle le rejoint en 1939, juste pour le voir partir avec son fils pour le goulag stalinien qu'il a pourtant servi. Exilée de l'intérieur, elle se suicide.

Les groupes littéraires des années 1920 ont joué un rôle important dans la réflexion littéraire mondiale postérieure, sauf quelquefois en URSS où beaucoup ont été interdits après le triomphe du « réalisme socialiste » stalinien. Citons le LEV (art révolutionnaire actif), la Forge (romantiques prolétariens), le RAPP (rien à voir avec l'autre, mais précurseur quand même). Il faut ajouter à ces clubs les travaux des formalistes russes qui se sont attachés à montrer, dès les années 1920, le fonctionnement de la forme littéraire. Oubliés sous le stalinisme, ils ont pourtant annoncé en partie le nouveau roman des années 1960 en France.

On ne peut clore cette période littéraire sans évoquer ***Mikhaïl Boulgakov*** (1891-1940), qui est le Gogol de son époque. *Le Maître et Marguerite* est un roman dense où le fantastique se mêle à la description d'une époque, avec des procédés de rebond dans le récit qui en font une très grande œuvre. Le Moscou de Boulgakov, autour des étangs du Patriarche, vaut la promenade. Ne ratez pas non plus *Les Œufs fatidiques* ni les *Jours des Tourbine* ou *La Garde blanche,* qui décrivent la révolution à Kiev.

Un détour par le théâtre est évidemment indispensable, compte tenu de l'influence qu'ont eue sur tout le jeu théâtral des hommes comme ***Constantin Stanislavski*** (1863-1938), qui a exposé ses conceptions dans *Ma vie dans l'art,* et son disciple ***Vsevolod Meyerhold*** (1874-1942), qui a dépassé le maître et s'est totalement opposé à lui en inventant le théâtre moderne. Partisan de la révolution, constructiviste, chercheur inlassable et enthousiaste, sa troupe est dissoute et lui-même est déporté puis fusillé. Son ancien théâtre porte son nom.

Réalisme socialiste et guerre patriotique

Dans les années 1930, le niveau tombe bien évidemment. Quelques noms seulement resteront sans doute, dont celui de ***Mikhaïl Cholokhov*** (1905-1984) pour son *Don paisible.* Cholokhov a reçu le prix Nobel de littérature en 1965, mais on l'a soupçonné d'avoir trouvé le manuscrit du premier tome sur le corps d'un officier blanc tué pendant la guerre civile.

La Seconde Guerre mondiale a relancé les inspirations et peut-être levé quelques censures. Les vers des poètes ***Constantin Simonov*** (1915-1979) et ***Alexandre Tvardovski*** (1910-1971) ont été diffusés à longueur d'antenne et de films, et chaque foyer les connaissait à un moment où toutes les familles d'URSS avaient au moins un mort à pleurer.

Le thème de la guerre a été abondamment exploité par la littérature officielle, la poésie et le cinéma. Au moment du dégel sous Khrouchtchev, quelques auteurs ont soulevé des tabous comme ***Grigori Baklanov*** ou ***Viktor Nekrassov,*** en dévoilant que tout n'avait pas été si héroïque, et même que Staline s'était laissé surprendre par la guerre, malgré les mises en garde des services secrets russes. Durant ce dégel, la création littéraire a profité d'un ballon d'oxygène limité. ***Vassili Grossman*** publie *Tout passe,* mais quand même pas *Vie et Destin,* ***Vladimir Doudintsev*** proclame que « l'homme ne vit pas que de pain » et, surtout, ***Alexandre Soljenitsyne*** est autorisé à publier sa nouvelle, *Une journée d'Ivan Denissovitch,* qui décrit la vie dans les camps de travail soviétiques en Sibérie. Après *Dans le premier cercle* et *Le Pavillon des cancéreux,* non autorisés sous Brejnev, Soljenitsyne (Prix Nobel de la paix en 1987) publiera *L'Archipel du Goulag,* consacré à l'administration du même nom et aux établissements peu honorables qu'elle gérait. Soljenitsyne passera près de 20 ans en exil avant de rentrer au pays dans les années 1990 après la perestroïka et de mourir en 2008.

Dans les années 1960, on a aussi vu l'éclosion de toute une nouvelle pléiade de poètes qu'on a appelés les « soixantards ». Ils se réunissaient quelquefois devant la statue de Maïakovski à Moscou et lisaient des poèmes, disant notamment leur espoir d'un socialisme véritable à visage humain. Parmi ces poètes, qui ont parfois été autorisés à voyager à l'étranger, ***Evgueni Evtouchenko, Andreï Voznessenski, Bella Akhmadoulina, Robert Rojdestvenski*** et ***Boulat Okoudjava.*** Vous pouvez peut-être en rencontrer certains à Moscou. Mais pas Okoudjava, mort il y a quelques années et dont les disques restent incontournables pour toute personne étudiant le russe. À côté d'Okoudjava, la période brejnévienne a aussi laissé un autre barde très populaire en Russie, ***Vladimir Vyssotski.*** Ses chansons et sa voix rocailleuse sont connues de tout le monde. Il a été le mari de Marina Vlady et un grand acteur au théâtre de la Taganka avec le metteur en scène Youri Lioubimov. Son appartement-musée se trouve tout près de ce théâtre moscovite.

LE BONHEUR EST JUSTE EN FACE

En février 1974, Alexandre Soljenitsyne est expulsé d'URSS et déchu de sa nationalité. Arrivé en Suisse, il répond aux questions des journalistes. L'un d'eux demande à l'écrivain : « Quelle est pour vous la définition du bonheur ? » Caressant sa longue barbe, le banni répond : « C'est quand le KGB frappe à votre porte à 6h du matin en hurlant : "Komardine, c'est ici ?" Et que vous répondez : "Non, c'est la porte en face !" »

Perestroïka : rattrapages et crise d'inspiration

Avec la libération intellectuelle (mais pas matérielle) qu'ont représentée la Glasnost puis la perestroïka, les écrivains se sont d'abord défoulés en ressortant ce qu'ils n'avaient pu publier. Ceux qui étaient les « plus mouillés » en ont remis dans la dénonciation du stalinisme puis du communisme, souvent en se trouvant une nouvelle légitimité et de nouvelles béquilles dans le nationalisme (notamment en Ukraine). On a aussi découvert les écrivains de l'émigration comme ***Ivan Chmeliov*** (1873-1950), ***Boris Pilniak*** (1894-1941) et surtout ***Evgueni Zamiatine*** (1884-1937), dont le roman *Nous autres* est dans la même veine que le *1984* d'Orwell ou *Le Meilleur des mondes* d'Aldous Huxley.

Mais une fois toutes les turpitudes du KGB dénoncées, les comptes réglés avec l'histoire récente, il faut bien dire que la littérature s'est retrouvée dans un syndrome à l'espagnole d'après franquisme : on ne savait plus écrire sans être réprimé, et, du coup, on ne savait plus quoi écrire puisqu'on pouvait écrire ce qu'on voulait. Le passage à vide dure encore dans la poésie. Le théâtre, après s'être débattu dans des difficultés sans fin (en particulier financières), sort la tête de l'eau. La prose trouve une nouvelle inspiration.

Le roman policier, notamment, apparaît avec une noblesse que l'intelligentsia russe lui avait toujours refusée jusqu'à présent. Deux noms se dégagent, ***Boris Akounine*** (qui fait B. Akounine quand on l'écrit comme ça), dont le héros Fandorine rappelle Fantomas. Il a aussi créé une bonne sœur détective : la sœur Pélagie. L'autre auteur est une femme policier, ***Alexandra Marinina,*** qui connaît un succès populaire considérable, à peu près seul capable de rivaliser avec les collections Harlequin qui ont envahi le marché russe ces dernières années.

L'après-perestroïka

La loi du marché fait son œuvre, et la vague de production littéraire prolifique des années de la perestroïka est retombée en séparant le bon grain de l'ivraie. Le poète léningradois ***Iossif Brodsky*** (1940-1996) est devenu en 1987 le plus jeune lauréat du prix Nobel de littérature. Depuis 1972, il vivait en exil aux États-Unis. Tout au long de sa vie, il a produit une poésie d'une pureté et d'une vérité étourdissantes, enrichie de références à des cultures et à des mythes du monde entier. Il est, après (chronologiquement) Anna Akhmatova, le plus grand génie de la poésie russe du XXe s. Cette lucidité l'empêchera d'éprouver lors du renversement du régime soviétique un enthousiasme qui aurait pu le ramener au bercail.

En littérature émergent de nouveaux génies. En 1992 et 1993 sortent deux romans d'un jeune écrivain : ***Viktor Pelevine.*** Son œuvre mêle la fiction à la réalité, le fantastique au réel. Autorisant de multiples lectures, politique, sociale, métaphysique, elle est difficilement classable. ***Vladimir Sorokine*** publie son premier roman en 1985, en traduction française à Paris. *La Queue* est un même dialogue entre des personnages qui sont dans une file d'attente. À mesure de l'arrivée de nouveaux protagonistes et de leur progression dans la file, le « monologue » de *La Queue* se transforme en une œuvre étonnante. Telle une boule aux innombrables facettes, elle nous précipite sans filet de sécurité dans la réalité humaine qui fait vivre « la queue ». Il poursuit une œuvre dans laquelle toute pudeur est mise de côté pour permettre, dans un style impeccable, à l'âme et aux rapports humains de se dévoiler tels qu'ils sont.

Tatiana Tolstaïa, l'une des principales figures de l'intelligentsia russe contemporaine, est la petite-fille d'Alexeï Tolstoï. La richesse de son style, l'étendue et la profondeur de sa réflexion s'exercent aussi bien dans le genre de l'essai que dans ceux de la nouvelle et du roman. Certains de ses essais, qui couvrent des domaines aussi variés que la philologie et la géopolitique, sont traduits en anglais. Avec ***Ludmila Oulitskaïa,*** nous découvrons une grande dame de la littérature féminine, récompensée pour son roman *Sonietchka* par le prix Médicis en 1996. ***Alexandre Sokolov*** publie son premier roman, *L'École des idiots,* en 1976 aux États-Unis après avoir quitté l'Union soviétique. Il est rejoint en 1980 par le génial ***Vassili Axionov,*** privé de sa nationalité soviétique. Abondamment traduit en français (lire, par exemple, *Paysage de papier*), Axionov continue à nous plonger dans des sagas dont les personnages, génies reconnus ou inconnus, ont fait à différentes époques le

« grand saut » hors du nid soviétique. ***Édouard Limonov,*** que son destin balada de la bohème moscovite des années 1960 aux turpitudes de la vie faite de petits boulots que connaissent les émigrés russes de la troisième vague à New York, pour finalement professer des thèses anarcho-révolutionnaires dans le Moscou des années 1990 et poursuivre sa carrière en prison dans les années 2000. Il est devenu le personnage central d'un roman d'Emmanuel Carrère, couronné par le prix Renaudot en 2011.

Il ne serait pas juste d'oublier, dans un domaine plus traditionnel, la littérature de science-fiction. Mais la science-fiction russe est-elle traditionnelle ? Pour que vous puissiez en juger, nous vous dirigerons vers les maîtres ***Strougatsky*** (Arcady, mort en 1991, et son frère Boris), dont la nouvelle *Pique-nique au bord du chemin* (1972) servit de base au scénario du film *Stalker* (1977), d'Andreï Tarkovski.

Malgré la censure qui a sévi à l'intérieur du pays, nous devons au génie intellectuel et littéraire russe une quantité impressionnante d'œuvres universelles. À l'heure où la globalisation frappe à nos portes, ces mots venus de l'Est sont indispensables pour découvrir, à travers la pensée et la sensibilité de leurs auteurs, cette autre Europe qui commence à Moscou et à Saint-Pétersbourg.

MÉDECINE POPULAIRE TRADITIONNELLE

Accéder à des soins de qualité a longtemps été assez problématique en Russie. La situation s'améliore, mais évidemment pas partout et pas au même rythme pour tout le monde. Heureusement, les Russes, et en particulier les femmes russes, possèdent sur un plan pratique de nombreuses notions leur permettant de soigner divers maux sans avoir recours aux savantes ordonnances des médecins. Ces notions font appel à une médecine populaire transmise de génération en génération (ou de voisin de palier en voisin de palier !). Gouttes pour le nez et autres grands classiques du comprimé font, bien entendu, partie de la panoplie, mais on a aussi bien souvent recours aux plantes traditionnelles, préparées en décoction, au bain-marie ou en infusion en fonction des essences. On utilise aussi bien les feuilles que les tiges, les racines ou les baies. Parmi les produits les plus utilisés, on peut citer les baies d'églantine, les feuilles de framboisier, la marjolaine et la cardiaire. Autre méthode très populaire pour se soigner de toutes sortes d'affections, la moutarde, vendue en poudre dans les pharmacies, qui sert à faire des bains de pieds et des compresses.

Les *banias*

Et pour ne pas être malades, les Russes ont un secret : leur bain, cousin du sauna. Cette pratique remonte à la nuit des temps. Les étrangers qui venaient d'Europe occidentale au Moyen Âge étaient paniqués de voir les habitants des villages russes se flageller dans leurs ***bania,*** ces petites cabanes chauffées jusqu'à 60-80 °C, et se précipiter ensuite au-dehors pour se rouler dans la neige ou se plonger dans un trou d'eau glacée. On pensait alors en Occident que le contact avec l'eau était dangereux et on ne se lavait pas. La coutume du *bania* est très populaire, même dans les villes d'aujourd'hui. En plus, de nombreux Russes ont un *bania* dans leur datcha. Tout y a son importance : les herbes dans l'eau que l'on jette sur les pierres chauffées et qui sert à produire la vapeur ; les branches dont on se flagelle le corps (bouleau, éventuellement peuplier...) ; ce que l'on y boit (kvas, thé, bière). Tout pour le corps, tout pour la santé. À signaler que le *bania* est aussi un lieu de contact social privilégié ; beaucoup d'affaires y sont traitées.

Le traditionnel bain dans l'eau glacée est assez largement pratiqué. Il s'agit de la méthode la plus répandue d'« auto-endurcissement » *(zakalka),* notion centrale d'entretien de la forme physique pour tout Russe en bonne santé.

MÉDIAS

Votre TV en français : TV5MONDE

TV5MONDE est reçue partout dans le monde par câble, satellite et sur IPTV. Voyage assuré au pays de la francophonie avec films, fictions, divertissements, sport, informations internationales et documentaires.
En voyage ou au retour, restez connecté ! Le site internet • *tv5monde.com* • et son application mobile • *m.tv5monde.com* • offrent de nombreux services pratiques et permettent de prolonger ses vacances à travers des blogs et des visites multimédia.
Demandez à votre hôtel sur quel canal vous pouvez recevoir TV5MONDE et n'hésitez pas à faire vos remarques sur le site • *tv5monde.com/contact* •

Euronews

N° 1 des chaînes d'info internationales en Europe, couvre l'actu 24h/24 partout dans le monde. Euronews propose un journal complet toutes les demi-heures, suivi de rubriques business, sport, culture et un bulletin météo mondial. Euronews propose également des magazines autour d'un large éventail de thèmes : sciences, high-tech, éducation, cinéma... Euronews est reçue par 350 millions de foyers dans 155 pays via tous les modes de diffusion : TV, Internet, *smartphone,* tablettes... Disponible en plus de dix versions linguistiques : allemand, anglais, arabe, espagnol, français, italien, persan, portugais, russe et turc, ukrainien et polonais. • *euronews.net* •

Liberté de la presse ?

Les médias traditionnels que sont la presse, la radio et la TV sont connectés aux grands groupes industrialo-financiers du pays, eux-mêmes étroitement liés à l'élite du pouvoir. Il y a fort à parier que cette situation, née de l'après-perestroïka, est faite pour durer.
Sous Boris Eltsine, les médias ont joui d'une liberté quasiment illimitée. Sur les étals des marchands de journaux, la ***Pravda*** et les ***Izvestia*** côtoient aujourd'hui des dizaines de titres de tous tons. Mais le gouvernement est visiblement préoccupé par le risque d'interférences qu'une telle liberté peut, à son avis, représenter par rapport à son action, notamment dans le domaine de la sécurité.
La liberté d'expression est réelle (sur Internet notamment), mais l'information que les Russes reçoivent est cadenassée. La répression engendre l'autocensure des journalistes, et la majorité de la population se désintéresse de la politique sans se remettre en cause, d'autant plus qu'elle est persuadée que la situation s'est améliorée depuis Poutine.
En janvier 2009, le dissident ***Vladimir Boukovsky*** a publié une lettre au président Sarkozy, le mettant en garde contre la décision de ne plus diffuser sur les ondes hertziennes les émissions de Radio France Internationale (RFI) en langue russe. De plus, confiner le contenu de ces émissions au seul canal d'Internet serait un risque de voir sa diffusion limitée aux seuls Russes qui disposent du haut débit (1 % des internautes), de surcroît facilement contrôlable par le pouvoir, comme c'est le cas en Chine.
Ces questions ne se posent heureusement pas sur le front du divertissement et de la culture. À Moscou, 6 chaînes de TV se partagent l'espace hertzien, tandis que 10 autres sont reçues, via le câble, pour la plupart gratuitement, par une grande partie de la population. Avec 13 chaînes (hertzien et câble confondus), Saint-Pétersbourg n'a pas grand-chose à envier à la capitale. Les téléspectateurs ont donc accès à un éventail de programmes qui comprend absolument de tout : aussi

bien les sacro-saintes séries américaines et brésiliennes et les inévitables talk-shows que quelques émissions humoristiques et magazines scientifiques et culturels très réussis.
Les années 1990 ont vu débarquer en Russie les groupes mondiaux de communication. Ceux-ci ont lancé avec succès plusieurs projets sur le marché, pourtant pléthorique, de la presse magazine. Mentionnons également deux *success stories* dans le domaine de la radio : celles d'Europa Plus, émanation russe d'Europe 1, et de Radio Monte Carlo, version cyrillique de sa cousine du Rocher.
Relativement à l'abri de ces sévices, de nombreux journalistes étrangers travaillent à Moscou et à Saint-Pétersbourg, et pas seulement dans les agences de presse. Plusieurs quotidiens ou hebdomadaires en langue anglaise sont diffusés gratuitement dans les hôtels ainsi que dans certains supermarchés fréquentés par des étrangers. Citons, à Moscou, *The Moscow Times* ou *The Russia Journal,* et, à Saint-Pétersbourg, *Pulse* et *The Saint-Petersburg Times.* Indispensables pour vos sorties. Il existe également quelques publications en français, mais celles-ci sortent moins régulièrement.

MUSIQUE ET BALLETS

Musique classique et contemporaine

Il est toujours frappant de voir que les Russes chantent spontanément à plusieurs voix. Les chants de leurs ancêtres, les Slaves, généralement dotés de significations religieuses, étaient toujours optimistes. Les armées grecques, scythes et barbares qui sillonnent l'Europe durant le premier millénaire emmènent souvent avec elles des groupes de musiciens slaves. Sous la longue occupation tatare apparaissent le chromatisme et des mélodies plus mélancoliques. Au XIIe s, un moine orthodoxe décide d'interdire la musique, dans laquelle il voit l'expression des démons du paganisme. Seul le chant d'église a droit de cité.
Que se passe-t-il du XIIe au XIXe s ? On le saura grâce à ***Mikhaïl Glinka*** (1804-1857). Au début du XIXe s, les intellectuels russes réinventent la langue russe, abandonnée depuis la seconde moitié du XVIIIe s au profit du français, et se réconcilient avec la culture populaire. Glinka découvre alors une musique populaire que des siècles de tradition orale ont transformée en un trésor d'une richesse inouïe. Son opéra *Rouslan et Lioudmila* reste aujourd'hui l'une des œuvres fondatrices de l'école musicale russe.
On peut considérer ***Piotr Tchaïkovski*** (1840-1893) et les compositeurs du groupe des Cinq comme la descendance directe de Glinka. Ce groupe comprend ***Alexandre Borodine, César Cui*** (d'origine française), ***Mili Balakirev, Modest Moussorgski*** et ***Nicolas Rimski-Korsakov,*** tous nés entre 1834 et 1844. À l'exception de Balakirev, ce sont tous des autodidactes. Tchaïkovski affectionne la musique de chambre occidentale et Mozart, ce qui lui vaut de rester à l'écart des Cinq, bien qu'il ne soit pas moins à l'aise qu'eux dans les rythmes et les modulations complexes inspirés de la musique populaire. Le genre que ces compositeurs ont probablement le mieux servi est celui de l'opéra. Citons *La Dame de pique* de Tchaïkovski, *Boris Godounov* de Moussorgski, ou encore *Le Prince Igor* de Borodine. Liée au chant populaire, l'école russe reste longtemps proche de l'art vocal et évite l'art instrumental abstrait. Un magnifique exemple de cet « art musical figuratif » est le poème symphonique

UNE MORT SUSPECTE

Officiellement, Tchaïkovski est mort du choléra, mais des chercheurs ont laissé entendre qu'il se serait suicidé, probablement sur ordre, à la suite d'une liaison avec un membre (mineur) de la famille impériale.

Schéhérazade de Rimski-Korsakov. Les deux quatuors de Borodine constituent une magnifique et précoce exception à cette règle.
Serge Rachmaninov (1872-1943) est représentatif de la génération suivante de compositeurs, à travers laquelle l'école russe s'approprie les formes musicales classiques, mais en lui insufflant la puissance libérée par les compositeurs de la première génération. De cette entreprise naissent notamment de spectaculaires concertos pour piano.
Alexandre Scriabine (1872-1915) a admiré Chopin et Debussy. Il devient non seulement le précurseur de Stravinski et de Prokofiev, mais aussi l'un des inspirateurs de la musique contemporaine dans son ensemble, dont ***Dimitri Chostakovitch*** (1906-1975) se fera le chef de file en Russie.
Avec ***Aram Khatchatourian*** (1903-1978) et les accents guerriers de sa *Danse du sabre,* le Caucase fait irruption dans la création musicale russo-soviétique.

Le duo Stravinski-Diaghilev

C'est indéniablement au génie de ***Stravinski*** et de ***Prokofiev*** que la compagnie de ballet de Serge Diaghilev, les Ballets russes, doit son essor. Et c'est, inversement, à Serge Diaghilev que Stravinski, alors peu connu, doit de pouvoir mettre son génie au service de ce qu'on appellerait aujourd'hui des superproductions, auxquelles étaient associés des décorateurs comme Picasso, des auteurs comme Nicolas Roerich (à l'origine de l'intrigue du *Sacre du printemps*) et les plus grands chorégraphes de l'époque : *Mikhaïl Fokine, Serge Lifar, Vaslav Nijinski.* Les premières représentations des Ballets russes ont lieu en 1909. Paris, où se produit la troupe, est sous le choc. L'aventure se poursuit durant 20 ans. Vingt années au cours desquelles le flamboiement des rythmes et des couleurs des productions de la troupe suscite une émotion sans précédent sur les scènes européennes. Des chorégraphies qui font encore aujourd'hui partie des répertoires du théâtre du Bolchoï de Moscou et du Marinski de Saint-Pétersbourg.

PEINTURE

– ***Andreï Roublev*** *(vers 1370-vers 1430)* **:** s'il y a un nom que l'on doit associer aux icônes russes, c'est celui de Roublev. La plupart des peintres d'icônes restaient anonymes, mais lui a laissé sa griffe sur les plus précieuses, les plus poétiques. Moine qui vécut à cheval sur le XIVe et le XVe s, chef de file de l'école de Moscou (après le maître, le Grec Théophane), influencé par la tradition iconographique byzantine, Roublev a élevé son art au plus haut niveau : visages émouvants et d'une grande finesse technique, scènes d'une véritable puissance évocatrice. Son chef-d'œuvre, *La Trinité,* et bien d'autres de ses créations sont exposés à la galerie Tretiakov de Moscou. On peut également en voir au musée de l'Ermitage, à Saint-Pétersbourg.
– ***La Société des Ambulants :*** groupe de peintres engagés des années 1870-1900. S'opposant au conformisme coincé des peintres de l'Académie, les *Peredvijniki* voulaient toucher le peuple en peignant des sujets réalistes, proches de leurs préoccupations, des scènes sociales, religieuses ou historiques ; avec en toile de fond un appel au patriotisme et au progrès. Parmi les plus connus, citons Ilia Repine, très populaire grâce à ses scènes de vie quotidienne et ses épisodes historiques *(Les Haleurs de la Volga, Ivan le Terrible devant le cadavre de son fils),* Vassili Sourikov pour ses scènes historiques *(Le Matin de l'exécution des Streltsy, La Conquête de la Sibérie),* Ivan Kramskoï et Nicolaï Gay *(Le Golgotha),* qui affectionnaient les sujets religieux, et bien d'autres restés anonymes, mais qui ont réussi à faire descendre la peinture dans les couches populaires.
– ***Kasimir Malevitch*** *(1878-1935)* **:** nourri au cubisme, Malevitch entreprit au début du XXe s une enquête sur la nature du « signe zéro » en peinture. Cette recherche

aboutit au suprématisme, mouvement qui a marqué un tournant. La suprême découverte, c'est que la surface même du tableau est le seul vrai degré zéro... D'où le *Carré noir sur fond noir* exposé en 1915 à Saint-Pétersbourg. Abolition des illusions, solution au conflit entre figure et fond, entre image et champ... Ses peintures géométriques et multicolores lui semblent une régression par rapport à cette conquête, aussi revient-il à la seule issue possible à toutes ces questions : c'est son chef-d'œuvre, *Carré blanc sur fond blanc,* qui aura le dernier mot.

– ***Vassili Kandinsky*** *(1866-1944)* **:** peintre capital pour le XXe s, il fut l'un des pionniers de l'art abstrait. Sa démarche était de trouver une forme esthétique en rapport avec son contenu, ce qui le mena à une peinture de plus en plus géométrique, parfois inspirée par la musique. À partir de 1909, il peint des *Compositions* et *Improvisations* restées célèbres. Fondateur avec Franz Marc du mouvement *Der Blaue Reiter* (« Le Cavalier bleu ») à Munich en 1911, il publia un traité théorique important, *Du spirituel dans l'art* (1911). Il enseigna à Moscou puis au Bauhaus allemand jusqu'à sa fermeture, en 1933.

UNE QUESTION DE POINT DE VUE...

Kandinsky aurait inventé l'art abstrait en contemplant un tableau, selon ses dires, « d'une extraordinaire beauté embrasée d'un rayonnement intérieur ». Il s'est ensuite aperçu qu'il s'agissait de l'une de ses propres toiles, posée sur le sol à l'envers ! Ça ne vous rappelle pas l'histoire de la tarte des sœurs Tatin ?

– ***Marc Chagall*** *(1887-1985)* **:** il peignait un univers fantaisiste et personnel, mélange de rêves, d'éléments folkloriques (scènes de cirque), de poésie (oiseaux, fleurs et amoureux), de religion (après son voyage en Palestine), de Paris, où il vécut, et de la Provence, où il mourut. Artiste complet, talentueux décorateur de théâtre, costumier, graveur et illustrateur, on lui commanda aussi des mosaïques, des vitraux (cathédrales de Metz et de Reims) et les fresques du plafond de l'Opéra de Paris (1964).

PERSONNAGES

– ***Anna Akhmatova*** *(1888-1966)* **:** poétesse du début du XXe s, elle incarnait la résurgence du style lyrique classique, allant à l'encontre des mystiques symbolistes et de l'esthétique révolutionnaire. Son premier mari, le poète Goumilev, a été fusillé par l'armée Rouge.

– ***Alexandre Ier*** *(1777-1825)* **:** le chouchou de sa mamie, Catherine II. Empereur et autocrate de toutes les Russies (son titre officiel) de 1801 à 1825, il combat les troupes napoléoniennes. Devenu le plus important monarque d'Europe à partir de 1815, plutôt libéral en son pays, Alexandre entreprend d'importantes réformes, comme l'abolition de la torture et de la censure. Mais vers la fin de son règne, il resserre les boulons, pressentant la contagion révolutionnaire. Versé dans le mysticisme, de plus en plus désintéressé du pouvoir, il disparaît. On pense qu'il a achevé ses jours en ermite en Sibérie ou alors en pèlerinage pour la Terre sainte.

– ***Alexandre II*** *(1818-1881)* **:** tsar de 1855 à 1881. Esprit éclairé et ouvert, il décida de moderniser la société russe : son coup d'éclat est l'abolition du servage en 1861. Paradoxalement, ce fut un échec, car les paysans ne possédaient pas de terres et leurs revenus fondirent. Alexandre II périt assassiné, victime de la bombe d'un révolutionnaire, à Saint-Pétersbourg.

– ***Alexandre III*** *(1845-1894)* **:** autocrate rigide, il remet en cause les progrès sociaux initiés par son père, Alexandre II. Artisan du rapprochement franco-russe, fortement nationaliste, il fait subir aux pays voisins (Pologne, États baltes, Ukraine...) une intense « russification ».

– ***Mikhaïl Bakounine*** *(1814-1876)* **:** le plus célèbre anarchiste du monde. Il préconise la suppression de l'État, de la famille, de l'Église et de toute autorité afin de laisser l'humanité s'autogérer. Parti à Berlin puis à Paris, il rencontre Marx, participe aux barricades de 1848, est renvoyé en Russie (mention : « élément perturbateur ») et déporté en Sibérie d'où il s'échappe. Rompant avec les visions de Marx, il est chassé de la Ire Internationale et achève ses jours en Suisse.

ATTENTION CHAMPAGNE DÉTONANT !

Alexandre II commanda au Champagne Roederer *une cuvée spéciale appelée « Cristal ». Ce breuvage d'exception existe toujours. La bouteille avait la particularité d'avoir un fond plat ; impossible d'y cacher un explosif. Faut dire que le tsar était sensible en la matière : il échappa à 6 attentats, mais mourut au 7e.*

– ***Andrei Biely*** *(1880-1934)* **:** poète et romancier symboliste du début du XXe s, auteur de *Pétersbourg* (1916), né la même année que Blok, dont il est un ami. Un fascinant personnage, ésotérique, érudit, écorché vif, grotesque et, pour tout dire, délicieusement déphasé.

– ***Mikhaïl Boulgakov*** *(1891-1940)* **:** romancier qui mélange avec verve et humour les genres fantastique et satirique. Auteur du génial et fameux *Maître et Marguerite*, il est censuré pendant toute son existence par le pouvoir soviétique. La majorité de son œuvre n'est publiée qu'après sa mort.

– ***Leonid Brejnev*** *(1906-1982)* **:** secrétaire général du parti communiste de 1964 à sa mort. Symbole de l'immobilisme et du vieillissement de la bureaucratie russe, Brejnev cumule les fonctions de chef du parti unique, chef d'État, chef de l'armée, etc. Il s'est employé à développer l'arsenal militaire soviétique, avant d'engager une politique de « détente » avec les pays de l'Ouest (allez comprendre...). Ce gérontocrate écrase le soulèvement tchèque de 1968 (le Printemps de Prague) et part à l'assaut de l'Afghanistan en 1979, sans succès, l'ours soviétique se cassant les dents sur le « tigre du Panshir ».

– ***Catherine II*** *(1729-1796)* **:** d'origine allemande, Catherine débarque à Saint-Pétersbourg à 14 ans, fiancée à l'héritier du trône, le futur Pierre III. Convertie à l'orthodoxie, parlant le russe à la perfection, elle épouse Pierre en 1745, un mari éduqué en Allemagne, bourru et lourdaud, dont elle a vite fait de se débarrasser : à la faveur d'un coup d'État, elle devient impératrice en 1762. Habile et autoritaire, entourée d'un nombre incalculable d'amants, amie des arts et de la culture, elle reste l'exemple même du despote éclairé. Correspondant avec Voltaire et Diderot, elle introduit la langue française et la francophilie dans les salons. L'agrandissement du territoire et son unification, la prospérité de la Russie sous son règne et le foisonnement culturel, marqué entre autres par la création du musée de l'Ermitage, en font la tsarine la plus importante de l'histoire russe. Au chapitre des contradictions, elle introduit le servage en Ukraine et écrase la révolte de Pougatchev.

– ***Fédor Chaliapine*** *(1873-1938)* **:** chanteur d'opéra de renommée mondiale, d'un charisme sans pareil sur scène, il a interprété entre autres *Méphistophélès, Boris Godounov, Ivan le Terrible* et *Don Quichotte*. Après la révolution, il s'installa (lui aussi) à Paris.

– ***Dimitri Chostakovitch*** *(1906-1975)* **:** Pétersbourgeois pure souche, il composa entre autres 15 symphonies. Son style, considéré comme avant-gardiste, lui attire d'abord les brimades du Parti. Il fait son mea-culpa en écrivant la *5e Symphonie*, sous-titrée *Réponse d'un artiste soviétique à une juste critique* ! Son plus grand « hit » reste la *7e Symphonie*, le *Blocus de Leningrad*. Encensé par les pontes du parti communiste, il meurt étouffé sous une tonne de médailles.

– ***Fédor Dostoïevski*** *(1821-1881)* **:** l'un des plus imposants monuments de la littérature mondiale. Tiraillé entre bien et mal, déchiré entre ses crises d'épilepsie et sa quête mystique, il a écrit, entre autres chefs-d'œuvre, *Crime et Châtiment, Les Frè-*

res *Karamazov, Les Possédés, L'Idiot.* Conspirant contre le régime tsariste, il est condamné à mort en 1849, gracié et déporté en Sibérie. De retour à Saint-Pétersbourg, il s'enlise dans les dettes de jeu, écrit et meurt avec la notoriété qui lui était due.

– ***Sergueï Eisenstein** (1898-1948) :* cinéaste acquis aux idéaux soviétiques, génie de la recherche esthétique et auteur de chefs-d'œuvre essentiels du cinéma, dont *Le Cuirassé Potemkine* (1925) et *Ivan le Terrible.*

MIROIR, QUI EST LE PLUS GRAND ?

Admirateur de Walt Disney, Eisenstein a déclaré que Blanche-Neige et les sept nains *était le plus grand film de tous les temps. On était en 1938...*

– ***Boris Eltsine** (1931-2007) :* fils de paysans, cette forte tête gravit les échelons du parti communiste jusqu'à en devenir le premier secrétaire. Rival de Gorbatchev, il rompt avec le Parti et devient le premier président russe élu au suffrage universel, en 1991. Il organise la transition de la Russie vers l'économie de marché (et vers l'économie parallèle).

– ***Boris Godounov** (1551-1605) :* beau-frère du fils d'Ivan le Terrible, il se fait proclamer tsar de Russie à la suite de l'assassinat de l'héritier du trône en profitant d'une incroyable série de micmacs. Habile politique, il restaure la stabilité économique et devient l'artisan de l'indépendance de l'Église de Russie. Sa vie a inspiré Pouchkine et Moussorgski.

– ***Nikolaï Gogol** (1809-1852) :* écrivain génial qui met plus de 15 ans à achever son chef-d'œuvre, *Les Âmes mortes,* l'histoire d'un escroc qui rachète des serfs décédés pour les hypothéquer ensuite, ni vu ni connu. Une fresque incroyable sur les tares et les vertus de la Sainte Russie.

– ***Mikhaïl Gorbatchev** (né en 1931) :* grimpant dans la hiérarchie du parti communiste, il devient premier secrétaire en 1985 en imposant sa volonté de réformer l'appareil étatique. Père de la perestroïka, il engage la démocratisation du régime tout en renouant avec l'Occident. Prix Nobel de la paix en 1990, mais dépassé par les événements qu'il avait déclenchés, il fait les frais de l'éclatement de l'URSS et est rejeté de la vie politique de son pays. Il se préoccupe beaucoup à présent d'environnement.

OPÉRATION SÉDUCTION

En 1985, Gorbatchev arriva avec un programme ambitieux : la perestroïka *(refondation). Pour la première fois dans l'histoire de l'URSS, sur les photos officielles, un politicien arborait un large sourire. Sans oublier sa femme Raïssa, toujours pétillante et avenante. Ce changement frappa tous les Russes. Le pays avait vraiment bougé.*

– ***Maxime Gorki** (1868-1936) :* écrivain révolutionnaire issu d'une famille très pauvre, il est emprisonné en 1905. Libéré, il émigre aux États-Unis et en Italie. Revenu en URSS, l'auteur de *La Mère* devient le héros et écrivain officiel du Parti, tout en gardant ses réserves vis-à-vis de la politique stalinienne. D'ailleurs, il subsiste un léger doute sur l'origine de sa mort : empoisonnement ou vraie pneumonie ?

– ***Ivan IV le Terrible** (1530-1584) :* le premier « tsar de toutes les Russies », bien que fin politique, reste surtout dans les mémoires comme le souverain le plus tyrannique. Responsable de sanglantes purges dans son royaume, il détruit la ville de Novgorod en 1570 et, dans l'un de ses accès de fureur légendaires, il tue son fils aîné. À la fin de son règne, le pays entre dans une période de grands troubles. Pour en savoir plus, ne manquez pas le film de Pavel Lounguine qui lui est consacré en 2010.

– ***Anatoli Karpov** (né en 1951) :* débutant les échecs à 6 ans, il a été le meilleur joueur du monde de 1975 à 1985, avant d'être maté par Kasparov. Karpov a remporté dans sa carrière plus de 1 000 tournois !

– ***Garry Kasparov*** *(né en 1963)* **:** la légende ! Né en Azerbaïdjan, il devient grand maître à 17 ans et tente de piquer son titre à Karpov : leur premier match poussa les juges à bout de patience (un affrontement de 6 mois !). Pat (= match nul). En 1985, il bat Karpov et est sacré plus jeune champion du monde d'échecs à seulement 22 ans. Il s'est déclaré opposant de Poutine.

– ***Nikita Khrouchtchev*** *(1894-1971)* **:** les 10 années où il dirige l'URSS restent les années de la « déstalinisation ». Il demeure dans l'histoire comme l'auteur du discours de février 1956 dénonçant les abus de Staline et le promoteur de la « coexistence pacifique » avec les États-Unis. Ayant érigé le mur de Berlin, protagoniste dans l'affaire des missiles de Cuba, responsable des catastrophes agricoles et en conflit idéologique avec la Chine communiste, il laisse tout de même un bilan très mitigé !

– ***Vladimir Ilitch Oulianov, dit Lénine*** *(1870-1924)* **:** le père de l'État soviétique. Entre ses nombreuses déportations et ses exils successifs, il réussit à scissionner en 1903 les socialistes russes (entre mencheviks et bolcheviks) et propage l'idée d'une nécessaire révolution populaire par la force. Lorsque la révolution de 1917 éclate, Lénine rentre précipitamment de Zurich. Après maintes luttes, il permet d'asseoir le nouveau régime soviétique et dirige sans partage la nouvelle URSS.

BOLCHÉVIQUE DE LUXE

Arrivé au pouvoir en 1917, Lénine fit l'acquisition de 9 modèles de Rolls-Royce, *dont une chenillée avec des skis à l'avant pour se déplacer sur la neige. Il fit croire que ces véhicules avaient été séquestrés à la cour du Tsar. En réalité, la marque reconnut plus tard qu'il avait engagé un intermédiaire à Londres pour négocier ces achats.*

– ***Mikhaïl Lomonossov*** *(1711-1765)* **:** considéré comme le fondateur de la science russe, ce chimiste et astronome autodidacte contribue à la création de l'université de Moscou et rénove la langue littéraire russe.

– ***Vladimir Maïakovski*** *(1893-1930)* **:** poète de la révolution, né à Bagdadi (Géorgie, et non Irak), il entretient une liaison avec Lili Brik, sœur d'Elsa Triolet (avec qui il eut aussi une liaison), écrit des satires sur la bourgeoisie, chante la beauté du béton et des usines et dessine des affiches de propagande, avant de se suicider.

– ***Dmitri Mendeleïev*** *(1834-1907)* **:** chimiste connu de tous pour avoir classé les éléments en un tableau périodique utilisé aujourd'hui par les lycéens et scientifiques du monde entier.

– ***Nikita Mikhalkov*** *(né en 1945)* **:** réalisateur et acteur, dont les plus grands succès sont *Le Barbier de Sibérie, Soleil trompeur* et *Urga.*

– ***Andreï Mikhalkov-Konchalovski*** *(né en 1937)* **:** frère aîné du précédent, ce cinéaste symbolise le renouveau du septième art russe. Ses films les plus connus sont ceux qu'il tourne aux États-Unis, notamment *Runaway Train.*

– ***Modest Moussorgski*** *(1838-1881)* **:** éminent compositeur, qui a laissé de puissantes œuvres comme *Boris Godounov* et *Une nuit sur le mont Chauve,* aux tonalités plutôt nationalistes. Son alcoolisme notoire l'a tué.

– ***Vladimir Nabokov*** *(1899-1977)* **:** l'un des écrivains essentiels du XXe s. Il émigre à 20 ans en Europe occidentale, puis aux États-Unis, où il prend la nationalité américaine. La parution de *Lolita* en 1955, histoire d'amour entre un quadra et une adolescente précoce, provoque un scandale et lui apporte la célébrité.

– ***Alexandre Nevski*** *(vers 1220-1263)* **:** prince de Novgorod, guerrier, héros et saint. Que demander de plus ? Il fait copain-copain avec les Mongols, vainc les Suédois et les chevaliers Teutoniques, et, sauveur de la patrie, est glorifié et même canonisé.

– ***Nicolas Ier*** *(1796-1855)* **:** militaire de cœur et d'esprit, le tsar Nicolas dirige la Russie à la baguette : fermeté, discipline et « fermez-la ou je vous fusille ». Grand écraseur de rébellions chez lui (les décabristes) et chez les autres (il a essayé de restaurer les Bourbons sur le trône de France), il laisse à sa mort une Russie en stagnation.

– ***Nicolas II*** *(1868-1918)* **:** souvent présenté avec romantisme comme « le dernier Romanov », a été un tsar faible, pas très au courant des ficelles du métier, et qui s'est consacré plutôt à sa gentille vie de famille. Il abdique après la révolution de 1917, est emprisonné et exécuté à Ekaterinbourg l'année suivante, laissant l'image d'un souverain martyr (néanmoins responsable des 1 000 morts du Dimanche sanglant de 1905) et fin de série de l'absolutisme en Russie. En 2008, la Cour suprême a reconnu l'illégalité de son exécution. Nicolas II est donc réhabilité en compagnie de toute sa famille.

– ***Boris Pasternak*** *(1890-1960)* **:** auteur du célébrissime *Docteur Jivago* (1957). Ce roman a été publié à l'Ouest, car la censure soviétique le jugeait trop critique à l'égard du régime. Il ne paraît en URSS que 30 ans plus tard. Pasternak est aussi et avant tout un grand poète, auteur de nombreux recueils. Il reçoit le prix Nobel de littérature en 1958, mais doit le refuser pour pouvoir rester en URSS.

– ***Paul Ier*** *(1754-1801)* **:** Paul n'a jamais pu digérer l'assassinat de son père, Pierre III, dont sa mère, Catherine II, était responsable. Drame œdipien ! Du coup, le personnage est resté peu lucide, voire incohérent, voire un peu timbré. Il règne pendant 5 années assez catastrophiques, avant de se faire assassiner (il y a des familles comme ça...).

– ***Pierre Ier « le Grand »*** *(1672-1725)* **:** le tsar le plus fascinant de l'histoire ! Pierre a fait entrer la Russie dans une ère nouvelle : il impose les modes et mœurs d'Europe occidentale à sa cour, conquiert les rives de la Baltique, crée Saint-Pétersbourg au terme d'un pari fou, crée la Marine russe, fonde de nombreuses écoles et académies, et réorganise l'État, bref, ses initiatives sont incalculables. Le personnage lui-même sort du commun : gaillard de 2,04 m à la main de fer, amateur de beuveries, ouvrier hors pair, méprisant la noblesse non méritée, les curés et les rabat-joie. Vous apprendrez tout sur lui si vous visitez Saint-Pétersbourg...

PIERRE LE GRAND, STAGIAIRE

Avant lui, aucun tsar n'était sorti de Russie depuis 600 ans ! Voilà pourquoi il décida, sous un nom d'emprunt, de faire un tour d'Europe qui dura 16 mois. Cette mission éducative lui permit d'apprendre des métiers manuels qui le passionnaient : charpentier, artilleur et dentiste.

– ***Alexandre Pouchkine*** *(1799-1837)* **:** le plus prestigieux des poètes russes est issu d'une famille noble aux origines africaines (si, si !). Éduqué à la française, avec du Voltaire dans le biberon, il est exilé à plusieurs reprises en raison de ses opinions libérales (et de son athéisme affiché). Il trouve la mort au cours d'un duel. Également romancier, nouvelliste et tragédien, il laisse entre autres *Eugène Onéguine, Boris Godounov, La Dame de pique...* et une cohorte d'écrivains qui suivent sa trace.

– ***Vladimir Poutine*** *(né en 1952)* **:** né et élevé à Leningrad (Saint-Pétersbourg), où il joue dans les cours des immeubles, fait ses études et atteint un niveau élevé en judo. Poursuit des études de droit, puis postule au KGB où il est admis. Il devient espion à Dresde en RDA, puis, rentré au pays durant la perestroïka, il entre au service du maire libéral Anatoly Sobtchak. En 1999, il est jugé – par les oligarques entourant Eltsine et sa famille – suffisamment efficace et fiable pour être poussé à la présidence. Son appartenance à une « structure de force » comme le KGB le désigne comme un Bonaparte crédible, dont la Russie a besoin à ce moment précis de son évolution politique. Il faut légitimer la propriété acquise de manière très douteuse et remettre de l'ordre dans le pays pour permettre de faire fructifier les nouvelles richesses arrachées au patrimoine soviétique pour pas cher... Jusqu'à présent, Vladimir Poutine s'acquitte plutôt bien de cette tâche, et la population apprécie la mise en ordre législative, l'élimination des oligarques les plus impopulaires (qui permet en fait de protéger encore mieux les autres) et l'apaisement politique, tout en déplorant son apparente froideur. Il a considérablement renforcé son pouvoir après sa seconde élection en 2004 et, ne pouvant postuler à un troisième mandat consécutif, a installé au pouvoir Dmitri Medvedev à qui il a demandé de le nommer Premier ministre... avant de réoccuper la fonction présidentielle en mars 2012.

– ***Sergueï Prokofiev*** *(1891-1953)* **:** à 9 ans, il signe son premier opéra. Étudiant de Rimski-Korsakov au conservatoire de Saint-Pétersbourg, il s'impose comme un compositeur majeur aux États-Unis puis en France, avant de revenir en URSS dans les années 1930. On lui doit le fameux conte de *Pierre et le Loup,* le ballet *Roméo et Juliette,* l'opéra *Guerre et Paix,* etc. Il meurt le même jour que Staline – ce qui relègue la nouvelle à la 30e page des gazettes.

– ***Sergueï Rachmaninov*** *(1873-1943)* **:** pianiste virtuose formé au conservatoire de Saint-Pétersbourg puis de Moscou, compositeur d'opéras, de symphonies et de concertos, il joue en Europe et aux États-Unis, où il finit par s'installer.

– ***Grigori Raspoutine*** *(entre 1864 et 1872-1916)* **:** généralement désigné comme un « aventurier », c'est le personnage le plus trouble et mystérieux du début du XXe s. Paysan illettré, moine errant, il exerce une grande influence sur l'impératrice Alexandra Feodorovna en soulageant son fils hémophile, le tsarévitch Alexis. Ce ripailleur, grand amateur de femmes, dont le surnom signifie « débauché », influence jusqu'aux décisions d'État et discrédite la famille impériale. Son assassinat reste un épisode grand-guignolesque : empoisonné puis criblé de coups de pistolet, il s'enfuit, on lui tire encore dessus, et au final il se noie dans la Neva. Aux amateurs de B.D., précisons que Raspoutine n'a probablement jamais rencontré Corto Maltese. Mais est-il vraiment mort (gniark, gniark) ?

LE « DON » DE RASPOUTINE

Il acquit une influence considérable auprès de la tsarine car il soignait l'hémophilie du tsarévitch. Il guérissait par imposition des mains ; il retirait aussi tous les médicaments de la table de chevet, dont un tout nouveau remède, l'aspirine, qui aggravait, sans qu'il le sache, la fluidité du sang de son jeune patient.

– ***Nikolaï Rimski-Korsakov*** *(1844-1908)* **:** compositeur et théoricien, il enseigne pendant 37 ans au conservatoire de Saint-Pétersbourg. Auteur – notamment – du poème symphonique *Schéhérazade,* il a appartenu au groupe des Cinq, qui a redonné du souffle à la musique russe.

– ***Mstislav Rostropovitch*** *(1927-2007)* **:** fameux violoncelliste et chef d'orchestre naturalisé américain (il a été déchu de la nationalité soviétique en 1978 et réhabilité en 1990). Prokofiev et Chostakovitch ont écrit pour lui.

– ***Rurik ou Riourik*** *(?-879)* **:** prince scandinave semi-légendaire, considéré comme le fondateur de l'État russe. On lui doit la ville de Novgorod (vers 860) et une dynastie, les Riourikides, qui s'est éteinte avec Fédor, le fils d'Ivan le Terrible.

– ***Andreï Sakharov*** *(1921-1989)* **:** physicien, concepteur de la bombe H soviétique, défenseur des Droits de l'homme et Prix Nobel de la paix en 1975.

– ***Alexandre Soljenitsyne*** *(1918-2008)* **:** écrivain dont la dénonciation de la répression soviétique et du goulag lui a valu d'être envoyé au bagne, puis expulsé d'URSS et enfin déchu de sa nationalité. Prix Nobel de littérature en 1970, il est réhabilité en 1990 et retourne vivre en Russie. Néanmoins, il est très mal vu de ses compatriotes qui lui reprochent d'avoir « craché sur la Russie ». En juin 2007, Poutine lui rend hommage en lui décernant le prestigieux prix d'État. Un ancien dissident persifleur a estimé que « c'était vraiment un paradoxe douloureux de voir comment l'ancien prisonnier pouvait sympathiser avec l'ancien officier du KGB ». Il meurt en juin 2008 et est enterré au cimetière du monastère Donskoï.

– ***Joseph Staline*** *(1879-1953)* **:** boucher-charcutier d'État né en Géorgie, cet homme, que Lénine jugeait dans son testament trop grossier et brutal pour diriger le pays, parvient quand même à s'imposer à la tête de l'URSS à partir de 1929, après avoir écarté la gauche du Parti (Trotski, Kamenev, Zinoviev), puis la droite

(Boukharine, Rykov) pour rester tout seul, au milieu, assis sur son culte de la personnalité et une montagne de cadavres. As des plans quinquennaux, des kolkhozes et du goulag, il organise les Grandes Purges pendant lesquelles les ex-dirigeants du Parti et de l'armée sont soit assassinés, soit exécutés (nuance), et fait déporter en Sibérie environ 20 millions de personnes (à la louche). Une petite frange de la population russe le vénère encore comme le « petit père des peuples » qui a mené les Russes à la victoire contre les fascistes.

LES DÉBUTS DE JOSEPH DJOUGACHVILI

Fils d'un cordonnier géorgien alcoolique, handicapé par un bras plus court que l'autre et doté d'une petite taille (1,62 m), il entame ses études au séminaire de Tiflis. Bagarreur, il perd très vite la foi et est expulsé. Il attaque des banques pour financer le Parti et vire assassin. Il devient vite le porte-flingue de la révolution apprécié par Lénine et se fera appeler Staline.

Deux citations du grand homme : *« Ce qui compte ce n'est pas le vote, c'est comment on compte les votes »* et *« La mort d'un homme est une tragédie, la mort d'un million d'hommes est une statistique. »*

– ***Igor Stravinski** (1882-1971) :* compositeur né près de Saint-Pétersbourg, élève de Rimski-Korsakov. Il écrit des ballets, des concertos et sonates, des psaumes... Son œuvre est caractérisée par une évolution constante et novatrice.

– ***Andreï Tarkovski** (1932-1986) :* cinéaste de haute volée – et classé « difficile » –, révélé au public en 1962 avec *L'Enfance d'Ivan* (Lion d'or à Venise), auteur également de *Nostalghia* et du *Miroir.*

– ***Piotr Tchaïkovski** (1840-1893) :* compositeur archifameux pour son *Lac des cygnes,* son ballet *Casse-Noisette* ou l'opéra *Eugène Onéguine.* Une musique mélancolique teintée de tradition populaire.

– ***Anton Tchekhov** (1860-1904) :* auteur, en marge de sa carrière de médecin, de célèbres pièces de théâtre comme *Ivanov, Les Trois Sœurs* ou encore *Eugène Onéguine* et *La Dame de pique,* basées sur des œuvres de Pouchkine, des drames à psychologie profonde où le silence et le non-dit sont aussi des moyens d'expression.

– ***Léon Tolstoï** (1828-1910) :* écrivain issu de l'aristocratie, il reste comme l'auteur des archiconnus *Guerre et Paix* et *Anna Karénine.* À la fin de sa vie, avide de pauvreté et d'ascèse, ne supportant plus sa richesse, il quitte sa femme et ses 13 enfants. Et quel destin ! il meurt tel un vagabond dans une gare de province...

– ***Ivan Tourgueniev** (1818-1883) :* romancier prolifique (tout le monde connaît son *Premier Amour*), tiraillé, lui, entre son amour de la mère patrie et les influences occidentales, noble mais hostile au servage, en butte à la critique et aux autres écrivains (Tolstoï le provoque en duel), il va couler ses derniers jours à Paris, en bonne compagnie : Flaubert, Mérimée, Zola, Maupassant...

– ***Léon Trotski** (1879-1940) :* révolutionnaire, brillant orateur, leader lors des insurrections de 1905 et 1917, puis sauveur de la révolution grâce à la création de l'armée Rouge. Il est déporté en Sibérie à deux reprises et réussit à s'évader à chaque fois. À la tête de l'opposition de gauche, critiquant la dérive autoritaire et bureaucratique du régime, il est écarté par Staline, exilé, errant dans le monde entier, défendant avec conviction sa théorie de la « révolution permanente ». Il a juste le temps de fonder la IVe Internationale avant d'être assassiné à coup de pic à glace à Mexico en 1940 sur ordre de Staline.

... et quelques autres

– Les politiques (tous éliminés par Staline) : ***Kamenev*** (1883-1936), l'un des dirigeants importants du parti communiste, modéré, homme de confiance de Lénine ; ***Grigori Zinoviev*** (1883-1936), camarade de Kamenev et son compagnon d'infortune lors des Grandes Purges ; ***Sergueï Kirov*** (1886-1934), premier secrétaire du parti communiste de Leningrad, assassiné par balle ; ***Nikolaï Boukharine*** (1888-1938), économiste bolchevik représentant l'aile droite du Parti ; dans un registre un peu différent, le chien de garde de Staline, ***Lavrenti Beria*** (1899-1953), triste sire, chef de la police politique, des purges et déportations ; enfin, ***Piotr Kropotkine*** (1842-1921), fameux prince anarchiste.

– Les musiciens : ***Mikhaïl Glinka*** (1804-1857), compositeur fondateur de l'école nationale ; ***Anton Rubinstein*** (1829-1894), compositeur et pianiste, prof de Tchaïkovski au conservatoire.

– Les cinéastes : ***Pavel Lounguine*** (1949), et son *Taxi Blues,* prix de la mise en scène à Cannes en 1990 ; ***Sergueï Paradjanov*** (1924-1990), auteur des *Chevaux de feu* ; et ***Sergueï Bondartchouk*** (1920-1994), avec son chef-d'œuvre *Guerre et Paix.*

– Le critique d'art et imprésario ***Sergueï Diaghilev*** (1872-1929), grand manitou des Ballets russes, qui a collaboré avec Picasso, Matisse et Cocteau.

– L'illustre danseur et chorégraphe ***Vaslav Nijinski*** (1890-1950) ; sans oublier le grand ***Rudolf Noureev*** (mort à Paris en 1993).

– En littérature, ***Evgueni Evtouchenko*** (1933), poète officiel de l'URSS qui se rebiffe après la mort de Staline ; ***Ilia Ehrenbourg*** (1891-1967), brillant journaliste et romancier ; ***Nina Berberova*** (1901-1993), romancière exilée en France puis aux États-Unis. Sans oublier nos écrivains nés en Russie, parmi lesquels ***Elsa Triolet, Henri Troyat...*** et ***Nathalie Sarraute,*** née Natacha Tcheniak.

– Les metteurs en scène de théâtre : ***Stanislavsky*** (1863-1938), directeur du théâtre d'Art de Moscou ; ***Vsevolod Meyerhold*** (1874-1940), antiréaliste, adepte de procédés scéniques iconoclastes.

– Les scientifiques : ***Ivan Pavlov*** (1849-1936), qui étudie le réflexe conditionné sur les chiens ; l'inventeur d'un best-seller de l'armement, ***Mikhaïl Kalachnikov*** (1920), dont le nom crépite dans le monde entier ; ***Andreï Tupolev*** (1888-1972), concepteur d'avions ; ***Trofim Lyssenko*** (1898-1976), physicien allumé qui a soutenu qu'on pouvait croiser un arbre et un mouton pour que la laine pousse sur les branches (admiré et soutenu par Staline !). Ses expériences étaient notoirement truquées !

UNE ARME TRÈS POPULAIRE

Dès 1961, le fusil d'assaut Kalachnikov équipa l'armée Rouge et la plupart des pays de l'Est. Il fut le symbole des mouvements de libération, notamment en Afrique. On le trouve sur le drapeau du Hezbollah. Avec l'effondrement du bloc communiste, l'AK 47, très léger (3,140 kg) et fort abordable, s'est retrouvé dans les banlieues pour protéger le trafic de drogue.

– Et puis, côté sport, les champions de tennis ***Evgueni Kafelnikov*** et ***Marat Safin,*** la brigade de charme du tennis russe ***Maria Sharapova, Svetlana Kuznetsova, Elena Dementieva...*** ; l'immense nageur ***Alexandre Popov*** ; et, par le passé, ***Lev Yachine*** (l'un des plus grands goals de l'histoire), ***Valéri Brumel,*** qui trusta les titres en saut en hauteur (mort en 2003) ; et on en oublie !

POLITIQUE, LES ENJEUX DE LA RUSSIE

À l'intérieur

Fin 2006, Vladimir Poutine a brossé le tableau d'une Russie en quête de stabilité, mais aussi d'affirmation. Après les échecs de 2004, l'année 2005 a en effet été celle de la consolidation et 2006 celle de l'affirmation de la Russie. Les pions pour l'élection présidentielle de mars 2008 ont été placés dans un climat marqué par la rivalité entre clans proches du pouvoir. Dmitri Medvedev, président du conseil d'administration de *Gazprom,* au tempérament relativement libéral, a été intronisé dauphin destiné à briguer la présidence, à charge de choisir Vladimir Poutine comme Premier ministre. Mission accomplie en mai 2008 ; depuis, Medvedev lit en public les déclarations que l'on prête à Poutine. L'opposition, elle, compte pour du beurre dans le débat politique en raison, entre autres, de ses divisions persistantes et des pressions qu'elle subit. Le paysage politique est archidominé par le parti présidentiel Russie Unie, qui domine autant la Douma (deux tiers des sièges) que la plupart des assemblées locales.

Côté économie, l'État a solidement renforcé sa part de gâteau dans l'économie russe en passant de 20 à 30 % du PIB. Grâce à la hausse des prix des produits énergétiques, l'économie reste dynamique : le rouble a retrouvé sa valeur d'avant la crise de 1998, le budget est en excédent, le pays a remboursé par anticipation l'intégralité de sa dette, et ses réserves de devises atteignent 267 milliards de dollars. De solides arguments pour conforter la popularité de Poutine avec plus de 70 % d'opinions positives, même si la crise internationale de 2008 a fait perdre 50 % de sa valeur à la bourse moscovite et révélé des failles structurelles. Le tandem au pouvoir se pose néanmoins en artisan du redressement national, développant les thèmes sociaux (démographie, santé, logement, etc.) par le biais de projets nationaux.

Autres problématiques prioritaires : la sécurité, la lutte contre la criminalité et la corruption et la modernisation des forces armées, ce qui n'est pas pour déplaire aux nostalgiques de la Russie forte. L'accident du sous-marin *Nerpa* en novembre 2008 met néanmoins en évidence l'obsolescence des technologies utilisées dans des systèmes d'armement datant encore de la période soviétique.

La situation sociale reste aussi fragile : les fonctionnaires d'État sont désorientés par les retards de la réforme administrative et judiciaire, et la situation sanitaire demeure préoccupante. Des comportements nationalistes et xénophobes se maintiennent, de même que la pratique d'assassinats ciblés comme ceux d'Anna Politkovskaïa (12e journaliste assassinée depuis l'arrivée de Poutine) et d'Alexandre Litvinenko, à Londres ; même si ceux-ci n'ont pas vraiment écorné la popularité de Poutine aux yeux des Russes, ils ont sérieusement détérioré l'image de la Russie sur la scène internationale. Le site WikiLeaks fait état d'une opinion largement admise dans les instances internationales considérant la Russie comme un pays « maffieux, corrompu jusqu'à la moelle ».

En Tchétchénie, la situation est à la stabilisation : difficile de faire pire encore ! En revanche, elle se dégrade rapidement dans les républiques voisines, notamment en Géorgie (voir la rubrique « Histoire »).

LES POUPÉES RUSSES NE SONT PAS INTERCHANGEABLES

On peut dire, à la fin 2010, que le casting du tandem en place fonctionne bien : l'un sourit, l'autre paraît concentré, voire crispé ; Medvedev a été choisi pour plaire à l'étranger en apparaissant comme « libéral » et se permet dans ses discours des critiques à peine voilées sur l'état du pays, tandis que Poutine et sa garde rapprochée issue du FSB gardent fermement la haute main sur l'économie, les revenus du gaz et du pétrole, et les nominations aux postes stratégiques. En mars 2012, Dmitri Medvedev, président sortant, ne se représentant pas, c'est Vladimir Poutine qui brigue un 3e mandat et est réélu sans surprise, dès le 1er tour par plus de 63 % des suffrages. Malgré la faible opposition (le 2e, Gennady Zyuganov, du Parti communiste, n'arrive qu'à 17 %), c'est bien moins qu'espéré, et les conditions du scrutin sont entachées de nombreuses irrégularités. Dans la mesure où pendant la campagne électorale on a vu se dérouler des

NOMENKLATURA

Curieusement, la famille Poutine est, à l'origine, proche de l'élite communiste. Le grand-père du dirigeant actuel fut le cuisinier de Lénine et de Staline. Et question nourriture, ces deux leaders ne faisaient confiance qu'à bien peu de monde...

manifestations, inédites en Russie, de citoyens opposés à la perspective de voir un président inamovible pendant la prochaine décennie voire plus, (et qui plus est s'est considérablement enrichi), les observateurs pensent que les institutions ont été discréditées et que le président devra tenir compte d'une opposition qui se renforce et composer avec de nouvelles tendances de l'électorat. Déjà, il a invité le milliardaire Mikhaïl Prokhorov (arrivé 3e aux élections) à entrer dans le gouvernement que présiderait... Dmitri Medvedev. Ça s'appelle « le jeu des chaises musicales ».

À l'extérieur

Avec les États du Caucase, les enjeux des futures voies d'évacuation énergétiques (la guerre des pipelines) et du conflit du Haut-Karabagh dominent la vision de Moscou, mais aussi le souci de préserver une influence majeure face aux autres puissances régionales (Iran, Turquie). La dimension énergétique reste le pivot central de la relation de la Russie avec ses voisins, tant à l'Ouest qu'à l'Est. La maîtrise des voies d'acheminement des hydrocarbures, notamment vers l'Europe, et l'accès aux réseaux de distribution constituent un objectif prioritaire à long terme.
En Asie centrale, le double souci de garantir l'approvisionnement énergétique et de lutter contre le risque terroriste, aggravé par le narcotrafic en provenance de l'Afghanistan, conduit Moscou à soutenir les équipes en place, quelle que soit la fragilité de leur situation.

QUESTION NATIONALE, QUESTION CAPITALE

C'est la question la plus épineuse pour la Russie. Les uns y voient les séquelles du dernier grand empire européen, les autres les signes prémonitoires de ce qui attend toute l'Europe avec le réveil des micronationalismes.
L'Union européenne élargie et fédéralisée pourrait être redécoupée en *Länder* nationaux à l'allemande. L'alternative étant un système laïque et républicain à la française, privilégiant la citoyenneté et non l'ethnie.
Les questions fédérales sont des notions compliquées pour les Français, beaucoup plus évidentes pour les Belges ou les Suisses. C'est dire à quel point la question nationale en Russie est actuelle pour tous les Européens.
Dans tous les ouvrages sur la question, on vous parlera des tendances « centrifuges » et « centripètes » des nationalismes par rapport à Moscou. C'est bien, mais il y a d'autres facettes plus « quotidiennes » dont on parle moins dans les journaux, mais plus dans les réunions familiales de Russie.

300 nationalités dans l'ex-URSS

La Russie est une fédération découpée en unités territoriales géographiques (les villes de Saint-Pétersbourg et Moscou) ou « nationales » (Républiques bachkire, oudmourte, tatare, districts autonomes des Bouriates, des Khanty Mantsis ou des Tchoukches...). Cela donne administrativement 89 « sujets de la Fédération ». Il y a une centaine de nationalités concernées, auxquelles s'ajoutent les nationalités de l'ex-URSS vivant en nombre conséquent en Russie (Ukrainiens, Tadjiks, Ouzbeks, Arméniens). Il y avait environ 300 nationalités dans l'ex-URSS.
Et puis il y a des nationalités minoritaires, dont le territoire de rattachement ou d'origine est encore ailleurs (Kurdes, Grecs...).
Première complication, il y a environ 80 % de personnes se déclarant de nationalité russe en Russie (120 millions en 1989). Les 20 % restants appartiennent à d'autres nationalités (Tatars, Ukrainiens, Tchouvaches, Bachkires, Biélorusses, Mordves, Tchétchènes...). Mais seule la moitié de ces 23 millions d'habitants vivent dans « leur » territoire. À contrario, le Daghestan, par exemple, compte plusieurs dizaines de nationalités. Ce qui rend l'ensemble du territoire russe multinational. À méditer lorsqu'on aborde la question tchétchène...
La moitié des Tchétchènes vivent hors de Tchétchénie. Le recensement de 2002 devait permettre d'y voir plus clair en chiffres. Malheureusement, les Russes n'y

ont pas beaucoup collaboré. Problème annexe : dans certains territoires excentrés, les Russes de souche sont aujourd'hui plus nombreux que les populations autochtones – résultat de l'émigration interne de l'époque soviétique, mais aussi, dans certains cas, des déportations entières de peuples « ennemis du peuple » – qui résistèrent à l'intégration soviétique...
Ainsi, par exemple, en Bouriatie, une république sibérienne de culture mongole, où le gouverneur russe souhaitait récemment limiter la diffusion de la culture bouriate. Un brin impérialistes, les Russes répondent généralement sans sourciller qu'il est bien difficile de définir celui qui est véritablement autochtone...
Eh oui, par rapport à l'époque de Michel Strogoff, les choses se sont un peu compliquées. Avouez que déjà chez Jules Verne vous n'aviez pas tout suivi : la différence entre le Tadjik, le Kazakh, le Tchérémisse, le Bouriate ou le Tcherkesse, c'était euh... pas évident. Problème de nos manuels d'histoire, sans doute ! Pour les habitants de la Russie, c'est plus naturel. Et ils distinguent même les nationalités. Mais on fait quoi avec les gens, très nombreux, qui ont des parents de nationalités différentes ? Que signifie aujourd'hui être russe ? Être russe en Russie et ailleurs qu'en Russie ? C'est quoi la russophonie ?

Citoyenneté et nationalité

Au début des années 1930, on pouvait mettre la nationalité qu'on voulait sur son passeport soviétique, étant entendu que la citoyenneté était, elle, toujours soviétique. Plus tard, toujours en URSS, il a fallu écrire la nationalité des parents, et, en cas de double nationalité, on en choisissait une. Au début, le droit à la nationalité a été perçu comme un « acquis » de la révolution, c'est devenu plus tard assimilé à une ségrégation. Quelquefois, cela a pu donner lieu à un avantage, comme la possibilité pour les juifs soviétiques de pouvoir émigrer dans les années 1970, alors que les autres nationalités ne pouvaient pas sortir d'URSS. Aujourd'hui, la rubrique « nationalité » n'est plus obligatoire sur le passeport russe. Certaines nationalités y tiennent, d'autres non.

UNE TERRE PAS SI PROMISE

En 1934, Staline décida de regrouper les juifs d'URSS en créant le Birobidjan, un territoire autonome juif. Situé dans une zone désertique aux confins de la Mongolie, on y parlait le yiddish. En 1991, avec l'effondrement de l'Union soviétique, les 200 000 juifs purent, en grande majorité, émigrer en Israël.

Russe et/ou Russien

La question est réglée dans les termes par la notion de Russien *(Rossianine),* qui désigne un habitant de la Russie, qu'il soit russe *(Rousski)* ou autre chose. Dès qu'on passe à l'étranger, tout d'abord dans l'ex-URSS, comment doit-on considérer les habitants des anciennes républiques qui demeurent russophones, éduquent leurs enfants et écrivent en russe, et sont des acteurs de la diffusion de la langue et de la culture russes ? Et ceux qui, aux États-Unis, en Israël, en Allemagne ou au Canada, se reconnaissent comme russes et sont souvent des acteurs essentiels de la « russophonie », ne serait-ce que par Internet, alors qu'ils sont, stricto sensu, de « nationalité » juive, ukrainienne ou moldave ? Même la mafia est baptisée « russe », alors que les Ukrainiens, Caucasiens et Transcaucasiens y sont au moins aussi nombreux.

RELIGIONS ET CROYANCES

La « troisième Rome chrétienne »

Les chants orthodoxes russes, les ors des églises et des icônes sont sans doute la première chose qu'on se représente en évoquant la religion en Russie. Viennent ensuite les manifestations de ferveur et la reconstruction religieuse qui se produit dans le pays, où les religions récupèrent leurs patrimoines et une partie de leurs ouailles.

Tout comme la Russie est multinationale, elle est plurireligieuse. Les chrétiens orthodoxes sont une majorité écrasante (51 % des personnes interrogées lors d'un sondage de l'Académie des sciences en 1997) et l'importance de leur Église est encore accrue par son rôle historique et identitaire.

Le rite byzantin a été choisi par le prince Vladimir le Saint de Kiev pour « baptiser » la Russie d'alors en faisant plonger les Kiéviens de l'époque dans le Dniepr. Avant de choisir Byzance, Vladimir a hésité. Pourtant, Moscou a repris la flamme après sa chute aux mains des Ottomans (1453), devenant ainsi la « troisième Rome ». Vladimir avait invité des émissaires musulmans, israélites et romains pour lui vanter les beautés et avantages de leurs religions. L'interdiction du vin par l'islam a été fatale à cette religion. Le judaïsme n'a pas convaincu, car le prince a estimé peu utile de « porter une faute qu'on n'a pas commise en devenant un peuple vagabond ».

Le rite byzantin aurait été préféré au rite romain parce qu'il était plus beau et solennel, et surtout parce que le prince n'aimait pas trop l'idée d'un pape à Rome. Voilà pourquoi les clochers sont coiffés de dômes à bulbes. Ce n'est pas du tout le style russe mais un rappel de l'obédience byzantine, donc orientale. On peut penser que des considérations stratégiques ont été beaucoup plus déterminantes et, d'ailleurs, un mariage avec une fille du basileus de Byzance a tout à fait consolidé la chose. Il n'empêche que l'idée de troisième Rome n'est pas qu'une figure de style pour les Russes, même au-delà de l'orthodoxie.

L'islam est la deuxième religion, le judaïsme en troisième position...

L'islam vient en deuxième position (7 % selon le même sondage), et lui aussi a joué un rôle dans les évolutions musulmanes jusque dans les années 1920, époque à laquelle il a été gelé et réprimé comme les autres religions par le régime soviétique. La troisième religion est le judaïsme, et, aujourd'hui encore, la Russie compte la troisième communauté juive du monde après Israël et les États-Unis. L'Empire russe abritait au XIXe s la moitié de la population juive du monde. Un judaïsme à grande majorité ashkénaze de langue yiddish (dérivée de l'allemand). Mais d'autres familles, clans ou rites orientaux existent, notamment des karaïtes (en Crimée), courant non rabbinique et prosélyte, issu d'un schisme du VIIIe s. En raison des vagues d'immigration qui ont commencé dès la fin du XIXe s, à cause de limitations aux droits des juifs (*numerus clausus* dans les villes, les universités, dans certaines professions, puis pogroms au début du XXe s), il n'y avait plus que 1,5 million de juifs en Russie et ex-URSS en 1990. Sous le régime soviétique, les juifs, dont la communauté a été reconnue comme nationalité et non religion après la révolution (suite à des revendications du mouvement bundiste notamment), ont majoritairement joué l'intégration.

Ceux qui souhaitaient à l'époque soviétique transmettre un enseignement religieux et hébraïque se heurtaient le plus souvent au totalitarisme qui n'admettait pas d'activités horizontales non contrôlées entre membres de la société, qu'il s'agisse d'un enseignement de langue, de judo, et à fortiori de catéchisme... D'autres juifs occupaient au même moment de très hautes fonctions dans l'appareil du Parti et de l'État. Dans les années 1970, sous pression américaine et indirectement israélienne, le pouvoir brejnévien autorisa les juifs à obtenir des visas de sortie d'URSS. Ils furent plus tard rejoints par les Allemands de la Volga « rachetés » par les Allemands de RFA. À signaler que beaucoup de gens n'ayant rien de juif ont profité du mouvement, posant un problème aux autorités israéliennes. Depuis 2002, le mouvement d'émigration, surtout vers Israël, semble s'être tassé. Des retours ont même eu lieu.

Le bouddhisme russe, ou plutôt russien, qui concerne environ 1 million de personnes, est pratiqué surtout dans la république sibérienne de Bouriatie, à l'est du lac Baïkal, à Touva (sud de la Sibérie) et en Kalmoukie (sud de la Russie, sur la Caspienne), le territoire bouddhiste le plus à l'ouest du monde. Tous observent les rites du bouddhisme tibétain.

Les vieux-croyants du protopope

Chez les chrétiens orthodoxes, un schisme s'est produit au XVIIe s (raconté par l'opéra de Moussorgski *La Khovanchtchina*), qui a donné naissance à une Église de « vieux-croyants », ceux qui ont refusé la réforme du patriarche Nikon (y a pas photo !) avec à leur tête le protopope Avaakum. Parmi leurs revendications figurait celle de ne prier que devant des icônes en bois de tilleul. Il y a quelques églises à Moscou, mais c'est surtout dans la paysannerie que ce courant populaire a survécu, et ce, malgré une répression inouïe sous le tsarisme (voyez le tableau de la *Boïarina Morozova* à la galerie Tretiakov) et sous les Soviétiques. On rencontre encore des communautés sur toutes les marges de l'ancien empire, d'Estonie en Sibérie en passant par la Bessarabie. Leurs chants monocordes archaïques sont étonnants.
Là aussi, pour survivre, ces vieux-croyants tenaces ont souvent eu recours à des formes sectaires. D'autres sectes millénaristes (attendant la fin du monde) et d'autres variétés ont toujours eu un rôle important dans la « Russie d'en bas » et ont toujours été combattues par l'Église orthodoxe et le pouvoir. À l'époque soviétique, c'était une des sphères de coopération entre l'Église et l'État.

Des prêtres catholiques mariés

D'autres courants chrétiens existent, bien sûr : les catholiques, peu nombreux, et qui ont actuellement des relations pour le moins tendues avec l'Église orthodoxe. Ils possèdent souvent un clergé polonais ou lituanien. Ils ont une tendance orientale qu'on appelle *uniate* (des catholiques chez qui les prêtres ont le droit d'être mariés), beaucoup plus présents en Ukraine et en Biélorussie, mais qui sont l'un des sujets de tension entre catholiques et orthodoxes. Héritage des invasions répétées, ils professent la doctrine catholique tout en appliquant la liturgie orthodoxe. Les différentes obédiences luthériennes sont issues des Allemands de la Baltique et des Lettons. Les baptistes ont été assez nombreux.

Les sectes américaines

Depuis la fin de l'URSS, les prédicateurs américains en tout genre et des sectes à référence protestante (ou sectes tout court) ont commencé à s'implanter. Au début des années 1990, certains prédicateurs américains remplissaient des stades entiers pour porter leur « bonne » parole. Ils y attiraient du monde en donnant quelques dollars aux participants, qui à l'époque étaient dans une misère noire. Quand ils ont cessé de payer et compte tenu de leur attitude méprisante à l'égard des Russes, ils ont fini par rassembler beaucoup moins d'adeptes. Des familles ont quand même été brisées, comme ailleurs. Vous verrez aussi des pentecôtistes du 7e jour, des témoins de Jéhovah ou des Hare Krishna. Les scientologues, désignés comme l'ennemi public numéro un par la presse et les autorités russes, qui les accusent de vouloir s'implanter parmi les gens travaillant dans l'ancien complexe militaro-industriel, sont actifs mais relativement peu nombreux. En tout, le ministère de la Santé russe estime de 3 à 5 millions le nombre de personnes tombées entre les mains d'une secte (dont 70 % auraient de 18 à 25 ans).

La restauration religieuse

Les trois principales religions de Russie sont présentes sur la *colline du Souvenir*, édifiée à l'ouest de Moscou au début des années 1990 et dédiée à tous ceux qui sont morts dans les guerres auxquelles a été mêlée la Russie. Il y a là une chapelle orthodoxe, une mosquée et une synagogue. À Saint-Pétersbourg, ne ratez pas la mosquée, dont l'architecture, étonnante dans cette ville, rappelle clairement les coupoles bleues et les minarets d'Asie centrale.

Enfin, la reconstruction des églises, qui se fait partout en Russie, est particulièrement remarquable à Moscou, où a été rebâtie l'*église de Notre-Dame-de-Kazan* sur la place Rouge (voir la rubrique « Histoire » plus haut), et surtout celle du *Christ-Sauveur* à quelques encablures du Kremlin. Des centaines d'autres sont reconstruites, restaurées ou repeintes. Signalons également la forte présence de la communauté arménienne à Moscou (les mauvaises langues parlent d'une mafia arménienne !) qui a reçu l'autorisation d'édifier une grande cathédrale apostolique dans la capitale.

Et tout comme à l'époque soviétique il était déconseillé d'avoir des pratiques religieuses, aujourd'hui il est impensable d'inaugurer un édifice, un bureau ou de lancer un produit commercial sans inviter un pope, un rabbin ou un mufti, et quelquefois les trois, pour être complètement sûr ! Les Russes sont parfois un peu extrêmes...

ET DIEU LUI PARLA

Pendant sa période KGB, Vladimir Poutine était chargé de la répression antireligieuse. En 1996, sa datcha brûle et il sauve sa fille de justesse. Dans les cendres, il découvre sa croix de baptême intacte. Depuis, il ne manque aucun office, respecte le carême et fait restaurer les églises.

Orthodoxes et catholiques : *filioque*, calendrier et signe de croix

Les différences entre les deux Églises, vous les constaterez vite en entrant dans une église orthodoxe : l'autel protégé par une iconostase pleine d'icônes, des icônes mais surtout pas de sculptures, des habits sacerdotaux somptueux, des chœurs a cappella et des offices avec des diacres à la basse pénétrante, un signe de croix à trois doigts (deux chez les vieux-croyants) sur l'épaule droite d'abord. Le calendrier julien y est toujours de rigueur, ce qui place Noël le 7 janvier et le Nouvel An le 13. Comme dans la rue, c'est notre calendrier grégorien qui s'est imposé à cause des bolcheviks, les Russes fêtent donc le Nouvel An au moins deux fois. Les prêtres sont soit mariés, soit moines non mariés. Dogmatiquement, écoutez bien le *Credo* et vous remarquerez qu'il manque que le Saint-Esprit procède du Père ET du Fils. C'est le fameux « filioque » sur lequel vous pourrez discuter quand vous aurez épuisé les conversations sur léninisme et stalinisme.

Surtout pas de réformes du type Vatican II, car les formes du rite ont au moins autant d'importance que le fond. Elles participent de la foi et de la communion des fidèles à travers les âges dans la conception mystique orthodoxe. En sortant de la messe, les catholiques bien-pensants disent : « Quel beau sermon le prêtre a prononcé ! » et les orthodoxes russes diront plus volontiers : « Le diacre était en voix aujourd'hui ! »

SAVOIR-VIVRE ET COUTUMES

À voir les visages renfrognés que l'on peut observer dans les rames de métro, le moins que l'on puisse dire est que les rapports humains dans l'espace public n'ont pas l'apparence d'un tempérament chaleureux. Ils se transforment pourtant du tout au tout dans l'espace privé, où les masques tombent plus aisément. L'âme slave, faite pour s'épanouir dans des conditions de vie parfois rudes, ne s'embarrasse pas de politesses inutiles. Les « bonjour », « s'il vous plaît » et autres « merci » seront néanmoins reçus avec reconnaissance par ceux à qui vous les adresserez.

Vous constaterez cependant que, dans leurs rapports entre eux, les Russes sont plus instantanés. Pas besoin de longs préliminaires pour voir une vendeuse mal embouchée invectiver un acheteur indécis ; mais une autre sera tout aussi rapide à échanger avec lui trucs et conseils comme le feraient deux voisins de palier. Curieusement, ces attitudes ne semblent pas être le moins du monde dérangées par la loi du marché qui s'est installée partout. Pas étonnant, de ce fait, que la rudesse du premier abord coexiste avec des usages empreints de rituel, voire de superstition. Votre interlocuteur vous pardonnera de lui tendre la main à travers un pas de porte, mais, le plus souvent, il vous amènera à l'intérieur ou vous rejoindra à l'extérieur, pour ne pas permettre au seuil, doté d'une signification maléfique, de polluer votre poignée de main. S'il s'agit d'une femme, sachez que s'embrasser n'est pas très habituel entre personnes qui se connaissent peu. De même que si l'on a oublié quelque chose à la maison, on se doit de se regarder dans la glace, on a coutume de s'asseoir 5 mn si l'on part pour un grand voyage...

PAS DE BOUE SUR LES TAPIS

Les Russes ne circulent jamais en chaussures chez eux, et ils tiennent généralement des chaussons à la disposition de leurs invités. Cette habitude, qui a certes un petit côté oriental, est aussi dictée par des considérations pratiques : durant toute la période hivernale, il arrive souvent que l'on doive patauger dans la boue pour marcher dans la rue.

SITES INSCRITS AU PATRIMOINE MONDIAL DE L'UNESCO

UNESCO
Organisation des Nations Unies pour l'éducation, la science et la culture

En coopération avec le centre du patrimoine mondial de l'UNESCO

Pour figurer sur la liste du Patrimoine mondial, les sites doivent avoir une valeur universelle exceptionnelle et satisfaire à au moins un des 10 critères de sélection. La protection, la gestion, l'authenticité et l'intégrité des biens sont également des considérations importantes.

Le patrimoine est l'héritage du passé dont nous profitons aujourd'hui et que nous transmettons aux générations à venir. Nos patrimoines culturel et naturel sont deux sources irremplaçables de vie et d'inspiration. Ces sites appartiennent à tous les peuples du monde, sans tenir compte du territoire sur lequel ils sont situés.

Pour plus d'informations : • *whc.unesco.org* •

À Moscou, Saint-Pétersbourg et dans leurs environs sont inscrits les lieux suivants :

– ***1990 : le Kremlin et la place Rouge.*** Indissolublement lié à tous les événements historiques et politiques majeurs survenus en Russie depuis le XIIIe s, le Kremlin a été construit par des architectes russes et italiens exceptionnels. C'était la résidence du grand-prince de Moscovie ainsi qu'un centre religieux. Au pied de ses remparts s'élève la basilique Basile-le-Bienheureux, l'un des plus beaux monuments de l'art orthodoxe.

– ***1990 : le centre historique de Saint-Pétersbourg et les ensembles monumentaux annexes.*** Avec ses nombreux canaux et plus de 400 ponts, la ville est avant tout le résultat d'un vaste projet d'urbanisme commencé en 1703 sous Pierre le Grand. Connue plus tard sous le nom de Leningrad, elle reste étroitement associée à la mémoire de la révolution d'Octobre. Son patrimoine architectural concilie les styles opposés du baroque et du pur néoclassicisme avec ses bâtiments emblématiques comme l'Amirauté, le palais d'Hiver et le palais de Marbre.

– ***1993 : l'ensemble architectural de la laure de la Trinité-Saint-Serge à Serguïev Possad.*** Exemple d'ensemble monastique orthodoxe complet en activité, avec un rôle militaire caractéristique, en fonction du XVe au XVIIIe s. Son église principale, la cathédrale de l'Assomption, rappelant la cathédrale du même nom au Kremlin, contient la tombe de Boris Godounov. Parmi les trésors de la laure figure la célèbre icône de la Trinité réalisée par Andreï Roublev.

– ***1994 : l'église de l'Ascension à Kolomenskoye.*** Elle a été construite en 1532 à proximité de Moscou, dans le domaine impérial de Kolomenskoye, pour célébrer la naissance de celui qui allait devenir Ivan le Terrible. C'est l'un des premiers exemples d'églises traditionnelles à toits en pavillon sur une structure en pierre et en brique et qui a eu une grande influence sur le développement de l'architecture religieuse russe.

– ***2004 : l'ensemble du couvent Novodiévitchi.*** Au sud-ouest de Moscou, le couvent Novodiévitchi fut édifié durant le XVIe et le XVIIe s dans le style baroque moscovite. S'inscrivant dans le système de défense de la ville, cet ensemble monastique a été directement associé à l'histoire politique, culturelle et religieuse de la Russie. Il était fréquenté par des femmes de la cour tsariste. Des membres de leur famille reposent dans le cimetière. Le couvent offre un des plus brillants exemples de l'architecture russe, avec la richesse de ses intérieurs et une vaste collection de peintures et d'objets précieux.

Autres sites classés dans la Fédération de Russie

– 1990 : les églises en bois de Kiji Pogost.
– 1992 : l'ensemble historique, culturel et naturel des îles Solovetsky.
– 1992 : les monuments de Vladimir et de Souzdal.
– 1992 : les monuments historiques de Novgorod et des environs.
– 1995 : les forêts vierges de Komi.
– 1996 : le lac Baïkal.
– 1996 et 2001 : les volcans du Kamtchatka.
– 1998 : les montagnes dorées de l'Altaï.
– 1999 : le Caucase de l'Ouest.
– 2000 : l'ensemble du monastère de Ferapontov.
– 2000 : l'isthme de Courlande.
– 2001 : les forêts de Sikhote-Aline central.
– 2003 : le bassin d'Ubs Nuur.
– 2003 : la citadelle, la vieille ville et la forteresse de Derbent.
– 2004 : le système naturel de la réserve de l'île Wrangel.
– 2005 : l'arc géodésique de Struve.
– 2005 : le centre historique de la ville de Yaroslavl.
– 2010 : le plateau de Putorana.

MOSCOU

ABC DE MOSCOU

- *Situation :* à 2 480 km de Paris, c'est la capitale la plus à l'est de l'Europe.
- *Superficie :* 1 081 km^2. C'est la plus grande ville d'Europe, corsetée par trois périphériques, dont un de plus de 100 km de circonférence.
- *Records de températures :* - 42,2 °C en janvier 1940 et + 38,2 °C en juillet 2010.
- *Population :* 11,5 millions d'habitants officiellement (20 millions pour le Grand Moscou).
- *Fonction :* capitale de la Fédération de Russie.
- *Maire :* Sergueï Sobianine (depuis 2010).
- *Patrimoine :* 3 aéroports, 9 gares, 40 théâtres et plus de 50 musées, sans compter les églises et les monastères à foison...

Pour le plan général de Moscou, les plans II à V, le plan de la place Rouge et Kitaï Gorod, le plan du Kremlin et le plan du métro, se reporter au cahier couleur 1.

IND. TÉL. : 7-495 ou 7-499 (si on appelle de l'étranger), ou 8-495 ou 8-499 (si on appelle de Russie en dehors de Moscou ; voir la rubrique « Téléphone et communications » dans « Russie utile »).

Des clichés à n'en plus finir, de l'histoire à revendre, des avenues gigantesques bordées d'immeubles staliniens qui ne veulent pas mourir trop vite, des écrivains et des artistes à la pelle dont on visite les maisons où ils vécurent et travaillèrent, des bulbes coiffant les églises par gousses entières, une place Rouge célèbre dans le monde entier – à se demander si ce n'est pas dans l'univers –, ou encore le Kremlin, siège du fameux « œil de Moscou » et de toutes les peurs liées à la guerre froide... C'est vrai, Moscou n'en finit plus de recueillir tous les fantasmes occidentaux tout en continuant d'exciter notre curiosité. Mais comme chacun sait, l'Empire soviétique a fondu et, sous la

glace, un capitalisme des plus sauvage a pointé son vilain museau. Il faut dire que la ville est encore par endroits un grand chantier, celui entrepris par l'ancien maire Iouri Loujkov (limogé en 2010), qui a modernisé sa ville tout en la livrant aux promoteurs et aux copains, rasant ainsi de vieux quartiers qui auraient dû être classés... Mais rassurez-vous, il reste encore de nombreux lieux à visiter, de nombreux kilomètres à parcourir et une population moscovite à découvrir.

Aujourd'hui, à la sortie du métro le plus profond du monde (ou confinées au fond des vieux musées d'État parce qu'il faut bien subvenir à ses besoins), les *babouchkas* – les fameuses grands-mères russes – boudent ce nouvel univers dont elles sont une fois de plus les victimes, condamnant ostensiblement une jeunesse dorée qui ne pense qu'à rattraper le temps perdu, quitte à passer des heures dans les gigantesques embouteillages de la capitale russe... Les hôtels de luxe (les plus chers du monde) y poussent comme des champignons, les restos de toutes origines, y compris des anciennes républiques soviétiques, rivalisent d'originalité ou de kitsch, et les bars et boîtes, la plupart ouverts 24h/24, sont de vrais défilés de mode où les jeunes filles russes affichent leur glamour, mais aussi leur fierté. Et, non, vous n'aurez pas à faire avec la mafia, la ville est globalement sûre, même la nuit. Il suffit encore de lever le bras pour que trois véhicules s'arrêtent immédiatement et vous proposent de faire le taxi. Vous voyez que tout n'a pas disparu... En revanche, il faudra vous familiariser avec l'alphabet cyrillique et apprendre quelques phrases de russe, sans quoi vous serez un peu perdu(e) !

Pour la petite histoire, sachez aussi que Moscou est la ville qui abrite le plus grand nombre de milliardaires au monde, position occupée jusqu'en 2007 par New York. Et si sa population atteint seulement 10 % de la population de la Fédération, elle concentre près d'un tiers de son activité économique. Les grandes entreprises y ont quasi toutes leur siège social et le salaire moyen y est trois fois plus élevé que dans le reste du pays.

INFORMATIONS PRATIQUES ET CULTURELLES

Arrivée aux aéroports

– Il y a trois aéroports principaux à Moscou : *Cheremetievo, Domodedovo* et *Vnoukovo.* Il existe bien un projet de navette pour les relier entre eux mais, pour le moment, il faut prendre un taxi (très cher), ou les transports en commun... en passant par le centre de Moscou ! Cela dit, il est peu probable que vous ayez à passer d'un aéroport à l'autre, sauf si vous volez avec des compagnies moscovites ou régionales (pour des raisons financières sans doute, car elles sont très peu chères) au départ de Domodedovo ou de Vnoukovo...

– ***Important :*** dans l'avion, avant l'atterrissage, on vous donnera une carte d'immigration à remplir et à présenter au passage de la douane. Cette carte est demandée à l'hôtel pour l'enregistrement (et ils y tiennent beaucoup, donc pas question de la perdre !) ou à l'organisme invitant, type agence de voyages (l'enregistrement est obligatoire pour un séjour au-delà de 3 jours). De même, il faut la garder jusqu'à la fin du séjour, car elle est exigée à la police des frontières au moment de quitter le pays.

✈ ***Aéroport de Cheremetievo*** **– Аэропорт Шереметьево** ***:*** *☎ 8-800-100-6565 ou (495) 232-6565 (info sur les vols). • sheremetyevo-airport.ru • Il se trouve à env 25 km au nord de Moscou.* Si vous voyagez avec *Aeroflot,* sur un long-courrier ou sur un vol intérieur, vous atterrirez dans le tt nouveau terminal D (ex-*Cheremetievo 3*). Le terminal E (ex-*Cheremetievo 2*) accueille les vols *Air France* et *KLM* (parfois aussi au terminal F pour *KLM*). De l'autre côté des pistes se trouvent les terminaux B et C (ex-*Cheremetievo 1*), qui accueillent les vols intérieurs et quelques charters. Navette de bus entre les terminaux B-C et E-F, ttes les heures env (compter 60 R). Outre un point d'info au milieu du grand hall d'arrivée, on y trouve des bureaux de change (commission un peu plus élevée qu'en ville), des distributeurs de billets et des agences de location de voitures. Wifi payant un peu partout et cafés Internet aux terminaux C et F.

➢ ***Pour rejoindre Moscou :*** il y a un ***train*** direct et confortable, l'*aeroexpress* (nom, en fait, de ts les trains reliant les différents aéroports à la ville), entre les terminaux E-F et la station de métro Belorousskaya (ligne n° 2, vert foncé). Des terminaux B, C et D, prendre la navette jusqu'à l'*aeroexpress*. De la station Belorousskaya, il ne reste plus qu'à poursuivre en métro jusqu'au centre (à peine 2-3 stations). Fréquence du train : ttes les 30 mn 5h-0h30 (jusqu'à 1h dans l'autre sens). Prix du billet : env 320 R. Durée (jusqu'à la station Belorousskaya) : 35 mn.

Sinon, on peut prendre le ***bus*** à la sortie de l'aéroport (départs assez fréquents), qui coûte en fait 10 fois moins cher que le train (env 28 R). Mais, outre que c'est moins confortable (car on peut se retrouver debout !), gare aux embouteillages monstres... surtout dans l'autre sens, si vous avez un avion à prendre ! 2 possibilités : le n° 851 jusqu'à la station de métro Retchnoï Vokzal (ligne n° 2, vert foncé), ou le n° 817 jusqu'à la station Planernaya (ligne n° 7, rose). Puis, comme pour le train, on continue en métro jusqu'au centre, mais c'est décidément plus long, car il y a une dizaine de stations à faire. Infos et vente *online* sur • *aeroexpress.ru* • On peut également prendre, de l'aéroport, un ***minibus*** *(marchroutka)* jusqu'au métro Planernaya. C'est un peu plus rapide que le bus et on est sûr d'être assis (compter 60 R).

Enfin, il y a le ***taxi,*** qu'on vous déconseille en raison du prix : 1 500-2 000 R selon le quartier demandé ! Si toutefois vous optez pour cette solution, sachez qu'il vaut mieux prépayer la course au comptoir « taxi » du hall d'arrivée (au moins, comme ça, tt est clair). Sinon, gare aux arnaques, même avec les taxis prétendument badgés et même en négociant ferme (les taxis n'utilisent pas le compteur à Moscou), car on peut vous réclamer une autre somme en bout de course... surtout si vous ne parlez pas (ou mal) le russe !

✈ ***Aéroport de Domodedovo* – Аэропорт Домодедово :** ☎ *(495) 933-6666.* • *domodedovo.ru* • *Il se trouve à 30 km au sud de Moscou.* Ici, c'est plus simple qu'à Cheremetievo : il n'y a qu'un seul terminal, assez moderne d'ailleurs, où arrivent, entre autres, les avions de *Star Alliance* (*Lufthansa, Brussels Airlines, Swiss* et *British Airways*), ainsi que de nombreux vols intérieurs. Comme à Cheremetievo, point d'info au milieu du grand hall d'arrivée et bureaux de change, distributeurs de billets et loueurs de voitures.

➢ ***Pour rejoindre Moscou : train*** direct *(aeroexpress)* jusqu'à la station de métro Paveletskaya (ligne n° 2, vert foncé), à 2-3 stations du centre-ville. Coût : env 300 R. Fréquence : ttes les 30 mn, 7h (6h dans l'autre sens)-minuit. Durée : env 40-45 mn. La gare se trouve à l'autre bout du terminal lorsqu'on arrive dans la salle des arrivées (prendre à gauche et traverser l'aéroport dans tte sa longueur, sans changer de niveau). Infos sur • *aeroexpress.ru* •

Sinon, on peut prendre le ***bus*** n° 308, non loin de la gare, à la sortie n° 3. Il circule ttes les 10-15 mn et se rend en 30 mn au métro Domodedovskaya (ligne n° 2, vert foncé), à une dizaine de stations du centre. Coût : env 80 R. Autre possibilité : le ***minibus,*** à prendre à côté du bus n° 308. Il va aussi jusqu'au métro Domodedovskaya et part quand il est plein. Plus rapide que le bus. Coût : env 100 R.

Enfin, nos lecteurs à l'aise dans leur budget opteront peut-être pour le ***taxi,*** selon les mêmes modalités que de Cheremetievo (mieux vaut prépayer la course – env 2 000 R – dans la salle d'arrivée, sinon âpres négociations garanties avec les chauffeurs qui attendent à la sortie, avec un risque d'arnaque très élevé...).

✈ ***Aéroport de Vnoukovo* – Аэропорт Внуково :** ☎ (495) 937-5555. • vnukovo.ru • *Situé à env 20 km au sud-ouest de Moscou.* C'est un ancien aéroport militaire, surtout utilisé par les autorités locales et fédérales. Il accueille quelques compagnies charter européennes, dont *German Wings,* et des compagnies intérieures. C'est en fait le plus vieil aéroport de Moscou.

➢ ***Pour rejoindre Moscou :*** là encore, ***train*** direct *aeroexpress* (35 mn ; 300 R ; départ ttes les heures env 7h-minuit) jusqu'à la gare Kievsky (à côté du métro Kievskaya, ligne circulaire n° 5). Infos sur • *aeroexpress.ru* • Ou ***bus*** n°s 611 et 611c jusqu'au métro Yugo-Zapadnaya (terminus de la ligne rouge n° 1). Compter 30 mn de trajet. Ou encore les ***minibus,*** soit vers la station de métro Yugo-Zapadnaya, soit vers le métro Oktyabrskaya (ligne circulaire n° 5). Plus rapides que le bus ordinaire mais billets à respectivement 100 et 130 R, plus 10 R par bagage. Pour un ***taxi,*** prévoir au moins 20 fois plus.

Orientation

Moscou est une ville gigantesque et de forme globalement ronde, dont le centre est le Kremlin. Elle comprend au moins trois grands axes circulaires concentriques, des « anneaux » qui permettent de rejoindre tous les coins de l'agglomération : le premier, en fait une ceinture de boulevards, entoure le centre à environ 2 km de la place Rouge et du Kremlin ; le deuxième, surnommé « l'anneau des Jardins » *(Sadovoye koltso),* est un véritable périph', très large, se trouvant environ 2 km plus loin (et donc à environ 4 km du centre) ; enfin, le troisième, appelé *mkad,* beaucoup plus éloigné, est une vraie autoroute de plus de 100 km de long qui fait tout le tour de l'agglomération.

Heureusement, les choses à voir se situent en majeure partie à l'intérieur du premier et du deuxième « anneau ». Pour s'y repérer, il est bien sûr indispensable de disposer d'un plan de la ville avec la double dénomination en caractères cyrilliques et latins, mais aussi, dans une certaine mesure, de pouvoir lire un peu le cyrillique, car le nom des rues, y compris en plein centre, n'est presque jamais inscrit en caractères latins ! Apprenez à repérer certains panneaux de ville (en plastique), dans le centre, qui indiquent parfois la rue en caractères latins, mais c'est encore assez limité... bien que la volonté du maire soit de les étendre. À ce propos, sachez quand même que *ulitsa* (abrégé *ul.*) signifie rue, que *pereulok (per.)* désigne une ruelle, *prospekt (pr.)* une avenue (on traduit souvent par « perspective »), *plochad (pl.)* une place et *naberejnaya (nab.)* un quai.

Lorsqu'une adresse comporte deux numéros séparés par un trait (comme Nevski pr., 7/9), cela peut avoir deux significations : soit elle se trouve au croisement de deux rues, en l'occurrence au n° 7 de la Nevski et au n° 9 d'une autre rue, soit que le deuxième chiffre indique le numéro d'entrée ou le numéro de bâtiment. C'est souvent le cas pour la plupart des auberges de jeunesse indiquées dans ce guide.

Comment se déplacer en ville ?

En métro – метро

Pour le plan du métro,
se reporter au cahier couleur 1.

Avec celui de Saint-Pétersbourg, le métro de Moscou est le plus profond du monde. C'est même celui qui possède les plus longs escalators (le record est de 126 m à la station Park Pobedi, ligne n° 4 !). Impressionnante plongée en sous-sol ! C'est enfin, après celui de Tokyo, le plus fréquenté de la planète. Chaque jour, près de 7 millions de personnes l'utilisent. À l'été 2005, lorsque survint une panne générale d'électricité de plusieurs heures, les autorités durent évacuer du métro 2 millions de personnes !

C'est le mode de transport emblématique de Moscou. Bon marché et indéniablement pratique (passage très fréquent des rames, alors qu'à la surface embouteillages monstres garantis). Seul inconvénient, il est fréquent de marcher 600-700 m entre deux stations, parfois plus, et encore, on ne vous parle que du centre, car dans le Moscou périphérique, c'est plutôt 1 ou 2 km... D'ailleurs, les Moscovites complètent souvent leurs déplacements en métro par un trajet en bus, minibus, trolley ou tramway. Vous noterez que les escalators du métro sont si longs que les usagers tiennent scrupuleusement leur droite pour permettre aux pressés de descendre à pied (pour monter, se mettre en jogging !) ou se postent souvent en vis-à-vis pour discuter le temps de la descente ou de la montée.

Le métro circule grosso modo de 5h30 à 1h. Son utilisation n'est pas si difficile... mais nécessite quand même un brin d'explication. Tout d'abord, on ne saurait trop vous conseiller d'apprendre à lire (au moins un peu) le cyrillique, ce qui vous sera de toute façon utile pour tout. Si les plans de métro (notamment celui du *Cultural map of Moscow* que l'on trouve un peu partout) et les plans de ligne à l'intérieur des rames sont traduits en alphabet latin, les noms des stations et des correspondances, sur le quai, ne sont écrits qu'en cyrillique. Bref, sans aucune notion de cet alphabet, vous risquez d'errer, telle une âme en peine, au milieu du flot – souvent incessant – de passagers (qui, eux, savent bien où ils vont).

– ***Le réseau :*** en regardant un plan, on a un peu l'impression d'une grosse araignée pleine de pattes qui partent dans tous les sens, le « corps » étant délimité par la ligne circulaire brune n° 5, qui relie les 10 autres lignes (elle se situe entre le premier « anneau » et le deuxième). En tout, près de 300 km de réseau, plus de 180 stations (on en construit encore), réparties, donc, sur 11 lignes... qui sont numérotées et représentées chacune par une couleur différente. Les Moscovites se repèrent d'ailleurs plus volontiers grâce à la couleur de la ligne que par son numéro.

– ***Le billet*** est assez bon marché (environ 28 R) et permet d'effectuer un nombre illimité de transferts, pour autant qu'on n'ait pas à sortir du métro (même principe qu'à Paris). On peut aussi acheter des ***cartes*** de 2, 5, 10, 20 ou 60 trajets (environ 56, 135, 265, 520 et 1 245 R), plus avantageuses bien sûr et qui, en plus, vous évitent de devoir faire la queue aux caisses (toujours beaucoup de monde). Il s'agit d'un ticket magnétique à apposer sur un voyant lumineux à l'entrée des barrières. Attention, ces dernières semblent toujours ouvertes... mais elles se ferment juste avant le passage si on essaie de frauder (et il paraît que ça fait un mal de chien !). Certaines stations, comme Taganskaia, sont désormais dotées de portillons automatiques modernes.

– ***Comment repérer la bonne station de métro :*** contrairement au métro parisien, il n'y a pas, dans le métro moscovite, de stations « communes » à plusieurs lignes. Certaines stations proches communiquent (c'est ce qui permet de changer de ligne sans avoir à sortir du métro), mais chacune conserve son propre nom, chaque station n'appartenant qu'à une seule ligne. Par exemple, les entrées des stations Pouchkinskaya, Tverskaya et Tchekhovskaya se situent sur la même grande place et communiquent entre elles mais elles desservent respectivement les lignes n°s 7, 2 et 9. Moralité, quand plusieurs stations se trouvent dans le voisinage l'une de l'autre, bien identifier celle de la ligne qu'on désire emprunter !

– ***Comment trouver le bon quai :*** une fois passé les bornes où l'on valide son ticket, on descend le long escalator et on accède au quai indiqué par un panneau suspendu au milieu de l'espace central (donc entre les deux voies) et qui reprend la couleur de la ligne. De part et d'autre de celui-ci se trouve une voie pour chacune des deux directions. Pour identifier la bonne, le panneau détaille (en cyrillique...) les différentes stations desservies par chacune des deux directions et le côté du quai qui leur correspond. En cas de doute, le mieux est de demander distinctement à quelqu'un (une personne assez jeune, de préférence) en prononçant correctement le nom de la station où vous souhaitez vous rendre.

– ***Comment repérer la station où l'on souhaite descendre :*** le mieux est de compter le nombre de stations qui la séparent de celle où l'on a embarqué, car le nom des stations (souvent écrit en petit sur le mur du quai opposé et toujours en cyrillique) n'est guère lisible de l'intérieur de la rame (de plus, il est parfois caché par des piliers !). Bref, en comptant, on est sûr de son coup... Si vous avez oublié (de compter), tâchez de comprendre l'annonce vocale de la station en question (pas évident, surtout au début). Ou alors demandez (avant que les portes ne se referment) à un passager de vous indiquer, sur le plan du réseau, à quelle station vous êtes...

– ***Correspondance :*** soit vous n'avez pas de changement à faire, et alors il suffit de suivre le panneau « **выход** » *(vykhod),* pour « sortie ». Soit vous devez changer de rame, et là, il faut chercher l'indication pour la ligne qui vous intéresse. Facile, elle est toujours signalée sur la partie centrale du quai où l'on est descendu, principalement par sa couleur (même si, généralement, le numéro de ligne est repris sur le panneau). Il faut alors le plus souvent prendre un escalier (situé en face du panneau indiquant la ligne) et suivre les couloirs ou les escalators... jusqu'au quai en question. Là, déchiffrer à nouveau les stations en cyrillique pour choisir le bon quai ou demander confirmation à quelqu'un.

Allez, sur ce, on peut vous lâcher, en voiture !

En taxi – такси

Il est évidemment tentant d'y avoir recours dans cette ville où il faut parfois beaucoup marcher entre les stations de métro, mais, malheureusement, ils ne sont pas bon marché et on risque de se retrouver sérieusement coincé dans les embouteillages, du moins en journée.

Pour résumer : il y a les taxis ***officiels,*** souvent de couleur jaune, qui arborent le signe « taxi », et les taxis... ***non officiels,*** en fait la voiture de M. Tout-le-Monde, généralement conduite par un type seul, soucieux d'arrondir ses fins de mois... C'est plutôt insolite de voir le nombre de voitures qui s'arrêtent lorsqu'on lève simplement le bras dans la rue, et ce, de jour comme de nuit. Il ne reste alors plus qu'à dire où l'on veut aller... et à demander combien *(skolka ?).*

Pour les taxis non officiels, aucun compteur : il faut se mettre d'accord sur le prix de la course avant d'embarquer. Celui-ci est donc très variable, et dépendra surtout de votre capacité à négocier (la connaissance du russe est un atout majeur), de l'heure (toujours plus cher la nuit, surtout quand il n'y a plus de métro), du temps qu'il fait (la pluie joue rarement en faveur du passager)... et bien sûr de l'humeur du chauffeur ! En gros, compter de 400-500 R pour une course moyenne, et vite plus (jusqu'à 1 000 R) pour un trajet plus important. Curieusement, il n'y a pas toujours de grosse différence de prix entre les deux types de taxis, inutile donc, à notre avis, de trop chercher l'un plutôt que l'autre (les chauffeurs de taxis officiels connaissent toutefois souvent mieux la ville et possèdent un véhicule généralement plus neuf).

Sinon, dans l'ensemble, pas de problème de sécurité. La seule règle : que le chauffeur soit seul dans le véhicule, ce qui est le cas la plupart du temps d'ailleurs. Ne soyez pas étonné par le manque de respect du port de la ceinture de sécurité – que les Russes détestent mettre (on n'en trouvera même pas dans certains vieux modèles).

Un taximètre, un lumignon de toit et des damiers... C'est avec ces attributs que l'on peut, depuis septembre 2011, faire la différence entre taxis légaux et illégaux. Reste à voir si cela va changer beaucoup à la pratique du taxi de M. Tout-le-Monde.

Pour ceux qui préfèrent les taxis officiels et pour les femmes seules, voici deux compagnies qui marchent au compteur (avec une course minimum d'environ 500 R, pour 20 mn de trajet, plus 20 R la minute supplémentaire) :

■ ***Taxis Jaunes*** *(Joltoe Taksi)* **:** ☎ *940-8888.*

■ ***Taxis Roses*** *(Jenskoe Taksi)* **:** ☎ *662-0033.* Compagnie de taxis conduits par des femmes et n'embarquant que des femmes. Rassurant si l'on est seule et qu'on désire rentrer en taxi en pleine nuit. Les tarifs ne sont pas majorés, c'est même moins cher entre 21h et 7h.

En bus (автобус), trolleybus (троллейбус) et tramway (трамвай)

Il n'y a pas des masses de ***bus*** dans le centre et, de toute façon, ils ne sont pas faciles à utiliser, car il est difficile de savoir où ils vont si l'on ne déchiffre pas le cyrillique. C'est surtout en banlieue et grande banlieue qu'on les trouve, et vers des destinations où vous n'aurez guère de raisons d'aller. Presque tous les trajets de bus sont également assurés par des minibus, les *marchroutka,* un poil plus chers que les bus mais un peu plus rapides aussi.

Le ***trolley,*** lui, suit davantage les grands axes, mais, là encore, il n'est pas aisé de connaître son itinéraire précis... Il peut être utile, par exemple, après la visite du monastère de Donskoï : au lieu de reprendre le métro à Chabolovskaya, on peut rejoindre Leninski prospekt et monter dans l'un des nombreux trolleys qui remontent vers le nord. Au passage, on admirera la magnifique résidence de l'ambassade de France.

Même remarque générale pour le ***tram,*** si ce n'est qu'il est plus lent et brinquebalant que les bus. La tendance serait d'ailleurs à la réduction du nombre de lignes. Il en reste toutefois quelques-unes intéressantes, comme la ligne n° 39 au départ de Tchistye Proudy qui va vers la galerie Tretiakov via le Pokrovsky boulvar, tout en longeant les jardins du nord au sud. Elle permet de traverser la Moskova par Bolchoï Oustinski most et d'admirer au passage la rivière Yaouza avant de descendre dans le quartier de Yaouzski boulvar pour se perdre dans les petites rues moscovites.

Les billets, sensiblement au même prix que les tickets de métro, s'achètent justement dans les stations de métro ou alors dans les kiosques au-dehors, et on les composte soi-même dans le bus ou le trolley. Souvent, on peut acheter son ticket dans le véhicule même, mais il est alors un peu plus cher. Ils sont vendus par un(e) receveur(euse) présent(e) pendant tout le trajet. Il (ou elle) contrôle aussi les titres de transport.

En voiture de location – Прокат машины

Alors là, on est fermes : à moins d'être un expat rompu à la conduite locale, laissez tomber ! Trafic dingue, embouteillages monstrueux, interdictions de tourner à gauche, travaux de voirie, système quasi dictatorial et peu compréhensible des sens uniques et... panneaux de direction seulement en cyrillique feront vite de cette expérience un enfer. Sans compter toutes les formalités à remplir pour conduire soi-même. De plus, pour ce qui est du civisme automobile, c'est la jungle, le chacun-pour-soi, et on ne vous parle pas de tous ces nouveaux Russes qui, fiers d'être aux commandes d'une belle voiture, se prennent pour des pilotes de rallyes. Enfin, sachez que la police n'est pas tendre avec les étrangers et cherchera toujours quelque chose à leur reprocher... moyennant un règlement financier à l'amiable. Pour info, si les infractions mineures (mauvais stationnement, par exemple) donnent lieu à de simples amendes, les infractions majeures n'impliquent pas (officiellement) une sanction financière mais des retraits de permis purs et simples... ce qui ouvre la voie à toutes sortes de négociations informelles et à l'issue financière souvent exorbitante !

À pied

C'est bien sûr comme ça qu'on découvre le mieux la ville, mais gare aux distances, qui s'avèrent souvent importantes.

Quelques petits conseils aussi, avant de vous lâcher. D'abord, bien intégrer le fait que le piéton commence seulement à avoir des droits à Moscou. Certes, quantité de passages piétons ont été aménagés et, en principe, les chauffards doivent payer une amende en cas de non-respect... Mais, en pratique, c'est peu ou pas appliqué, et l'ennemi du piéton reste encore bien souvent la voiture. Faites donc très attention aux passages cloutés et attendez que le petit bonhomme qui vous représente soit bien vert (et non bien mûr !) avant de traverser. Se méfier même lorsque le feu de circulation vous est favorable, car, sur votre droite, les voitures qui tournent n'hésiteront pas à vous rouler sur les pieds. Ne pas tenter de traverser une rue si l'horizon n'est pas bien dégagé et, surtout, ne jamais le faire s'il existe un passage souterrain *(perekhod)*. Beaucoup ont heureusement été aménagés pour franchir les principaux carrefours et les avenues les plus larges. Ils sont généralement signalés par un panneau bleu montrant un petit bonhomme qui descend des marches...

C'est toutefois à pied que vous appréhenderez le vrai Moscou, avec ses petites rues tranquilles, ruelles et passages couverts discrets menant à des cours d'immeubles arborées et sereines. Vous trouverez là une qualité de vie que ne laissaient pas vraiment deviner les gigantesques avenues staliniennes ou khrouchtchéviennes !

Mais comme on l'a dit, méfiez-vous des distances. Moscou étant une très grande ville, la carte ne donne parfois pas l'idée réelle du parcours. Le métro le plus proche peut, en réalité, se situer à 15 mn de marche. Pareil pour la numérotation des maisons : 10 numéros peuvent en fait représenter une longue avenue à parcourir s'il s'agit de grands immeubles staliniens !

Adresses utiles

Informations touristiques

Il n'y a pas d'***office de tourisme*** à Moscou ! Eh oui, ça paraît aberrant. En revanche, vous trouverez des infos touristiques en anglais dans l'édition du week-end du ***Moscow Times*** et du ***Moscow News,*** plus dans quelques magazines mensuels comme ***Where*** (plan du métro inclus, bien fait, avec index des noms de rues, transcrites dans les deux alphabets), ***Element*** (qui édite aussi un guide des restos chaque saison), ou encore ***Passport,*** toutes publications qu'on trouve gratuitement çà et là (à l'entrée de certains hôtels, théâtres, restos, etc.). Également le bimensuel ***Moscow in your pocket*** mais moins bien distribué. Tous ces magazines donnent des renseignements généraux sur la ville, proposent une petite section bars, restos et shopping, et présentent l'actualité culturelle du moment, y compris les expos. Quand on ne les trouve pas en version papier, ils sont évidemment disponibles sur le Web.

Agence de voyages et guides-interprètes francophones

■ ***Tsar Voyages*** *(plan couleur V, O14, 1)* **:** *Malaya Loubianka, 16/4, bureau 222. ☎ 221-1936. • tsarvoyages.com • contact@tsarvoyages.com • Ⓜ Loubianka ou Tchistye Proudy.* Une excellente agence francophone qui peut vous organiser votre séjour en Russie et vous fournir des guides-interprètes parlant le français.

■ ***Troika Tourism :*** *9, Gazetny per., bât. 7, bureau 8. ☎ 09-77-19-64-33. • troikatourism.com • Lun-ven 10h-19h.* Petite agence dynamique offrant ses services aux voyageurs, tant pour trouver un hébergement à Moscou et Saint-Pétersbourg que dans le reste du pays (aide à l'obtention du visa touristique). Services à la carte et guides francophones.

■ ***Guide-interprète francophone :*** *Daria Vinogradova, 📱 8-916-615-5932 depuis Moscou ou 007-916-615-5932 depuis la France. • dariaguide@gmail.com •* Professeur, linguiste, philologue (et marcheuse infatigable !), Daria parle un français remarquable et pourra vous guider dans toutes vos démarches à Moscou, que ce soit pour des itinéraires touristiques ou un séjour d'affaires.

Poste et télécommunications

✉ ***Poste centrale*** – **Главпочтамт** *(plan couleur II, F5)* **:** *Tverskaya, 7. Ⓜ Okhotny Riad. Lun-ven 8h-20h, sam 9h-18h, dim 9h-14h.* On y vend des cartes postales. Pour les timbres, s'adresser au guichet n° 24, qui peut aussi réceptionner vos cartes postales pour l'envoi. On y trouve aussi 2 guichets ***DHL*** *(les n°s 19 et 20 ; lun-jeu 10h-19h, ven 17h45).* Enfin, nombreuses ***cabines téléphoniques*** permettant d'appeler l'étranger (vente de cartes pour l'international aux guichets d'en face), avec instructions en anglais à l'intérieur des cabines.

■ ***Téléphone*** – **Телефон** *:* on trouve des téléphones publics un peu partout (y compris à la poste ; voir ci-dessus). Beaucoup ne fonctionnent qu'avec les cartes téléphoniques (pour appels locaux ou internationaux, téléphones fixes ou portables) vendues dans les kiosques aux abords des stations de métro et dans les *produkti* (petites supérettes ouvertes presque 24h/24), mais certains acceptent aussi les pièces ou les cartes de paiement. Sinon, une bonne solution, si on compte donner quelques appels de Russie, est d'utiliser son téléphone portable avec une carte SIM russe, disponible dans tous les magasins de téléphonie (*Megafon, Bee Line* ou *MTC*) qui pullulent dans les grandes rues commerçantes. Allez par exemple dans la grande boutique *Sviaznoy (plan couleur III, I7 ; tlj 9h-23h),* pratique car située à l'angle de la rue piétonne Arbat, ou dans leur boutique ouverte 24h/24, Tverskaya, 17 *(plan couleur II, E5 ; Ⓜ Tverskaya).* Pour les détails de mise en route, voir la rubrique « Téléphone et communications » dans « Russie utile ».

@ ***Internet :*** on trouve assez peu de cybercafés à Moscou. La raison en est que la plupart des Russes surfent sur leur propre *laptop,* chez eux ou ailleurs, le wifi (dans les cafés et autres lieux publics...) s'étant développé partout dans la capitale. Pour tout vous dire, on n'a même rien trouvé d'autre que les ***Cafemax*** – **Кафемакс,** une chaîne de cybercafés dont voici les 2 adresses les plus centrales : *Novokoutznetskaya, 3 (plan couleur IV, L11,* ***2****). Ⓜ Novokouznetskaya. En sortant du métro, tourner à gauche, c'est l'enseigne orange juste derrière. Et Novoslobodskaya, 3 (plan couleur I, A1-2,* ***3****). Ⓜ Novoslobodskaya (juste à la sortie du métro). Compter 100 R pour un crédit de 1h, valable 5 j.* Ils sont ouverts 24h/24 et possèdent plein d'ordinateurs. On peut aussi y téléphoner par *Skype,* et y boire ou grignoter quelque chose.

– Sinon, toutes les petites AJ privées ont une borne Internet (le plus souvent en libre usage pour les clients) et, on l'a dit, le réseau sans fil (pour ceux qui ont leur portable) est disponible un peu partout.

Argent et change

Aucun problème pour changer ses euros, on trouve des ***bureaux de change*** absolument partout en ville. Ils sont généralement ouverts du lundi au samedi de 9-10h à 18-19h, et fermés le dimanche. Quelques-uns sont toutefois ouverts tous les jours, et même (mais ça, c'est assez rare) 24h/24. On les repère à leur taux de change affiché sur une enseigne en lettres digitales rouges clignotantes. Préférez les gros bureaux de change aux petits bureaux du métro (ou recomptez bien les billets). Leurs taux varient un peu, mais attention, quand il semble bon, il y a souvent une petite commission (genre 3 %) à la clé. D'autre part, sachez que plus la somme est importante, meilleur est le taux de change. La plupart acceptent les francs suisses et certains les dollars canadiens. En général, ils n'exigent plus systématiquement le passeport pour la transaction, mais il est plus prudent de l'avoir sur soi, surtout si l'on souhaite un reçu.

Sinon, on peut facilement retirer de l'argent avec une carte *Visa, MasterCard, Maestro* ou *Cirrus,* les ***distributeurs de billets*** sont légion, en particulier dans le centre. Là encore, privilégier les grosses banques affichant clairement les logos *Visa* et *MasterCard,* car certains distributeurs de petites banques ne fonctionnent pas toujours, ou alors... en russe. Presque toutes les banques assurent aussi les transferts d'argent par ***Western Union.*** Il y a tout de même intérêt à demander à sa banque quelles seront les commissions retirées en cas de retrait. Il vaut mieux alors retirer le moins possible de petites sommes.

Représentations diplomatiques

■ ***Ambassade et consulat de France*** – **Посольство и Консульство Франции** *(plan couleur IV, K12,* ***4****) : ul. Bolchaya Iakimanka, 45. ☎ 937-1500. • ambafrance.ru • Ⓜ Oktiabrskaya. Lun-ven*

9h-13h, 14h30-18h. Service des Français à l'étranger.

■ ***Ambassade et consulat de Belgique*** – **Посольство и консульство Бельгии** *(plan couleur II, D6,* ***5****) : ul. Malaya Moltchanovka, 7.* ☎ *780-0331.* • *diplomatie.be/moscowfr/* • Ⓜ *Arbatskaya. Lun-ven 9h-13h, 14h-17h30.*

■ ***Ambassade et consulat du Canada*** – **Посольство и консульство Канады** *(plan couleur III, I7,* ***6****) : Starokonіouchenny per., 23.* ☎ *925-6000.* • *canadianembassy.ru* • Ⓜ *Kropotkinskaya ou Arbatskaya. Lun-ven 8h30-13h, 14h-17h.*

■ ***Ambassade et consulat de Suisse*** – **Посольство и консульство Швейцарии** *(plan couleur V, P14,* ***7****) : per. Ogorodnoï Slobodi, 2/5.* ☎ *258-3830.* • *eda.admin.ch/moscow* • Ⓜ *Tourguenievskaya ou Tchistye Proudy. Lun-ven 9h-12h (ap-m sur rdv).*

■ ***Ambassade du Luxembourg*** – **Посольство Люксембурга** *(plan couleur III, I7,* ***8****) : Khrouchtchevski per., 3.* ☎ *786-6663.* Ⓜ *Kropotkinskaya. Tlj sf mer et w-e, 10h-12h.*

Santé

■ ***Centre médical Alliance française*** – **Медицинский центр** *(plan couleur II, F4,* ***16****) : Sadovaya Samotietchnaya ul., 12.* ☎ *694-1212.* • *alliance-f.ru* • Ⓜ *Tsvetnoï Boulvar. Tlj sf dim 9h-21h.* Complexe médical avec des médecins francophones agréés par les assurances internationales : généralistes, dentistes, pédiatres, gynécologues, psychologues... De plus, le coût est moins élevé qu'à l'*European Medical Center* ci-dessous. Mais, en cas d'urgence grave, on ne vous prendra pas ici, vous devrez quand même vous rendre à l'adresse suivante...

■ ***European Medical Center*** – **Европейский медицинский центр** *(plan couleur II, E5,* ***9****) : Spiridonievski per., 5, bât. 1.* ☎ *933-6655 ou 6645 (visite à domicile).* • *emcmos.ru* • Ⓜ *Pouchkinskaya. Autre centre : Orlovsky per., 7.* ☎ *933-6655.* Ⓜ *Prospekt Mira ou Marina Roscha. Les 2 centres sont ouv 24h/24 (urgences).* Complexe médical très moderne, avec des médecins français (médecin référent de l'ambassade de France) et américains. Agréé par la plupart des assurances maladie mais vraiment cher. Cela dit, très compétent dans l'ensemble des domaines médicaux, de la médecine générale à la cardiologie. En outre, cadre fort agréable et accueil personnalisé.

■ ***European Dental Center*** – **Европейский стоматологический центр** *(plan couleur III, H7,* ***10****) : Nikolochtchepovskiï per., 6, bât. 1.* ☎ *933-0002 (lun-ven 9h-21h) ou 6655 (soir, w-e et urgences).* • *emcmos.ru* • Ⓜ *Smolenskaya.* Fait partie du *European Medical Center.* Là aussi, excellents dentistes français.

■ ***International SOS Clinic*** – **Международная Медицинская клиника** *(plan couleur I, B1,* ***11****) : Grokholski per., 31 (10ᵉ étage).* ☎ *937-5760 ou 280-7177.* • *sosclinic.ru* • Ⓜ *Komsomolskaya ou Prospekt Mira (ligne circulaire).* Passeport requis à l'entrée. Consultations générales et urgences. Clinique privée, donc chère, mais agréée, là encore, par la plupart des assurances médicales. Médecins parlant l'anglais et le français.

■ ***American Clinic « Intermed Center »*** – **Американская клиника** *(plan couleur I, B1,* ***11****) : Grokholski per., 31 (1ᵉʳ étage).* ☎ *937-5757.* • *intac.ru* • *Ouv 24h/24.* Médecins américains et russes expérimentés.

■ ***American Medical Center*** – **Американский Медицинский центр** *(plan couleur I, B1-2,* ***12****) : pr. Mira, 26, bât. 6 (accès par Grokholski per.).* ☎ *933-7700.* • *amcenter.ru* • Ⓜ *Prospekt Mira. Ouv 24h/24.* Médecine générale et soins dentaires. On y parle bien sûr l'anglais.

■ ***Hôpital Botkine*** – **Больница Боткина** *(plan couleur I, A1-2,* ***13****) : 2-oï Botkinski proezd, 5.* ☎ *945-0045 ou 3519.* Ⓜ *Bégovaya.* Le plus grand ensemble hospitalier moscovite. Malgré la mauvaise image qui colle aux établissements russes, celui-ci possède une réputation de sérieux. Les salles de médecine générale sont dans l'ensemble vieillottes, mais, d'après des amis expats, le matériel est moderne et les soins sont consciencieux.

PHARMACIES OUVERTES 24H/24

■ ***Apteka 36.6*** – **Аптека 36.6** *: Tverskaya, 25/9 (plan couleur II, E4,* ***14****).* ☎ *699-2459.* Ⓜ *Tverskaya. Également* *à Koutouzovski pr., 24.* Ⓜ *Koutouzovskaya. Et à Zemlianoï Val, 25.* Ⓜ *Kourskaya.* Une chaîne de pharmacies omniprésente à Moscou. Pour l'anecdote, les Russes considèrent que la température normale du corps est de 36,6 °C (et non 37,2 comme chez nous), d'où le nom ! Pour tout renseignement, nos lecteurs (russophones) peuvent appeler le 797-6366.

– Évitez les petites pharmacies du métro. On n'a rien contre le métro, ni contre ses vendeurs et revendeurs, mais la revente, même involontaire, de contrefaçons de médicaments y est monnaie courante.

Location de voitures avec ou sans chauffeur

■ ***Auto Escape :*** *☎ 0820-150-300 (n° gratuit). • autoescape.com • Vous trouverez également les services d'Auto Escape sur • routard.com •* L'agence *Auto Escape* réserve auprès des loueurs de véhicules de gros volumes d'affaires, ce qui garantit des tarifs très compétitifs. Il est recommandé de réserver à l'avance. *Auto Escape* offre 5 % de remise sur la location de voiture aux lecteurs du *Guide du routard* pour toute réservation par Internet avec le code de réduction : « GDR5AE ».

■ ***BSP Auto :*** *☎ 01-43-46-20-74 (tlj). • bsp-auto.com •* Les prix proposés sont attractifs et comprennent le kilométrage illimité et les assurances. *BSP Auto* vous propose exclusivement les grandes compagnies de location sur place, vous assurant un très bon niveau de services. Les plus : vous ne payez votre location que 5 jours avant le départ + réduction spéciale aux lecteurs de ce guide avec le code « routard ».

■ ***Hertz*** *(plan couleur II, D4)* ***:*** *pl. Tverskaya Zastava, 2. ☎ 232-0889 ou 775-8333. • hertz.ru •* Ⓜ *Belorousskaya. En face de la gare de Biélorussie. Agences à l'aéroport de Cheremetievo (☎ 578-5646) et de Domodedovo (☎ 797-4672).*

■ ***Avis :*** *Business Center Dobrynya, 4 Dobryninsky per., 8. ☎ 578-8425 ou (812) 600-1213 (siège à Saint-Pétersbourg). • avis-rentacar.ru • Comptoirs à l'aéroport de Cheremetievo (☎ 578-8425) et Domodedovo (📱 8-925-046-9949).*

■ ***Europcar :*** *Mozaïskoye chaussée, 165. ☎ 926-9109. • europcar.ru • Comptoirs à l'aéroport de Domodedovo et de Cheremetievo.*

Culture

■ ***Centre culturel français*** – **Французский культурный центр** *(plan couleur IV, M10,* ***15****)* ***:*** *ul. Nicoloyamskaya, bât. 1. ☎ 915-7033 ou 502-9246. • ccf-moscou.ru •* Ⓜ *Taganskaya ou Kitaï Gorod. Au 4e étage de la bibliothèque de langues étrangères (accès par l'entrée principale de celle-ci). Ouv en sem 12h-18h30 (19h30 ven), sam 11h-17h30. Fermé dim, dernier jeu du mois, 1re quinzaine d'août et pdt les vac de Noël.* Lors de la 1re visite, il faut obtenir un laissez-passer à l'accueil de la bibliothèque – passeport et 5 mn de patience – grâce auquel vous pouvez monter au Centre culturel français. Inscription pour 1 an : 600 R, permettant d'emprunter des livres, mais l'accès à la riche médiathèque reste gratuit. Le centre organise aussi de nombreux concerts et expos. Une vraie bouffée d'air frais pour les Russes passionnés par la langue française.

– Pour les ***librairies*** qui vendent des livres en français, notamment la librairie francophone *Pangloss,* reportez-vous à la rubrique « Achats ». Signalons également la revue en français ***Le Courrier de Russie*** (gratuite) qui donne des informations pratiques et culturelles et publie des articles de fond sur les relations franco-russes (économie, culture, politique, etc.). Consultable également sur *• lecourrierderussie.ru •*

Enfin, quelques sites internet

– ***Billets de théâtre :*** *• parter.ru •* Consultable en version anglaise.

– ***Compagnies aériennes russes :*** *• aeroflot.ru • transaero.ru • eastline.ru • s7.ru •*

– ***Tourisme, visas, résas de billets de transport, d'hôtels, etc. :*** *• tsarvoyages.com • aerotour.org • welt.ru •*

OÙ DORMIR ?

Mauvaise nouvelle : Moscou est la ville la plus chère du monde pour l'hébergement ! C'est bien simple, le prix moyen d'une chambre d'hôtel dépasse désormais les... 250 €. Ne pas trop rêver, donc, au petit hôtel 1 ou 2 étoiles sympa, pas cher et central, c'est une denrée extrêmement rare. La raison de cette situation n'est pas très claire, mais le prix du foncier et l'insuffisance du nombre d'établissements en ville sont probablement à ranger parmi les facteurs d'explication... À noter quand même que, le week-end, bon nombre d'hôtels revoient leurs tarifs à la baisse, les rendant un peu moins inabordables... à certaines bourses.
Heureusement, il fleurit depuis peu, à l'intention des routards, des auberges de jeunesse privées installées dans des appartements du centre et aménagées pour accueillir des dortoirs (avec parfois, en prime, quelques chambres doubles ou triples), où il est possible de loger à des prix abordables ; lire plus bas. Mais nos lecteurs moins disposés à « coucher » dans ce genre d'endroit devront, pour beaucoup, casser leur tirelire (consulter tout de même les promos sur les sites internet des hôtels) ou se rabattre sur les chefs-d'œuvre de l'architecture socialiste – entendez : les usines à touristes nichées dans de gros blocs de béton – qu'on trouve en dehors du centre. Ces hôtels-là pratiquent des prix (un peu) plus raisonnables et, en plus (rendons-leur cette justice !), la plupart ont été rénovés, proposant désormais un hébergement plus conforme à ce qu'on trouve chez nous.
Enfin, il existe quand même une autre option méritant d'être explorée : la location de studios ou d'appartements (possible souvent pour 2 ou 3 nuits) via certaines agences de voyages (voir les adresses un peu plus bas). On peut également loger chez l'habitant, mais la formule n'est pas encore très répandue et, généralement, on est exilé en banlieue, dans des appartements « à la soviétique ». En revanche, on est plongé dans la réalité russe et c'est l'une des options les moins coûteuses.

PETITE DIGRESSION SUR LE LOGEMENT

À l'époque soviétique, les appartements étaient « attribués » aux familles, qui n'en n'étaient ni propriétaires ni locataires (pas de loyer mais des taxes). Chaque famille avait droit à un nombre fixé de mètres carrés par personne, ce qui permettait de changer d'appartement au gré des modifications de la famille. La propriété privée était limitée aux datchas. À partir de 1990, les habitants ont eu la possibilité de « privatiser » l'appartement où ils habitaient pour une somme symbolique : sont donc apparus des propriétaires et, plus lentement, des locataires. D'où le paradoxe : les propriétaires ne sont pas forcément plus aisés que les locataires, les plus rapides ont pu privatiser leur appartement à peu de frais tandis que les autres doivent être en mesure de payer des loyers assez élevés.
L'ancien régime est encore en vigueur : certaines familles n'ont toujours pas privatisé leur appartement, soit parce que la privatisation s'accompagne de nouveaux impôts locaux trop lourds à payer pour certains, soit parce que la privatisation nécessite l'accord de toutes les personnes l'habitant officiellement, et entraîne souvent des conflits. Depuis le début du boom économique, les prix de l'immobilier à Moscou n'ont pas cessé d'augmenter : la barre des 3 000 €/m^2 a été atteinte. Dans les prestigieux quartiers du centre on peut s'attendre à payer 4 500 € et 5 000 € au m^2. Ces prix ont compliqué la vie de beaucoup de Moscovites souhaitant déménager pour une résidence plus spacieuse ou plus confortable.

Auberges de jeunesse privées

L'aubaine des petits budgets, d'autant que la plupart de ces « AJ » sont très centrales. Même si certaines logent de la main-d'œuvre immigrée en provenance des anciennes républiques du bloc soviétique, reléguée là faute de pouvoir s'offrir un logement, et si beaucoup d'entre elles semblent encore balbutiantes tant elles manquent d'expérience, d'autres commencent à s'inspirer des auberges de jeunesse du monde entier avec services et infos touristiques à la clé. Il s'agit d'établissements assez récents (le plus ancien date de 2005) installés, comme on l'a dit, dans des appartements (le plus souvent retapés) dont les pièces ont été transformées en dortoirs (ou en chambres privées, dans une moindre mesure). Ambiance plus ou moins routarde selon les adresses. Autre particularité, là encore assez appréciable : on y parle généralement l'anglais, ce qui n'est pas toujours le cas à la réception des hôtels. Autre détail important : toutes, ou presque, peuvent vous vendre une « invitation » à venir en Russie (indispensable pour l'obtention d'un visa) et vous enregistrer auprès de la police, là encore moyennant finance, démarche obligatoire si votre séjour à Moscou excède 3 jours. Compter de 600 à 1 000 R environ pour chacune de ces formalités (néanmoins, tarif pouvant varier d'une AJ à l'autre).

Côté tarifs d'hébergement, la haute saison court généralement de mai-juin à septembre. Certaines prennent les cartes de paiement. Côté confort, c'est assez basique (sanitaires communs seulement, en nombre parfois insuffisant). Pas de petit déj non plus mais, généralement, il y a une cuisine équipée à disposition et du thé et du café à volonté. La plupart offrent le wifi et une borne Internet en libre accès.

Enfin, encore une précision : il n'y a pas toujours d'enseigne, l'entrée se fait juste par la porte de l'immeuble au moyen d'un code qui vous sera le plus souvent révélé au moment de la réservation.

Bon marché (jusqu'à 1 000 R/pers – 25 € ou 2 000-2 500 R pour deux – 50-62,50 €)

Napoleon Hostel – Хостел Napoleon *(plan couleur V, P14-15, **30**)* **:** *Maly Zlatoustinskyi per., 2, mais accès par Marosseika, 9/13/2, bât. 7. ☎ 628-6695. • napoleonhostel.ru • Ⓜ Kitaï Gorod. Réception 24h/24. Compter env 500-900 R/pers selon saison. CB acceptées. Wifi et Internet.* Facile à repérer, il y a une enseigne. Au 4e étage (sans ascenseur), une excellente AJ tenue par Richard, un Anglais, et son associé russe. L'adresse bénéficie d'une excellente situation, à 10 mn à pied de la place Rouge. Réception douillette, avec coin canapé et TV diffusant de nombreux films. Propose 47 lits répartis dans 6 dortoirs (avec AC en été) de 6 à 10 lits, tous mixtes sauf un, réservé à ces dames. Seulement 2 douches et toilettes. Cuisine équipée. Thé et café à volonté. Distributeur de boissons fraîches. Pas mal d'ambiance (et donc de bruit !) le week-end. Et pas mal de Français, sans doute à cause du nom (ou de nous) !

HM Hostel Moscow – Эйчем Хостел *(plan couleur III, I7, **32**)* **:** *Afanasievski, 1/33. ☎ 691-8390. • hostel-moscow.com • Ⓜ Arbatskaya (l'hostel est situé en face de la station). Enseigne discrète (repérez les lettres « HM ») ; en principe, sonnette n° 14 ; c'est au 4e étage, avec ascenseur. Compter env 500-950 R/pers selon saison.* Très central, entre le Kremlin et la rue piétonne Arbat. On a un faible pour ce petit *hostel* installé dans un bel appartement remis à neuf, avec des couloirs vert pomme et un petit salon charmant garni de canapés rouges, TV, Internet et wifi gratos. 3 dortoirs de 6, 7 et 10 lits, tous très lumineux, celui de 10 personnes étant particulièrement vaste. 2 bémols néanmoins : une seule douche pour tout le monde (quoique dans une superbe salle de bains, et avec hydromassage !) et pas de machine à laver. Situation pas hyper calme non plus, mais il y a partout un excellent double vitrage. Bon accueil. Jolie petite cuisine équipée (thé et café gratuits) et vente de bières.

Comrade Hostel – **Комрад Хостел** *(plan couleur V, P15,* ***35****) : Marosseika, 11. ☎ 628-3126. • comradehostel.com • Ⓜ Kitaï Gorod. De Marosseika, accès par le porche face au magasin Damas ; à la porte du nº 25, composez le code (en principe, indiqué sur place) et grimpez tt en haut. Compter 500-700 R/pers selon saison. Wifi et Internet.* Une petite AJ toute simple mais bien tenue par le sympathique Denis, qui parle un peu l'anglais. Vous y trouverez 2 dortoirs de 10 lits superposés en bois clair et 3 douches/w-c. Jolie déco, sans fioritures mais agréable. Petite cuisine, machine à laver et sécheuse à disposition. Denis pourra vous donner des infos pratiques pour séjourner à Moscou.

O'Hostel *(plan couleur IV, L11,* ***34****) : ul. Malaya Ordynka, 19 (3e étage). ☎ 943-1146 ou 951-1466. • ohostel.com • Ⓜ Tretiakovskaya. Réception 24h/24. Env 650-750 R/pers en dortoir et 3 000 R en chambre triple. CB acceptées. Wifi et Internet.* Bien placé, près de la galerie Tretiakov et du Kremlin, et l'entrée est facile à repérer, c'est déjà pas mal... De plus, cette AJ est située dans un immeuble impeccable et surveillé. Elle est très récente, on a donc la chance de bénéficier d'une infrastructure très propre et plutôt gaie, dans l'esprit des AJ du monde entier. 8 dortoirs de 6 à 10 places, avec des lits superposés de bonne qualité. Également 2 chambres triples. Le tout est impeccable, avec 3 douches, une cuisine épatante et des machines à laver à dispo. Pas de petit déj mais thé et café à volonté, plus un bon petit café-resto au rez-de-chaussée (voir le resto *Vkusnee* dans « Où manger ? »). Accueil aimable en anglais.

Godzilla's Hostel – **Хостел Годзилла** *(plan couleur II, F4,* ***31****) : Bolchoï Karetny, 6. ☎ 699-4223. • godzillashostel.com • Ⓜ Tsvetnoï Boulvar. Repérable à son enseigne. Dortoir env 500-900 R/pers ; double env 2 100 R et triple 3 800 R.* Dans une rue calme, à 15 mn à pied de la place Rouge, voici la plus « vieille » AJ privée de Moscou. Et aussi l'une des plus vastes : 120 lits sur 3 étages, en dortoirs de 4 à 10 lits, mixtes ou non. Évitez juste ceux situés à côté de la borne Internet, bruyants à cause des clients qui surfent et discutent parfois très tard. Sinon, l'endroit est sympathique, moderne, et équipé d'un nombre suffisant de sanitaires. Le staff, pro et vraiment accueillant, peut vous aider à réserver un billet de train ou d'avion. Machine à laver et sécheuse. Plusieurs cuisines. Gestion anglo-américaine.

TNT Hostel *(plan couleur V, O14,* ***36****) : Zvonarski, 5. ☎ 973-0501. • tnthostel.ru • Ⓜ Loubianka, Teatralnya ou Tsvetnoï Boulvar. Pour s'y rendre, consulter en ligne le plan d'accès et le code d'entrée donné à la résa ; l'hostel se situe un peu plus haut que le bania Sandounov, sur la gauche, face au nº 4 de la rue, au 3e étage. Env 600-700 R/pers en dortoir selon saison et 2 700-3 000 R la chambre double selon confort. Internet.* Pas de quoi faire sauter le quartier et pourtant, celui-ci, très étudiant (on est à côté de l'école d'architecture) est impeccablement situé, à proximité de Loubianka et de la place Rouge. L'AJ n'est pas très grande mais c'est une de nos préférées. Bon accueil en anglais d'Alex, qui propose 2 dortoirs mixtes de 12 lits, propres, colorés et vraiment lumineux, ainsi que 2 chambres privées avec ou sans douche selon le prix. En revanche, comme souvent, une seule douche pour tout le monde (et 2 w-c). Pas de petit déj mais une cuisine à dispo, ainsi qu'une machine à laver. Bon rapport qualité-prix.

Capital Hostel *(plan couleur IV, L11,* ***41****) : Malaya Ordynka, 5/6, appart. nº 9. ☎ 959-1347 ou 1482. 📱 8-985-171-9095. • capitalhostel.com • Ⓜ Tretiakovskaya ou Novokouznetskaya. Repérer la sonnette jaune avec les 2 chaussures en logo puis prendre la 1re entrée à gauche dans la cour, c'est au 3e étage (ascenseur). Env 720-950 R/pers en chambre de 4 pers ; double ou triple 2 400-3 000 R). Internet.* Faut-il voir dans son nom un hommage à Karl Marx ou le désir ironique de s'enrichir ? Ni l'un ni l'autre, mon capitaine : si l'immeuble fait plutôt soviétique par son manque d'entretien, la mamie qui tient cet appartement sans fioritures soigne son intérieur comme chez elle (d'ailleurs, c'est chez elle !). Excellente propreté, donc, aussi bien dans les 2 chambres de 4 (avec ou sans fenêtre, selon le prix) que dans les chambres pour 1, 2 ou 3 personnes. Cuisine impeccable. Petit salon TV (très soviétique !) face à la réception. Machine à laver. Bien situé, car on est proche de la galerie Tretiakov et du Kremlin. Cela dit, l'accueil est comme le décor, souriant mais sans excès.

Buddy Bear Hostel – Бадди Беар Хостел *(plan couleur III, H8,* ***47****) : Smolenski boulvar, 15 (sonnette : 13 + clé) ; au 5e étage avec ascenseur, appart. no 13.* ☎ *(499) 241-0616. • bear-hostels.com • Ⓜ Smolenskaya ou Park Koultoury. Env 600-900 R/pers en dortoir (pas de chambres privées). CB acceptées.* Dans le quartier d'Arbat, une AJ assez récente et bien chauffée proposant 4 dortoirs pour 6 à 12 personnes, vraiment impeccables. On se déchausse pour avoir le privilège de marcher sur le parquet flottant (à défaut de pouvoir marcher sur l'eau, c'est déjà ça) et on s'installe avec plaisir dans le beau salon TV avec coin Internet, distributeur de bières fraîches, cuisine ouverte (et coin fumeurs, à savoir la fenêtre !). Attention, une seule douche pour tout le monde ! En revanche, il y a un jacuzzi et un sauna, payants quand même, à partager avec d'autres *(compter env 500 R/h, pour 5-6 pers).* Machine à laver et sécheuse. Notez qu'en principe l'invitation pour le visa et l'enregistrement à l'arrivée sont gratuits, mais vérifiez quand même, ça peut changer... Accueil en anglais.

Chocolate Hostel – Шоколад Хостел *(plan couleur II, E4,* ***57****) : Degtiarny per., 15, bât. 1, 2e étage, appart. no 4.* ☎ *971-2046. • chocohostel.com • Ⓜ Maïakovskaya. Env 800-900 R/pers en dortoir ; chambres pour 2-4 pers 2 400-4 000 R. Petit déj inclus. CB acceptées. Wifi et Internet.* À proximité de l'une des plus belles stations de métro moscovites, une petite AJ plutôt correcte même si ce n'est pas notre préférée. 2 dortoirs propres et bien tenus, plus quelques chambres privées (mais renseignez-vous, elles pourraient finalement être transformées en dortoirs elles aussi...). Bon équipement : plusieurs douches, une cuisine et une machine à laver. Accueil en anglais mais sans grande chaleur.

Home from Home Hostel *(plan couleur III, H7,* ***33****) : Arbat, 49.* ☎ *229-8018. • moshostels.com • Ⓜ Smolenskaya. Bien planqué : de la rue piétonne Arbat, au niveau du no 49, prendre le début de la rue Plotnikov puis, juste après le resto* Bosphore*, la ruelle à droite ; l'entrée est 40 m plus loin, sur la droite. Réception 24h/24. Env 400-800 R/pers en dortoir ; 2 200-3 000 R la chambre double avec ou sans douche. Wifi et Internet.* Au cœur de la rue touristico-piétonne d'Arbat, qu'on aime moyennement, il faut l'avouer, une AJ bien rodée mais un peu usée. 4 dortoirs pour 6 personnes et 2 de 4 lits. Seulement, les lits sont vraiment très rapprochés. Dispose de 5 douches (pas toujours chaudes) et toilettes. De plus, les espaces communs sont très petits, c'est donc vite le bazar ! En dépannage.

Moscow Home Hostel *(plan couleur III, H8,* ***46****) : Neopalimovski per., 2, 1/12.* ☎ *778-2445. • moshostel.com • Ⓜ Smolenskaya ou Kievskaya. Réception 24h/24 ; sonnette directe, c'est en entrant à droite, au 2e étage. Env 500-750 R/pers en dortoir selon taille, et 2 000-3 500 R la chambre pour 2-4 pers. Wifi et Internet.* Pas toute jeune pour une auberge de jeunesse mais c'est une vraie AJ avec des tarifs assez bas. Les dortoirs sont dans une annexe, pas très récente. Le dortoir le moins cher possède 14 lits, les autres accueillent 6 à 10 personnes. Également des chambres privées pour 2 à 4 personnes, un poil plus récentes que les dortoirs (mais à peine). Mobilier *Ikea* partout ! Les bons points : une douzaine de douches (vous avez bien lu), cuisine, machine à laver et plein de services (possibilité de téléphoner moins cher, de louer un ordinateur, etc.). Et, en principe, l'invitation pour le visa est gratuite si on réserve ici (mais pas l'enregistrement, au demeurant moins cher qu'ailleurs). Le point négatif : assez crade et entretien aléatoire. Anglais parlé.

Location de studios ou d'appartements

Une formule qui se développe et une solution à ne pas négliger (surtout si votre budget est un peu limité), car on peut souvent louer pour quelques nuits à peine (voire une seule nuit !). De plus, beaucoup de ces appartements ont été rénovés (ou sont en passe de l'être) et peuvent proposer un bon niveau de confort, le tout à des prix inférieurs à l'hôtel. En gros, il est possible de louer un studio à partir de l'équivalent de 60-70 € par nuit. Vous trouverez ci-dessous quelques adresses d'agences qui proposent de telles locations.

Chambres chez l'habitant

C'est un mode de logement assez peu répandu à Moscou, mais il existe et s'avère très abordable. En revanche, confort souvent basique, s'attendre en général (même s'il y a des adresses plus haut de gamme) à être logé dans un appart de banlieue à la déco soviétique, et à partager la salle de bains des proprios. Mais bon, ce peut être une alternative aux dortoirs ou à l'hôtel... et une bonne manière d'entrer en contact avec des Russes. Comme pour les appartements, nécessité de passer par une agence.

■ ***Eurofamille*** *(plan couleur II, E5)* **:** *Bolchaya Nikitskaya, 50/5 ; bureaux 43-44. ☎ 690-1810. • eurofamily.ru • Ⓜ Barrikadnaya.* C'est une agence de voyages francophone qui peut organiser votre séjour en Russie de A à Z, mais on peut aussi, par eux, ne réserver qu'un appartement ou un séjour chez l'habitant. Ils se chargent alors de l'invitation (pour l'obtention du visa) et de l'enregistrement. Attention, séjour de 3 nuits minimum, quel que soit le type d'hébergement.

■ ***HOFA*** **:** *(007) 921-769-9097. • hofa.ru •* Agence basée à Saint-Pétersbourg, mais qui propose aussi des chambres chez l'habitant à Moscou et dans 60 autres villes de l'ex-Empire soviétique. Vaste choix : plus ou moins près du centre, avec ou sans petit déj, chez des hôtes parlant le français, l'anglais, l'italien ou l'espagnol. Consultez leur site internet, vous y trouverez tous les détails et tarifs. Fait aussi location de studios et d'appartements.

■ ***Tsar Voyages*** *(plan couleur V, O14, 1)* **:** *Malaya Loubianka, 16/4, bureau 222. ☎ 221-1936. • tsarvoyages.com • Ⓜ Loubianka ou Tchistye Proudy.* Cette agence francophone peut organiser tout votre séjour, mais aussi vos logements chez l'habitant, que ce soit à Moscou, Saint-Pétersbourg, Nijni Novgorod, Iaroslavl, Irkoutsk ou Souzdal.

Bed & Breakfast

Pas encore beaucoup d'initiatives dans ce domaine, mais une charmante Helvético-Russe s'est lancée dans cette activité qui ne tardera plus à se développer en présentant l'avantage de se trouver plongé dans la vie des Moscovites.

Bed & Blinis **:** *à 3 mn de la station Aéroport (ligne verte à 10 mn du centre). 910-402-93-17 ou (49) 79-214-43-10 en Suisse. • bedandblinis.com • Compter 90 € pour deux avec petit déj. Wifi.* 4 chambres sont en cours d'aménagement dans un grand appart tout proche. Dans un immeuble à appartements typiques de la banlieue moscovite, on partage avec la famille de Sophie une chambre pour deux sans déco particulière et leur salle de bains, mais avec la promesse d'un vrai petit déj russe. Sophie s'avère être une hôte parfaite pour partager ses expériences et ses bons tuyaux avec les touristes francophones qui débarquent dans cette ville difficile d'accès quand on ne parle ni ne lit le russe.

Hôtels

Les prix pour les hôtels qui suivent sont indiqués uniquement pour vous donner un ordre de grandeur. Plusieurs paramètres peuvent les modifier à la hausse ou à la baisse, selon la saison (c'est moins cher en été), le jour de la semaine (c'est moins cher le week-end), le marché de l'offre et de la demande, le prix du gaz de Sibérie ou l'âge du capitaine, sans compter le cours du rouble par rapport à l'euro. On vous conseille de passer faire un tour sur les sites internet pour bénéficier des promos régulières et arrêter votre choix...

Prix moyens (2 500-4 000 R pour deux / 62,50-100 €)

Hôtel Vega – **Гостиница Вега** *(hors plan couleur I par B1, **37**) : Izmaïlovskoye chaussée, 71, bât. 3V. ☎ 956-0506 ou 0642. • hotel-vega.ru • Ⓜ Partisanskaya (ex-Izmaïlovski Park). Double standard env 3 000 R le w-e et 3 300 R en sem ; chambres supérieures et suites plus chères. Compter env 10 % de remise en été. Souvent une réduc de 15 % si on réserve sur Internet. Petit déj env 420 R. Wifi.* Excentré mais situé juste à la sortie du métro qui dessert le « marché aux puces » d'Izmaïlovo. C'est l'une des 4 gigantesques structures hôtelières édifiées pour les Jeux olympiques de 1980 dans le coin (une lettre pour chacune, ici « V » comme Vega). Pas vraiment Las Vegas non plus, ou alors version soviétique, mais l'hôtel a plutôt bien supporté les épreuves du temps. Pas moins de 1 000 chambres et suites sans grand charme mais de bon confort (salle de bains, TV satellite et frigo). Préférez celles qui donnent sur un parc verdoyant, un ancien terrain de chasse du tsar. Également boutiques diverses, bar et resto. Réception plutôt accueillante et efficace. Une vraie usine à touristes, mais, pour Moscou, c'est un assez bon rapport qualité-prix.

Hôtel Gasis – **Гостиница Гасис** *(plan couleur I, B1, **38**) : Bolchaya Pereyaslavskaya, 50. ☎ 510-3250 ou 680-7647. • gasis.ru/hotels/hotel/1.html • Ⓜ Prospekt Mira ou Rijskaya. Du métro Prospekt Mira, suivre l'avenue du même nom, puis tourner dans la 3e rue à droite (Banny per.), puis à gauche sur Bolchaya Pereyaslavskaya. Doubles env 2 200 R avec sanitaires communs et 3 200 R avec sanitaires privés ; petit déj bon marché en sus. Remise d'env 10 % l'été.* Hôtel russe sans caractère mais pas trop excentré (à 10 mn à pied de Prospekt Mira), dans un quartier sans charme mais calme, et à des prix vraiment raisonnables pour Moscou. Les chambres, pour la plupart bien entretenues, se répartissent sur 12 étages. Un petit côté soviétique, évidemment, mais certaines ont une pièce en plus qui fait office de salon. D'autres (les moins chères) partagent leur salle de bains avec une autre chambre... Un souvenir du passé ! Petit déj très basique. Pour l'accueil, à moins de parler le russe, demandez si quelqu'un parle l'anglais, mais ce n'est pas garanti.

Chic (4 000-7 000 R / 100-175 €)

Hôtel Varchava – **Гостиница Варшава** *(plan couleur IV, K12, **39**) : Leninski pr., 2/1. ☎ 238-7701 ou 1970 (pour les résas). • hotelwarsaw.ru • Ⓜ Oktiabrskaya. Double env 6 000 R, petit déj compris. Remise d'env 10 % le w-e et en été. Wifi et Internet.* Bien situé, à côté du métro (pour ne pas dire au-dessus, mais on ne l'entend pas !) et à proximité du parc Gorki, des galeries Tretiakov et du parc des Sculptures déchues. Un hôtel ouvert dans les années 1960 et, comme son nom l'indique, inauguré par une délégation polonaise... Aujourd'hui, il est non seulement moderne, mais bien tenu et de taille raisonnable pour Moscou. Chambres spacieuses, plaisantes (à dominante bleue) et de bon confort (AC, TV, double vitrage, coffre et minibar). Petit déj-buffet pris au 8e étage, dans une salle élégante. Salon de beauté. Réception où l'on parle un peu l'anglais. Un bon rapport qualité-prix-situation.

Artel Hotel – **Артель Отель** *(plan couleur V, O14, **54**) : Teatralny per., 3/3. ☎ 626-9008. • artelhotel.ru • Ⓜ Loubianka. De la pl. Loubianka, accès juste avt le n° 3 de Teatralny par un passage entre les 2 immeubles (publicité pour Stakan) ; c'est indiqué à gauche puis ascenseur jusqu'au 3e étage. Doubles env 4 700-5 700 R selon confort, petit déj (léger) inclus ; remise de 10 % à partir de 5 nuits ; tarif plus élevé en cas de manifestation particulière. Wifi.* Très bien situé, à proximité de Kitaï Gorod, de la place Rouge, du Kremlin (et à côté du tristement célèbre bâtiment du FSB, l'ex-KGB), cette adresse est l'un des rares hôtels un peu *arty* de Moscou. Disons-le de suite, il vaut mieux éviter les *economy rooms* (2 fois moins chères que le tarif indiqué plus haut mais très petites et certaines sans fenêtres), voici pourquoi nous classons cet hôtel dans cette catégorie. Toutes ont été décorées par des artistes moscovites ou étrangers, ce qui leur donne une certaine originalité, mais sans ostentation. Oh, ce n'est pas le grand luxe, loin de là, mais on a bien aimé les couloirs bleu-rouge délavés (genre !), la réception design, les fresques dans les chambres du style « Bowie vous regarde dormir » et les lits sur une estrade au beau milieu de ce décor un peu trash. Toutes avec douche, w-c, ventilateur et TV. Accueil en anglais. À l'étage inférieur, le ***Masterskaya*** – **Мастерская** est un joli café-resto au diapason de l'hôtel *(tlj 12h-6h ; plats env 350-550 R)*.

Hôtel Bega – **Гостиница Бега** *(plan couleur I, A1-2,* ***44****) : Bégovaya alleya, 11. ☎ 945-5213. Résas : ☎ 946-1070. • bega-hotel.ru • Ⓜ Bélorousskaya ou Bégovaya. Doubles env 4 000-7 000 R selon période et confort, petit déj compris. Wifi.* Hôtel entièrement rénové, abritant environ 150 chambres. Elles sont toutes très confortables, avec clim, coffre et TV *sputnik* (satellite, quoi !). Une bonne affaire le week-end. Celles qui donnent sur l'hippodrome (d'où le nom de l'hôtel des « courses ») sont un peu plus calmes (bien que les autres, dotées d'un bon double vitrage, ne soient pas vraiment bruyantes) et valent bien le petit supplément demandé. Service de blanchisserie et salon de beauté. Restaurant au rez-de-chaussée (cuisine russe et européenne). Personnel très aimable (et anglophone !) à la réception.

Hôtel Alpha – **Гостиница Альфа** *(hors plan couleur I par B1,* ***40****) : Izmaïlovskoye chaussée, 71, à côté de l'hôtel Vega (voir plus haut). ☎ (499) 166-4602. • alfa-hotel.ru • Ⓜ Partisanskaya (ex-Izmaïlovski Park). Env 4 500 R la double. Env 10 % de remise en été. Petit déj env 500 R.* Même concept que l'hôtel *Vega* mais en plus cher, plus confortable et plus élégant. Environ 1 000 chambres, de différentes catégories bien sûr, mais toutes bien aménagées (salle de bains carrelée, notamment) et bien finies. Celles des étages supérieurs ont évidemment une vue sur la ville. L'alpha et l'oméga de l'adresse : la qualité du buffet du petit déj et l'animation autour si c'est aussi ce que l'on recherche : boutiques, bars, restos, sauna, salon de beauté et night-club. Un bon choix dans cette gamme de prix.

De chic à plus chic (4 000-10 000 R / 100-250 €)

Hôtel East-West – **Ист-Вест Отель** *(plan couleur II, E5,* ***55****) : Tverskoy boulvar, 14/4. ☎ 690-0404. • welcome@eastwesthotel.ru • Ⓜ Tverskaya ou Pouchkinskaya. Doubles standard env 6 000-8 000 R selon sem ou w-e, petit déj inclus ; chambres deluxe et luxe plus chères.* Celui-là, on vous l'indique surtout pour sa belle situation, sur la plus jolie portion de ce boulevard de ceinture égayé de maisons bourgeoises, d'un théâtre et du fameux *Café Pouchkine* (voir « Où manger ? » et « Où boire un onctueux chocolat ? »). De plus, il est central et tout près du métro. Jolie maison cachée derrière une haie de verdure et un portail en fer forgé, avec une fontaine dans la cour. Cela dit, les chambres sont confortables mais conventionnelles. On ne saurait trop vous conseiller de vous contenter d'une chambre standard, car les suivantes sont trop onéreuses. Confort correct avec salle de bains (très) chauffée par le sol, clim et TV. Quelques défauts de finition, et on entend un peu le bruit du boulevard. Petit déj-buffet honorable. Personnel parlant très peu l'anglais, malgré le nom de l'hôtel...

Hôtel Aquamarine – **Отель Аквамарин** *(plan couleur IV, L11,* ***56****) : Ozerkovskaya nab., 26. ☎ 580-2828. • aquamarinemoscow.com • Ⓜ Tretiakovskaya ou Paveletskaya. Doubles standard env 5 000-8 500 R selon w-e ou sem ; deluxe et executive 7 500-17 000 R. Remise possible par téléphone ou sur Internet.* Un grand hôtel moderne tout en brique dans un quartier en pleine reconstruction, au bord de la Moskova, non loin de la galerie Tretiakov et du centre historique. Très bon rapport qualité-prix. Pour info, les chambres *standard* et les *deluxe* sont identiques, mais les premières, moins chères, se situent entre le 2e et le 5e étage tandis que les secondes se trouvent aux 6e et 7e étages. La différence, c'est donc la vue, plus peignoirs, thé, café, snacks et accès Internet pour les *deluxe*. Joli design contemporain avec des couleurs ton sur ton, belle salle de bains, écran plat (TV satellite), téléphone, coffre et bouilloire. L'autre plus, c'est le sauna et le fitness centre inclus dans le tarif (sauf les soins), même en chambre standard. Restaurant et bar (24h/24). Excellent accueil en anglais.

Hôtel Akadémitcheskaya – Гостиница Академическая *(plan couleur IV, K12,* ***43****) : Donskaya, 1. ☎ 237-0514. Résas : ☎ 988-8098. • maanhotels.ru/akademicalabout • Ⓜ Oktiabrskaya. À deux pas du métro. Double env 7 750 R, petit déj inclus ; chambres* business *et* luxe *plus chères. Remise d'env 20 % en été.* Attention, c'est l'hôtel de l'Académie des sciences, avec les portraits des académiciens dans les couloirs. Environ 300 chambres tout aussi académiques, selon les critères d'aujourd'hui bien sûr, avec bureau, TV satellite et frigo. D'autres, un peu plus chères, avec AC et connexion Internet, ou encore avec cheminée ou jacuzzi, tout dépend du prix que vous êtes prêt à mettre. Le 15e étage, avec les *business* (grosse moquette rouge, grand lit, salle de bains carrelée noir et blanc), est différent du reste de l'hôtel. Accueil aussi bougon que dans les vieux musées d'État (ha, ha), mais ils essaient au moins de parler l'anglais. Cafét' moderne au rez-de-chaussée.

Hôtel Volga – Гостиница Волга *(plan couleur V, P13,* ***42****) : Bolchaya Spasskaya, 4. ☎ 783-9109. • hotel-volga.ru • Ⓜ Soukharevskaya ou Krasnye Vorota. Doubles env 6 500-8 000 R selon période et confort, petit déj inclus. Wifi et Internet.* De l'extérieur, un bloc moche et sans charme. Une fois entré, on découvre en revanche un appart-hôtel d'un bon rapport qualité-prix-centralité. Propose donc des studios plutôt que des chambres, les moins chers *(corporate suites)* comprenant, pour la plupart, en plus de la chambre, une cuisine équipée ou un salon. Les *business suites,* elles, comptent au moins 3 pièces. AC partout. Assez prisé des touristes japonais. Accueil sympa et en anglais.

Hôtel Péking – Гостиница Пекин *(plan couleur II, E4,* ***45****) : Bolchaya Sadovaya, 5. ☎ 650-2442. Résas : ☎ 8-800-333-0003 (central de résas) ou 234-2467. • hotelpekin.ru • Ⓜ Maïakovskaya. Doubles env 8 000 R en sem et 7 000 R le w-e. Réduc si on réserve en avance par Internet. Wifi.* C'est la moins grande (et la moins grandiose) des 7 tours staliniennes que compte la ville mais ça reste une institution soviétique, construite en 1956. À l'intérieur, 14 étages d'escaliers de marbre, hauts plafonds, boiseries sombres, tapis et épaisses moquettes. Chambres assez spacieuses, de différentes couleurs et décorées de façon grandiloquente (grosses tentures, mobilier au style néoclassique, tons marron...), toutes avec clim, téléphone, TV et minibar. Préférez celles donnant côté cour car c'est assez bruyant côté boulevard. Plusieurs restos. Réception parlant un peu l'anglais. Comme une Arlésienne, on parle régulièrement de démolir la tour mais les jeux ne sont toujours pas faits, vous avez sans doute le temps...

Très chic (plus de 10 000 R / 250 €)

Hôtel Park Inn Sadu – Отель Парк Инн Саду *(plan couleur IV, K11,* ***48****) : Bolchaya Polianka, 17. ☎ 644-4844. • parkinn.com/hotelsadu-moscow • Ⓜ Polianka. Doubles standard env 7 000-10 000 R selon w-e ou sem ; chambres* business *et* suites *9 000-14 000 R. Petit déj-buffet compris. Souvent des promos sur des sites comme • expedia.fr • ou • booking.com • Wifi et Internet (chers).* Cet hôtel fait partie de cette nouvelle génération d'établissements de luxe qui fleurissent à Moscou, surtout dans le centre. Une bonne centaine de chambres dans un beau petit immeuble aux couleurs beige-marron. Elles sont impeccables et tout confort, garnies de mobilier aux lignes épurées. Les *business* (plus chères évidemment) sont plus grandes et ont un balcon. Bel espace petit déj. Accueil pro en anglais. Une bonne adresse dans cette catégorie.

Kebur Palace – Отель Кебур Палас *(plan couleur III, I8,* ***49****) : Ostojenka, 32/1. ☎ 733-9070. • keburpalace.ru • Ⓜ Kropotkinskaya ou Park Koultouri. Env 12 000 R la double, avec petit* *déj ; suites plus chères.* Dans un beau quartier parsemé d'hôtels particuliers de style Art nouveau, à proximité de la cathédrale du Christ-Sauveur et d'une toute nouvelle église dotée de jolis bulbes (l'église de la Nativité-de-la-Vierge, dans l'enceinte du monastère Zatchatiévsky). On aime bien cet hôtel dont la réception évoque le chic anglais, avec marbres, lustres et piano blanc. Les chambres sont globalement plus conventionnelles, mais toutes sont ultra-confortables (coffre, minibar, écran plat, etc.) et certaines (les plus chères avec vue sur la cathédrale) vraiment splendides. Demandez tout de même une chambre à l'arrière ou donnant sur la cour intérieure (avec balcon), elles sont plus calmes. Bon accueil anglophone. Sauna et piscine inclus dans le prix. Photos du vieux Moscou dans les couloirs. On y trouve aussi le resto *Tiflis,* qu'on vous recommande chaudement plus loin.

Russo Balt – Руссо Балт *(plan couleur III, I7,* ***50****) : Gogolevski, 31. ☎ 645-3875. • russo-balthotel.com • Ⓜ Arbatskaya. Doubles à partir de 14 000 R en sem et env 10 500 R le w-e, petit déj compris. Wifi.* Un superbe hôtel de 15 chambres à peine (autant dire rien pour Moscou !) logé dans un immeuble de 1869, une ancienne école de filles arborant une magnifique façade et un hall Art nouveau. C'est même assez exceptionnel pour Moscou, alors si vos moyens vous le permettent... Car c'est très cher, même si les chambres sont dans l'esprit (parquet, grosses tentures, douche et bains pour les plus chères) et que les tarifs incluent, en plus du rabelaisien petit déj, l'utilisation illimitée du minibar (sans alcool) et de petites attentions délicates, comme ces délicieux chocolats et caramels maison. Au fait, *Russo Balt,* c'est le nom de la 1re marque de voitures russes. Le patron a décidé de l'appeler comme ça, car c'est un fan de vieux véhicules. Pour preuve, il a également ouvert un musée de l'Automobile au nord-ouest de Moscou !

Hôtel Budapest – Гостиница Будапешт *(plan couleur II, F5,* ***51****) : Petrovskie linii, 2/18. ☎ 925-3050. • hotel-budapest.ru • Ⓜ Teatralnaya ou Kuznetski Most. Doubles env 7 000-10 000 R selon w-e ou sem, petit déj compris.* Très bien placé, à proximité de la place Rouge, dans une rue tranquille. Bel immeuble de 1876, d'une sobre élégance, dans un style désuet et charmant à la fois. Vastes couloirs en arrondis menant à des chambres du même tonneau, arrangées dans le style fin XIXe s. Excellent confort. Coffre individuel, TV et AC. De plus, possibilité de profiter de la piscine de l'hôtel *Pierre Ier* voisin (même maison en plus chic), moyennant finance. Bien sûr, on parle l'anglais à la réception. Un bon rapport qualité-prix-charme.

Beaucoup plus chic

Dans cette catégorie des hôtels de grand luxe, pour trouver un bon tarif, il vaut mieux s'y prendre à l'avance et consulter les sites internet des hôtels ou les grands sites promotionnels comme *• expedia.fr •* ou *• booking.com •* afin de dénicher les meilleures promotions !

Royal Meridien National – Гостиница Националь *(plan couleur II, F5,* ***52****) : Mokhovaya, 15/1. ☎ 258-7000. • national.ru • Ⓜ Okhotny Riad. Doubles standard env 12 500-19 500 R selon w-e ou sem, mais, pour la vue sur le Kremlin, compter 17 000-23 000 R, petit déj inclus mais hors TVA à 18 %... Parfois des promos sur Internet, fort heureusement !* Un des plus prestigieux hôtels de Moscou, communément appelé le *National.* Construit en 1903 par l'architecte Ivanov dans un élégant style éclectique, mais rénové en 1995. Intérieur évidemment très luxueux. Chambres ou studios décorés à l'ancienne, impeccables, avec meubles vernis, parquet luisant et salle de bains étincelante. Au 2e étage, le resto *Moskovsky* offre une belle vue sur le Kremlin. Accueil formel et efficace (on est dans un 5-étoiles). Il a bien sûr vu défiler pas mal de célébrités. Lénine logea dans la chambre n° 107.

Hilton Moscow Leningradskaya – Гостиница Ленинградская *(plan couleur V, Q13,* ***53****) : Kalantchevskaya, 21/40. ☎ 627-5550. • hilton.com • Ⓜ Komsomolskaya ou Krasnye Vorota. Compter env 6 000-15 000 R selon sai-*

son, plus la TVA à 18 % mais sans le petit déj ! Parfois des promos sur Internet. L'une des 7 tours-sœurs de Staline, plutôt imposante (136 m de haut, 273 chambres), avec le décor le plus luxueux qui soit et dont les extravagances lui permettent de figurer au *Guinness Record Book.* C'est vrai que le hall de l'hôtel bat tous les records de kitsch baroquisant, avec une débauche de bronze sculpté, plafonds ouvragés, lustres et lampadaires délirants, tout comme l'historique salle de bal reconvertie en salle de réception. L'hôtel a été repris, après rénovation complète, par la chaîne *Hilton* et propose depuis des chambres impeccables et tout confort, réalisées dans un style design et des tons crème-marron. Superbe vue sur Moscou depuis les étages supérieurs. *Fitness centre,* piscine intérieure et spa. Accueil très agréable.

OÙ MANGER ?

Quiconque débarquant à Moscou après 20 ans d'exil serait surpris par la nouvelle diversité du paysage culinaire de la ville. Quant à ceux qui ont erré l'âme en peine et l'estomac en bandoulière dans le désert postbrejnévien, ils se demanderaient s'ils ne se sont pas trompés de planète ! Bref, c'est le jour et la nuit, même si l'on ne trouve pas encore, et c'est bien normal, toute la palette d'une ville comme Londres ou Paris. Cela va pourtant du kiosque à blinis (crêpes) installé dans la rue au resto très haut de gamme avec plusieurs portiers à l'entrée...

Actuellement, la cuisine japonaise a le vent en poupe, déclinée sous toutes ses formes dans des établissements de chaîne bon marché ou tout simplement à la carte de bars-restos branchés qui offrent par ailleurs une grande variété de plats russes ou internationaux. Mais la vraie « nouveauté », pour ceux qui débarquent, en tout cas, ce sont les restos des anciennes républiques soviétiques, qu'ils soient caucasiens, ouzbeks, ukrainiens, ou encore géorgiens (quoique ces derniers soient un peu moins nombreux depuis la brouille entre les deux pays). Ils possèdent souvent plusieurs adresses sous une même enseigne (phénomène qui s'applique à beaucoup d'autres restos dans cette ville) ainsi qu'un décor assez kitsch, sans parler des serveurs en « tenue traditionnelle » et des prix... plus ou moins abordables.

Globalement, côté tarifs, sachez que manger à Moscou revient tout de même un peu moins cher que chez nous... sauf si l'on va chercher du côté des établissements chic. Là, subitement, les prix peuvent s'envoler... Dans certains restos pour nouveaux riches, il n'y a même plus de limites tant le jeu consiste à montrer sa richesse. C'est surtout le cas si l'on prend du vin, toujours cher en Russie, et même souvent proposé à des prix ridiculement hauts. Alors, si vous ne pouvez vous en passer, on vous conseille plutôt les vins chiliens, argentins ou sud-africains, car les vins français sont tout simplement très chers et souvent décevants.

MANGER PAS CHER À MOSCOU

On l'a dit, manger à Moscou revient, en gros, un peu moins cher que chez nous. Mais on peut même encore alléger la note, si on veut. On passera rapidement (mais douloureusement) sur le fait que l'ancien maire de Moscou, Iouri Loujkov, non content de raser les vieux quartiers, a éliminé la plupart des vendeurs de rue qui faisaient la richesse culturelle de la ville... au grand dam des petits budgets. Mais on trouve encore des stands de chaîne (parfois même des petites roulottes) proposant hot-dogs et autres pains fourrés pour une poignée de kopecks (allez, quelques dizaines de roubles), ou encore des *chawarma,* des assiettes chaudes ou des *pirojki* (petits pâtés) aux choux ou à la viande. Très courants aussi, les kiosques à blinis (crêpes), fourrés aux œufs de poisson, jambon, fromage, etc. Il existe même une chaîne : ***Teremok* – Теремок,** nom désignant « la petite maison » des contes russes, facilement identifiable... Repérer aussi les stands vert et jaune des ***Kroshka Kartoshka*** – **Крошка Картошка,** qui vendent des pommes de terre au four garnies de toutes sortes de bonnes choses bien caloriques (beurre, fromage, crabe, aneth, crème fraîche, jambon, saucisse, etc.) mais vraiment pas chères.

Le midi, uniquement en semaine, de 12h30 à 15-16h environ, tout le monde s'offre un de ces *business lunch* proposés dans la plupart des restos (même chic). Pour 200 à 300 R en moyenne, on a droit à un repas complet (soupe, plat, dessert, et souvent une boisson).

IL AVAIT UN JOLI NOM, MON GUIDE...

Rappelez-vous, Gilbert Bécaud avait chanté le Café Pouchkine *dans sa célèbre chanson* Nathalie... *alors qu'il n'existait pas à l'époque. D'ailleurs, du temps du communisme, il n'y avait presque pas de cafés à Moscou. C'est en fait Andreï Dellos, aristocrate par sa mère et fils d'un couturier français, qui l'a matérialisé à la fin des années 1990. Ce Russe francophile débuta dans la vie comme... guide pour touristes qui, tous, inévitablement, lui demandaient toujours de les emmener... au* Café Pouchkine *!*

Enfin, outre les fast-foods internationaux *(McDo, Pizza Hut...)* sur lesquels nous ne nous étendrons pas, il existe quelques chaînes russes de restos bon marché et pourtant pas mauvaises du tout. Voici les deux plus connues :

|●| ***Mou-Mou*** – **My-My** *: Malyi Gnezdnikovski per., 9-7 (plan couleur II, E5,* ***60****). Ⓜ Puchkinskaya, Tchekhovskaya ou Tverskaya. Ou Arbat, 45/24 (plan couleur III, H7,* ***60****). Ⓜ Smolenskaya. Ou encore sur Mianitskaya (plan couleur V, O14,* ***60****). Ⓜ Loubianka. Et encore une quinzaine d'autres adresses à Moscou ; nous vous en signalons quelques-unes sur nos plans couleur. Tlj 9h-22h30. Plats env 100-200 R.* Leur enseigne est une vache (d'où le nom de la chaîne) car l'idée est d'associer ce qu'on sert ici aux produits de la ferme (et, par extension, à une cuisine saine et naturelle...). Bon, à notre avis, tout ne vient pas en droite ligne du champ, mais la formule, self-service, est sympa, et les plats, style cantine améliorée, sont corrects et plutôt goûteux, surtout pour ce prix ! De plus, le décor se veut rustique, évoquant... la campagne (sans blague ?). Même les chaises et la vaisselle, avec leurs taches noires sur fond blanc, évoquent les vaches. Curieusement, cette chaîne appartient au même patron que le très chic... *Café Pouchkine* (voir plus loin) !

|●| ***Elki Palki*** – **Елки Палки** *: Neglinnaya, 8/10 (plan couleur V, O14,* ***61****). Ⓜ Kouznetski Most. Ou Arbat, 16/2 (plan couleur III, I7). Ⓜ Arbatskaya. Tlj, en général 11h-minuit. Buffet froid ou chaud, avec ou sans viande, env 360-560 R, sans les boissons ; sinon, plats env 150-400 R.* La chaîne est en pleine expansion à Moscou, et regroupe maintenant une quarantaine d'adresses, dans différents quartiers ! Le nom signifie « sapins-bâtons ». C'est une interjection en russe, qui permet d'éviter de dire devant les dames un très gros mot qui commence par la même syllabe : un peu « mercredi » au lieu de « cambronne ». Décor invariable d'isba russe, avec un chêne en plein milieu. Pour le reste, c'est simple, rapide et pas trop cher. Carte avec photos et sous-titres en anglais. Essayez les *pelmeni* (raviolis), servis dans un bouillon, ou encore, en dessert, le gâteau au miel. Sinon, beaucoup de grillades, et bien sûr le chariot de crudités. Vin au verre.

Au nord du Kremlin

Entre Tverskaya et Bolchaya Loubianka surtout. C'est l'un des coins les plus fréquentés par les touristes.

De bon marché à prix modérés (moins de 300-600 R / 7,50-15 €)

|●| ***Club Petrovitch*** – **Петрович** *(plan couleur V, P14,* ***65****) : Miastniskaya, 24,*

bât. 3. ☎ 623-0082. Ⓜ Loubianka ou Tchistye Proudy. Business lunch *en sem 13h-16h à peine 200 R. Carte de membre obligatoire à partir de 22h30.* Un lieu étonnant en sous-sol, gardé par des cerbères dignes de l'époque soviétique, qui abrite un décor au diapason mais revu et corrigé par le féroce caricaturiste de la presse quotidienne, Andreï Belzho. Résultat, on déjeune dans une cuisine digne des années 1950 ou sous des arches de brique pleines de statuettes représentant des personnalités russes, toutes baptisées ironiquement Petrovitch ou Petrovna ! Même les assiettes ont été croquées par le dessinateur. Et dans celles-ci, on ne se moque pas de vous avec, le midi, un super rapport qualité-prix (salades à volonté et plat du jour fort honnête). Le soir, c'est à la carte (un peu plus cher) et si, en fin de semaine, vous entrez avant 22h30 (ou avec un ami membre), vous aurez sans doute droit à un petit concert bien sympathique...

|●| ***Jagannath*** – **Джаганнат** *(plan couleur V, O14,* ***62****) : Kouznetski most, 11. ☎ 628-3580. Ⓜ Kouznetski Most ou Loubianka. Tlj 10h-23h.* Business lunch *13h-15h env 150 R ; plats 50-100 R au self et 400-600 R au resto.* Précédé d'une boutique de produits indiens, ce self à la déco on ne peut plus zen (plus musique et encens ad hoc) propose une cuisine végétarienne de bonne tenue et peu ruineuse. Atmosphère cool et bohème. Bien aussi pour boire un jus de fruits frais, un thé au gingembre ou un *lassi* (yaourt liquide indien) dans l'après-midi. Sinon, il y a aussi une belle salle de resto cossue, avec une carte proposant des mets plus sophistiqués, comme le *maharadja sabdzi.*

|●| ***Menza*** – **Менза** *(plan couleur II, F5,* ***63****) : Bolchaya Dmitrovka, 32. ☎ 650-3240. Ⓜ Tchekhovskaya, Pouchkinskaya ou Tverskaya. Tlj 11h-23h (6h vensam).* Business lunch *env 180-380 R ; plat env 200 R.* Une adresse très chouette pour qui a envie de manger japonais, mais autre chose que des sushis. Dans 2 salles branchées avec murs de brique blanche, banquettes orange et baies vitrées donnant sur la rue, on choisit sur les menus en russe (mais avec photos) ce qu'on veut manger. Plats de riz ou de raviolis surtout, pas hyper copieux mais pas très chers et, qui plus est, excellents. On voit les cuistots japonais s'affairer derrière un vaste comptoir. Un lieu idéal pour le midi.

|●| ***Yapochka*** – **Япошка/Япоша** *(plan couleur II, F5,* ***67****) : Bolchaya Dmitrovka, 12. ☎ 629-3453. Ⓜ Teatralnya. Ouv 24h/24. Compter env 400 R le repas.* Chaîne de restos comptant une bonne dizaine d'adresses à Moscou. On ne raffole pas du concept, moderne et aseptisé, avec des écrans TV et de la techno qui va un peu fort... mais force est de reconnaître que la cuisine est plutôt réussie et sagement tarifée : bonnes soupes, délicieux sushis, copieux *pelmeni,* plus un tas d'autres trucs, de la grillade aux salades diverses en passant par les pâtes, risottos et autres plats de poisson. Il y en a vraiment pour tous les goûts ! De plus, on est rapidement servi et, encore une fois, ce n'est pas ruineux... Vous trouverez d'autres adresses dans le centre.

|●| ***Vokzal*** – **Вокзал** *(plan couleur I, A1-2,* ***68****) : Suchyovskaya, 21. ☎ (499) 972-0078. Ⓜ Novoslobodskaya ou Mendeleevskaya. Un peu excentré mais pas loin du métro. Tlj 11h-minuit. Env 300 R. Vokzal* signifie « gare ». On comprend pourquoi quand on découvre l'endroit : une grande salle au sol carrelé, avec des tables et chaises en bois et un plafond traversé de gros tuyaux. On va se servir à un grand buffet (de gare, évidemment !) garni de plats type cuisses de poulet, langue de bœuf, tranches de porc, choucroute, pommes de terre rissolées, soupes, salades... Certes, ce n'est pas de la grande cuisine, mais ce n'est pas mauvais non plus et, surtout, on est calé à peu de frais. De plus, le lieu est amusant. Côté musique, ça va de la techno (douce) aux rythmes brésiliens en passant par la chanson française. Et le week-end, de 13h à 17h, spectacle pour enfants avec des clowns !

|●| ***Lavach*** – **Лаваш** *(plan couleur II, F4,* ***71****) : Tsvetnoï boulvar, 7. ☎ 925-8285. Ⓜ Tsvetnoï Boulvar. Presque en face des Z'amis de Jean-Jacques. Tlj 11h-minuit.* Business lunch *350 R ; plats env 250-700 R.* C'est tout simplement l'un des meilleurs restos arméniens de Moscou. On y déguste les spécialités de là-

bas : *dolmas,* salade Dymok, *koutabas* (beignets aux herbes), soupe Poutok (mouton aux pois chiches) et les indétrônables *shashlick.* Pour ceux qui seraient un peu perdus, le menu est agrémenté de photos, ce qui aide à choisir. Excellente carte de thés également. La déco est à la fois très classe et assez folklo : jolies alcôves garnies de tentures et de frises, mosaïques, poteries et colonnades, vaisselle en terre cuite et serveurs en habit traditionnel. Ah, quand même, la vache ! Terrasse en été. Ambiance musicale dès 20h du mardi au samedi.

Dantes *(plan couleur V, P14,* ***75****) : Miasnitskaya, 13/3. ☎ 621-4688. Ⓜ Loubianka ou Tchistye Proudy.* Business lunch *léger ou à volonté 200-390 R ; plats env 300-600 R et grillades 2 fois plus chères.* Un grand resto « multiculturel » dans le coup, avec une belle salle contemporaine, un bar et une grande terrasse ouverte en été (couverte aux premiers frimas). On s'y retrouve volontiers entre expats (mais pas seulement), du petit déj au *mojito* du soir, en passant par le *business lunch* du midi avec soupe du jour, salade, plat chaud à volonté, dessert et boisson. Sinon, carte aussi variée que nécessaire, comme dirait l'autre, avec notamment de très bons *rolls* à partager à plusieurs (les beignets aux crevettes et amandes sont excellents), des sushis, sashimis, pâtes, petits plats cuisinés et une délicieuse *caesar salad* aux crevettes et au bacon. Bien aussi pour boire un cocktail au gingembre ou au pamplemousse (avec vodka et liqueur de melon !).

Chtcherbet – Щербет *(plan couleur V, O-P13,* ***72****) : Sretenka, 32/1. ☎ 607-3318. Ⓜ Soukharevskaya. Ouv 24h/24.* Business lunch *12h-17h en sem 220 R ; plats 400-700 R.* Un des attraits de Moscou, c'est son internationalité. Ici, on sert des spécialités ouzbeks (pas mal d'agneau, de grillades et de brochettes), mais aussi des plats arabes (couscous) et des kebabs. Quelques originalités un peu plus chères, comme le bébé esturgeon cuit à feu doux « pour préserver le goût ». Rien à redire, la qualité est là. Le tout à déguster dans une petite salle chaleureuse au style assez marocain, avec lumière tamisée, pots en terre cuite et draperies colorées. On peut aussi y prendre le petit déj (bonnes omelettes) et y fumer le *kalian* (pipe à eau). Spectacles de danse du ventre le vendredi soir. *Autres adresses : Pokrovka, 6, et Petrovka, 15.*

Le Charme Discret de la Bourgeoisie* – Скромное обаяние буржуазии** *(plan couleur V, O14,* ***64*) : Bolchaya Loubianka, 24. ☎ 623-0848. Ⓜ Tchistye Proudy. Ouv 24h/24. Plats env 300-450 R.* Si aucun obstacle ne vient perturber votre dîner comme dans le fameux film de Luis Buñuel, vous découvrirez ce charmant petit resto – souvent abrégé en « Bourgeoisie » –, certes bourgeois mais moins français qu'il n'y paraît. Son décor, une belle salle voûtée au plafond en brique, avec des fresques et des tapisseries ornant les murs, est l'un des « charmes » du lieu. L'autre, c'est l'animation, mais côté discrétion, vous repasserez, car le lieu est bruyant le soir (et la mezzanine vraiment enfumée !). Côté cuisine, c'est varié (soupes, pâtes, pizzas, salades, viandes, poissons, sushis...), fort bien réalisé et à des prix vraiment très corrects. Toilettes *old style.* Service sympa. Clientèle jeune un peu bobo.

Les Z'amis de Jean-Jacques* – Жан-Жак Руссо** *(plan couleur I!, F4,* ***70*) : Tsvetnoï boulvar, 24. ☎ 608-5810. Ⓜ Tsvetnoï Boulvar. Ouv presque nonstop. Plats env 400-700 R.* Bon, ce coup-ci, on est vraiment dans un resto français... sauf que le nom est inspiré de Jean-Jacques Rousseau et non du patron, un Russe (qui ne s'appelle pas Jean-Jacques Russo !). Un hommage, en somme... Voici donc le bistrot type, avec ses petites tables et ses lambris rouges garnis de miroirs et de bouteilles. Il y a même parfois un accordéoniste le soir, histoire de chauffer la salle. Pour les nostalgiques ou pour ceux que ça amuse de voir les Russes manger *frantsouski,* goûtez donc à la soupe à l'oignon, bien onctueuse, avec des croûtons et du fromage, et, en plat, prenez le steak, c'est peut-être la bonne viande la moins chère de Moscou. *Autres adresses : Verhnyaya Radichtchevskaya (voir « À l'est du Kremlin » plus loin), Nikitski boulvar, 12 (Ⓜ Arbatskaya) et Leon Tolstoï, 18 (Ⓜ Park Koultoury).*

De prix moyens à chic (600-2 000 R / 15-50 €)

Café Pouchkine – **Кафе Пушкин** *(plan couleur II, E5, **73**) : Tverskoï boulvar, 26 A. ☎ 739-0033. Ⓜ Pouchkinskaya, Tverskaya ou Tchekhovskaya. Ouv 24h/24.* Business lunch *12h-16h en sem env 750 R ; plats 500-1 400 R.* Créé de toutes pièces grâce à la chanson de Gilbert Bécaud (voir encadré, plus haut), ce restaurant donne pourtant l'impression d'être là depuis le XVIIIe s... Pourquoi ? À cause, notamment, du bâtiment (qui, lui aussi, a à peine une dizaine d'années), mais surtout grâce au décor intérieur, celui d'une ancienne pharmacie, avec une atmosphère de pénombre savamment entretenue, de belles boiseries sculptées et des serveurs en tenue raccord, comme dans un film d'époque en costumes... Tout y est « chic et charme », jusqu'à l'ascenseur en fer forgé et les w-c en porcelaine au sous-sol. On peut y déguster au comptoir un somptueux chocolat chaud comme dans la chanson (voir « Où boire un bon café... » plus loin), mais le restaurant est de grande qualité également. Outre leur menu du midi, leur bœuf *Stroganoff* est une vraie réussite. Enfin, en montant à l'étage, les prix (déjà élevés) montent aussi, mais l'endroit est séduisant car on mange dans une bibliothèque... Bref, on ne sait plus qui remercier, Bécaud, son parolier Delanoë ou le patron, sans oublier Pouchkine lui-même sans qui rien n'aurait été possible ! Dommage qu'on y diffuse de la musique d'ascenseur.

Beloe Solnce Pustini – **Белое Солнце Пустыни** *(plan couleur II, F5, **74**) : Neglinnaya, 29/14. ☎ 625-3393 ou 2596. Ⓜ Kouznetski Most ou Tchekhovskaya. Tlj 12h-3h (minuit pour la cuisine). En sem, le midi, menu 1 500 R avt 15h et 2 100 R après ; à la carte, plats env 700-1 300 R.* Son nom signifie « Le soleil blanc du désert », un film célèbre ici, et même culte. En tout cas, un décor de film et une atmosphère à la *Lawrence d'Arabie* tout à fait exceptionnels ! Certains le trouveront kitsch à mourir, d'autres dépaysant et coloré à souhait : on retrouve par exemple des mannequins de vieux Ouzbeks dans un coin, une reconstitution de cabane de pêcheur dans un autre, tandis que des esturgeons s'ébattent dans un bassin et que les serveuses en costume s'activent en tous sens, sur fond de musique arabisante... Spectacle de danse du ventre régulièrement en soirée. Beaucoup de nouveaux riches russes, plutôt extravertis. Cuisine de l'Ouzbékistan de haute tenue, mâtinée de plats arabes et chinois. Essayez le *samsa,* pâté fourré à l'agneau, le *safikha,* pain arabe fourré à la viande et sauce radis, les *schakriya,* côtes d'agneau grillées sauce yaourt, le *mixed kebab* (poulet, agneau, saumon, etc.), la brochette d'esturgeon et la caille farcie au foie. Au choix, une douzaine de soupes différentes. En hors-d'œuvre, un assortiment de crudités d'une fraîcheur exquise. Riche carte des vins (mais évidemment très chers). À côté se trouve un autre resto, l'*Ouzbékistan* (même proprio, les 2 d'ailleurs communiquent), proposant un menu similaire.

Café des Artistes – **Кафе Артисты** *(plan couleur II, F5, **76**) : Kamerguerski per., 5/6. ☎ 692-4042. Ⓜ Teatralnaya ou Okhotny Riad. Tlj 11h-1h (minuit pour la cuisine).* Business lunch *et* hungry sunday *env 600 R ; à la carte, compter au moins 1 500 R, sans les boissons.* Son nom vient du voisinage du théâtre MKHAT. Il faut dire également que le patron est un Suisse... Agréable terrasse sur l'une des rues piétonnes les plus branchées de Moscou (eh oui, ça se paie !). Très élégant cadre intérieur Art nouveau, avec un bas-relief derrière le bar. Ici, les touristes sirotent leur café en zieutant les passants tandis que les businesswomen s'entretiennent autour d'une salade. Cuisine franco-suisso-italienne de très bonne qualité. Pas trop cher si l'on se contente du (bon) *business lunch.* À la carte, c'est plus douloureux. Belle sélection de vins... pour qui peut se les payer. Expos de peinture régulières (on est au café des artistes !).

Très chic (plus de 2 000 R / 50 €)

Sirena – **Сирена** *(plan couleur V, P13, **77**) : Bolchaya Spasskaya, 15. ☎ 608-1412 ou 0200. Ⓜ Soukharevs-*

kaya. Tlj de 12h jusqu'au dernier client. Entrées 400-1 700 R, plats 800-2 300 R. Un poil excentré, dans une rue peu passante, mais bien connu des hommes d'affaires en vogue et des oligarques. Facile à repérer avec les grosses cylindrées garées devant et leurs gardes du corps à lunettes noires. Bienvenue au cinéma... Resto extrêmement réputé pour son poisson et... ses lourdes additions. Très chic, nous le disions, mais curieusement pas trop guindé. Dans leur coin, souvent, des bandes de joyeux nouveaux Russes festoient bruyamment. Climatisé et tamisé à souhait. Service impeccable. Cadre marin en bois, serveurs habillés en matelots, décor d'aquariums où évoluent de nombreux beaux poissons exotiques que vous ne retrouverez guère dans l'assiette. Ici, on est plutôt perche, anguille (de la Baltique), esturgeon, araignée de mer géante (visibles dans un bassin), huîtres (de Bretagne, belons, si, si !) et autres crustacés. Beaucoup de choix à la carte et cuisine sérieuse. Vins, en revanche, inabordables. Piano dès 20h.

À l'ouest du Kremlin

Entre Tverskaya et *Stary Arbat,* la rue touristico-piétonne sans doute la plus toc de la ville. Mais ce quartier compte pas mal de beaux restos un peu chic, notamment autour de la rue Spiridonievski *(plan couleur II, E5).*

De bon marché à prix modérés (moins de 300-600 R / 7,50-15 €)

🍴 ***Chachlitchnaya ou Nikitskikh Vorot* – Шашлычная у Никитских ворот** *(plan couleur II, E5-6,* ***78****) : Kalachni per., 9, et Bolchaïa Nikitskaya.* Ⓜ *Arbatskaya. Dans la rue qui part en face de l'agence* TASS (TACC). *Tlj 10h-21h au self et 12h-minuit au resto. Plats env 100-300 R.* 2 adresses côte à côte, un self et un resto. Historiquement, il y a toujours eu à cet endroit une *chachlitchnaya* (resto spécialisé en brochettes). Aujourd'hui encore, le self reste un débit de kebabs et autres *shashlick,* à accompagner de petites assiettes froides ou d'un appétissant borchtch. On commande comme on peut au comptoir (carte uniquement en russe et les plats ne sont pas exposés !), puis on va s'asseoir dans l'autre salle. Le tout est d'un dépouillement total (pas un cadre sur les murs) et l'accueil est rustique (russe-tique ?) mais rien à redire, vraiment, c'est bon marché et nourrissant. De l'autre côté du coin (en fait sur Bolchaïa Nikitskaya) se trouve le resto du même nom, avec sa salle fort agréable aux murs de pierre ornés de peaux d'ours. C'est un poil plus cher mais n'hésitez pas, c'est la même cuisine (à savourer les pieds sous la table dans un décor plus gai, et ouvert plus tard).

🍴 ***Mayak* – Маяк** *(plan couleur II, E5,* ***80****) : Bolchaya Nikitskaya, 19.* ☎ *691-7449.* Ⓜ *Arbatskaya. Tlj 12h-6h (y compris la cuisine !).* Business lunch *env 270 R ; plats 300-650 R.* C'est le café artistique du théâtre Maïakovski, il faut monter une volée de marches depuis la rue pour y accéder. On découvre alors une grande salle nostalgique en diable, style brasserie des années 1920, avec plancher, lambris à miroirs, tables en bois... Clientèle jeune et bohème (et bruyante !). On y vient autant pour grignoter, entre amis, une assiette de fromage ou de charcuterie avec un verre de vin que pour manger sérieusement des plats du genre poisson grillé, filet de canard (sauce « sarladaise »), agneau « provençal » ou pâtes aux asperges et champignons. Le verdict est clair et sans appel : c'est bon, pas très cher et l'ambiance est vraiment sympa.

🍴 ***Chech-Bech* – Шеш-беш** *(plan couleur II, E6,* ***81****) : Vozdvijenka, 11/3.* ☎ *978-8004.* Ⓜ *Arbatskaya. À la sortie du métro. Ouv 12h-minuit. Buffet 390 R ; plats 200-400 R.* Un resto azeri. Excellent, agréable et très bien situé, entre le Kremlin et les deux Arbat. On se retrouve souvent dans ce coin-là, et plusieurs lignes de métro y arrivent. *Chech* veut dire 6, *Bech* signifie 5 (en azeri), et le tout désigne un jeu de dés (un 421 à l'azerbaïdji, quoi !), auquel vous pouvez jouer si vous prenez un litron de vin. Buffet abondant et varié, mais attention, on ne peut se servir qu'une seule fois, donc composez bien votre assiette. Sinon, plats à la carte. Le soir, ambiance danse et musique orientale, dont du raï. *Il y a 9 autres Chech-Bech à Moscou, notamment : au 24, Novy Arbat ; au 6, Smolenskaya pl. ; au 24/1, rue Piatnitskaya ; et au 1/1, Tovarichtchevski per.*

|●| *Kich-Mich* – Кишмиш *(plan couleur II, D6, **82**) : Novy Arbat, 28. ☎ 690-0703. Ⓜ Arbatskaya. Tlj 11h-minuit. Buffet à peine 400 R ; plats 200-500 R.* L'occasion de goûter à la cuisine ouzbek sans commettre d'attentat au portefeuille. Grande salle au décor kitsch-mixte (d'accord, elle est facile !), à mi-chemin entre le style caverne et la demeure traditionnelle ouzbek, avec canisses, vigne en plastique et tout et tout... Musique du pays et costumes nationaux contribuent à vous expédier artificiellement à quelques milliers de kilomètres de là. Buffet (de crudités surtout) à volonté et plats genre pilaf, *shish-kebab,* soupe *lagman* (avec agneau et nouilles), *dolma* (riz au mouton) et *manti* (2 gros raviolis farcis). Terrasse aux beaux jours, mais fort bruyante à cause de la circulation. 5 autres adresses sur Moscou.

|●| *Karetny Dvor* – Каретный двор *(plan couleur II, D5, **83**) : Povarskaya, 52. ☎ 691-6376. Ⓜ Barrikadnaya. Dans le quartier de l'ambassade américaine. Ouv 24h/24. Plats env 250-600 R.* Il faut aimer le cadre, une grande salle aveugle et climatisée, toute boisée, avec de la fausse vigne (la seule qui accepte de survivre sans lumière du jour sans doute). Les petits groupes peuvent bénéficier des petits salons privés, en fait d'anciens garages de diligences disposés de part et d'autre d'un long couloir. Ici, on mange un peu de tout ce que le territoire de l'ex-Union soviétique a su produire : porc à la russe, poulet à la Kiev, pilaf ouzbek, ainsi qu'une longue liste de *shashlick* au charbon de bois, à prendre avec un grand pain plat azerbaïdji fait maison, dans un vieux four traditionnel. Honorable sans être exceptionnel.

Prix moyens (600-1 200 R / 15-30 €)

|●| *Café Margarita* – Кафе Маргарита *(plan couleur II, E5, **85**) : Malaya Bronnaya, 28. ☎ 699-6534. Ⓜ Mayakovskaya ou Pouchkinskaya. Tlj 13h-minuit. Business lunch 300 R ; plats env 550-900 R. CB refusées.* Un petit resto d'angle à côté de l'étang des Patriarches. Le nom vient du célèbre roman de Boulgakov *Le Maître et Marguerite,* dont l'action se situe dans le secteur. Ici, on se croirait plutôt dans un resto du quartier Saint-Michel à Paris. Cadre de vieux bistrot patiné, à dominante rouge, où chaque soir se produisent des musiciens interprétant des standards (on fait passer le chapeau ou la timbale). Sympa mais faut aimer le violon et les décibels, pas la conversation ! Cela dit, on y mange plutôt bien, une cuisine 100 % russe : borchtch, porc aux bacon et tomates frites, *pelmeni* de bœuf, steak de saumon à la sauce blanche. Bon accueil.

Chic (1 200-2 000 R / 30-50 €)

|●| *Mari Vanna* – Мари Vanna *(plan couleur II, E5, **79**) : Spiridonievski per., 10. ☎ 650-6500. Ⓜ Barrikadnaya ou Tchekhovskaya. Tlj 9h-23h. Résa conseillée. Repas env 1 200 R.* On n'est pas chez l'Oncle Vania mais presque. Si les habitués ont la clé de cet « appartement », rassurez-vous, ce n'est pas obligatoire... Il suffit de frapper à la porte, le gardien vous ouvrira, rangera votre manteau dans sa loge et vous fera pénétrer dans cette amusante reconstitution d'un appartement russe du XIXe s. Évitez de marcher sur le chat ou le chien, qui se baladent librement, et installez-vous confortablement au milieu de cette déco bourgeoise, antithèse du décor soviétique, où le seul élément moderne est une télévision judicieusement insérée dans un vieux poste. La cuisine est évidemment une cuisine de *babouchka.* Elle est un peu chère mais excellente, cuisinée avec beaucoup d'herbes. Essayez par exemple la salade Olivier, les *pelmeni* (raviolis russes) ou le foie de veau avec sa purée maison. Le tout à accompagner d'une boisson traditionnelle comme le *morse* (jus d'airelles ou de baies rouges) ou le *kompot* (décoction de fruits secs). Ah, babouchka babouchka, comme dirait Kate Bush, nostalgie quand tu nous tiens... Pour les snobs, succursale à New York !

Pavillon – **Павильон** *(plan couleur II, D-E5,* ***86****) : Bolchoï Patriarchi per., 7/1. ☎ 697-5110. Ⓜ Maïakovskaya ou Tverskaya. Ouv 12h-5h. Env 1 500-2 000 R le repas, hors boissons. Wifi.* À deux pas du *Café Margarita,* au bord de l'étang des Patriarches. Comme son nom l'indique, il s'agit d'un superbe pavillon abritant un resto chic et branché, avec divans moelleux, fauteuils-bergères, le tout baignant dans un subtil éclairage et une lancinante musique... techno. Mais l'attrait est aussi dans l'assiette, avec des plats du genre médaillon de veau (d'une exceptionnelle tendreté !) à la menthe, wok de pinces de crabe, tagliatelles aux bolets ou bar à la citronnelle. Tout n'est pas copieux (mieux vaut prendre une entrée), mais c'est vraiment bien réalisé. Autre bon point : le lieu n'est pas enfumé. Enfin, est-il besoin de préciser qu'on y croise de fort jolies créatures ? Oups, trop tard !

Shinok – **Шинок** *(plan couleur II, C6,* ***88****) : 1905 Goda, 2. ☎ 651-8101. Ⓜ 1905 Goda. Ouv 24h/24. Plats env 500-2 000 R. Le w-e, brunch 13h-18h avec buffet à volonté 2 500 R.* Un peu excentré, dans une rue riche en restos chic « à thème ». Celui-ci, ukrainien, a poussé le jeu un peu loin puisqu'on peut y voir d'authentiques animaux de ferme paître pendant qu'on mange ! De quoi devenir cinoque, non ? D'autant qu'on est servi par des jeunes femmes en jupette rouge avec une couronne de fleurs dans les cheveux... le tout au son d'une gentille musique traditionnelle du style « la petite maison dans la prairie ». Si vous n'avez pas trop faim et que vous voulez limiter l'addition, on vous conseille le borchtch entier aux cèpes, un délice, présenté dans un caquelon en terre cuite avec divers pains et des sauces à part... Mais il y a bien d'autres plats originaux comme les raviolis au chou et aux pruneaux, le lapin à la crème, le saucisson de veau au sarrasin, les quenelles de poisson aux légumes grillés, et on en passe ! Le tout servi copieusement et avec le sourire. On aime !

Club-restaurant CDL – **Клуб-ресторан ЦДЛ** *(plan couleur II, D5,* ***87****) : Povarskaya, 50. ☎ 651-8191. Ⓜ Barrikadnaya. Tlj 12h-minuit. Menus 1 900-2 000 R ; menu w-e 950 R ; plats env 1 000-2 000 R.* C'est le célèbre resto de la maison des Écrivains, évoqué entre autres dans *Le Maître et Marguerite* de Boulgakov (et pour cause : c'est en partie ici qu'il écrivit le livre). Un cadre vraiment époustouflant, une fascinante remontée dans le temps. Avec ses hauteurs de plafond saisissantes, mezzanines et boiseries sculptées, colonnes en bois torsadées, blasons, lustres de Venise, cheminées monumentales, c'est une véritable explosion de baroco-gothique... Vous y verrez aussi le lustre monumental offert par Staline à Gorki. On imagine l'atmosphère dans un tel cadre pendant la période stalinienne, les écrivains à la botte du régime, les plumitifs et autres médiocres gratte-papier complotant et dénonçant ceux qui possédaient parfois 100 fois plus de talent qu'eux. Aujourd'hui, remarquablement rénové, c'est un lieu plutôt fréquenté par les étrangers (touristes et expats), venus discuter tranquillement et savourer une fort belle cuisine, tout en finesse et saveurs, dans un cadre grandiloquent. Recettes souvent classiques, mais « dépoussiérées » avec talent. Et la carte est en français, s'il vous plaît ! Musique classique ou piano dès 19h.

Très chic (plus de 2 000 R / 50 €)

Oblomov na Presnie – **Обломовъ на Пресне** *(plan couleur II, C6,* ***89****) : 1905 Goda, 2. ☎ 281-9290. Ⓜ 1905 Goda. Dans la même rue que le* Shinok *(en fait quasiment à côté de celui-ci), à l'étage d'un immeuble ; on passe d'abord par le resto* Kleopatra. *Ouv de 19h (17h le w-e) jusqu'au dernier client. Menu env 110 US$, sans boissons.* Ameublement d'époque, cheminée de marbre, lourdes tentures, vieux tableaux, plancher en bois, ici, on se croirait dans un salon aristocratique du XIXe s. Clientèle d'hommes d'affaires et de nouveaux Russes. La formule ? Un menu fixe très cher, qui comprend une soupe, une entrée, 4 ou 5 plats différents et un dessert, le tout proposé à volonté. C'est très correct, mais ça ne vaut pas tout à fait ce qu'on paie... En fait, on vous le signale surtout parce que ce resto réputé appartient à Anton Tabakov, fils du célèbre acteur et metteur en scène Oleg Tabakov. Ce dernier joua le rôle d'Oblomov dans le film *Quelques jours de la vie d'Oblomov* du réalisateur Nikita Mikhalkov. D'ailleurs, on peut voir le portrait de « papa » au-dessus de la cheminée...

À l'est du Kremlin

De bon marché à prix modérés (moins de 300-600 R / 7,50-15 €)

|●| *The Chinese Pilot Jao Da* – Китайский летчик Джао Да *(Kitaïski Lyotchik Djao Da ; plan couleur V, P15, **91**) : Loubianski proezd, 25/12.* ☎ *624-5611.* Ⓜ *Kitaï Gorod. Ouv 10h-6h (12h-8h le w-e).* Business lunch *à peine 250 R ; plats env 200-500 R.* Haut lieu de la jeunesse moscovite un peu bohème. Au sous-sol, un cadre totalement usé et patiné dans les tons rouge et verdâtre, plancher râpé jusqu'à la moelle et coins dans la pénombre pour manger tranquillos entre amis. Cuisine genre brasserie tout à fait bonne, pas chère et servie généreusement. Bon choix : soupes, salades, saumon à la russe, poulet aux amandes, bœuf sauce cognac, et même des crêpes fourrées (essayez celle au caramel !). Vin au verre. Voir aussi « Où boire un verre ? Où écouter de la musique ? » dans « Où sortir ? ».

|●| *Club Vissotsky* – Клуб Высоцкий *(plan couleur IV, M10, **94**) : Nijny Taganski toupik, 3.* ☎ *764-9030.* Ⓜ *Marxistskaya ou Taganskaya. Accès à l'arrière du théâtre-musée (descendre l'escalier). Tlj 12h-5h.* Business lunch *en sem env 200 R.* À l'occasion d'une visite du musée Vissotsky (se reporter à la rubrique « À voir »), n'hésitez pas à pénétrer dans ce joli décor en mezzanine, avec coursives métalliques sur fond de murs en brique blanche et films rétro projetés sur un écran. On y sert un bon *business lunch,* avec buffet de crudités à volonté, plat chaud (à choisir entre 2) et du thé (à volonté aussi). Clientèle mi-intello, mi-bohème. On peut aussi y manger le soir... si on sait lire le cyrillique (menu uniquement en russe). Également une petite scène pour les concerts de jazz et de rock qui se tiennent le week-end.

|●| *Che* – Ресторан Che *(plan couleur V, O15, **90**) : Nikolskaya, 10/2.* ☎ *621-7477.* Ⓜ *Loubianka ou Plochad Revolioutsi. Ouv 24h/24.* Business lunch *200 R ; plats env 300 R.* Salle assez sombre, tout en bois et décorée à la gloire du Che. On le recommande surtout dans « Où sortir ? », mais c'est aussi un resto qui connaît son petit succès le midi, pour son économique *business lunch.* Le soir, à la carte, c'est plus cher mais la cuisine *latina* est à la hauteur. Bien si vous cherchez un endroit où déjeuner pas loin de la place Rouge mais rien de typiquement russe, loin s'en faut, si ce n'est la légendaire amitié russo-cubaine...

|●| *Mi Piace* – Ми Пьяче *(plan couleur V, P14, **84**) : Pokrovka, 16/16.* ☎ *623-4411.* Ⓜ *Tchistye Prudy. Tlj 11h (12h le w-e)-minuit. Plats env 200-500 R.* Un petit resto italien (de chaîne, comme il se doit à Moscou) pratique pour ceux qui veulent changer un peu du régime russe ou pour ceux qui désirent manger à côté du très branché *Kriziszhanra* (voir « Où sortir ? ») sans en subir les décibels, avant de s'y plonger pour la soirée... Cadre cosy contemporain avec de grandes photos en noir et blanc de femmes gourmandes. Énormes pizzas croustillantes et bonnes pâtes, comme on le dit respectivement d'une ou d'un bon ami. Desserts pas mal non plus. 6 autres adresses en ville.

|●| *Trattoria* – Тратория *(plan couleur V, Q14, **93**) : Sadovaya Tchernogriazskaya, 10/25 (c'est le boulevard circulaire).* ☎ *607-5975.* Ⓜ *Krasnye Vorota. À droite en sortant du métro, le long du boulevard. Tlj 11h (12h le w-e)-minuit. Plats 200-500 R.* Un bon italien (on passe sur certaines pizzerias de Moscou...) dans le quartier des 3 gares, au nord du boulevard des Jardins. Carte bien fournie : salades, soupes, pâtes, pizzas, viandes... Pour les fauchés, il y a les spaghettis à l'ail : à peine 150 R ! Vins italiens abordables (une fois n'est pas coutume !). C'est très propre, on mange dans une salle aux tons ocre avec des plantes aux murs. Si vous passez par là...

Prix moyens (600-1 200 R / 15-30 €)

|●| ***Tanuki*** – **Тануки** *(plan couleur V, O14,* ***92****) : Miasnitskaya, 8/2. ☎ 504-4031. Ⓜ Loubianka. Ouv 11h-minuit (24h/24 ven-sam). Env 600 R le repas.* Encore une chaîne, de restos japonais cette fois. On vous l'avait dit, les Moscovites en sont très friands. Superbe cadre avec 2 arbres énormes au centre, des tables bien épaisses et des banquettes en bois clair délimitées par des rangées de bambou, le tout sous de sympathiques lampions. Évidemment, les serveuses sont en kimono, on s'en serait douté ! Et les cuistots sont... en cuisine, celle-ci étant ouverte sur la salle. À peine assis, on vous offre du thé aux fruits dans une théière pourvue d'un très long bec. La carte est vraiment variée : sushis à gogo, salades et soupes japonaises en veux-tu en voilà, raviolis, nouilles, riz, brochettes et marinades en tout genre. Tout simplement très bon et très soigné (goûtez au *miso* « *siakè tiadzukè* » et aux sushis !). De plus, ici, on n'est pas obligé de hurler pour parler. Tous ces indices... pour vous dire que c'est vraiment nickel, pardon *Nikkei,* comme on dit au pays du Soleil-Levant.

|●| ***Datcha*** – **Дача** *(plan couleur V, P15,* ***97****) : Pokrovski boulvar, 18/16. ☎ 916-0357. Ⓜ Kitaï Gorod. C'est à l'angle de Podkolokolni per., en face de l'immeuble aux 2 statues colossales d'ouvrier et paysanne soviétiques ; le resto est dans la cour, en retrait de la rue ; sonner à la porte. Tlj 12h-5h. Business lunch « maison » à partir de 190 R ; plats env 400-700 R.* D'abord, c'est une grande salle aérée au 1er étage, au cadre gentiment vieillot. Comme à la datcha, quoi, où l'on entasse tous les vieux trucs... Tables en bois, petites lampes individuelles, photos anciennes aux murs. Bonne cuisine classique : filets de hareng, marmite de cœur et gésiers sauce à la crème, poulet fourré au fromage, truite au lard, perche aux aubergines, etc. On trouve même des raviolis à la viande d'ours. Dehors, une terrasse tranquille et arborée, prise d'assaut aux premiers rayons de soleil.

|●| ***Art Garbage-Zapasnik*** – **ночной клуб-ресторан Арт Гарбадж-Запасник** *(plan couleur V, P15,* ***95****) : Starosadski per., 5. ☎ 628-8745. Ⓜ Kitaï Gorod. Au fond de la cour. Ouv 12h-6h. Plats env 300-750 R. Petit droit d'entrée ven-sam pour les concerts.* On vient ici pour une ambiance conviviale, ressentie au mieux assez tard le soir. D'abord, c'est un cadre plaisant, avec une grande cour arborée. Jeunes faisant la queue pour obtenir une table aux beaux jours. Plusieurs salles que l'on choisit selon l'humeur : de la plus intime, tout au fond, avec canapés en cuir, à celle du bar, la plus pratique si on veut être vite servi (on est souvent oublié dans les coins éloignés). Tableaux surréalistes aux murs. Cuisine de brasserie correcte et pleine d'humour (chaque plat fait référence à un tableau célèbre). En fait, les gens y viennent tout autant pour boire un verre que pour être bien ensemble. Rendez-vous populaire de la nuit avant tout. Voir aussi la rubrique « Où boire un verre ? Où écouter de la musique ? » dans « Où sortir ? ».

|●| ***Les Z'amis de Jean-Jacques*** – **Жан-Жак Руссо** *(plan couleur IV, M10,* ***96****) : Verhniaya Radichtchevskaya, 15. ☎ 915-1078. Ⓜ Taganskaya ou Marxistskaya. Ouv 24h/24. Plats env 400-700 R.* L'une des 4 succursales de Moscou, avec toujours ce décor typique de bistrot parisien. Un juste retour des choses, en somme, puisque, d'après une légende franco-russe (un conte, sans doute), ce sont les Russes qui nous auraient laissé le mot « bistro » (soit « vite », en russe) lors de l'occupation de Paris au XIXe s, quand les soldats tapaient sur le comptoir pour réclamer un coup à boire vite fait alors que c'était interdit... Aujourd'hui, on vient au contraire se montrer dans ce joli décor chic aux murs framboise, avec tables bistrot et nappes blanches. Tous les classiques bien de chez nous dans la carte traduite en français. Presque des clichés : cuisses de grenouilles, bœuf bourguignon, hachis Parmentier, foie gras, etc. Bonne viande, pas si chère que cela. En revanche, service un peu longuet, un comble pour un... « bistro » !

Chic (1 200-2 000 R / 30-50 €)

|●| ***Expedition*** – **Экспедиция** *(plan couleur V, P15,* ***98****) : Pevtcheski per., 6*

(ou Solianka, 11). ☎ *775-6075.* Ⓜ *Kitaï Gorod. Tlj 12h-23h30. Plats env 1 000-2 000 R.* Décor évoquant l'âpreté de la toundra : chaises en rondins de bois, feu de cheminée, ours blanc animé et, dans un coin, un hélico qui s'apprête à passer une paisible retraite... Ici, vous dégusterez une excellente cuisine du Grand Nord, issue des expéditions nordiques de l'équipe du resto. Brrr ! Au hasard, quelques spécialités : l'élan mariné, les côtes de renne, l'assiette de gibier, le lièvre polaire (et purée), les Saint-Jacques du Kamtchatka, en fait, uniquement des produits russes. Aux beaux jours, on peut s'installer sur la terrasse du toit, qui donne sur l'une des 7 constructions staliniennes. Boutique de fourrures au sous-sol. Également un *bania* sibérien pour ceux qui veulent pousser plus loin l'aventure (mais très cher !). Bref, tout ce qu'il faut pour s'entraîner avant de monter sa propre expédition !

Au sud du Kremlin

On inclut dans cette zone la partie située de l'autre côté du fleuve (par rapport au Kremlin et à la place Rouge), ainsi que celle qui s'étend au sud-ouest de l'église du Christ-Sauveur, où se niche une pépinière de restos géorgiens.

De bon marché à prix moyens (moins de 300-600 R / 7,50-15 €)

|●| ***Vkusnee*** – **Осетинские пироги** *(plan couleur IV, L11,* ***66****)* **:** *ul. Malaya Ordinka, 19.* ☎ *660-7793.* Ⓜ *Tretiakovskaya. Tlj 9h-22h. Env 150 R le repas.* Située juste à droite de l'AJ *O'Hostel* (voir « Où dormir ? »), c'est la petite adresse ultra-économique qui va bien avec. Une sorte de cafétéria, propre et lumineuse, avec des vitrines et un comptoir remplis de snacks et de bonnes petites choses à des prix défiant toute concurrence. Salades, boulettes, cuisses de poulet (excellentes), pain, gâteaux, etc. C'est bon, frais et varié. Très fréquenté par les employés du quartier qui viennent faire leur pause déjeuner en tchatchant ou en matant l'écran de la télé. Bien sûr, personne ne parle l'anglais ici.

|●| ***Spetsboufet N° 7*** – **Спецбуфет 7** *(plan couleur IV, K10,* ***99****)* **:** *Serafimovitcha, 2.* ☎ *959-3135.* Ⓜ *Borovitskaya. Juste à droite du supermarché ouv 24h/24, passer sous la voûte dans la cour, c'est à gauche. Tlj 12h-23h. Plats env 200-500 R.* Dans l'une des terribles « maisons du Quai », un monstre gris construit au début des années 1930 comme exemple du paradis communiste et habité par l'élite soviétique (on connaît la suite sanglante). Des plaques commémoratives couvrent la façade. C'est dans les *spetsboufet,* les buffets spéciaux, que la nomenklatura s'approvisionnait en produits non accessibles pour les autres. Le resto, situé en sous-sol, restitue l'atmosphère de l'époque : dans une petite salle, décor d'affiches de propagande, tapis rouge, musique de l'époque, serveuses bien austères... Cuisine simple, à prix encore modérés. Les noms des plats (dorénavant traduits en anglais) répondent au cadre : esturgeon « fierté caspienne », harengs « marins rouges », salade « avec les champignons préférés de Lénine », gelée de bœuf « que le prolétaire ne mangeait qu'à Noël dans l'ancien régime » ou porc « bourgeois dehors ! »... Bref, une petite machine à remonter le temps.

|●| ***Mama Nina*** – **Мама Нина** *(plan couleur III, I8,* ***100****)* **:** *Prétchistenka, 17 (ou Setchenovski per., 8).* ☎ *637-7743.* Ⓜ *Kropotkinskaya ou Park Koultoury. Dans Setchenovski per., entre Ostojenka et Prétchistenka ; entrer dans la cour et descendre dans la cave tt de suite à droite. Tlj 12h-23h. Plats env 250-500 R.* Une adresse un peu cachée, en sous-sol, comme on les aime à Moscou. Il y a un *business lunch* mais très standard et on ne vient pas pour ça... Non, on vient pour la très bonne cuisine géorgienne. Goûter par exemple au *chanahi* (mouton aux aubergines), au *khatchapouri* (pain au fromage) ou encore au *kebabi* (bœuf et porc épicé). Également du saumon et de la truite pour les non-carnivores. Le soir, souvent des musiciens et des danses spontanées. C'est vraiment bon, abondant et pas cher du tout. Un seul bémol, l'atmosphère enfumée.

|●| ***Guria* – Гурия** *(plan couleur III, I9, **101**) : Komsomolski pr., 7/3, bât. 1. ☎ 246-0378. Ⓜ Park Koultoury. En face d'une superbe église ; repérer le grand immeuble (numéroté 7), le resto se trouve juste derrière, dans la cour. Tlj 12h-minuit. Compter 300-600 R le plat. CB refusées.* Déconseillé aux écolos et aux cœurs sensibles car l'entrée est truffée d'animaux empaillés. Choix entre la salle sans chichis, aux lambris et murs de brique, et la rustique terrasse bien agréable l'été. Accueil franc et direct ; ici, l'atmosphère est à l'authentique, loin des simagrées de certains restos chicos. Cuisine géorgienne familiale, très correcte pour le prix. Au hasard, la caille grillée, le *shashlick* de porc, le goûteux *chanahi,* le *chicken Tobacco,* etc. Attention à la belle vaisselle, car elle vous sera facturée en cas de maladresse (expérience vécue !). Concert folklo le soir.

Prix moyens (600-1 200 R / 15-30 €)

|●| ***Guenatzvali* – Генацвале** *(plan couleur III, I8, **102**) : Ostojenka, 14/2. ☎ 695-0393. Ⓜ Kropotkinskaya. Tlj 12h-23h.* Business lunch *500 R ; plats 500-1 000 R.* L'un des restos géorgiens les plus populaires (on vous avait dit qu'il y en avait une brochette dans le coin !). Foule joyeuse et bruyante dans 2 belles salles tout en bois, plus chaleureuses que kitsch pour une fois, avec des rondins partout et des fresques évoquant le paysage géorgien. Le soir, orchestre et danseurs qui savent prendre toute leur place aussi, parfois un chœur entonnant des chansons traditionnelles. Également des petites caves traditionnelles en pierre, réservées à la dégustation des vins géorgiens. Quelques acteurs de théâtre et écrivains connus ont leurs habitudes ici. Découvrez donc encore cette excellente cuisine, riche en senteurs et herbes du pays. D'abord, l'un des plats nationaux, le goûteux *tchanakhi,* puis le *tchakhokhbili* (une recette spéciale de poulet), la caille femelle grillée, l'épaule de mouton, un *shashlick* renommé, le *tchashushuli* (veau), l'esturgeon grillé, le *khartcho* (soupe bœuf et épices), etc. N'hésitez pas à goûter au *khatchapouri,* le fameux pain géorgien au fromage. Le tout bien servi et à prix assez accessibles. Une autre adresse à Novy Arbat, 11, bâtiment 2, un peu plus chère mais au décor impressionnant : petit ruisseau, entrée en forme d'un énorme pichet, puits...

|●| ***Tiflis* – Тифлис** *(plan couleur III, I8, **103**) : Ostojenka, 32. ☎ (499) 766-9728. Ⓜ Park Koultoury. Tlj 12h-minuit. Plats env 400-1 000 R.* C'est le resto du *Kebur Palace* (voir « Où dormir ? »). Désolés, géorgien de nouveau, d'ailleurs *Tiflis* désigne la ville géorgienne de Tbilissi. Mais on a succombé au charme du cadre : une vieille rue pavée reconstituée, avec les tables, surélevées, de part et d'autre, et une jolie fontaine. C'est du plus bel effet ! On y retrouve toutes les spécialités géorgiennes traditionnelles, comme le *chanahi* et le *tchashushuli.* Excellente cuisine, chaudement recommandée de toutes parts. À fréquenter sans se poser de questions !

|●| ***Dymov nº 1* – Дымов *nº 1*** *(plan couleur IV, K10, **104**) : Sophiïskaya nab., 34. ☎ 951-3571. Ⓜ Novokouznetskaya. Tlj 12h-minuit.* Business lunch *400-600 R ; plats 400-900 R.* C'est ce qu'on appelle un restaurant hyper méga branché. En bordure du fleuve, on y vient, entre autres, pour la superbe vue sur le Kremlin. Après avoir traversé la petite boutique de l'entrée, on s'installe à l'une des tables en bois bien épaisses situées sous des voûtes en brique, dans un vaste espace design baigné par une musique *lounge.* Vous voyez le tableau ? Dans l'assiette, spécialité de saucisses maison, mais on y trouve aussi des plats variés incluant soupes, salades, pâtes, viande et poisson. On vous conseille de vous saper avant de venir !

Plus loin du centre, au sud-ouest

Les adresses suivantes sont toutes situées à côté du monastère et du cimetière de Novodiévitchi. (Ⓜ Sportivnaya).

Bon marché (moins de 300 R / 7,50 €)

|●| ***Kroshka Kartoshka* – Крошка-картошка** *(plan couleur I, A2, **105**) :*

en sortant du métro, prendre à droite. Tlj 8h-2h. Les tout petits budgets trouveront 2 stands jaune et vert de la chaîne moscovite, un dans Ysochova, la rue principale qui mène au monastère (sur la droite), l'autre sur la grande place (côté droit), juste avant le monastère lui-même. On y vend des pommes de terre au four avec toutes sortes de garnitures pour trois fois rien.

Kafé 1927 – Кафе 1927 *(plan couleur I, A2,* ***105****) : Ysochova, 29. ☎ 246-1155. En sortant du métro à droite, sur le trottoir de gauche, on repère l'adresse à ses 2 bancs sous les arbres. Tlj 9h-23h. Plats env 150-350 R.* Un petit café à l'ancienne mais au confort d'aujourd'hui, sympa et très familial, qui propose des snacks (sandwichs, salades, soupes) et des petits plats pas chers, sans oublier le « plat de la semaine ». Bons desserts. Menu en anglais sur demande. Sympa aussi pour boire un verre.

Prix moyens (600-1 200 R / 15-30 €)

Pirosmani – Пиросмани *(plan couleur I, A2,* ***105****) : Novodiévitchi pr., 4. ☎ 255-7926. Du monastère, traverser le petit parc, le resto est en contrebas du lac. Tlj 12h-22h. Plats env 500-1 000 R en moyenne.* Celui-là, on vous l'indique parce que c'est une institution locale et que le cadre est très agréable. Une véranda en bois donne directement sur le lac, avec le monastère en toile de fond. Mais disons-le d'entrée, l'adresse est chère et, surtout, l'accueil et le service sont exagérément blasés pour le standing ! Peut-être parce que tout le gotha international est passé par ici : nombreuses photos de Bill Clinton, Gerhardt Schröder, Richard Gere, un Premier ministre japonais, Diana Ross, Roman Polanski, Yoko Ono, Fanny Ardant et notre Annie « Girardaux » (dixit leur brochure) nationale. La plus jolie salle est (malheureusement) la salle fumeurs, où l'on trouve de jolis tableaux comme dans une galerie d'art. D'ailleurs, le nom du resto est un hommage à l'un des plus grands peintres géorgiens. Excellente cuisine : *tchanakhi* et poulet *tabaka* pour les budgets les plus serrés, esturgeon frit sauce *narshraphy* ou *shashlick* d'agneau pour les autres... Mais dommage qu'elle ne soit ni assez copieuse, ni servie avec le sourire.

OÙ BOIRE UN BON CAFÉ OU UN ONCTUEUX CHOCOLAT ? OÙ DÉGUSTER UNE GLACE OU UNE PÂTISSERIE ?

Ce ne sont pas les cafés qui manquent à Moscou, d'autant que, comme pour les restos, il existe des chaînes, les plus répandues étant ***Coffee Mania*** **– Кафемания,** ***Café House*** **– Кофе Хауз** et ***Chokoladnitsa*** **– Шоколадница.** Vous les trouverez un peu partout, surtout dans le centre. Ce sont des cafés à la déco contemporaine fréquentés par la jeunesse dorée et les classes moyennes de Moscou, où l'on peut s'installer à toute heure pour une boisson chaude et un bout de gâteau. Pratique et plutôt agréable, mais pas si bon marché : préférez un simple *espresso* car il faut souvent compter 4 € pour un cappuccino !

Café Pouchkine **– Кафе Пушкин** *(plan couleur II, E5,* ***73****) : Tverskoï boulvar, 26 A. ☎ 739-0033. Ⓜ Pouchkinskaya, Tverskaya ou Tchekhovskaya. Chocolat chaud env 350 R.* Pour l'aspect historique du café, voir aussi « Où manger ? » (eh oui, l'endroit a été créé bien après la chanson de Bécaud, mais ne le dites à personne !). Si vos moyens vous le permettent, ne manquez pas le rituel du chocolat chaud, histoire de faire revivre le mythe, mais aussi pour faire vibrer vos papilles. Car il est somptueux, onctueux, affectueux, bref tueux... Très cher, certes, mais c'est sans doute le meilleur chocolat de Moscou et il s'en faut d'assez peu que la cuillère tienne debout dans la tasse. Attention, si vous ne mangez pas sur place, il faut prendre ledit chocolat au comptoir, ou alors aller au salon de thé à côté (entrée séparée), mais le décor y est nettement moins séduisant qu'au resto...

Boscobar – **Боскобар** *(plan couleur II, F6,* ***120****)* ***:*** *sur la place Rouge, dans le Goum, en face du mausolée de Lénine. ☎ 627-3703. Ⓜ Okhotny Riad ou Plochad Revoloutsi. Tlj 10h-23h.* Ne pas confondre avec le *Bosco Café* qui se trouve un peu plus haut sur la place. Le *Boscobar* affiche une terrasse dans les tons orangés, qui lui donne un air plus branché que la terrasse B.C.B.G. de son voisin. C'est LA terrasse de la place Rouge. Situation évidemment exceptionnelle, surtout aux beaux jours, lorsqu'on sort les tables sur la place. On peut alors rester là longtemps, les yeux rivés sur la cathédrale Basile-le-Bienheureux... Mais attention, ça se paie : café à 5 € (minimum), pâtisserie à 8-9 €, glace à 3 € la boule...

Korkunov – **Коркунов** *(plan couleur V, O14,* ***122****)* ***:*** *Bolchaya Loubianka, 13/16. ☎ 625-6411. Ⓜ Tourguenievskaya. Tlj 10h-20h.* Une toute petite chocolaterie de luxe qui sert un délicieux chocolat chaud sous plusieurs formes : nature, aux pignons de pin, ou encore épicé avec cannelle, cardamome et gingembre. Moins cher qu'au *Café Pouchkine* mais servi en petite dose, ce qui revient donc au même...

Coffee Mania – **Кафемания** *(plan couleur II, E5-6,* ***123****)* ***:*** *Bolchaya Nikitskaya. Ⓜ Teatralnya ou Biblioteka Lenina. Ouv 24h/24.* C'est une chaîne mais on vous indique cette succursale pour son cadre élégant juste à côté du conservatoire de musique. Belle salle haute de plafond avec tables et chaises bistrot, partitions musicales sous verre et écran suspendu projetant de vieux films. Bon choix de cafés, jus de fruits, viennoiseries et pâtisseries. Pas donné mais agréable.

Wolkonsky – **Волконский Кайзер** *(plan couleur V, O13,* ***124****)* ***:*** *Sretenka, 27/29. ☎ 607-1980. Ⓜ Soukharevskaya. En face du resto* Chtcherbet. *Tlj 8h-23h.* Une chaîne de boulangeries-pâtisseries-cafés-restos montée avec succès par un Français, Éric Kayser, qui a essaimé jusqu'à Kiev et Saint-Pétersbourg. Dans cette succursale, tout est fabriqué sur place. Décor cosy et moderne à la fois, agréable pour boire un café tout en dégustant une pâtisserie (excellente mais pas donnée) ou une viennoiserie (moins chère). On paie le prix de la qualité. *Autres adresses : Bolchaia Sadovaya, 2/46 (Ⓜ Maiakovskaya) et Maroseyka, 4/2 (Ⓜ Kitaï Gorod).*

Le Pain Quotidien – **Хлеб Насущный** *(plan couleur II, F5,* ***121****)* ***:*** *Kamerguerski per., 6. ☎ 937-7742. Ⓜ Teatralnya. Tlj 7h-23h.* Il s'agit de la célèbre chaîne belge de cafés-boulangeries (qu'on trouve aussi à Paris et à New York, entre autres). Le concept est toujours le même : dans un espace aux murs brun-beige, avec de jolies tables en bois à l'ancienne (et une ou plusieurs grandes tables communes), on y sert cafés, thés, chocolats chauds, toutes sortes de viennoiseries, des pâtisseries, mais aussi des « tartines » et des salades. Pas vraiment donné, mais la qualité est toujours au rendez-vous. Et puis l'atmosphère est conviviale. *(5 autres adresses à Moscou, notamment Pianitskaya, 6 ; Ⓜ Novokouznetskaya ; plan couleur IV, L10).*

Art Lebedev Café – **Студия Артемия Лебедева** *(plan couleur II, E5,* ***125****)* ***:*** *Bolchaya Nikitskaya, 35. ☎ 697-2635. Tlj 9h-23h.* On vous indique ce *coffee shop* dans l'esprit des séries américaines car il appartient à un designer un peu provoc' du nom d'Artemy Lebedev. C'est le fils d'une femme écrivain-présentatrice télé et le petit-fils de Tolstoï... mais pas Léon, Alexeï, même si les 2 ont une (très) lointaine parenté. Poète antibolchevik admiré par Boulgakov, le grand-père devint ensuite écrivain officiel du Parti sous Staline. Sa statue trône dans le square juste derrière... Sympa pour un café ou un grignotage vite fait, bien que le joli décor en brique soit minuscule. N'oubliez pas de visiter la boutique d'objets design au sous-sol !

OÙ SORTIR ?

Les nuits moscovites sont assez démentes, tous ceux qui s'y sont immergés vous le diront. Mais, contrairement à ce qu'on observe dans beaucoup d'autres grandes villes, il n'y a pas de zones où la vie nocturne est particulièrement concentrée. Les lieux de sortie sont partout, éparpillés aux quatre coins de la capitale.

En Russie soviétique, on « s'éclatait » sur les pistes de danse dans les parcs et dans les Maisons de culture, sinon dans les restos. Cette situation perdure dans beaucoup de villes du pays, mais les deux « capitales » (Moscou et Saint-Pétersbourg) se sont vite tournées vers l'Occident, et on trouve maintenant dans ces deux cités (surtout à Moscou) des bars *hype* pour tous les goûts, tous les âges et toutes les fortunes. On parle de plusieurs centaines de clubs ou boîtes, sans compter les restos qui font tout à la fois (ah, si l'on pouvait s'en inspirer chez nous, on ferait peut-être plus la fête ?). Quand on pense qu'en 1990 il n'y avait quasiment que la discothèque de l'hôtel *Cosmos* pour guincher, avec une foule composée à l'époque majoritairement d'« Irma la Douce », de bureaucrates, d'indics, d'agents du KGB et d'expats occidentaux... généralement tous bourrés. À Moscou désormais, la vie nocturne explose : ouverture de nouveaux endroits chaque semaine avec les meilleurs DJs du moment. Évidemment, les fermetures aussi sont légion et vous pourriez, de temps à autre, trouver porte close ou un changement d'enseigne impromptu. Comme partout sur la planète, la grande tendance est à la house et à la techno (y compris dans les bars), mais on trouve aussi d'autres genres (rock, salsa, blues, jazz...) en cherchant un peu.

Pour savoir « ce qu'il se passe », l'édition du vendredi du *Moscow Times* propose une petite sélection de lieux à la mode et donne quelques renseignements sur les soirées spéciales, l'ouverture de nouveaux bars... Signalons aussi les pages « sorties » des magazines gratuits *Where, Element* et *Moscow in your pocket.* Pour nos lecteurs russophones, il y a *Time Out* ou encore le bimensuel *Aficha...*

Où boire un verre ? Où écouter de la musique ?

Les adresses ci-dessous sont surtout des lieux où l'on va boire un verre (et manger un bout) en écoutant de la musique (live ou non), mais certains font aussi boîte passé une certaine heure... car la frontière entre le simple bar et la discothèque est floue à Moscou : souvent, on a carrément affaire à des endroits où l'on peut manger, boire, écouter un concert puis danser. Idéal quand on veut suivre ses propres mouvements d'humeur !

Au nord du Kremlin

🍷♪ ***Rhythm & Blues Cafe*** – **Ритм & Блюз Кафе** *(plan couleur III, J7,* ***130****) : Starovagankovsky per., 19, bât. 2. ☎ 697-6556. Ⓜ Borovitskaya ou Biblioteka im. Lenina. Tlj 12h-minuit. Concerts payants le w-e, 21h-23h : env 300-500 R.* Dans une cour arborée, un grand café accueillant très régulièrement des concerts. Fresques et graffiti en façade, rendant grâce à tous les héros du rock et de la pop. Terrasse sous vélum en été. Clientèle mélangée, relax, atmosphère cool. Au 1er étage, bar un poil plus tranquille, dans un décor assez new-yorkais. Fauteuils confortables et une Cadillac rose servant de comptoir. Possibilité de se restaurer, bien sûr. Cuisine de brasserie traditionnelle sans saveur mais à prix modérés.

🍷♪ ***Café-club Gogol*** – **Кафе-клуб Гоголь** *(plan couleur II, F5,* ***132****) : Stolechnikov per., 11 (entrée par la cour). ☎ 514-0944. Ⓜ Kouznetski Most. Tlj 12h-4h (24h/24 ven-sam).* Ce club est devenu une référence pour les amateurs de musique. Concerts (entrée pas toujours payante) du jeudi au samedi dès 21h. Ça finit toujours par guincher... L'été, la scène est dans la cour arrière, et l'hiver, dans la salle principale, très agréable avec son vieux plancher, ses bancs (on se croirait un peu sous un chapiteau !). Le reste du temps, on peut venir simplement y écluser quelques godets (beau choix de boissons, dont une quinzaine de vodkas et d'excellents *shots* à base de baies). Possibilité aussi d'y manger pour pas cher.

Dans le quartier de Kitaï Gorod et à l'est

The Chinese Pilot Jao Da – Китайский летчик Джао Да *(Kitaïski Lyotchik Djao Da ; plan couleur V, P15, **91**) : Loubianski pr., 25/12. ☎ 624-5611. Ⓜ Kitaï Gorod. Repérable à son hélice en guise d'enseigne. Tlj 10h-6h.* On le signale aussi dans « Où manger ? », mais c'est en réalité surtout un lieu de sortie, où se rassemble la jeunesse un peu bohème de Moscou. On aime bien son côté « clando » et son style vieillot, avec ses salles en sous-sol, au cadre usé et patiné, dans les tons rouge et verdâtre, de style vaguement chinois, une aile d'avion en guise de comptoir et des recoins pour deviser, peinards, entre amis, jusqu'à l'aube. Concerts (entrée autour de 300 R) presque tous les soirs dès 19h ou alors vers 22h ou 23h. Pour info, Jao Da est un pilote chinois très populaire en Russie pour ses « hauts faits d'armes » contre les Japonais pendant la Seconde Guerre mondiale. On voit même son portrait au mur et les dessins racontant ses aventures. Les plus curieux liront l'histoire de sa vie (en russe) sur une des fiches traînant près de l'entrée. Les autres rechercheront les boîtes aux lettres soviétiques repeintes par Manu Chao et Emir Kusturica, ce dernier étant un grand habitué des lieux après chacun de ses concerts moscovites...

Che – Кафе Che *(plan couleur V, O15, **90**) : Nikolskaya, 10/2. ☎ 621-7477. Ⓜ Loubianka ou Plochad Revolioutsi. Ouv 24h/24.* C'est par une porte de sous-marin que l'on pénètre dans ce fief cubain (jusqu'à la caricature), resto-bar-discothèque où tous les soirs dès 23h se tient un concert de musique latino suivi d'une soirée DJ (vers 1h). Salle sombre avec mezzanine, tout en bois, aux murs couverts d'inscriptions évoquant la révolution cheguevarienne. Attention, c'est plein tous les week-ends et il y a souvent des filles payées pour danser sur le comptoir, vous voilà au parfum pour l'ambiance ! On vous le recommande aussi pour son *business lunch* (voir plus haut « Où manger ? »).

***16 Tons* – 16 Тонн** *(plan couleur II, C5, **133**) : Presnenski Val, 6. ☎ 253-5300. Ⓜ 1905 Goda. Concert payant, env 300 R.* Contrairement à ce qu'on pourrait imaginer, les « 16 tons » ne sont pas une allusion musicale... car le nom signifie en fait « 16 tonnes ». On est donc plus proche du garage que du conservatoire ! Pourtant, c'est le plus vieux *rock club* de la ville. Concerts (de rock !) du mercredi au samedi à partir de 21h, suivis (et, en fait, précédés aussi) d'une soirée DJ. Tout ça à l'étage d'un *Irish pub* au décor classique mais qui brasse sa propre bière (en plus de servir la Guinness au fût, *of course* !). Très convivial.

***Art Garbage-Zapasnik* – Арт Гарбадж-Запасник** *(plan couleur V, P15, **95**) : Starosadski per., 5. ☎ 628-8745. Ⓜ Kitaï Gorod. Pas loin du Chinese Pilot Jao Da. Tlj 12h-6h.* Un endroit très couru, tard et en fin de semaine, qui fait à la fois café, resto, bar à concerts et discothèque. Cadre très plaisant, avec la grande cour arborée entourée de demeures de caractère. Jeunes faisant la queue pour obtenir une table sous les arbres. Concerts (payants) de temps en temps à partir de 20h ou 21h. Puis, vers 22h, le DJ entre en scène, pour des soirées pop-rock parfois endiablées, surtout le week-end. Piste de danse assez sombre tout au fond. Les salles d'expo se transforment le soir en salles à manger et, aux beaux jours, on peut dîner en terrasse (voir « Où manger ? »).

***Propaganda* – Пропаганда** *(plan couleur V, O-P14-15, **142**) : Bolchoï Zlatoustinski per., 7 (donne sur Marosseika). ☎ 624-5732. Ⓜ Kitaï Gorod ou Loubianka. Tlj 12h-6h. Contrôle peu sévère à l'entrée.* L'un des plus vieux restos-bars-clubs de Moscou, connu pour son ambiance et ses prix accessibles. Derrière les vitraux de la façade se cache une vaste salle défraîchie et bien sombre (dans le coup, quoi !), avec des mezzanines pleines d'étudiants et de jeunes managers au coude à coude. Évidemment, il faut aimer la musique électro, c'est ce qui passe la plupart du temps ! DJs étrangers très fréquents et, certains dimanches, soirées gays. De plus, on y mange pas mal du tout. Une valeur sûre malgré le service nonchalant.

Café Bilingua – Кафе Билингва *(plan couleur V, P14, **134**) : Krivokolenny per., 10/5. ☎ 623-9660. Ⓜ Tchistye Proudy. On le repère facilement à son enseigne en alphabet latin. Ouv 24h/24. Concerts tlj sf lun vers 21h : env 200-500 R.* Un café chaleureux sur 2 étages, avec une librairie au rez-de-chaussée et un joli décor dans le coup à l'étage, où se retrouve une clientèle jeune et bohème autour de pots de bière de 1, voire 2 l. Tous types de musique, d'Elvis à Amélie Poulain en passant par la chanson russe. Atmosphère cool à souhait. En revanche, évitez d'y manger, ce n'est pas terrible.

Proekt OGUI – Проект ОГИ *(plan couleur V, P14, **135**) : Potapovski per., 8/12, bât. 2. ☎ 627-5366. Ⓜ Tchistye Proudy. Entrez dans la cour, vous verrez une petite enseigne sur la droite. Ouv 24h/24.* Salle au sous-sol. On conseille vivement d'y venir le soir pour mieux ressentir l'atmosphère. Concerts fréquents (payants) pendant la semaine, musique en tout genre. Parfois, ça démarre à l'improviste si un musicien connu, de passage au club, offre au public quelques chansons. On se sent entre amis. Beaucoup d'étudiants, pour la plupart littéraires. On est très tassés : on se met où l'on peut s'il n'y a plus de table libre. Très convivial : on écoute, on chante avec. Bref, encore une excellente adresse.

Pirogui – Пир О.Г.И. *(plan couleur V, O-P15, **131**) : Marosseika, 9/2, à l'angle de Bolchoï Zlatoustinski per. ☎ 624-1370. Ⓜ Loubianski proezd Gorod. Ouv 24h/24. Wifi.* Un petit café de quartier plein de couleurs, de jeunes et de nappes à carreaux, avec projection de vieux films en noir et blanc. Ambiance simple et conviviale. Très sympa pour boire un petit verre vraiment pas cher. Spécialité de *nastoïka,* alcool à base de fruits ou de baies macérées. Attention, redoutable quand il est au raifort *(khrenovukha)* ! Préférez celui à base de noix de cèdre *(altayskaya),* plus amical... Fait aussi resto spécialisé dans les tourtes. D'ailleurs, le nom du lieu est un jeu de mots entre « tourte » et « réseau ». Parfois des petits concerts gratuits.

Bourbon Street *(plan couleur V, O-P14, **137**) : Bolchoï Zlatoustinski per., 7 (donne sur Marosseika). ☎ 967-6792. Ⓜ Kitaï Gorod ou Loubianka. Ouv 24h/24.* Juste à gauche de *Propaganda* (voir plus haut), un petit bar spécialisé dans le blues et le jazz, idéal pour se reposer de son bruyant voisin. Les concerts sont généralement gratuits. Bonne atmosphère mais c'est vraiment petit. Comme son nom l'indique, grand choix de whiskies et de bourbons...

Prado Café *(plan couleur V, P15, **136**) : Slavianskaya pl., 2. ☎ 784-6969. Ⓜ Kitaï Gorod. Tlj 12h-6h.* Changement total d'ambiance ! Ici, c'est le grand rendez-vous de l'élite moscovite. Atmosphère super classe, décor au style baroque contemporain baignant dans une douce pénombre, avec des canapés hyper confortables où l'on peut voir, affalées en compagnie de messieurs en cravate, les plus belles filles de la ville. Musique *chill out* la plupart du temps et DJ en fin de semaine. D'autres espaces aussi, comme, en sous-sol, le karaoké ou, à l'étage, un petit salon méga relax pour fumer la pipe à eau. On peut aussi y manger... si l'on en a les moyens. En travaux fin 2011.

Au sud de la Moskova

The Rolling Stone *(plan couleur III, J8, **138**) : Krasny Oktyabr, Bolotnaya nab., 3. ☎ 504-0932. Ⓜ Kropotkinskaya. Tlj 12h-minuit (6h ven-sam). Face control à l'entrée (sacs interdits).* Partout dans le monde, les réhabilitations d'anciens entrepôts ou d'usines donnent des résultats intéressants. Moscou n'échappe pas à la règle avec cette ancienne chocolaterie *Octobre Rouge* reconvertie en Centre culturel et artistique, avec un Centre photographique, des bars et des boîtes... Le week-end, grimper les marches jusqu'à la grande terrasse, la véritable attraction de ce bar de nuit avec vue sur la Moskva et l'énorme statue de Pierre le Grand. Aux beaux jours, elle est ouverte, l'hiver elle est protégée, voire chauffée. De toute façon, l'animation est aussi côté bar. Spécialité de *shots* à base de fruits frais, servis en rail de 4 ! DJ mettant la musique à fond histoire d'en faire aussi profiter son voisin, le *Mao* (voir plus loin). Ambiance tantôt tranquille (on y fête volontiers son anniversaire !), tantôt survoltée, avec pas mal de jeunes filles qui ne résistent pas au plaisir de se déhancher.

Où assister à un concert ?

♩ ***B2*** **– Б2** *(plan couleur II, E4,* ***139****) : Bolchaya Sadovaya, 8. ☎ 650-9918. • b2club.ru • Ⓜ Maïakovskaya. Tlj 12h-6h. Concerts env 300-500 R en moyenne.* C'est la plus grande salle de Moscou (4 étages). On s'y perd facilement. Pour le jazz, il faut aller au 3ᵉ étage. Concerts tous les soirs, dans une salle où l'on peut aussi manger. Artistes russes et étrangers renommés. Très sympa. Mais si ça ne vous plaît pas, il y a des concerts de rock (en fin de semaine) juste au-dessus, ou encore des soirées DJ seventies et eighties au rez-de-chaussée.

Où sortir en boîte ?

Ici, il s'agit d'endroits où l'on vient avant tout pour danser... mais certains font aussi bar-resto, comme on l'a dit plus haut.

♫ ***Kriziszhanra*** **– Кризїс Жанра** *(plan couleur V, P14,* ***141****) : Pokrovka, 16/16. ☎ 623-2594. • kriziszhanra.ru • Ⓜ Tchistye Prudy. Tlj jusqu'à 5h (6h le w-e). Face control léger le w-e.* Son nom signifie ironiquement « crise de genre » mais, visiblement, les patrons, qui possèdent aussi *Propaganda* (voir plus haut), n'ont pas vraiment de problèmes de ce type ! L'endroit est hyper couru, et pour cause : le décor est vraiment à la hauteur, une espèce de fabrique gardée dans son jus sur différents niveaux, avec coursives métalliques, murs de brique blanche et tuyaux un peu partout. On peut y manger (pas mal du tout mais dans les décibels), écluser des verres au comptoir, assister à un concert (souvent du rock) à partir de 21h en semaine et minuit le week-end, puis y danser à partir de 2h... Quel programme ! Atmosphère vibrionnante hyper sympa.

♫ ***Kult*** **– Культ** *(plan couleur V, P15,* ***143****) : Yauzskaya ul., 5. ☎ 917-5706. Ⓜ Taganskaya ou Kitaï Gorod. Lun-jeu 12h-minuit ; w-e 14h-6h.* Un club sympa avec des salles voûtées un peu kitsch, du style grotte (on n'a pas dit grotesque !) ou *Wild West*, divisées en « cellules » pour 2 à 20 personnes. Salle rétro, au fond, avec un vieux piano, des jeux de société et une bibliothèque (pour les introvertis ou les misanthropes ?). On y projette également de vieux films certains soirs. Des DJs, parmi les meilleurs de la ville, y officient de temps à autre, et les prix ne sont pas encore trop prohibitifs. Beaucoup de funk, mais aussi de la house, du jazz, de la musique du monde... Petits concerts réguliers.

♫ ***Jet Set*** **– Джет Сет** *(plan couleur IV, L12,* ***144****) : Malaya Ordynka, 37, bât. 1. ☎ 951-5006. Ⓜ Dobrininskaya. Au fond de la cour à gauche. Ven-sam 23h-6h.* Clientèle chic et friquée. Ici, mieux vaut être bien sapé. Pour le reste, déco vraiment classe et réussie, voire assez rigolote : des nus de l'entrée à la piste de danse garnie de statues grecques antiques en passant par les petits salons orientaux permettant de s'isoler et les toilettes en alu, assez folles. Bruyant et animé bien sûr. Musique à tendance électro, house, progressive... Bref, si vous vous sentez bien dans ce type d'endroit, n'hésitez pas !

♫ ***Karma Bar*** **– Карма Бар** *(plan couleur V, O14,* ***140****) : Puchetchnaya, 3. ☎ 624-5633. Ⓜ Koustnetski Most. Jeu-sam 21h-6h, dim 23h-6h. Entrée payante ven-sam : 300 R ; 100 R pour ts avt 23h.* On traverse un couloir de guirlandes lumineuses avant d'accéder à ce bar-club en sous-sol, espace à la déco indienne doublé d'une piste de danse. Le lieu plaira surtout aux amateurs de salsa qui s'y trémoussent jusqu'à minuit avant de succomber aux charmes de la musique R'n'B ou house, selon les jours. En prime, petit strip-tease féminin le jeudi et masculin le vendredi, à partir de minuit. On peut aussi y fumer la *shisha* (pipe à eau).

♫ ***Fabrique* – Фабрик** *(plan couleur IV, L10,* ***145****) : Kosmodemianskaya nab., 2. ☎ 953-6576. Ⓜ Novokouznetskaya. Ven-sam 21h-7h. Face control à l'entrée.* La discothèque se trouve en sous-sol, sous le restaurant au décor sympa et original, style high-tech, mais hors de prix, tout comme les boissons de la discothèque d'ailleurs... DJs branchés et musique house. Clientèle éclectique de 25 à 60 ans assez tape-à-l'œil. Pas le club le plus accueillant, le tout est un peu... fabriqué, mais intéressant pour voir comment s'amusent les nouveaux riches et la jeunesse dorée moscovite.

♫ ***Mao*** *(plan couleur III, J8,* ***138****) : Krasny Oktyabr, Bolotnaya nab., 9. 8-985-991-0424. Tlj 14h-2h (4h jeu-dim).* Situé dans l'ancienne chocolaterie *Octobre Rouge,* juste à côté du *Rolling Stone* (voir plus haut) et du *Raï* (une boîte tape-à-l'œil style nouveau riche). On a bien aimé l'accès à ce bar-boîte par un monte-charge soviétique avec un banc pour s'asseoir... Très nostalgique. Là-haut, ce n'est pas la révolution mais une déco laquée en rouge et noir qui aurait bien plu à Stendhal, voire à Jeanne Mas. Mais son atout principal c'est cette terrasse avec vue imprenable sur la Moskova et la statue de Pierre le Grand. Si elle est fermée pour cause d'intempéries, vous n'avez plus qu'à affaler les voiles dans le pouf géant, vous accouder contre le long comptoir pour écluser toute la soirée ou vous trémousser sur la piste de danse...

♫ |●| ***Mio* – Мио** *(plan couleur III, J9,* ***149****) : Kaloujskaya pl., 1, mais entrée par la rue Donskaya ; contourner le bâtiment de la bibliothèque, c'est devant l'hôtel* Akadémitcheskaya. *☎ 238-5848. Ⓜ Oktiabrskaya. Ouv 24h/24. Entrée gratuite (sf événements).* Resto tendance nippone à la déco design avec des écrans de TV partout. Mais bien sûr, ce n'est pas qu'un resto : DJ tous les soirs, même si l'on n'y danse vraiment que les vendredi et samedi (*dress code* ces soirs-là). Musique électro et ambiance *lounge*. *Mama Mio,* on y croise souvent de superbes créatures !

À VOIR

Comme de nombreuses capitales, Moscou dispose désormais d'un ***bus rouge hop-on, hop-off,*** qui parcourt le centre en passant par les principaux sites touristiques, mais en saison seulement. Durée du circuit : 60 mn (11 arrêts en tout). Départs toutes les 30 mn de 10h à 17h environ. Le billet (400 R ; moitié prix de 7 à 17 ans ; gratuit en dessous de 7 ans) est valable 24h et peut s'acheter dans le bus. Commentaires en russe et en anglais à bord. Même principe que celui de tous les *hop-on, hop-off* : on descend du bus et on remonte dedans où l'on veut pendant la période de validité du billet. Pour connaître les arrêts et les horaires précis : *☎ 787-7335 ou • hoponhopoff.ru •*

LA PLACE ROUGE – КРАСНАЯ ПЛОЩАДЬ

L'une des plus célèbres places au monde, propre à faire rêver dans toutes les couleurs (et pas seulement en rouge). À découvrir de préférence dès la nuit tombée. D'ailleurs, comme pour le *perron Rouge* du palais à Facettes, le rouge en question ne se révèle nullement être la couleur emblématique de la révolution prolétarienne, mais veut simplement dire « beau » en vieux slavon. Bon, il se déroula tant de choses sur cette « belle place », elle véhicule tant d'histoires, il y a de quoi fantasmer ! D'ailleurs, quand on y accède, on se pince, on n'y croit encore guère... Pourtant, pourtant !

Un peu d'histoire

La place date de la construction de l'enceinte du Kremlin par Ivan III, et de la nécessité de laisser un grand espace libre pour la défense (côté ouest, on avait creusé des douves). Bien sûr, elle ne fut pas urbanisée, seuls de petits commerces dans des baraques en bois s'installèrent sur son pourtour. Le premier nom de la place fut d'ailleurs le *Torg* (le marché). À la fin du XVIe s, sur le côté opposé au Kremlin (l'emplacement du Goum actuel), s'édifient les premiers commerces en dur. Au sud, vers la Moskova, s'élève déjà la *basilique Basile-le-Bienheureux* (1555). Au nord, on construit ensuite l'*église de l'Icône-de-la-Vierge-de-Kazan,* ainsi qu'une porte de ville. Au XVIIIe s, la place se trouve presque complètement urbanisée, même le long des murs du Kremlin (construction en 1687 de galeries marchandes à arcades sur le même modèle).

Après la défaite de Napoléon Ier, la place est totalement repensée dans un sens nationaliste. Elle devient objet de fierté nationale, symbole de la résistance du peuple russe. En 1818, on y érige la *statue de Minine et Pojarski,* les héros de la guerre contre les envahisseurs polonais en 1612. Les commerces côté Kremlin ne sont pas reconstruits après les destructions de la guerre. Cela laisse libre (et grandiose) la perspective sur les remparts et la basilique. En revanche, en face, l'architecte O. I. Bové (l'un construit, l'autre démonte !) édifie d'élégantes galeries sur colonnades. Reconstruites en partie, en style pseudo-russe, de façon encore plus prestigieuse, en 1888, avec pour modèle le musée d'Histoire de l'État au nord-est de la place.

RECOMMANDATION POUR VISITER LA PLACE ROUGE

Un conseil donné par un certain Gilbert B. : la voir par temps enneigé, quand elle est vide, avec une guide russe nommée Nathalie (étudiante à l'université) aux cheveux blonds, portant une chapka rouge, et terminer avec elle par un chocolat chaud au Café Pouchkine, *bien sûr...*

À partir de 1918, la place change encore de vocation. Elle va devenir le symbole de la révolution triomphante et du communisme libérateur, avec comme axe principal le mausolée de Lénine et le cimetière des héros révolutionnaires et des grands hommes d'État (enterrés au pied de la muraille). La place devient aussi le lieu privilégié des défilés et parades militaires. Les plus hauts dirigeants de la bureaucratie soviétique se retrouvent alors en haut du mausolée de Lénine. C'est l'occasion pour soviétologues et journalistes de vérifier qui monte dans la hiérarchie (suivant leur rang), qui est en disgrâce, qui a disparu... Bref, le jeu des sept familles.

La place Rouge devient aussi le haut lieu de la contestation. Connaissant le retentissement de tout incident en URSS, et à Moscou particulièrement, militants des Droits de l'homme, pour la libération d'Untel, pour des syndicats libres, pour toutes causes, ainsi que minorités et religions persécutées et contestataires de tout poil tentent alors d'attirer, sur la place, l'attention sur eux (agitation, tracts, banderoles, etc.). Leur arrestation mouvementée était souvent mentionnée dans les médias, et la place Rouge y gagna de plus en plus en notoriété.

Après l'écroulement de l'ex-URSS, rebelote (et sûrement dix de der), la place retrouve sa vocation historique. L'*église de l'Icône-de-la-Vierge-de-Kazan* et la porte de ville, démolies pour permettre le passage des chars lors des parades militaires, sont reconstruites. On peut se faire photographier à côté des sosies de Nicolas II et de Marx. Quant à la momie du camarade Vladimir Oulianov, son sort, en revanche, semble toujours incertain !

La cathédrale Basile-le-Bienheureux – **Собор Василия Блаженного** *(sobor Vassiliya Blajennovo ; plan couleur La place Rouge et Kitaï Gorod, A-B2,* ***160****) :* ● *saintbasil.ru* ● *Tlj 11h-18h en été et jusqu'à 17h en hiver (fermeture des* *caisses 30 mn avt). Entrée : 200 R ; réduc. Photos et caméras payantes (200 R). Audioguide en anglais 200 R.*

Le festival de bulbes polychromes le plus emblématique de Russie. Construite par Ivan IV le Terrible, en l'honneur de sa victoire sur les Tatars à Kazan (1552). Elle s'appela d'abord *sobor de l'Intercession-de-la-Vierge-sur-le-Fossé,* du nom de la chapelle principale. Nul ne sait pourquoi, finalement, ce fut *Basile-le-Bienheureux* (un simple d'esprit seulement béatifié et enterré dans la 10e chapelle) qui donna son nom à la cathédrale.

Cela dit, pour expliquer l'important nombre de chapelles et de clochers, il faut savoir que le tsar avait voulu honorer chaque saint dont le jour correspondait à une victoire ou à un moment important de la campagne contre les Tatars. Par exemple, la *chapelle Saint-Cyprien-et-Sainte-Justine,* fêtés le 2 octobre, jour de l'assaut final. Ou encore la *chapelle Alexandre-Jean-et-Paul-le-Jeûneur* (les trois patriarches), dont la fête tombe à des dates où furent remportées des victoires contre les alliés des Tatars.

Enfin, la *chapelle de l'Entrée-du-Christ-à-Jérusalem* évoque le dimanche des Rameaux. Ce jour-là, le métropolite de Moscou, monté sur un âne tenu en laisse par le tsar, se rendait en procession de l'église de la Dormition à cette chapelle. Également quatre chapelles aux quatre coins cardinaux et quatre, plus petites, dans les diagonales.

L'harmonie de l'ensemble répond à une alchimie complexe de styles révélant d'audacieux compromis architecturaux. Ainsi la chapelle centrale reprend-elle les caractéristiques de l'*église de l'Ascension* à Kolomenskoye (qu'on décrit plus loin) : clocher octogonal orné de *kokochniki* et coiffé d'un *chatior,* architecture originale qui fut ensuite appliquée pour la première fois à l'église de l'Ascension. Elle abrite une belle iconostase du XIXe s, mais certaines icônes lui sont bien antérieures. Les chapelles aux coins cardinaux sont en forme de tours rappelant les « églises-tours » construites par les Italiens au début du XVIe s. Celles dans les diagonales sont les plus proches du style russe traditionnel (abondance de *kokochniki*). En 1588, on ajouta une 10e chapelle, précisément celle de *Basile-le-Bienheureux,* qui donna son nom à la cathédrale. Bon, on y va, il faut bien s'arracher un moment de ce merveilleux ensemble... que certains Moscovites comparent à un paquet de berlingots !

★ *Le monument à K. Minine et D. Pojarski* – Памятник К. Минину и Д. Пожарскому *(Pamiatnik K. Mininou i D. Pojarskomou)* **:** *juste devant la cathédrale Basile-le-Bienheureux.* Il est consacré au marchand Kouzma Minine et au prince Dmitri Pojarski, deux héros de la guerre de libération contre les Polonais en 1612. Ce fut le premier monument public de Moscou. Érigé en 1818, juste après la défaite de Napoléon, un autre envahisseur, il est révélateur de la poussée du sentiment national en Russie. À part ça, même s'il a été réalisé par Ivan Martos, le plus grand sculpteur de l'époque, il reste d'un académisme sans grand intérêt. Auparavant, il était situé au milieu de la place, mais fut déplacé en 1930, car il gênait la construction du mausolée de Lénine... Pousse-toi de là que je m'y mette !

★ *Lobnoïe Miésto* – Лобное место *(plan couleur Le Kremlin, B1)* **:** *devant la cathédrale Basile-le-Bienheureux.* Au XVIe s, c'était le nom de cette partie de la place, traduction du mot « Golgotha ». Cela allait de pair avec l'*église de l'Entrée-du-Christ-à-Jérusalem* tout à côté, ainsi que la cérémonie annuelle du dimanche des Rameaux (voir plus haut). Pour mieux évoquer le Golgotha, Boris Godounov y fit construire une sorte de tribune circulaire en pierre. Elle servit les siècles suivants pour la proclamation des oukases du tsar et fut reconstruite en 1786. Elle hérita d'une ferronnerie imitant la *grille d'or* du palais des Terems (voir plus bas).

★★ *Le mausolée de Lénine* – Мавзолей В.И. Ленина *(Mavzoleï V.I. Lenina ; plan couleur La place Rouge et Kitaï Gorod, A1,* ***161****)* **:** *☎ 623-5527. En principe, tlj sf lun et ven 10h-13h. Gratuit. Il faut attendre sur Manejnaya pl., en face du côté nord-ouest du musée d'Histoire de l'État. C'est là que se forme la queue... dès 9h30,*

MOSCOU / À VOIR

bref, on vous conseille d'arriver tôt ! Les sacs à dos, appareils photo et caméras doivent être déposés à la consigne (pas chère) située sur le côté sud-ouest du musée d'Histoire de l'État (on vous l'indiquera).

La place étant devenue, après 1918, le centre de toutes les grandes commémorations et parades révolutionnaires, il était logique que le gouvernement bolchevik y honorât l'artisan d'Octobre. En 1924, premier bâtiment en bois pour abriter le corps de Lénine, qui venait de mourir. En 1929-1930, mausolée définitif en dur réalisé par Chtchoussév, architecte reconnu de l'époque. Pas vraiment réputé pour ses côtés avant-gardistes, ni pour ses audaces architecturales. Il possédait plutôt une solide expérience de bâtisseur d'églises et savait allier habilement les styles néorusse, Art nouveau et constructiviste. Pour ce mausolée, pourtant, il ne fallait pas de style trop marqué par une époque, et il réussit ainsi à marier avec succès l'idée d'éternité (symbolisée par la pyramide égyptienne) et une forme résolument moderne, légèrement teintée d'influences cubistes. Alliée au choix de très beaux matériaux (granit rouge, labrador noir et gris, porphyre pour la colonnade), qui résistèrent magnifiquement au temps. Pour la petite histoire, Lénine et Kroupskaïa, sa veuve, souhaitaient une inhumation simple. Elle avait déclaré : « Ni monument ni palais à son nom, n'organisez pas de pompeuses cérémonies en sa mémoire. » Dans le genre respect des dernières volontés du défunt, c'est ce qu'on appelle un échec ! Lénine fut embaumé et, chaque année, il subit une petite cure d'entretien. Il se dit d'ailleurs que, depuis quelques lustres, il a vraiment mauvaise mine...

Ceux qui lui souhaitent un classique retour à six pieds sous terre sont assez nombreux (ça permettrait d'exaucer enfin le vœu de Lénine et satisferait ceux qui sont partisans de liquider le symbole fort d'un régime totalitaire). Rumeurs, contre-rumeurs, rien n'est encore décidé, et le pouvoir hésite encore à faire le pas de cette rupture historique définitive. Il est vrai que, même si des changements de régime sont souvent souhaitables ou inévitables, un pays peut difficilement gommer d'un seul coup 70 ans de sa propre histoire (et heurter la sensibilité de millions de ses citoyens).

En attendant, les plus bolcheviks de nos lecteurs ont eu raison d'attendre la chute du système soviétique... Aujourd'hui, terminées les longues heures de queue pour rendre hommage à Vladimir ! La cérémonie génère pourtant quelques complications. On barre l'accès à la place Rouge dès 9h du matin (il ne reste que le passage le long du Goum) afin d'y laisser entrer uniquement les visiteurs de la momie.

NEURONES RÉVOLUTIONNAIRES ?

Le cerveau de Lénine fut prélevé à l'embaumement. On chargea le neurologiste Oskar Vogt de l'étudier afin de localiser les cellules responsables de son génie et on créa l'Institut du cerveau rien que dans ce dessein. Vogt publia un article en 1929 où il affirma, sans rire, que « des neurones pyramidaux dans la troisième couche du cortex cérébral étaient particulièrement larges ». Mais le lien entre cette observation et le génie de Lénine fut contesté. Par la suite, les travaux concernant le cerveau de Lénine n'ont plus été rendus publics.

***La nécropole du Kremlin* – Кремлевский Некрополь** *(Kremlevski necropol) :* autour du mausolée sont enterrées les figures les plus marquantes de la révolution, de la politique et de la société civile russes. Parmi les hauts dirigeants, on trouve *Staline, Brejnev, Andropov...* Également la femme de Lénine, des héros militaires comme le *maréchal Joukov* (chef de l'armée Rouge lors de la Seconde Guerre mondiale), civils comme *Gagarine,* des écrivains comme *Gorki,* des savants, de grands inventeurs. Mais notre affection va à *John Reed,* très grand journaliste américain, pas seulement témoin et sympathisant de la révolution russe, mais aussi militant socialiste actif. Son *Dix jours qui ébranlèrent le monde* reste un émouvant monument du reportage historique. À ce propos, ne pas manquer non plus, si vous le trouvez en DVD, *Reds*, film remarquable de (et avec) Warren Beatty et qui retrace la vie de John Reed.

Le Goum – **ГУМ** *(plan couleur La place Rouge et Kitaï Gorod, A1,* ***164****)* **:** *tlj 10h-22h.*
En face de la muraille du Kremlin, l'une des plus célèbres galeries marchandes au monde. Édifiée après le grand incendie de Moscou en 1812, elle se divisait en galeries hautes, moyennes et basses. Les galeries hautes furent reconstruites en style pseudo-russe en 1894, empruntant de nombreux traits au musée d'Histoire et démontrant bien que ce style se nourrissait avant tout de celui des autres. Amusez-vous à comparer la façade centrale du Goum avec celle du musée : mêmes disposition et élévation, même rythme des ouvertures et décor, etc. Par exemple, les deux tours jumelles encadrant l'entrée principale correspondent en tout point à celles du musée. Gros œuvre en marbre et granit de Finlande, mais les galeries intérieures sont en métal et verre, technique originale pour l'époque, copiée sur le *Crystal Palace* de Londres. En 1921, Lénine lui-même y supervisa la création du premier grand magasin d'Union soviétique. Puis, dans les années 1930, il fut remplacé par des bureaux du gouvernement.
Ce n'est qu'en 1953 qu'il retrouva sa fonction de grand magasin d'État, le légendaire Goum. Devenu LE lieu de pèlerinage des familles soviétiques venues de tous les coins de l'empire pour s'approvisionner à la charcuterie *(kolbassa)*, aux rayons friandises, douceurs, etc., qu'on ne trouvait que dans la capitale. Après avoir fait la queue au mausolée de Lénine, on se précipitait au Goum. On se donnait toujours rendez-vous près de la fontaine centrale, si on se perdait.
Aujourd'hui, il semble plus calme. Il faut dire qu'il a largement perdu son côté populaire puisqu'il concentre surtout des boutiques de luxe de grandes marques occidentales... Le soir, on aperçoit d'assez loin ses illuminations, tel un grand squelette d'ampoules lumineuses, comme si c'était Noël toute l'année. On y trouve également quelques cafés (prix élevés, bien sûr), notamment le *Boscobar* (voir plus haut « Où boire un bon café ou un onctueux chocolat ?... »), qui possède, en été, une terrasse orange donnant évidemment... sur la place Rouge. Enfin, pour les fines bouches, il y a, au milieu, un supermarché de produits fins : le *Gastronome n° 1*.

La cathédrale de Kazan – **Казанский Собор** *(Kazanski sobor ; plan couleur La place Rouge et Kitaï Gorod, A1,* ***162****)* **:** édifiée en 1634 par le tsar, en remerciement après la victoire sur les envahisseurs. Quelques transformations au cours des siècles (tour-clocher ajoutée ultérieurement, un zeste de baroque au XVIIIe s, etc.) avant de disparaître en 1931, grâce à Joseph « bulldozer » Staline, qui trouvait qu'elle gênait passablement le passage des chars pour les parades militaires. Heureusement, plans et photos d'archives permirent sa reconstruction en 1990. Cela, à notre avis, un peu trop à la Walt Disney et un poil lourdingue, bref, ce n'est pas tout à fait notre préférée. L'icône de la Vierge de Kazan qu'on y trouve est d'ailleurs une copie. Pour la même bonne raison, la ***porte de la Résurrection*** – **Воскресенские ворота** *(Voskressenskiye vorota)*, toute proche, fut démolie à la même époque. Reconstituée à l'identique, avec ses deux clochers à toits verts, elle abrite une chapelle très vénérée des Moscovites. C'est là que le tsar s'arrêtait pour prier avant de fouler la place Rouge.

Le musée d'Histoire de l'État – **Государственный исторический музей** *(Gossoudarstvenni istoritcheski mouzeï ; plan couleur La place Rouge et Kitaï Gorod, A1,* ***163****)* **:** *pl. Rouge, 1/2. ☎ 692-4019. • shm.ru • Tlj sf mar et 1er lun du mois 10h-17h (19h dim). Entrée : 250 R ; réduc. Explications en russe slt, mais pour le 1er étage, il y a une brochure en anglais, disponible gratuitement au comptoir d'infos (après les caisses). Audioguide : 300 R.*
Édifice qui boucle de façon élégante et imposante tout à la fois le nord de la place Rouge. Construit en 1883, dans un style qui devait être particulièrement représentatif de l'architecture russe de cette fin de XIXe s. Un grand débat animait d'ailleurs les milieux artistiques et architecturaux de l'époque. Comment introduire du typi-

quement russe dans l'art, comment échapper aux influences occidentales, quel style, quelle image du pays offrir dans les Expositions universelles ? C'est ainsi que naquit le style pseudo-russe, censé redonner dynamisme et idées ! En vérité, vous le constaterez de visu, c'est plus une compilation habile de plusieurs styles qu'une véritable création. Un style proche de l'éclectisme tel qu'il faisait fureur dans des villes comme Vienne ou Prague à la même époque. Ainsi, il y a dans les volumes et les espaces du musée des éléments rappelant la cathédrale Basile-le-Bienheureux (qui lui fait face) et dans le jeu des tours et tourelles un clin d'œil plus qu'appuyé aux remparts du Kremlin (comme la brique, d'ailleurs, avec laquelle le musée a été construit).
Le bâtiment abrite sur deux étages de riches collections historiques couvrant toutes les périodes depuis la préhistoire jusqu'au début du XXe s (pour ce siècle, voir le musée d'Histoire moderne dans « Le quartier autour de Tverskaya »). Créé fin XIXe s par le tsar Alexandre III, il a rouvert en 1994, après avoir été joliment rénové.
En gros, le 1er étage porte sur la période allant jusqu'au XVIIe s, et le second sur les XVIIIe et XIXe s.

1er étage
– *Salles 1-3 :* ***préhistoire*** (des origines à 3000 av. J.-C.). Premiers outils, os, statuettes, tombes, animaux taillés dans le silex, poteries, figurines, armes en bronze, barque taillée en chêne.
– *Salles 4-7 :* bijoux en or, dagues aux manches élaborés, objets rituels, ravissants petits cerfs de bronze (divinité liée à la vie et la mort), masques funéraires, or des Scythes et l'un des plus vieux vêtements trouvés en Russie. Sarcophage en marbre (IVe s av. J.-C.), vaisselle en or, pittoresque carquois ancien, ferronneries d'art, parures de bronze et bijoux particulièrement travaillés.
– *Salle 8 :* consacrée à l'époque de ***formation de l'État russe*** en 862, avec les premiers livres et chartes. La construction de la salle reprend les éléments architecturaux de l'époque.
– *Salles 9-11 :* beaux vantaux d'église aux multiples personnages narrant la Bible, frises de la cathédrale de Saint-Dimitri à Vladimir, ornements d'églises, évangile avec miniatures et autres livres anciens richement décorés.
– *Salles 12-13 :* consacrées notamment aux ***invasions mongoles*** au XIIIe s (carte, *Paitza* – plaque – du khan ouzbek, un signe de distinction du représentant du pouvoir mongol).
– *Salles 14-21 :* la ***Russie du XIVe au XVIIe s.*** Vierge à l'Enfant du XVe s, icône et évangile décoré par Andreï Roublev, portraits des boyards, plaintes des paysans, grille de château fort, pièces de monnaie. Coupe monumentale du genre humoristique (fin XVIIe-début XVIIIe s) : impossible de boire sans verser le vin sur soi ! On la servait aux invités en retard. Section sur l'exploration de la Sibérie. Puis, en vrac, habit religieux d'Ivan le Terrible, portrait du patriarche Nikon (réformateur de l'Église au XVIIe s), documents de la période du schisme, impressionnante mappemonde de 1690 (avec toutes les découvertes de l'époque) et quelques vénérables cartes. Modèle d'une presse et *Actes des Apôtres,* premier livre daté (1564) sans aucune faute de frappe. C'est avec ce livre qu'on apprenait l'alphabet aux enfants. Enfin, cotte de mailles du XVIe s, sabre joliment décoré appartenant à Pojarski (selon la légende, offert par les Moscovites en reconnaissance de leur libération des Polonais). Nombreux canons, dont celui à la gueule de serpent.

2^d^ étage
Aménagé plus récemment.
– *Salle 22 :* dédiée à la Russie de ***Pierre le Grand.*** On y voit son portrait, sa voiture personnelle, etc. Section sur la guerre contre la Suède. Européanisation de la Russie.
– *Salle 23 :* portraits des successeurs de Pierre.
– *Salle 24 :* exemples de *kokochnik,* le traditionnel couvre-chef des femmes, réservé aux fêtes.

– *Salle 25 :* consacrée au siècle d'or de la noblesse russe. Portrait et représentations de ***Catherine II.*** Dans une vitrine, ses lunettes, qui symbolisent son goût prononcé pour le travail. Reliques de la guerre paysanne (armes, cage d'interrogatoire).
– *Salle 27 :* les relations internationales de la Russie au XVIIIe s. Tableau illustrant la balance du pouvoir : sur le plateau de gauche, on peut voir la Turquie écrasée par son voisin russe ! Maquettes de bateaux aussi, nombreux schémas et gravures montrant des batailles navales.
– *Salle 28a :* sur la guerre de 1812 contre Napoléon et sa défaite à Borodino. Charroi, lit de voyage (et deux rasoirs !) de l'empereur pris par les Cosaques, peinture montrant le chemin de Bérézina suivi, dans la débâcle, par l'armée française.
– *Salles 35-39 :* le ***XIXe s et le début du XXe s.*** Documents, meubles, costumes, tableaux. Voir le trône d'Alexandre Ier, la plume d'Alexandre II (avec laquelle il signa le protocole d'abolition de l'esclavage). Puis gravure montrant la bataille de Sébastopol (1855), carte ethnographique des peuples de la Russie, section sur le développement social et économique du pays (et de ses artisans). Billets de banque de la fin du XIXe s. Enfin, partie consacrée au style russe (belle mosaïque).

– À l'arrière du *musée d'Histoire de l'État, sur la Manejnaya Plochad,* fière statue équestre du ***maréchal Joukov,*** vainqueur à Stalingrad et à Koursk, inaugurée en 1995 pour commémorer les 50 ans de la victoire sur les nazis (son cheval, qui était blanc, foule au pied les enseignes à croix gammée déposées par les troupes lors du défilé de la victoire en 1945).

LE KREMLIN – КРЕМЛЬ

Le mythique siège du pouvoir russe depuis des siècles, la partie la plus ancienne de la ville. C'est ici qu'étaient couronnés les tsars, que s'élèvent les plus prestigieuses cathédrales orthodoxes et qu'on trouve les plus fabuleux trésors du pays. Centre des institutions communistes et aujourd'hui résidence du président de la Fédération de Russie. À propos, il vous faudra une petite journée pour en faire le tour...

Un peu d'histoire

C'est en 1156 qu'est signé l'acte de naissance du Kremlin, lorsque le prince Iouri Dolgoruki ordonne la construction d'une forteresse *(kremlin).* Démolie en 1237 par les Tatars, puis bien sûr reconstruite, puis agrandie par le prince ***Ivan Kalita*** en 1339. En 1368, les Tatars menaçant encore, le prince Dmitri Donskoï fait remplacer l'enceinte de bois par des remparts et édifie une première cathédrale de la Dormition. La véritable étape de construction du Kremlin se situe sous le règne d'***Ivan III*** et de son fils. Une nouvelle muraille de brique est édifiée de 1485 à 1516 par des bâtisseurs italiens. Ce qui lui donne véritablement l'aspect d'une forteresse du Quattrocento ! Les premiers touristes de l'époque avaient l'impression d'arriver au *castello Sforzesco* de Milan. Le tracé du Kremlin est alors définitif. De cette époque subsiste le *palais à Facettes.* Du XVe au XVIe s se construit, sur la *place des Sobors,* l'admirable ensemble d'églises et de cathédrales du Kremlin (la nouvelle cathédrale de la Dormition, les cathédrales de l'Annonciation et de l'Archange-Michel, l'église de la Déposition-de-la-Robe-de-la-Vierge et le clocher d'Ivan-le-Grand). Ivan IV y adopte pour la première fois le titre de tsar et se fait couronner dans la cathédrale de la Dormition en 1547.
Au XVIIe s, construction du palais des Patriarches, de celui des Divertissements et de l'église des Douze-Apôtres. De 1620 à 1680, les tours de l'enceinte s'ornent de *chatiors* (petits clochers) qui gomment quelque peu leur aspect italien et leur donnent un look russe plus crédible.
Au XVIIIe s, toutes les demeures privées (petits palais d'aristocrates, les boyards) disparaissent, et ***Pierre le Grand*** fait construire l'Arsenal. Puis, Saint-Pétersbourg polarisant l'attention, il n'y aura plus guère que quelques modifications d'ordre

décoratif. Catherine II avait bien envisagé un important projet de style néoclassique (notamment un immense palais en bord de fleuve), mais il fut abandonné. Seul le Sénat fut réalisé dans ce style, les autres édifices subissant seulement quelques retouches néogothiques (le romantisme étant à la mode au début du XIXe s).
En 1812, au moment de sa retraite, l'armée napoléonienne fait subir quelques sévères déprédations à certains édifices et tours d'enceinte, mais tout est vite reconstruit. En 1818, naissance au Kremlin du tsar ***Alexandre II.*** Puis, ***Nicolas Ier*** fait transformer le Grand Palais et le palais des Armures dans un style alliant le classicisme et les éléments les plus notables de l'architecture médiévale russe.
En 1918, ***Lénine*** fait revenir le pouvoir au Kremlin. Les décennies qui suivent sont une période noire d'un point de vue architectural. De vénérables églises et monastères anciens sont démolis pour laisser la place à des édifices communistes « de prestige », comme le *palais des Congrès* construit en 1960 à l'emplacement du monastère Tchoudov. En 1935, des étoiles rouges à cinq branches de 1 t (en rubis artificiel) remplacent, sur les tours, les aigles datant de l'époque impériale. Le Kremlin devient alors le siège de toutes les intrigues et tous les complots possibles. On imagine l'atmosphère dans la grisaille stalinienne, khrouchtchévienne, puis brejnévienne. Quelle nuit d'anthologie, la fin de Staline agonisant seul dans sa datcha, jusqu'au matin, à la suite d'une congestion cérébrale, tandis que ses « proches », pourtant au courant de ce qui se passe, n'osent intervenir tant le personnage effraie (ou le laissent mourir sciemment, allez savoir !)... C'était du « Shakespeare-sur-Moskva » pur jus !
Finalement, ce n'est qu'en 1955 que le Kremlin fut partiellement ouvert au public pour la première fois.

LE CALVAIRE DE SVETLANA STALINE

En 2011, la fille unique et chérie du dictateur est morte, oubliée de tous, aux USA. Sa mère, déjà, s'était suicidée alors qu'elle n'avait que 6 ans. À 16 ans, elle voulut épouser un cinéaste juif de 24 ans son aîné, qui sera envoyé au goulag. De mariages ratés en liaisons éphémères, elle profita d'un voyage en Inde, en 1967, pour obtenir l'asile politique aux États-Unis, et publia une autobiographie où elle reniait son hérédité. Après un bref retour en URSS pour revoir ses enfants et découvrir ses petits-enfants, elle finit sa vie en Amérique.

Infos pratiques

☎ 697-0349, 4422 ou 4611. • kreml.ru • Ouv tlj sf jeu 10h-17h (16h30 pour les caisses). Ⓜ Alexandrovski Sad, Biblioteka im. Lenina ou Borovitskaya.
Il y a 2 entrées : par la tour Koutafia *(plan couleur Le Kremlin, A1)* ou, plus au sud, par la tour Borovitskaya *(plan couleur Le Kremlin, A2),* mais attention, celle-ci est parfois fermée sans préavis.
Les billets s'achètent dans l'un des 2 kiosques de part et d'autre de la tour Koutafia, ou à une 3e billetterie située en contrebas, dans le jardin Alexandrovski *(plan couleur Le Kremlin, A2).* On vous conseille cette dernière, il y a souvent moins de monde... Quoi qu'il en soit, tâchez d'arriver tôt, les files d'attente se constituant assez vite.
Entrée (pour pouvoir pénétrer dans l'enceinte du Kremlin et visiter les différentes églises et cathédrales qui s'y trouvent) : *350 R ; réduc importante avec la carte ISIC. Audioguide (pour les églises et cathédrales) : 200 R.* Le palais des Armures et le fonds des Diamants font l'objet d'un autre billet (voir plus loin), tt comme les expos temporaires qui se tiennent dans le palais des Patriarches et l'ensemble du clocher d'Ivan-le-Grand.
On peut entrer dans l'enceinte du Kremlin avec son appareil photo, mais il est interdit de photographier à l'intérieur des églises. En revanche, il faut laisser ts les sacs

à dos (curieusement, les dames peuvent garder leur sac à main...) à la consigne (payante), qui se trouve dans le jardin, sous l'escalier situé à droite de la tour Koutafia.

La visite

L'enceinte fortifiée : c'est donc en 1480, sous le règne d'Ivan III, que fut construite la célèbre enceinte. Longue de 2,235 km, épaisse de 3,5 à 6,5 m et de forme triangulaire pour épouser celle de la colline. Chemin de ronde de 4,5 m de large et 19 tours, dont aucune n'est identique. On alla chercher en Italie les plus prestigieux architectes de l'époque : Anton Friazine (Antonio Girardi), Marco Friazine (Marco Ruffo) et Piotr Anton Friazine (Pietro Antonio Solari). À la nouvelle capitale de la Russie, il fallait des murailles dignes de ce nom et, de toute façon, le Tatar n'était jamais très loin. On fortifia d'abord les bords de la rivière, d'où venait sans cesse la menace.

On commencera la visite par la *tour Troïtskaya* (de la Trinité) qui surmonte l'entrée principale. C'est la plus haute de l'ensemble et l'entrée officielle du métropolite. Construite en 1495, elle s'élève à 80 m (en comptant l'étoile) et demanda 4 ans de travaux. En 1685, elle gagna une toiture pyramidale et ce beau décor de pierre blanche. Précédée du pont de la Trinité (1516) et de la *tour Koutafia* (de la même époque), en forme de fer à cheval, dernière survivante des six tours à barbacane qui précédaient les portes d'entrée au Kremlin. La fantaisie au-dessus des créneaux fut un rajout de la fin du XVIIe s.

Vers le fleuve, nous trouvons ensuite la *tour Komendantskaya* (1493), du nom de la résidence du commandant de Moscou juste derrière, puis la *tour Orougéinaya* (des Armes), à proximité de l'armurerie. La *tour Borovitskaya* (1490, œuvre de Solari), porte du Grand-Prince, est la deuxième entrée du Kremlin pour les touristes. C'est d'ici qu'on parvenait aussi aux communs, écuries, greniers et fenils.

D'Anton Friazine suit, à l'angle, la *tour Vodovzvodnaya* ou *tour des Machines,* appelée ainsi parce qu'au XVIIe s y fut installée la première pompe hydraulique pour amener l'eau de la Moskova au Kremlin. En 1812, les troupes de Napoléon la firent sauter. Suivent les *tours Blagovechtchenskaya* de 1487 et *Taïnitskaya* (tour du Secret) de 1485, construite par Anton Friazine. Elle abritait une sortie secrète vers le fleuve...

Les trois tours (1480) qui suivent ainsi que les remparts furent un temps démolis pour permettre la construction du super palais de Catherine II... qui ne fut jamais réalisé. Elle fit bien sûr tout reconstruire. Dernière tour d'angle, côté fleuve, la *tour Beklémichev* (1487) de Marco Friazine. Dans la montée Saint-Basile, la *tour Constantin-et-Hélène,* précisément là où Dmitri Donskoï pénétra dans le Kremlin après sa victoire de Koulikovo sur les Tatars. Puis la *tour Nabatnaya* (1490), appelée *tour du Tocsin.*

UNE CLOCHE AU GOULAG

Depuis la tour Nabatnaya, on annonçait bien sûr les incendies, mais aussi les événements importants, comme la grande peste de 1771. Ayant provoqué une violente réaction populaire, appelée « révolte de la peste », la cloche fut envoyée... en Sibérie.

Ensuite, après la *Tsarskaya* (1680), nous arrivons à l'une des plus belles, la *tour Spasskaya* ou *tour Saint-Sauveur* (1491), œuvre de Solari. Appelée Saint-Sauveur à cause de la sainte image du Sauveur de Smolensk surmontant la porte. Tour de 10 étages sur 67 m. Aux XVIe et XVIIe s, c'est là que le tsar effectue ses sorties et qu'on accueille les ambassadeurs. En 1624, la tour est surélevée et hérite d'un carillon de 25 t (reconstruit en 1851). Diamètre de 6 m, aiguilles de plus de 3 m et mécanisme s'étendant sur trois étages...

Juste derrière le mausolée de Lénine, la *tour Sénatskaya* (1490), puis suit la *tour Nicolskaya* (Saint-Nicolas), du nom du saint qui orne la porte (1491, œuvre de Solari).

Clocher de forme néogothique rajouté au début du XIXe s. À l'angle, la *tour de l'Arsenal,* de Solari également (1492). En son sein, un puits toujours alimenté par une source. Pour finir, petite tour (1493), qui colle à l'Arsenal.

Le palais des Congrès – **Кремлевский Дворец Съездов** *(Kremlievski Dvorets Sezdov ; plan couleur Le Kremlin, A2,* ***A****)* **:** il s'impose de force dès l'entrée (mais on l'oubliera très vite !). Construit en 1960 sous Khrouchtchev pour abriter les congrès du Parti et les grands événements politiques du pays. Édifier un truc pareil dans un tel ensemble historique marquait, bien entendu, la volonté de faire prédominer le politique sur le culturel, d'affirmer la primauté du pouvoir avant toute chose. Khrouchtchev n'hésita donc pas à faire raser églises et monastères... Cela dit, à sa décharge, reconnaissons-lui quand même d'avoir tenté d'innover un peu en matière architecturale. Au lieu d'un bâtiment stalinien classique, au caractère lourdingue et fermé, il y a ici une nette volonté d'ouverture. Dans l'idée des architectes, ce palais en marbre blanc de l'Oural devait évoquer une sorte de « Parthénon soviétique », les barres en béton rythmant les façades évoquant une colonnade. Le vide entre elles, complètement vitré, démontrant ainsi une volonté d'ouverture, de clarté sur les activités des « représentants du peuple ». D'ailleurs, certains l'appelaient « l'aquarium ». Les travaux durèrent à peine 16 mois, une sorte de record. À l'intérieur, pas moins de 800 locaux (dont beaucoup souterrains) et deux grandes salles de 6 000 et 4 000 places. Aujourd'hui, salles de concerts et de spectacle.

L'Arsenal – **Арсенал** *(plan couleur Le Kremlin, A1,* ***B****)* **:** *de l'autre côté du palais des Congrès. Ne se visite pas.* Construit à partir de 1701 par Pierre le Grand. Connut maintes vicissitudes : interruption des travaux pour cause de guerre contre la Suède (1706), puis travaux de 1722 à 1736. Victime du grand incendie en 1737, reconstruction en 1780. Incendié de nouveau en 1812 par les troupes de Napoléon, reconstruit en 1828. En forme de trapèze, l'architecture révèle des influences d'Europe du Nord. Notamment hollandaise sur la façade sud, avec ses fenêtres jumelées à profondes embrasures (typique des arsenaux bataves). Devant, des centaines de fûts de canons et de canons pris à l'armée napoléonienne et divers autres ennemis en déroute.

Le Sénat – **Сенат** *(plan couleur Le Kremlin, B1,* ***C****)* **:** *ne se visite pas.* Construit en 1787 par Catherine II dans le cadre de ses réformes. Il devait abriter diverses institutions, dont... le *Sénat* et les *Assemblées de la noblesse.* En 1856, sous Alexandre II, il passe au ministère de la Justice et accueille la représentation suprême des instances de justice, mais continue à être appelé Sénat. De forme triangulaire, avec trois cours intérieures et une vaste rotonde, il est très représentatif de l'architecture néoclassique russe du XVIIIe s. En 1918, il devient le siège du gouvernement soviétique. On y trouvait également le cabinet de travail et l'appartement de Lénine. Le Conseil des ministres de l'ex-URSS y siégeait. Son must est la grande salle en rotonde, dite *salle Catherine,* où se tinrent longtemps les congrès du parti communiste. Colonnade circulaire à chapiteaux corinthiens et large coupole à caissons (25 m de diamètre et 27 m de haut). Tout autour, des bas-reliefs vantant les mérites de l'impératrice et sa bienveillance envers le peuple. Aujourd'hui, le Sénat est le siège du président de la Fédération de Russie.

L'École militaire du Comité exécutif central de l'URSS – **Военная школа ЦИК СССР** *(Voiennaya chkola TSIK SSSR ; plan couleur Le Kremlin, B1-2,* ***D****)* **:** *ne se visite pas.* Édifié en 1934 sur l'emplacement de vieux couvents détruits peu avant. On eut cependant le bon goût d'aligner architecturalement le nouvel édifice sur celui du Sénat, ce qui permet fort heureusement de respecter l'homogénéité de l'ensemble. Il abrita la première école militaire de formation d'officiers après la révolution d'Octobre, puis le secrétariat du présidium du Soviet suprême. Aujourd'hui, divers services de l'administration présidentielle.

La Reine des Cloches – **Царь-колокол** *(Tsar-kolokol ; plan couleur Le Kremlin, B2,* ***E****)* **:** *au pied du clocher d'Ivan-le-Grand.* Ce pourrait être le titre d'un polar d'un

Chester Himes russe mais c'est surtout, paraît-il, la plus grosse cloche du monde (200 t). Commandée par l'impératrice Anne, coulée en 1737 au Kremlin par le maître fondeur Motorine, elle était encore malheureusement dans la fosse lorsque éclata le grand incendie qui détruisit, entre autres, l'Arsenal. L'eau froide provoqua des fissures dans la fonte encore chaude, et un morceau de 11 t s'en détacha. Elle resta alors un siècle dans sa gangue avant d'être hissée, avec le morceau, au niveau du sol. L'ensemble se révèle assez impressionnant.

🏛 ***Le Tsar des Canons*** – **Царь-пушка** *(Tsar-pouchka ; plan couleur Le Kremlin, B2,* ***F****)* **:** après la Reine des Cloches, le Tsar des Canons, évidemment ! Énorme bouche à feu de calibre 86, coulée en 1586 par le maître fondeur Tchokov. Le diamètre extérieur du tube fait 1,2 m et le poids total autour de 40 t. Vrai témoignage du savoir-faire et des techniques des armuriers russes de l'époque. Les quatre boulets devant sont strictement décoratifs mais pèsent quand même 1 t chacun.

🏛🏛🏛 ***L'ensemble du clocher d'Ivan-le-Grand*** *(plan couleur Le Kremlin, B2,* ***G****)* **:** se compose de la tour-clocher d'Ivan-le-Grand, de l'église-clocher de la Nativité et de la tour-clocher de Filarète.

– ***La tour-clocher d'Ivan-le-Grand*** – **Колокольня Ивана Великого** *(Kolokolnia Ivana Velikovo). Possibilité de visiter le rdc.* Comme son nom l'indique, fut commandée par Ivan le Grand en 1505 à l'architecte italien Marco Friazine. Construite sur un plan octogonal, elle évoque, bien sûr, les campaniles italiens. Elle fut rehaussée en 1599 par Boris Godounov jusqu'à 81 m. Sous la coupole dorée, on distingue clairement une inscription sur trois rangs mentionnant son nom, celui de son fils et la date des travaux. Les *kokochniki* (sortes de larmes pointues) de la partie haute sont typiques du style en vogue à la fin du XVIe s. La chambre des cloches s'étire sur trois étages.

– Au milieu de l'ensemble, l'***église-clocher de la Nativité*** date de 1554. Reconstruite en 1667 pour accueillir une cloche de 12 t, la *Nouvelle de la Dormition.* En 1812, elle fut dynamitée par les Français. Rebâtie peu après, mais les architectes y introduisirent des éléments de style Empire (symétrie de la façade, ornement des façades). En 1849, côté intérieur, l'architecte K. A. Ton y ajouta un perron.

– Enfin, la ***tour-clocher de Filarète*** complète harmonieusement l'ensemble. Édifiée en 1624 sur demande du patriarche Filarète pour recevoir la *grande cloche de la Dormition.* Elle gagna en 1704 une cage d'escalier sur le côté. Explosée aussi par les troupes napoléoniennes en 1812. Le rez-de-chaussée accueille des ***expos temporaires*** (billet – séparé de celui qui donne accès au Kremlin – à prendre aux billetteries à l'entrée).

🏛🏛🏛 ***Le palais des Patriarches*** – **Патриарший Дворец** *(Patriarchi dvorets ; plan couleur Le Kremlin, A-B2,* ***H****)* **:** l'ensemble que l'on voit aujourd'hui est une reconstruction au XVIIe s, par le patriarche Nikon, de l'ancien palais du métropolite. Totalement imbriqué avec l'*église des Douze-Apôtres,* reconnaissable à ses cinq petites coupoles. Joliment ornée, côté nord, d'un balcon sur arcades.

Le palais abrite aujourd'hui un magnifique ***musée de l'Art du XVIIe s*** (entrée comprise dans le billet général), qu'il faut prendre le temps de visiter. Du vestibule, on accède à droite à la salle de réception et, à gauche, au logement privé du patriarche et à l'église.

Immense salle de réception (salle de la Croix), voûtée d'un seul tenant. Elle servait également pour les conciles. Émerveillement devant la qualité et la richesse des objets exposés. Entre autres, l'orfèvrerie religieuse : vaisselle précieuse, évangéliaires (notamment celui avec le Christ en majesté et les quatre évangélistes), calices, encadrements d'icônes, bijoux. Quelques pièces comme cet encensoir en forme d'église orthodoxe couronnée d'une coupole et, dans la vitrine des « cadeaux allemands » (à droite du four), cette superbe pendule-éléphant tirant un Bacchus ivre et repu, en bronze doré et ciselé. Montre ayant appartenu à Pierre le Grand (la n° 2). Dans la vitrine des « cadeaux turcs », au fond à droite, on notera la cruche niellée (n° 3) et ornée de pierres précieuses, offerte au tsar Alexis, ainsi qu'une belle

corne d'abondance (n° 4). À droite de l'entrée, globe en nacre surmonté d'une croix en rubis et perle. Mais le must de cette salle, c'est le four du XVIIIe s, surmonté d'un dais en bois sculpté. On y préparait les huiles saintes, appelées saint chrême, pour toute la Russie. À 2 m, une jarre de 1767 richement ornée pour les conserver.
Précédant l'église, expo de vêtements religieux, dont l'un arbore une belle *Mise au tombeau* brodée aux fils de soie, argent et or (de 1627). Deux petites salles restituant bien l'atmosphère d'un appartement du XVIIe s. Mobilier d'époque, beau jeu d'échecs, vénérables livres...
De l'autre côté du bâtiment se trouve aussi un espace d'***expos temporaires*** (billet séparé, à prendre à la billetterie avant d'entrer dans l'enceinte du Kremlin).
Dans l'***église des Douze-Apôtres,*** magnifique iconostase en bois sculpté doré de l'école de Simon Ouchakov, provenant de l'une des églises détruites du Kremlin. On y trouve à droite les 12 apôtres qui donnèrent leur nom à l'église. Noter l'icône au fond vert (au lieu du traditionnel doré) et la *Crucifixion du Christ,* avec le martyre des apôtres en médaillon, de Feodor Rojnov. Splendide travail dans les détails, consacrant l'épanouissement de la miniature religieuse russe.

La cathédrale de l'Assomption – **Успенский Собор** *(Ouspenski sobor ; plan couleur Le Kremlin, B2,* ***I)*** **:** appelée aussi *sobor de la Dormition.* Elle remplace une précédente détruite par un séisme. Celle-ci, édifiée en 1326 par le prince de Moscou, Ivan Kalita, et le métropolite, avait été le premier ouvrage en pierre de Russie, dans le style du *sobor* de Vladimir. Le métropolite mourut la 1re année de la construction et y fut enterré, ce qui explique la longue tradition d'inhumation des métropolites dans la cathédrale. Ivan Kalita y fut sacré grand-prince et, là aussi, tous les grands-princes y furent couronnés par la suite. L'église brûla en 1470, et Ivan III décida de la reconstruire aussitôt encore plus belle, pour qu'elle soit digne de la nouvelle capitale du jeune État russe. Le *sobor* de Vladimir servit de nouveau de modèle. Ivan III la voulut encore plus prestigieuse que le modèle et exigea qu'elle le dépassât d'au moins 2,50 m dans toutes ses dimensions. Las, en 1474, l'édifice s'écroula. L'histoire mit ça sur le compte d'un tremblement de terre, mais il est très probable que les architectes se trompèrent dans leurs calculs ! À preuve que, lorsque Ivan III demanda à de nouveaux architectes d'y travailler, ils renoncèrent devant l'ampleur et les difficultés de la tâche.
C'est alors qu'Ivan III se tourna résolument vers l'Occident et fit venir Fioranvanti, un architecte italien réputé. Celui-ci introduisit ses propres méthodes de production de matériaux et de construction, tout en respectant les grands critères architecturaux russes. Le tsar, en effet, lui avait demandé de s'inspirer de nouveau de Vladimir. Une des principales innovations de l'Italien fut d'avoir imposé un plan carré inhabituel sur quatre piliers et mis toutes les voûtes d'arête à la même hauteur, introduisant ainsi le modèle d'église-halle. De même sut-il, à l'intérieur, dans la tradition de la Renaissance italienne, jouer un maximum avec l'espace et la lumière. À l'extérieur, la sobriété de l'architecture, ses belles proportions, le rythme régulier des ouvertures, des colonnes, pilastres et des arcs dominant la façade lui donnent une allure de force tranquille. Remarquable portail sud orné de fresques du XVIIe s. À l'intérieur, c'est l'éblouissement : fresques ayant retrouvé leur tonalité d'origine et couvrant, colonnes comprises, l'ensemble de l'église, riche collection d'icônes, dont de très anciennes et une monumentale iconostase du XVIIe s en tilleul doré. Fresques du chœur de la fin du XVIe s. Sur les piliers, représentation d'une bonne centaine de martyrs canonisés.
– ***L'iconostase :*** impossible d'en détailler ici toutes les splendeurs, en voici cependant les fleurons. Nous trouvons cinq rangs d'icônes : le plus bas, encadrant la porte Royale, présente les plus vénérées. À droite de la porte, le *Christ en majesté,* rapporté de Novgorod après qu'Ivan le Terrible eut anéanti la ville. Elle daterait du XIIe s, mais fut restaurée plusieurs fois. À côté, une insolite *Dormition,* réalisée spécialement en 1479 pour la consécration de la cathédrale. Remarquez un détail : le Christ y tient dans la main une sorte de poupée, c'est en fait l'âme de la Vierge. Ensuite, un christ du XIVe s (entre la Vierge et saint Jean), œuvre d'un artiste serbe,

également rapporté de Novgorod par Ivan le Terrible. Sur sa droite, le Christ à « l'œil sévère » réalisé pour la première cathédrale du prince Ivan Kalita... À gauche de la porte Royale, l'icône de la Vierge de Vladimir du XVIe s. Au-dessus, les quatre autres rangs traditionnels d'icônes : les mois de l'année, les fêtes, les prophètes et, tout en haut, les patriarches.

– ***Le trône d'Ivan le Terrible :*** à droite, appelé aussi *trône de Monomaque.* Réalisé en 1551, c'est un chef-d'œuvre de bois ciselé possédant une grande capacité d'évocation (brrr, il était là-dedans le Terrible !). Le trône de Salomon décrit dans l'Ancien Testament servit de modèle. Panneaux racontant les exploits militaires de Vladimir Monomaque et son couronnement par l'empereur byzantin Constantin, ce qui tendait à démontrer la filiation byzantine des maîtres de la Russie.

– Devant, on trouve, collé à un pilier, le *trône du métropolite* en pierre blanche et, à gauche, le dais de l'épouse du tsar (orné d'une icône de la Vierge et l'Enfant et de l'aigle russe). Pour la petite histoire, on dit que le lustre proche du trône du métropolite aurait été entièrement fondu avec de l'argent repris aux troupes napoléoniennes au moment de leur retraite.

– Le long de la nef, tombeaux de pratiquement tous les chefs de l'Église orthodoxe. Entre les portes sud et ouest, le dais en bronze et cuivre ciselé du *métropolite Hermogène* (1642). Nef de gauche, nombreuses reliques et icônes de la période prémongole, dont celle de *saint Georges,* la plus ancienne (XIIe s), et la *Vierge de Tikhvine,* qu'on reconnaît grâce à la plante des pieds du Christ dirigés vers le spectateur de l'icône. Dans la bordure, l'histoire de la découverte de cette image (1668). Sur la nef de droite, *Saint Pierre et saint Paul* d'Andreï Roublev. De part et d'autre, à sa droite, le *Jugement dernier,* à gauche, l'*Apocalypse.* Enfin, sur le mur ouest, en sortant de l'église, noter l'immense *Jugement dernier* (1642) censé rappeler aux fidèles ce qui les attendait en cas de péché.

🕴🕴 *L'église de la Déposition-de-la-Robe-de-la-Vierge* – Церковь Ризоположения *(tserkov rizopolojeniya ; plan couleur Le Kremlin, A2, **J**) :* construite en 1484 pour commémorer l'abandon du siège de Moscou par les Tatars, en 1451, le jour précisément de la fête de la Déposition-de-la-Robe-de-la-Vierge. Elle fut, jusqu'au milieu du XVIIe s, l'église privée du métropolite, avant de devenir celle de la tsarine et de ses filles. Comparée aux autres, elle présente un caractère intime avec ses petites proportions, sa coupole centrale unique et son mignon chevet à triple abside aux arcatures aveugles. Part belle accordée également aux lignes architecturales en accolade. En outre, superbe tableau avec la forêt de coupoles de l'église des Terems en fond.

À l'intérieur, les fresques furent réalisées en 1644 par les artistes qui travaillaient sur celles de la cathédrale de la Dormition, et on leur trouvera sans problème de grandes similitudes. Scènes de l'enfance et de l'adolescence de la Vierge dont, curieusement, il n'est parfois pas fait mention dans le Nouveau Testament. Elles furent tirées, il est vrai, d'une vie de la Vierge écrite par un Grec et qui circulait fort à l'époque. L'iconostase, quant à elle, fut réalisée spécialement pour l'église et constitue un ensemble homogène de tout premier ordre. L'un des plus célèbres peintres d'icônes de l'époque, Nazari Istomine, exécuta celles des trois rangées supérieures, plus la Trinité et la Vierge et l'Enfant dans celle de dessous. Sur les piliers, comme souvent, hauts personnages, saints, métropolites, princes, etc. Expo de la sculpture religieuse orthodoxe du XIVe s au XVIIe s. À signaler, parce qu'en fait on en voit très peu dans les églises. Si la peinture triomphait en général, la sculpture était mal vue car trop proche de la réalité, trop terre-à-terre. Pour les orthodoxes, relief et spiritualité ne pouvaient cohabiter dans l'art. Ainsi de nombreux calvaires furent-ils détruits. Aussi apprécierez-vous une rareté, le *calvaire du monastère de Chudov* (XVe s).

🕴 *Le palais à Facettes* – Грановитая Палата *(Granovytaya palata ; plan couleur Le Kremlin, A-B2, **K**) :* ne se visite pas. Le palais fut conçu pour l'accueil solennel des ambassadeurs et servit également pour les grandes réceptions du tsar. Il fut construit à partir de 1487 par les architectes italiens Marco Ruffo et P. A. Solari.

C'est l'expression de l'affirmation du jeune État russe après les défaites des Tatars. En effet, Ivan III voulut marquer l'unification du pays sous sa férule par un urbanisme de prestige. Le *palais à Facettes* en fut un des fleurons. Très italiennes, les fenêtres Renaissance et la façade de pierre blanche en pointe de diamant qui rappellent les façades à bossage des palais du Quattrocento. Élégant et harmonieux ensemble formé par le palais à Facettes, la façade du Grand Palais du Kremlin en fond et l'église de l'Archange-Saint-Michel. Peut-on imaginer qu'il y a quelque temps seulement on trouvait là une horrible cantine intercalée au beau milieu ? Monumental perron (dit « Rouge », c'est-à-dire aussi « beau » en slavon !), surmonté de l'aigle à deux têtes avec des lions décorant la rampe (symbole de la force et du pouvoir). Détruit par Staline, mais rebâti à l'identique en 1994.

La cathédrale de l'Archange-Saint-Michel – Архангельский Собор *(Arkhanguelski sobor ; plan couleur Le Kremlin, B2,* ***L****)* **:** dernière grande cathédrale ordonnée par Vassili III en 1505, à l'emplacement d'une église, édifiée par le grand-prince Ivan Kalita en 1333. Elle servait alors de nécropole aux princes et aux tsars. Menaçant de tomber en ruine, elle fut démolie. Les tombeaux furent bien sûr replacés dans la nouvelle église, qui reprit d'ailleurs le même nom. C'est un architecte italien, Alévize Novy, qui en assura la construction. Là aussi, les styles russe et italien furent habilement mélangés. Extérieurement, on sent bien la tradition italienne : portail placé au fond du porche, et, au-dessus, une tribune avec une fenêtre de style vénitien. En outre, pour la première fois, utilisation de pilastres et entablements en façade. Plus les coquilles au fronton, caractéristiques de la Renaissance.
À l'intérieur, fresques datant pour la plupart de 1666, beaucoup se rapportant, bien entendu, à l'archange saint Michel. En tout, 92 artistes y travaillèrent, parmi les plus célèbres de l'époque. On trouve les fresques les plus anciennes dans les chapelles hautes, au-dessus de l'entrée ouest. Réalisées sous Ivan le Terrible (1564), elles racontent l'histoire du pouvoir en Russie à travers les écrits de l'époque, notamment *La Légende des princes de Vladimir* (dur à déchiffrer pour des profanes !). En revanche, aucun mal à suivre le Jugement dernier sur le mur ouest et les fresques du registre inférieur. Elles représentent tous les princes et tsars inhumés (depuis Ivan Kalita jusqu'au frère d'Ivan le Terrible), sauf Vassili III, qui est peint à part sur le pilier nord-ouest, en tant que fondateur de l'église. Dans le médaillon rond au-dessus de leur tête, leur saint patron respectif.
Iconostase datant de 1679. Superbe porte Royale en bois sculpté doré. Aux quatre coins, évangélistes et, dans l'imposte, la Cène avec le Christ. Dans le rang inférieur, les icônes les plus vénérées (et les plus anciennes également). On notera, en particulier, celle de saint Michel archange de la fin du XIVe s (entourée de l'action des anges).
Environ 42 tombeaux. Les grands-princes, depuis Ivan Kalita, sont le long du mur sud (l'espace le plus noble). Les princes disgraciés, près du mur nord. Vassili II et Ivan III, grand-père et père du fondateur de l'église, ont droit à un podium près de la clôture du chœur. Le premier tombeau à droite est celui du père de Pierre le Grand. À gauche, le sarcophage en bois polychrome est celui de *Mikhaïl Chernigovsky* (1246), le prince le plus ancien. Sous le dais, le troisième fils d'Ivan le Terrible, mort assassiné. Quant à Ivan le Terrible lui-même, il repose derrière l'iconostase. Les tsars de la dynastie des Romanov sont enterrés dans la nef. À partir de Pierre le Grand, les tsars furent inhumés à Saint-Pétersbourg, sauf Pierre II, que le hasard fit mourir à Moscou en 1730 et qui sera le dernier VIP à être enterré ici.

La cathédrale de l'Annonciation – Благовещенский Собор *(Blagovechtchenski sobor ; plan couleur Le Kremlin, A-B2,* ***M****)* **:** la seule qui ne doive rien aux Italiens, presque une rareté ! Elle fut bâtie par des architectes russes de Pskov. Deux églises l'ont précédée, et elle a été d'ailleurs édifiée en 1482 sur leur soubassement de pierre (de 1360). Ce fut la chapelle privée des grands-princes et des tsars jusqu'à ce qu'ils puissent jouir d'un lieu de culte dans leurs propres appartements à partir de 1635. Cette ultime cathédrale fut continuellement modifiée durant les siècles, passant d'une tour centrale avec deux tourelles à neuf aujourd'hui.

À l'intérieur, l'espace semble assez réduit. Un déambulatoire surélevé, faisant le tour de l'église, en mange déjà pas mal. Quand on y pénètre, on trouve de suite à gauche une des trois portes qui permettent d'accéder au sanctuaire principal. Œuvre d'un artiste vénitien, d'une finesse extrême. Eh oui, l'Italie n'est jamais loin... Porche dans les tons bleu éteint, richement ornementé de motifs Renaissance dorés. Mention spéciale aux vantaux du XVIe s, rare exemple de dessins réalisés suivant la technique de la dorure au mercure. La galerie servait de narthex (préentrée), permettant aux criminels et aux femmes venant d'accoucher (!) de suivre l'office. Intéressantes fresques du déambulatoire, notamment un immense Arbre de Jessé comprenant plus de 200 figures et s'étendant sur les voûtes et une partie des murs. Noter le beau sol en jaspe et agate rapporté de Rostov par Ivan le Terrible. La plus ancienne fresque date de 1508. Au XIXe s, de nouvelles peintures vinrent recouvrir celles d'origine, redécouvertes seulement en 1980.
L'iconostase paraît petite à côté de tout ce que l'on a pu voir jusqu'à présent, mais elle n'en est pas moins fascinante. Six rangs d'icônes au lieu de cinq, ce qui est rare. Porte Royale et structures en laiton ouvragé et orné d'émaux. Sur la porte, les traditionnels évangélistes et une *Annonciation.* Quant aux icônes, c'est comme toujours l'émerveillement. Datent des XIVe et XVe s. Impossible de les décrire toutes, voici nos coups de cœur : à droite de la porte Royale, *Christ en majesté* de 1337. Offerte à l'archevêque de Novgorod par le prince Ivan Kalita lui-même. À côté, une *Annonciation.* À gauche, la *Vierge entourée des femmes justes* de l'Ancien Testament en médaillon. Elle remplace la célèbre *Vierge du Don* (exposée à la galerie Tretiakov), visitée systématiquement jusqu'en 1917 par les tsars et les grands-princes après chacune de leurs victoires. Au deuxième rang, en tout petit, les saints qu'on fêtait mois après mois. Troisième rang (rang de la Déisis) attribué à Théophane le Grec. Le quatrième rang est celui des fêtes. Icônes de gauche d'Andreï Roublev (sauf la quatrième, noter notre scrupuleuse honnêteté). Nombreux traits de ressemblance avec les icônes de la cathédrale de la Dormition à Vladimir et les mêmes couleurs que celle de *La Trinité,* l'une de ses œuvres les plus célèbres. Au cinquième rang, les prophètes (XVIe s) et, au milieu, *Vierge en majesté.* Et puis, dernier rang avec *Dieu le Père,* entouré des patriarches dans les minuscules panneaux en accolade. Enfin, guettez la réouverture prochaine de la salle d'exposition des icônes. Car on y trouve quelques petites merveilles, entre autres de belles croix orthodoxes du XVIe s avec motifs ciselés en ivoire et une superbe *icône des Quarante Martyrs...*

Le palais des Terems – **Теремной Дворец** *(Teremnoï dvorets ; plan couleur Le Kremlin, A2,* ***N****) :* nous ne nous étendrons pas sur le sujet, car le lieu, d'ailleurs en restauration, sert habituellement de résidence aux chefs d'État étrangers (Jacques Chirac, qui l'affectionnait particulièrement, y a même dormi). Les seuls éléments visibles sont les 11 élégants clochers à bulbe dorés de son église qui émergent (et qu'on aperçoit derrière celle de la Déposition-de-la-Robe-de-la-Vierge). Édifié par le tsar Michel Romanov en 1635, dans le prolongement du palais à Facettes. À l'extérieur, somptueux décor en pierre blanche contrastant sur le fond de couleur, festival d'entrelacs, de décor floral foisonnant, d'aigles à deux têtes, d'animaux fantastiques, etc.

Le palais des Petits-Plaisirs – **Потешный Дворец** *(Potechny dvorets ; plan couleur Le Kremlin, A2,* ***O****) : ne se visite pas.* Le long du rempart, le dernier exemple de demeure de boyard à l'intérieur du Kremlin. Construit en 1650. Quand il devint propriété du tsar, servit de théâtre et, à certaines périodes de l'année (Noël, Semaine grasse, etc.), de lieux de divertissements, d'où son nom également de *palais des Divertissements.* Façade de style hybride, victime de toutes les restaurations au fil des siècles. Beau porche.

Le Grand Palais du Kremlin – **Большой Кремлевский Дворец** *(Bolchoï Kremlevski dvorets ; plan couleur Le Kremlin, A2,* ***P****) : ne se visite pas.* Construit le long du fleuve, on ne voit que sa masse blanche des quais de la Moskova. Construit par le grand architecte K. Ton en 1838 sur l'ordre du tsar Nicolas Ier. C'est du style russe pur jus, judicieuse fusion des styles italien et de la Renaissance russe, saupoudrée d'éléments architecturaux piqués aux palais des Terems et à Facettes. On y trouve les appartements des souverains quand ils étaient de passage à Moscou (mais ils y résidaient peu), ainsi que ceux des grands-ducs, plus les appartements d'apparat et les salles de réunion des ordres de l'empire. En 1932, Staline en fit réunir deux pour les grands raouts du Soviet suprême. Aujourd'hui, le palais du Kremlin sert essentiellement aux réceptions des délégations et hommes politiques étrangers.

Le palais des Armures – **Оружейная Палата** *(Oroujeïnaya palata ; plan couleur Le Kremlin, A2,* ***Q****) : ☎ 695-3776. Accès tlj sf jeu à 10h, 12h, 14h30 et 16h30 (pour limiter le nombre de visiteurs). Entrée : 750 R ; réduc. Attention, billets en vente slt 45 mn avt le début de chaque visite, aux entrées extérieures du Kremlin. Audioguides, mais également bornes interactives en anglais dans chaque salle.*
Petit Palais du Kremlin, construit en 1844 par Konstantin Ton également. Ce titre de « palais des Armures », un peu simpliste, ne reflète nullement ce que vous y découvrirez en réalité. C'est tout simplement l'un des plus riches musées d'objets d'art au monde, véritable conservatoire du génie artistique russe ! On en sort totalement pantois et heureux. Au départ, à partir du XVIe s, ce fut d'abord l'armurerie du tsar, puis on y ajouta des ateliers de fabrication d'icônes, plus d'autres consacrés à la décoration des églises et des palais. Enfin, entrepôt officiel pour conserver les vêtements d'apparat, objets précieux, œuvres d'art des patriarches et des tsars, carrosses, et l'on en passe. De fait, le lieu avait tout pour devenir un musée. Hors de question de tout vous décrire, voici seulement une petite mise en bouche...
– ***Les galeries des vêtements impériaux :*** habits de cour et vêtements sacerdotaux d'une richesse inouïe. Débauche de tissus précieux de tous pays, broderies et lourds brocarts. Témoignages uniques, ces habits de cérémonie portés par les plus grands lors des principaux événements historiques, comme la robe de couronnement de Catherine II ou l'habit de Nicolas II. Des pièces rescapées par miracle de l'histoire comme le *sakkos* du métropolite Pierre (XIVe s), chef-d'œuvre de tissage de satin et fil d'or d'une finesse invraisemblable. Combien de centaines de canuts, pendant combien d'années, pour confectionner ces vêtements sacerdotaux, par exemple cette chasuble de 24 kg et cette tiare de 5 kg (que l'évêque ne devait pas porter tous les jours) ? Belle série de trônes impériaux incrustés de pierres précieuses, dont celui d'Ivan le Terrible.
– ***La galerie des carrosses :*** assez unique dans son genre, peut-être la plus belle collection au monde. Noter ce carrosse parisien aux portières décorées, excusez du peu, par François Boucher, le luxueux traîneau fermé, ainsi que le superbe cadeau du roi Fréderic II à l'impératrice Élisabeth Petrovna. Le plus ancien carrosse est celui offert par le roi Jacques Ier d'Angleterre au tsar Boris Godounov en 1603.
– ***La salle ronde :*** riches harnachements, harnais, selles de parade et étriers sertis de pierres précieuses. Beaucoup furent, du XVIe au XVIIIe s, des cadeaux des ambassadeurs étrangers.
– ***Les couronnes des tsars :*** là encore, des pièces uniques, la couronne d'Ivan le Terrible, la chapka de Kazan (XVIe s) ou celle de Monomaque en or et argent filigranés, rubis et perles, sans parler des autres instruments et symboles du pouvoir, sceptres, chaînes, croix, globes, etc.
À l'étage, la magie continue avec les exceptionnelles collections d'orfèvrerie religieuse, bijoux, joaillerie, objets d'art, argenterie, précieuse vaisselle. On peut suivre l'évolution des techniques à travers les siècles, l'intégration des influences occidentales dans l'art russe, surtout à partir du XVIIIe s. Apparition des célèbres maisons comme Fabergé. Enfin, pour couronner le tout, les époustouflantes collections d'armes, dont certaines pièces se révèlent des chefs-d'œuvre à part entière.
– ***La salle d'art byzantin et orfèvrerie religieuse :*** pièces du *trésor de Soudja* (IVe s) et de *Riazan* (XIIe s), bijoux niellés ou filigranés, ornés de perles et pierres précieuses et où éclate la technique de l'émail cloisonné. Calices, cadres d'icônes,

reliquaires, encensoirs ne sont pas en reste. Quant aux évangéliaires, ils fascinent par l'extrême luxe et raffinement de leur couverture, comme l'*évangéliaire Morozov* (du XVe s) ou celui, de 1632, de l'*atelier de maître Ovdokimov* et celui qu'offrit Ivan le Terrible à la cathédrale de l'Annonciation. Argent et cuivre repoussés atteignent ici des sommets.

– ***La vaisselle et l'argenterie :*** nombreuses pièces du XVIIe s, l'âge d'or russe, fidèle reflet du luxueux train de vie à la Cour. Avalanche de vaisselle d'or ou d'argent, plats, aiguières, timbales, coupes, etc. Repérer ces couverts avec manches en majolique, la fameuse faïence italienne, que l'on retrouve également dans la décoration de nombreux évangéliaires et icônes.

Du XVIIIe s, immenses calices en or incrustés de miniatures. Ne pas rater le plateau donné par Potemkine à l'impératrice pour sa victoire contre les Turcs, ni l'évangéliaire offert à Catherine II. Complètement serti de diamants, dans un design en losanges assez inhabituel pour l'époque. Dans la vitrine en face, un autre superbe évangéliaire de 1683, orné de cinq émaux dans les tons bleu et vert. Cristaux, pendentifs, médaillons, croix serties de brillants complètent le tableau. Quelle opulence !

Enfin, les amoureux des célèbres *œufs de Fabergé* seront à la noce. Cette maison s'était spécialisée dans le décor des œufs de Pâques et atteignit pour certains modèles une sophistication inégalée. Admirer en particulier l'œuf *Kremlin de Moscou,* une boîte à musique (1904), et celui du *Tricentenaire de la maison des Romanov* (1913). Rappelons aux cinéphiles que les œufs de Fabergé sont l'une des clés du scénario d'un James Bond, le fameux *Octopussy.*

PÂQUE ET CADEAUX

Chaque année, pour la Pâque orthodoxe, il est de coutume d'offrir des œufs peints de vives couleurs. Produite par le joaillier Pierre-Karl Fabergé, une série de 52 (ou 56) fut fabriquée jusqu'en 1917 pour le compte des tsars Alexandre III et Nicolas II, qui les offraient à leur épouse. Ils ont été créés dans différents styles, Louis XIV, Louis XV, Louis XVI, Art nouveau, et même début Art déco. Si le motif extérieur était souvent un travail de commande, l'intérieur recelait toujours un secret qui n'était révélé que lors de la livraison. Divine surprise !

– ***La galerie des armures :*** là aussi, pour les amateurs, l'une des plus stupéfiantes collections au monde. Une panoplie complète des armes de guerre, de chasse et de parade, non seulement de Russie, mais aussi d'Europe occidentale et d'Orient. Armes, boucliers et armures se révèlent là de véritables œuvres d'art, comme ces fusils incrustés de nacre ou d'ivoire ciselé. Dans la collection d'armes orientales, admirer les pièces persanes et turques des XVIe et XVIIe s. En particulier, les boucliers et les *saadak* (le fourreau d'arc et le carquois à flèches). D'autres curiosités : les masques de fer de bataille, une hache du XVIIe s sertie de diamants, les cottes de mailles sacrément élaborées et toutes ces sortes de choses.

– Dans la ***salle ronde,*** médailles et ordres divers.

– ***La nouvelle grande salle :*** les objets en or. Allez, on ne va pas vous embêter, juste quelques pièces comme cette chope de bière de 5 l en or et argent repoussé. Incroyable collection de ciboires. Noter celui en forme de navire ! Dans la série objets d'art étonnants, on ne manquera pas cette magnifique cruche avec anse en verre sur un plateau orné d'agates et de turquoises (1675). Tous ces objets traversèrent quasi intacts toutes les grandes tourmentes de l'histoire. Même durant les chaudes journées d'octobre 1917, les conservateurs du Kremlin veillèrent jour et nuit près de leurs collections cachées au fond des caves dans des coffres plombés. Fermez le banc.

Le fonds des Diamants – **Выставка Алмазного Фонда** *(Vystavka Almaznovo fonda) :* ☎ *629-2036. Ouv 10h-13h, 14h-17h. Partie prenante du palais des Armures, mais il fait l'objet d'un ticket à part. Entrée : 500 R, vlan !*

Là aussi, pour les amateurs, une collection vraiment exceptionnelle, dont on se demande comment elle est parvenue jusqu'à nous. C'est Pierre le Grand qui édicta un oukase (une ordonnance), en 1719, stipulant que les joyaux de la Couronne étaient propriété de l'État et que le gouvernement en avait garde et responsabilité. Ils furent arborés par tous les souverains à leur couronnement jusqu'à Nicolas II en 1896.
Quelques pièces : l'*insigne de l'ordre de Saint-André* (XVIIIe s), la *grande couronne impériale* (1762), réalisée pour Catherine II, qui comprend quelque 5 000 brillants formant des feuilles de chêne et de laurier, surmontée d'un diamant de 400 carats (le deuxième plus gros au monde). Remarquable insigne de l'*ordre de la Toison d'or.* D'autres superbes bijoux, diadèmes, broches, boucles d'oreilles, « bouquets de corsage » vous fascineront tout du long. Expo également de bijoux contemporains démontrant que les joailliers d'aujourd'hui n'ont point perdu la main. Diamants non taillés de Yakoutie, certains portant de curieux noms, comme ce « XXVIe Congrès du parti communiste » de plus de 300 carats. Enfin, impressionnantes pépites d'or, tel le « Grand Triangle » trouvé au XIXe s dans l'Oural et d'un poids de 36 kg !

LE QUARTIER DE KITAÏ GOROD – КИТАЙ-ГОРОД

Ⓜ *Plochad Revolioutsi, Loubianka ou Kitaï Gorod.*
C'est le plus ancien quartier de la ville, délimité par la place Rouge et les rues Varvarka au sud, Nikolskaya au nord et la Novaya plochad à l'est. Ce fut dès le début le grand quartier commerçant de Moscou. Mot à mot, son nom pourrait signifier « ville chinoise », mais en fait il vient du mot *kita,* soit un de ces « pieux » en bois qui constituaient les fortifications d'origine, et de *gorod,* qui signifie « terrain ». La fortification devint ensuite en brique, en tout cas jusqu'au XVIIe s, comme en témoignent encore ici et là quelques vestiges. Le grand incendie de 1812 le détruisit en bonne partie et, au cours du XIXe s, il se transforma progressivement en quartier d'affaires. Plaisir total aujourd'hui que de s'y promener le nez en l'air, de découvrir et détailler tous les styles architecturaux qui y cohabitent.
Commençons par la *rue Varvarka,* qui part de la cathédrale Basile-le-Bienheureux. Autrefois défiguré par l'hôtel *Rossia,* démoli début 2006, le peu qui reste de ce vieux quartier permet quand même d'imaginer combien il pouvait être fascinant. La rue Varvarka elle-même se révèle un miraculeux conservatoire architectural des cinq derniers siècles.

★ *L'église Sainte-Barbe* – Церковь Святой Варвары *(tserkov Sviatoï Varvary ; plan couleur La place Rouge et Kitaï Gorod, B2,* ***165*****) :** *ul. Varvarka, 2. Presque à l'angle de la pl. Rouge.* Édifiée en 1796 à l'emplacement d'une église très ancienne. Style néoclassique, fronton à colonnade et fresques du début du XIXe s. Important pèlerinage pour l'icône de sainte Barbe (appelée sainte Barbara aussi).

★★ *L'ancien hôtel des Anglais* – Палаты Старого Английского Двора *(palaty starovo angliskovo dvora ; plan couleur La place Rouge et Kitaï Gorod, B2,* ***166*****) :** *au n° 4 A. Mar, jeu et w-e 10h-18h ; mer 12h (13h en été)-20h et ven (sf dernier ven du mois) 11h-19h. Entrée : 50 R ; réduc.* Date du XVIe s. Comme demeure d'habitation, un témoignage exceptionnel de cette époque. Bâtisse plutôt massive mais enjolivée par une élégante frise en façade. Toit en bois et cheminée en brique. Elle appartint à un riche négociant. À la mort de ce dernier, en 1566, Ivan le Terrible l'offrit à une compagnie de commerce anglaise pour faciliter l'ouverture économique de la Russie. Un siècle plus tard, elle fut vendue à un boyard, puis passa entre les mains du métropolite de Nijni Novgorod, avant de terminer en école. Aujourd'hui fort bien restaurée, c'est un petit musée racontant l'histoire du lieu. Visite de la salle de réception et de la *salle du Fisc* tout en voûtes. Ne souriez pas trop vite, le *Fisc* désigne la salle d'apparat et de réception des marchands en affaires... et abritait également le « trésor » de la compagnie. Beau poêle traditionnel. La dernière salle est consacrée aux expositions temporaires régulières (de bonne qualité, en général).

L'église Saint-Maxime-le-Confesseur – **Церковь Максима Блаженного** *(tserkov Maxima Blajennovo ; plan couleur La place Rouge et Kitaï Gorod, B2)* **:** *au n° 8.* Depuis le XVe s, il y eut des églises à cet emplacement. La dernière date de la fin du XVIIe s, dans un style empruntant quelque peu au baroque Narychkine. Le clocher séparé de style Empire fut construit en 1829.

Le monastère de l'Icône-de-la-Vierge-du-Signe – **Знаменский монастырь** *(Znamenski monastyr ; plan couleur La place Rouge et Kitaï Gorod, B2)* **:** juste après, on peut admirer ce beau monastère fondé par les Romanov, à l'emplacement de la maison de leurs ancêtres. En effet, au XVIe s, on y trouvait la demeure du boyard *Zakharine-Iourév,* frère de la première femme d'Ivan le Terrible et grand-père de Mikhaïl Fiodorovitch. Ce dernier devint tsar en 1613, le premier de la lignée des Romanov... Il faut suivre au fond de la classe ! Au centre du monastère s'élève l'*église de l'Icône,* construite en 1679 par le petit-fils du tsar Mikhaïl (et tsar lui-même). Nef carrée, entourée de *kokochniki* et surmontée de cinq tourelles. L'architecte voulut ici évoquer, en réduction, les cathédrales du Kremlin (le sens symbolique paraît clair).

Le palais des boyards Romanov – **Дом Бояр Романовых** *(Dom boyar Romanovykh ; plan couleur La place Rouge et Kitaï Gorod, B2,* ***167****)* **:** *au n° 10. Tlj sf mar et 1er lun du mois 10h-17h (18h mer). Entrée : env 110 R ; réduc.* À côté du monastère, accroché à la pente, s'élève ce petit palais du XVIe s, propriété de la famille Romanov, qui abrite aujourd'hui un musée de l'Habitat et de la Vie quotidienne des boyards du temps jadis. C'est le tsar Alexandre II qui demanda en 1857 la rénovation de sa demeure ancestrale et sa transformation en musée. L'architecte Richter y ajouta un étage et un porche. À l'intérieur, belle décoration dans les tons rouge et or, expo de souvenirs divers des Romanov, vaisselle en or, livres aux couvertures richement décorées de pierres précieuses, vêtements d'époque, broderies. Remarquer combien les portes d'antan pouvaient être petites (en fait pour que le visiteur, en entrant, fasse courbette et salue ainsi les maîtres de maison). Dernier étage du XIXe s en bois. Admirer la salle à manger voûtée et joliment ornementée.

L'église Saint-Georges – **Церковь Святого Георгия** *(tserkov Sviatovo Gueorguia ; plan couleur La place Rouge et Kitaï Gorod, B2,* ***168****)* **:** *au n° 12* De son vrai nom, *Saint-Georges-sur-le-Mont-de-Pskov.* Construite en 1657 et financée par les riches marchands de la région de Pskov, dont beaucoup habitaient le quartier. Elle s'appuie sur les structures d'une église du XVe s. Adorable ensemble formé par les cinq petits clochers à bulbes or et bleu, décorés d'étoiles. Tour-clocher de 1818.

L'église de Tous-les-Saints-du-Lieu-dit-Koulichki – **Церковь Всех Святых на Кулишках** *(tserkov Vsekh Sviatykh na Koulichkakh ; plan couleur La place Rouge et Kitaï Gorod, B2,* ***169****)* **:** enfin, tout au bout de la Varvarka, cette église édifiée en 1380, après la victoire de Dimitri Donskoï sur les Tatars. Très endommagée lors de la guerre contre les Polonais en 1612 et reconstruite. La tour-clocher octogonale est un rajout du début du XVIIIe s. Il faut profiter d'être dans le coin pour découvrir, sur la place, l'un des derniers vestiges de la muraille qui ceinturait Kitaï Gorod.

L'église de la Trinité-à-Nikitniki – **Церковь Троицы в Никитниках** *(tserkov Troitsy v Nikitnikakh ; plan couleur La place Rouge et Kitaï Gorod, B1,* ***170****)* **:** *Nikitnikov per., 3.*

On est surpris de découvrir, dans une ruelle secrète, entre immeubles modernes et Art nouveau, cette somptueuse église de 1630 (surtout après toutes celles de la Varvarka : entre nous, c'était presque l'overdose). En outre, sur le plan archi-

tectural, elle eut une influence importante, puisqu'elle servit de modèle à la majorité des églises construites dans les 30 années qui suivirent.
L'originalité réside dans sa forme carrée, sa nef sans piliers et ses trois rangées de *kokochniki* en étages dominés par cinq tourelles à bulbe. C'était la première fois qu'une église de quartier s'affublait de cinq bulbes (réservés jusqu'à présent aux cathédrales du Kremlin). De plus, en façade, comme nouveauté, on vit apparaître des colonnettes jumelées évoquant le style toscan, surmontées d'une frise formée de « tables rentrantes » (qu'on retrouve dans l'ordre dorique). Bref, à ne pas rater ! Elle s'enrichit peu après d'une tour-clocher coiffée d'un *chatior* (ces fameux bulbes). À l'intérieur, belles fresques de Simon Ouchakov (considéré comme le dernier peintre d'icônes avant l'apparition de la perspective) et iconostase de la même époque. Quelques scènes de l'Apocalypse peintes de façon assez inhabituelle.
Plus haut, au n° 12 Ipatiévski, on trouve la *maison Ouchakov,* datant du XVIIe s. L'artiste de l'église de la Trinité y avait son atelier.

MARCHAND DU TEMPLE

L'église de la Trinité-à-Nikitniki fut commandée par Grigori Nikitnikov, l'un des plus riches marchands russes du XVIIe s, qui fut conseiller financier des deux premiers Romanov (on raconte qu'il leur prêtait aussi de l'argent !). Elle fut même bâtie, excusez du peu, dans la cour de sa propre maison, et le rez-de-chaussée de la nef lui servait... d'entrepôt !

La rue Ilinka – Улица Ильинка *(ulitsa Ilinka ; plan couleur La place Rouge et Kitaï Gorod, B1)* **:** rue très élégante, l'une des plus commerçantes au XIXe s. Bordée de superbes immeubles dont voici quelques exemples : aux n°s 21-23, la *Société des assurances du Nord* qui arbore des éléments Art nouveau et un beau rythme de lignes verticales. Au n° 12 également (avec faucille et marteau ostentatoires en prime) et au n° 9, une banque avec son élégante façade de marbre gris et ses grandes baies vitrées. Au n° 8, allure cossue et façade lourdement chargée. Au n° 6/1, on trouve la *Bourse de commerce* (1875) ; portique à colonnes ioniennes imitant celui de la Bourse de Saint-Pétersbourg. Enfin, au n° 4, le *Stary Gostiny Dvor* (la vieille cour des Marchands), immense galerie marchande commencée en 1789 sous Catherine II. Œuvre de Giacomo Quarenghi, célèbre architecte pétersbourgeois dont c'est l'une des rares réalisations à Moscou. Interrompue par les guerres napoléoniennes, achevée par O. I. Bové (l'architecte des premières grandes galeries sur la place Rouge). Côté Ilinka, longue façade rythmée par de grosses colonnes à chapiteaux corinthiens, qui lui donnent une allure vraiment palladienne.

La rue Nikolskaya – Никольская улица *(Nikolskaya ulitsa ; plan couleur La place Rouge et Kitaï Gorod, A-B1)* **:** là aussi, une *rue Saint-Nicolas* jalonnée d'intéressants édifices. Abrite aujourd'hui des boutiques parmi les plus chic de la ville. Quelques exemples au fil des enseignes prestigieuses : au n° 3, le grand *magasin Saint-Nicolas* (1899), de style Art nouveau. Aux n°s 7-9, le *monastère Zaïkonospasski,* de son vrai nom *monastère du Sauveur-Derrière-les-Boutiques-d'Icônes* (magnifique, non ?). Construit au XVIe s par Boris Godounov, juste derrière des boutiques d'icônes, d'où son nom... Au XVIIe s, abrita le premier établissement d'enseignement supérieur du pays. Il eut pour élève Lomonossov, le père de l'Université russe. Église basse de 1660 et haute du début du XVIIIe s, qui servit de modèle à *Saint-Jean-le-Guerrier,* une église du sud de la ville qu'on aime beaucoup. Bâtiment conventuel de style pseudo-russe. Dans la cour du n° 8, l'*église de la Dormition-à-Tchijevski-Podvorié.* Petite église privée construite à la fin du XVIIIe s par un riche boyard (nef carrée et tour-lanterne).

L'imprimerie du Synode – Синод Типография *(Synod tipografiya ; plan couleur La place Rouge et Kitaï Gorod, A1,* ***171****)* **:** Nikolskaya ul., 15. Emplacement de la

première imprimerie de Russie, fondée par Ivan le Terrible en 1563. Reconstruite au XVIIe s et façade sur rue modifiée en 1811 dans un style hybride néogothique, mâtiné de ce qui allait devenir plus tard le pseudo-russe. Riche décor d'où nous noterons la coexistence pacifique du lion, de la licorne, de la faucille et du marteau. Tout un programme.
Au n° 19, le *passage Tretiakov* (1870), intéressant exemple de style éclectique du XIXe s. Au n° 21, vieille *pharmacie K. Ferrein* (1899).

Le monastère de l'Épiphanie – **Богоявленский Монастырь** *(Bogoyavlenski monastyr ; plan couleur La place Rouge et Kitaï Gorod, A-B1,* ***172****) :* *Bogoyavlenski, 2.* Fondé en 1296, ça en fait le deuxième plus vieux monastère de la ville (après Danilov). Église datant du XVIIe s, édifiée sur un plan carré, avec tour-clocher octogonale rajoutée en 1747. Riche ornementation, un des plus beaux exemples de baroque Narychkine que l'on connaisse.

Le musée d'Histoire de Moscou – **Музей истории города Москвы** *(Mouzeï istori goroda Moskvi ; plan couleur La place Rouge et Kitaï Gorod, B1,* ***173****) :* *Novaya pl., 12. ☎ 624-8490. Ⓜ Loubianka ou Kitaï Gorod. Tlj sf lun et dernier ven du mois 10h-18h (11h-18h mer et ven) ; caisses fermées 1h avt. Entrée : 50 R ; réduc.* Depuis maintenant plus d'un siècle, il retrace l'histoire de Moscou à travers divers témoignages : tableaux, plans, objets de fouilles. Aucune explication en anglais, mais les pièces ont une valeur documentaire intéressante. Ainsi, à l'étage, cette maquette du Kremlin du XVIe s, ou bien ce tableau de Vasnetsov (protégé, à cause d'un guide maladroit qui l'a griffé un jour avec sa baguette !) représentant la place Rouge dans la seconde moitié du XVIIe s. Dans la vitrine d'à côté, un trésor d'une valeur de 3,75 roubles. Pour l'anecdote, un poulet coûtait 1 kopeck, 500 œufs valaient 3,50 roubles et pour 6 roubles on pouvait construire une maison. Ah, le bon vieux temps ! Au rez-de-chaussée, Moscou au début du XXe s (photos, costumes, objets de l'époque). Expos temporaires aussi. D'autres lieux à Moscou se consacrent à l'histoire de la ville, mais bon, autant commencer par celui-ci...

Le Musée polytechnique – **Политехнический музей** *(Politekhnitcheski mouzeï ; plan couleur La place Rouge et Kitaï Gorod, B1,* ***225****) :* *Novaya pl., 3/4. ☎ 623-4287. Ⓜ Kitaï Gorod ou Loubianka. En face du musée d'Histoire de Moscou. Tlj sf lun et dernier jeu du mois 10h-17h30. Entrée : 200 R ; réduc.* Là non plus, aucune explication en anglais, mais les passionnés de technique y trouveront satisfaction tant les collections de cet énorme musée sont impressionnantes. En montant au 3e étage puis en redescendant, on découvre successivement : la section ***spatiale*** avec des modules, les premières fusées soviétiques (voir la nourriture donnée aux cosmonautes, les distributeurs d'eau et frigidaires spécialement conçus pour les conditions d'apesanteur). Salles consacrées aux instruments de ***mesure du temps*** (horloges, montres, pendules, sabliers) ; section ***aéronautique,*** avec des maquettes d'avion, tableaux de bord, une nacelle de montgolfière ; collection d'appareils photo complétée, plus loin, par une section ***son*** et ***image*** (vieilles caméras, phonographes, TV, radios, appareils de télécom, etc.). Enfin, ***moteurs*** de tout type (électriques, à explosion), sans oublier toute la partie dédiée au ***secteur industriel,*** de l'exploitation du sous-sol (maquettes de mines, tout sur la ferronnerie, fraiseuses...) à la ***production d'énergie*** (modèles réduits de centrales électriques, de réacteurs nucléaires, etc.). Prévoyez bien 2h pour tout voir.

La Loubianka – **Лубянка** *(plan couleur La place Rouge et Kitaï Gorod, B1,* ***175****) :* *Loubianskaya pl. Ⓜ Loubianka.*
Au XVIe s, d'abord un champ de foire, installé sur le glacis de la muraille de Kitaï Gorod. Paysans et commerçants s'abritaient dans des *loub* (huttes), d'où le nom de *Loubianka.* Aujourd'hui, pourtant, un nom derrière lequel on n'a guère envie de s'abriter et qui fait encore frissonner nombre de Moscovites. Tiens, se détachant sur un beau ciel bleu, comment imaginer que ce bâtiment de style classique, dans de chaleureux tons ocre, ait pu abriter autant d'horreurs ? Eh oui, voilà la « célè-

bre » *Loubianka,* le siège du *KGB* de sinistre mémoire (aujourd'hui reconverti en *FSB,* le contre-espionnage). Dès 1918, la première police politique, la *Tcheka,* fondée par Félix Dzerjinski (1877-1926), s'installait au nord de la place, dans l'ancien bâtiment des assurances *Rossia.* Devant le nombre inflationniste de suspects et de prisonniers, il fallut agrandir les bâtiments. Entre-temps, la *Tcheka* était devenue *Guépéou,* puis *NKVD,* puis *KGB.* Des milliers de gens y séjournèrent, disparurent ou terminèrent au goulag. Dans les caves, on torturait, on liquidait les opposants politiques et religieux de tout poil (ou suspectés de l'être). On imagine le ballet des grosses bagnoles noires sans plaque, livrant quotidiennement leurs lots de malheureux...

LA FIN DE BERIA

En 1953, le chef du NKVD (puis KGB) Lavrenti Beria, un psychopathe, dont Roosevelt disait qu'il était le Himmler communiste, organise les obsèques de Staline en se croyant déjà son successeur. Lui qui a fait mourir tant de gens, le voilà qu'il libère et qu'il amnistie tout le monde... pour se rendre populaire. Mais la ficelle est grosse. Un jour, en pleine séance du bureau politique, le maréchal Joukov le fait arrêter. Khrouchtchev prend le pouvoir et Beria est condamné à mort. La balle qu'il recevra dans la tête résonnera comme la seconde mort de Staline.

En 1958, une statue de 6 m de haut en l'honneur de Dzerjinski fut érigée sur la place, mais abattue par la foule en colère au moment du putsch de 1991 contre Gorbatchev. On peut dorénavant admirer le tortionnaire au parc des Statues déchues, à côté de la nouvelle galerie Tretiakov.

Le musée Maïakovski – **Музей Маяковского** *(Mouzeï Maïakovskovo ; plan couleur V, O14, et plan couleur La place Rouge et Kitaï Gorod, B1,* ***174****) :* *Loubianski pr., 3/6 (entrée par Miasnitskaya). ☎ 621-9387. Ⓜ Loubianka. Ven-mar 10h-17h ; jeu 13h-20h (fermeture des caisses). Fermé mer et dernier ven du mois. Entrée : env 100 R ; réduc. Prenez votre appareil photo, c'est gratuit, les amateurs d'art vont se régaler !*

Plus compréhensible si l'on connaît un peu l'œuvre de Maïakovski. De plus, autant le dire d'emblée, celles et ceux ne lisant pas le russe ne saisiront, hélas, qu'une infime partie du riche contenu de l'expo. Cela dit, on peut aussi se laisser porter par son instinct et par le vent de folie qui souffle dans son œuvre...

« Comment osez-vous vous prétendre poète et gazouiller gentiment comme un pinson ? Alors qu'aujourd'hui il faut s'armer d'un casse-tête pour fendre le crâne du monde ! » Ce taureau furieux a traîné son propre corps dans l'arène. Physique de bûcheron, âme de cosaque, il a élagué la poésie russe à grands coups de hache. Pour lui, tout devait être porté à l'incandescence, à la brûlure la plus vive. Il concevait le poème comme un fleuve, comme une fonderie d'acier.

Il y eut un premier musée en 1938, dans le premier appartement du poète, près du métro Taganskaya. En 1974, le musée déménagea dans l'immeuble où Maïakovski vécut de 1919 à 1926, en appartement collectif, et qu'il a gardé ensuite comme son bureau de travail jusqu'à la fin de sa vie (pratique pour se rendre à POCTA, l'agence de presse où il travaillait). Dans la cour, l'entrée de style constructiviste surprend déjà. À l'intérieur, muséologie conforme à ce que l'on attendait de ce révolutionnaire, iconoclaste, provocateur... En 1987, l'immeuble fut littéralement vidé, étages et appartements liquidés, sauf celui du poète. Cadre totalement déconstruit donc, festival de poutres métalliques, livrant un désordre calculé, où l'on devra aller pêcher soi-même les éléments d'info, toutes ces dizaines d'images et de métaphores qui vont tenter d'expliquer les principales étapes de la vie de Maïakovski.

Commencer la visite depuis le haut, en grimpant le petit escalier, et redescendre la rampe, façon Guggenheim de New York, en un plaisant mouvement circulaire. Impossible de tout raconter, sinon livrer quelques bribes, donner quelques directions.

Au dernier étage, on entre donc chez Maïakovski. Sa porte affiche encore le nom du locataire. Œuvres présentées dans un chaos total. Vous noterez l'amusante façon de raconter les batailles et victoires des Rouges. Tourbillon de poèmes, journaux, dessins, affiches (notamment celles qu'il fit avec le peintre, photographe et collectionneur Alexandre Rodchenko). Chaises qui font les pieds aux murs, affiches constructivistes, caricatures anticapitalistes, poêle à bois avec des escarpins, le tout toujours dans un joyeux maelström, un fatras *destroy* de meubles démantelés. Ne pas rater la petite chambre où il vécut (de 1919 à 1930) et se donna la mort. Tout est en place comme s'il l'avait quittée la veille, les meubles sont d'origine.

En face, dessins façon B.D. Photos de Lili Brik (sa maîtresse, sœur d'Elsa Triolet) et de son mari, avec lesquels il entretint un ménage à trois ! Tout le long de l'expo, nombreuses allusions à sa vie sentimentale agitée, notamment la liaison passionnée, la dernière, qu'il eut avec l'actrice Laura Polonskaya.

Puis souvenirs de son voyage au Mexique. Au mur, peinture de Diego Rivera, son portrait réalisé de mémoire en 1956 par le grand peintre muraliste mexicain et le poncho qu'il lui avait offert. Remarquez le chevalet aux énormes pots de peinture, c'est un taureau de la corrida (indignation du poète) aux couleurs du drapeau mexicain (blanc, vert, rouge). Souvenirs également du voyage aux États-Unis. Représentation de la statue de la Liberté baissant les yeux. Il eut beaucoup de problèmes pour obtenir un visa (on imagine sans mal le casse-tête du consul à l'idée d'en fournir un à ce géant de la poésie pas vraiment en odeur de sainteté chez l'oncle Sam). Il visita de nombreuses grandes villes américaines. Sa fille unique est d'ailleurs le fruit d'une union consommée aux États-Unis (elle a visité plusieurs fois le musée). Autre symbole de l'Amérique, le pont de Brooklyn. En face, en blanc, le « pont du Socialisme » (tout écroulé, métaphore la plus facile !).

UN VIDE SIDÉRANT

Pour comprendre la notoriété du poète Maïakovski auprès des Russes, il suffit de raconter que, pendant la Seconde Guerre mondiale, alors que toutes les collections étaient mises à l'abri, de nombreux soldats et admirateurs ont continué à venir visiter l'appartement... vide.

Étage en dessous, souvenirs de ses séjours parisiens. Ses cartes professionnelles ou autres, dont celle du *Journal rouge,* certifiant que le camarade Maïakovski fait partie de la rédaction du journal. Diplôme de 1925 de l'Exposition internationale des arts décoratifs. Portrait de Maïakovski par Robert Delaunay. En face, l'avion zarbi censé véhiculer les idées révolutionnaires de la bande du poète et s'appelant « Front gauche ». Anecdote d'une rencontre avec des jeunes et des étudiants. Surprise, leurs questions furent souvent négatives et le poète s'en trouva, dit-on, assez affecté ! Portrait insolite d'un Lénine rigolard. Face à face aussi, deux Joconde marrantes : la « bleue » en métal, symbole de Paris ville d'art, et l'autre, verte, dans son cadre, mais sans visage (à la place, un livre révolutionnaire). La dernière représente le classicisme sans face, ce contre quoi luttait Maïakovski.

Descendons encore pour voir cette étrange et énorme machine verte au milieu du hall, qui s'intitulerait *La Joie par le boulot* ! Puis l'édition originale de 1930 annonçant sa mort. En descendant l'escalier final, belle collection d'affiches patriotiques. Musée fascinant, troublant, conforme finalement au personnage !

LE QUARTIER AUTOUR DE TVERSKAYA (plan couleur II)

Dans l'éventail formé par Loubianka et Arbat, délimité à l'ouest par le boulevard circulaire, un quartier étonnant, plein de bonnes surprises. Avec *Tverskaya* comme épine dorsale, véritable trouée dans le tissu urbain. Des balades bucoliques et romantiques plus que vous ne pouvez le penser, un foisonnement d'archi-

tectures... Bref, enfilez vos chaussures de marche, réactivez vos images du *Maître et Marguerite,* vous n'allez pas être déçu !
On repart de la Loubianka, ça paraît logique. Au passage, juste en face du siège de l'ex-KGB, au coin de *Teatralny prospekt,* noter l'immeuble d'angle à l'archi totalement hybride, façon nouveau riche sans trop de goût (pléonasme ?). Typique des années 1990 chaotiques. Pour vite l'oublier, on vous emmène ailleurs...

La rue Rojdiéstviénka – Улица Рождественка *(plan couleur II, F5)* **:** cette *rue de la Nativité-de-la-Vierge* est à déguster en la remontant, tout doucement. À refaire de nuit, encore plus de charme. Bordée d'élégants immeubles de style néoclassique et de belles églises. Au n° 11, l'*Institut d'architecture de Moscou.* Belle bâtisse du XVIIIe s. Un peu en retrait de la rue, la façade néo-Renaissance du XIXe s avec pilastres et un portail ornementé de céramiques. Avant l'Institut d'architecture, elle accueillit le célèbre *Vkhoutémas,* l'équivalent russe du Bauhaus allemand. Plus haut, au n° 15, élégante *église Saint-Nicolas-des-Sonneurs.* Tour-lanterne à dôme décorée de stuc blanc sur jaune clair du plus bel effet.

Le monastère de Rojdéstvenski – Рождественский Монастырь *(Rojdestvenski monastyr ; plan couleur V, O14,* ***228****)* **:** *Rojdiéstviénka, 20. Photos interdites.* Monastère fondé en 1386 par la princesse Maria Keïstoutiéva, épouse du fils d'Ivan Kalita, grand-prince de Moscou. C'est un vaste ensemble comprenant quatre églises et des bâtiments conventuels. Enceinte de faible hauteur avec tours rondes aux coins. Ravissement de s'y promener par une douce fin d'après-midi, l'endroit est paisible à souhait. Certains bâtiments semblent abandonnés et le tout dégage une poésie étrange. Depuis la rue, on voit d'abord l'*église Saint-Eugène* et son haut clocher qui date de 1835. Puis, 30 m après l'entrée, on croise *Saint-Jean-Chrysostome.* Allure ramassée et nef à plan carré surmontée de cinq tourelles (1676). Au premier plan, un réfectoire ajouté dans la seconde moitié du XIXe s. Tourner à gauche pour la *Nativité-de-la-Vierge,* considérée comme la plus belle église de l'époque du prince Vassili III (1520). Juste derrière, *tombeau des princes Lobanov-Rostovski* (1670). Au fond, longeant le boulevard, longue *église à réfectoire de l'Icône-de-la-Vierge-de-Kazan* (1904). Enfin, barrant tout le fond, un bâtiment conventuel.

Le bania Sandounov – Сандуновские бани *(Sandounovskiye bani ; plan couleur V, O14,* ***176****)* **:** *Néglinnaya, 14 (accès par la rue Zvanorskyi). ☎ 625-4631.* Un superbe *bania* historique, construit en 1895 par les Sandounov, une grosse famille de marchands. Jetez-y au moins un œil, et si possible un orteil. Pour plus de détails et pour y prendre un bain, voir la rubrique « *Bania* » plus loin.

Le monastère Saint-Pierre-d'en-Haut – Высоко-Петровский Монастырь *(Vyssoko-Petrovski monastyr ; plan couleur II, F4-5,* ***177****)* **:** *ul. Petrovka, 28/2 (à l'angle du bd). Ⓜ Tchekhovskaya ou Pouchkinskaya. Tlj 9h-18h.*
Dans la foulée du précédent, monastère fondé au XIVe s. Cependant, on ne connaît rien des premières constructions. Ce n'est qu'au début du XVIe s que démarre l'édification de l'*église Saint-Pierre-Métropolite* (1514). À la fin du XVIIe s, la célèbre famille Narychkine, dont la propriété était mitoyenne, commença à s'intéresser au monastère. En 1682, deux Narychkine, frères de la tsarine, sont assassinés et y sont enterrés. Construction, sur leur tombe, en 1684, de l'*église de l'Icône-de-la-Vierge-à-Bogolioubovo,* qui deviendra désormais le caveau familial. Plan carré sans piliers, avec cinq clochers. En 1690, reconstruction de l'*église Saint-Pierre-Métropolite.* Un an après, édification de l'*église Saint-Serge-de-Radonèje.* Chœur à trois absides, cinq tourelles et apparition, dans le décor, de ce qui allait devenir le baroque Narychkine et qui allait faire fureur dans les décennies à venir.
À la même époque, construction sur rue de l'*église de l'Intercession-de-la-Vierge* et de sa superbe tour-clocher octogonale (déjà de style baroque Narychkine). Juste à côté, la petite *église de l'Icône-de-la-Vierge-de-la-Tolga* (1744), suivie d'un long bâtiment conventuel. Au coin suivant, l'*église Saint-Pacôme-le-Grand* (1753). Joli

décor à l'italienne du porche. Enfin, noter, à l'angle de la rue Pétrovka et du boulevard Pétrovski, un intéressant immeuble de style Art nouveau (1900).

Le musée d'Art moderne – Московский музей современного искусства *(Moskovski mouzeï sovremennovo iskusstva ; plan couleur II, F4-5,* ***238****) :* *Petrovka, 25. ☎ 694-2890. • mmoma.ru • Ⓜ Tchekovskaya. Tlj sf dernier lun du mois 12h-20h (19h15 pour les caisses). Entrée : 150 R ; réduc. Photos et vidéos payantes.* Installé dans une grande demeure du XVIIIe s ayant appartenu à un riche marchand. Dans la cour, on peut déjà voir un bel ensemble de sculptures monumentales... ainsi qu'un fragment d'escalier de la tour Eiffel ! Le musée accueille en permanence, sur trois étages, une riche collection d'œuvres d'artistes russes du XXe s, de l'avant-garde des années 1910-1920 (c'est, notamment, l'occasion de voir des tableaux du peintre géorgien Niko Pirosmani) aux créateurs les plus contemporains (travaux photo, installations) en passant par le mouvement non conformiste soviétique des années 1950 à 1980 (Ilya Kabakov, Anatoly Zverev, Vladimir Yakovlev...). Toujours une ou deux expos temporaires aussi. Et, en prime, un café-resto en sous-sol.

En redescendant la rue Pétrovka, quelques intéressants édifices au passage. Notamment, au n° 25, la *demeure du riche marchand Goubine* (1790), typique du classicisme moscovite en cette fin de XVIIIe s. Au n° 24, la *Caisse nationale d'épargne* (1914). Corps principal en demi-rotonde. Toujours en descendant, sur votre droite, la rue Stolechnikov. Il ne faut point y manquer, au n° 11, le bel immeuble avec une monumentale façade de style néoroman lourdingue. Toujours vers la place Rouge, dans la rue à droite, juste après l'hôtel *Marriott,* intéressant *édifice Art nouveau,* avec fronton à volutes et paysage survolé par un aigle.
Retour sur Pétrovka, au n° 10, le ***Pétrovski passaj*** **– Петровский пассаж** (passage Saint-Pierre), galerie commerciale datant de 1906 et présentant une fort jolie façade ouvragée.

Le musée du Goulag **– Музей Гулага** *(Mouzeï Goulaga ; plan couleur II, F5,* ***240****) :* *Petrovka, 16. ☎ 621-7346. Tlj sf lun 11h-19h (12h-21h jeu). Entrée : 100 R. Texte en anglais disponible à l'accueil.* Si le sujet vous titille, franchissez donc la porte de ce tout petit musée. La cour donne le ton, avec son mirador et ses portraits de victimes. À l'intérieur, sur deux niveaux, évocation de l'univers du goulag, au travers de peintures, documents divers et objets de détenus sous vitrines. Grande carte de l'URSS avec les différents camps (c'est là qu'on s'aperçoit que la plupart étaient en Sibérie occidentale). Explications en russe seulement, mais comme une bonne partie de l'expo se passe relativement de commentaires ce n'est pas trop gênant. Cela dit, c'est vite visité, on en apprend plus en relisant *L'Archipel du Goulag* de Soljenitsyne... Au rez-de-chaussée, sur demande, on peut voir la reconstitution d'un bureau de chef de goulag, d'une chambre de prisonnier et d'un cachot. Le plus instructif, ce n'est pas ce minuscule décor de carton-pâte sans âme mais plutôt l'émotion qu'affichent certains visiteurs russes en pénétrant à l'intérieur...

Kouznetski most **– Кузнецкий мост** *(plan couleur II, F5)* **:** petite diversion à gauche (quand on va vers la place Rouge) dans la *Kouznetski most,* cette « rue des Forgerons » qu'on aime bien. Rue pavée, en partie piétonne et bordée de superbes immeubles de caractère, festival de façades sculptées, colonnes corinthiennes et tout et tout. Tiens, au n° 14, cette façade néoclassique de 1902, avec des étages aux divisions verticales affirmées, archi relativement moderne pour l'époque. À côté, au n° 6, la banque *Junker,* une des plus anciennes de Russie (fondée en 1816). Après avoir arboré une façade Art nouveau, elle changea en 1915 pour un look plus Renaissance. Au n° 15, à l'angle de Rojdiéstviénka, banque de style éclectique à dominante néo-Renaissance (1899).

La place Teatralnaya **– Театральная площадь** *(Teatralnaya plochad ; plan couleur II, F5)* **:** *Ⓜ Teatralnaya.* Place des Théâtres (anciennement place Svérdlov) dessinée, au cours des années 1830, par O. I. Bové dans le cadre de la reconstruction de l'après-1812 (merci, Napo !). Entourée de théâtres populaires, dont le célèbre *Bolchoï*. À sa droite, le *Maly*, et à sa gauche, le *théâtre des Enfants*. Au nord-ouest, le *théâtre d'Opérette*, où débutèrent le compositeur Rachmaninov et le chanteur Chaliapine. Au sud de la place, un des plus prestigieux hôtels de Moscou, le *Métropole*, avec ses belles mosaïques en façade. Dans la perspective sur le Kremlin se dresse la *statue de Karl Marx*. Agréables jardins où l'on vient de partout lézarder dès que Phébus se montre généreux. Au milieu, une rafraîchissante fontaine de 1835.

– ***Le théâtre du Bolchoï*** – **Большой театр** *(Bolchoï teatr ; plan couleur II, F5, **178**) : Teatralnaya pl., 1. ☎ 250-7317.* Construit par Bové en 1824. Façade monumentale à huit colonnes surmontée d'un fronton triangulaire, rénovée très récemment. En 1853, un violent incendie ne laisse que les murs debout. Lors de la reconstruction, la partie supérieure y gagne une rangée de fenêtres, la salle est agrandie mais, globalement, l'allure générale de l'œuvre de Bové est préservée. Au-dessus du fronton, imposant quadrige d'Apollon. Immense hall d'entrée carrelé noir et blanc. Salle de six étages de balcons et 2 500 places. La salle historique a été rénovée et inaugurée en grande pompe à la fin 2011. Les plus grands compositeurs russes (Glinka, Tchaïkovski, Moussorgski, Rimski-Korsakov, Borodine) y créèrent bien sûr leurs opéras. Les plus grands artistes, chanteurs, danseuses, chefs d'orchestre s'y produisirent, tels F. Chaliapine, A. Nejdanova, E. Gueltzer, C. Korovine, S. Rachmaninov, L. Sobinov, G. Oulanova, S. Lemechev...

– ***Le théâtre Maly*** – **Малый театр** *(Maly teatr ; plan couleur II, F5) : à droite du Bolchoï.* Construit en style Empire en même temps que ce dernier (mais dans un premier temps comme demeure particulière). Premier théâtre d'art dramatique de Moscou, souvent comparé à la Comédie-Française. On y joua beaucoup les pièces d'Alexandre Ostrovski (1823-1886), dont on retrouve la statue devant le théâtre.

– ***Le grand magasin Mur et Merlize*** – **ЦУМ** *(Tsoum ; plan couleur II, F5) : Petrovka, 2.* Où l'on retrouve l'éclectisme moscovite dans toute sa splendeur. Construit en 1908, sans que l'architecte s'interrogeât le moins du monde pour savoir si son style gothique pur jus allait s'harmoniser avec le néoclassique du Bolchoï. En 1922, il devint le magasin d'État *Tsoum*.

– ***L'hôtel Metropol*** – **Гостиница Метрополь** *(Gostinitsa Metropole ; plan couleur II, F5, **179**) : Teatralny pr., 1/2.* Construit en 1898 par S. I. Mamontov, un très gros industriel et mécène tout à la fois, qui donna cours à ses goûts artistiques en parant l'établissement de superbes mosaïques Art nouveau. L'originalité de la façade réside également dans le parti pris de ne décorer que le dernier étage, les corniches et tourelles, pour mieux la mettre en valeur et y créer un rythme à la fois vertical et horizontal. Pour nos lecteurs qui ont de bons yeux et qui lisent le russe, une citation de Nietzsche court au-dessus du 2e étage : « C'est encore une vérité ancienne d'affirmer que construire une maison nous apprend quelque chose. » En 1918, le bâtiment servit de deuxième Soviet. En quittant Saint-Pétersbourg, les bolcheviks s'installèrent au *Metropol* ; Lénine et Staline y avaient leurs bureaux, et on ajouta une autre maxime : « Seule la dictature du prolétariat peut libérer l'humanité du joug du capital. » Signé Lénine. Ça demanderait cependant à être affiné ! Cela dit, l'hôtel retrouva rapidement ses fonctions premières. Ne pas rater l'immense salle à manger et sa magnifique verrière, et éviter de boire une bière au bar (hors de prix !).

🎭🎭 ***La Maison des syndicats*** – **Дом Союзов** *(Dom Soyouzov ; plan couleur II, F5, **180**) : angle Okhotny Riad et Bolchaya Dmitrovka.* Beau palais tout vert bâti au début du XVIIIe s pour le commandant en chef de Moscou, puis cédé pour créer l'Assemblée de la noblesse. M. F. Kazakov, architecte de l'université, l'agrandit et le modifia. Longue façade à l'antique côté rue, avec une longue colonnade. Tout en haut, rotonde d'angle richement ornementée. À l'intérieur, impressionnante salle des colonnes. Cette salle de bal est évoquée dans de grandes œuvres littéraires et musicales comme *Guerre et Paix* de Tolstoï et *Eugène Onéguine* de Tchaïkovski.

En 1918, la Maison des syndicats s'y installa. En 1924, plus de 1 million de personnes vinrent rendre un dernier hommage à Lénine (en 1953, le corps de Staline y fut aussi exposé). Aujourd'hui s'y tiennent parfois de grands concerts, l'occasion d'admirer la salle de bal.

La Douma – Дума *(plan couleur II, F5, **181**) : Okhotny Riad.* C'est la chambre basse du Parlement, édifiée dans les années 1930 dans un style stalinoïde. Pour sa construction et sa décoration, on réutilisa des éléments récupérés sur la cathédrale Saint-Sauveur, liquidée, rappelez-vous, à la même période.

L'hôtel National – Гостиница Националь *(Gostinitsa Natsional ; plan couleur II, F5, **52**) : Mokhovaya ul. (littéralement la « rue de la Mousse » qu'on utilisait pour colmater les isbas en bois).* Superbe hôtel construit en 1910 dans un style mêlant historicisme et Art nouveau. Façade abondamment sculptée, colonnes corinthiennes, cariatides et balcons en forme de coquillage. Le panneau décoratif à l'angle de la Tverskaya fut remplacé en 1918 par une ode à l'industrie. D'ailleurs, tout le bâtiment changea à l'époque d'affectation et accueillit la *maison des Soviets.* À l'intérieur, très élégant cadre, belles verrières modern style, statues antiques, plafonds moulurés. Les membres du gouvernement y logeaient (Lénine, chambre n° 107).

La place du Manège – Манежная Площадь *(Manejnaya plochad ; plan couleur II, F6) : au débouché de la Tverskaya.* Là aussi, l'une des grandes places de Moscou, créée lors de la reconstruction qui suivit le grand incendie de la ville. On combla des canaux, la rivière Neglinnaïa devint souterraine. C'est généralement par cette place qu'on aborde la place Rouge. À l'une des extrémités, en 1817, on édifia un immense *manège* de style néoclassique et évoquant un temple antique. Façade à large fronton et décor fort dépouillé. Sa charpente, de 45 m de large, fut considérée comme une prouesse technique. Dans les années 1930, il y eut encore d'autres aménagements de la place (liquidation des maisons basses et des échoppes), puis, dans les années 1990, la construction en sous-sol d'un centre commercial, dont on peut voir les bulles de verre en surface. Bordant le manège, au n° 9, on trouve encore l'***ancienne université*** *(plan couleur II, E-F6, **182**),* fondée par Lomonossov en 1755. Œuvre de M. F. Kazakov en 1782 et reconstruite en 1817 après le grand incendie. Au n° 7, un *ancien palais* de la fin du XVIIIe s, affecté en 1833 à l'université. Imposant portique à colonnes ioniques. Sur sa droite, l'*église Sainte-Tatiana* en rotonde à colonnes de la même époque.

Le Musée archéologique – Музей археологии *(Mouzeï arkhéologuii ; plan couleur II, F5-6, **259**) : Manejnaya pl., 1A. Tlj sf lun et dernier ven du mois 10h-18h (11h-19h mer-ven). Entrée : env 70 R.* Petit musée vite vu, en sous-sol, exposant le produit des fouilles effectuées dans le centre de Moscou. Met aussi en valeur les vestiges du pont *Voskresensky,* qui enjambait la rivière Neglinnaïa au XVIe s. Pour les passionnés.

Le jardin Alexandrovski – Александровский сад *(Alexandrovski sad) :* il prolonge la place du Manège et constitue, tout du long des murailles, une très plaisante promenade. On y trouve le monument au Soldat inconnu, rendez-vous populaire des jeunes mariés pour la photo traditionnelle.

La rue Tverskaya – Тверская улица *(Tverskaya ulitsa ; plan couleur II, E-F4-5) :* c'est l'ancienne rue Gorki, un peu considérée comme les Champs-Élysées moscovites. Au XIXe s, la rue la plus élégante de la ville, où l'on venait faire les boutiques, s'enquérir des dernières modes, sortir en bonne compagnie dans les restaurants ou au théâtre. Dans les années 1930, la largeur de l'avenue fut portée de 20 à 60 m ! De nombreux édifices furent démolis, les plus beaux déplacés sur rails. Certains immeubles, particulièrement imposants, sont reliés par des arcs de triomphe. Se glisser sous leurs voûtes, c'est comme entrer dans un décor de théâtre. Derrière, on découvre un autre Moscou, moins écrasant, plus serein, avec de jolis petits immeubles pleins de charme.

Plus haut que l'hôtel *National,* à l'angle, au n° 5, le ***Télégraphe principal*** – **Центральный Телеграф** *(Tsentralny Telegraf).* Construit en 1925, ce fut le premier édifice d'importance à exprimer le style dit « officiel », opposé à l'architecture d'avant-garde, personnifiée à l'époque par le constructivisme. Les critiques des constructivistes furent d'ailleurs acerbes, reprochant dans cette œuvre le parti pris d'austérité et de monumentalité, au détriment de la créativité et de l'audace.

Brioussov pereulok – **Брюсов переулок** ***:*** *dans le bloc suivant, à gauche, avt d'arriver au Mossoviet.* Là encore, un de ces porches immenses s'ouvrant sur une carte postale urbaine bucolique et charmante. Rue paisible, déjà un autre monde, laissant augurer les super balades à effectuer dans le vieux Moscou. En fond, la silhouette romantique d'une ancienne église à coupoles se révèle déjà une invitation... Une des rares à être restées ouvertes pendant l'ère soviétique. Superbe iconostase. Cette rue fut longtemps la rue des acteurs et des musiciens. Au n° 12 vivait Meyerhold, célèbre metteur en scène d'avant-garde ; au n° 8, on trouvait l'Union des compositeurs. Aux n°s 9 et 11, encore deux autres énormes immeubles significatifs. Au n° 9, logement pour les travailleurs (1949). Ici, le style néo-Renaissance fut abandonné pour le néobaroque, plus prisé à l'époque par les architectes staliniens. Au n° 11, édifice du *Comité d'État pour la science* dans le même style. Fort bel arc de triomphe.

Le Mossoviet – **Мэрия Москвы** *(Mériya Moskvy ; plan couleur II, E5,* ***183)* :** *Tverskaya, 13.* Encore une œuvre de Kazakov de 1782. Palais rouge et blanc, avec façade à colonnes, pilastres et chapiteaux corinthiens, surmontée d'un fronton. Abrita, de 1790 à 1917, la résidence du gouverneur général de Moscou, puis, après la révolution, le Soviet de Moscou. Aujourd'hui, la mairie. Devant, statue très conventionnelle du *prince Dolgoruki,* le fondateur de Moscou.

Aux n°s 4, 6 et 8 de Tverskaya, immeubles d'habitation construits à la fin des années 1930 dans un style monumental qui conditionnera ensuite celui de tous les autres immeubles de la rue. Façade néo-Renaissance et arc de triomphe. Entrer dans la cour au n° 6, pour cette curieuse bâtisse de style néorusse. Tours d'angle particulièrement ornementées et façades décorées de mosaïques.

Au n° 10, l'ancien ***hôtel Tsentralnaya.*** Amis lecteurs, frissonnez ! En effet, dans les années 1930, c'est ici que descendaient les camarades du Komintern et il s'y passa de drôles de choses...
À côté, au même numéro, se trouvait l'***ancienne boulangerie de Philippov.*** Archiconnue des Moscovites au XIXe s pour son pain et ses viennoiseries (on les livrait jusqu'à la cour du tsar à Saint-Pétersbourg). Le plus célèbre était le petit pain aux raisins (voir encadré).

LE RAISIN DE LA COLÈRE

La création du petit pain aux raisins est due au hasard et à la ruse d'un vieux boulanger. Ayant livré un jour du pain au gouverneur de Moscou, ce dernier y remarqua un... cafard cuit. Pour calmer sa rage, Philippov (le boulanger) mangea le morceau avec... raisin, selon ses explications. La nouvelle recette (avec de vrais raisins, bien sûr) a supplanté l'ancienne. Résultat, tout Moscou courait après le fameux petit pain, mis en vente dès le lendemain de l'incident.

L'épicerie Elisséïev – **Елисеевский магазин** *(Elisséïevski magazine ; plan couleur II, E5,* ***184)* :** *Tverskaya, 14.* ☎ *200-5588. Ouv 24h/24 !* Ancien hôtel particulier du XVIIe s, édifié par Kazakov (décidément très demandé à l'époque) pour une princesse, copine de Catherine II. Racheté en 1870 par un riche commerçant, puis en 1898 par Elisséïev, gros négociant pétersbourgeois qui le transforma en un genre de *Fauchon.* Bien entendu, ces nouveaux proprios modifièrent grandement le bâtiment. Surtout Elisséïev, qui cassa pratiquement tout pour créer un immense hall de vente décoré dans le genre baroque chargé et totalement exubérant. Profusion de colonnes et chapiteaux aux formes extravagantes, comptoirs et décor en bois sculpté, moulures et stucs dorés, jeux de miroirs et de cristaux, dans une véritable débauche de motifs végétaux et floraux. Époustouflant ! Pendant la période soviétique, il s'appela *Gastronome n° 1.* Aujourd'hui, c'est un magasin de produits fins et chers, clairement destiné à une clientèle huppée. Cela dit, tout n'est pas si cher. On peut s'y procurer du caviar, et du vrai, mais attention, c'est environ 5 000 R la boîte de... 56 g. Refroidi ?

Arrivé à la ***place Pouchkinskaya*** – **Пушкинская площадь** *(Pouchkinskaya plochad ; plan couleur II, E5),* il est temps d'aller enfin déguster un chocolat au *Café Pouchkine* tout proche. Sur la place, vous vous en doutiez, une statue de... Pouchkine ! Inaugurée en 1880 pour le centenaire de sa naissance et considérée comme un chef-d'œuvre de sculpture. L'occasion d'une grande manifestation culturelle où Dostoïevski et Tourgueniev prononcèrent de grands discours sur la grandeur de la Russie. Au n° 5, un intéressant immeuble de la période constructiviste (1925), celui du journal *Izvestia* qui fut l'organe des députés du peuple, deuxième journal de l'ex-Union soviétique après *Pravda.* Sur cette place se déroulèrent aussi de nombreuses manifs de dissidents sous Brejnev. Pousser un poil plus haut, pour une ravissante église.

L'église de la Nativité-de-la-Vierge-à-Poutinki – **Церковь Рождества Богородицы в Путинках** *(tserkov Rojdestva Bogoroditsy v Poutinkakh ; plan couleur II, E4,* ***185*****) :** *Malaya Dmitrovka, 4.* Très intéressante, car c'est la dernière église à plusieurs *chatior* (coiffée de minibulbes) du XVIIe s subsistant encore à Moscou. Festival de *kokochniki* et clocher ajouré original, avec un *chatior* à « ouïes » (comme des petites oreilles tendues à l'écoute... peut-être des voix du Seigneur !). Ce luxe architectural provient essentiellement de sa place comme première des nombreuses églises qui jalonnaient la route de la *laure de la Trinité Saint-Serge.* En outre, le *tsar Alexeï Mikhaïlovitch,* qui effectuait ce pèlerinage annuellement, avait personnellement supervisé la construction.

Le musée d'Histoire contemporaine – **Государственный центральный музей современной истории России** *(Gossoudarstvenni tsentralny mouzeï sovriemienoï istori Rossi ; plan couleur II, E4-5,* ***226*****) :** *Tverskaya ul., 21. ☎ 699-6724. Ⓜ Tverskaya. Mar-mer et ven (sf dernier ven du mois) 10h-18h ; jeu et sam 11h-19h ; dim 10h-16h30 (fermeture des caisses). Entrée : 100 R. Photos et vidéos interdites.*

Installé dans un palais du début du XVIIIe s, un des rares qui échappèrent au grand incendie de 1812. Devint ensuite le *Club anglais.* Abrita longtemps le musée de la Révolution. Aujourd'hui, les 30 salles du musée ont pour objectif de présenter l'histoire de la société russe du milieu du XIXe s (la guerre de Crimée) jusqu'à nos jours. Bon, au fond, à vous de juger si c'est réussi. Pour comprendre un peu ce qu'on y voit, sachez qu'il y a des fiches d'explications en anglais.

– *1853-1905 :* guerre de Crimée, réformes d'Alexandre II, isba russe reconstituée et partie de chambre d'un étudiant terroriste.

– *La guerre russo-japonaise :* armure de samouraï (offerte à Staline), portraits des chefs militaires, documents, photos.

– *La culture russe (fin XIXe-début XXe s) :* fragment de salon, bureaux de scientifiques, loge d'actrice, etc.

– *L'histoire du Club anglais :* permet d'admirer les belles salles du palais, notamment la bibliothèque avec ses colonnes de marbre, son plafond en trompe l'œil. Élégant mobilier XIXe s. Les meilleurs représentants de l'aristocratie en furent membres (Pouchkine et Tolstoï entre autres).

– *Les salles de 1905 à 1918 :* documents sur les deux révolutions russes, la famille du tsar, première Douma, l'arrivée des bolcheviks au pouvoir (grande fresque de Lénine haranguant le peuple).

– *La guerre civile :* présentation des deux camps opposés (les Rouges et les Blancs).

– *Le développement économique (années 1920-1930)* : les hauts et les bas de la vie du peuple. Marché noir où l'on échangeait des bijoux contre un morceau de pain. Dans la salle suivante, fragment d'un resto à l'époque de la *NEP*, nouvelle politique économique, période de prospérité. Exposition sur l'émigration.

– *L'Union soviétique dans les années 1930* : la machine socialiste se met en branle, période de grande industrialisation. Dommage, vraiment, que seul cet aspect-là de ces années sombres soit mis en évidence ; le reste, les crimes de Staline et le goulag passent tout simplement à la trappe...

– *La Seconde Guerre mondiale* : large section sur les efforts de guerre soviétiques contre l'armée allemande, sur tous les fronts (Leningrad, Stalingrad, la Baltique...). Un dur chiffre est rappelé : celui de 27 millions, soit le nombre de morts russes de 1941 à 1945... C'est aussi un tiers de la richesse du pays qui fut engloutie dans le conflit.

– *2e étage* : l'histoire récente, avec Khrouchtchev, Brejnev, la guerre froide, la perestroïka, Tchernobyl, la chute du mur de Berlin, Eltsine, Poutine, puis maintenant Medvedev. Salle très « officielle », c'est le moins qu'on puisse dire.

L'AFFAIRE FAREWELL

La plus grosse affaire d'espionnage soviétique éclata en 1981, après la défection de Vladimir Vetrov, un haut-gradé du KGB, dépité par la pratique des passe-droits au profit des « fils de ministres » pistonnés. Il photographia des milliers de documents secrets pour un ami français, cadre chez Thomson-CSF en contact avec la DST. On n'imaginait pas l'ampleur du pillage scientifique et le délabrement de l'économie russe. Mitterrand fit expulser 47 soi-disant « diplomates » en poste à Paris et confia les documents à Ronald Reagan, inquiet de la présence de ministres communistes dans le gouvernement de gauche. Cette affaire a beaucoup contribué à l'effondrement du système soviétique.

Petite balade bucolique et boulgakovienne

Départ depuis le *musée d'Histoire moderne.* Point de mire : l'*étang des Patriarches.*

➢ Prendre la *Mamonovski pereulok* (perpendiculaire à Tverskaya). Déjà un peu de verdure et, au n° 7, un hôtel particulier de 1778, demeure typique d'aristocrate sous Catherine II. Arrivée à la *rue Trékhproudny.* Là, au n° 9, l'insolite immeuble tout rouge et blanc de l'***imprimerie Lévinson*** – **Типография Левинсона** *(Tipografiya Lévinsona ; plan couleur II, E5).* Construit au début du XXe s dans un style totalement éclectique. Façade truffée d'éléments gothiques, néorusses, etc., avec un haut-relief représentant des imprimeurs. Noter la diversité de formes des fenêtres. Face à l'imprimerie, repartir à droite, repasser devant la Mamonovski et tourner à gauche, dans une espèce de voie privée, bordée d'immeubles d'habitation de la période stalinienne d'excellente qualité (ça sera d'ailleurs l'une de nos grosses surprises de découvrir que cette époque ne fut pas si médiocre que ça sur le plan architectural !). Hautes façades sobres et assez élégantes, parfois ornementées dans leurs parties supérieures.

Dans le coin toujours, voir, au n° 17 rue Ermolaïev, le ***siège de l'Union des architectes de Moscou*** – **Союз московских архитекторов** *(Soyouz moskovskikh arkhitektorov).* Construit en 1915, en néoclassique, dans le plus pur style palladien. Imité, il est vrai, d'un des plus beaux palais de Palladio, qui avait beaucoup servi de modèle aux architectes de Saint-Pétersbourg. Les gens s'étaient d'ailleurs demandé pourquoi les architectes moscovites n'avaient pas fait montre de plus d'originalité et restaient à ce point dépendants de leurs confrères de Saint-Pétersbourg (fin du point architectural, allons maintenant vers la littérature !). On va la découvrir grâce à Boulgakov...

L'étang des Patriarches – Патриарший пруд *(Patriarchi proud ; plan couleur II, D-E5,* ***186****)* ***:*** *Patriarchié Proudy. Ⓜ Mayakovskaya.* « C'était à Moscou au déclin d'une journée printanière particulièrement chaude. Deux citoyens firent leur apparition sur la promenade de l'étang des Patriarches... » Première phrase du roman de Boulgakov, *Le Maître et Marguerite.* L'étang date du XVIIe s. Ancien bassin artificiel, créé à l'époque à des fins de vivier par les patriarches de l'Église. Rebaptisé *étang des Pionniers* de 1932 à 1992. Délicieusement arborées, ses rives sont le lieu idéal pour rêvasser doucement au soleil et se détendre. Dans les jardins, on retrouve les retraités locaux tentant de parler d'autre chose que de leurs maigres retraites. Disséminées de-ci, de-là, des statues de personnages des fables de l'écrivain Ivan Krylov. Tout autour de l'étang, d'intéressants édifices, comme ce petit palais d'aristo encadré de lions sur colonnes. Très révélateur aussi, le goût de ch... des nouveaux Russes, à travers l'ensemble immobilier situé à l'angle d'Ermolaievski pereulok et de Malaya Bronnaya. Style pur « m'as-tu-vu », tout de jaune et blanc, agrémenté d'un lourd décor de colonnettes, frises et volutes dans les étages nobles.

➢ Au no 21 Malaya Bronnaya, la ***maison commune de la Société nationale d'assurances.*** L'une des premières réalisations avant-gardistes à Moscou. Construite en 1926 par M. Guinzbourg, sans rapport avec le nôtre puisque c'était le grand leader du courant constructiviste ! L'organisation intérieure, entre appartements familiaux et espaces de services, fut particulièrement pensée. Le genre de maison qu'aurait apprécié le malheureux Boulgakov. Excellente transition !

L'appartement de Boulgakov – Музей Булгакова *(Mouzeï Boulgakova ; plan couleur II, E4,* ***187****)* ***:*** *Bolchaya Sadovaya, 10. ☎ 970-0619. • dombulgakova.ru • Ⓜ Maïakovskaya. Entrée par le porche à droite du no 10, puis prendre l'entrée du no 50 au fond à gauche, c'est au 4e étage. Tlj sf lun-mar 13h-19h. Entrée : 50 R ; réduc. Photos payantes.*
Dans la cour, après le « musée-salon de thé » consacré à Boulgakov (voir plus bas), monter l'escalier rempli de graffitis rendant hommage à l'auteur du roman culte *Le Maître et Marguerite.* On arrive ensuite à l'appartement communautaire no 50, où il vécut de 1921 à 1924, et mentionné dans son roman. Il n'en garda pas, dit-on, un souvenir impérissable puisqu'il le partageait avec 38 autres personnes : une pièce par famille, sanitaires et cuisine collectifs, tensions inévitables, et l'une de ses voisines était une prostituée bruyante ! On peut voir la pièce où il vivait, avec le bureau de son oncle médecin, personnage ayant inspiré sa nouvelle intitulée *Cœur de chien.* Également de belles portes en bois et un joli salon avec piano et buffet. Dans une autre pièce est stocké le reste du mobilier en provenance de son dernier appartement moscovite, avec un piano, mais surtout le secrétaire sur lequel il aurait rédigé son chef-d'œuvre et qui, selon la légende (on aime ça, ici !), aurait appartenu à Gogol, qu'il admirait. Déjà que, toujours d'après la rumeur, la femme de Boulgakov aurait acheté la pierre tombale du maître pour la placer sur la tombe de son défunt mari... Enfin, bref, pourquoi pas ? Également des petites expos temporaires.
Dans la cour, un musée privé intitulé « centre culturel Boulgakov » *(ouv tlj 13h-23h ; ven-sam jusqu'à 1h ! Entrée libre).* En fait, le lieu fait salon de thé. Petite expo avec des reproductions de vieux documents et quelques objets, plus une évocation de sa vie privée... Mais rien de très passionnant.

FAHRENHEIT 451

Le Maître et Marguerite *ne fut publié pour la première fois qu'en 1966. Pourtant, il fut achevé en 1940, trois semaines avant le décès de son auteur. C'est un des romans phares de la littérature russe du XXe s, qui contient, entre autres phrases inoubliables, la fameuse phrase « Les manuscrits ne brûlent pas ! », symbole de la victoire de la liberté de penser face à l'acharnement totalitaire.*

MOSCOU / À VOIR

➢ Dans les alentours, quelques édifices caractéristiques. Au n° 4 Bolchaya Sadovaya, l'***hôtel Chékhtel*** – **Особняк Шехтеля** *(ossobniak Chekhtelia),* construit en 1909 par le célèbre architecte et considéré comme un des plus beaux exemples du néoclassique russe du début du XXe s (ou, pour ceux qui n'aiment pas ce style, une mauvaise copie du style Empire qui faisait fureur au début du XIXe s). Au n° 14, l'***Académie militaire et politique Lénine*** – **Военно-политическая Академия имени Ленина** *(Voyenno-polititcheskaya Akademiya imeni Lenina),* construite dans les années 1920 avec des élans constructivistes. Au n° 20, la ***salle de concerts Tchaïkovski*** – **Концертный зал имени Чайковского** *(Kontsertny zal imeni Tchaïkovskovo),* qui date de 1938. Décor extérieur Renaissance et salle ovale au plan très incliné. D'autres points d'intérêt vers Arbat, le quartier se révèle une vraie mine, notamment la rue Spiridonovka.

🍴🍴 ***La rue Spiridonovka*** – **Улица Спиридоновка** *(plan couleur II, D-E5)* **:** au n° 30, l'***hôtel Tarassov*** – **Особняк Тарасова** *(ossobniak Tarassova).* Construit en 1909. Joltovski, l'architecte, était fou de Renaissance italienne, et de Palladio en particulier. Il créa d'ailleurs un des courants architecturaux les plus influents du début du XXe s. Ici, par exemple, il reprend la façade du célèbre palais Thiene à Vicence. Au n° 11, un bel *hôtel de style Art nouveau* (1902). Mais c'est au n° 17 qu'on trouve une intéressante réalisation pour qui se passionne pour les évolutions de styles...

🍴🍴 ***L'hôtel Morozov*** – **Морозовский особняк** *(Morozovski ossobniak ; plan couleur II, D5,* ***188****)* **:** *Spiridonovka, 17.* Œuvre de Chékhtel (1859-1926), qui, avant de sombrer beaucoup plus tard dans le style néoclassique (avec un certain bonheur), tâta d'abord du néogothique. Il construisit, en 1893, ce château aux lignes un peu lourdes pour T. Morozov, un important mécène. On prétendit par la suite que l'architecte n'avait point voulu imiter servilement le gothique (teinté de mauresque), mais lui donner au contraire une forme plus moderne, assurant ainsi une certaine transition vers ce qui allait devenir l'Art nouveau. Décor intérieur particulièrement riche, mais, hélas, la maison ne se visite pas (vivement les Journées du patrimoine locales !). Époustouflant escalier de bois sculpté et rampe ornée d'une superbe sculpture de M. Vroubel (et on ne vous décrit pas le salon d'apparat). Vous vous rattraperez avec la *maison de Gorki,* du même architecte (vous verrez les progrès du petit !).

🍴 ***Granatny pereulok*** – **Гранатный переулок** *(plan couleur II, D-E5)* **:** au passage, dans cette rue des « Fabricants-de-Boulets », au n° 4, une élégante ***maison Leontiev*** – **Дом Леонтьева** *(Dom Léontiéva)* de 1838, de style classique. Au n° 7, la ***maison de l'Architecte*** – **Дом Архитектора** *(Dom Arkhitektora),* construite en 1896, dans un style Tudor un peu trop cerné. L'*Union des architectes de l'Union soviétique* en hérita dans les années 1930. En 1938, on y rajouta une salle des spectacles. Façade avec portique à trois arcades, d'une certaine austérité mais harmonieuse.

🍴🍴🍴 ***La maison-musée de Gorki*** – **Музей-квартира Горького** *(Mouzeï-kvartira Gorkovo ; plan couleur II, E5,* ***189****)* **:** *Malaya Nikitskaya ul., 6. ☎ 290-0535. Ⓜ Arbatskaya. Mer-dim (sf dernier jeu du mois) 11h-17h30 (fermeture des caisses). Gratuit. En revanche, photos et vidéos payantes. Brochure disponible en français (payante) mais on trouve des fiches en français dans chaque pièce. Enfin, chaussons obligatoires !*

Sans aucun doute l'une des plus belles maisons Art nouveau de Moscou. Elle date de 1902 et fut conçue par Chékhtel qui l'édifia pour Riabouchinski, un riche industriel, mécène, possesseur de la plus importante collection d'icônes de Russie et de bien d'autres titres. Il émigra à la révolution. La maison abrita en 1918 un service de visas et passeports, puis en 1919 le siège des Éditions nationales, en 1923, l'Institut de psychanalyse, en 1926, la Société d'échanges culturels internationaux. Pour finir, elle échut en 1934 à Gorki, qui y resta jusqu'à sa mort, 2 ans plus tard. Et pourtant, au départ, il n'en voulait pas, refusant « de vivre dans un palais alors que les gens sont logés comme des bêtes ». Néanmoins, élu président de l'Union des

écrivains soviétiques, il finit par accepter l'honneur qui lui était fait, ce qui permettait aussi au pouvoir stalinien d'avoir à l'œil ce monument de la littérature rallié aux idées socialistes mais qui se posait parfois des questions...
Cette demeure se révèle peut-être le plus bel exemple d'« art total », réunissant tout à la fois architecture, peinture, sculpture, arts décoratifs d'un même courant artistique sous le même toit. C'est là qu'on mesure en quoi l'Art nouveau influençait et transcendait tout ce qu'il touchait, des façades aux poignées de portes en passant par les objets domestiques et tous les éléments de décor. À l'extérieur, tons pastel et belles fresques d'orchidées.
– *L'escalier :* c'est la pièce maîtresse de la maison, une œuvre époustouflante, du Gaudí à l'état pur. Espèce de longue vague en marbre poli se terminant par une superbe lampe de bronze dont l'abat-jour évoque la forme d'une méduse. Monter ensuite l'escalier jusqu'au dernier étage afin d'avoir une autre vision sur ce chef-d'œuvre de l'Art nouveau.
– *Le dernier étage :* tout l'étage est consacré au premier propriétaire, Riabouchinski. On y voit la chapelle (le premier proprio était vieux-croyant) aux murs ornés de fresques de style médiéval. Nombreux documents et photos. Également des lettres, dessins, manuscrits, beau portrait de 1936. Dans la pièce précédente, un autre étonnant portrait à l'huile. Ne pas rater le portfolio avec de fort belles gravures.
– *Redescendre au 1er étage* où l'on peut voir la chambre de Maxime, le fils de Gorki. Portraits et gravures.

Au rez-de-chaussée
– *La salle à manger :* Gorki s'asseyait au fond, dans l'angle à gauche (avec la tasse de thé). C'est ici que se tinrent les premières réunions de constitution de l'Union des écrivains. Il en fut élu président et reçut la carte n° 1, s'engageant à défendre l'indépendance des auteurs. C'est là aussi qu'il accueillit G. B. Shaw, Romain Rolland et bien d'autres. On peut consulter le portfolio réalisé par Maxime, son fils photographe. Belles photos en noir et blanc de Gorki et ses jolies bacchantes, au quotidien, avec les pionniers, ses amis...
– *Le bureau de son secrétaire :* à gauche de l'escalier, un tout petit bureau où ce dernier abattait un gros boulot. Il traitait le courrier de Gorki, tapait les (très) nombreux manuscrits du grand homme et relisait les épreuves.
– *La bibliothèque :* beau plafond avec escargots et plus de 10 000 volumes (encore en donna-t-il beaucoup aux bibliothèques publiques). De grands auteurs russes (dont neuf volumes autographes de Tchekhov, offerts par l'auteur en 1902), nombre d'ouvrages marxistes, mais aussi beaucoup de livres sur le folklore, car Gorki voyait dans l'art populaire une riche source d'inspiration.
– *Le bureau :* il y travaillait tous les jours de 9h à 14h et y écrivit quelques pièces comme *Egor Boulytchov, Dostigajïev...* L'après-midi, il répondait au courrier et lisait les manuscrits d'écrivains débutants. Dans les vitrines, jolie collection d'ivoires ciselés du XVIIIe s. Une table et deux tabourets chinois offerts par Tolstoï aussi. Dans le coin droit, un portrait de Stendhal que Gorki affectionnait. Sur son bureau, sous vitrine, des objets familiers, tous ses crayons, buvard, encrier et plumes.
– *La chambre à coucher :* relativement sobre, avec lit et armoire japonaise. Sur la table de chevet, photo de sa petite-fille Marfa et l'une des dernières photos réalisées par son fils, décédé en 1934 d'une pneumonie. Gorki ne s'en remit jamais et mourut 2 ans après.
Avant de partir, toujours au rez-de-chaussée, jeter un œil au grand manteau rouge de Gorki.

Le musée d'Art d'Orient – Музей искусства народов Востока *(Mouzeï iskousstva narodov Vostoka ; plan couleur II, E5-6,* ***244****) : Nikitski boulvar, 12 A. ☎ 691-0212. Ⓜ Arbatskaya. Tlj sf lun et j. fériés 11h-19h (fermeture des caisses). Entrée : 200 R.*
Musée de civilisation, fondé en 1918 sur décision des soviets. Du fait de sa géographie, la Russie possède une vieille tradition d'étude de l'Orient. Sur trois étages,

on peut y admirer une belle collection d'objets quotidiens, décoratifs ou artistiques des principales cultures d'Asie. En voici un petit topo :
– *1er étage :* ivoires et vêtements d'Asie du Nord, tapis et bijoux du Kazakhstan, artisanat caucasien, *kriss* (poignard) et marionnettes indonésiennes, meubles vietnamiens, etc.
– *2e étage :* superbes peintures et aquarelles iraniennes, jolies boîtes laquées, tapisserie, céramique et poterie perses du Moyen Âge, statues indiennes (Vishnou, Shiva...), mandalas tibétains, robes et masques rituels mongols, bijoux des tribus *Buryat* (région du Baïkal), etc.
– *3e étage :* magnifique mobilier coréen des XIXe et XXe s ; art chinois : petits objets en verre peint tout mignons, estampes. Et enfin, l'art japonais, avec les *netski,* des sculptures miniatures en ivoire qui doivent obligatoirement permettre le passage d'un fil, et qui servaient à l'origine de boutons.

Le long de Bolchaya Nikitskaya *(plan couleur II, E5-6)*

Appelée aussi Guercena, c'est l'une des rues les plus intéressantes en terme de télescopages architecturaux.

➢ Au no 5, ***hôtel particulier*** édifié à la fin du XVIIIe s pour le frère du comte Orlov, l'un des plus célèbres amants de la Grande Catherine. Au no 7, une intéressante ***sous-station électrique*** du métro toute grise. Si, si, ne partez pas ! C'est du pur postconstructivisme. Remarquer surtout le choc entre le côté monumental, le style Renaissance appuyé et les nombreuses statues de fiers révolutionnaires. Ironie du sort, presque en face (de l'autre côté de la rue, un peu sur la gauche), un ensemble architectural récent pour nouveaux Russes, dans un style prétentieux et des tons pastel ahurissants.
Jusqu'au conservatoire de musique, belles façades Empire. Côté droit, en remontant la rue, en 100 m, on a l'échantillonnage architectural le plus éclectique qui puisse exister. Un peu en retrait de la rue, au 12/1, une demeure de la fin du XVIIIe s, s'appuyant sur un *palaty* (une structure du XVIIe s bien reconnaissable). Juste à côté, à sa droite, un immeuble années 1920 typique. Puis, au no 14, un bel hôtel XIXe s s'appuyant sur des *palaty* du XVIIIe s. En fond, la silhouette rouge de l'*église anglicane* de style gothico-Tudor (fin du XIXe s). Puis, au no 18, la petite *église de l'Ascension,* hyper basse, avec une tour-lanterne. De 1634, mais construite sur les murs de l'église précédente (1584). Bref, quatre siècles d'architecture sur quelques centaines de mètres carrés.

★★ *Le conservatoire de musique* – Консерватория имени Чайковского *(Konservatoriya imeni Tchaïkovskovo ; plan couleur II, E5-6,* ***190****)* **:** *Bolchaya Nikitskaya, 13. En retrait de la rue, derrière une grille reproduisant les premières mesures d'œuvres de Tchaïkovski.* Statue du compositeur en chef d'orchestre. Créé en 1866 par Nikolaï Rubinstein (frère d'Anton, le pianiste et compositeur), qui fit venir Tchaïkovski de Saint-Pétersbourg pour y enseigner (jusqu'en 1878). Ancien hôtel particulier du XVIIIe s, entièrement reconstruit en 1895, avec une salle de concerts. Façade néobaroque, avec avant-corps à colonnes ioniennes et demi-rotonde en façade. La plus importante école de musique de Russie et siège, également, du plus difficile et prestigieux concours de musique du pays. Rachmaninov et Scriabine y étudièrent, Chostakovitch y enseigna. Salle de concerts possédant une extraordinaire acoustique. Tout au long des murs, les portraits de grands compositeurs russes et étrangers. Beau *Coffee Mania* au sein du conservatoire pour boire agréablement un café...

★ *Le Musée zoologique* – Зоологический музей *(Zoologuitcheski mouzeï ; plan couleur II, E5-6,* ***246****)* **:** *Bolchaya Nikitskaya, 6. ☎ 629-4904. Ⓜ Okhotny Riad ou Arbatskaya. Tlj sf lun et dernier mar du mois 10h-17h (fermeture des caisses).*

Entrée : 100 R. Un vieux musée d'histoire naturelle. On aime ou on n'aime pas ce genre de musée, poussiéreux mais empreint de nostalgie. À vous de voir. Bisons, tigres, phoques, ours, tout le monde est soigneusement empaillé, bien sûr !

➢ Vers la fin de la rue, on passe à droite la rue Léontiév. Un coup d'œil au n° 4 : belle demeure de 1817 de style Empire. Puis, au n° 5, l'***imprimerie Mamontov.*** Construite en 1872. Pour le décor, l'architecte puisa abondamment dans l'art populaire russe, notamment dans les riches motifs de la broderie russe traditionnelle.

(mais pour les fans de théâtre) ***La maison-musée de Stanislavski* – Дом-музей Станиславского** *(Dom-mouzeï Stanislavskovo ; plan couleur II, E5,* ***191****) : Leontievski per., 6. ☎ 629-2442. Ⓜ Arbatskaya. Ouv jeu et w-e 11h-18h ; mer et ven 12h-19h. Fermé lun-mar, j. fériés et dernier jeu du mois. Entrée : env 120 R. Photos payantes (films interdits). Traduction en anglais ou en français assurée au cours de la visite.*

L'immense metteur en scène et acteur Stanislavski, le vieux complice de Tchekhov (et qui partagea tous ses succès), habita cet hôtel particulier de 1920 à sa mort en 1938. Bien sûr, la visite intéressera prioritairement les fondus de théâtre. Mais peut-être d'autres aussi, car il s'en dégage un certain charme. L'appartement n'a quasiment pas changé de physionomie depuis 70 ans. Son côté délicieusement vieillot vous replongera illico dans l'atmosphère surannée des années 1930. Les boulgakoviens seront aussi à la noce, puisque l'auteur du *Maître et Marguerite* vint souvent ici et qu'ils retrouveront également, brutes de forme, les ambiances et les couleurs du roman.

– *L'antichambre bleue :* on y trouve le gros cahier signé par les élèves. C'est là aussi qu'ils se reposaient entre les répétitions et que les rejoignaient parfois les auteurs dramatiques, entre autres V. Ivanov, V. Kataïev, Boulgakov...

– *La salle Onéguine :* Stanislavski transforma cette ancienne salle de bal en lieu de répétition et d'avant-premières des opéras qu'il mettait en scène, comme *La Fiancée du tsar* (1926) ou *La Nuit de mai* de Rimski-Korsakov. Des pièces de théâtre aussi, comme *Les Amours mortes* de Gogol, *Molière* de Boulgakov, les œuvres d'Ostrovski, etc. Le fauteuil du maître est toujours là.

– *Le cabinet rouge :* beau plafond décoré. Il servait de salle de cours et de loge pour les artistes les jours de spectacle. Noter les belles armoires de style néogothique. Fauteuil à deux places, chaises, tout est d'origine.

– *Le cabinet de travail :* là aussi, notez le décor du plafond. De 1921 à 1938, c'est ici que prirent corps tant de chefs-d'œuvre comme *Les Âmes mortes, Talents et Admirateurs,* le *Tartuffe...* là que Stanislavski écrivit ses livres, *Ma vie dans l'art, La Formation de l'acteur.* Le bruit des répétitions, le mouvement des acteurs stimulaient sa créativité. Rien n'a bougé, la bibliothèque coupe étrangement la pièce en deux. Esquisses de décor intéressantes (au-dessus du piano, un décor pour *Hamlet*), peintures et aquarelles également.

– *La chambre à coucher :* les 10 dernières années de sa vie, le maître ne pouvait plus guère se déplacer à cause de la maladie. Il écrivait dans son lit. Sur le guéridon, dossiers, chemises, cahiers, ses lunettes et la planchette qui lui servait de support pour écrire. Parmi les nombreux objets, réplique du masque de Beethoven pris de son vivant, un vase bleu ciel (cadeau de la grande danseuse Isadora Duncan). C'est ici qu'il décéda, le 7 août 1938, à 75 ans.

– *La salle à manger :* portraits de famille, notamment une peinture de l'arrière-grand-père (en 1785) et des photos de ses parents.

– *Le bureau de Maria Lilina :* l'épouse de Stanislavski, comédienne, fondatrice du *théâtre d'Art de Moscou.* Reconstitution de sa loge d'actrice. Au mur, photo de Tchekhov offerte à l'actrice en 1900. Coffre où les jeunes acteurs étaient assurés de trouver un costume de dépannage.

– Une autre *chambre,* là aussi figée dans le temps. Diverses photos : mariage (en 1889), enfants, petits-enfants...

– *Le sous-sol :* à ne pas rater. Nombreux souvenirs, piano, affiches, programmes, superbes costumes de scène, photos de Stanislavski dans ses plus grands rôles, et bien d'autres prises pendant les tournées de représentations.
– Dans les dernières salles, costumes des pièces médiévales, dessins de décor et d'habits de scène, maquettes, etc.

Le musée des Matriochki – **Музей Матрешки** *(plan couleur II, E5,* ***225****)* **:** *Leontievski per., 7. Ⓜ Arbatskaya. Face à l'ambassade de Grèce, dans l'école de danse, à l'étage. Ouv slt en sem 10h-18h (17h ven). Entrée libre.* Ce tout petit musée-boutique présente quelques jolies séries de poupées russes dans une salle et des boîtes peintes dans l'autre. Également une boutique et quelques livres en français sur les arts populaires.

➢ Enfin, à l'angle de Bolchaya Nikitskaya et de Tverskoï boulvar, sur la droite, l'édifice tout blanc et l'enseigne caractéristique de la fameuse ***agence de presse TASS*** – **ИТАР (ТАСС),** porte-parole du communisme à la soviétique pendant tant d'années. En face, la grande ***église de l'Ascension*** – **Церковь Большого Вознесения** *(tserkov Bolchovo Voznesseniya).* Construite en 1798 pour Potemkine, autre grand amant de la Grande Catherine. Achevée en 1830, avec un élégant portique dû à Bové (l'aménageur de la place Rouge au XIXᵉ s). C'est ici que Pouchkine se maria.

LE QUARTIER DE L'ARBAT (plan couleur III)

Vaste territoire délimité par les métros Arbatskaya, Smolenskaya, Barrikadnaya et Kropotkinskaya. Un superbe trek urbain d'au moins 2 jours, au long de ruelles étroites pleines de charme ou de rues aristocratiques bordées de prestigieux hôtels particuliers ou de vénérables demeures en bois, à travers places et placettes hors du temps, à deux pas de monstrueuses et bruyantes saignées urbaines.
Arbat, ce fut d'abord un faubourg à l'ouest du Kremlin où vinrent s'installer artisans, employés du tsar, commerçants, les premières classes moyennes, quoi... Puis, au XIXᵉ s, haut lieu de la bohème, des écrivains et des artistes. Dans les années 1960, l'urbanisme poststalinien y fit de dramatiques coupes sombres. Cependant, la stupidité ne triomphe jamais complètement. Incroyable, ces saignées furent effectuées surtout pour que les bureaucrates de la nomenklatura puissent rentrer plus vite chez eux ! Fort heureusement ont subsisté de nombreuses respirations, de miraculeuses et poétiques cartes postales... Cependant, un nouveau danger menace : les condominiums des nouveaux Russes, d'une prétention odieuse et d'un mauvais goût exceptionnel. Bien, soyons positifs !
Retrouvons l'impressionnante ***bibliothèque Lénine*** – **Библиотека имени Ленина** *(Bibliotieka imeni Lenina),* puis ***ulitsa Arbat*** – **улица Арбат,** l'artère historique, l'épine dorsale du quartier, aujourd'hui piétonne.

La Bibliothèque nationale de Russie (ex-Lénine) – **Российская Государственная Библиотека** *(Rossiïskaya Gossoudarstvennaya bibliotieka ; plan couleur III, J7,* ***192****)* **:** *Vozdvijénka, 3. ☎ 202-5790. • rsl.ru • Tlj sf dim 9h-20h (19h sam).* Impossible d'échapper à ce véritable chef-d'œuvre de l'architecture stalinienne. Les travaux durèrent de 1927 à 1940. Style indéfinissable. Bien, nous dirons, c'est du néoclassique stalinien, teinté de constructivisme et mâtiné d'Art déco américain (dont était friand Chtchouko, l'un des architectes). Staline joua bien sûr de son pouvoir pour faire évoluer l'architecture durant les travaux (il souhaitait rompre avec l'avant-gardisme et aller vers un néoclassicisme plus populaire). Ici, on joua donc d'abord d'une certaine austérité, voire de rigidité dans les lignes et le décor. Comme variations chromatiques, de simples lignes verticales en noir et gris, horizontales en blanc. En revanche, ailleurs (notamment sur l'aile extérieure), avec le style Renaissance, les hauts-reliefs et les nombreuses statues qui ornent les façades latérales, le néoclassicisme triomphe. Devant l'entrée, une statue d'un Dostoïevski, bien tourmenté.

La maison Pachkov – Дом Пашкова *(Dom Pachkova ; plan couleur III, J7, 193)* **:** *Znamenka et Mokhovaya.* L'une des plus belles demeures aristocratiques de Moscou. Construite en 1784 par P. E. Pachkov, officier de la garde impériale. Ce n'est évidemment pas sa modeste solde qui lui permit une telle extravagance, mais l'immense fortune de son père. Bizarrement, le nom de l'architecte s'est égaré dans l'histoire, mais l'influence de l'architecture française y est prépondérante. La demeure s'élève sur la colline en face du Kremlin comme un défi (on aurait été le tsar qu'on n'aurait pas été content !). Imposant pavillon central entouré de pavillons à colonnes ioniennes. Au centre, une tour ronde qui brûla lors de l'incendie de 1812, tout comme l'intérieur qui ne fut jamais reconstitué. Le perron monumental devant est un rajout de 1930. Devenue propriété de l'État en 1840, la demeure connut plusieurs affectations : lycée, puis musée dans les années 1860. Enfin, après la révolution, elle accueillit la bibliothèque Lénine.

➢ Revenons sur la Vozdvijénka. Au n° 5, la *maison Talyzine,* représentative des grands hôtels particuliers de la fin du XVIIIe s. Tolstoï y situe la maison de Bézoukhov dans *Guerre et Paix.* Au n° 6, la *maison K. G. Razoumoski* de style classique (seconde moitié du XVIIIe s). À côté, la *polyclinique du Kremlin* (réservée à la nomenklatura communiste), œuvre constructiviste typique de 1929. Au n° 8, la *maison A. K. Razoumoski,* autre bel hôtel de 1780, avec une originale rotonde d'angle à colonnes. Enfin, au n° 16, l'***hôtel Morozov* – Морозовский особняк** *(Morozovski ossobniak),* riche mécène qui s'était déjà fait édifier un genre de château néogothique près de l'étang des Patriarches. Ici, après un voyage au Portugal, tombé amoureux du riche style manuélin, il fit donc construire, en 1899, cette autre sorte de château dans un style plutôt exubérant. À l'intérieur, décor tout aussi riche et foisonnant, que vous aurez l'occasion d'admirer uniquement lors de la tenue de concerts.

Le Vieil Arbat – Старый Арбат

Ⓜ *Arbatskaya.* On ne connaît guère l'origine du mot (un vieux mot turc qui veut dire « marchand » ?), mais en revanche, on sait que c'est de longue date la rue la plus populaire de Moscou. On retrouve d'ailleurs les origines plébéiennes des quartiers ouest dans le nom des rues : rue des Cuisiniers, rue des Fabricants-de-Boulets, ruelle des Palefreniers, Grande-Rue des Armuriers, ruelle des Petits-Pains, rue du Marché-aux-Voitures, rue des Remises-à-Carrosses, ruelle des Boulangers, rue des Orfèvres, etc. Au XVIIIe s, Kitaï Gorod devenant par trop insupportablement commerçant, nombre de familles nobles vinrent rejoindre les artisans et le petit peuple. Suivies au XIXe s par des artistes de tout poil, acteurs, poètes, écrivains, musiciens et universitaires.

Le long d'Arbat se développa alors une bohème de bon ton. Pendant les années de stalinisme, le quartier perd bien sûr ce caractère et sombre dans la grisaille, comme bien d'autres lieux. De nombreux immeubles de luxe se transforment en appartements communautaires. Cependant, pendant les années 1980, Arbat devient piétonne et retrouve sa vocation de rue animée et de lieu de rendez-vous pour les jeunes et les artistes de rue. Inévitablement, effet pervers du succès touristique, Arbat a beaucoup perdu de son naturel et apparaît plutôt aujourd'hui comme le produit des amours vénales de Montmartre et du Quartier latin, une espèce de long décor de théâtre très surfait.

Eh oui, avec la spéculation immobilière, les « années-fric Eltsine », la rue est devenue de plus en plus commerciale. Un paradoxe de plus : une rue qui a relativement échappé aux massacres immobiliers, mais qui cache ses trésors architecturaux derrière d'intempestives enseignes *McDo* et *KFC* ou d'énormes parasols *Coca-Cola* (encore pire si ces derniers masquent totalement des maisons baroques très basses !). Bref, atmosphère touristique lourdingue, décor et mobilier urbains de mauvais goût, marginaux de tout poil en représentation, saturation de boutiques de souvenirs, un peu tout pour déplaire, quoi...

Pourtant, il suffit de s'éloigner de quelques dizaines de mètres dans les rues alentour pour retrouver calme, naturel, et des archis intéressantes. Voici donc un petit itinéraire depuis Arbatskaya.

➢ À la sortie du métro, on ne peut échapper à la façade voyante du restaurant *Praga,* qui fut longtemps un des lieux privilégiés de la nomenklatura. Aujourd'hui cependant, on n'y voit plus guère de bureaucrates, surtout des nouveaux Russes (mais ce sont parfois les mêmes !). On y va plus pour le décor que pour ce qu'on trouve dans l'assiette !
Enfonçons-nous dans la rue. Au passage, au n° 23, de beaux balcons Art nouveau. Entre Nikolopeskovski et Spassopeskovski, côté numéros pairs, série homogène d'élégantes façades. Au n° 35, luxueux immeuble de 1913 de style Tudor. Petit écart dans Nikolopeskovski pour la belle maison du n° 15, puis, au n° 11, celle du compositeur Scriabine.

La maison-musée de Scriabine – Дом-музей Скрябина *(Dom-mouzeï Scriabina ; plan couleur III, H7,* ***194****) : Nikolopeskovski, 11. ☎ 241-1901. Ouv mer 13h-21h, jeu et sam 11h-18h, ven (sf dernier ven du mois) 12h-19h et dim 11h-17h. Entrée : 150 R ; réduc. Visite guidée en anglais sur rdv.* Un lieu plein de charme. Tout est resté en l'état, et l'appartement possède des capacités d'évocation intactes. Pianiste et compositeur de renommée internationale, Scriabine le décora et le meubla (surtout en modern style) avec beaucoup de goût. On peut y voir ses pianos, ses livres, ses partitions et manuscrits divers. L'ombre de Rachmaninov, qui lui rendait souvent visite, semble encore errer sous les hauts plafonds. On peut assister à des concerts chaque semaine.

➢ Au n° 6 de Starokoniouchenny pereulok *(plan couleur III, I7),* ne pas rater ce magnifique ***hôtel particulier en bois*** de 1872. Édifié dans le style pseudo-russe alors très en vogue à l'époque. Riche décor des toits et lucarnes, l'architecte puisant largement dans l'art populaire national, notamment dans l'ornementation des isbas et les motifs des broderies paysannes.

➢ Petit détour sur la droite par la Spassopeskovski pour un adorable petit coin hors du temps. D'abord, on découvre la croquignolette ***église de la Transfiguration-du-Sauveur-sur-les-Sables*** **– Церковь Спаса на Песках** *(tserkov Spassa na Pieskakh ; plan couleur III, H7,* ***195****).* En fait, deux églises pour le prix d'une, construites au début du XVIIIe s. Structures à cinq têtes sans piliers, tour-clocher à *chatior,* avec des éléments de décor baroque Narychkine. Malgré le remue-ménage urbain à deux pas, on saisit ici une charmante carte postale de ce que devait être l'Arbat d'autrefois. Petit square paisible devant l'ambassade d'Espagne.
Au n° 6, une *maison en bois* de 1820, construite après le grand incendie de 1812 et qui a conservé un porche en pierre de l'édifice précédent.
Au n° 10, le superbe ***hôtel Vtorov*** **– Особняк Второва** *(ossobniak Vtorova),* hôtel de 1913, parfait exemple du style néoclassique en vogue en ce début de XXe s et qui vient de supplanter l'Art nouveau. Façade très équilibrée, ornée d'une rotonde à colonnes ioniennes, surmontée d'une vaste baie en demi-cercle et de sculptures de gloires. C'est aujourd'hui la résidence de l'ambassadeur des États-Unis.

La maison Melnikov – Дом Мельникова *(Dom Melnikova ; plan couleur III, H7,* ***196****) : Krivoarbatski per., 10.* Dans cette ruelle « Tortue-de-l'Arbat », un témoin exceptionnel de l'architecture constructiviste des années 1920, malheureusement un peu camouflé par les arbres. Passez donc à gauche sous la voûte pour entrer dans une cour et mieux la voir. Dommage qu'on ne puisse la visiter. K. S. Melnikov édifia lui-même cette très originale demeure en 1927, avec l'autorisation de Staline, excusez du peu ! Il faut dire qu'il avait obtenu un grand prix à l'Exposition universelle de Paris (1925). Le principe en était révolutionnaire : deux cylindres de tailles différentes et de 10 m de diamètre qui se superposaient sur un tiers du diamètre (et reliés par un escalier à colimaçon). Au 2e étage du cylindre le plus haut se trouvait l'atelier du maître, percé de près de 40 fenêtres hexagonales qui diffusaient une lumière idéale, sans aucune ombre.

La maison-musée de Pouchkine – Дом-музей Пушкина *(Dom-mouzeï Pouchkina ; plan couleur III, H7,* ***197****)* **:** *Arbat, 55. ☎ 241-9295. Mer-dim (sf dernier ven du mois) 10h (12h sam oct-nov)-17h30. Entrée : 80 R.*

Élégante demeure bleu et blanc de style Empire. Du XVIIIe s, ce qui en fait l'une des plus anciennes demeures du quartier. En fait, Pouchkine n'y vécut que quelques mois au début de son mariage. Peu de souvenirs personnels, mais énormément de documents, témoignages, objets et mobilier se rapportant à son époque. Ce serait plutôt un musée de la vie moscovite dans les années 1830 et, de ce point de vue, il s'avère très réussi. Dommage, toutes les explications et descriptions sont encore une fois en russe et, si l'on n'a pas un guide-interprète avec soi, la visite perd incontestablement beaucoup d'intérêt. Bon, chaussez vos patins, on va quand même y aller...

– *Le rez-de-chaussée :* dès la première pièce, plaisir d'admirer de superbes gravures. Six d'entre elles datent de la naissance du poète (1799), mais celles de 1830 (les premières à droite) montrent un dessin d'une finesse remarquable (la place Rouge avec Saint-Basile, les quais, vue du Kremlin, etc.). Belle carte de 1825 avec vues de Moscou, après le grand incendie.

– *Le salon :* beau sol marqueté (d'où les patins !). Piano, meubles d'époque. Dans les vitrines, livres et portraits d'acteurs et auteurs de théâtre (Molière, Shakespeare). Jolie gravure, *Les Derniers Jours de Pompéi.*

– *Le cabinet :* élégant mobilier. Dans la première vitrine, dernière publication d'un décabriste avant sa pendaison et un intéressant portrait de Gustave Guipious (1826). Dans la pièce après le cabinet, à droite, noter cette publication pour les femmes avec une caricature de l'éditeur faite par Pouchkine. Dans une autre vitrine, le *Teleskop,* un magazine interdit par le tsar. Lettre de Pouchkine en français (en 1836) à l'auteur d'un article qui n'avait pas plu au tsar. Dans la dernière pièce, estampe montrant la salle de bal où Pouchkine rencontra sa femme. Sur le mur, tous ses copains pour la *bachelor party* (deux d'entre eux furent ses témoins de mariage). Bureau qui appartenait à un de ses amis.

– *1er étage :* on y trouve le contrat de location signé par Pouchkine (cinquième ligne du bas, c'est son écriture). Meubles d'époque Empire. Salle de bal. Écritoire originale (car il écrivait au lit) et copie de ses manuscrits. Dans la quatrième pièce (peut-être son bureau), portrait original de sa femme Natalia (peint 14 ans après la mort du poète). Jolie table à broderie en forme de haricot et pieds en forme de lyre. Au-dessus, ravissante vue de Moscou. Stucs au plafond d'origine. Ensuite, pêle-mêle, une pièce dédiée à la famille de sa femme. Miniatures mignonnes des frères et sœurs de Natalia. La dernière pièce est dédiée à la vie du couple lorsqu'ils habitèrent ici. Jolie scène de balade en traîneau sur une rivière gelée.

La maison-musée d'Andreï Biély – Дом-музей Андрея Белого *(Dom-mouzeï Andreya Belovo ; plan couleur III, H7,* ***197****)* **:** *dans le grand immeuble d'angle, à côté de la maison Pouchkine. Accès d'ailleurs par la caisse du musée. Au 3e étage. Mer-dim (sf dernier ven du mois) 11h-17h. Entrée : 80 R.*

C'est l'appartement d'Andreï Biély, écrivain symboliste et mystique, qui y naquit en 1880 et y vécut jusqu'en 1906. Intéressante visite pour celles et ceux d'abord lisant le russe, puis qui aiment se plonger dans les atmosphères littéraires authentiques et les lieux chargés de souvenirs.

Dans la pièce principale, beau mobilier d'époque, quelques photos et surtout un extraordinaire tableau : *Le Mouvement de ma vie,* où l'écrivain résume, sous forme de graphiques, les grandes périodes de son existence. La ligne de vie en bleu, avec des dates et, bien sûr, des hauts et des bas (les moments de dépression sont cernés de noir). Tout en haut, toutes les grandes périodes (école primaire, études supérieures, émigration en Suisse, etc.). En bas, les grands moments d'activité proprement dits. Une série de flèches descendantes indiquent les influences littéraires et musicales à tel ou tel moment (Dickens, Shakespeare,

Wagner, Nietzsche...). Sur une ligne (juste en dessous de la ligne bleue), l'influence de ses amis. Tout ça en parallèle, c'est assez fascinant ! Sur un autre tableau, sur le même principe, l'influence des femmes gentilles et, en dessous de la ligne bleue, celle des méchantes ! Dans la deuxième pièce, plein d'objets familiers et de souvenirs. Noter cette photo sépia montrant le Kremlin dominant un champ où travaillent des femmes. Bureau du père, qui fut doyen de la faculté de mathématiques de Moscou.

Le ministère des Affaires étrangères – **Министерство Иностранных Дел** *(Ministerstvo Inostrannykh Diel ; plan couleur III, H7,* ***198****)* **:** *Smolenskaya, 32.* L'un des sept gratte-ciel qui devaient évoquer le gigantesque *palais des Soviets,* qui ne vit jamais le jour. La construction dura de 1948 à 1954. Tour de 170 m de haut. Se mettre de l'autre côté de la place, l'impression se révèle assez saisissante. Si l'édifice devait exprimer un sentiment de puissance, c'était gagné. Pour la petite histoire, c'est Staline lui-même qui exigea la flèche tout en haut. Cependant, comme l'édifice valait déjà son pesant de pierre, on la fit en métal et peinte imitation pierre... Deux ministres y régnèrent en maître : *Molotov,* l'homme de Staline, l'artisan du scandaleux pacte germano-soviétique, et *Gromyko* (que le regretté Pierre Desproges appelait « petit Micko »), l'homme qui ne riait jamais, le célèbre « Monsieur Niet »...

Novy Arbat – Новый Арбат

Cette rue du Nouvel Arbat fut voulue par Khrouchtchev comme vitrine et témoignage de la Russie moderne et ouverte. Une part significative du vieux Moscou fut, à cette occasion, sacrifiée sur l'autel du modernisme et rayée de la carte. Mais, cette fois-ci, on rompait définitivement avec le spectaculaire stalinien pour un affrontement plus classique avec l'Occident, sous forme d'immeubles de bureaux et d'habitation de 24 étages, de magasins, salles de concerts, cinémas, etc. Du bon gros bétonnage sans parti pris esthétique, se battant avec l'ennemi impérialiste sur le même terrain de la médiocrité ! Résultat des courses, une architecture de type international, désolante, sans aucun caractère, qui servira, hélas, aussi de modèle à nombre de pays du Sud. Au fait, tenez-vous bien, il avait été prévu de prolonger la saignée jusqu'au Kremlin, en élargissant la rue Vozdvijénka. Heureusement, ce qui restait de gens et forces de bon sens dans le pays empêcha ce crime architectural.

➢ Quelques pas hagards dans Novy Arbat. Tout au début, à l'intersection avec Povarskaya, malheureuse petite église à sept fines coupoles qui se demande par quel miracle elle échappa au *blitz.* Cela dit, photo réussie avec le monstrueux édifice qui lui fait de l'ombre. Au n° 36, l'ancien bâtiment du COMECON, symbole de l'unité économique des ex-pays de l'Est. Construit en 1962, reconverti aujourd'hui en mairie de Moscou. Tout le long du côté sud (numéros impairs), d'Arbatskaya au Novinski boulvar, succession de grands magasins (dont la plus grande librairie de Moscou), boutiques, restos, cafés, maisons de jeux aux enseignes plus clinquantes les unes que les autres. La nuit, c'est « Time Square sur Moskova » !

La Maison Blanche – **Белый Дом** *(Bely Dom ; plan couleur II, C-D6)* **:** *Krasnopresnenskaya nab. Tt au bout de Novy Arbat.* Le point d'orgue de ce nouvel urbanisme : la Maison Blanche, siège du gouvernement de Russie. Typique des années 1960-1970. L'idée de cette colonnade largement aérée à la base, surmontée d'une masse plus compacte percée d'ouvertures beaucoup plus petites, donne un rythme et une certaine légèreté à la façade.

➢ Pour se purifier de tant de vilenies, petite escapade vers la ***rue Povarskaya* – Поварская улица** *(rue des Cuisiniers ; plan couleur II, D-E5-6),* concentrant encore nombre de beaux édifices, et qui était considérée au XIXe s comme l'une des rues les plus aristocratiques. Tout au début, au métro Arbatskaya, l'***église***

L'AUTRE MAISON BLANCHE

La Maison Blanche (celle de Moscou) eut son heure de gloire en août 1991, au moment du putsch de la vieille garde du parti communiste contre Gorbatchev. On se souvient de Boris Eltsine juché sur un char et haranguant la foule. L'Union soviétique devait éclater peu après. Rappelez-vous aussi du même Eltsine, 2 ans plus tard, faisant tirer au canon sur les opposants qui s'y étaient enfermés...

***Saint-Siméon-Stylite* – Церковь Симеона Стольника** *(tserkov Simeona Stolnika ; plan couleur II, E6, **199**)*, écrasée qu'elle est par son odieux environnement. Construite en 1676, elle fut la paroisse de Gogol. Puis vient le long édifice de style Empire de l'ambassade de Norvège, suivi d'un autre à la façade très travaillée. En face, au n° 20, bel immeuble avec bas-reliefs, bow-window et fenêtre monumentale au dernier étage.
Profitez-en pendant que vous êtes dans le coin pour rendre visite, à deux pas, à la ***maison Lermontov* – Дом Лермонтова** *(Dom Lermontova)*, au n° 2 de la rue Moltchanovka *(plan couleur II, E6, **200** ; mar, jeu et sam 11h-17h, mer et ven 14h-18h ; fermé le dernier j. du mois – mais téléphoner obligatoirement avt au ☎ 291-5298).* Coquette demeure en bois toute rose pâle, où habita le poète M. Lermontov de 1829 à 1832. Plus loin s'élève l'ambassade de Belgique. Un peu plus loin, au n° 8 Bolchoï Rjevski, deux intéressants immeubles de 1913, dont l'un de style Tudor.
Ne nous laissons plus détourner de la rue Povarskaya, qui aligne bon nombre d'édifices aristocratiques. Au n° 25, petit palais de style classique, construit pour le prince Gagarine en 1820. Au n° 27, une maison du début du XIXe s de style Empire. Au n° 30, une autre de 1892 arborant une façade Renaissance. Au n° 33, l'ancien *Club des prisonniers politiques* (s'y réunissaient des révolutionnaires mis en prison sous le tsar), qui se nichait dans l'un des derniers immeubles constructivistes édifiés à Moscou (1931). Au n° 44, l'ambassade de Nouvelle-Zélande, dans un hôtel de 1903. Au n° 52, *hôtel particulier de la famille Dolgoruki,* du XVIIIe s, qui servit de modèle à Tolstoï pour décrire la maison des Rostov dans *Guerre et Paix.*
Mais c'est au n° 50 qu'on vous a gardé le meilleur pour la fin : lecteurs, lectrices boulgakovien(ne)s, à vos marques...

🍴🍴 ***L'hôtel de l'ancienne Union des écrivains* – Бывший особняк союза писателей** *(Byvchi ossobniak soyouza pissatieleï ; plan couleur II, D5, **87**) : Povarskaya, 50.* Construit en 1887 pour un prince, façon gros manoir, dans un style rappelant le style Renaissance de l'Europe du Nord. C'est aujourd'hui un resto réputé *(club-restaurant CDL),* mais auparavant ce fut, à la période stalinienne, le siège de l'*Union des écrivains,* inféodée au pouvoir. Cela nous valut de réjouissantes pages dans *Le Maître et Marguerite* de Boulgakov (et donc des saillies croustillantes du diable et du chat noir). Prétextant une réservation, on peut tout à fait en admirer le décor intérieur. Festival extravagant de néogothique, surtout dans la salle à manger principale qui présente, du sol au plafond (qui se révèle fort haut), un ensemble de boiseries sculptées exceptionnel (voir « Où manger ? À l'ouest du Kremlin. Très chic »).

🍴 ***La maison-musée de Tchekhov* – Дом-музей Чехова** *(Dom-mouzeï Tchekhova ; plan couleur II, D5, **201**) : Sadovaya Kudrinskaya, 6. ☎ 291-6154. Ⓜ Barrikadnaya. Mar, jeu et sam 11h-18h ; mer et ven 14h-20h. Fermé dim-lun et dernier j. du mois. Entrée : 100 R ; réduc.* Tchekhov (1860-1904) vécut dans cette maison de 1886 à 1890. Bien sûr, nombreux souvenirs et témoignages de ses activités d'auteur et de médecin, car c'est ici aussi qu'il exerçait. Encrier de bronze en forme de cheval, constituant ses premiers honoraires de médecin (il refusa de prendre de l'argent à une patiente). Manuscrits, photos, affiches de ses pièces, premières éditions de ses œuvres, tableaux du frère Mikhaïl, ainsi qu'un joli mobilier. Fait aussi salle de concerts (construite après la mort de Tchekhov, bien sûr !).

Le gratte-ciel stalinien – **Сталинский небоскреб** *(Stalinski neboskriob ; plan couleur II, D5) : Kudrinskaya pl.* Un de la « bande des sept », pour ceux qui veulent se les faire tous. Ici, on a affaire à un immeuble d'habitation édifié en 1950, haut de 21 étages et comprenant environ 500 appartements. Contrairement à maints de ses collègues gratte-ciel, il se distingue par ses lignes assez sévères, temporisées, il est vrai, par une certaine « fantaisie » dans la partie supérieure.

Le parc zoologique – **Зоопарк** *(zoopark ; plan couleur II, D5,* ***248****) : Grouzinskaya, 1. ☎ 255-5375. Ⓜ Barrikadnaya ou Krasnopresnenskaya. Tlj sf lun 10h-19h (17h l'hiver). Entrée : 150 R ; gratuit jusqu'à 18 ans. Caméras payantes.* L'idéal quand on a des enfants à distraire entre deux musées, mais conviendra aussi aux grands. Mieux vaut venir aux beaux jours quand les animaux sont dehors. Vaste choix d'animaux : ours blancs avec leurs petits, tigres de Sibérie, delphinarium, collections de poissons (ticket à part)... Le tout permet de faire une balade en plein air.

La maison-musée de Chaliapine – **Дом-музей Шаляпина** *(Dom-mouzeï Chaliapina ; plan couleur II, D5,* ***202****) : Novinski boulvar, 25. ☎ 205-6236. Ⓜ Barrikadnaya ou Krasnopresnenskaya. Accès par derrière, en longeant l'ambassade américaine. Mar et sam 10h-17h ; mer-jeu 11h30-18h ; dim 10h-15h30 (fermeture des caisses). Fermé le dernier j. du mois. Entrée : 100 R.* Fiodor Chaliapine, l'un des plus grands chanteurs d'opéra de tous les temps, vécut ici de 1910 à 1922 (puis il émigra). On découvre son buste dans une niche. Façade jaune et blanc particulièrement ouvragée, presque perdue parmi les blocs de béton du quartier. Demeure pleine de bons souvenirs. Dessins de ses enfants, portraits du chanteur dans ses différents rôles, tableaux divers, mobilier d'époque, table de maquillage, malles de voyage, etc. Possibilité d'écouter sa voix dans le grand salon de musique (demander à mettre l'enregistrement). L'une des maisons de personnalités parmi les plus attachantes.

Retour dans le sud de l'Arbat

➢ Reprise de l'itinéraire à partir de l'immeuble où vécut Andreï Biély (tout blanc et vert pâle). Descendre *Dénéjny pereulok* (la ruelle des Monnayeurs, appelée aussi Vesnina) vers *Prétchistenka.* Là encore, quelques bribes sympas du Vieil Arbat. Quartier largement résidentiel et arboré (nombreuses ambassades). Au n° 13, gentille demeure à la façade ouvragée qui, avec sa copine au n° 11 (façade rose abondamment ornée de pilastres, cariatides, coquilles Saint-Jacques, fronton triangulaire avec blason), offre une diapo joyeusement contrastée avec le ministère des Affaires étrangères en fond. Au n° 16, élégant édifice de l'ambassade du Gabon. Aux n°s 9-11, un de nos coups de cœur, une splendide demeure en bois datant de 1822. Long mur en bois bleu et blanc également, avec portail décoré.

➢ Escapade dans *Glazovski,* une rue perpendiculaire. Au n° 7, édifice de style néoclassique de 1914, puisant dans l'architecture vénitienne du XVe s. Au n° 8, l'*hôtel Kékouchév,* bel exemple d'Art nouveau (1898).

➢ Puis retour sur *Dénéjny* avec l'ambassade du Chili, qui occupe, bien entendu, un bel édifice. Sur le trottoir d'en face, ancienne HLM de luxe pour bureaucrates staliniens (faucille et marteau au-dessus de la porte). Ambassade d'Italie nichée, ça va de soi, dans un petit palais. Au coin de Bolchoï Levchinski, élégante demeure aristocratique de la fin du XVIIIe s. Façade jaune ornée de pilastres, angle rond avec petit balcon.

DE KROPOTKINSKAYA À PARK KOULTOURY

Cerné au nord par la *Prétchistenka,* au sud par la *Moskova,* encore une magnifique balade au gré de superbes alignements aristocratiques. Cependant, ne point tarder, les nouveaux Russes et leurs agents immobiliers ayant un flair inouï pour repérer les belles demeures isolées (faciles à liquider), susceptibles de fournir de beaux terrains à bâtir ! Commençons déjà par la (grosse) cerise sur le gâteau... puis nous vagabonderons sur la Prétchistenka.

La cathédrale du Christ-Sauveur – Храм Христа Спасителя *(Khram Khrista Spassitiélia ; plan couleur III, I-J7-8)* **:** Volkhonka, 15. ☎ 202-4733. Ⓜ Kropotkinskaya. Tlj sf dernier lun du mois 10h-18h.
Construite en 1837 pour commémorer la victoire de la Russie sur Napoléon Ier, elle devint rapidement l'épicentre de la foi chrétienne et de la spiritualité pour tous les Russes, d'autant plus qu'elle émerveillait par ses dimensions et sa beauté. À dessein, l'architecte, plutôt que de chercher à innover, colla à l'architecture traditionnelle, byzantine et orthodoxe, témoignage de l'histoire nationale. Cela n'échappa évidemment pas à Staline, qui ne cessa de rêver à la liquidation d'un tel symbole. En décembre 1931, le rêve devint réalité, la cathédrale fut rasée à l'explosif. À sa place, Staline avait prévu de faire construire un gigantesque palais des Soviets dominé par une tour de 415 m avec une statue géante de Lénine. Un genre d'ambitieuse tour de Babel, symbole du triomphe du communisme et de l'athéisme, opposé bien sûr à celui de la religion. Le projet sombra à cause de la Seconde Guerre mondiale et du terrain marécageux. On tenta bien, dans les années 1950, de le réanimer, mais vite on abandonna. On en resta aux fondations et quelques élévations, en fait un gigantesque trou, vite rempli par les pluies. Est-ce cela qui en donna l'idée, le pharaonique projet se résuma finalement en une immense piscine populaire ! Malheureusement, des fuites incontrôlables firent tomber le projet à l'eau... À la fin, les fidèles expliquèrent ces échecs successifs en affirmant que rien, évidemment, ne pouvait remplacer la cathédrale originelle...
Ainsi fut fait, à la fin des années 1980 surgit un fort mouvement pour la reconstruction de la cathédrale à l'identique. En 1994, le maire de Moscou, ***Iouri Loujkov,*** donna son feu vert, à condition que cela ne coûte rien à la Ville. À la suite d'une gigantesque souscription nationale et grâce à la générosité intéressée de divers oligarques et mafieux, les fonds furent rapidement réunis. En un an, la superstructure était déjà debout et s'élevait à 104 m. Des milliers d'ouvriers y travaillèrent jour et nuit. À peine 4 ans plus tard, les travaux étaient terminés, décor extérieur et les 27 000 m^2 de fresques intérieures compris. Une sorte de record. La cathédrale précédente avait quand même demandé plus de 40 ans.
Décor intérieur bien entendu époustouflant. Sanctuaire principal dédié à la Nativité du Christ, fresques reproduisant exactement celles détruites en 1931, iconostase du style XVIe s. La richesse du décor, l'abondance de dorures, les marbres polychromes, sa démesure même justifient amplement la visite ! Ne pas oublier de descendre dans les fondations de la cathédrale, où se trouve un autre lieu de culte, encore plus beau, avec de nombreuses fresques et icônes représentant notamment sainte Matrona et saint Nicolas (à droite, repérable à ses belles couleurs turquoise). Vous pourrez même acheter les reproductions miniatures de vos icônes préférées dans les boutiques du rez-de-chaussée et du sous-sol. De plus, elles ne sont vraiment pas chères. Enfin, toujours au sous-sol, une sorte de musée présente, entre autres, l'affiche du projet avorté de statue géante de Lénine, le buste de l'architecte de la cathédrale, ***Constantin Ton,*** une maquette de l'édifice, divers documents et photos du chantier, ainsi qu'un... marteau-piqueur !
En sortant, allez donc admirer la jolie vue depuis le nouveau pont reliant la cathédrale à l'autre rive de la Moskova *(Iakimanskaya naberejnaya)* en passant au-dessus de l'île. Pour les curieux, notez également, à l'angle de *Soimonovski pereulok,* l'insolite bâtiment en brique du début du XXe s abritant l'ambassade de Madagascar et doté de mosaïques assez originales. Enfin, pour faire une petite pause, le café *Academia* – **Академия** *(tlj 9h-minuit),* entre la sortie du métro Kropotkinskaya et l'entrée de la cathédrale, est très agréable.

La Maison du quai – Дом на набережной *(Dom na naberejnoï ; plan couleur III, J7,* ***249****)* **:** Bersenievskaya nab. Il y a malheureusement plusieurs « maisons du quai » à Moscou, celle-ci étant la plus tristement célèbre. En traversant la Moskova, vous serez frappé par ce gigantesque bâtiment gris surmonté de l'étoile Mercedes. C'est certainement l'endroit qui a le plus subi les purges staliniennes. Le dictateur y avait construit des centaines d'appartements assez luxueux pour y loger les apparatchiks. C'était en fait une prison dorée. On y voit encore un superbe théâtre. En les logeant ensemble, Staline avait tous ces gens sous sa coupe. Lors des purges, la police secrète débarquait discrètement à l'aube, direction la Loubianka (siège du NKVD) sans que l'intéressé en connaisse la raison, puis, après un procès truqué, long voyage vers le goulag ou, moins long, vers le peloton d'exécution. On organise parfois des visites pour les groupes. Lors d'une de ces visites, une guide raconte comment, à la fin du parcours, un homme vint la voir pour lui confier un sentiment de « déjà-vu ». La guide fit des recherches dans les archives, généralement bien conservées en Russie, et lui annonça qu'elle avait non seulement trouvé qu'il avait vécu ici avec ses parents, que ces derniers avaient bien connu le sort funeste pour lequel le lieu avait été conçu, que lui-même avait été confié à une famille d'accueil... mais aussi qu'il avait une sœur, confiée à une autre famille d'accueil mais dans une région éloignée. Il s'agissait aussi de séparer les enfants afin d'éclater définitivement les familles. Un minimusée (difficile à trouver) retrace cette époque terrible.

Le monument à Pierre le Grand* – Памятник Петру Первому** *(Pamiatnik Petru Pervomu ; plan couleur III, J8,* ***247*) :* *Bersenievskaya nab.* En traversant la Moskova, vous aurez peut-être remarqué cette immense silhouette, se dissipant au loin dans la brume. Il s'agit de l'une des « œuvres » de Zourab Tsereteli, artiste russo-géorgien mondialement célèbre. Mondialement, puisqu'il a récemment offert à New York une grosse larme encastrée dans une tour déchirée, en hommage aux victimes du 11 Septembre. En France, c'est à lui que l'on doit le buste de Balzac au Cap-d'Agde ou la sculpture de Jean-Paul II à Ploërmel. À Moscou, celle du général de Gaulle, près de l'ambassade de France. Célèbre, oui, mais en Russie, les sourires grincent au nom de ***Tsereteli,*** qui a souvent été associé au mauvais goût (voir le réaménagement de la place du Manège en centre commercial). Déjà, pour ce monument, surnommé « Godzilla », le choix est un peu zarbi : pourquoi avoir érigé à Moscou la statue de Pierre le Grand, le fondateur de Saint-Pétersbourg... qui détestait Moscou (voir encadré) ? Le prétexte invoqué fut une commémoration des 300 ans d'existence de la marine russe. C'est certainement avec l'appui de l'ancien maire, Iouri Loujkov, son protecteur, qu'il a obtenu les autorisations. Et puis la structure est tellement imposante (94 m de haut, la troisième plus grande statue au monde !) qu'elle fait vraiment tache. Il est d'ailleurs régulièrement question de la déboulonner elle aussi... Maintenant que Iouri Loujkov est tombé, peut-être va-t-elle connaître le même sort ?

PIERRE COLOMB OU CHRISTOPHE LE GRAND ?

Au départ, le sculpteur Tsereteli devait réaliser un Christophe Colomb découvrant l'Amérique. Mais les Américains refusèrent la statue tellement ils la trouvaient laide ! Suite au refus, le sculpteur remplaça la tête du Génois par celle de Pierre le Grand. C'est pour cela que le tsar est affublé de vêtements ibériques du XVe s, et que les bateaux ressemblent curieusement aux caravelles espagnoles ! Ou comment inventer le style pompier anachronique...

Pour le plan du musée des Beaux-Arts Pouchkine,
se reporter au cahier couleur 1.

Le musée des Beaux-Arts Pouchkine* – Музей изобразительных искусств им. Пушкина** *(Mouzeï izobrazitelnikh iskusstv iméni Pouchkina ; plan couleur III, I7,* ***203*) : Volkhonka, 12. ☎ 697-1546. • museum.ru/gmii • Ⓜ Kropot-*

kinskaya. Tlj sf lun 10h-18h (fermeture des caisses). Entrée : 300 R ; réduc. Audioguide (en français) : 250 R.
Gros bâtiment à colonnes en forme de temple grec, au fond d'un jardin. Il abrite un très riche ensemble de peintures et sculptures des civilisations européennes de l'Antiquité jusqu'au XIXe s.
Remarque importante : au XIXe s, la Russie tsariste s'intéressait à l'archéologie mais n'avait pas de tradition scientifique de niveau équivalent à celle des Allemands, des Britanniques ou des Français. Du coup, en matière d'antiquités assyriennes ou gréco-romaines, la majorité des œuvres exposées sont... des copies de plâtre. Plutôt que de passer tout en revue, voici ce qui a retenu notre attention :

Rez-de-chaussée
– *Salle 1 :* bijoux, statuettes et sarcophages de l'Égypte ancienne. Ne pas manquer la momie d'oiseau, la « cuillère » de maquillage, ni les bas-reliefs des monuments funéraires (XIVe s av. J.-C.).
– *Salle 2, dite assyrienne :* tablettes cunéiformes (parmi les plus anciennes écritures de l'humanité), cornes de libation, hauts et bas-reliefs de Persépolis du IVe s av. J.-C., vases et terres cuites, petits verres, statuettes.
– *Salle 3 :* consacrée à divers objets en provenance de Troie, dont quelques belles gourdes datant du 3e millénaire av. J.-C.
– *Salle 4 :* belle collection de cratères (vases) grecs, dont un représentant Hermès et Dionysos. Également des vestiges étrusques et des mosaïques romaines.
– *Salle 6 :* tissus coptes du IVe au VIIIe s, sarcophages du Fayoum aux couleurs bien préservées, icône byzantine d'un Christ pantocrator (la main droite bénit les fidèles).
– *Salle 7 :* peintures italiennes du VIIIe au XVIe s. Fascinante *Bataille de Zama* (avec le concours d'éléphants !) et belle *Famille sainte* d'Agnolo Bronzino.
– *Salle 8 :* peintures hollandaises et allemandes du XIIe au XVIe s. Jolie *Madone à l'Enfant* de Cranach.
– *Salles 9 à 11 :* peinture flamande et hollandaise du XVIIe s. Ne pas manquer l'admirable *Assuérus, Haman et Esther* de ***Rembrandt.*** Dans ce tableau, Esther accuse Haman de comploter, le roi de Perse semble en colère, et Haman, pourtant le favori du roi, semble en retrait, dans l'ombre, défait, confondu. Pour Esther, cette intimité physique avec Assuérus et cette lumière sublime qui l'auréole confirment son triomphe. Sacré Rembrandt ! Mais c'est la magnifique *Bacchanale* de Rubens qui nous a scotchés. De quoi donner la migraine à tous les mannequins anorexiques qui peuplent les magazines féminins. Il faut admirer cette mère aux joues rosies par le vin, aux seins pantelants s'offrant à deux bébés satyres goulus... Grandes natures mortes de Snyders aussi, et paysages de Breughel (père et fils), toujours géniaux à détailler...
– *Salle 14 :* impressionnantes reproductions du Parthénon, dont les célèbres cariatides du petit temple d'Athéna Niké (rappelons qu'une marque de chaussures de sport renommée s'est inspirée de son nom, Niké signifiant « victoire » en grec ancien...). Comme dans toute l'architecture grecque, les fûts de colonne sont plus gros à la base qu'en haut pour augmenter l'impression de hauteur.
– *Salle 15 :* le « patio italien » avec quelques cavaliers musclés et, au rayon des reproductions, le *David* de Michel-Ange et celui de Donatello (en bronze), dont les originaux se trouvent bien sûr à Florence.

1er étage
– *Salle 16 :* période classique grecque avec une belle série de statues, dont un *Doryphore* de Polyclète.
– *Salles 17 et 18 :* peinture italienne des XVIIe et XVIIIe s. Attardons-nous un peu sur la cruelle fable de la *Vieille Coquette,* de Strozzi, à la recherche de sa jeunesse perdue. Le visage reflété dans le miroir paraît grave, probablement un début de compréhension que tout est perdu. Cette lucidité lui donne alors une certaine dignité, même si se parer d'une plume semble ridicule. Le sourire ironique de la servante est éloquent. Également un magnifique ***Canaletto*** avec une vue du vieux

marché de Dresde, ou encore cette superbe fontaine de Trevi, visitée par le pape Benoît XIV. Cette magnificence contraste avec le *Grand Canal* (de Venise) de Marieschi : la pauvreté est accentuée par le gris des couleurs et la décrépitude des façades.
– *Salles 21 à 23 :* peinture française du XVIIe au XIXe s. À voir, entre autres, *La Continence de Scipion,* de Nicolas Poussin, le *Portrait du prince Youssoupov,* d'Antoine-Jean Gros, ou encore le portrait officiel de Napoléon empereur, le plus grand ennemi des Russes avant Hitler. Sur la toge, la fleur de lys royale est remplacée par l'abeille, symbole du travail et de l'égalité.
– *Salles 24 à 29 :* nombreuses reproductions, comme la louve de Romulus et Remus, la tête d'Alexandre le Grand, les vies de saint Marc, ou encore la célèbre *Pietà* de Michel-Ange que l'on peut admirer à la basilique Saint-Pierre de Rome.
– *Les salles 19, 20 et 30* abritent des expos temporaires.
Café et librairie au sous-sol.

POURQUOI TANT DE MATISSE ?

En 1932, l'artiste engage une jeune assistante russe, Lydia Delectorskaya. Elle devient vite l'intendante, la comptable, le modèle et la muse du peintre, à tel point que son épouse le quitte. Lydia offrira par la suite de nombreux tableaux de Matisse aux musées russes.

La galerie d'Art européen du musée Pouchkine* – Галерея искусства стран Европы музея им. Пушкина** *(plan couleur III, I7,* ***203*) : Volkhonka, 14. À côté du musée précédent, dans le bâtiment vert clair situé à sa gauche quand on lui fait face. Mêmes coordonnées, mêmes horaires et même prix d'entrée (mais pas le même billet !) que ce dernier. Audioguide (en français, très bien fait) : 400 R. Photos et vidéos interdites.*
C'est l'une des annexes du musée Pouchkine. Elle possède une incroyable collection d'impressionnistes et postimpressionnistes, parmi les plus belles au monde ! À ne surtout pas manquer (sauf, bien sûr, si vous n'aimez pas la peinture...).
Le musée se divise en trois étages ; les deux plus intéressants étant situés en haut, on vous conseille de commencer par le 3e étage. En voici les fleurons.

3e étage
– *Salles 19 et 20 :* jetez un œil au *Pont Saint-Michel* de ***Marquet,*** on y voit les bateaux-lavoirs qui ont disparu ; puis embrassez l'œuvre de ***Matisse,*** largement représenté. Pas moins de 15 superbes toiles, dont *Statuette et vase sur un tapis oriental, L'Atelier rose,* le *Triptyque marocain* et les célèbres *Poissons rouges,* dont on connaît une dizaine de variantes. Les feuilles vertes semblent s'échapper de la table pour se figer sur le papier peint. *Les Capucines à la danse* restituent l'atelier du peintre avec, en fond, *Les Danseuses,* son tableau préféré.
– *Salle 21 :* plusieurs ***Picasso.*** *L'Arlequin et sa compagne* se retrouve souvent dans l'œuvre de Picasso à cette époque. Son visage blanc rappelle le tragique des masques japonais. À côté, le *Vieux Juif et le garçon* symbolise les deux périodes de faiblesse de l'homme : la jeunesse et la décrépitude. Dans le *Portrait d'Ambroise Vollard,* notre Pablo a déjà entamé son grandiose travail de déconstruction. Également un ***Douanier Rousseau*** et une *Tête de femme* de Marie Laurencin.
– *Salles 23 à 25 :* plusieurs ***Fernand Léger,*** dont les sublimes *Constructeurs.* Également une belle *Composition* de ***Miró,*** trois ***Chagall*** (*Le Cheval blanc, Nocturne* et *L'Artiste et sa fiancée*) et quelques œuvres intéressantes de ***Diego Rivera*** *(dont une étonnante composition pointilliste),* ***Fernando Botero, Van Dongen*** et ***Giorgio De Chirico*** *(La Grande Tour) et des sculptures d'****Archipenko,*** de ***Brancusi*** et de ***Lipzitch.***

2e étage
L'enchantement permanent, les impressionnistes et les autres. Ils sont venus, ils sont tous là !

– *Salle 8 :* si elles ne sont pas en tournée mondiale, les *Danseuses bleues* d'***Edgar Degas*** sont les véritables vedettes de cette salle (quelle grâce !), qui abrite par ailleurs, excusez du peu, d'autres invités prestigieux comme ***Manet, Toulouse-Lautrec*** et ***Goya*** avec son *Portrait de Carla Jimenez...*

– *Salle 9 :* les *Nymphéas blancs* de ***Claude Monet*** ; ce tableau fait partie de l'un des 48 *Nymphéas* dont on peut admirer l'aboutissement au musée de l'Orangerie à Paris. L'artiste s'est d'abord attaché aux variations de couleur. Sur les 20 représentations de la *Cathédrale de Rouen* par Monet, deux sont ici, celle « à midi » et celle « au soleil couchant ». À chaque moment de la journée, la lumière est différente. Voir aussi son *Étude pour Le Déjeuner sur l'herbe* qui est en fait une esquisse très avancée du tableau monumental que Monet avait commencé à réaliser en réponse à celui d'Édouard Manet, qui fit scandale au Salon des refusés de 1863. La différence entre cette esquisse et l'œuvre « finale » de Monet (dont il ne reste que deux fragments, exposés au musée d'Orsay, à Paris) est que le jeune homme imberbe de l'esquisse cédera plus tard la place à un homme barbu... ayant les traits de Gustave Courbet ! On raconte que certaines critiques de Courbet auraient blessé Monet et furent peut-être à l'origine de l'abandon du tableau, sans compter l'ampleur de la tâche... Ne pas oublier aussi son brumeux *Parlement de Londres.*

– *Salle 10 :* superbes ***Renoir,*** dont *La Grenouillère,* la guinguette en bord de Seine fréquentée par plusieurs artistes et écrivains, parmi lesquels Renoir et Maupassant. Le *Portrait de Jeanne Samary* est nettement flou et semble inachevé ; le personnage est comme fugitif, éphémère... La *Femme nue* de Renoir fut très critiquée : les reflets bleus évoquent la froideur d'un cadavre. Renoir appréciait les femmes plantureuses, à l'instar de Rubens. Dans cette salle également, *Le Jardin d'Hoschedé à Montgeron* de ***Sisley,*** et *Le Pré des Mathurins à l'Hermitage* de ***Pissarro.***

– *Salles 11 et 12 :* quelques magnifiques ***Van Gogh.*** Le *Paysage avec calèche et train, La Mer aux Saintes-Maries* et le fabuleux *Vignoble rouge à Arles,* le seul tableau vendu de son vivant. La dominante rouge évoque les vendanges et l'automne, bien sûr, mais la courbe du vignoble fait littéralement glisser l'œil jusqu'au jaune éclatant du soleil, mis en valeur par la silhouette noire d'un tout petit personnage. Parfois, la peinture est écrasée au doigt sur la toile. Le *Paysage à Auvers après la pluie* a été une des dernières toiles peintes avant son suicide. On retiendra aussi *Le Portrait du docteur Rey,* réalisé par l'artiste pour remercier l'interne de l'hôpital d'Arles qui l'avait soigné après sa fameuse mutilation à l'oreille.

VAN GOGH NE SE SERAIT PAS SUICIDÉ

En 2011, une nouvelle biographie du peintre a évoqué l'hypothèse que sa mort pourrait avoir été accidentelle. Van Gogh aurait été blessé d'un coup de fusil involontaire par un duo d'adolescents qu'il connaissait bien. Le peintre aurait alors décidé d'endosser la responsabilité de l'incident pour les protéger. Van Gogh n'aurait pas cherché activement à mourir, mais face à cette issue, il l'aurait acceptée « pour l'amour de son frère, pour lequel il était un poids financier ».

– *Salle 14 :* le postimpressionnisme, avec l'incontournable ***Cézanne*** et sa *Nature morte aux pêches et aux poires* illustre le goût de Cézanne pour les natures mortes, mais il préférait peindre les fruits plutôt que les fleurs, car il était tellement lent que les fleurs se fanaient trop vite !

– *Salle 15 :* des ***Gauguin*** comme s'il en pleuvait (pas moins de 10), de sa période polynésienne. *Aha oe feii ? (Eh quoi ! Tu es jalouse ?)* était son préféré. Comprenant mal la langue maorie, il se trompa dans la traduction du titre. La couleur rose du sable rajoute à l'étrangeté de la scène. Le *Café à Arles,* prouve si besoin qu'à cette période sa peinture était proche de celle de Van Gogh. Le personnage allongé et langoureux symbolise Ève au Paradis. Le *Grand Bouddha* est une autre erreur de

Gauguin : la statue n'a rien à voir avec le Bouddha mais représente Hiua, une divinité maorie. Au fond, on aperçoit la Cène du Christ avec Judas devant la table, les deux Tahitiennes figurant le Bonheur, un thème récurrent chez lui, avec celui du Bien et du Mal.
– *Salles 16 et 17 :* consacrées au groupe des nabis, dont faisait partie ***Maurice Denis,*** qui a réalisé le *Portrait de Marthe Denis* ; il s'intéressait aux thèmes religieux et mystiques, comme l'illustrent les contrastes entre le blanc et le noir. Également des toiles de ***Vallotton, Bonnard, Puvis de Chavanne, Redon*** ou encore ***Vuillard.***

1er étage
Plusieurs toiles intéressantes comme *Le Carnaval* de ***Goya,*** *Diane au bain* de ***Corot,*** *Les Lavandières* de ***Daumier,*** ou encore *Côte à Scheveningen,* de Jean-Antoine Théodore Gudin. Quelle lumière, quelle ambiance ! En cherchant bien, vous trouverez également des œuvres de ***Delacroix, Ingres, Isabey, Daubigny, Cross, Carpeaux,*** *un buste de* ***Victor Hugo*** *par* ***Rodin*** et même ***Courbet...***
Dans le « vestibule », ne manquez pas les quatre statues de ***Maillol.***

★★ ***Le musée des Collections privées*** – **Музей личных коллекций** *(Mouzeï litchnikh collektsi ; plan couleur III, I7,* ***203****) :* *ul. Volkhonka, 10. ☎ 697-1610. À côté du musée Pouchkine des Beaux-Arts, à droite quand on lui fait face. Tlj sf lun 10h-18h (20h jeu). Entrée : 100 R ; réduc.*
Encore une annexe du musée Pouchkine ! Ici, on présente des œuvres provenant de donations et fondations privées (art russe des XIXe et XXe s surtout), dans le cadre d'une belle demeure de la fin du XVIIIe s. Celle-ci a été entièrement restaurée en 2005 et possède, depuis, un toit en verre surplombant un joli patio. Les collections se répartissent sur deux niveaux.
– *1er étage :* natures mortes de Robert Falk qu'on aime beaucoup, notamment la *Nappe rouge* (1946). On se rappelle que Falk, Kouznetsov, Altman et d'autres avaient été exclus en 1948 de l'Académie de peinture de l'URSS pour formalisme, leur peinture n'étant plus jugée digne de faire partie « des œuvres utiles au peuple » et même... étiquetée « nuisible » ! C'est grâce à Alexandre Ramm, l'un des donateurs du musée, que ces « pestiférés » de la peinture, au temps du stalinisme triomphant, purent survivre. Malgré leur bannissement, il continua à acheter leurs œuvres, fermement convaincu de leurs qualités. Citons encore Korovine, Grigoryev, Lebedev, Kandinsky, Leonid Pasternak, Tychler (beau *Portrait d'Anastasiya*) et un malicieux clin d'œil à Magritte dans *Cycle lyrique n° 2,* Rodchenko *(Composition abstraite sur fond jaune)* et Stepanova Varvara *(Six Figures)* dans la tradition cubiste (1919). Enfin, de Natalia Gontcharova, notons les belles nuances de ses *Fleurs sur fond jaune.*
– *2e étage :* d'autres peintres russes, dont Feodor Vasilyev *(Les Rafteurs),* Ivan Chichkine, Vasily Baranov, Orlov, Bogolyubov (*Vue de Revel et la Mer,* ainsi que *Vue sur l'église du Christ-du-Sauveur*). Puis Polenov et son *Christ près du lac de Génésareth,* le *Duel* de Repine (chef de file du mouvement des Ambulants), le *Village juif* de Korovine (le plus grand représentant de l'impressionnisme russe), Perov, Maximov (peintre réaliste de la paysannerie), dont on peut voir *La Belle-mère insupportable.* De Repine toujours, le superbe et bucolique *Paysage d'été à Abramtsevo.* À quoi songe-t-elle, la belle dame au chapeau noir ? À la vie fragile comme ce pont, aux baisers qu'elle échangea là jadis... Quelques icônes et primitifs religieux. Enfin, *Nature morte à la lampe* de David Sherenberg, une œuvre fort bien construite.
– *3e étage :* expos temporaires.

★ ***Le musée Roerich*** – **Музей им. Рериха** *(Mouzeï im. Rerikha ; plan couleur III, I7,* ***241****) :* *Mali Znamenski, 3/5. ☎ (499) 271-3417.* Ⓜ *Kropotkinskaya. Tlj sf lun 11h-18h (pour les caisses). Entrée : 220 R ; réduc. Photos interdites.* Dans un beau bâtiment ancien rénové, plus de 400 œuvres du peintre mystique, période russe et himalayenne. Parmi elles, un de ses tableaux phares, *Tchintamini,* pierre mythique liée à la légende du Shambala. Archives de l'artiste et de sa famille.

➢ ***La Prétchistenka*** – **Пречистенка** *(plan couleur III, I8)* **:** voie aristocratique, suite ininterrompue de superbes hôtels particuliers. Aux n°s 1-2, le *palais Golovine,* construit à partir des *palaty* du XVIIe s, avec de jolies fenêtres baroques. Au n° 3, *palaty* du XVIIe s agrémenté de baroque Narychkine. Au n° 6, façade rythmée de colonnes corinthiennes, baies ouvragées et haute fenêtre ornée de guirlandes. Au n° 10, longue demeure garnie de pilastres.

Le musée littéraire Pouchkine – **Литературный музей Пушкина** *(Literatourny mouzeï Pouchkina ; plan couleur III, I7-8,* ***204****)* **:** *Prétchistenka, 12/2.* ☎ *637-5674.* Ⓜ *Kropotkinskaya. Tlj sf lun et dernier ven du mois 10h-18h (17h30 pour les caisses). Entrée : 80 R.* Installé ici, dans l'hôtel Khrouchtchev-Séleznev, en 1961, et rénové en 1999 à l'occasion du bicentenaire de la naissance de Pouchkine. Incontournable si vous êtes groupie d'Alexandre. Ce musée permet de cheminer à travers la vie de l'écrivain, depuis tout petit jusqu'à sa mort, ainsi qu'à travers son œuvre et son époque. Mobilier, costumes, tout y est. Et surtout, d'innombrables éditions de Pouchkine lui-même, mais aussi de nombreux autres auteurs de cet âge d'or de la littérature et de la poésie russes, qui vit se forger la langue russe moderne. Quelques explications en anglais.

➢ Petite diversion pour la *Prétchistenka pereulok* (perpendiculaire à la rue principale). Quelques édifices intéressants comme l'***hôtel Mindovski*** – **Особняк Миндовского** *(ossobniak Mindovskovo)* au n° 6, fort bel exemple d'œuvre néoclassique. Date de 1906. L'élégante rotonde d'angle sera beaucoup imitée par la suite. Aux n°s 8 et 10, deux constructions de 1900 où interviennent des éléments d'Art nouveau.

➢ Retour aux numéros impairs de la Prétchistenka. Au n° 7, noter les bas-reliefs de bronze évoquant l'insurrection de 1917. Curieusement, parmi deux des combattants, l'un possède la tête de Lénine, l'autre celle de Staline. Au n° 9, élégant immeuble des années 1930, avec bas-reliefs et longs pilastres ioniques.

Le musée Tolstoï – **Музей Толстого** *(Mouzeï Tolstovo ; plan couleur III, I8,* ***205****)* **:** *Prétchistenka, 11. Mar-sam (sf dernier ven du mois) 11h-17h. Entrée : 200 R ; réduc.* Abrité dans un noble palais de 1822 de style Empire. Décor intérieur assez grandiloquent avec une statue du grand homme à l'entrée. Musée plus littéraire que biographique (d'ailleurs, Tolstoï n'est jamais passé par là !). Et pourtant, l'exposition a réussi à retracer à la fois la vie et l'œuvre de l'écrivain. Arbre généalogique et portraits de famille côtoient les manuscrits de l'*Enfance* ; ses décorations militaires et ses *Récits de Sébastopol.* Plus loin, un vaste salon avec cheminée consacré à « la guerre et la paix » : gravures de la bataille d'Austerlitz, une robe rouge, semblable à celle qu'aurait pu porter Natacha... Mélange des éléments de réalité et de fiction. Beaux plafonds peints. Nombreux manuscrits, premières éditions, photos, documents et témoignages divers.

➢ Au n° 16, on notera surtout le porche avec la grille ornée de harpes et surmontée de lions, et, au n° 17, en retrait, un petit palais à colonnes corinthiennes et fronton. D. Davidov, poète ami de Pouchkine, y habita dans les années 1830. Au n° 19, la ***maison Dolgoruki*** – **Дом Долгоруких** *(Dom Dolgoroukikh).* La plus impressionnante. Immense portique central à six colonnes et chapiteaux ioniques, encadré de loggias. Aux deux bouts, pilastres et balcons sur consoles. Un véritable étalage de luxe et de puissance. Au n° 20, la façade baroque la plus richement ornementée. Décor végétal foisonnant et moult guirlandes. Balcon central en fer forgé avec griffons. Sur le toit, balustrade décorée d'aigles et d'urnes.

L'hôtel Toutchkov – **Особняк Тучковых** *(ossobniak Toutchkovykh ; plan couleur III, I8,* ***239****)* **:** *Prétchistenka, 21.* Élégante bâtisse dans les tons roses, construite à la fin du XVIIIe s pour la famille Toutchkov. Puis passa dans les mains de la famille Potemkine dans la seconde moitié du XIXe s, avant d'échoir au début du XXe s au célèbre mécène Morozov. Tous agrandirent l'édifice et le transformèrent. Morozov en fit une galerie de peintures. Pas étonnant, donc, si celle-ci abrita par la suite la très officielle Académie des beaux-arts (faucille et marteau sur le fronton central).

➢ Enfin, vers le bout de la rue, au n° 22, l'ancienne caserne de pompiers. Premier édifice datant de 1764. Il gagne par la suite deux avant-corps de six colonnes. Transformé en caserne en 1835. Au n° 28, immeuble de rapport de 1904. Noter les deux figures de femmes encadrant l'oculus. Au n° 32, nouvel hôtel avec portiques à colonnes, construit après le grand incendie de 1812.

🕴🕴 *L'hôtel Dérojinski* – Особняк Дерожинской *(ossobniak Derojinskoï ; plan couleur III, I8, **206**)* **:** *Kropotkinski per., 13. Vers la Ostojénka.* Un des chefs-d'œuvre de F. O. Chékhtel, le roi de l'Art nouveau, dont nous suivons le travail régulièrement à travers Moscou tout au long de ce guide. Construit en 1901. Hall de plus de 10 m de haut en façade s'ouvrant donc sur une immense baie, ce qui est assez inhabituel. Abrite aujourd'hui l'ambassade d'Australie.

➢ ***La Ostojénka* – Остоженка** *(plan couleur III, I8)* **:** l'autre belle artère partant en fourchette de Kropotkinskaya. C'est le coin de nos restos géorgiens préférés. Pour digérer, quelques beaux ouvrages à admirer et parmi les derniers exemples de demeures aristocratiques en bois. Cependant, un certain nombre ont disparu ces dernières années pour laisser la place à de clinquants ensembles immobiliers pour nouveaux Russes. Hélas, vous le constaterez, on n'y gagna guère au change. L'homogénéité architecturale de cette belle voie s'en trouve même bouleversée. Ne pas manquer l'***hôtel Kérouchev* – Особняк Керушева** *(ossobniak Kérouchevа)* aux n°s 19-21. Édifié en 1905 dans un style Art nouveau mêlant quelques éléments néogothiques, avec tour polygonale en façade.

🕴 *L'Institut des langues étrangères* – Институт иностранных языков *(Institout inostrannykh iazykov ; plan couleur III, I8)* **:** *Ostojénka, 38.* En retrait de la rue, ce noble et imposant hôtel à colonnes de 1770, édifié pour le général en chef des armées de l'époque (pour la toute petite histoire, il s'appela à une époque... institut Maurice-Thorez). Joliment éclairé la nuit. De l'autre côté de la rue, la « petite » maison à six colonnes fut la première demeure de Tourgueniev. Ce qui la sauva sans doute des appétits voraces des nouveaux Russes.

🕴🕴🕴 *L'église Saint-Nicolas-des-Tisserands* – Церковь Николы в Хамовниках *(tserkov Nikoly v Khamovnikakh ; plan couleur III, H9, **207**)* **:** *Komsomolski pr., 12.* Une des plus jolies églises de Moscou. Construite par la corporation des tisserands en 1679. Festival de *kokochniki* dans les tons vert, rouge orangé et blanc du plus bel effet, surmontés de cinq coupoles dorées. Ce fut la paroisse de Tolstoï, qui habitait à côté (avant qu'il ne rompe avec l'Église !). À l'intérieur, très large narthex et nef sans piliers. Au plafond, fresques sur la vie de Jésus et de Moïse (l'enfant trouvé sur le Nil, le buisson ardent). Débauche habituelle d'ors, cuivres et bronzes rutilants. Dans le chœur, la traditionnelle iconostase prolongée d'une fresque du Christ. À droite du chœur, spectaculaire icône avec des centaines de personnages, une vraie B.D.
Dans la ruelle de l'autre côté de l'église, quelques rares exemples de *maisons en bois* au milieu de la verdure. Tout le coin apparaît bien paisible et reposant.

🕴🕴🕴 *La maison-musée de Tolstoï* – Дом-музей Толстого *(Dom-mouzeï Tolstovo ; plan couleur III, H8-9, **208**)* **:** *ul. Lva Tolstogo, 21. ☎ 246-9444. Mar-sam (sf dernier ven du mois) 10h-17h (fermeture des caisses). Entrée : 200 R ; accès gratuit au jardin.*
C'est ici que Léon Tolstoï et sa famille passèrent leurs hivers de 1882 à 1901 et qu'il y écrivit *Résurrection.* Au XIXe s, il y avait à Moscou beaucoup de demeures en bois de ce type-là, sans caractère ni style particulier, mais au milieu de vastes jardins. Comme il n'en reste quasiment plus, c'est un témoignage exceptionnel de ce à quoi pouvait ressembler jadis une habitation de la classe moyenne aisée. Transformée en musée en 1921. Quand Léon Tolstoï s'y installa, il avait 53 ans et

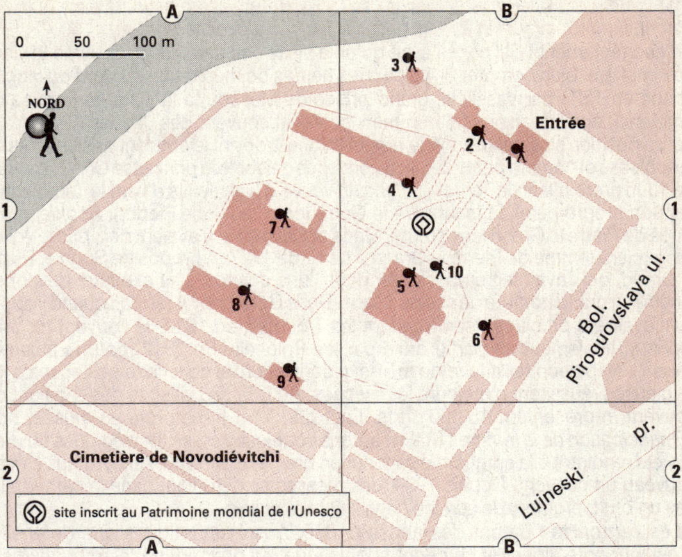

À voir

1 Église-porche de la Transfiguration
2 Palais Lopoukhine
3 Tour de la princesse Sophie
4 Cellules des religieuses
5 Cathédrale de la Vierge-de-Smolensk
6 Clocher
7 Église de l'Assomption et réfectoire
8 Palais d'Irène Godounov et église Saint-Ambroise
9 Église-porche de l'Intercession-de-la-Vierge
10 Tombe de Denis Davidov et tombe du général Orlov

LE MONASTÈRE DE NOVODIÉVITCHI

était au sommet de sa carrière. La maison n'a guère bougé, l'atmosphère semble encore imprégnée du grand homme.
Tout est resté à sa place depuis l'époque de Tolstoï : le grand salon prêt à recevoir ses amis Gorki, Rachmaninov, Tchekhov, Rimski-Korsakov, Scriabine, Chaliapine, Repine, Vasnetsov, Leonid Pasternak... son bureau en bois sombre sculpté, son jeu d'échecs (il adorait y jouer avec Gorki), les chambres des enfants, avec tous leurs souvenirs, objets familiers, jouets, dessins, bibelots divers. Les plus ardents des fans peuvent écouter la voix de l'écrivain (demander la mise en marche de l'enregistrement dans la salle à manger). Pour l'anecdote, une des passions de Tolstoï à cette époque était... la cordonnerie (chaussures fabriquées exposées dans le cabinet de travail). Possibilité de faire quelques pas dans le jardin et de savourer rétrospectivement ce mode de vie paisible, voire enchanteur. Explications en anglais.

➢ En sortant, dans la même rue, aller au n° 10. Là aussi, une construction du XVIIe s quasi intacte, rare vestige de bâtiment civil de cette époque (avec toit en bois). Entrer dans la cour pour en avoir une vision plus complète.

Le monastère de Novodiévitchi – Новодевичий монастырь *(Novodiévitchi monastyr ; plan couleur I, A2) : Novodiévitchi pr., 1. ☎ 246-8526. Ⓜ Sportivnaya. En sortant du métro, partir à droite, le monastère est à 5 mn à pied. Tlj sf mar et 1er lun du mois, 10h-17h en été, 10h-16h45 en hiver (fermeture des cais-*

ses). Entrée gratuite dans l'enceinte du monastère. Entrée payante pour le palais d'Irène Godounov (ticket à retirer dans la guérite à gauche entrant) : 150 R.
Un enchantement ! S'il n'y en avait qu'un à visiter, ce serait celui-là. Avec la visite du cimetière, bien compter 3-4h (plus les heures de méditation au bord du lac). Fondé en 1524 par Vassili III, grand-prince de Moscou, à la suite de la prise de Smolensk aux Lituaniens (et nommé « nouveau couvent des Jeunes Filles »). De par sa position stratégique, évidemment fortifié. Il devint le couvent des femmes de la noblesse et compta parmi ses pensionnaires célèbres la *princesse Ouliana,* veuve de Youri (frère d'Ivan le Terrible), *Elena,* la veuve d'Ivan (le fils d'Ivan le Terrible, tué par son propre père), la tsarine *Irène Godounov* (veuve de Fiodor), *Sophie,* sœur aînée de Pierre le Grand (ses sœurs, Marie et Catherine, y avaient déjà pris le voile), la première femme de Pierre le Grand à partir de 1727. À propos de Sophie, Pierre le Grand, qui l'avait fait emprisonner dans l'une des tours, fit exécuter devant sa fenêtre un grand nombre de ses partisans. Boris Godounov y résidait quand il apprit qu'il avait été proclamé tsar. Pendant les Troubles, en 1612, le couvent fut pris, repris et finalement en partie brûlé par les Polonais. En 1812 (pour le bicentenaire ?), Napoléon faillit faire de même. Il donna l'ordre de le faire sauter, mais les religieuses réussirent à éteindre les mèches. Au total, 36 villages dépendaient du couvent, représentant 15 000 serfs. En 1922, il fut transformé en *musée... de l'Émancipation de la femme* ! Staline autorisa quelques cours théologiques puis les soviets rendirent à la cathédrale sa fonction première en 1945. Aujourd'hui, c'est à nouveau un couvent. Depuis 1994, des messes se déroulent dans la cathédrale. Pas un bruit, promenade sereine dans l'histoire et l'art...

– ***Les remparts :*** datent des années 1680. Aussi esthétiques que défensifs. C'est leur côté ajouré et ce décor sophistiqué qui donnent un tel romantisme à l'ensemble. Venir par une belle fin d'après-midi dans ce charmant environnement bucolique, pour jouir de leur reflet dans les eaux du lac, auréolé d'une véritable lumière rasante dorée. C'est tout simple, on est totalement ailleurs. La magie se révèle telle qu'on est revenus une seconde fois, juste avant de reprendre l'avion.

– ***L'église-porche de la Transfiguration*** *(plan Monastère, B1,* ***1****)* ***:*** *c'est par là que l'on entre.* Date de 1688, chef-d'œuvre du baroque Narychkine. Sur le porche à trois passages voûtés, une nef carrée à trois niveaux de fenêtres. Un décor unique aussi : les colonnettes jumelles qui ornent les angles, ainsi que les *kokochniki* décorés de coquilles. Cinq frêles et ravissantes coupoles couronnent le tout. Aujourd'hui, chapelle privée du métropolite.

– ***Le palais Lopoukhine*** *(plan Monastère, B1,* ***2****)* ***:*** *aussitôt à droite du porche.* De la fin du XVIIe s également. C'est là que vint se réfugier, en 1725, la première femme de Pierre le Grand. C'est dans la ***tour*** ronde juste après que fut internée la ***princesse Sophie*** *(plan Monastère, B1,* ***3****).* D'ailleurs, elle fait l'objet d'un certain culte puisqu'on vient encore griffonner des vœux ou glisser des petits papiers au pied de la tour, à l'extérieur. Le long bâtiment à droite regroupe les ***cellules des religieuses*** *(plan Monastère, B1, 4).*

– ***La cathédrale de la Vierge-de-Smolensk*** *(plan Monastère, B1,* ***5****)* ***:*** elle daterait de la première construction du couvent, mais fut plus probablement réalisée pour sa plus grande partie sous Ivan le Terrible (1550). D'ailleurs, le style est de cette époque. L'*église de la Dormition* du Kremlin servit de modèle (nef à six piliers, fenêtres hautes, cinq tours-lanternes à casques). À l'intérieur, c'est l'émerveillement, peut-être la plus belle iconostase de Moscou ? Réalisée par les artistes du palais des Armures à la fin du XVIIe s (mais, en fait, beaucoup d'icônes lui sont antérieures). Disposition traditionnelle sur cinq rangées. Tout en haut, les patriarches. Au milieu du rang, Dieu le Père. De part et d'autre, Adam, Abel, Abraham, Isaac, Jacob (le cinquième à gauche, c'est Noé). Rang du dessous, les prophètes, avec la Sainte Vierge au milieu, David et Salomon les encadrant. Rang du milieu, Christ en majesté et les grandes icônes. De chaque côté, la Vierge et saint Jean-Baptiste, les archanges et les apôtres. Quatrième rang, 12 grands événements liés à la Vierge et au Christ. Enfin, rangée du bas, icônes traditionnelles. Remarquables peintures murales et sur les colonnes, datant

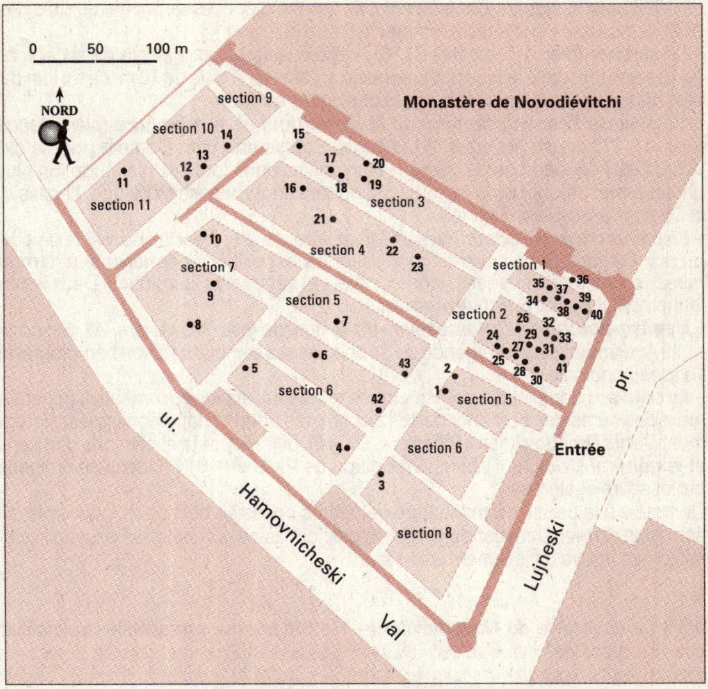

LE CIMETIÈRE DE NOVODIÉVITCHI

1 G. Ulanova (grande danseuse)
2 Y. Nikouline (clown le plus célèbre)
3 R. Gorbatcheva (épouse de l'ancien président de l'URSS)
4 N. Hikmet
5 A. Tupolev (concepteur d'avions)
6 A. Bakulev (médecin)
7 L. Landau (Prix Nobel de physique)
8 D. Oistrakh (violoniste)
9 V. Iliouchine (concepteur d'avions)
10 N. Khrouchtchev (exportateur de fusées à Cuba)
11 G. Beregovoï (général d'aviation)
12 A. Shnitke (musicien)
13 Y. Levitan (homme de radio)
14 N. Podgorny (ancien chef d'État de l'URSS)
15 L. Persianinov (inventeur de la couveuse pour bébés)
16 F. Chaliapine (chanteur d'opéra)
17 S. Prokofiev (musicien)
18 V. Vernadsky
19 A. Scriabine (musicien)
20 A. Rubinstein (musicien et chef d'orchestre)
21 S. Eisenstein (grandissime cinéaste)
22 P. Kropotkine (prince anarchiste)
23 A. Gromyko (Monsieur Niet – fut ministre des Affaires étrangères)
24 N. Gogol (écrivain)
25 A. Tchekhov (dramaturge)
26 V. N. Dantchenko (cofondateur du théâtre d'Art de Moscou)
27 C. Stanislavski (metteur en scène, cofondateur du théâtre d'Art de Moscou)
28 M. Boulgakov (auteur du *Maître et Marguerite*)
29 V. Serov (peintre, le plus grand néo-impressionniste russe)
30 I. Levitan (peintre de paysages)
31 L. Sobinov
32 B. Durov (réalisateur)
33 L. Kogan (violoniste)
34 P. Tretiakov (fondateur de la galerie éponyme)
35 V. Maïakovski (révolutionnaire, dramaturge, poète, écrivain...)
36 A. Kollontaï (écrivain, féministe, puis ambassadrice sous Staline !)
37 N. Polikarpov
38 A. V. Chtchoussev (architecte, auteur du mausolée de Lénine)
39 V. Molotov (ministre des Affaires étrangères)
40 N. Alliluyeva (première femme de Staline)
41 D. Chostakovitch (compositeur)
42 B. Eltsine (ancien président de Russie)
43 M. Rostropovitch (violoncelliste et chef d'orchestre)

de 1598 pour la plupart. Dans un coin, tombe de la princesse Sophie et, près d'un pilier, tombeau de la première femme de Pierre le Grand.

– ***Le clocher*** *(plan Monastère, B1,* ***6****)* **:** délicieuse tour octogonale de six étages, édifiée en 1690 dans le plus pur baroque Narychkine. À plus de 70 m, ce fut l'un des plus hauts clochers de la ville. Abrite une église en étage.

– ***L'église de l'Assomption (ou de la Dormition) et le réfectoire*** *(plan Monastère, A1,* ***7****)* **:** construits sous la princesse Sophie en 1686. Comme pour le clocher, c'est l'exubérance du baroque Narychkine dans toute sa plénitude. En plus, chose assez unique, il y a en fait deux églises superposées (à l'étage, l'*église de la Descente-du-Saint-Esprit*).

– ***Le palais d'Irène Godounov*** *(plan Monastère, A1,* ***8****)* **:** c'est là que résida la veuve du tsar Fiodor. Entrée payante pour visiter les expositions permanente et temporaire. Exposition de fresques, icônes, objets et vêtements liturgiques. Dans le prolongement, l'***église Saint-Ambroise.***

– ***L'église-porche de l'Intercession-de-la-Vierge*** *(plan Monastère, A1,* ***9****)* **:** construite également sous la régence de Sophie. Assez semblable à son homologue de l'entrée principale.

– ***Le couvent*** abrite également quelques tombeaux et pierres tombales, généralement des héros des combats de 1812 contre les troupes napoléoniennes. Notamment ***Denis Davidov*** *(plan Monastère, B1,* ***10****)*, officier, poète et chef des partisans, et le ***général Orlov,*** qui obtint la reddition de Paris en 1814. Quelques éminents professeurs également.

On trouve à la caisse du monastère de petites boîtes en bois peint, pour trois fois rien. Rien de bien transcendant, mais c'est l'occasion d'acheter un souvenir original (on en trouve difficilement ailleurs).

Le cimetière de Novodiévitchi – **Новодевичье кладбище** *(Novodiévitchié kladbichtche)* **:** *situé sur Bolchaya Pirogovskaya. Entrée différente de celle du monastère ; en quittant ce dernier, tourner à droite et encore à droite le long de l'enceinte. Tlj 9h-17h. Entrée libre.*

Créé en 1898. Le *walahala* des Russes les plus célèbres et des recalés de la nécropole du Kremlin. Une balade dans l'histoire totalement fascinante, un compagnonnage intime avec des gens dont on avait tellement entendu parler avant qu'on n'arrive pas à croire qu'ils soient si accessibles ! De plus, cimetière largement arboré, avec même des recoins presque sauvages et des sentiers buissonniers mystérieux (l'un d'eux mène à *Maïakovski*), qui évoquent parfois le *Highgate* de Londres ou certains coins du *Père-Lachaise* à Paris.

Nombreuses tombes originales comme celle du *clown Nikouline,* qui fume sa clope de façon désabusée, mi-Buster Keaton, mi-Jacques Prévert. Et puis, excusez du peu, dans la deuxième section, en quelques mètres carrés, on peut serrer les louches de *Tchekhov, Boulgakov, Gogol, Stanislasvki, Chostakovich...*

PROMISCUITÉ ÉTERNELLE

On raconte que la veuve de Boulgakov, connaissant l'admiration de son mari pour Gogol, a acheté la pierre tombale de Gogol pour la placer sur la tombe de son mari !

Des rencontres émouvantes, *Nazim Hikmet,* par exemple, le plus grand poète turc, ou bien ***Eisenstein,*** un des plus grands cinéastes de l'histoire. Des gens moins connus sur le plan international mais qui eurent du poids dans l'histoire : ***Yuri Levitan,*** fameux pour avoir été le journaliste le plus populaire de la radio russe pendant la Seconde Guerre mondiale, celui qui donnait le moral quotidiennement à toute une nation. Il n'avait pas son pareil pour galvaniser ses auditeurs, pour annoncer avec passion, aux soldats et aux dizaines de millions de Russes accrochés à leur poste de radio, toutes les victoires de l'armée Rouge. On raconte que Hitler le haïssait à un point inimaginable ! Quant à *L. Persianinov,* sa contribution à l'humanité

fut énorme : c'est lui qui inventa la couveuse pour les prématurés. Il trône en buste, le regard doucement posé sur un nourrisson.
Dans le carré des ingénieurs et inventeurs, les tombes de messieurs *Tupolev* et *Iliouchine,* pères des célèbres avions. Quant aux politiques, leurs tombes révèlent tout plein d'anecdotes ou de messages subliminaux. Tiens, ce pauvre ***Khrouchtchev,*** qui, après avoir été le chef suprême de l'Union soviétique, fut quand même viré comme un malpropre et n'eut droit à sa mort qu'à une ligne dans la *Pravda* (et encore, 2 jours après !). Ironie de l'histoire, lui qui se rendit célèbre non seulement pour avoir testé la solidité de ses chaussures sur les pupitres de l'ONU, mais aussi par sa haine de l'art moderne, eh bien, c'est le sculpteur *E. Neizvestnyï* (qu'il avait pourtant violemment dénoncé comme artiste dégénéré) qui... réalisa son tombeau ! Clin d'œil malicieux du sculpteur, ne dit-on pas aussi que la pierre noir et blanc utilisée indiquerait que Nikita alterna les bonnes et mauvaises choses ? ! Quant à ***Gromyko*** (« Monsieur Niet »), on raconte que les lignes brisées zigzaguant sur sa pierre tombale (comme un graphique de température) évoqueraient sa politique étrangère en dents de scie. Sacrés Russes, une fois !

AU SUD DE LA MOSKOVA (plan couleur IV)

Dans la boucle formée par la Moskova, vous allez découvrir des quartiers bien différents de ceux de la rive nord. Notamment celui de ***Zamoskvorietchiye*** – **Замоскворечье** (qui veut dire justement « au-delà la rivière de Moscou »). On y trouve, ça tombe bien, l'extraordinaire ***galerie Tretiakov*** – **Третьяковская галерея** *(Tretiakovskaya galereya).*
Historiquement, le quartier fut occupé d'abord par les janissaires d'Ivan le Terrible, les fameux *streltsy.* C'est toujours par là qu'arrivaient les Mongols. Comme dans l'Arbat à l'ouest, un certain nombre de corporations s'y installèrent également. Ils y construisirent leurs églises, et la plupart nous sont parvenues aujourd'hui dans leur magnificence. Écrivains et hommes de théâtre, trouvant l'atmosphère propice à leur inspiration, y élurent également domicile. En outre, certains coins furent beaucoup moins touchés par les grands bouleversements urbains staliniens, khrouchtchéviens ou brejnéviens. Ils présentent ainsi une homogénéité architecturale étonnante, source de bien romantiques promenades dans des bribes d'un Moscou bucolique et serein à souhait.
Plus au sud, un autre must, la ***nouvelle galerie Tretiakov*** – **Новая Третьяковская галерея** *(Novaya Tretiakovskaya galereya),* puis l'adorable ***monastère Donskoï*** – **Донской монастырь** *(Donskoï monastyr).* Comment, vous aviez déjà ôté vos baskets ?

Balade dans le quartier de Zamoskvorietchiye

Autour de la *galerie Tretiakov,* nous vous invitons à une romantique promenade le long de ruelles paisibles et arborées, bordées d'hôtels particuliers et d'élégantes demeures néoclassiques des XVIIIe et XIXe s à un ou deux étages, avec leur jardin. On est presque étonné de découvrir un vrai quartier ancien avec une certaine homogénéité architecturale. En sérieuse voie de restauration et de ripolinage cependant, les façades gagnant de pimpantes couleurs et les rues prenant des allures de décor de théâtre (ça tombe bien, quelques intéressants musées sur le sujet). Vous nous avez compris, il est en train de devenir super résidentiel et probablement perdra bientôt ce côté encore un peu vieillot, naturel, sans apprêt. Ne tardez donc pas trop. Au nord, bordée par le *canal Vodootvodny,* voie de dérivation creusée en 1783 pour empêcher les inondations de la Moskova au printemps. Les deux grandes rues (*Bolchaya Ordynka* et *Piatnitskaya*) qui vertèbrent le quartier (et pour une fois ne font pas 60 m de large) évoquent, avec leurs nombreuses boutiques, les actives « Crébillon » et « Sainte-Catherine » de nos provinces. En avant d'emblée pour les ravissantes églises du coin...

➢ ***La ruelle Lavrouchinski*** **– Лаврушинский переулок** *(plan couleur IV, K10-11)* **:** intéressante par la variété de ses architectures. Au n° 4, une *oussadba* de riche marchand typique du XVIIe s, qui a conservé sur cour les *palaty* de cette époque. Une maison classique est venue se rajouter sur rue au début du XIXe s. Au n° 6, autre *palaty* du XVIIe s. Galerie avec escalier dans la cour. Au n° 17, dans la cour, rare *palaty* du XVIIe s ayant conservé son ornementation d'origine. Sur rue, façade baroque du XVIIIe s.

La galerie Tretiakov **– Третьяковская галерея** *(Tretiakovskaya galereya ; plan couleur IV, K11)* **:** *Lavrouchinski per., 10. ☎ 951-1362 ou 238-1378. • tretyakovgallery.ru • Ⓜ Tretiakovskaya. Tlj sf lun 10h-18h (fermeture des caisses). Entrée : 300 R ; réduc. Audioguide : 300 R.*

Vous allez visiter l'un des plus grands musées du monde (le plus important pour l'art russe), création d'un seul homme, un homme passionné doué d'une intuition incroyable, un vrai génie de la découverte : Pavel Tretiakov (1832-1898). Il aurait pu se contenter d'être un riche marchand d'art pratiquant le mécénat de façon ostentatoire, collectionnant et accumulant par vanité ou goût de la possession, cherchant strictement honneurs et reconnaissance. Il avoua vers la fin de sa vie qu'il avait toujours été guidé par l'idée que tout l'argent gagné devrait un jour revenir au peuple, au travers d'institutions d'utilité publique. Le legs qu'il fit en 1892 à la Ville de Moscou de 1 287 toiles et 518 dessins alla dans ce sens.

La force de Tretiakov fut aussi de ne pas avoir accepté de se laisser influencer par qui que ce fût dans ses choix, y compris par l'immense Tolstoï. Ce dernier tentait par exemple de le convaincre de ne pas acheter de peinture religieuse. De même ne s'en laissait-il pas conter par les violentes critiques ou la censure, achetant des œuvres ambiguës, difficiles, parfois peu défendables. Ce qui comptait, c'était, d'une certaine manière, de faire pas mal abstraction de ses goûts personnels, de ses sympathies idéologiques et, avant tout, de donner une image objective de l'art russe, de coller à ce qui répondait à l'esprit de l'époque, de dégager les nouvelles tendances. Sans cette rigueur, sans cette fabuleuse honnêteté, nous ne pourrions admirer aujourd'hui l'extraordinaire *Boïarina Morozova,* au prétexte que cette œuvre, en ce temps-là, pouvait n'apparaître que comme un monument de kitsch et de pathos grandiloquent !

Au début, Tretiakov commença à présenter ses tableaux dans sa propre maison, puis il dut ouvrir, dans les années 1870, de nouvelles salles, puis construire un nouveau bâtiment à côté, puis encore d'autres salles dans les années 1880. De galerie, la collection devint un véritable musée privé à vocation populaire, gratuit et ouvert à tous. En 1892, Tretiakov légua donc toute sa collection à la Ville de Moscou. Elle en fit un musée d'État et le nomma conservateur à vie. Rôle qu'il tint jusqu'à sa mort, en 1898, organisant et enrichissant de façon constante le fonds. En 1902, on construisit cette originale façade de style néorusse, d'après un projet de Victor Vasnetsov.

Bon, hardi petit ! plus de 60 salles organisées en 7 départements. Évidemment, certaines œuvres peuvent avoir changé d'emplacement ou être parties « en tournée » dans d'autres musées du monde...

Département XVIIIe s et première moitié du XIXe s

– *Salle 1 :* portraits de ***I. Nikitine*** (le père du genre), dont celui du *Chancelier G. I. Glovkine.*

– *Salle 2 :* l'âge d'or de la sculpture russe, notamment les œuvres de ***F. Choubine*** (1740-1805), maître du portrait « psychologique ». Choubine va « photographier » quasiment toute la cour de Catherine II. Son chef-d'œuvre restera le *Buste du prince A. M. Galitsyne* (1773), qui frappe par l'expression de l'intelligence et l'élégance du personnage.

– *Salle 3 :* elle regroupe les portraitistes du milieu du XVIIIe s alors que commence à s'organiser l'école russe. D'abord, ***A. Antropov*** (1716-1795) et sa *Dame d'honneur A. M. Izmaïlova* (1759), qui sait rendre si dignes les gens vieillissants. Ensuite, ***F. Rokotov*** (1735-1808), dont on aime les sourires à peine esquissés, le raffine-

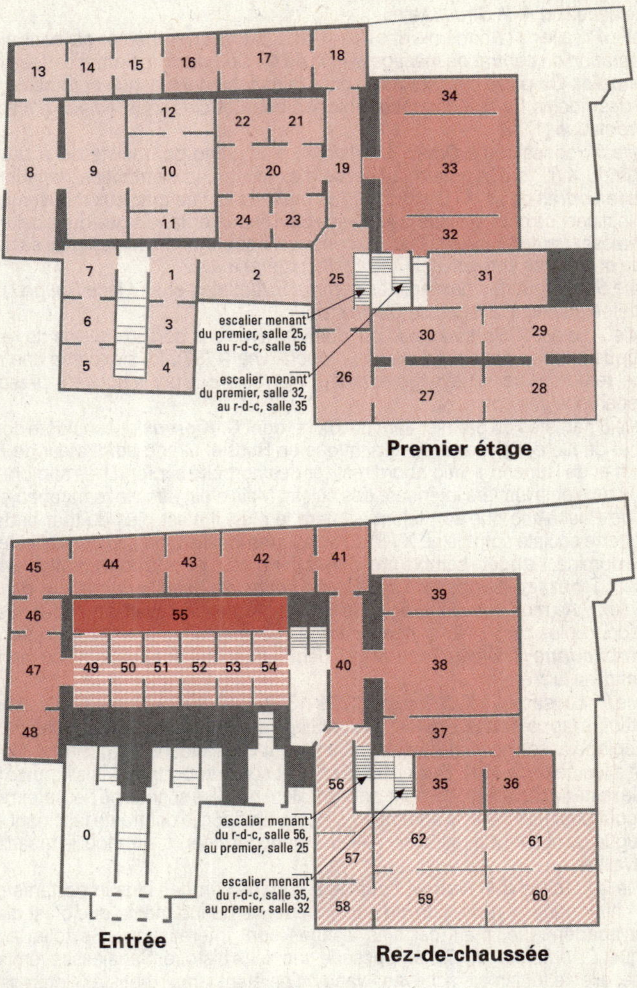

Arts graphiques, XVIIIe-début XXe s
Peintures et sculptures, 2de moitié du XIXe s
Art russe ancien, XIIe-XVIIIe s
Le trésor, fin XIIIe-début XXe s
Peintures et sculptures, fin XIXe-début XXe s
Peintures et sculptures, XVIIIe-1re moitié du XIXe s

LA GALERIE TRETIAKOV

ment des ovales et des visages allongés comme dans le portrait du *prince I. I. Bariatinski* et celui d'*A. P. Strouïskaya.*

– *Salle 4 :* salle de l'Académie des beaux-arts. Succès des thèmes paysans avec la *Célébration du contrat de mariage* (1777) de ***M. Chibanov*** (peinture certes un peu solennelle). On puise bien sûr aussi dans la mythologie grecque et romaine, dont l'un des fidèles fut ***A. Lossenko.*** Voir son beau et classique *Adieux d'Hector à Andromaque* (1773).

– *Salle 5 :* consacrée à ***Dmitri Lévitski,*** le plus grand portraitiste de la seconde moitié du XVIIIe s. On notera la finesse d'exécution, la distribution de la lumière dans le portrait de *M. A. Diakova* (1778), mais surtout ce gracieux mouvement de tête inclinée, ce côté relax de la jeunesse bien exprimé. Tandis que dans celui de la *Comtesse Ursula Mniszek* (1782), au contraire, il se contente de souligner sa beauté froide et distante. Intéressant *Portrait d'un prêtre* aussi.

– *Salle 6 :* surtout des paysagistes comme ***F. Alexeïev*** et sa *Place Rouge* (1801), exécutée un peu à la façon de Canaletto.

– *Salle 7 :* c'est ***V. Borovikovski*** qui domine, avec ses portraits pleins de lyrisme poétique comme dans celui de *M. I. Lopoukhina* (1797). Ici s'exprime une réelle grâce, renforcée par le paysage en arrière-plan ainsi que par la douceur, presque la transparence des couleurs.

– *Salle 8 :* artistes du premier tiers du XIXe s, dont ***O. Kiprenski,*** considéré comme le chef de file de la tendance romantique en Russie. Grand admirateur de Rembrandt et de Rubens, il va d'abord réaliser des portraits sur fond très sombre pour mieux révéler la lumière intérieure des sujets. Mais c'est dans le remarquable *Portrait de Pouchkine* que son talent éclatera le plus. Il n'est plus du tout bridé par l'étiquette sociale comme au XVIIIe s. Ici, aucune idéalisation ; au contraire, le réalisme domine. Le poète semble presque absent, peut-être en conversation avec sa muse ? Tenez, avez-vous remarqué cette petite fille avec le coquelicot dans les cheveux ? Au moment où il exécuta le tableau, Kiprenski savait-il qu'il l'épouserait beaucoup plus tard ? Noter également les paysages « à la Hubert Robert » de ***S. Chtchedrine*** *(Château Saint-Ange),* démontrant une belle maîtrise du rendu de l'air et de la lumière.

– *Salle 9 :* consacrée à ***K. Brioullov*** (1799-1859), qui fut le peintre le plus célèbre de son temps (appelé aussi Brullov). Si son *Siège de Pskov* apparaît comme une fresque épique assez académique, en revanche, il excelle dans les portraits. Notamment avec celui de *M. A. Beck et de sa fille* et son autoportrait. Mais l'œuvre principale reste *La Cavalière,* démontrant son talent pour les scènes où peut s'exprimer son goût pour le riche et le somptueux. Noter, bien sûr, le contraste fascinant entre la fougue du cheval (du reste merveilleusement dessiné) et la tranquille maîtrise de la cavalière.

– *Salle 10 :* toiles d'***A. Ivanov,*** considéré comme l'un des plus importants peintres « historiques » russes. Entre nous, on trouve quand même que c'est diablement académique, mais certains visages sont intéressants. Sa toile la plus connue, *L'Apparition du Christ,* possède une riche histoire. Sans cesse remise en cause, elle ne fut jamais achevée, Ivanov n'en étant jamais satisfait. Intéressante confrontation avec tous les essais. À gauche, dans l'un d'entre eux justement, le vieillard possède une tunique rouge qui se reflète dans l'eau. Dans l'œuvre finale, le reflet dans l'eau est toujours rouge, mais la tunique blanche. Un coup de fatigue, sûrement !

– *Salle 11 :* salle de l'Académie des beaux-arts. Pour sûr, beaucoup de choses académiques, mais on relèvera le jeu subtil des lignes des arches, voûtes et escaliers dans *Le Grenier de l'académie,* de ***P. Bassine*** (qui évoque quelque peu Piranèse). De même, dans *Fête d'octobre à Rome,* de ***P. N. Orlov,*** découvre-t-on un joli contraste entre ombre et lumière.

– *Salle 12 :* encore ***Ivanov,*** toujours aussi troublant dans ses portraits de garçons nus (le premier à gauche possède même des traits nettement féminins).

– *Salle 13 :* ***V. Tropinine,*** grand portraitiste dit-on, mais on commence à frôler quelque peu l'overdose ! Parmi ses toiles les plus célèbres : *La Dentellière,*

La Brodeuse et *La Fileuse*. À signaler qu'il fut serf pendant plus de 40 ans avant d'avoir le droit de vendre sa peinture.
– *Salle 14 :* ici, on découvre ***A. Venetsianov,*** pas notre préféré. Chantre d'une vie rurale trop idéalisée, genre coup de pinceau truqueur qui gomme tout réalisme, toute représentation de la véritable vie des paysans (qui était plutôt dure à l'époque). Nous ne citerons pas de coup de cœur, na !
– *Salle 15 :* ah, le merveilleux ***Pavel Fedotov*** (1815-1852), qui fut un très grand dessinateur et peintre de genre ! Vocation tardive, il était militaire et suivit des cours du soir. Puis vie très courte et difficile financièrement, il mourut d'épuisement très jeune. Malgré cela, il nous laisse plusieurs chefs-d'œuvre, dont *La Demande en mariage du commandant* (1848). Superbe technique picturale, mais surtout une description très subtile du côté convenu, presque trivial, des mœurs de l'époque (la fiancée minaude, le prétendant s'ennuie et... paraît déjà être ailleurs ; non, des pensées adultérines ?). Remarquable *Jeune Veuve* également. Autre coup de cœur, le *Portrait de la famille Turchaninov* de ***S. Zarianko.*** Composition bien assise, chacun à sa place. Tous les éléments de la respectabilité sont réunis : la canne (le pouvoir), le livre (les heures à attendre le mari), l'ado épanoui, le chien bien sûr.

Département peintures et sculptures de la seconde moitié du XIXe s

Département fondamental. C'est l'époque des réformes (années 1850-1860), juste après les grandes secousses révolutionnaires de 1848. Abolition du servage, choc de la défaite de la guerre de Crimée, une nouvelle génération venant du peuple recherche la vérité, veut allier esthétique, poésie et sens critique. Puis viendront les ***Ambulants,*** partisans d'une peinture démocratique en réaction à l'académisme de l'époque, vigilants à saisir le monde tel qu'il est dans toute sa complexité, souvent proches de la critique sociale.
– *Salle 16 :* citons le très convaincant *Mariage inégal* de ***V. Poukirev*** (1832-1890). Les femmes de l'époque avaient saisi dans cette toile tout le message de l'oppression féminine (le visage triste de la jeune fille sans dot obligée d'épouser un vieux barbon !). Remarquer toutes ces « momies » qui l'entourent, sauf le beau jeune homme, l'air désabusé, qui symbolise sûrement l'amour, le vrai ! Autre « toile forte », la *Princesse Tarakanova* de ***K. Flatvitski*** (1830-1866). Elle va mourir dans sa cellule inondée, le drame n'est même pas atténué par la prodigieuse lumière. Mignonne *Route d'hiver* de ***L. L. Kamenev.***
– *Salle 17 :* salle essentielle, avec le grand, le très grand ***V. Perov*** (1834-1882). Un des fondateurs des Ambulants, observateur lucide et incisif de la société russe. Il s'acharna à en démontrer les contradictions sociales et morales, dans des scènes de genre comme la *Procession villageoise à Pâques* (pope avec une tête d'ivrogne) et le *Sermon,* encore plus parlant : le pope s'adresse à un maître qui dort, au milieu d'autres personnages emblématiques, la jeune fille qui écoute plutôt les mots doux, l'idiot du village, la vieille sourde, le paysan cucul et extatique, le gamin regardant le peintre (aujourd'hui, dans les photos de genre, il y en a toujours un qui regarde le photographe). Plus tard, le message sera même plus direct, exemple la *Troïka : les apprentis portent l'eau.* Enfin, admirable portraitiste avec son *Dostoïevski* au visage ravagé, dont il sut tirer toute l'intensité dramatique et la profondeur psychologique.
– *Salle 18 :* les paysagistes lyriques doués, comme ***A. Savrassov*** (1830-1897), dont on goûtera le *Chemin de campagne* (tout en simplicité poétique) et *Vue du Kremlin par mauvais temps.* Mais plus émouvante encore se révèle la peinture de ***F. Vassiliev*** (1850-1873). Mort très jeune, terrassé par la tuberculose, cet admirateur de l'école de Barbizon laisse quelques chefs-d'œuvre comme *Le Dégel,* mais surtout *Le Pré mouillé,* où les rapides changements de ciel, le délicat jeu de l'ombre et de la lumière dans l'herbe luisante après la pluie sont admirablement exprimés.
– *Salle 19 :* on a adoré ***I. Aïvazovski*** (1817-1900), énorme peintre de la mer, d'une virtuosité sans égale et qui peignait de mémoire dans son atelier. Sublime *Mer Noire,* où il réussit, avec une totale vérité, à restituer l'austérité de l'espace marin. Mais notre préféré, c'est l'*Arc-en-ciel,* où le bateau qui sombre tourne à l'abstraction « turneresque ».

– *Salle 20 :* consacrée à ***I. Kramskoï*** (1837-1887), un des chefs de file des Ambulants, l'intellectuel, l'agitateur. En 1863, il boycotte le concours de l'Académie avec ses copains, parce qu'on veut leur imposer un sujet mythologique trop éloigné des réalités sociales et spirituelles de la Russie. Il peindra un *Christ dans le désert* effondré, en réaction à celui d'Ivanov (voir plus haut). C'est lui qui lance : « Il est temps que l'artiste russe se tienne d'aplomb sur ses pieds... pourquoi marcherions-nous toujours en tenant les jupes de nos nourrices italiennes. » On citera encore le très émouvant *Chagrin inconsolable* (visage défait de la mère ou de la veuve), *L'Inconnue,* portrait d'une jeune et jolie femme au regard fier et qui semble défier les conventions sociales (touche d'une finesse exquise). Surtout, il excella dans les portraits des écrivains de son époque (Léon Tolstoï...). Dans celui de *Pavel Tretiakov,* le plus célèbre, il sut dégager son côté intime et pensif.
– *Salle 21 :* admirer ***A. Kouïndji*** (1842-1910), ce grand pote de Kramskoï et de Repine, cet infatigable traqueur de lumière. Certaines toiles font irrésistiblement penser à Edward Hopper, comme *Nuit d'Ukraine* ou le *Bois des bouleaux.* Ailleurs, il exprime plus la profondeur des paysages et leur luminosité, comme *Le Nord* ou *Dniepr à l'aube.*
– *Salle 22 :* la peinture académique. Ennuyeuse à force de jouer les prolongations du classicisme. Quelques toiles inutiles *(Danse au milieu des épées)* et des chromos pour calendrier des Postes (*Enfants fuyant l'orage* de ***C. Makovski***).
– *Salle 23 :* les autres Ambulants ou le sommet du réalisme dans la peinture de cette seconde moitié du XIXe s. Citons d'abord ***G. G. Miassoyédov*** (1834-1911). Message clair dans le *Zemstvo déjeune* où, lors d'une interruption de séance à l'assemblée régionale, les députés de la noblesse s'empiffrent à l'intérieur tandis que les représentants du peuple et des paysans se contentent de rogatons et d'un quignon de pain dehors (d'ailleurs, on dirait presque des mendiants). ***K. Stavitski*** (1844-1905), quant à lui, dénonce efficacement l'exploitation des « réparateurs » misérables, ces damnés du chemin de fer, obligés de trimer dur pour quelques kopecks. Dans la *Rencontre de l'icône,* c'est plutôt une métaphore sur la religion, opium du peuple.
– *Salle 24 :* avec ***V. Makovski*** (1846-1920), autre peintre du réel et des gens humbles. Avec le *Krach de la banque,* première compassion pour les victimes du capitalisme naissant. Et le grand affichiste américain Norman Rockwell n'aurait-il pas croisé un jour l'œuvre d'un *Bogdanov-Bielski* ou d'un *N. Yarochenko* ?
– *Salle 25 :* ***Ivan Chichkine*** (1832-1898) fut l'un des plus populaires paysagistes de Russie. Un des fondateurs des Ambulants aussi. Très grand dessinateur, amoureux fou de la nature russe dont il voulait exalter la diversité et la vitalité. Ses *Seigles* frissonnent dans le vent. *Forêt de la Mordvinova* (avec le moujik) particulièrement bien rendue. Dans *Matin dans la pinède,* à la douce luminosité et séduisante richesse chromatique, les ours furent peints par son copain ***K. Stavitski*** (voir plus haut).
– *Salle 26 :* Tolstoï ne l'aimait pas du tout, ce ***V. Vasnetsov*** (1848-1926), avec quelques bonnes raisons. « Conteur, peintre de légendes, barde de la peinture », comme aimait se définir Vasnetsov. Nous, on rajoutera chauvin, passéiste, pétri de religiosité, tout pour excéder Tolstoï, à l'évidence. Ainsi fut-il l'un des principaux chefs du courant néo- (ou pseudo-) russe. Ne soyons pas trop méchants, fin illustrateur, excellent dessinateur, on aime bien ses *Joueurs de cartes,* et, d'autre part, son *Tsarévitch Ivan chevauche le loup gris* ne manque pas d'allure. On a aussi particulièrement aimé ses *Trois Bogatyrs*.
– *Salle 27 :* l'odeur de la mort plane sur l'œuvre de ***V. Verechtchaguine*** (1842-1904). Peintre des batailles, orientaliste, amoureux de l'Asie centrale, et plus précisément de l'Ouzbékistan. P. Tretiakov aimait particulièrement cette peinture à sa façon protestataire. Terrible *Apothéose de la guerre.* Curieux destin d'ailleurs : le peintre, qui consacra de nombreuses œuvres à dénoncer les coûts humains et l'absurdité de la guerre, mourut dans l'explosion d'un cuirassé lors du conflit russo-japonais en 1904 !
– *Salle 28 :* consacrée à un monument de la peinture historique, sûrement le plus grand, ***V. Sourikov*** (1848-1916). Après la tornade Sourikov, vous verrez, Vasnetsov

vous paraîtra vraiment pâlichon ! On a pu dire de lui qu'il était un « peintre symphoniste », capable d'exprimer dans ses toiles aussi bien la forme que l'esprit. Dans la *Boïarina Morozova,* une vieille-croyante schismatique qui part pour la prison (et y mourra), l'artiste ne s'attache nullement à prendre parti. Ce qui l'intéresse, c'est d'être le photographe du peuple et de ses contradictions. D'abord, notons la perfection de la composition, son rythme (le traîneau secoué, la *boïarina* qui s'accroche), le gamin qui court, tout cela se révèle d'un dynamisme superbe. Neige rendue quasi réelle avec une touche impressionniste et remarquable panorama du vêtement populaire. Mais ce qui frappe, c'est l'extrême diversité des comportements dans la foule, de la totale affliction aux gens rigolards. Quant au *Matin de l'exécution des Streltsy,* c'est simple, on ne s'en est pas encore remis. Quel choc, quelle puissance ! Un pathos lyrique poussé à son maximum et qui donne cette force, cette énergie fascinante au tableau. Pour Sourikov, à l'évidence, à la hauteur de l'événement historique !

– *Salle 29 :* un autre très, très grand (ça va être trop, bientôt !) de la peinture réaliste, ***Ilya Repine*** (1844-1930). Membre des Ambulants, ami de Kramskoï. Le plus ouvert, le plus universel, peignant dans tous les genres. C'est le cas de ses portraits, d'une grande richesse de composition et de coloris, qu'il allait chercher dans toutes les couches de la société, avec toujours le même souci de vérité, une volonté de trouver la bonne couleur intérieure du personnage, qu'il s'agisse d'un paysan ou d'un musicien au sommet de sa gloire. Ainsi le portrait saisissant de *Moussorgski,* avec sa trogne presque bouffie, son nez d'ivrogne et son ventre de noceur. Celui de *Tretiakov* rend formidablement la profonde humanité du mécène. Mais c'était ***Tolstoï*** son sujet préféré (il en fit un des portraits les plus célèbres – salle 30). Fantastique également dans les scènes de genre. On ne présente plus ses *Haleurs de la Volga,* un vrai chromo universel, mais c'est *Procession dans la province de Koursk* qui nous a le plus scotchés. On a là aussi un portrait photographique complet de la Russie profonde après la suppression du servage. Les chants religieux réclamant la pluie nous caressent les oreilles, la poussière d'une terre totalement desséchée couvre nos vêtements. Cent détails à saisir au passage dans cette Russie agonisante. Excusez-nous de faire un peu long, mais place à notre vrai coup de cœur (salle 30) : *On ne l'attendait plus,* ou le retour du prisonnier politique après de nombreuses années de « goulag » façon tsariste. Tout l'énorme talent de Repine y est contenu. L'artiste nous livre ici une superbe lumière naturelle. Noter également la place des personnages dans l'espace (pas moins de sept niveaux, dans un équilibre de composition quasi parfait). Pour finir, une finesse extrême dans la perception psychologique de ce retour : sur les visages, alternativement, incrédulité, surprise, légère méfiance, amorce de sourire ou joie prête à exploser.

– *Salle 30 :* bon, on fait la grève du ***Repine,*** commentez vous-même le terrible *Ivan le Terrible* !

– *Salle 31 :* découvrez ***Nicolas Gué,*** descendant d'un émigré de la Révolution française. Pour lui, la peinture devait servir à exprimer le combat des idées, comme dans l'une de ses toiles les plus célèbres, *Pierre Ier interroge le tsarévitch Alexis à Peterhof.* Saisissante période sombre également, voyez comme il sut traiter Judas traînant sa mauvaise conscience dans le noir.

– *Les salles 32, 33 et 34* sont traitées dans le département suivant.

– *Salle 35 :* enfin un peu de douceur dans ce monde de brutes, la peinture lumineuse, paisible, chaleureuse de ***V. Polenov*** (1844-1927). En particulier, une *Cour de Moscou,* symbole finalement d'une ville bucolique idyllique. Belle diffusion de la lumière aussi dans sa *Fille malade* et intéressantes œuvres orientalistes.

– *Salle 36 :* les réalistes des années 1880-1890. Entre autres, ***N. Kouznetzov*** (1850-1919), qui peignit le portrait le plus saisissant de Tchaïkovski (l'année de sa mort), et ***K. K. Pervoukhine*** et son superbe *Automne.*

– *Salle 37 :* dédiée à ***Isaac Lévitan*** (1860-1900), le grand prêtre du paysage russe au XIXe s, élève de Polenov (voir plus haut) et ami de Tchekhov. Ce sont souvent des petites toiles intimes, des paysages « états d'âme », d'une mélancolie légère et indéfinissable, montrant une pieuse sensibilité de la nature, et livrant parfois une touche impressionniste dans le rendu des jeux de lumière.

Département fin du XIXe s et début du XXe s

– *Salles 32 et 33 :* ceux qui ont admiré (de loin) le travail de ***M. Vroubel*** (1856-1910) sur l'*hôtel Métropole* le découvriront ici de façon plus intime. Ce fut le patron du symbolisme et de l'Art nouveau russe. Il ne dédaigna pas de s'inspirer du folklore national comme dans *La Princesse-cygne.* Insolite traitement des fleurs (grande modernité) dans le *Démon assis.* Superbe camaïeu de violets dans *Lilas,* et touche assez originale de *Après le concert, Portrait de N. Zabela-Vroubel* (sa femme). Intéressantes études également pour Faust.

– *Salle 34 :* **N. Roerich** (1874-1947) ne nous a pas spécialement emballés. C'est tout plat, purement décoratif, on sent comme une époque à bout de souffle, non ?

– *Salle 38 :* membres de l'Union des peintres russes (1903-1923), dont de grandes compositions de ***F. Maliavine*** (1869-1940). En particulier, *Tourbillon,* un vrai vertige de couleurs vives. Il peint à grands coups de spatule, sachant créer de jolis mouvements de vêtements et de corps.

– *Salles 39 et 40 :* la peinture mystique de ***M. Néstérov*** (1862-1942), pour qui la religion orthodoxe est le moteur de l'histoire russe. On appréciera (ou pas) le message consistant à mythifier l'homme et une nature qui seraient en harmonie totale, permettant une attitude contemplative envers cette nature qui tiendrait de la prière (*Vision de l'adolescent Bartholomé* quand même un peu niaise !). Cependant, son *Ermite* reste assez convaincant et sa grande fresque, *En Russie (l'âme du peuple),* révélatrice d'un courant philosophique et religieux important (et sujet bien traité de surcroît !). On a là une panoplie complète des personnages emblématiques de l'histoire russe : le tsar, le métropolite, la fiancée du Christ (si, si !), des moines, un idiot du village dansant à moitié nu, un soldat blessé de la Première Guerre mondiale et, dans la foule, à droite, Dostoïevski et... Tolstoï ! Ça, c'est gonflé de le récupérer, parce qu'il avait bien été excommunié par l'Église, non ? Dans la *salle 40,* la sculpture au début du XXe s.

– *Salles 41 et 42 :* deux salles pour ***V. Sérov*** (1865-1911), ce n'est pas de trop, lui qui assura avec si grand talent la transition entre un XIXe s abouti et les balbutiements de l'art moderne en Russie. Grand portraitiste, dont *Fillette aux pêches* annonce la (les) couleur(s). Ici, l'interpénétration des genres (scène d'intérieur, portrait, nature morte, et même un bout de paysage par la fenêtre), dans une lumière éblouissante, démontre une démarche de rupture dans le portrait traditionnel. Dans le *Portrait de N. Y. Derviz* avec son enfant, le coup de pinceau se révèle également alerte, presque elliptique. Contraste entre le visage qui demeure assez traditionnel et le reste qui est déjà moderne. Influencé par l'impressionnisme, il y a du Renoir, c'est sûr, dans le *Portrait d'été de O. F. Serova* (la femme du peintre). On aime cependant moins sa dernière période *(L'Enlèvement d'Europe),* assez plate !

– *Salle 43 :* en **C. Korovine** (1861-1939), on découvre le plus éminent représentant de l'impressionnisme russe. Assez incompris à ses débuts, même par Repine. Quelques coups de cœur : *Hammerfest, Lumière du nord, Les Espagnoles, Paris la nuit, Boulevard des Italiens,* le plus impressionniste de tous. Grand amoureux de la France et de Paris (où il se rendait une fois par an), il y termina ses jours comme décorateur de théâtre.

– *Salle 44 :* les peintres du *groupe du « Monde et de l'Art nouveau »,* dont ***C. Somov*** (1869-1939), coloriste précieux qui laisse une œuvre empreinte de nostalgie, comme la *Dame en bleu* au romantisme un peu vieillot et désuet. Quant à ***B. Koustodiev*** (1878-1927), il se situe plus près de l'art naïf et annonce Botero, notamment dans *Une beauté.* Tressaillement cardiaque (pour éviter d'avoir à répéter trop souvent « coup de cœur » !) pour ***Z. Sérébriakova*** (1884-1967), dont on a adoré la très rafraîchissante *Toilette. Autoportrait.*

– *Salles 45 à 48 :* honnêtement, à ce stade de la visite, on en avait déjà plein les pattes, tandis qu'il nous semblait qu'on arrivait dans une période beaucoup moins créative. Nous ne fûmes guère inspirés par un certain ***B. Borissov-Moussatov,*** pas plus que par la plupart des membres du groupe « La Rose bleue ». Pourtant, dit-on, ils représentèrent la première rupture fondamentale avec le XIXe s et annonçaient l'avant-garde russe. Lors de notre prochaine visite, on tentera d'approfondir, promis !

Département des arts graphiques

– *Salles 49 à 54 :* nombreux petits formats en un éclectisme d'accrochage bon teint. La galerie possédant un fonds de 20 000 dessins, pastels et aquarelles, plus 3 000 gravures, les présentations tournent. Vous retrouverez ici des croquis, essais, fusains, sanguines, crayons de graphite, dessins de la plupart des grands peintres des départements précédents. *Salle 54,* affiches anciennes.

Le trésor (fin du XIIIe s-début du XXe s)

– *Salle 55 :* un ensemble exceptionnel d'icônes, broderies précieuses, ivoires sculptés, pièces d'orfèvrerie, émaux, miniatures, etc. Le fonds recueillit de nombreux objets d'art provenant des églises et monastères fermés ou détruits après la révolution. Quelques pièces : les *couvertures d'évangile en or* rehaussées de miniatures, la magnifique *icône de la Dormition* (1702), ainsi que, plus loin, celle de *Sainte Barbara.* Fascinante *icône de la Vierge de Vladimir* (XVIIe s), au remarquable rendu dans les bruns, les verts et les ors. Enfin, dans la dernière section, l'*icône de la Nativité* (XVIe s), une fort belle B.D.

Art russe ancien (XIIe-XVIIIe s)

De la salle 56 à la salle 62, exposition de plus de 200 icônes de toutes les grandes écoles russes *(Novgorod, Pskov, Moscou, Rostov-Souzdal, Tver)* et, bien sûr, la plus célèbre : *La Trinité* d'***Andreï Roublev*** (salle 60). De la salle 54 à la salle 56, nécessité de repasser par la salle 40. Quelques coups de cœur :

– *Salle 56 (XIIe-XIIIe s) :* les mosaïques, la *Sainte Face* (Novgorod) et *L'Annonciation* (Novgorod).

– *Salle 57 :* la *Sainte Vierge Grande Panagia.* Sur la poitrine, un Enfant Jésus en médaillon peu habituel (Yaroslavl).

– *Salle 58 :* les icônes des *écoles de Novgorod* et *de Pskov,* les plus renommées. Admirer la bataille entre Novgorod et Souzdal. Beaucoup de rouge, couleur de la victoire et de l'indépendance. Sur la bande du haut, transfert de l'icône ; bande du milieu, on tire des flèches sur l'icône ; bande du bas, la victoire de Novgorod, l'icône a protégé la ville.

– *Salle 59 :* la *Vierge du Don* et la *Dormition bleue* (XIVe s) de Théophane le Grec.

– *Salle 60 : La Trinité* d'Andreï Roublev (1360-1430). Elle fut réalisée en 1420. Les trois anges assis à la table d'Abraham (avec la coupe au centre) symbolisent, au milieu, le Christ, à gauche, Dieu le Père et, à droite, le Saint-Esprit. Admirer également les trois icônes provenant de l'iconostase du monastère de Zvenigorod. Celle de *Saint Michel* est toute pleine d'un charme juvénile et celle du *Sauveur* tout empreinte de sérieux et de sérénité. Œuvres aussi de l'autre grand, ***maître Dionissi.***

– *Salle 61 :* un beau *Saint Michel* à dominante rouge avec, en B.D. au-dessous, toutes les turpitudes de l'enfer.

– Enfin, *salle 62,* vous restera-t-il suffisamment de forces pour apprécier *La Liturgie avec l'hymne des chérubins* et *L'Arbre* de ***Simon Ouchakov*** ?

L'église-musée Saint-Nicolas-à-Tolmatchi

– ***L'église-musée Saint-Nicolas-à-Tolmatchi* – Храм-музей Святителя Николая в Толмачах** *(Khram-mouzeï Sviatitelia Nicolaia v Tolmatchakh)* **:** *accès par le foyer de la galerie Tretiakov. Tlj sf lun 12h-16h.* C'est l'une des plus anciennes du quartier. Elle remplaça en 1697 une vieille église en bois. Fermée en 1929, elle fut intégrée à la galerie Tretiakov. Rendue au culte en 1992, elle demeure cependant rattachée au musée. Nombreuses belles icônes, mais le must reste incontestablement celle de la célèbre *Vierge de Vladimir* (début du XIIe s). Disposée dans une armoire-écrin devant l'iconostase. Elle aurait été ramenée de Constantinople par le prince Dolgorouki (le fondateur de Moscou), et c'est son fils qui l'offrit en 1155 à la ville de Vladimir-sur-Kliazma.

L'église de la Résurrection-de-Kadachi – **Церковь Воскресения в Кадашах** *(tserkov Voskresseniya v Kadachakh ; plan couleur IV, K10,* ***209****) : Kadachevski per. (la « ruelle des Tonneliers »).* Tiens, elle ressemble à celle des Tisserands au métro Park Koultoury. Pas un hasard, l'*église de la Résurrection* servit de modèle quand la corporation des tisserands de là-bas voulut rivaliser en plus luxueux avec celle de Zamoskvorietchiye. Une de nos églises préférées, et peut-être (avec celle de Fili) la plus belle de style baroque Narychkine. Édifiée en 1695. Architecture traditionnelle : chœur à trois absides, nef à cinq tourelles et tour-clocher. Foin de *kokochniki,* remplacés ici par un remarquable décor de festons de pierre blanche tranchant superbement sur le rouge brique. En particulier, noter la finesse de l'ornementation qui entoure les petits clochers à bulbe.

L'église de l'Icône-de-la-Vierge-Joie-de-Tous-les-Affligés – **Церковь Иконы Богоматери Всех Скорбящих Радость** *(tserkov Ikony Bogomatery Vsekh Skorbiatchikh Radost ; plan couleur IV, K-L11,* ***214****) : Bolchaya Ordynka, 20.* Construite en 1783, en partie sur une église du XVIIe s. On pense que V. Bajénov en fut l'architecte (il était le gendre d'A. Dolgov et l'architecte de la *maison Pachkov*). En 1828, Bové la reconstruisit en forme de rotonde de style Empire. À l'intérieur, colonnade circulaire supportant le dôme, une idée que Bové était allé piquer à certaines églises romaines.

➢ ***La Bolchaya Ordynka*** – **Большая Ордынка** *(plan couleur IV, L10-11-12)* **:** c'est la grande rue de la Horde (qui menait à la *Horde d'or,* le parti communiste des Mongols, au sud de Moscou). Au n° 60/2, l'*église Sainte-Catherine,* de 1763. Au n° 45, une demeure en bois de 1820 de style classique. Au n° 34, le ***couvent Sainte-Marthe-Sainte-Marie*** – **Марфо-Мариинская Обитель** *(Marfo-Mariinskaya Obitel),* qui donne l'impression de dater du Moyen Âge mais qui, en fait, fut bâti en 1908. Le grand architecte Chtchoussev se serait inspiré d'une des églises du Kremlin (rasée par Staline), tout en y introduisant des éléments des styles de Novgorod, Pskov, Vladimir... Le couvent traîne une tragique histoire derrière lui. Construit à l'initiative de la grande-duchesse Élisabeth Fiodorovna, dont le mari périt dans un attentat révolutionnaire en 1905. Veuve, elle se lança dans des activités de charité, devint mère supérieure du couvent et, finalement, fut assassinée en 1918, dans la foulée de la famille impériale. Fresques intérieures de M. Néstérov, le peintre mystique (bien représenté à la galerie Tretiakov).

La maison-musée d'Ostrovski – **Дом-музей Островского** *(Dom-mouzeï Ostrovskovo ; plan couleur IV, L11,* ***212****) : Malaya Ordynka, 9 (en face de l'église).* ☎ *231-1140. Mer-dim (sf dernier ven du mois) 12h-18h15. Entrée : 150 R.* En retrait dans un jardin, belle et élégante bâtisse en bois des XVIIIe et XIXe s. Demeure d'Alexandre Ostrovski (1823-1886), l'un des plus grands dramaturges du XIXe s. Transformée en petit musée du Théâtre, intime et chaleureux. Nombreux souvenirs, costumes, photos et témoignages sur les autres auteurs dramatiques et acteurs de l'époque, Stanislavski, etc.

L'église Saint-Nicolas-de-Pyji – **Церковь Николы в Пыжах** *(tserkov Nikoly v Pyjakh ; plan couleur IV, L11,* ***213****) : Bolchaya Ordynka, 8.* L'une de nos préférées là aussi, un vrai festival « kokochnikien ». À surprendre dans une belle lumière rasante crépusculaire. Construite par les *streltsy* qui habitaient massivement le quartier, à la fin du XVIIe s. D'une blancheur immaculée, admirer son porche harmonieux, le décor des fenêtres (accolades et colonnettes), la corniche ciselée, surmontée de trois rangs de *kokochniki* et de fines coupoles. En revanche, intérieur sans trop d'intérêt. Longtemps désaffectée, l'église a été rouverte au culte, mais elle n'a pas retrouvé son décor d'origine.

L'hôtel Dolgov – **Усадьба Долговых** *(oussadba Dolgovykh) : Bolchaya Ordynka, 21.* Fort bel hôtel particulier, construit en 1779 pour A. Dolgov, un mec bien qui avait financé l'église en face. Reconstruite après le grand incendie de 1812 (on espère que la *Lloyds* n'assurait pas tous les hôtels particuliers de Moscou !). De style néo-classique, comme c'était l'usage à l'époque, façade richement ornementée.

➢ ***La Piatnitskaya*** – **Пятницкая** *(plan couleur IV, L10-11-12)* **:** longée de nombreux et intéressants édifices. Au n° 6/1, dans la cour, un ensemble constitué de *palaty* des XVIIe et XVIIIe s. Au n° 18, un hôtel construit par Bové du début du XIXe s. Au n° 19, demeure de style classique du XVIIIe s. Au n° 26, l'***église Saint-Clément-Pape-de-Rome*** – **Церковь Папы Римского Клемента** *(tserkov Papy Rimskovo Klementa ; plan couleur IV, L11,* ***210****)*. Construite en 1742 par la tsarine Élisabeth (fille de Pierre Ier), en même temps qu'une autre à Saint-Pétersbourg, en action de grâces pour son accession au pouvoir. Façade originale, unique à Moscou (alors qu'on en trouve plusieurs identiques à Saint-Pétersbourg). Il faut dire que c'est le même architecte pétersbourgeois qui participa à la construction des deux églises. Le décor de pierre blanche sur fond rouge est du plus bel effet. Hélas, elle se révèle en fort mauvais état et ne sera pas visitable avant longtemps.
Au n° 31, une demeure classique du XVIIIe s et, à côté, un bel hôtel de 1894. Au n° 51, *église de la Trinité-à-Vichniaki*. Construite par les *streltsy* en 1678, reconstruite après le grand incendie de 1812. Au n° 64, un hôtel de 1897 offrant une belle façade de style éclectique. Pour finir, au n° 67/1, une petite maison de style classique de la fin du XVIIIe s.

Le musée du théâtre Bakhrouchine – **Музей театра имени Бахрушина** *(Mouzeï teatra imeni Bakhruchina ; plan couleur IV, L12,* ***211****)* **:** *Bakhrouchina, 31/12. ☎ 953-4470. Ⓜ Paveletskaya. Mer-lun (sf lun en été et dernier lun du mois) 12h-19h.* Pour les amoureux de théâtre, la deuxième visite obligatoire après celle de la maison de Stanislavski. L'occasion aussi d'investir totalement le quartier si l'on est venu à pied. Installé dans un bel hôtel particulier de 1896. Riches collections de costumes, décors, programmes, affiches, photos, maquettes de théâtre, souvenirs divers. En particulier dans la section consacrée à Chaliapine.

La maison Igoumnov – **Дом купца Игумнова** *(Dom Kouptsa Igoumnova ; plan couleur IV, K12,* ***215****)* **:** *Bolchaya Iakimanka, 43. Ⓜ Oktiabrskaya.* L'exemple le plus délirant de style pseudo-russe de Moscou et le seul ayant conservé intact son décor intérieur. Malheureusement, ne se visite pas, parce que c'est la résidence de l'ambassadeur de France (peut-être un jour, si le concept des Journées du patrimoine s'exporte !). Construite en 1888 pour N. Igoumnov, un gros industriel amoureux de tout ce qui pouvait rappeler et promouvoir les traditions de la Russie ancienne (ses ouvriers ont dû être fiers que les richesses qu'ils produisaient fussent aussi bien utilisées !). Surmonté d'une loggia, perron particulièrement original, avec ses colonnes renflées et son décor on ne peut plus chargé.

L'église Saint-Jean-le-Guerrier – **Церковь Иоанна Воина** *(tserkov Ioanna Voïna ; plan couleur IV, K12,* ***216****)* **:** *Bolchaya Iakimanka, 46-48.* Encore une église originale à plus d'un titre. Un des plus beaux exemples d'églises de l'époque de Pierre le Grand (1707). Le tsar lui-même en aurait suggéré les plans et aurait donné l'argent pour l'édifier. Plan traditionnel (tour-clocher, narthex, nef et chœur), mais l'ensemble paraît avoir une allure ramassée, comme écrasé par le clocher. Superbe toit de tuiles polychromes à motifs géométriques, assez inhabituel. À l'intérieur, plafond du narthex couvert de fresques, puis (on commence à s'y faire) avalanche d'ors et d'icônes. Belle iconostase de style baroque, porte centrale abondamment sculptée (provient d'une église du XVIIe s aujourd'hui disparue). Noter, à gauche de l'entrée, ce grand samovar en cuivre. À signaler : ce fut l'une des rares églises qui restèrent ouvertes tout le temps du communisme. Depuis le métro, dans son cadre arboré et sa clôture colorée, belle photo de l'ensemble assurée.

La nouvelle galerie Tretiakov – **Новая Третьяковская галерея** *(Novaya Tretiakovskaya galereia ; plan couleur III, I-J8-9)* **:** *Krymski Val, 10. ☎ 230-7788. • tretyakovgallery.ru • Ⓜ Oktiabrskaya ou Park Koultoury. Tlj sf lun 10h-18h30 (fer-*

meture des caisses). Entrée : 600 R ; réduc. Brochure-plan en français (gratuite) Panneaux explicatifs en anglais. Photos interdites.

Depuis 1998, LE grand musée de l'art russe du XXe s (il complète, dans le temps, les collections de la galerie Tretiakov ; voir plus haut), installé dans un immense hall de gare (ou de foire) en béton pas très inspiré. À l'intérieur, même impression d'espace surdimensionné. Cependant, muséographie agréable, œuvres bien mises en valeur et excellente lumière.

Trois grandes sections : les très riches années 1910-1920, le réalisme socialiste des années 1930-1950 et les années 1960-1980. Prévoir du temps, il y a une quarantaine de salles et beaucoup, beaucoup d'œuvres remarquables. Impossible de tout indiquer, mais voici quelques directions et coups de cœur.

À droite de l'escalier principal, la *tour en spirale* de ***Tatlin,*** qui servit de symbole au mouvement constructiviste.

Commencer par la zone 4, à l'étage. La période des années 1910-1920 fut particulièrement créative et connut les grands courants qui rejetaient tout académisme (que des trucs en « -isme ») : cubisme, futurisme, néoprimitivisme, néo-impressionnisme, les derniers rejetons du symbolisme, les premières tentatives d'art « non objectif »... Puis, après 1917, l'art se met au service de la révolution. Les confrontations des artistes, leurs polémiques, leurs bagarres donnèrent la fantastique avant-garde russe, les Malevitch, Kandinsky, Chagall et tant d'autres. Bon, attachez vos ceintures, ça va décoiffer !

Commençons par le « néoprimitivisme » avec les *Buveurs de vin* et *La Cène* de ***Goncharova,*** puis la série de tableaux de ***Larionov,*** au coup de pinceau si personnel. Intéressants *Nu* et *Vendeur de poisson* de ***Tatlin,*** *Pêcheur* et *Village géorgien* de ***Pirosmani,*** ou encore les *Deux dames* de ***Shevchenko.***

On passe ensuite à la section « Du primitivisme au cézannisme » (sic). Avec ***Mashkov,*** on fait dans le mastoc, avec des sujets bien détourés comme le *Portrait d'un poète,* le *Portrait d'E. I. Kirkcaldy* (le personnage est assisté d'une Japonaise), celui de *N. M. Usova* ou encore son *Autoportrait.* Les *Nature morte avec statuette* ou celle *avec citrouille, vase et pinceaux* de ***Kuprin*** offrent un beau contraste de couleurs et une déconstruction habile. On a bien aimé aussi son *Nu appuyé sur un vase bleu.* Passons à ***Rozhdestvensky*** et son *Portrait de Natalia* ou celui de *Juliett Forshtrem.* On a apprécié ***Lentulov,*** dont le *Grand clocher* et *Tverskoy Boulvar* sont joliment déconstruits. Signalons le *Nu dans un fauteuil* et *Mobilier rouge* de l'avant-gardiste ***Robert Falk*** (un Russe, mais oui !).

Dans la section « Du primitivisme au cubisme », ne pas manquer les surprenants *Composition* et *Suprématisme* d'***Alexandra Exter,*** puis, en faisant vite, les toiles de ***Malevitch*** (le célèbre *Carré noir sur fond blanc,* un peu écaillé dirait-on ?), ***Anna Leporskaya, Popova, Filonov*** (nombreuses *Compositions*), sans oublier la sculpture *Poète du désert* d'***Isidor Frikh-Khar.***

Dans « Expressionisme et abstraction », le grand ***Kandinsky,*** qu'on ne présente plus, leader du courant « non objectif lyrique », avec *Composition VII* et *Lac.* À signaler, la *Forêt* d'***Annenkov,*** mais surtout *Au-dessus de la ville* de ***Chagall,*** qui attendit si longtemps pour être exposé à Moscou. Le couple d'amoureux qui survole une ville remplie de palissades évoque les contes russes, la culture juive et l'errance de l'artiste dans lesquels le peintre a grandi. Les salles suivantes présentent ***Yakovlev*** avec l'*Homme au babouin,* le *Pêcheur* ou encore son *Autoportrait* au regard perçant... Étranges *Femmes au bain* de ***Shukhayev,*** et retour d'Annenkov avec le surprenant *Adam et Ève,* de style cubiste. Ne pas manquer non plus le très fameux *Cheval rouge au bain* de ***Petrov-Vodkin,*** ni ses tableaux *Mère* et *Filles au bord de la Volga* (et non de la crise de nerfs). Enfin, une série de ***Martiros Saryan*** *(Montagnes, Ma famille).*

Pour les années 1920-1930, ça se durcit avec des personnages sombres de mineurs et de soldats dans les grandes toiles de ***Deneika.*** Jeter un œil au bronze très pompier des *Joueurs de foot* de ***Chaikov*** avant de trouver enfin de la rondeur dans les tableaux de ***Nikritin*** *(Cérémonie funéraire).* Belle série de ***Shterenberg*** avec *L'Agitateur, Aniska,* ou encore *Les Vieux Jours,* dont le personnage ressemble curieusement à Soljenitsyne. Retour chez Deneika avec son *Gardien de but,* très soviétique, qui contraste avec *Mère,* un personnage doux et sensuel avec son bébé dans les bras. Statue très suggestive de la *Femme paysanne* de ***Mukhina.*** Passer ensuite en revue ***Vilyams*** (*Rallye automobile,* mais rien à voir avec l'écurie de Formule 1), ***Samokhvalov*** *(Fille de Spartak),* ***Tyshler*** (*Danse avec une bannière rouge,* et surtout un étonnant *Sacco et Vanzetti* !), ***Goncharov*** *(La Mort de Marat),* ou encore l'amusant ***Luchishkin*** *(Fanfare, Le ballon s'envole).*

UN CADEAU ÉGARÉ

En 1925, le designer constructiviste Rodtchenko participe à l'Exposition internationale des arts décoratifs de Paris, où il monte le pavillon soviétique et présente un projet d'aménagement grandeur nature d'un club ouvrier, modèle d'un incroyable modernisme alliant lignes épurées et couleurs noir-rouge-blanc. Quand l'exposition ferme, la maquette est offerte au Parti communiste français. Depuis, personne ne sait ce qu'elle est devenue. Pour montrer cette réalisation majeure au musée, il a donc fallu la reconstituer à partir de photos d'époque.

Le réalisme socialiste est le courant artistique qui couvrit les années 1930-1950. Cette période est l'aboutissement d'un âpre conflit opposant les artistes et le pouvoir. En 1932, toutes les associations et groupes artistiques des années 1920 furent interdits par un décret du parti communiste. Les artistes étaient alors priés de cesser de produire de la peinture dégénérée ou inutile et de se mettre au service de la classe ouvrière. De nombreux artistes se soumirent aux ordres et produisirent une peinture extrêmement conformiste, exaltant uniquement les vertus révolutionnaires des ouvriers et des paysans. Cette standardisation de la pensée amena, bien entendu, un appauvrissement considérable de la créativité et de l'imagination en peinture et sculpture. Cependant, comme pour le style pompier du XIXe s, certaines toiles, certaines statues (voir les œuvres du Centre panrusse des expositions) gagnèrent avec le temps une réelle personnalité, par leur démesure, leur côté excessif ou grandiloquent. En outre, certains artistes, malgré les sujets imposés, arrivèrent à se détacher des contraintes, à avoir une démarche personnelle, à exprimer un vrai talent. En conclusion, on peut dire qu'à défaut de produire des chefs-d'œuvre impérissables le *réalisme socialiste* fut un style historique, bien représentatif de son époque.

Dans la section « Art officiel dans un État totalitaire », indiquons donc ***Isaak Brodsky*** et son *Lénine à Smolny,* ainsi que les grands formats très soviétiques de Tatiana Yablonskaya... ce qui n'empêche pas un titre très court tel que *Pain.* Mais le plus grand chantre du réalisme socialiste fut incontestablement ***Guerasimov.*** Il fut, en peinture, la brosse à reluire de Staline (et, en outre, doté d'un pouvoir considérable), réputé à l'époque pour réprimer toutes les déviances artistiques. Son *Staline et Vorochilov au Kremlin* (1938) se passe de commentaires (et son *Premier régiment de cavalerie,* le pompon, Staline au milieu de ses officiers de cavalerie). On a quand même apprécié le réalisme des paysans aux champs de ***Plastov.*** Mais notre grand coup de cœur dans le genre fut *Lettre du front* d'***Alexander Laktionov.*** Pour la qualité du dessin, c'est du niveau de Norman Rockwell (le grand illustrateur américain), plus un remarquable travail sur la lumière et les détails. Cela donne une chaleureuse humanité, de l'émotion même à ce moment d'intimité villageoise que représente cette « lecture d'une lettre d'un soldat au front ».

Intéressante section intitulée « Art libre dans un État totalitaire », qui contraste évidemment avec la précédente. Voir notamment les femmes nues de ***Tatiana Mavrina,*** le *Portrait de Sergueï Prokofiev* de ***Konchalovski,*** la série de ***Larionov*** (dont *Une cocotte chez le coiffeur*) et celle de ***Robert Falk*** *(Réminiscence, Femme à la tête bandée),* ou encore ***Drevin*** *(Route d'Arménie, Deux baigneuses).*

Enfin, la période récente commence par les années 1960. Belle série d'***Ivanov*** (*Paysannes près de Ryazan,* très dignes, *Autoportrait avec ma fille, Au café Greko*), ***Salakhov*** *(Portrait du compagnon Kara Karayer, Femmes d'Apsheron),* ***Popkov***

(Un couple, Veuves, Grand-mère était quelqu'un de bien...), ***Korzhev-Chuvelyov*** *(Mère, Un artiste)*, ***Mylnikov*** (*Corrida* et *Crucifixion*, très sombres...), ou encore ***Moiseyenko*** (mystérieux *Messagers*...).
Les années 1950-1980 marquent le retour de l'avant-garde avec des artistes comme ***Roginsky, Turetsky, Zlotnikov*** ou ***Yegorshina.*** On rentre totalement dans l'abstrait avec ***Masterkova, Rabin, Novikov, Yankilevsky*** (nombreuses *Compositions*) et bien d'autres, et presque dans la B.D. avec ***Pivovarov.*** La qualité baisse un peu pour les années les plus récentes, mais la dernière partie, consacrée à l'art contemporain et conceptuel, est parfois drôle, avec par exemple Staline et Marylin mis sur le même plan ou Lénine assurant la promotion de Coca-Cola... Après la visite, un rafraîchissement s'impose au *Art Café* qui se trouve à gauche de l'entrée. C'est aussi un resto élégant avec piano-bar.

– ***Le parc des Statues déchues :*** *9h-22h en été et 10h-21h en hiver. Entrée : 100 R... et slt 20 R si l'on vous prend pour un Moscovite.* Dans le grand jardin jouxtant la nouvelle galerie Tretiakov, on a placé, pour une retraite bucolique méritée et on l'espère, heureuse, un certain nombre de statues déboulonnées après la chute du communisme. Un rab donc de Lénine, Marx, Gorki et autres anciennes grandes figures de la Russie soviétique, sans oublier le sinistre Félix Dzerjinski, fondateur de la *Tcheka,* l'ancêtre du KGB. Seuls quelques sculpteurs accrédités avaient le droit de travailler la tête de Lénine. Ces artistes étaient le plus souvent avides de pouvoir et d'honneurs. Souvent donc aussi les plus mauvais. Sinon, pas mal de statues figurant des prolétaires décidés et l'air vainqueur, dans le plus pur style réaliste socialiste, présentent un certain intérêt. Notamment celles exposées à l'entrée du parc (sur la *Krymski Val ulitsa*).

Au sud du quartier de Zamoskvorietchiye

Le parc Gorki – **парк имени Горького** *(plan couleur III, I9) : au sud de Krymskaya ul.* Ⓜ *Oktiabrskaya. Ouv 10h-22h (21h l'hiver).* Créé dans les années 1920, le premier parc de la culture de l'ère soviétique. On y trouve un populaire parc d'attractions. Il s'étend sur plus de 100 ha. Sentiers sympas pour se balader, lac où l'on peut canoter, patinoire en hiver et concours de sculptures sur glace.

Le monastère Donskoï – **Донской Монастырь** *(Donskoï monastyr ; plan couleur I, A2,* ***230****) : au bout de la Donskaya ul.* Ⓜ *Chabolovskaya. Ouv 7h30-19h. Tenue correcte exigée. Les femmes doivent se couvrir la tête (foulards à disposition près de l'entrée).*
Un autre de nos coups de cœur, élu notre monastère préféré n° 2. Approche tout aussi bucolique que le Novodiévitchi. Monastère fondé en action de grâces (en 1591), après une victoire de Boris Godounov sur les Tatars, à cet endroit précis. Dans le camp retranché de l'armée russe, une tente abritait la très vénérée et miraculeuse icône du Don. Une église en brique, la *Stary Sobor* (ancienne église), fut alors érigée par le tsar. À l'occasion d'une autre victoire sur les Turcs, on lui adjoignit, en 1677, une tour-clocher et quelques chapelles. À l'issue d'une nouvelle guerre gagnée en 1684 en Crimée, on édifia la *Novy Sobor* (la nouvelle église), toujours en l'honneur de l'icône de la Vierge du Don. La sœur aînée de Pierre le Grand, la princesse Sophie, donna pour cela beaucoup d'argent. Le monastère servit de musée d'Architecture de 1934 à 1992 et, en 2008, on y a enterré Soljenitsyne.
La première chose que l'on aperçoit en arrivant, c'est la superbe *enceinte* de brique. Venir par une belle fin d'après-midi, lorsqu'elle prend de chaudes tonalités à travers les grands arbres. Commencée en 1686 sous la régence de Sophie. De plan rigoureusement carré, avec une tour ronde aux quatre coins et deux tours carrées sur chaque côté. La partie supérieure des tours évoque une couronne richement ouvragée, forme que l'on ne retrouve qu'à la tour Koutafia au Kremlin et à Novodiévitchi. Des chapelles s'y intègrent sur les murailles nord (les premières quand on vient du métro) et ouest (l'entrée principale).

– ***L'entrée principale :*** on passe sous le clocher-porche de la *chapelle Saint-Zacharie-et-Sainte-Élisabeth* (1750) de style baroque. Sur la gauche, bâtiments du séminaire.
– ***Novy Sobor :*** construit à partir de 1689, on y sent des influences ukrainiennes, base de ce qui allait donner pendant 30 ans le célèbre style Narychkine. Plan carré du vaisseau central, surmonté au milieu d'une tour-lanterne, avec quatre absides et autant de tourelles de chaque côté, mon tout coiffé de coupoles (noter les croissants sous les croix, symbole de l'échec de l'islam des envahisseurs mongols et tatars). L'ensemble est surélevé et repose sur le tombeau des tsars géorgiens (venus se réfugier à la cour de Pierre le Grand, fuyant les Turcs). Tout autour, élégante galerie à arcades. Trois escaliers en permettent l'accès. À l'intérieur, l'enchantement (attention, comme ailleurs, photos interdites et moines redoutables en cas d'infraction !). Iconostase sublime, de style baroque, réalisée en 1695. Porte Sainte en bois sculpté d'une richesse inouïe. Devant, un lustre énorme en bronze doré. Noter les deux colonnes colossales (avec fresques d'origine) et la coupole très haute, en restauration. En fin d'après-midi, luminosité sans pareille.
– ***Stary Sobor :*** l'église la plus ancienne (1591). L'avant-nef et la tour-clocher à *chatior* furent rajoutées en 1677. On en a la plus belle vision depuis le chevet (trois rangs de *kokochniki*), dans le cimetière derrière. À l'intérieur, copie de la célèbre *Vierge du Don* (l'original se trouve à la galerie Tretiakov).
– Quand on sort de l'église, en face, sur la gauche, s'étire un long *bâtiment conventuel* du XVIIIe s. Sur sa gauche, le secteur hospitalier et la *chapelle l'Archange-Saint-Michel* (1806) de style classique. Elle abrite le tombeau des princes Galitsyne.
– ***Le vieux cimetière :*** balade particulièrement romantique parmi de nobles et élégantes tombes, mausolées et oratoires. Cimetière de l'aristocratie et des grandes familles industrielles du XIXe s. On y trouve le grand Soljenitsyne, mais aussi l'oncle de Pouchkine, la mère de Tourgueniev, quelques poètes, écrivains et hommes politiques (*Mouromtsev,* président de la première Douma, et le philosophe *Tchaadaev,* enfermé dans un asile par Nicolas Ier). Sous les grands arbres, le long d'allées paisibles, dans la lumière dorée d'une fin d'après-midi, allez maintenant à la découverte de tous les styles qui fleurirent ici : style classique (XVIIIe s) dominant bien sûr, Empire, pseudo-russe, Art nouveau, mosaïques reprenant des thèmes médiévaux, etc.
Ne soyez pas étonné par la présence de véhicules blindés sur le territoire du monastère. C'est un souvenir de la « charité du peuple ». En effet, en 1943, la colonne de chars « Dmitri Donskoï » a été formée grâce aux dons des chrétiens.

***Le monument à Gagarine* – Памятник Ю. Гагарину** *(Pamiatnik Y. Gagarinou ; plan couleur I, A2-3) : pl. Gagarine.* Ⓜ *Leninski Prospekt.* Impressionnante statue en titane pour honorer le premier voyageur de l'espace en 1961, à la mesure de la ferveur populaire dont il fut l'objet. Elle ouvre une perspective stalinienne typique, avec ses prestigieux immeubles réservés à l'époque aux cadres du PC.

Le monastère Danilovski* – Даниловский Монастырь** *(Danilovski monastyr ; plan couleur I, B2-3,* ***231*) : Danilovski, 22.* Ⓜ *Toulskaya. Ouv 7h30-19h. Tenue correcte exigée (foulard sur la tête pour les femmes, pantalon pour les hommes).*
Il y eut un premier monastère à la fin du XIIIe s, fondé par le prince Daniel, fils d'Alexandre Nevski. Il lui donna son nom et y fut enterré. Après deux siècles d'abandon, le tsar Ivan le Terrible en reconstruisit un nouveau en 1560, ainsi que le *sobor des Saints-Hiérarques-des-Sept-Conciles-Œcuméniques* (ouf !). En 1652, on retrouva les restes du prince Daniel, par la suite canonisé. Dans les années 1930, le monastère fut transformé en prison pour mineurs. Rouvert au culte en 1983 (pour le millième anniversaire du « baptême » de la Russie, dans un geste de préperestroïka), il est aujourd'hui la résidence du patriarche de Moscou. Dans l'ensemble, ne possède pas le charme de Novodiévitchi et de Donskoï.
– Superbe ***enceinte*** (1681) crénelée, ponctuée de tours et meurtrières. Contrairement à celle de Donskoï (construite à la même époque), elle paraît ici plus défensive, moins décorative.

– Entrée par l'*église-porche Saint-Siméon-Stylite* (1731). Le beau clocher rose avait été démoli sous Staline (qu'avait-il contre le rose ?). On y retrouve des éléments de baroque Narychkine.
– ***L'église des Saints-Pères :*** *à gauche de l'entrée, tte blanche, avec coupoles vertes et dorées.* Édifiée sur les vestiges du *sobor des Saints-Hiérarques.* Au 1er étage, belle iconostase (ça commence à lasser) et fresques sur la coupole. À gauche du chœur, reliques très vénérées. En dessous, la vieille église sous voûtes.
– ***L'église de la Trinité :*** *face à l'entrée, à droite.* Bien que construite par Bové en 1833, elle est d'un classicisme fort classique et sans profonde originalité, un peu lourd même.
– ***Petit musée :*** *à gauche de l'entrée (ouv mer et w-e 11h-13h, 13h30-16h).*

AU NORD-EST DE KITAÏ GOROD *(plan couleur V)*

Petite balade pour les impénitents trekkeurs urbains. S'ils sont encore en jambes, voici quelques suggestions d'itinéraires.

➢ Départ du métro Loubianka. Remonter la *Bolchaya Loubianka,* puis son prolongement, la *Sretenka.* De part et d'autre, d'intéressants édifices. Bon, on a déjà précédemment vu l'immeuble du KGB à l'entrée de la Bolchaya Loubianka. Au n° 4 (au coin de Kouznietski), on trouve le *Club Dinamo* (1928), typique du style « classique prolétarien » (cependant assez rare en ville). En face, au n° 5, l'immeuble de la *compagnie d'assurances Rossia* (1905).
Au n° 14, un petit *palais* des XVIIe et XVIIIe s, d'abord propriété du prince Pojarski, héros de la guerre contre les Polonais (1612), puis de la puissante famille Narychkine. En 1812, au moment où Napoléon faisait la même erreur que fera Hitler, c'était la ***résidence du comte Rostoptchine*** *(plan couleur V, O14,* ***217****),* gouverneur militaire de Moscou. Par un de ces clins d'œil ironiques de l'histoire, sa fille devait par la suite épouser Philippe de Ségur, le propre aide de camp de Napoléon, et devenir célèbre et enchanter notre enfance sous le nom de *comtesse de Ségur.*
Au n° 21, le ***monastère Srétienski*** *(plan couleur V, O14,* ***218****),* joliment illuminé la nuit. C'est grâce à Tamerlan, le grand Mongol, qu'il fut édifié. En 1395, son armée était en passe de conquérir toute la Russie. On déplaça alors l'icône de la Vierge de Vladimir à Moscou pour protéger la ville. Il faut croire que ce fut efficace, puisque Tamerlan rebroussa chemin quasiment sans combattre. En signe de reconnaissance, on construisit le monastère à l'endroit même où fut accueillie l'icône. En 1679, on lui adjoignit cette belle ***église de la Rencontre-de-l'Icône-de-la-Vierge-de-Vladimir.*** Plan carré, trois absides discrètes, *kokochniki* et cinq tourelles. À l'intérieur, nef à deux colonnes (disposition plutôt rare), fresques murales du début du XVIIIe s.
Sur Sretenka, deux autres églises : à l'angle avec Rojdestvenski, l'***église de la Dormition-des-Imprimeurs*** (XVIIe s) qui, comme son nom l'indique, était la paroisse de ce quartier des imprimeurs. Plus haut, même trottoir, au métro Soukharevskaya, l'***église de la Trinité-à-Listy*** de 1650. Construite par les fameux *streltsy* du coin (Dieu les a quand même lâchés !). Imitation des églises du Kremlin (cinq tourelles, plan carré, quatre piliers). Toute cette portion de rue, entre les deux églises, est en voie de restauration. Quelques belles bâtisses des XVIIIe et XIXe s et des condominiums de nouveaux Russes qui s'implantent.

➢ Revenir à l'angle de Sretenka et Rojdestvenski. « *Go East young man* » par *Rojdestvenski boulvar.* Au passage, l'immense statue de Nadejda Kroupskaya (femme de Lénine) et début de la balade par les jardins centraux. Rendez-vous favori des gens du quartier pour prendre le frais. Beaucoup, beaucoup de jeunes également, qui squattent les bancs et descendent des milliers de canettes de bière. Pas de tensions, une grande tradition de communication et de convivialité dans l'après-midi déclinant (longtemps, il n'y eut pas de cafés à Moscou pour se rencontrer). Au passage, le grand carrefour du métro Tchistye Proudy. Coin particulièrement animé. On est tenté de repartir à droite par la Miasnitskaya. Avec quelques bonnes raisons : de nombreux immeubles de grand intérêt tout du long, et on se retrouve à l'extraordinaire *musée Maïakovski*.

➢ Mais aujourd'hui, on a décidé de coller à la verdure. On continuera donc par notre boulevard superbement arboré, le *Tchistoproudniï boulvar* (le boulevard des Clairs-Étangs ou Étangs-Propres).
On s'autorise seulement deux mini diversions. L'une nous mène au n° 21 de Kharitonievski pereulok pour admirer le ***palais Youssoupov*** *(plan couleur V, P14),* de la fin du XVIIe s (rénové à la fin du XIXe s). L'autre nous amène au n° 15 d'Arkhanghelski pereulok, pour découvrir la ***tour Menchikov*** – **Меньшикова башня** *(Menchikova bachnia ; plan couleur V, P14,* ***219****),* une petite merveille de baroque moscovite. Église construite en 1704, avec un très haut *clocher* pour l'époque, puisqu'il dépassait celui d'Ivan-le-Grand au Kremlin (ce fut toléré, probablement parce que Menchikov était l'un des favoris de Pierre le Grand). Ornementation d'une incroyable richesse.
En profiter pour aller faire un tour dans la ***ruelle Potapovski*** – **Потаповский переулок** toute proche. Quartier serein à souhait. La rue arbore nombre de belles façades classiques. Bien mises en valeur la nuit.

➢ Toujours à la recherche de nos « étangs propres ou clairs », on retrouve le *Tchistoproudniï boulvar.* Tiens, un mini lac ! Bon sang Janvier, mais c'est bien sûr, les voilà justement nos ***Tchistye Proudy*** – **Чистые Пруды** *(littéralement « les Étangs Propres » ; plan couleur V, P14,* ***220****).* Surprenant coin provincial, paisible et bucolique dans la ville. Un « étang du Patriarche » du nord-est en quelque sorte ! Existe depuis le XVIe s, longtemps un peu le dépotoir (les bouchers du coin y déversaient leurs vieux os). Au début du XVIIIe s, Menchikov (dont on parlait un peu avant) le fit nettoyer et il gagna le surnom d'« Étang Propre ». On peut y canoter, atmosphère quasi romantique, presque propice aux mots doux. Petits cafés sur les rives. Alentour, quelques édifices intéressants. Notamment, au n° 14, à la hauteur de l'étang, un immeuble de 1912 dont le décor fut réalisé par S. Vachkov, un peintre pétri de style néorusse. Il reproduisit en façade le relief ciselé de la cathédrale de Vladimir. Au n° 12, la *maison des Syndicats des peaussiers* (1925), typique du style rationaliste de l'architecture d'avant-garde à l'époque (premiers étages de bureaux, les derniers pour loger les employés).

➢ On croise la ***ulitsa Pokrovka.*** Petite diversion donc pour l'***église de la Trinité-sur-les-Boues*** (1857), au n° 13. Elle fut mutilée dans les années 1930, mais elle conserve un beau décor néo-Renaissance en façade. Pourtant c'est au n° 22, Pokrovka, que vous découvrirez le meilleur : la ***maison Apraksin*** *(plan couleur V, P14,* ***221****),* chef-d'œuvre du baroque pétersbourgeois à Moscou. Construite en 1766. Particulièrement impressionnante avec sa monumentale façade qui ondule et son décor chargé (colonnes, frontons, corniches saillantes, fenêtres ouvragées, etc.). Elle évoque un peu le palais d'Hiver à Saint-Pétersbourg. Au n° 26, l'***église de la Résurrection-au-Faubourg-de-Barachi*** (1734). Au n° 27, la ***maison Botkine*** de la fin du XVIIIe s qui hérita d'un décor de stucs imitant les motifs de l'art populaire en bois sculpté, très en vogue chez les riches marchands à l'époque (Botkine était négociant en thé et un pote de Pavel Tretiakov).

➢ Retour sur *Pokrovski boulvar.* Au n° 3, un immeuble de style Empire (1820), au n° 11, façade avec un décor 1801 et, au n° 18, un petit palais des XVIIe et XVIIIe s arborant des éléments Empire. En redescendant, côté droit (en face du resto *Datcha,* recommandé dans « Où manger ? »), bel immeuble réalisme socialiste des années 1930. Monumental porche orné de martiales statues. Voilà, fin de notre parcours.

➢ Encore un peu de jus ? Attaquez donc la ***colline Ivanovskaya,*** un des quartiers les plus charmants que l'on connaisse. En fait, vous le côtoyez déjà, vous y avez fait même quelques incursions au fil du parcours précédent. Au long de ruelles en pente douce, savourez un mode de vie paisible, un calme étonnant, des architectures séduisantes et quelques cours moscovites typiques à découvrir. Pas un quartier inconnu d'ailleurs pour les familiers de *Art Garbage* (voir « Où manger ? »). Quelques rues et étapes intéressantes : l'***église Saint-Pierre-Saint-Paul,*** sur Pétropavlovski pereulok. Édifiée en 1700, ce fut une des rares à rester ouvertes pendant toute la durée du communisme. Nombreuses icônes très vénérées. Puis la *Khokhlovski pereulok* qui musarde et ses jolis petits édifices classiques. La *Marosseïka ulitsa* aligne nombre de belles demeures et petits palais. Au n° 14, mignonne architecture extérieure de l'***église Saint-Côme-et-Saint-Damien*** (XVIIIe s) et, au n° 17, bel hôtel de 1780.

Dans le prolongement de Solianka, à 100 m de l'intersection avec Zabelina, sur *Arkhipova ulitsa* (connue aussi sous le nom de *Spassoglinichtchenski pereulok*), s'élève la ***Grande Synagogue de Moscou*** – **Большая московская хоральная Синагога** *(Bolchaya moskovskaya khoralnaya Sinagoga ; plan couleur V, P15,* ***222****)*, ouverte au public. Imposant édifice de style néoclassique, sur longues colonnes. À l'intérieur, vaste hall surmonté de tribunes sous arches. Ornementation très style XIXe s. Fin du parcours, vous voilà revenu sur Kitaï Gorod.

BALADE AUTOUR DE TAGANSKAYA

➢ Départ au sud de l'itinéraire précédent, à partir du premier des sept célèbres gratte-ciel staliniens construits après la Seconde Guerre mondiale. Au n° 1 de *Iaouzskaya,* hôtel édifié en 1820 en style Empire pour des marchands. Aux n°s 9-11, grand palais construit en 1795, pour un maître des forges. En retrait de la rue, architecture très classique (colonnade sous fronton). La grille sur rue sort d'ailleurs des forges du maître. Le palais servit de quartier général à Murat en 1812 et échappa à l'incendie (probablement pour cette raison !). Devint par la suite hôpital.

➢ Sur la *Gontcharnaya ulitsa,* aux n°s 4-6, l'***église Saint-Nikita-sur-le-Mont-des-Ronces,*** l'une des plus anciennes de Moscou (1476). Modifiée à diverses reprises. Tour-clocher du XVIIe s. Au n° 16, une *oussadba* construite pour un riche marchand en 1816 en style Empire. Au n° 29, la gracile ***église de la Dormition-des-Potiers*** de 1654. Nef avec *kokochniki* étagés et cinq tourelles à bulbe. Clocher plus tardif de 1764. Élégante *Nijnaya Radichtchevskaya,* bordée de belles demeures et hôtels. Au bout, peu avant le métro Taganskaya, l'***église Saint-Nicolas*** *(plan couleur IV, M11,* ***223****)* de 1697. Haute nef carrée avec ses classiques rangées de trois fenêtres et superbe décor baroque Narychkine. Au bout de la rue s'élève le célèbre ***théâtre de la Taganka*** – **театр на Таганке** *(teatr na Taganke ; plan couleur IV, M10-11,* ***224****)*, bastion de la résistance au crétinisme brejnévien, défenseur du théâtre d'avant-garde en des temps difficiles. En 1977, il avait pris le risque de monter le célèbre roman de Mikhaïl Boulgakov, *Le Maître et Marguerite.* La troupe compta longtemps dans ses rangs Vissotsky, chanteur et poète très populaire et très cher au cœur des Moscovites (et époux de Marina Vlady à l'époque). Enfin, au n° 57 Zemlianoï Val ulitsa, bâtiment 6, petit ***musée Sakharov*** – **музей Сахарова** *(mouzeï Sakharova),* hommage à l'inlassable militant des Droits de l'homme. Grand physicien, il fut auparavant l'un des pères de la bombe atomique russe.

Le Bunker 42 – **Бункер 42** *(plan couleur IV, M11,* ***260****)* **:** *Kotelnetcheski 5 per., 11. ☎ 500-0553 ou 0554. • bunker42.com • Ⓜ Taganskaya ou Marxistskaya. Du métro, sur la place principale, faire demi-tour vers l'église à bulbes (en face du resto* Les Z'amis de Jean-Jacques*), descendre la rue et repérer l'autre église à bulbes sur la gauche ; traverser vers le bâtiment jaune et entrer au portail vert avec l'étoile rouge. Résa obligatoire ; visite guidée slt, en russe, en anglais ou en français selon affluence. Compter quand même 1 600 R/pers pour 1h30 de visite.*

Contrairement à ce que certains voudraient vous vendre, il ne s'agit pas du bunker de Staline mais celui du haut commandement nucléaire de l'époque stali-

nienne, nuance. Il fut bâti entre 1952 et 1956. On vous expliquera comment la façade du bâtiment était à l'époque un leurre pour simuler une vie normale aux yeux du voisinage...
On descend, à pied, en groupe d'une vingtaine de personnes, les 18 niveaux qui amènent 60 m plus bas. La longueur de la descente donne une petite idée de la folie de cette époque, ça n'en finit pas... On se retrouve finalement au niveau du métro, qui passe d'ailleurs pas loin d'ici. Il paraît que les conducteurs de rames devenaient fous eux aussi lorsqu'ils virent les premiers touristes se marrer et agiter les bras à leur passage ! Depuis, on a rebouché les tunnels qui communiquaient...
La visite commence par la projection d'un film édifiant sur l'époque nucléaire et la guerre froide. Plutôt équilibré dans son propos, mais terrifiant sur le fond. Petit musée avec une très intéressante maquette du site qui donne une vraie idée de l'endroit où l'on se trouve et de ses dépendances, toujours inaccessibles au grand public. Standards téléphoniques, masques, uniformes... Dommage que la visite dérape un peu, à l'américaine paradoxalement, avec essayage de costumes, photos souvenirs et grands éclats de rire à la clé. Cela dit, c'est sans doute une meilleure fin pour ce bunker... La visite des tunnels se poursuit jusqu'à la remontée en ascenseur par groupes de six... ou à pied si le cœur vous en dit. Une visite instructive mais un peu chère quand même.

Le musée Vissotsky – Музей Высоцкого *(Mouzeï Vyssotskovo ; plan couleur IV, M10,* ***245****) : Nijny Taganski toupik, 3. ☎ 915-7578. Ⓜ Taganskaya ou Marxistskaya. Tlj sf dim-lun 11h-17h30. Entrée : env 120 R, incluant l'expo temporaire.*
Sur deux étages de trois ou quatre salles chacun, ce musée permet de suivre l'itinéraire du grand poète et chansonnier Vladimir Vissotsky, qui fut la grande passion amoureuse de l'actrice Marina Vlady.
À l'étage, parcours professionnel de l'artiste (théâtre, cinéma). Le décor en noir et blanc reprend le concept du théâtre de la Taganka (Vissotsky faisait partie de sa troupe) : ascétisme et simplicité. Ensuite, sa vie personnelle : sa guitare, affiches, costumes, lettres, photos d'enfance, départ en France pour rejoindre sa femme (toute une procédure avec invitation, détails du séjour, autorisations...). Reconstitution d'un fragment de datcha, lieu de rencontre avec ses amis. Carte du monde avec lieux de tournées indiqués. Mais c'est à Moscou que sa célèbre voix rocailleuse s'est éteinte en 1980.
Ce petit musée permet en une visite d'une petite demi-heure de se plonger dans le Moscou culturel des années qui précédèrent la perestroïka. Projection d'un film (environ 1h) à la fin de la visite. En russe, mais permet d'écouter certaines chansons de l'artiste. Pour les passionnés.

➢ Tant qu'on est dans le coin, ne pas manquer le ***monastère Andronikov* – Андрониковский монастырь** *(plan couleur IV, N10,* ***232****) : au n° 10, Andronevskaya pl. (Ⓜ Rimskaya, puis 15 mn de marche).* Vous y trouverez aussi le *musée Andreï-Roublev* (voir ci-dessous). Fondé en 1360. Fin du XIVe s, Andreï Roublev y travailla et, d'après la légende, y aurait été enterré, mais on ne retrouva jamais sa tombe. L'église du monastère, le *sobor de l'Icône-Archéïropoïète-du-Sauveur* (ceux qui ont réussi à le prononcer d'un seul coup ont droit à la prochaine édition), est la plus ancienne de Moscou (1410-1427). Peintures murales d'A. Roublev et de D. Tcherny. Réfectoire de 1504, auquel on rajouta, en 1691, l'*église de l'Archange-Saint-Michel.* L'enceinte du XVIIe s, entourant le tout, est surtout décorative. L'endroit est calme, idyllique à souhait et propice à la contemplation. Agréable d'y passer une fin d'après-midi.

***Le musée Andreï-Roublev* – Музей Андрея Рублева** *: dans le monastère Andronikov, donc. ☎ 678-1467. Tlj sf mer et dernier ven du mois 11h-18h (17h30 pour les caisses). Entrée : 300 R.* Même si l'on n'est pas un grand amateur d'icônes, ce musée vaut le détour. Pas d'œuvre du maître Roublev mais plusieurs de ses disciples sont là. La plus vieille date du XIIIe s (époque prémongole). Autre icône, intéressante, du XIVe s, *Spas Neroukotvorny* (en traduction, « sainte face non réalisée par les mains humaines », aussi appelée *icône du Christ Archéïropoïète*). Cette représentation du Christ est typique de la Russie. Expos temporaires.

➢ Enfin, au sud de Taganskaya, on peut aussi faire un détour pour le ***monastère de Novospasski*** – **Новоспасский монастырь** *(plan couleur IV, M-N12, **236**) : Krestianskaya pl., 10. Ⓜ Taganskaya ou Proletarskaya. Ouv 7h-19h.*
Murailles crénelées, larges tours au toit de bois, vision de forteresse moyenâgeuse perchée sur une douce colline des bords de la Moskova. Jolis bulbes bleu turquoise recouverts d'étoiles dorées de la cathédrale de la Transfiguration (1647). Ce monastère fortifié est l'un des plus impressionnants de Moscou. On voit de très loin son magnifique clocher. Originellement situé dans le Kremlin, le monastère du Sauveur fut déplacé plus au sud à la fin du XVe s. Il jouait alors le rôle stratégique d'un fort sur le chemin sud de Moscou. Construction achevée au XVIIe s. À cette époque, le monastère est devenu le lieu de détention des criminels et des hérétiques. Dès sa construction, il a abrité la crypte des Romanov. La prospérité du monastère déclina à la fin du règne de Pierre le Grand. Pillé et incendié en 1812, rétabli environ un siècle après, puis pillé de nouveau, cette fois par les partisans de la lutte anticléricale.
Le monastère a subi pas mal de destructions à l'époque soviétique (le NKVD y a installé une prison) ; devenue une fosse commune (on fusillait sur place), la crypte a disparu dans les années 1930. Le monastère a malheureusement perdu beaucoup de ses richesses, jusqu'à sa reconstitution à partir de 1991 (fresques, restauration de la crypte). Les travaux de restauration vont bon train actuellement (attention à la tête, car on passe sous les chantiers pour pénétrer dans la cathédrale). Monastère en activité, les femmes doivent se couvrir la tête avec un foulard et porter une jupe longue (des vêtements sont disponibles à l'entrée).

À L'EST DU CENTRE

✶✶ ***Winzavod*** – **Винзавод** *(plan couleur I, B2, **265**) : Syromyatnicheski, 4. ☎ 917-3436. • winzavod.com • Ⓜ Kourskaya. Derrière la gare de Koursk, à env 10 mn à pied du métro. Tlj sf lun 12h-20h. Entrée libre (sf, parfois, pour l'une ou l'autre expo).*
Ancienne fabrique de vin du XIXe s (d'où le nom) reconvertie en un superbe centre d'art contemporain. L'ensemble des bâtiments, en brique rouge, regroupe une dizaine de galeries cotées à Moscou et trois vastes espaces d'expo (dans les hangars et anciennes caves). Au menu : l'art contemporain russe, mais aussi étranger, dans tous ses états, de la photo grand format à la peinture abstraite en passant par les installations les plus avant-gardistes. Rien de permanent, que du temporaire (voir le site internet, version anglaise disponible), mais la variété et la qualité des expos sont là. Un must, vraiment, pour les amateurs de créations décoiffantes ! En prime, le lieu organise régulièrement conférences et débats (pas mal d'invités étrangers), et propose une boutique, une librairie et deux cafés-restos (avec *business lunch* l'après-midi).

AU NORD DU CENTRE

✶ ***Le musée des Arts décoratifs*** – **Всероссийский музей декоративно-прикладного и народного искусства** *(Vsierossiïski mouzeï dekorativno-prikladnovo i narodnovo iskoustva ; plan couleur II, F4, **243**) : Delegatskaya, 3. ☎ 609-0167. Ⓜ Tsvetnoï Boulvar. Tlj sf mar et dernier lun du mois 10h-18h (17h pour les caisses). Entrée : 150 R.* Sur trois étages, collections assez riches de meubles, porcelaines et autres objets décoratifs des XIXe et XXe s. Voir, au rez-de-chaussée, la belle cheminée en faïence de Vrubel. Au sous-sol, textiles, dentelles et amusantes théières. Nouvelles salles aussi, avec des costumes traditionnels russes, des objets en bois et en verre (notamment de la vaisselle datant de l'ère soviétique, d'abord artisanale puis faite à la chaîne), ainsi que des peintures sur céramique et métal.

La maison-musée de Vasnetsov – **Дом-музей Васнецова** *(Dom-mouzeï Vasnetsova ; plan couleur V, O13,* ***182****) : per. Vasnetsova, 13. ☎ 681-1329. Ⓜ Soukharevskaya ou Prospekt Mira. Mer-dim (sf dernier jeu du mois) 10h-17h (16h30 pour les caisses). Entrée : 250 R ; réduc.* Ce n'est pas parce qu'on étrille un peu ce peintre à la galerie Tretiakov (dont il est pourtant l'auteur de la prestigieuse façade) qu'on ne va pas indiquer sa fort jolie demeure, située dans un quartier tranquille et sympa. Peintre de la tradition populaire russe, amoureux de vieille architecture, tenant du courant « romantique national », Vasnetsov dessina en 1892 cette isba de rondins en bois et aux toits verts ou polychromes. Il y mourut en 1926. En fait, ce n'est pas une simple imitation de maison de paysan, mais une architecture vraiment originale. Visite sympa : meubles en bois souvent dessinés par l'artiste lui-même, belles céramiques, toiles perso, son atelier, le tout constituant un environnement véritablement conforme à ses choix philosophiques et artistiques.

La maison natale de Dostoïevski – **Музей-квартира Достоевского** *(Mouzeï-kvartira Dostoïevskovo ; plan couleur I, A1-2,* ***227****) : ul. Dostoïevskovo, 4. Ⓜ Novoslobodskaya. Mer et ven 14h-20h ; jeu et w-e 11h-18h. Fermé lun-mar et dernier j. du mois. Entrée : 50 R.*

Attention, pas de malentendu, avant tout pour admirateur(trice)s de l'écrivain, car rien de spectaculaire, témoignages, documents et mobilier se révélant assez pauvres. Gérée par une association qui, visiblement, possède fort peu de moyens et fait ce qu'elle peut. Appartement qui paraît un peu dénudé donc, mais nos lecteurs sensibles aux atmosphères et aux signes ressentiront quelque chose, surtout si c'est l'une des étapes obligatoires d'un itinéraire dostoïevskien.

L'écrivain vécut donc ici jusqu'à l'âge de 16 ans. Son père était médecin à l'hôpital juste à côté (le grand bâtiment à colonnes). On va d'ailleurs trouver ici le livre des morts de l'hosto des années 1810-1820 (y sont inscrits des noms d'officiers français qui y trépassèrent en 1812). Tout au fond, deux grandes pièces avec quelques souvenirs. Jouets de l'époque. Salon avec des meubles du XIXe s ayant appartenu à la famille. Au mur, les portraits de son père, de sa mère, de sa tante et de son oncle (qui fut maire de Moscou). Sur la table, les ordonnances médicales du père. Lit où mourut la maman. Dans le jardin, petit monument dédié à l'écrivain.

Le musée central des Forces armées – **Центральный музей вооруженных сил** *(Tsentralni Mouzeï Vooroujenikh Sil ; plan couleur I, A1-2,* ***242****) : Sovietskoï Armii ul., 2. ☎ 681-4877. Ⓜ Dostoyevskaya. Mer-dim 10h-17h (16h30 pour les caisses). Entrée : 75 R ; réduc. Photos et vidéos payantes (plus cher que le ticket !).*

Très riche fonds dédié à la Seconde Guerre mondiale, mais les autres conflits, même plus récents, ne sont pas oubliés. On peut y voir, entre autres, le drapeau de la victoire soviétique hissé sur le Reichstag de Berlin en 1945, ainsi que l'épave d'un avion-espion américain abattu en 1960. En gros, les collections vont du XVIIIe s à nos jours. Parc avec véhicules militaires.

Le monument aux Conquérants de l'espace – **Памятник покорителям Космоса** *(Pamiatnik pokoriteliam Kosmossa ; plan couleur I, B1,* ***234****) : à la sortie du métro VDNKh.* Érigé en 1964, quelques années après le fameux vol de Gagarine. Impressionnante flèche courbée de titane montant au ciel à 107 m de haut (et surmontée d'une fusée), à la dimension de la fierté des Russes à l'époque. À ses pieds, *Tsiolkovski,* le père des fusées soviétiques, et le *musée des Cosmonautes* (voir ci-dessous). Sur les côtés, tous les héros de la conquête spatiale en bas relief, du dessinateur au cosmonaute en passant par le soudeur et l'ingénieur, sous l'œil attendri de Lénine. Devant part l'allée des Cosmonautes avec les bustes de *Gagarine, Belaïev, Komarov, Terechkova, Léonov* et *Koroliev,* le fabricant des fusées.

Le musée des Cosmonautes – **Мемориальный музей Космонавтики** *(Memorialny mouzeï Kosmonavtiki ; plan couleur I, B1) : au pied du monument aux Conquérants de l'espace (voir ci-dessus). ☎ 683-7914. Tlj sf lun et dernier ven du mois 10h-18h. Entrée : 100 R. Photos payantes. Brochure-guide en anglais.* Pour les fans de l'espace, un intéressant musée retraçant toute l'épopée spatiale soviétique depuis les années 1930. Vous y découvrirez le premier satellite artificiel envoyé depuis la Terre, le 4 octobre 1957, le premier *Vostok* qui embarqua un cosmonaute, la combinaison d'entraînement de Gagarine, *Mars 3* qui s'y posa, les chiens *Belka* et *Strelka*, héros de l'espace et naturalisés pour l'éternité, d'autres satellites, véhicules lunaires, des témoignages de la coopération internationale... Le tout remarquablement mis en scène, dans de beaux jeux de lumière.

Le Centre panrusse des expositions (VVTs) – ВВЦ-Всероссийский Выставочный Центр *(Vsierossiski Vystavotchni Tsentr ; plan couleur I, B1,* ***233****) :* Ⓜ *VDNKh. Ouv 10h-21h.*
À l'origine, en 1939, une vaste exposition de prestige destinée à vanter les productions agricoles de toutes les régions d'URSS. En fait, dans l'esprit de Staline, plus une opération de propagande idéologique visant à démontrer la supériorité du régime communiste qu'un grand salon professionnel de l'agriculture. Expo qui ne devait être que temporaire, mais il fut décidé, vu son succès et l'ampleur des constructions, de la rendre permanente.
Un gag : dans la perspective d'être démolis, pas mal de pavillons avaient été édifiés avec des matériaux bon marché, de qualité médiocre. Certains constructeurs furent sévèrement sanctionnés pour « sabotage » et leurs pavillons durent effectivement être démolis.
Khrouchtchev rouvrit l'expo en 1954 en l'axant plus sur la mise en valeur de toutes les réussites économiques et scientifiques soviétiques. Entre-temps, la superficie de l'expo avait été presque doublée, de nouveaux pavillons construits et son plan modifié suivant un axe central. À l'origine, tout devait être fait pour convaincre de la supériorité des kolkhozes sur le capitalisme en matière de production agricole. D'où la floraison de statues et d'allégories triomphantes allant dans ce sens, à commencer par *L'Ouvrier et la Kolkhozienne* brandissant faucille et marteau, le célèbre couple du pavillon soviétique de l'Exposition universelle de Paris (1937). Cette imposante statue, réalisée par le sculpteur Moukhina, faisait face au pavillon de l'Allemagne hitlérienne. Aujourd'hui, c'est plus qu'un symbole de temps révolus : une pure merveille (située à la droite de l'entrée principale, restauration probable). Suivis d'une autre fière kolkhozienne et d'un martial conducteur de tracteur qui dominent l'entrée principale, prêts à balancer une énorme gerbe sur le premier qui tente d'y grimper.
Dans l'ensemble, à quelques exceptions près, c'est le style néoclassique qui domine. On peut s'amuser à repérer, de-ci de-là, des réminiscences Art déco, quelques formes classiques pures ou de rares tentatives d'amorce de commencement d'ébauches avant-gardistes. En revanche, certains pavillons des ex-républiques périphériques montrent plus d'influences architecturales locales (styles caucasien, toutes les combinaisons gothico-mauresques, éléments de folklore national, etc.).
Aujourd'hui, les pavillons accueillent des centaines de boutiques de toutes sortes, principalement d'électronique, TV, vidéo, photo, musique, gadgets divers. Un gigantesque bazar oriental où les Russes goûtent aux frénésies de la consommation occidentale. C'est sûr, ici vous ferez vos meilleures affaires pour la vidéo et les CD. Cependant, le côté emporium du site, la vulgarité de boutiques sans âme, ces amoncellements de trucs made in Japan, Taiwan ou Republic of China nous ont un peu déprimés (on n'est pas venus pour ça, au fond). Allez, celles et ceux qui ne viendront que pour cette architecture stalinienne, qui a gagné une vraie personnalité avec le temps, ne seront pas déçus et découvriront de magnifiques vestiges de l'expo initiale.
Après le passage sous l'arc de triomphe, arrivée au *pavillon central* avec les traditionnelles statues exaltant les vertus du socialisme et la non moins traditionnelle statue de Lénine. Construit en 1954, avec trois étages néoclassiques en escalier garnis de colonnes. Juste derrière, l'étonnante *fontaine de l'Amitié entre les peuples*, le décor préféré des Russes pour la photo souvenir. Ornée de 16 statues de bronze doré figurant toutes les ex-républiques soviétiques dans leurs costumes nationaux. Chacune d'elles croulant sous les bienfaits de la terre, maïs, raisin,

céréales, etc. Au milieu, une immense gerbe de blé. Féerique lorsque les centaines de jets d'eau fonctionnent et encore plus la nuit, avec les éclairages.
Un peu plus loin, une autre fontaine monumentale géniale, précédée d'un grand bassin. Là encore, dans un style quasi gaudien (du Catalan Gaudí, bien sûr), exaltation des prodigalités de la terre nourricière. Tout autour du bassin, ce ne sont que corbeilles chargées de fruits, légumes et vins...
Dans l'axe de la fontaine, l'ancien *bâtiment de l'Ukraine,* un monument de kitsch stalinien ahurissant. Là encore sur le thème de l'abondance, alors que l'Ukraine achevait à peine d'enterrer les derniers des millions de morts de la grande famine qui suivit la collectivisation forcée. Personnages avec des gerbes plein les bras, balustrade composée d'épis de blé. Décor de façade assez fou, dans le genre, festival de stucs et céramiques, surmonté d'une espèce de couronne d'un éclectisme total.
Enfin, au loin, une fusée évoquant la conquête de l'espace et qui remplaça une immense statue de Staline.

Le palais Ostankino – музей-усадьба Останкино *(Mouzeï-oussadba Ostankino ; plan couleur I, A-B1,* ***235****)* **:** *Pervaya Ostankinskaya, 5. ☎ 683-4645. Ⓜ VDNKh ; ensuite, tramways n°s 11 ou 17 jusqu'au terminus. Ouv pour la visite libre de mi-mai au 30 sept, 10h-18h. Fermé lun-mar, ainsi que pdt et après les orages, ce qui est d'une poésie troublante ! Entrée : 80 R. Photos interdites.* L'ancien domaine du prince Tcherkassy passe au XVIIIe s dans le patrimoine des comtes Cheremetiev (très riche famille qui posséda jusqu'à 300 000 serfs !), qui l'élargissent – 1 600 ha – et font construire un palais en bois en deux parties. L'une consacrée à l'habitation et l'autre aux arts, avec un théâtre, une galerie de peintures, le pavillon égyptien aménagé en salle de concerts et le pavillon italien conçu pour exposer des sculptures. Imposante façade néoclassique à colonnes. À la fin du XVIIIe s, le palais impressionnait ses visiteurs, même les plus célèbres (monarques étrangers, tsars...) par la richesse et l'extravagance de ses décors intérieurs. Une anecdote : comme il était en bois, par crainte du feu, il n'était jamais chauffé ! Festival de musique de juillet à septembre (fermé pour les visites libres les jours de concert).

À VOIR ENCORE, EN DEHORS DU CENTRE

L'université de Moscou **– Московский Государственный Университет-МГУ** *(Moskovski Gossoudarstvenny Ouniversitet ; plan couleur I, A3,* ***237****)* **:** *Vorobiévy Gory. Ⓜ Ouniversitet.* Appelée MGOU, construite de 1949 à 1953 sur le mont Lénine (le mont des Moineaux), le point culminant (195 m) de Moscou. L'une des plus significatives constructions de prestige du stalinisme. Architecture particulièrement impressionnante qui, curieusement, reprend le plan d'une église (plan en croix et tour à la croisée des bâtiments, surmontée d'une flèche, avec l'étoile rouge). Autre volonté des architectes : exprimer la hiérarchie du savoir, par une montée progressive de la hauteur des édifices vers la flèche. Les proportions de l'ensemble se révèlent tout simplement remarquables. Tout autour, d'immenses jardins. L'esplanade livre un superbe panorama en plongée sur Moscou, un peu comme la vue sur Paris au pied du Sacré-Cœur, mais version XXL ! Funiculaire jusqu'en bas pour ceux qui ne veulent pas se fatiguer les jambes (40 R l'aller). Franchement, ne vaut pas le coup.
En été, terrasse de café juste à côté, pour prendre un verre surtout (cuisine pas terrible) et profiter du panorama. Ne pas confondre avec le resto *Ritsarski Club* (déconseillé).

Le Musée paléontologique **– Палеонтологический музей** *(Paleontologuitcheski mouzeï ; hors plan couleur I par A3)* **:** *Profsoyouznaya, 123. ☎ 339-1500. Ⓜ Tepli Stan. À la sortie du métro à droite, c'est à 5 mn, dans un bâtiment en brique rouge à l'allure de forteresse. Ouv 11h-18h (17h pour les caisses). Fermé lun-mar et juil ou août (se renseigner). Entrée : 150 R.*

Unique en Russie par sa collection. Dommage (eh oui, encore !) que les explications soient en russe (noms doublés en latin). Collection très bien organisée, cela peut plaire aux mômes. On commence par regarder dans le puits du temps, un énorme panneau en céramique évoquant l'évolution de la vie terrestre, du point d'interrogation à nos jours.
Dans la salle des Dinosaures, intéressante copie de diplodocus offerte au tsar Nicolas II (l'original est aux États-Unis). On a reconstitué les moindres détails de la bête, comme ces deux vertèbres cassées et ensuite soudées. La grande fresque montre différentes espèces de dinosaures. Pour l'anecdote, on a utilisé plus de 1 500 œufs frais pour créer les couleurs pastel (le supermarché à côté était en rupture de stock). Autre objet intéressant, l'oiseau moa disparu à cause de l'appétit de l'homme. D'autres curiosités : une bête fantastique, la *borissiakia* (un cheval griffu), un mammouth gaucher (sa défense gauche est plus usée), la tête d'un tigre à dents de sabre (saviez-vous que la plupart de ces félins étaient rhumatisants, car, pour attraper leur proie, il leur fallait renverser la tête, très lourde, en arrière ?). Agréable cour intérieure avec sculptures des animaux préhistoriques (grandeur nature).

Le musée de la Bataille de Borodino – Музей Бородинской битвы *(Mouzeï Borodinskoï bitvi ; plan couleur I, A2,* ***229****) : Koutouzovski pr., 38. ☎ (499) 148-1967. Ⓜ Koutouzovskaya ou Park Pobiedy. Tlj sf ven et dernier mar du mois 10h-18h (17h15 pour les caisses).* Consacré à la gloire des troupes de Koutouzov contre l'armée napoléonienne. Le musée expose, un peu comme celui de Waterloo en Belgique, un immense panorama de la bataille réalisé au début du XXe s par le peintre François Roubaut (fils d'un commerçant français émigré en Russie). Hauteur de 15 m pour 115 m de long.

Le musée central de la Grande Guerre patriotique – Центральный музей великой отечественной войны *(Tsentralni mouzeï vielikoï otietchestvenoï voïni ; hors plan couleur I par A2) : Poklonnaya Gora, 41/45. ☎ 148-5550. Ⓜ Koutouzovskaya. Tlj sf lun et dernier jeu du mois 10h-18h (17h30 pour les caisses). Entrée : 120 R ; réduc.* Ouvert en 1995 à l'occasion du 50e anniversaire de la victoire sur l'Allemagne nazie. Une immense rotonde, la « salle de la Gloire », abrite l'imposante statue du soldat victorieux (10 m de haut). Également armes, cartes, photos de guerre et dioramas des grandes batailles décisives.

QUELLE CONNERIE LA GUERRE !

Selon le journaliste Delfeil de Ton, sur un million d'Allemands tués à Stalingrad, 90 % n'étaient pas nazis, et sur le million de Russes, 90 % n'étaient pas communistes !

Le parc de la Victoire – Парк Победы *(Park Pobédi ; hors plan couleur I par A2) : Koutouzovski pr. Ⓜ Koutouzovskaya ou Park Pobédi.* Sur une vingtaine d'hectares, un grand parc peu arboré, réalisé pour commémorer la victoire de la Seconde Guerre mondiale. Il fut achevé en 1995. Longues allées au cordeau et jeux de jets d'eau. C'est l'un des rendez-vous favoris des jeunes mariés le samedi après-midi. Les Lincoln louées s'alignent le long des pelouses, couples et amis se succédant pour la photo sur fond de jets d'eau ou de monuments (parfois avec un petit orchestre). Parc dominé par un obélisque de 142 m de haut avec, au sommet, Athéna Niké, déesse grecque de la Victoire. Sur sa gauche, l'*église Saint-Georges-le-Vainqueur,* l'une des premières églises construites en Russie depuis la révolution.
– Sur Koutouzovski prospekt, imposant arc de triomphe de Ossip Bové, en l'honneur de la victoire définitive sur Napoléon (1834). Il répond probablement à celui du Carrousel à Paris, édifié pour commémorer les victoires napoléoniennes !

L'église de Fili – церковь Покрова в Филях *(tserkov Pokrova v Filiakh ; hors plan couleur I par A2) : Novozavodskaya, 6. Ⓜ Fili. Tlj sf mar-mer et dernier j. du mois 11h-17h.* Cette *église de l'Intercession-de-la-Vierge,* construite vers la fin du

XVIIe s dans un baroque très élancé, est le plus bel exemple de ce style baptisé baroque Narychkine (du nom du propriétaire, oncle de Pierre le Grand). Construction sur cinq niveaux particulièrement originale. La brique rouge, les parements d'une blancheur éclatante et les coupoles dorées sont du plus bel effet. À l'intérieur, exubérant décor, surtout l'iconostase en bois doré sculpté.

Le domaine d'Izmaïlovo – Усадьба Измайлово *(Oussadba Izmaïlovo ; plan couleur I, B1) : Gorodok Baouman, Narodni pr. • mgomz.com • Ⓜ Izmailovski Park. Parc ouv mer-lun 10h-18h (11h-16h en été). Petit droit d'entrée ; gratuit dernier mer du mois.* L'*oussadba* des Romanov était située sur une île artificielle dans le petit lac du parc Izmaïlovo. Il n'en reste que la *tour Mostovaya,* qui date de 1676, deux portes monumentales et la *basilique de l'Intercession-de-la-Vierge,* construite à la même époque par des artisans de Kostroma. Un hospice fut construit sur l'emplacement des *palaty* de bois au début du XIXe s.

Le domaine de Kouskovo – Усадьба Кусково *(Oussadba Kouskovo ; hors plan couleur I par B2) : Iounosti, 2. ☎ 370-0150. Ⓜ Riazanski Prospekt. Bus nos 133 et 208. Tlj sf lun-mar et dernier mer du mois 10h-17h avr-oct et 10h-15h en hiver. Prix pour les différents sites : 100-250 R.* Le domaine fut construit au milieu du XVIIIe s par le comte Cheremetev. Situé dans un grand parc, sur les bords d'un étang et d'un canal, ce « petit Versailles » moscovite est composé de plusieurs bâtiments : le palais de bois à colonnades, la maison italienne, l'ermitage, la grotte, la maison hollandaise, l'orangerie et l'église. Les travaux durèrent près de 40 ans. Kouskovo est considéré comme le plus bel exemple de demeure aristocratique au XVIIIe s. Le palais lui-même date de 1770. Le comte y organisait des fêtes gigantesques et invitait jusqu'à 25 000 personnes. La Grande Catherine adorait y venir. Là aussi, somptueuse richesse des décors : stucs, tapisseries flamandes, fresques allégoriques. La salle de bal est un chef-d'œuvre. Incroyable époque : en été, le comte ouvrait son parc au public. Aujourd'hui, le parc abrite également le *musée de la Porcelaine* (près de 20 000 pièces du XVe au XXe s), une galerie de peintures et une exposition de meubles anciens.

Le domaine de Tsaritsyno – Музей-заповедник Царицыно *(Mouzeï-zapovednik Tsaritsyno ; hors plan couleur I par B3) : Dolskaya, 1, ou Vozdouchnaya, 1. ☎ 322-6843. Ⓜ Tsaritsyno ou Orekhovo. Parc tlj 6h-minuit. Pour les palais, mer-ven 11h-17h30, sam 11h-20h, dim et j. fériés 11h-18h30. Entrée pour les palais : 100 R par palais.* Construit par l'architecte Bajenov pour Catherine II, le palais réalisé dans le style néogothique à la fin du XVIIIe s déclencha la fureur de la tsarine et fut détruit à peine édifié. D'autres constructions furent entamées par un autre célèbre architecte de l'époque, Kazakov, mais elles furent interrompues par la mort de Catherine. Ruines et constructions gothiques éparpillées dans un jardin à l'anglaise au bord d'un étang : le domaine le plus romantique de Moscou.

Kolomenskoye – Коломенское *(hors plan couleur I par B3) : Andropova pr., 39, Kolomenskoye. ☎ (8-499) 612-5217. • mgomz.com • Ⓜ Kolomenskaya ou Kashirskaya (pour accéder d'abord au palais du tsar). À env 12 km au sud de Moscou. Parc ouv 7h (8h nov-mars)-21h. Entrée libre dans le parc. Musées (payants) tlj sf lun 10h-17h.*

Un grand bol d'air pur et d'espace à une portée d'arquebuse de Moscou. Au bord de la Moskova, ce fut l'une des résidences d'été préférées des tsars, mentionnée pour la première fois dans un document du prince Ivan Kalita au XIVe s. Les premiers tsars de la dynastie Romanov y allaient souvent. L'église de l'Ascension fut édifiée, en action de grâces, en 1530, pour la naissance du futur Ivan le Terrible. Le tsar Alexis Mikhaïlovitch y construisit en 1667 un magnifique palais en bois, qui fut en son temps classé parmi les Sept Merveilles du monde. Il fut démoli au XVIIIe s par Catherine II, pour en ériger un autre, mais vient d'être reconstruit, en 2009, selon les plans établis à l'époque par la tsarine (prudente, la tsarine !). Les ambassadeurs arrivaient par le fleuve. Seul Pierre le Grand négligea quelque peu cette résidence (mais il avait d'autres passe-temps). En 1925, ce domaine de 140 ha fut transformé en musée d'Architecture. Entrée par la *porte Postérieure.*

– **Le palais du tsar :** *il a donc été reconstruit en 2009 selon les plans du palais original et ouvert à la visite (payante) depuis 2011. Il est plus proche du métro Kashirskaya ; sinon à 20 mn de marche au sud de la porte principale à travers un joli parc égayé de nombreux pommiers.* C'est une grande construction en bois clair avec une toiture et un gros bulbe verts. Évidemment, ça fait très récent. Mais l'intérêt historique est bien présent. En construisant ce palais sur le territoire des Riourik, les Romanov voulaient signifier la continuité et le passage de relais entre les deux dynasties. Rappelons que les Riourik étaient des Vikings venus unifier les différentes tribus slaves. Les architectes du bâtiment originel ont utilisé la Bible en puisant dans la description du palais de Salomon pour bâtir celui-ci. Les jardins devaient évidemment représenter ceux du Paradis.

– ***L'église de la Vierge-de-Kazan :*** la première sur la droite, édifiée au XVIIe s pour conserver l'icône de la Vierge de Kazan. En 1612, au temps des Troubles, l'armée russe s'était mise sous sa protection, ce qui lui permit de reprendre Moscou. Église à cinq têtes. Superbe photo assurée avec ses coupoles bleues surmontées de croix d'or et son porche à arcades. À l'intérieur, à droite, jolie chapelle. Dans la grande salle, deux gros piliers (au lieu des quatre habituels), ornés de fresques. Dallage de fonte. Intéressant *Jugement dernier.* Dans la pièce où se tient la librairie, les rayures du serpent symbolisent les péchés capitaux (avarice, orgueil, gourmandise, mensonge, colère, etc.).

– ***L'entrée d'apparat*** (appelée *porte Antérieure* ou *porte en pierre de Devant*) **:** ses deux ailes abritent le musée. De la terrasse devant, panorama génial sur le site, le fleuve, l'horizon, les premiers immeubles de Moscou qu'on aperçoit au loin. Beaucoup d'enfants des écoles qui viennent croquer le paysage ou peindre les beaux massifs de fleurs.

– ***L'église de l'Ascension :*** dans l'axe de la porte *(entrée : env 110 R).* Construite en 1532, pour la naissance d'Ivan le Terrible donc (attendu 20 ans quand même, le petiot !), et culminant à 62 m. Tient une place spéciale dans l'architecture religieuse, puisque c'était la première fois qu'apparaissait un *clocher à chatior,* style qui allait se répandre avec succès par la suite. L'un des premiers savants qui travaillèrent, dans les années 1930, sur les fusées, Tsiolkovski, raconta qu'il avait été inspiré par la forme de ce clocher. Mais pourquoi le *chatior* est-il né là et pas ailleurs ? On pense qu'au départ l'édifice fut plus conçu comme une sorte de dais pour que le tsar puisse prier que comme une église. En outre, certains évoquent également la forme du Saint-Sépulcre à Jérusalem, qui aurait pu inspirer l'architecte (italien, subodore-t-on). Parfois, concerts de musique religieuse.

– À droite de l'église, trois petits édifices : la ***tour-clocher de l'église Saint-Georges,*** datant du XVIe s, et l'***église du XIXe s*** qui a remplacé l'ancienne église en bois. Nul ne sait comment le reste de l'église disparut (a-t-elle été seulement terminée ? Bon, on ne posera plus de questions !). Dans l'axe, un ***château d'eau*** construit en 1670 *(entrée : env 55 R).* Abrite un petit musée sur la distribution d'eau qu'il n'est pas indispensable de visiter. Enfin, dans le champ des deux premiers édifices, un ***réfectoire*** de forme carrée, du XVIIe s.

– En vis-à-vis de la tour Saint-Georges, un petit ***pavillon à colonnades,*** construit sous Alexandre II en 1825 (et vestige d'une construction plus grande). C'est à son emplacement que s'élevait le palais en bois du tsar Alexis Mikhaïlovitch, que Catherine II fit démolir pour soi-disant construire un palais plus prestigieux. Quel dommage, au vu des estampes conservées de cette époque et de la maquette du musée ! Architecture sublime, dont beaucoup d'architectes et de peintres s'inspirèrent à la naissance du style pseudo-russe.

– ***Le musée :*** il occupe les deux ailes de la porte Antérieure *(entrée : env 330 R).* Riches collections dont voici les principaux fleurons : la salle de la maquette du palais en bois, portraits des grands-princes et tsars, superbe coffre en ivoire orné de 64 visages en miniature. Bureau des employés de la Cour (coffres, poêles pour se chauffer) ; en haut, expo de mécanismes d'horloges et de pendules. Dais en tilleul brut provenant d'un monastère à Kostroma (pas un clou, entièrement sculpté). Quelques icônes et des pièces de monnaie minuscules du XVIIe s. Des kopecks en

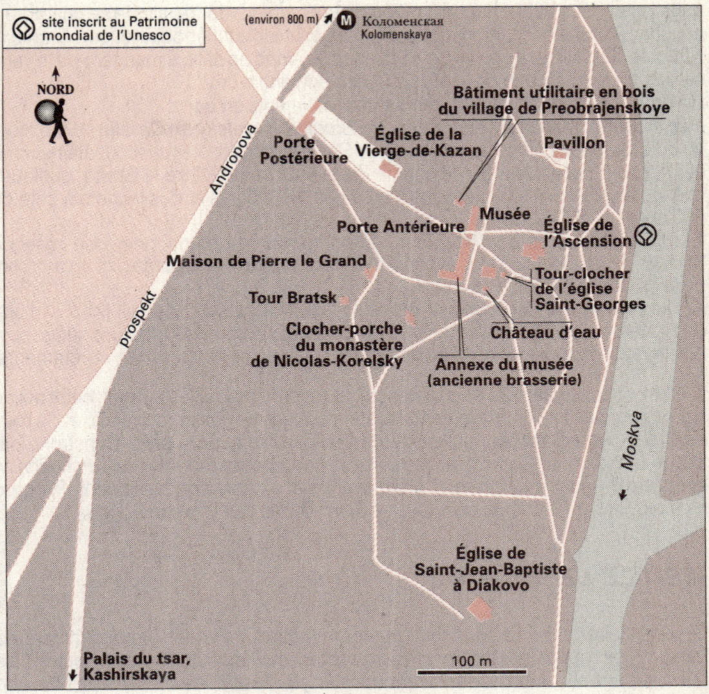

KOLOMENSKOYE

cuivre pour les pauvres (à l'origine des émeutes du cuivre). Icône de la *Rencontre de l'icône de la Sainte Vierge de Vladimir,* du début du XIXe s. Noter la finesse d'exécution. Dans la cinquième salle, artisanat, outils et objets de la vie quotidienne des paysans. Belles photos sépia. En bas, quelques pierres sculptées.

– ***L'ancienne brasserie :*** annexe du musée à ne point rater *(entrée : env 100 R ; réduc).* Pêle-mêle, un dais de 1677 provenant du monastère de Solovetsky. Il fut retrouvé en près de 150 morceaux. Deux portes Saintes (celle de droite de Iaroslavl, du XVIIe s). En face, une œuvre du *maître du monastère de Saint-Serge,* offerte par le parrain des enfants du tsar Alexis. Chef-d'œuvre de ciselage. Salle de droite, icônes de la fin du XVIIe s et du XVIIIe s. Vêtements sacerdotaux brodés d'or et d'argent. Icônes de l'école de Simon Uchakov (fond vert). À gauche, beau saint Nicolas (1677). Noter la richesse des vêtements ; encore une belle porte d'iconostase et, en face, un christ remarquable. Au 1er étage, expo des portraits des tsars. On est accueilli par Alexis, Sofia, Pierre le Grand, Élisabeth (fille de Pierre), Nicolas Ier, la Grande Catherine... Section céramique : décor de cheminée grandiose d'après un dessin de Vroubel, fragments de poêles. Salle de droite, section ethnographique : moules pour pain d'épice, battoirs à linge sculptés, gouache du palais en bois, costumes nationaux, quenouilles peintes, croix sculptées.

– Plus haut, à droite de la porte Antérieure, un ***bâtiment utilitaire en bois*** provenant du village de Preobrajenskoye (inclus dans Moscou aujourd'hui). Daté du début du XVIIIe s, ça en fait le plus ancien édifice en bois connu de la capitale.

– ***La maison de Pierre le Grand :*** *entrée env 220 R.* C'est une cabane en bois construite en 1702 à Archangelsk, sur la côte nord. Le tsar y vécut quelques mois alors qu'il surveillait la construction de la forteresse de Novodvinsk. Remontée ici

dans les années 1930. Reconstitution de son cabinet de travail, de sa chambre à coucher. À droite, la chambre de l'ordonnance. Meubles d'époque, superbe armoire sculptée du XVIIIe s, beau poêle en faïence. Au fond, la salle à manger ; belle vaisselle et toujours l'icône de la maison (dans son angle droit).
Derrière le parc d'attractions, encore trois bâtiments en bois :
– ***Le clocher-porche du monastère de Nicolas-Korelsky en Carélie*** (1692) **:** tout en bois, qui faisait office de tour de guet. Remonté ici. À noter que tout était enchevêtré, pas un seul clou. Sur le chemin de la cabane de Pierre le Grand, quelques chênes plusieurs fois centenaires (l'un d'eux de 800 ans et des jeunots à côté de 600 ans).
– La ***tour Bratsk*** en bois (la prison, dit-on), provenant d'une forteresse cosaque bâtie en 1652, pendant leur expansion. Elle fut sauvée et rapatriée ici au moment de la création d'un lac de barrage.
– Pour finir, la ***tour Mokhovaya*** provenant du château de Soumsk (XVIe s), l'une des forteresses édifiées dans le nord du pays pour contrer les attaques suédoises. À l'intérieur, une exposition avec des objets quotidiens, outils, armes et vêtements.

Ceux qui disposent de plus de temps, les accros aux belles églises, ceux qui ne supportent pas intellectuellement de rater quoi que ce soit rendront visite à la ***tour de Saint-Jean-Baptiste,*** au village de Diakovo, au sud du parc. Construite par Ivan le Terrible pour fêter son accession au trône. Grosse tour-clocher à *kokochniki,* entourée de quatre tourelles et s'appuyant sur un gros soubassement. Principe architectural qui fut repris pour l'église Saint-Basile, sur la place Rouge.

VISITEZ LE MÉTRO !

Le légendaire métro de Moscou vous permettra de relier les vieux quartiers de Moscou, découpés par les immenses avenues soviétiques et assez éloignés les uns des autres : *Marosseïka, Kropotkinskaya, Piatnitskaya, Arbat...* Mais on peut aussi visiter les stations du centre-ville, qui constituent une véritable ode à l'architecture néoclassique stalinienne et au réalisme soviétique (la plupart ont été construites dans les années 1930 à 1950). De vertigineux escaliers mécaniques vous feront d'abord plonger dans une opulence de marbre, les halls et les quais sont décorés de mosaïques, de bas-reliefs ou de statues à la gloire d'athlètes victorieux, de kolkhoziennes épanouies, d'ouvriers herculéens et de soldats invincibles. Des fresques héroïques, couvertes de drapeaux rouges pour essuyer les larmes des espoirs et utopies déçus... Chacune des stations est construite dans un style et suivant un thème différents. À moins d'apprécier les brutaux mouvements de foule, évitez toutefois les heures de pointe et méfiez-vous des lourdes portes battantes, on vous les lâchera au nez mais sans aucune mauvaise pensée.
La première ligne (rouge) reliait *Sokolniki* à *Park Koultoury.* Sa construction débuta en 1932 et prit 3 ans, un record de rapidité. Les lignes verte et bleue furent les suivantes, et la Seconde Guerre mondiale n'interrompit même pas leur construction. Vous n'aurez sans doute pas le temps de visiter toutes les « salles » de ce « palais prolétarien », mais prenez le temps d'en voir au moins une ou deux parmi les plus impressionnantes : elles sont entourées d'un cartouche sur notre plan du métro en couleurs.
– ***Kievskaïa :*** l'une des plus belles, avec de magnifiques mosaïques illustrant l'agriculture de l'ex-URSS ou portant au pinacle l'amitié entre les peuples russe et ukrainien.
– ***Plochad Revolioutsi :*** dessinée par l'architecte Douchkine, la station fut ouverte en 1938. Les arcs sont ponctués de 76 statues de bronze, ouvriers, soldats et paysans, réalisées par le maître du genre, le sculpteur Manizer. Il est d'usage, pour se porter chance, de frotter le museau du chien (d'ailleurs, il brille !) qui accompagne le personnage du garde-frontière.

– ***Maïakovskaya :*** fut conçue par le même architecte Douchkine, remarquable pour ses plafonds décorés de mosaïques réalisés par le peintre Deineka sur le thème « une journée dans le pays du socialisme ».

– ***Novokouznetskaya :*** fut ouverte en 1943 pendant la Seconde Guerre mondiale, et les thèmes historiques de ses mosaïques, dessinées par Deineka, débordent de patriotisme. Comme pour la station Kropotkinskaya, le marbre utilisé à la construction de cette station provient de la cathédrale du Christ-Sauveur, détruite dans les années 1930.

– ***Komsomolskaya :*** réalisée par l'architecte Schouchev. Reste la plus grandiose et la plus luxueuse des stations. Les panneaux de mosaïques de Korin furent réalisés suivant les techniques antique et byzantine, et déclinent thèmes historiques et victoires militaires.

– ***Novoslobodskaya :*** fut ouverte en 1952. Des panneaux décoratifs en vitrail lui donnent un éclat particulier. Ici, palais plus qu'un métro, un vrai temple !

LE DERNIER MÉTRO...

Non seulement le métro servit d'abri antiaérien pendant la Seconde Guerre mondiale (quelques centaines de petits Moscovites y virent... le jour, si l'on ose dire), mais il fut aussi conçu comme abri antiatomique au cas où... On raconte également que fut construit en même temps un métro parallèle qui existerait encore aujourd'hui. Celui-ci aurait été créé sous Staline par le KGB, sous le nom de D6, et relierait, entre autres, le FSB (ex-KGB), le Kremlin, le ministère de la Défense et l'aéroport de Vnoukovo. Géré par les militaires, il servirait à évacuer les personnalités politiques et tout l'état-major en cas d'attaque extérieure.

À FAIRE

Culture

Théâtres

La ville en compte un très grand nombre, mais est-il besoin de préciser que la plupart des spectacles ne sont que dans la langue du pays ? Pour les plus russophones de nos lecteurs donc, on peut acheter les billets quelques jours à l'avance dans les kiosques TEATP, ouverts tous les jours de 10h à 19h, ou parfois 20h, par exemple au n° 9 de la rue Tverskaya (à côté de la poste centrale) ou au n° 7 de la place Pouchkine (à côté du bâtiment des *Izvestia*). On trouve aussi des points de vente dans les stations de métro les plus fréquentées. Et, bien sûr, on peut acheter les billets aux caisses des théâtres eux-mêmes, ce qui permet de choisir sa place sur le plan de salle. Les caisses sont en général ouvertes de 12h (parfois un peu plus tôt) à 19-20h, avec parfois une interruption de 15h à 16h. Sinon, il y a le site • *parter.ru* • disponible en anglais. Attention, les spectacles débutent presque toujours à 19h précises et les retardataires restent en général à la porte. Si tous les billets sont vendus, il y aura toujours des places en revente au dernier moment devant l'entrée du théâtre, au prix du marché... noir. Très peu de spectacles hors de la saison théâtrale, qui va de septembre à juin. On peut se renseigner (si l'on comprend le russe) sur les spectacles en cours sur le site • *afisha.ru* •

Lenkom – **Ленком** *(plan couleur II, E4,* ***255****) : Malaya Dmitrovka, 6. ☎ 699-9668. Ⓜ Pouchkinskaya.* Un lieu mythique.

Maly Teatr – **Малый Театр** *(plan couleur II, F5) : Teatralnaya pl., 1/6. ☎ 623-2621. • maly.ru • Ⓜ Teatralnaya ou Okhotny Riad.* L'un des plus anciens théâtres russes. Répertoire classique, auteurs russes et européens.

MKhAT Tchekhova – МХАТ Чехова *(plan couleur II, F5, **250**) : Kamerguerski per., 3. ☎ 629-5370. Ⓜ Teatralnaya. Caisses tlj 12h-15h, 16h-19h.* Théâtre centenaire créé par les légendaires Stanislavski et Nemirovitch-Dantchenko. Le théâtre d'avant-garde de l'ère soviétique dont rêvaient tous les acteurs. Défraie les chroniques théâtrales depuis pas mal de temps avec ses humeurs créatrices et ses luttes intestines.

MKhAT Gorkovo – МХАТ Горького *(plan couleur II, E5, **251**) : Tverskoï boulvar, 22. ☎ 203-6222. Ⓜ Pouchkinskaya.* Né de la scission du *MKhAT Tchekhova* en 1987. Répertoire et mise en scène plus classiques que son demi-frère.

Teatr Vakhtangova – Театр Вахтангова *(plan couleur III, I7) : Arbat, 26. ☎ 241-1679. Ⓜ Arbatskaya.* Les acteurs ont la réputation d'être des improvisateurs de 1re classe et les actrices d'être les plus ravissantes de la scène moscovite.

Teatr Rossiïskoï Armii – Театр Российской Армии *(plan couleur I, A1) : Souvorovskaya pl., 2. ☎ 681-2110. Ⓜ Novoslobodskaya.* La scène de la grande salle fut conçue afin que les tanks puissent y pénétrer sans problème : c'est le théâtre de l'armée Rouge. Architecture stalinoïde assez insolite et grandiose. Maintenant, on y donne *Othello*.

Teatr na Taganke – Театр на Таганке *(plan couleur IV, M10-11, **224**) : Zemlianoï Val, 76. ☎ 915-1217. Ⓜ Taganskaya.* Avant-garde théâtrale des années 1960 à la perestroïka, le théâtre a souffert pendant les années 1990.

Sovremennik – Современник *(plan couleur V, P14, **252**) : Tchistoproudniï boulvar, 19 A. ☎ 621-6473. Ⓜ Tchistye Proudy.* Emblème du néo-réalisme soviétique depuis sa création à la fin des années 1950. Toujours très populaire.

– Et aussi :

Teatr Satiri – Театр Сатиры *(plan couleur II, E4) : Triumfalnaya, 2. ☎ 699-6305. Ⓜ Mayakovskaya.*

Teatr Mossovieta – Театр Моссовета *(plan couleur II, E4) : Bolchaya Sadovaya, 16. ☎ 699-2035. Ⓜ Mayakovskaya.*

Teatr Maïakovski – Театр им. Маяковского *(plan couleur II, E4) : Bolchaya Nikitskaya, 19. ☎ 290-6241. Ⓜ Arbatskaya.*

Ermitage – Эрмитаж *(plan couleur II, E4) : Karetny Riad, 3. ☎ 650-2258. Ⓜ Pouchkinskaya.*

Théâtre pour enfants

Teatr Natalia Sats – Музыкальный театр им. Наталии Ильиничны Сац *: per. **Vernadskogo, 5**. ☎ (499) 930-70-21. • teatr-sats.ru • Ⓜ Ouniversitet. Non loin du Grand Cirque de Moscou. Caisses ouv 12h (11h le w-e)-19h sf 14h30-15h et 16h30-17h. Prix des billets env 50-600 R selon spectacle.* Si vous êtes venu avec vos enfants, ce théâtre propose des spectacles de qualité avec des ballets tirés d'œuvres connues mais adaptées à un jeune public (format de 1h en général), avec de vrais danseurs et un orchestre.

Opéras, ballets et concerts

Là, beaucoup moins besoin de connaître la langue de Dostoïevski évidemment... Pour info, les opéras et ballets du Bolchoï restent très classiques, mais le cadre se révèle magique. Pour des mises en scène plus modernes, les salles du *Helikon* ou du *Novaya Opera*. Côté concerts, renseignez-vous sur le programme proposé dans les trois salles du Conservatoire, la Mecque des mélomanes. Les prix des places pour tous ces spectacles sont éminemment variables, puisqu'ils oscillent, en gros, de 200 à... 10 000 R. Quoi qu'il en soit, c'est souvent complet, tâchez de réserver vos places à l'avance. Sinon, on peut souvent acheter des billets juste avant le spectacle au marché noir... mais c'est évidemment beaucoup plus cher.

Bolchoï – Большой театр *(plan couleur II, F5, **178**) : Teatralnaya pl. ☎ 250-7317 (11h-19h). • bolshoi.ru • Ⓜ Teatralnaya. En face de l'hôtel* Métropole. Il s'est récemment refait une beauté. La nouvelle scène est ouverte et l'ancienne, la plus prestigieuse, a été rouverte à la fin 2011. Attention, les prix des places sur Internet depuis la France coûtent le double de ceux sur place !

Novaya Opera – Новая Опера *(plan couleur II, E4, **253**) : Karetny Riad, 3/2. Résas : ☎ 694-0868. • novayaopera.ru • Ⓜ Pouchkinskaya, Tchekhovskaya ou Tverskaya.* Construit en 1991, d'un luxe effréné. S'il est programmé, ne pas manquer *Le Lac des cygnes* !

Opéra Helikon – Геликон-опера *(plan couleur II, E6) : Novy Arbat, 11. ☎ 695-6584. • helikon.ru • Ⓜ Arbatskaya.* Un des plus novateurs. Accueille presque autant de musiciens que de spectateurs ! Il possède une autre adresse (en fait la maison mère), Bolchaya Nikitskaya, 19, mais elle est actuellement fermée pour reconstruction.

Conservatoire – Консерватория им. Чайковского *(plan couleur II, E5-6, **190**) : Bolchaya Nikitskaya (Guertsena), 13. ☎ 629-9401 ou 8183 (résas). • mosconsv.ru • Ⓜ Teatralnaya ou Okhotny Riad.* Attention, la grande salle est actuellement fermée pour rénovation. Renseignez-vous.

Théâtre musical Stanislavski et Nemirovitch-Dantchenko – Музыкальный театр им. Станиславского и Немировича-Данченко *(plan couleur II, E-F5, **254**) : Bolchaya Dimitrovka, 17. ☎ 650-2393. • stanislavskymusic.ru • Ⓜ Pouchkinskaya, Tchekhovskaya ou Tverskaya.*

Cirques

Là aussi, on peut y aller sans même lire le cyrillique...

Moskovski Tsirk Nicoulina – Московский цирк Никулина *(Stari tsirk ; plan couleur II, F4, **256**) : Tsvetnoï boulvar, 13. ☎ 625-8970. • circusnikulin.ru • Ⓜ Tsvetnoï Boulvar. Caisses ouv lun-ven 11h-14h, 15h-19h ; w-e 11h-12h30, 13h30-19h. Spectacles à 19h en sem, à 11h, 14h30 et 18h le w-e.*

Bolchoï Moskovski Tsirk – Большой московский цирк *(Novi tsirk ; plan couleur I, A3, **257**) : pr. Vernadskovo, 7. ☎ 930-0300. Ⓜ Ouniversitet. Caisses ouv 10h30-19h. Spectacles mer et ven à 19h ; w-e à 15h et 19h.*

Théâtre des Chats – Театр кошек *(Teatr kochek ; plan couleur I, A2, **258**) : Koutouzovski pr., 25. ☎ 249-2907. • kuklachev.ru • Ⓜ Kievskaya ou Koutouzovski. Spectacles ven à 16h, sam à 14h et 17h, et dim à 12h et 15h.* Fondé par Youri Kouklatchev, ce théâtre unique met en scène, pour le grand bonheur des gamins et de leurs parents, nos amis félins d'ordinaire si capricieux.

Cinéma

■ **Cinéma Illusion** *(plan couleur IV, M11) : Kotelnitcheskaya nab., 1/15. ☎ 915-4353. Ⓜ Taganskaya. Au rdc de la grande tour, en face du centre culturel français. Souvent gratuit si on retire une invitation au CCF.* Films d'art et d'essai en version originale (sous-titrés en russe). Le mardi, en principe, soirée francophone avec un vieux film en noir et blanc et un film plus récent. Également des festivals francophones très régulièrement.

Bania

■ **Bania Sandounov – Сандуновские бани** *(Sandounovskiye bani ; plan couleur II, F5) : Néglinnaya, 14 (accès par la rue Zvanorskyi). ☎ 625-4631. Horaires et tarifs selon la « classe » choisie. Forfait 2h : en classe « sup », tlj 8h-minuit, env 1 800 R ; en 2e classe, tlj 10h-minuit (22h le w-e), 1 500 R ; en 3e classe, tlj 8h-22h, 1 200 R.* Construit en 1895 par les Sandounov, une grosse famille de marchands, c'est le plus beau bain russe de la ville. Si vous passez par là, allez jeter un œil à l'intérieur, notamment à la salle d'attente, d'un luxe incroyable. Mélange tapageur des styles baroque, gothique et mauresque, le tout supporté par des colonnes aux chapiteaux corinthiens dorés. Si vos moyens vous le permettent, c'est le moment ou jamais de vivre l'expérience du *bania* russe, qui se situe en gros entre le sauna finlandais et le hammam. C'est aussi, traditionnellement, un lieu de négociations pour les hommes d'affaires... Mesdames, désolé, mais la partie réservée aux hommes est de loin la plus belle et, en plus, ils ont droit à une vraie piscine et pas vous, quelle injustice ! Un détail : un chapeau de feutre est obligatoire à l'intérieur (on en vend sur place), officiellement pour protéger vos cheveux, s'il vous en reste, mais aussi votre cerveau, qui sinon risquerait, paraît-il... de se mettre à bouillir !

■ ***Bania Na Presne*** – **Бани на Пресне** *(plan couleur II, C5)* **:** *Stolyarni per., 7. Ⓜ Oulitsa 1905 Goda. Ouv 8h-22h. Compter env 750 R les 2h ; loc de serviette ou robe de chambre en plus ; consigne payante.* Une autre adresse de *bania.* Le cadre est moderne, pas historique, mais c'est aussi moins cher et les femmes ont droit à une vraie piscine.

Achats

Gourmet

Épicerie Elisséïev – **Елисеевский магазин** *(Elisséïevski magazine ; plan couleur II, E5,* ***184*****)** **:** *Tverskaya, 14. ☎ 200-5588. Ouv 24h/24.* On la signale plus haut dans la rubrique « À voir ». Et en effet, le lieu est à voir, même si vous n'y achetez rien (grand hall de vente décoré dans le genre baroque chargé et totalement exubérant). On y trouve des produits russes fins et parfois chers, mais ce n'est pas le cas de tous les produits... Évidemment, le caviar est inabordable, sauf le caviar rouge, mais ce n'est pas pareil !

Gastronome n° 1 – **Гастроном N° 1** *(plan couleur La place Rouge et Kitaï Gorod, A1,* ***164*****)** **:** *dans le Goum. Ouv 24h/24.* Un supermarché de produits fins, avec rayons traiteur et tout et tout. Pas que des produits russes, on y trouve aussi du foie gras français et de la charcuterie espagnole !

Souvenirs

Magasin Mekha – **Меха** *(plan couleur II, F5,* ***261*****)** **:** *Petrovka, 24/1. ☎ (499) 136-9943. Tlj 11h-21h.* Grand choix de chapkas à partir de... 6 000 R. Hors de prix, mais c'est de la qualité ! Vison, zibeline ou renard (le moins cher). Écolos, s'abstenir. Vous en trouverez de moins chères dans une succursale de la maison (au Dmitrovka, 7, plus bas dans la rue). Sinon, les plus économiques (les moins belles aussi) sont vendues sur les trottoirs de la ville, ou alors au marché d'Izmaïlovo (voir plus loin).

Russian Museum World – **Мир Русского Музея** *(plan couleur La place Rouge et Kitaï Gorod, A1,* ***163*****)** **:** *Krasnaya pl., 1/2. ☎ 292-1320. Dans le bâtiment du musée de l'Histoire d'État. Tlj 9h-21h (22h l'été).* Souvenirs traditionnels russes, artisanat et objets folkloriques. Porcelaine de Saint-Pétersbourg, boîtes laquées peintes de miniatures, bijoux, livres d'art, verrerie, châles, etc.

Librairies

À part la librairie francophone *Pangloss,* la mieux fournie, la plupart des autres librairies ont une section étrangère et, dans celle-ci, quelques rayons avec des livres en français (mais le choix est souvent limité).

Librairie Pangloss – **Панглосс** *(plan couleur V, O15,* ***267*****)** **:** *Bolchoï Tcherkasski per., 13/14, bât. 4. ☎ 625-5819. • pangloss.ru • Ⓜ Kitaï Gorod. Attention, entrée très discrète ! Dans la cour du n° 13, repérer à gauche la porte en métal qui ressemble à une entrée de bunker ; c'est au sous-sol. En cas de souci, téléphonez, on viendra vous chercher. Tlj sf dim 10h-20h (19h sam).* C'est la seule librairie francophone de Moscou. Et dans ce lieu, dont le nom rend hommage au fameux personnage du *Candide* de Voltaire, tout le monde parle le français. Parfait pour acheter un auteur russe en livre de poche ou pour se ressourcer avec un auteur français. Très grand choix, y compris de B.D., de livres pour enfants et de CD. La volubile patronne organise également des manifestations culturelles régulières : rencontres avec des auteurs, soirées poétiques, soirée B.D. le 1er samedi du mois, etc.

Biblio Globus – **Библио Глобус** *(plan couleur V, O14,* ***263*****)** **:** *Miasnitskaya ul., 6/3, bât. 5. ☎ 781-1900. Ⓜ Loubianka. Lun-ven 9h-22h ; w-e 10h-21h.* Très grande, sur 2 étages. Plein de cartes et guides, et, bien sûr, tous types de livres, y compris en langues étrangères. D'ailleurs, il y a une photo de Houellebecq à l'entrée...

Moskva – **Москва** *(plan couleur II, E-F5,* ***287*****)** **:** *Tverskaya ul., 8/1. ☎ 629-6483. Ⓜ Tverskaya. Tlj 10h-1h.* Là encore, grand choix et petite section de livres en français.

Moskovski dom Knigui – **Московский Дом Книги** *(plan couleur II, E6,* ***262****)* **:** *Novy Arbat, 8. ☎ 789-3591. Ⓜ Arbatskaya. Tlj 9h (10h w-e)-23h.* Même type que les 2 précédentes, si ce n'est qu'on y vend aussi des livres d'occase. D'autres adresses à Moscou.

Librairie étrangère – **Дом иностранной книги** *(plan couleur V, O14,* ***286****)* **:** *Kouznetski most, 18/7. Ⓜ Kouznetski Most. Repérable à son enseigne bleue en face du resto* Jagannath. *Tlj 9h-21h.* Comme son nom l'indique, ici, livres étrangers uniquement (en anglais surtout, mais petite section francophone).

Disques

Gorbouchka – **Горбушка** *(hors plan couleur I par A2,* ***264****)* **:** *Novozavodskaya, 27. Ⓜ Bagrationovskaya. Tlj 10h-21h.* Marché « sauvage » des CD et cassettes piratés installé dans le parc de Fili jusqu'en 2001, *Gorbouchka* a déménagé dans des bâtiments modernes et reste encore le temple du piratage, mais sans doute pour peu de temps... CD à 3 €, les meilleurs prix pour la hi-fi et les téléphones. Mais, dans quelques rares cas, qualité à vérifier.

Vsesoyouzni – **Всесоюзный** *(plan couleur II, F5)* **:** *Petrovka, 2 ; au 6e étage du grand magasin* Tsoum. *Ⓜ Teatralnaya. Lun-sam 9h-20h30 ; dim 11h-19h30. Également une adresse (bien plus vaste, d'ailleurs) sur Leninski per., 11 (Ⓜ Oktiabrskaya).* Les CD sont vendus sous licence, donc à des prix supérieurs à ceux de *Gorbouchka.*

Brocante

Rosa Azora – **Роза Азора** *(plan couleur II, E6,* ***269****)* **:** *Nikitski boulvar, 12 A. ☎ 691-4579. Ⓜ Arbatskaya. Dans le bâtiment du musée des Arts orientaux. Tlj 12h-20h (18h dim).* Magasin plein de charme et exigu. On n'y trouve que des objets de la Russie soviétique. Jouets et autres bibelots, vaisselle, lampes, trucs de la vie quotidienne. Prix très variables, de 100 à 100 000 R, ça dépend...

Antiquaires

Plusieurs antiquaires-brocanteurs sur le Frounzenskaya Naberejnaya.

Antikvar – **Антиквар** *(plan couleur II, E5,* ***271****)* **:** *Bolchaya Nikitskaya, 21/28 ; entrée par Kalachny per., 8. ☎ 690-5300. Tlj 11h (12h dim)-19h.* Antiquités et brocante sur 4 niveaux et dépôt de meubles en sous-sol dans la cour. Icônes, vaisselle, peintures des XIXe et XXe s, livres, etc. Une vraie caverne d'Ali Baba.

Chonn – **Шон** *(plan couleur II, E6,* ***269****)* **:** *Nikitski boulvar, 12 A. ☎ 691-4579. Même entrée que la boutique* Rosa Azora *(voir plus haut). Lun-sam 11h-19h.* Antiquités orientales, russes et européennes. Pas bon marché du tout (euphémisme), bref, veillez à ne rien casser (en particulier les vases chinois)...

Icônes et objets religieux

Sofrino – **Софрино** *(plan couleur III, I7,* ***273****)* **:** *Pretchistenka, 6. Ⓜ Kropotkinskaya. Tlj sf dim 10h-19h (18h sam).* Dans chaque église existe un petit kiosque où sont vendus des icônes, des cierges, des livres de prières, des médailles de saints, des croix en or ou en grenat, des œufs de Pâques en porcelaine... mais c'est dans les 2 étages du magasin du patriarcat qu'on trouve le plus grand choix. Dans une des salles, on peut même se procurer tout l'équipement pour ouvrir son église, costume de pope inclus. Même la pharmacie mitoyenne est orthodoxe !

– Vous trouverez de belles reproductions d'icônes, pas chères qui plus est, dans les ***boutiques de la cathédrale du Christ-Sauveur,*** au rez-de-chaussée et au sous-sol. Également des œufs peints (plus chers) et des pièces de monnaie représentant de grandes figures russes (artistes, écrivains...).

Insolite

Buro Nakhodok – **Бюро Находок** *(plan couleur III, H8,* ***270****)* **:** *Smolenski boulvar, 7/9. ☎ (499) 252-7697. • pangloss.ru • Ⓜ Smolenskaya. Lun-ven 10h-21h, w-e 11h-20h.* Son nom signifie « bureau des objets trouvés » et c'est vrai qu'on y trouve des objets originaux, pas vraiment donnés mais typiquement russes et pleins d'humour. Évidemment, il vaut mieux connaître la culture, voire la langue russes, savoir par exemple que Cheburachka, le personnage aux grandes oreilles, est le Mickey Mouse russe et l'emblème olympique, ici décliné sous toutes ses formes. La maison possède 2 autres adresses : *Maly Gnezdnikovski, 12/27 (Ⓜ Tverskaya) et Malaya Bronnaya, 28/2, bât. 1 (Ⓜ Pouchkinskaya).* Cette dernière propose même des promenades dans une voiture de l'époque soviétique avec chauffeur !

Luxe

Si votre valise s'est malencontreusement égarée dans un aéroport de l'hémisphère sud, vous trouverez tout ce qu'il faut pour soulager votre compte en banque et remplir votre armoire dans le quartier commerçant situé derrière le Bolchoï. C'est dans la rue Kouznetski most qu'à la fin du XVIIIe s et au XIXe s les nobles moscovites venaient s'habiller à la dernière mode de Paris. On peut de nouveau y trouver les dernières collections des maisons de haute couture. Nombreux magasins dans Tretiakovski proezd, les rues Stolechnikov et Petrovka, le luxueux passage Petrovski, situé en face de l'hôtel *Mariott,* et bien sûr le Goum, sur la place Rouge. Cela dit, assez peu de raisons d'acheter des fringues à Moscou : le choix n'est pas plus grand que dans les autres grandes villes européennes, et c'est souvent plus cher...

Ouverts 24h/24

À Moscou, il y a une flopée de commerces ouverts 24h/24, dont quelques supermarchés :

Sedmoï Continent **– Седьмой Континент :** *Bolchaya Loubianka, 12/1. Ⓜ Loubianka.*

Centre commercial **– Коммерческий центр :** *devant la gare de Koursk. Ⓜ Kourskaya.*

Azbouka Vkusa **– Азбука Вкуса :** *Petrovka, 19 (Ⓜ Tchekovskaya), et Komsomol'ski per., 4 (Ⓜ Park Koultoury).*

Puces

Vernissage d'Izmaïlovo **– Вернисаж Измайлово** *(hors plan couleur I par B1) :* *Ⓜ Partizanskaya. À la sortie du métro à gauche, on aperçoit un grand moulin en bois. Ouv du lever du jour à la fin de l'ap-m (jusqu'à la tombée de la nuit en hiver). Mieux vaut y aller le w-e (petit droit d'entrée). Pensez à vous couvrir chaudement, il fait froid là-bas. Les prix ne sont pas indiqués, on vous les annonce un peu selon votre mine (d'emblée plus cher pour les étrangers). N'hésitez pas à marchander. Proposez tt de suite 20 % de moins (c'est gagné), et plus si vous parlez un peu le russe. Parfois, vous pouvez acheter votre chapka à ½ tarif.* Il est un peu loin le temps où ce marché était le passage obligé pour acheter toutes sortes de souvenirs ! Avant, on y trouvait de tout : matriochkas, boîtes laquées, têtes de Lénine, porcelaines de Saint-Pétersbourg, lin, vêtements militaires, vieux papiers et vieux bouquins, chapkas, anciens appareils photo (les Leica sont des faux, fabriqués dans l'ex-Allemagne de l'Est, mais on s'y méprendrait, superbes en doré !), icônes (pour la plupart très « restaurées », et de toute façon inexportables)... Maintenant, il a un peu perdu de sa splendeur même si, en cherchant bien, on peut encore trouver des objets chargés de nostalgie (quand ce ne sont pas des copies !).
Aujourd'hui, vous y trouverez, outre les incontournables matriochkas (celles à thème religieux sont magnifiques), des nappes en lin, des nappes brodées ajourées en coton, des patchworks, de la porcelaine de Saint-Pétersbourg, de la fourrure, des objets en bois, des repros d'affiches anciennes, ou encore de la vaisselle ouzbek. Bref, un inventaire à la Maïakovski. Le décor de *kremlin* (forteresse) en rondins de bois est assez kitsch, mais on y trouve quelques petits cafés et buvettes qui proposent des sandwichs au saumon, des crêpes fourrées ou des brochettes. En gros, le rez-de-chaussée du marché est réservé aux vendeurs de souvenirs et de vêtements, l'étage aux brocanteurs (plus intéressant). Entre autres découvertes, les meubles en bois peint des régions de Vologda et d'Arkhangelsk. Difficile de rapporter un buffet ou un coffre de ce « musée » en plein air, mais on peut toujours y trouver un objet de petite taille. En conclusion : marché presque

institutionnalisé, mais on y trouve encore des Moscovites avec leur petit vide-grenier perso étalé par terre sur un tissu ou à même l'herbe. Très calme en semaine, mais beaucoup moins de choix aussi.

Galeries d'art

La plupart des galeries d'art ayant pignon sur rue sont désormais rassemblées au centre d'art contemporain de ***Winzavod*** (se reporter plus haut à la rubrique « À voir. À l'est du centre »), situé derrière la gare de Koursk *(hors plan couleur V par Q15).* N'hésitez pas à y passer, le lieu est agréable (une ancienne cave vinicole) et les expositions qui s'y tiennent sont variées et de qualité ! Sinon, voici quelques lieux d'expo qui n'ont pas migré, eux.

NB Gallery – **НБ Галерея** *(plan couleur III, I7,* ***280****) : Sivtsev Vrajek, 6/2, entrée n° 1, suite n° 2. ☎ 737-5298. • nbgallery.com • Ⓜ Kropotkinskaya. Pas d'enseigne, faire le code 002 depuis la rue. La galerie est au 2e étage. Mar-sam 11h-19h ; dim 12h-18h ; le reste du temps sur rdv.* La plus sympathique des galeries d'art soviétique. On vous y offre le thé, les prix débutent à moins de 50 US$ mais, pour les collectionneurs chevronnés, ils peuvent aussi atteindre des sommets intéressants... Natacha Bykova, la directrice, peut s'occuper des autorisations de douane en 1 ou 2 jours.

Galerie Iragui – **Галерея Ираги** *(plan couleur IV, K11,* ***283****) : Malaya Polianka, 7/7-5. ☎ (8-499) 238-8492. Ⓜ Polianka. Accès par la cour, c'est à droite en entrant (porte à l'arrière). Mer-sam 14h-20h.* Tenu par une Russe qui possède aussi une galerie à Paris. Simple : elle expose de jeunes peintres russes en France et des artistes français à Moscou !

Maison de la Photo – **Московский Дом Фотографии** *(Moscovski dom Photography ; plan couleur I, A1,* ***281****) : Souchtchevskaya, 14. ☎ 231-3325. • mdf.ru • Ⓜ Novoslobodskaya. Accès par l'arrière du bâtiment. Tlj sf lun 11h-20h. Entrée : env 80 R.* Plusieurs salles d'expo et une activité débordante. Sa fondatrice et directrice, Olga Sviblova, organise aussi chaque année le festival de la Photo.

Balades en bateau sur la Moskova

➢ D'avril à septembre, des bateaux d'une centaine de passagers relient toutes les 20 mn environ l'embarcadère de la gare de Kiev *(plan couleur III, G8)* à celui de Novospasski *(plan couleur IV, M12),* grosso modo de 12h à 20h. Le trajet prend de 1h à 1h30 en tout, mais on peut prendre le bateau ou descendre aux arrêts intermédiaires : le pont Oustinski, Moskvoretski (à hauteur de la place Rouge) ou Krimski. Billet en vente aux caisses *(kassa)* des embarcadères. Coût : environ 400 R. Agréable, et ça permet de profiter de points de vue sur la ville qu'on n'a pas en marchant. Infos sur le site internet (seulement en russe) : *• cck-ship.ru •*

À VOIR DANS LES ENVIRONS

ARKHANGELSKO – АРХАНГЕЛЬСКОЕ

À 25 km de Moscou par la Novorijskoe chaussée. ☎ 363-1375. Ⓜ Touchinskaya (sortie du côté de la tête du train si l'on vient du centre-ville) ; puis prendre le microbus n° 151 ou le bus n° 549. Ouv 10h30-17h (10h-18h w-e et j. fériés) ; fermé lun-mar et dernier mer du mois. Parc tlj sf lun-mar 10h-20h. Les caisses ferment 30 mn avt. Entrée : 50 R pour le parc et pour chacun des pavillons. Perpétuellement en restauration, l'ancien palais des princes Galytsine, puis Youssoupov, date de la fin du XVIIIe s. En plus des salles d'apparat, il abrite la riche collection de peintures des princes Youssoupov, véritable musée des Beaux-Arts. Un jardin à la française et l'orangerie font face au palais. Grand parc propice aux promenades du dimanche, où vous pourrez découvrir plus de 200 statues de la fin du XVIIIe s et du début du XIXe s, l'ancien théâtre privé construit par le prince Youssoupov, l'église de l'Archange-Michel, le mausolée des Youssoupov.

ABRAMTSEVO – УСАДЬБА АБРАМЦЕВО

À 70 km au nord-est de Moscou par la Iaroslavskoe chaussée. ☎ (8254) 302-78 ou 324-70. Train de banlieue au départ de la gare de Iaroslavl. Ouv 10h-18h (17h l'hiver). Fermé lun-mar et dernier jeu du mois. Peinture, musique, écriture, sculpture, le très bucolique domaine d'Abramtsevo fut, durant plus de deux siècles, le lieu de vie et d'inspiration d'artistes réunis par leur attachement à la culture slave. Au milieu du XIXe s, les salons de l'historien et critique d'art Aksakov furent parmi les plus actifs et réputés de Moscou. À la fin du XIXe s, le domaine fut racheté par Savva Mamontov, industriel et mécène passionné d'opéra et de peinture. Il fit d'Abramtsevo un véritable laboratoire de création artistique que fréquentèrent Repine, Vastnesov, Sourikov, Korovine, Serov, Vroubel, Nesterov. Les aspirations des artistes du « cercle d'Abramtsevo » retrouvaient les idéaux des slavophiles s'imprégnant de la tradition paysanne, de leurs objets quotidiens, de leurs légendes.

GORKI LENINSKI – ГОРКИ ЛЕНИНСКИЕ

À 15 km au sud de Moscou par la Kachirskoe chaussée. Dans la série tranches de vie : Lénine. C'est dans ce domaine très aristocratique du début du XIXe s, « redesigné » Art nouveau par Chekhtel au début du XXe s, que le plus célèbre des prolétaires s'est éteint tout doucement d'une syphilis, le 21 janvier 1924 à 18h50. À voir, entre autres, la statue du maître, haute de 6 m, réalisée par Brodski. Et la superbe limousine sur chenilles empruntée aux Allemands.

PEREDELKINO – ПЕРЕДЕЛКИНО

À 25 km au sud-ouest de Moscou par la Minskoe chaussée. Trains de banlieue au départ de la gare de Kiev. Lieu de villégiature destiné à l'origine au repos des écrivains et des intellectuels. Conçu dans les années 1930, le village bucolique se transforme progressivement en zone de villas pour nouveaux riches. Mais quelques îlots ont encore su sauvegarder le charme des datchas en bois offertes par le régime soviétique à l'intelligentsia bien-pensante de l'Union des écrivains. Certains, comme Isaac Babel, n'en profitèrent que peu de temps, car Staline savait encore mieux retirer que donner ; d'autres, comme Pasternak, surent s'isoler pour créer. C'est là que fut conçu *Le Docteur Jivago*. La maison de Pasternak est transformée en musée. L'écrivain repose au cimetière du village.

ISTRA – ИСТРА

À 35 km au nord-ouest de Moscou par la Volokolamskoe chaussée. Ⓜ Touchino ; puis bus n°s 308 ou 312. De loin, ses coupoles attirent le voyageur comme un aimant. La nouvelle Jérusalem fut fondée par le patriarche Nikon au XVIIe s et symbolisait l'héritage spirituel dont les Slaves orthodoxes se sentaient dépositaires. Après la chute de Rome et après que Jérusalem et Constantinople furent tombées aux mains des musulmans, Moscou devint la troisième Rome, gardienne de la foi chrétienne. Les changements induits par cette réforme dans la liturgie eurent pour conséquence le schisme qui sépara l'Église orthodoxe en deux courants, les anciens et vieux-croyants. On visite l'église du Saint-Sépulcre-de-Jérusalem, sa crypte, les remparts et divers bâtiments du monastère, dont certains sont des musées. *Musée des Arts décoratifs* dans le parc *(tlj sf lun 10h-17h).*

JOUKOVKA – ЖУКОВКА

À env 30 km à l'ouest de Moscou, sur la route de Zvenigorod, par la chaussée Roublevskoye-Ouspenskoye. Trains de banlieue au départ de la gare de Biélorussie. Autrefois réservé à la nomenklatura, ce village de datchas gouvernementales est aujourd'hui devenu le fief de la nouvelle élite moscovite : nouvelles fortunes, politiciens ou stars du show-biz. Le week-end, tous se croisent dans le triangle d'or de Joukovka, formé par la place du marché, le restaurant *Les Chasses du Tsar* et la galerie d'art *Datcha* et son restaurant *Veranda.* Un imposant centre commercial et culturel est en construction. Il reste encore quelques datchas en bois, pour l'exotisme.

Où manger ?

Tsarskaya Okhota *(Les Chasses du Tsar)* – **Царская охота** *: au centre de Joukovka. ☎ 418-7982 ou 7983. Ouv 12h-minuit. Plats 500-1 000 R. Possibilité de surfer sur la carte, mais l'addition peut aussi aisément grimper à 80 US$.* Si, extérieurement, ça ne paie pas de mine, cadre intérieur superbe. Immense isba décorée d'une multitude de beaux objets, mobilier cossu, tissus chaleureux, etc. C'est le resto préféré du Premier ministre Poutine. Carte prodigue en riches mets comme la viande d'ours, le *tsewki,* recette originale de poulet, les cailles grillées, le soufflé de perche, le wapiti sauce au poivre vert, etc. Très beaux desserts.

Veranda ou Datchi – **Веранда у Дачи** *: de l'autre côté de la rue. ☎ 418-3394 ou 778-1486. Ouv 7h30 (pour le petit déj)-minuit.* Le concurrent de *Tsarskaya Okhota* la joue plutôt éclectique. Cadre de rondins, haut de plafond, de vieux meubles, des tapis partout. Normal, c'est aussi un antiquaire haut de gamme et une galerie d'art. Ne pas se laisser impressionner, on peut arriver à une addition raisonnable. Curieuse salle en gradins aussi, avec de vieux projecteurs pour passer des films des années 1930-1940. Concert le vendredi soir. Grand éclectisme dans la cuisine également (ouzbek, italienne, japonaise, etc.). Mon tout kitsch et marrant, on aime !

ZVENIGOROD – ЗВЕНИГОРОД

À 60 km au nord de Moscou par la Novorijskoe chaussée. Ⓜ Kountsevskaya ; puis bus n° 452T. Trains de banlieue au départ de la gare de Biélorussie. Depuis la gare de Zvenigorod, des bus partent pour le monastère (en principe, ils coïncident avec l'arrivée des trains). Le lieu est magique. Trois principaux lieux à visiter : le *domaine de Bolchoe Viazomi et l'église de la Trinité* qui, au XVIe s, appartenait au tsar Boris Godounov, l'*église de la Dormition,* perchée en haut d'une colline, et le sublime *monastère fortifié de Savino-Storojevski.*

À voir

Le monastère de Savino-Storojevski *: tlj sf lun 10h-17h.* Fondé au XIVe s, mais l'essentiel date du XVIIe s. Rendu au culte en 1995. Construit sur une butte dominant la rivière. Enceinte fortifiée de 1650. Lieu de pèlerinage très populaire ; vous y rencontrerez un maximum de paysannes et de babouchkas, et peu de touristes. Architecture intérieure particulièrement homogène. Les bâtiments sont disposés dans un désordre organisé épousant la nature du terrain. Le premier bâti-

ment à gauche de l'entrée est le réfectoire, suivi de deux églises, celle de la Trinité, puis celle de la Transfiguration. Puis vient le palais de la tsarine en brique rouge, contrastant avec la blancheur des autres bâtiments. Possibilité de visiter le palais. Beaucoup de charme et d'atmosphère.
Au centre du monastère, la *cathédrale de la Nativité* se révèle l'une des plus anciennes de la région de Moscou (début du XVe s). Assez haute, avec transept sur coupole. Remarquable iconostase bien restaurée (certains bois ne sont pas encore patinés) sur fond argent. Côté gauche, magnifique fresque, *La Dormition de la Vierge.* Dans la chapelle de droite, voûtes basses ornées de fresques sur fond or (jolie portion avec entrelacs et végétaux, le Christ et les saints).

Dans les environs, si vous avez un véhicule, ne manquez pas le charmant village de ***Dioudkovo.*** En bordure de forêt, c'est l'un des plus proches de Moscou possédant encore une authenticité. Ne rêvez pas d'y acheter une datcha, elles valent déjà plusieurs centaines de milliers de dollars. Au milieu du village, maison traditionnelle transformée en un intéressant petit *musée du Souvenir et de la Vie quotidienne au temps passé (ouv en principe mer, ven et dim 10h-16h).* Un architecte, musicien et peintre y habita. Tout est resté en l'état (atmosphère du film *Soleil trompeur* garantie !). Vieux plancher en bois, vénérable mobilier, photos, aquarelles, dans une douce pénombre...

SERGUÏEV POSSAD – СЕРГИЕВ ПОСАД

À 75 km au nord-est de Moscou. Ⓜ *VDNKh (sortie en tête du train) ; puis bus n° 388. Trains de banlieue au départ de la gare de Iaroslavl. Entrée gratuite ; photos payantes (100 R).* Serguïev Possad, nommé Zagorsk sous les Soviétiques, reste sans doute le site le plus visité et le plus symbolique de la région de Moscou. Fondé par Serge de Radonej au début du XIVe s, le monastère fut entouré de hautes murailles au XVIe s. Emblème de la résistance slave et orthodoxe face à l'envahisseur tatar, puis de la puissance russe face à l'envahisseur polonais, la laure de saint Serge sut tenir en apnée durant le communisme. Mais les tentatives d'invasion continuent aujourd'hui : pèlerins et touristes. Pour l'instant, les moines qui ont repris possession des lieux tolèrent. Site évocateur et incontournable, aux multiples coupoles et puissantes murailles. Voir la cathédrale de la Sainte-Trinité et l'iconostase d'Andreï Roublev, le tombeau des Godounov dans la cathédrale de la Dormition...

– Et aussi, à 80 km au nord de Moscou, par la Leningraskoe chaussée, la ***maison de Tchaïkovski,*** à l'entrée de la petite ville de ***Klin.*** Mais là, peut-être ne vous restera-t-il plus de temps !

QUITTER MOSCOU

Avant de faire tout déplacement hors de Moscou, n'oubliez pas de vérifier si vous avez tous les papiers en ordre (visa, carte d'immigration, enregistrement, etc.).

EN TRAIN

Pratique, économique et pittoresque pour celui qui ne le prend que rarement (car c'est souvent une vraie bétaillère !), le train de banlieue, ou *elektritchka,* vous évitera les embouteillages de la sortie de Moscou, très bonne variante pour visiter les sites touristiques proches en prenant son temps.
Après, il y a les trains plus longues distances, de celui pour Saint-Pétersbourg à celui pour... Vladivostok.

À moins que vous n'ayez confié toute la logistique de votre voyage à une agence française avant votre départ, on vous conseille de vous faire aider par votre hôtel ou *hostel* pour la réservation et l'achat du billet. En effet, pas évident, à la gare, seul, sans parler le russe, de savoir où aller pour acheter le ticket qui vous intéresse, et ensuite de se faire comprendre au guichet... où l'on ne parle que le russe. Autre possibilité, s'adresser à une agence de voyages qui fait la résa de billets de transport, comme *Tsar Voyages* (voir plus loin), où l'on parle le français. Bien sûr, ils prennent une petite commission, mais qui vaut amplement le gain de temps et d'efforts ! On peut même acheter certains billets sur leur site internet.

Quoi qu'il en soit, prévoir roubles et passeport pour l'achat du billet. Ne pas oublier que les horaires de train sont toujours indiqués à l'heure de Moscou. Sachez que vous ne pouvez acheter les billets qu'à la gare de départ.

Le voyage en train à la russe est vraiment une expérience à vivre. La plupart des voyageurs sont très organisés. Ils emportent leurs provisions en prévision des longues journées de voyage (dans le cas du Transsibérien) et les partagent souvent. En général tout se passe bien, si on ne fait pas l'Occidental dégoûté devant le saucisson à l'ail, le *sala* (gras en lamelle), le pain noir et le *malosol* (concombre en saumure), qui accompagnent si bien la vodka.

Il existe plusieurs classes, la plus économique est la *platscart,* un wagon sans compartiments, bourré de couchettes dans tous les sens, qui s'avère très convivial mais... de plus en plus rare. Deux autres classes : le *coupé,* compartiment à quatre lits avec draps, et la *classe L,* autrement appelée *SV,* qui sont des compartiments « luxe » à deux couchettes, évidemment la classe la plus chère. Outre la différence importante de prix entre les différentes classes, les prix fluctuent selon la saison et les dates.

Pour les horaires, on peut s'informer sur différents sites en version anglaise (mais attention, il faut introduire les noms russes des villes de départ et d'arrivée, par exemple Moskva, Sankt Peterburg...). Le meilleur, le plus à jour, est le site • *mzd.rzd.ru* • Sinon, il y a aussi • *poezda.net* • et • *hostels.ru* • Si vous parlez le russe, il existe un n° Vert (gratuit) pour toutes infos sur les trains dans le pays : ☎ *8-800-775-0000.*

À présent, un mot du ***trajet Moscou/Saint-Pétersbourg.*** En tout, près de 25 trains relient quotidiennement les deux villes au départ de la gare de Leningrad, dont un certain nombre de nuit (trains-couchettes). Voici les différents types de trains :

➢ ***Le Sapsan :*** ce nouveau train, le plus rapide et le plus confortable, est une sorte de TGV russe qui relie, à 350 km/h en vitesse de pointe, les 2 villes en 3h45 sans arrêt (4h45 max s'il y a des arrêts) au lieu des habituelles 8h de trajet... Il y en a env 6/j. Le prix du billet normal varie de 2 400 à 3 600 R et de 4 800 à 6 700 R en classe *business* avec repas inclus. Les tarifs les plus chers correspondent aux départs le soir et le w-e. Pour info, sachez que certains *Sapsan* s'arrêtent dans la ville de Tver et que, sur l'autre partie de la ligne (sud-est), ils se rendent à Vladimir (Anneau d'or) et Nijni Novgorod. Toutes les infos (en russe) sur • *sapsaninfo.ru* •

➢ ***Autres trains :*** le *Smena* est un train de type « Firmini » (à l'ancienne), c'est le moins cher. En 3e classe basique, sans couchette ni repas, compter env 1 250 R, 2 500-3 000 R en compartiment 4 couchettes et 4 800 R en compartiment 2 couchettes avec repas. Il y a également le *Krasnaya Strela* (env 2 600-3 200 R, en classe normale avec ou sans repas ; 5 500-6 300 R, en classe supérieure ; compter 30 % de plus en période de fêtes), ou encore le *train express* (un peu moins cher, lui). Ils partent ts vers minuit et arrivent vers 8h. Enfin, pour ceux qui cherchent le grand jeu, il y a le *Grand Imperial,* à env 15 000-20 000 R (selon confort) avec un compartiment lits, un compartiment sdb, TV, DVD, etc. ! Si ça vous dit, site disponible en version anglaise sur • *grandexpress.ru* •

➢ ***Le train Moscou-Nice :*** il n'y en avait plus depuis... 1914 ! Il part, en principe (à vérifier, bien sûr), de Moscou jeu à 16h17, arrivée sam à Nice à 19h12. Dans l'autre sens, départ de Nice dim à 19h22, arrivée à Moscou mar à 23h17. En env 50h de trajet, le train traverse

5 pays (Biélorussie, Pologne, République tchèque, Autriche et Italie) et 29 gares sur 3 300 km. Compter env 310 € l'aller simple en 2de classe et 1 200 € en 1re classe. Consulter la SNCF depuis la France ou *Tsar Voyages* à Moscou (voir plus loin).

Gare de Leningrad – Ленинградский вокзал *(plan couleur I, B2, et plan couleur V, Q13)* **:** *Komsomolskaya, 3 (sur la place des 3 gares). ☎ 262-9143. Ⓜ Komsomolskaya (lignes marron et rouge). Attention, ne pas confondre avec la gare de Iaroslavl tte proche, vous risqueriez de partir en Sibérie sans le savoir !*

➢ **Trains longues distances :**
– *Saint-Pétersbourg :* voir topo des différents trains ci-dessus.
– *Novgorod :* trains pour Pskov, Mourmansk, Tallin, Helsinki.

➢ **Trains de banlieue :** Tver.

Gare de Iaroslavl – Ярославский вокзал *(plan couleur I, B1-2, et plan couleur V, Q13)* **:** *Komsomolskaya, 5 (sur la place des 3 gares). ☎ 621-5914 ou 0817. Ⓜ Komsomolskaya (lignes marron et rouge).*

➢ **Trains longues distances :** Pékin, Oulan Bator, Abakan, Archangelsk, Vologda, Vorkouta, Vladivostok, Irkoutsk, Krasnoyarsk, Kostroma, Novossibirsk, Iaroslavl. Rien que les noms font rêver...

➢ **Trains de banlieue :** Abramtsevo, Serguïev Possad.

Gare de Kazan – Казанский вокзал *(plan couleur I, B2, et plan couleur V, Q13)* **:** *Komsomolskaya, 2 (sur la place des 3 gares, à l'est du koltso). ☎ (8-499) 264-6556. Ⓜ Komsomolskaya (lignes marron et rouge).*

➢ **Trains longues distances :** Vladikavkaz, Rostov, Samara, Tolliati, Oufa, Riazan, Kazan, Gorki (Nijni Novgorod), Novorossiisk, Omsk, Barnaul, Tcheliabinsk, Irkoutsk, Oulan Oude, Asie centrale, Astana, Bichkek, Douchambe, Tachkent, Mineralni Vodi.

➢ **Trains de banlieue :** Bykovo.

Gare de Koursk – Курский вокзал *(plan couleur I, B2, et plan couleur V, Q15)* **:** *Zemlianoï Val, 29. ☎ 916-2003. Sur le koltso (le périphérique interne de Moscou, côté est). Ⓜ Kourskaya (lignes marron, bleue et vert pâle).*

➢ **Trains longues distances :** Caucase, Crimée, est et sud de la Russie et de l'Ukraine ; Bakou, Vladimir, Gorki (Nijni Novgorod), Sebastopol, Simferopol, Sotchi, Toula, Feodossia, Vladivostok, Koursk.

➢ **Trains de banlieue :** Tsaritsyno.

Gare de Paveletski – Павелецкий вокзал *(plan couleur I, B2, et plan couleur IV, L-M12)* **:** *Paveletskaya, 1 ; au sud du koltso. ☎ 235-0522 ou 6807. Ⓜ Paveletskaya (lignes marron et verte).*

➢ **Trains longues distances :** Astrakhan, Volgograd, Voronej, Saratov, Stavropol, Tambov.

➢ **Trains de banlieue :** Domodedovo (aéroport).

Gare de Kiev – Киевский вокзал *(plan couleur I, A2, et plan couleur III, G7-8)* **:** *pl. Kievskovo Vokzala. ☎ (8-499) 240-1115. Ⓜ Kievskaya (lignes marron, bleu clair et bleu foncé).*

➢ **Trains longues distances :** Belgrade, Briansk, Bucarest, Odessa, Sofia, Zagreb, Venise.

➢ **Trains de banlieue :** Peredelkino, Vnoukovo (aéroport).

Gare de Biélorussie – Белорусский вокзал *(plan couleur I, A2, et plan couleur II, D4)* **:** *Tverskaya Zastava, 7. ☎ 251-6093 ou 973-8191. Ⓜ Belorousskaya (lignes marron et verte). À l'extrême nord de la rue Tverskaya Iamskaya.*

➢ **Trains longues distances :** tte l'Europe de l'Ouest, Kaliningrad, Lituanie, Biélorussie, Pologne, République tchèque.

➢ **Trains de banlieue :** tt l'ouest du Moscou périphérique et de la région de Moscou (Zvenigorod, Joukovka, Borodino, Brest...).

Gare de Savelovski – Савёловский вокзал *(plan couleur I, A1)* **:** *pl. Savelovskogo Vokzala, 2 ; au nord du koltso. ☎ (8-499) 973-8482. Ⓜ Saviolovskaya (ligne grise).*

➢ **Trains de banlieue :** Doubna, Dmitrov, Lobnya, Savelovo...

Gare de Rijski – **Рижский вокзал** *(plan couleur I, B1) : Rijskaya pl., 79/3 ; au nord du koltso. ☎ 971-1588. Ⓜ Rijskaya (ligne orange).*

➢ ***Trains longues distances :*** Riga.

➢ ***Trains de banlieue :*** Nakhabino, Istra.

EN BUS

On vous prévient, ce n'est vraiment ni simple ni confortable de voyager en bus. Néanmoins, pour ceux qui recherchent l'aventure...

Gare routière centrale – **Центральный автовокзал** *(hors plan couleur I par B1) : ☎ 8-499-748-8029 ou 8964 (infos en russe et, de tte façon, ligne souvent occupée !). Résas : ☎ 468-4370 (en russe). Ⓜ Chtchiolkovskaya (nord-est de Moscou). Horaires d'été (15 mai-nov) et d'hiver affichés dans les gares routières.*

➢ Destinations multiples et tarifs peu élevés : Saint-Pétersbourg, Novgorod, Valdaï, Tver, Ribinsk, Kostroma, Pereslavzalesski, Ouglitch, Kazan, Vladimir, Souzdal, Nijni Novgorod, Mourom, Penza, Kolomna, Astrakhan, Tambov, Volgograd, Tbilissi, Voronej, Rostov-sur-le-Don, Kiev, Toula, Koursk, Smolensk, Volokolamsk.

Autres gares routières :

– ***Vikhino*** – **Автостанция Выхино :** *☎ 371-9860. Ⓜ Vikhino (sud-est de Moscou).* Vers Zaraïsk, Joukovski, Riazan.

– ***Touchinskaya*** – **Тушинская автостанция :** *☎ 553-8391. Ⓜ Touchinskaya (nord-ouest de Moscou).* Vers Istra.

– ***VDNKh*** – **Автостанция ВДНХ :** *☎ 181-9744. Ⓜ VDNKh (nord de Moscou).*

– ***Izmaïlovski Park*** – **Измайловский парк :** *Ⓜ Izmaïlovo (est de Moscou). ☎ (499) 166-5879.* Vers Noguinsk.

EN AVION

Aéroports

Voir au début de Moscou « Informations pratiques et culturelles. Arrivée aux aéroports ».

Pour rejoindre l'aéroport de Cheremetievo, on vous conseille de partir du centre environ 4h avant l'heure du décollage en semaine et 3h le week-end.

Agences et compagnies aériennes

■ ***Tsar Voyages*** (plan couleur V, O14, **1**) **:** *Malaya Loubianka, 16/4, bureau 222. ☎ 221-1936. • tsarvoyages.com • Ⓜ Loubianka ou Tchistye Proudy.* Agence française (ils ont des bureaux à Paris) proposant tous types de voyages et séjours en Russie. Ils peuvent aussi s'occuper de la réservation et de l'achat de billets de transport, ce qui est bien appréciable quand on ne parle pas le russe.

■ ***Carte Blanche :*** *Bolchoï Tichinski pr., 38, bât. 1. ☎ 943-5676 ou 978-5686. • carteblanche.ru • Ⓜ Kievskaya.* Au cas où vous auriez des amis russes cette agence franco-russe organise des voyages en France ou en Suisse rapidement et sans prise de tête. Assez haut de gamme. Évidemment, ils parlent le français.

■ ***Air France*** (plan couleur IV, K12) **:** *Korovy Val, 7. ☎ 937-3839. Ⓜ Oktiabrskaya. Lun-ven 9h-18h ; sam 10h-15h. Agence aussi à l'aéroport de Cheremetievo (terminal E).*

■ ***KLM*** (plan couleur IV, K12) **:** *Korovy Val, 7. ☎ 258-3600. Ⓜ Oktriabrskaya.*

■ ***Lufthansa :*** *hôtel Renaissance, Olimpiyskiy pr., 18/1. ☎ 737-6400. À l'aéroport de Domododevo : ☎ 363-3062 (infos) ou 980-9999 (résas).*

■ ***SN Brussels Airlines :*** *Prospekt Mira, 39/2. ☎ 564-8259. Ⓜ Prospekt Mira ou Soukharevskaya.*

■ ***British Airways*** (plan couleur II, C6) **:** *1-ya Tverskaya-Iamskaya, 23. ☎ 363-2525. Lun-ven 9h-18h. Comptoir à l'aéroport de Domodedovo.*

■ ***Aeroflot*** – **Аэрофлот :** *☎ 223-5555 (n° général). • aeroflot.ru • Plusieurs agences dans Moscou, notamment Kouznetski most, 3 (plan couleur I, F5). ☎ 628-4154. Ⓜ Kouznetski Most. Tlj 9h-19h30 (15h30 dim). Ou encore Frouzenskaya nab., 4. Ⓜ Park Koultoury. Tlj 9h-20h (16h dim). Agence aussi à l'aéroport de Cheremetievo.*

■ ***Transaéro*** – **Трансаэро :** *agence*

QUITTER MOSCOU

sur Paveletskaya pl., 1 A, bât. 3. ☎ 788-8080. • transaero.ru • Ⓜ Paveletskaya. Tlj 9h-20h. Autres agences : Nikolskaya, 11-13, bât. 2 (Ⓜ Plochad Revolioutsi), dans le hall central de l'aéroport de Domodedovo (24h/24 ; ☎ 788-8080 aussi) et à Cheremetievo 1 (☎ 578-6226).

■ ***Eastline :*** *Bolchaya Nikitskaya, 43. ☎ 797-4236. Aéroport de Domodedovo. ☎ 933-6666. • eastline.ru •*

■ ***Rossia :*** *• pulkovo.ru •* Plusieurs vols réguliers vers Saint-Pétersbourg depuis Domodedovo.

SAINT-PÉTERSBOURG

ABC DE SAINT-PÉTERSBOURG

- *Situation :* au nord-ouest de la Russie, au bord du golfe de Finlande, à l'embouchure de la Neva et à 650 km de Moscou.
- *Superficie :* 1 439 km².
- *Population :* 4,850 millions d'hab.
- *Densité de population :* environ 3 200 hab./km².
- *Gouverneur de la ville :* Georgui Poltavchenko depuis août 2011.
- *Signe particulier :* deuxième ville du pays, construite sur une centaine d'îles. Altitude moyenne : 3 m.

Pour le plan général de Saint-Pétersbourg, les plans II à V et le plan du métro, se reporter au cahier couleur 2.

IND. TÉL. : 812

Qu'y a-t-il de russe dans cette ville bâtie sur les marais du Nord par des ingénieurs allemands, dessinée par des architectes italiens, influencée par la Hollande, admirée par les artistes français, où l'on parla si longtemps la langue de Voltaire à la Cour ? Rien. Ou pas grand-chose.
Projection urbaine de ses fantasmes et de ses passions, Saint-Pétersbourg fut créée de toutes pièces par Pierre le Grand comme une échappée au carcan russe. Le tsar n'avait qu'une idée en tête : s'éloigner de l'âme et des coutumes russes qu'il détestait, pour ouvrir une fenêtre sur l'Europe. Laisser entrer de l'air frais venu de l'Ouest ! On est ici au cœur de la volonté puissante et inébranlable d'un seul homme : sa passion de l'eau s'incarne par la Neva et les canaux, sa phobie de Moscou et de la rusticité de la Russie de l'intérieur se traduit par un désir frénétique de se rapprocher de la culture occidentale. Ainsi s'érigea dans le sang et la sueur Saint-Pétersbourg, figure de proue de tout un empire.
Tout (ou presque) y a été pensé, réfléchi. En contradiction flagrante avec cette âme russe qui laisse avant tout parler les pulsions du cœur. On venait ici pour faire carrière puisque la Cour y était, pour réussir, se faire un nom, un grade, un poste. Saint-Pétersbourg a été conçue comme une ville de l'ostentation, une cité grandiose et fastueuse, une vitrine de la puissance impériale.

Si c'est un homme qui en donna l'impulsion, ce sont les femmes qui « firent » vraiment la ville, les tsarines du XVIIIe s, et surtout Catherine II. Cette dernière lui donna toute sa grandeur, sa majesté d'aujourd'hui, ce que n'avait pas eu le temps de faire son créateur.

UN RÊVE DE TSAR

Une belle ville ?

« Saint-Pétersbourg ? C'est beau, à ce qu'on dit... », entend-on souvent. Oui, c'est beau. Mais quel genre de beauté ? L'harmonie des façades ? Le classicisme de ses dimensions ? Le romantisme des ponts et des canaux ? Le clinquant maniéré des palais d'Hiver, d'Été, de Printemps, de ci, de ça... ? L'âme slave tentée par des atours européens ? Permettez-nous de botter en touche : c'est un peu tout ça à la fois. Mais cela ne suffit pas à décrire cette métropole infiniment compliquée.
Grandiose, sa taille se veut au-delà de l'humain. Tout fut conçu grand, toujours plus grand, encore plus grand. Et chaque architecte d'en faire toujours plus dans la démesure. Des palais, encore des palais, des places, des colonnades, des monuments, des statues, encore des statues. Puis des musées, toujours plus de musées. Tout ce que l'Europe construisait, dessinait, peignait, créait, Saint-Pétersbourg le voulait et l'obtenait. Avant de le mettre en boîte avec interdiction d'y toucher. Les meilleurs artistes, les architectes les plus talentueux, les plus grands philosophes furent appelés ici pour ouvrir sur les connaissances et les arts de la vieille Europe cette Russie rustre et encroûtée dans un passé médiéval qui n'en finissait pas. Toutes ces richesses sont là, aujourd'hui, à votre portée et chaque palais s'offre à vous pour vous raconter une page d'histoire.
Comme si l'on avait retrouvé un vieux livre oublié au fond de la malle de l'histoire, doré et plein d'enluminures...

L'envers du décor

Mais ne vous laissez pas hypnotiser par les sirènes du passé. La ville cache autre chose, plus difficilement définissable, au fond de ses arrière-cours délabrées où se nouent et se dénouent les intrigues d'une vie difficile. Encore faut-il, pour s'en rendre compte, sortir des sentiers battus.
Il faut se balader dans les rues de traverse et parvenir à conjuguer cette ville au présent, loin du tape-à-l'œil des dorures. Dans les quartiers populaires, éventer les relents de la vie quotidienne, observer le règne de la débrouille dans les ruelles pisseuses et sur les marchés grouillants. Il faut traîner ses guêtres autour des gares pour dépister la réalité du quotidien des Pétersbourgeois. Il faut errer sans but dans ces quartiers situés entre le canal Fontanka et le canal Obvodny : *Pouchkinskaya* et *Dostoïevskaya.* Ce n'est pas pour rien qu'ils portent le nom d'illustres monuments de la littérature mondiale.
On y ressent toutes les contradictions de la Russie du XIXe s, toujours présentes dans celle du XXIe s. Voyez ces militaires à la retraite vendant leurs médailles dans la rue pour survivre, ces mamies sans âge proposant sur le trottoir les légumes cultivés dans le petit potager de leur datcha. C'est aussi cela, la Russie actuelle : une terre de contradictions criantes, avec d'un côté les gens qui ont réussi la transition vers l'économie de marché et, de l'autre, tous ceux qui se sont retrouvés brutalement sur le carreau, « non compétitifs ».
Ne vous laissez pas abuser par les façades somptueuses : elles abritent parfois des gens à la condition précaire, dans des appartements communautaires insalubres. Inversement, de vilains bâtiments sont dotés de logements magnifiques. Saint-Pétersbourg est une ville qui montre, qui cache, mais aussi qui ment. Du moins, qui trompe. C'est peut-être dans ses plus flagrantes contradictions que réside son indicible charme.

Rivalités intervilles

C'est aussi une vaste métropole qui souffre d'un complexe par rapport à Moscou : les Pétersbourgeois disent qu'il y a deux capitales en Russie ; les Moscovites disent qu'il n'y en a qu'une... On se console en décernant à « Piter » (pour les intimes) le titre honorifique de capitale culturelle.
Cela dit, la ville a récemment profité d'un double joker : l'arrivée au pouvoir de Vladimir Poutine, qui en est originaire, et le tricentenaire de sa création en 2003. Son essor économique et ses attraits touristiques vont aujourd'hui de pair. On a refait briller les cuivres et les ors à l'occasion des fêtes du tricentenaire. Et malgré la chape de plomb de la période communiste, on se rend compte qu'elle n'a rien perdu de son aura. Elle n'en finit pas de se pomponner, telle une femme qui a déjà eu son content de courtisans mais qui désire encore séduire. Vous séduire !

HISTOIRE DE SAINT-PÉTERSBOURG DE 1703 À 1917

Au carrefour de deux époques

Denis Diderot commente ainsi le transfert de la capitale russe de Moscou à Saint-Pétersbourg : « Il est particulièrement inopportun de placer le cœur au bout du doigt. » Mais dans l'esprit du tsar ***Pierre Ier, dit le Grand,*** qui fonde la ville en 1703, il ne s'agit probablement que d'un juste retour des choses. Les Vikings à l'origine de la première dynastie de tsars russes, celle des Riourikides, occupent déjà la région plus de 800 ans auparavant. Partis de Staraya Ladoga, sur le lac Ladoga, ils établissent d'abord leur capitale à ***Novgorod,*** avant de la transférer à Kiev. Installée à Moscou depuis le XIIIe s, la dynastie s'éteint à la fin du XVIe s, alors que la Russie est ravagée par les troubles qui suivent la mort, en 1584, d'***Ivan le Terrible.*** À la fin du XVIIe s, un grave conflit de succession divise la cour moscovite et met en cause une stabilité recouvrée en 1613 grâce à l'avènement de ***Mikhaïl Romanov.*** Pierre, le petit-fils du fondateur de la nouvelle dynastie, assiste depuis le Kremlin au massacre d'une partie de sa famille maternelle. Il fait de Saint-Pétersbourg « sa » capitale. Une vitrine du changement, offerte au regard choqué des boyards de la cour moscovite. Il leur faut s'y faire : Pierre n'hésite pas à couper lui-même leurs longues barbes pour les convertir à la modernité !

L'entrée en scène de Pierre le Grand

Pierre succède à son demi-frère Fiodor (1676-1682) sur un trône qu'il partage avec un autre demi-frère, Ivan V, jusqu'en 1696. Sa décision d'attaquer la Suède en 1699 lui est soufflée par le climat d'hostilité contre l'expansionnisme suédois, qu'il a pu mesurer lors d'un long périple en Europe de 1697 à 1698.

QUELQUES MOTS SUR PIERRE LE GRAND

Comment parler de Saint-Pétersbourg sans s'attarder un instant sur l'incroyable, le stupéfiant Pierre Ier ? Son grand-père, Mikhaïl Romanov, est le premier de la dynastie du même nom. Pierre passe son enfance au Kremlin de Moscou. Un jour, il trouve un vieux bateau dans la grange de son grand-père. Il le rafistole et le fait naviguer sur la rivière toute proche. Plus tard, il étudie avec ardeur toutes les disciplines, jusqu'à maîtriser 14 métiers artisanaux. Il lui faut une ville sur l'eau pour monter la première flotte de Russie. Il se révèle également être un bâtisseur de ville hors pair. Son idéal de la cité moderne, inspiré des ports hollandais, est à l'opposé de la nonchalante, chaotique et dense Moscou. La construction de la nouvelle capitale sur le golfe de Finlande va faire table rase des traditions architecturales russes. Il lui faut son Amsterdam !

Pendant la construction de Saint-Pétersbourg, il supervise lui-même les travaux de la forteresse Pierre-et-Paul et le chantier des navires. Sa volonté première est de moderniser la Vieille Russie, encore arc-boutée sur ses traditions médiévales. Il contraint sa Cour à porter les robes et costumes à la mode en Europe occidentale. Lui-même s'habille simplement et déteste le luxe. Bon vivant, gros mangeur et grand buveur devant l'Éternel, ce Gargantua de 2 m oblige aussi ses invités à boire jusqu'à ce qu'ils tombent par terre. Son amour pour la dive bouteille lui sera fatal. Il est colérique et atteint de violentes crises de nerfs que seule son épouse Catherine Ire a le pouvoir de calmer. Quand il la rencontre, la future impératrice est encore simple blanchisseuse chez un grand ami de Pierre, ***Menchikov*** – lui-même à l'origine vendeur de pirojki à Moscou, remarqué par le favori de Pierre, qu'il remplaça bientôt... C'est un tsar créatif, inventeur et bâtisseur, novateur et ingénieux, visionnaire et populaire, et méprisant les conventions... Cela ne l'empêche pas d'être autoritaire et brutal, comme lorsqu'il fait emprisonner son fils Alexis, soupçonné (à tort) de comploter, et le fait torturer à mort. Il y eut peu de souverains aussi singuliers dans l'histoire que ce Piotr Romanov, le Ier, le Grand... mais revenons à la grande Histoire !

EMPEREUR ET ARRACHEUR DE DENTS

Pierre le Grand se croyait tous les talents, y compris en médecine. Parmi ses 14 diplômes, on trouve d'ailleurs celui d'arracheur de dents ! Dentiste pas très doué et, pour tout dire, fort redouté pour sa brusquerie : tout le monde à la Cour cachait son mal de dents, de peur que Pierre ne décide de les soigner lui-même. On a retrouvé un sac plein de dents arrachées par lui.

ET UNE VILLE SURGIT DES FLOTS

En consolidant ses positions sur l'embouchure de la Neva à l'issue d'une bataille décisive contre les Suédois, Pierre le Grand déclare, du moins c'est ce que raconte la légende, un jour de mai 1703 : « Qu'ici soit une ville. » La légende affirme aussi qu'il vient d'observer, glissant longuement dans les cieux, un aigle auréolé de lumière. La future capitale de l'empire, baptisée à l'allemande Sankt Peterburg, d'après le nom du saint patron du tsar, est née. D'emblée, il ordonne le démarrage des travaux d'élévation d'une église entourée d'une enceinte. En 4 mois, la forteresse ***Pierre-et-Paul,*** d'abord construite en bois, se dresse.

La « conquête » de Saint-Pétersbourg proprement dite débute par la rive gauche et l'île Vassilievski. Le palais d'Hiver, les chantiers navals encadrés par les bâtiments de l'Amirauté sont les premières constructions à surgir des marais. Sur l'île Vassilievski est érigé le palais Menchikov, qui sert à Pierre de lieu d'assemblée et de réception. Les sciences, les arts et les distractions ne sont pas en reste : la ***Kunstkamera,*** qui abrite le cabinet des curiosités du tsar, le jardin et le palais d'Été, ainsi que d'autres bâtiments à vocation culturelle et scientifique voient le jour.

Vers 1714, sur la rive sud du golfe de Finlande, Pierre fait bâtir une résidence : ce sera ***Peterhof*** (la cour de Pierre), l'un des plus beaux ensembles architecturaux des environs de Saint-Pétersbourg. À la future Catherine Ire, le tsar fait cadeau du domaine de ***Tsarskoïe Selo.*** Il l'épouse en 1712, l'année même où Saint-Pétersbourg est proclamée capitale.

En 1725, Saint-Pétersbourg offre encore le singulier spectacle d'une ville en devenir, mais où vivent déjà 75 000 personnes ! Parmi elles se trouve le gratin de l'aristocratie russe, expatriée de gré, mais surtout de force de ses domaines ou de cette bonne vieille Moscou. La future perspective Nevski, qui rejoint l'Amirauté, est encore une route mal carrossée qui coupe à travers champs, tout comme celle qui mène à Tsarskoïe Selo.

Si la fondation de Saint-Pétersbourg ressemble à une légende merveilleuse de cité surgie des flots, la réalité est tout autre. Pierre y a consacré une grande partie des ressources de la Russie dans la tradition autocratique des tsars russes, sans ménager le sang ni la sueur de ses sujets : ce sont 30 000 serfs en 1706 puis 40 000 en 1707 qui sont enrôlés de force pour édifier la ville. Pour faire face à la pénurie de maçons, la construction de bâtiments en pierre est interdite en 1714 dans toute la Russie tant que les travaux des fondations de la ville sont en cours. Les conditions de travail sont épouvantables : on estime que la faim, le froid et les inondations coûtèrent la vie à 150 000 personnes victimes de la fièvre des marais, de dysenterie, du scorbut ou tout simplement morts de faim ou d'épuisement. Une grande partie de la ville repose sur des pilotis, mais les habitants ont coutume de dire que la ville est bâtie sur les squelettes de ses bâtisseurs. Au début, près de la moitié des ouvriers enrôlés de force réussissent à s'enfuir vers le nord-ouest. Ceux qui sont rattrapés sont punis sévèrement. La nouvelle capitale conservera longtemps pour cette raison une réputation de ville maudite.

En 1712, la Cour, les ambassades et le Sénat sont transférés dans la nouvelle capitale. Pour peupler la ville, Pierre le Grand donne l'ordre aux principales familles nobles de Moscou d'emménager avec toute leur maisonnée dans des constructions dont l'apparence et les dimensions sont imposées et qui sont construites à leurs frais. Tous les habitants sont contraints de planter des arbres. Dès 1714, 50 000 logements sont occupés ; Saint-Pétersbourg est la première ville de Russie à disposer d'une police municipale et d'un centre-ville éclairé la nuit.

À la mort de son fondateur, un mouvement d'exode se dessine. Près des deux tiers des habitants plient bagage. Les conditions de vie terribles, les inondations à répétition, la boue des chantiers permanents... pas gai tout ça. Et puis la ville est avant tout une garnison : deux hommes pour une femme ! On est loin de la frivolité de Moscou. Saint-Pétersbourg sera même incendiée lors d'une révolte en 1737. Les impératrices ***Anne*** et ***Élisabeth,*** qui succèdent à Pierre, ramèneront une certaine sérénité dans la jeune cité.

LE « BAROQUE PIERRE LE GRAND »

Le « baroque Pierre le Grand », ou « baroque pétrovien », qui s'exprime durant les premières années de construction de la ville, emprunte aux différents styles baroques européens. C'est l'architecte Trezzini qui est le premier Italien à façonner la ville. Le palais Menchikov ou la Kunstkamera sont représentatifs de cette tendance qui fait la part belle à l'influence hollandaise (voir les frontons des bâtiments).

UNE SUCCESSION ACROBATIQUE

À la mort de Pierre le Grand, Saint-Pétersbourg n'est donc encore que l'esquisse de ce qu'elle deviendra. Le tsar, qui a d'ailleurs supprimé le droit d'aînesse, ne laisse en mourant aucun héritier direct au trône. Le XVIIIe s sera le siècle des femmes. Avec tout d'abord l'épouse de Pierre, Catherine Ire, qui lui succède pour un court règne, sous l'influence directe de Menchikov, de 2 ans : elle meurt en 1727. Suit Pierre II, qui ne dure guère plus de temps (1727-1730) : il a néanmoins le temps de transférer la capitale à Moscou. Puis ***Anne (Anna Ioannovna),*** qui plie bagage et se réinstalle à Saint-Pétersbourg. Élevée en Allemagne, elle est la première à européaniser véritablement la Cour : ministres allemands, courtisans français, architectes et artistes italiens. Elle règne de 1730 à 1740.

UNE TAXE SUR LES BARBUS

Pour financer ses travaux de prestige et la modernisation de la Russie qu'il entend occidentaliser, Pierre le Grand met sur pied de nouvelles taxes : des impôts sont prélevés sur les moulins, les bains, les ruches, les fours, mais aussi les barbes, dont il interdit le port ! En 1722, un impôt spécial de 50 roubles est perçu à l'encontre des récalcitrants. Le tsar ne dédaigne pas, dit-on, manier lui-même les ciseaux...

Mais c'est à deux autres femmes que l'on doit le faste et le rayonnement de la ville : ***Élisabeth,*** la fille de Pierre, et ***Catherine la Grande,*** l'épouse de son petit-fils et véritable femme de tête. Elle fera de la jeune capitale ce qui est aujourd'hui l'une des merveilles architecturales du monde.

Élisabeth la frivole (sur le trône de 1741 à 1761)

Cette tsarine n'a certes pas la grandeur d'une Catherine, mais elle va tout de même marquer la ville de son sceau. Frivole et paresseuse, elle sait s'entourer pour protéger son trône. L'empire est plus dirigé par ses ministres que par elle-même, bien trop occupée à organiser quelque fête somptueuse, une grande chasse à courre ou à se faire confectionner de nouvelles robes (on parle de 15 000 tenues dans sa garde-robe !). Intelligente et légère, voilà Élisabeth avec qui la ville s'agrandit et s'embellit. Son architecte attitré, ***Bartolomeo Rastrelli,*** maître du baroque pétersbourgeois, achève la construction du palais d'Hiver, le projet le plus ambitieux de son père. Elle lui commande également l'agrandissement de la résidence de Tsarskoïe Selo. Avec ses 300 m de long, le palais Catherine, édifice central du domaine, est aussi l'un des plus imposants des environs de la capitale. C'est elle-même qui choisira la future épouse de son neveu Pierre III, une certaine Sophie d'Anhalt-Zerbst, princesse prussienne qui deviendra Catherine II, dite la Grande, et qui régnera pendant plus de 30 ans.

Catherine II, dite la Grande (sur le trône de 1762 à 1796)

De simple lucarne, Saint-Pétersbourg devient avec Catherine une fenêtre grande ouverte sur l'Europe des Lumières. Cette toute jeune princesse va mettre en œuvre les transformations sociales probablement les plus importantes que la Russie ait jamais connues et changer la face de l'empire. Régicide et éclairée, cultivée et autoritaire, tel est le portrait ambivalent de cette femme hors du commun.

Sans une goutte de sang russe dans les veines, débarquée d'Allemagne à 15 ans sans maîtriser la langue, Catherine s'imprègne tellement fort de l'âme et de la mentalité russes que, lorsqu'on la marie au futur tsar, elle est déjà plus russe que lui. Puits de culture, elle lit énormément et s'intéresse à tout. Quelques mois après l'accession de son mari au trône, avec l'aide des frères ***Orlov, Alexeï*** et ***Grigori,*** son amant, elle le fait assassiner pour lui ravir sa place ! Plus attiré par la Prusse que par sa propre patrie, Pierre III n'est pleuré par personne. Catherine II installe d'emblée son autorité sur des idées simples. Son modèle historique : Pierre le Grand. Son modèle philosophique : la France des Lumières. Son modèle politique : l'expansionnisme. Elle gagnera sur ces trois tableaux. Elle poursuit le développement de la ville et parvient à faire entrer son pays dans l'Europe en mettant à son service les plus grands artistes italiens et les meilleurs penseurs français (elle consulte Voltaire en permanence, et ***Diderot*** viendra passer 1 an à Saint-Pétersbourg). Enfin, elle achète toute la peinture européenne. Sur le plan politique, Catherine fait de la Russie une grande puissance en annexant la Crimée et en dépeçant la Pologne, sur le trône de laquelle elle place l'un de ses favoris, ***Stanislas Poniatowski.***

Car l'amour est l'une de ses marottes... Elle choque par le nombre de ses amants, qu'elle fait « tester » par ses dames d'honneur avant de les consommer elle-même. Elle ne fait finalement que reproduire un comportement de souverain masculin, de la part de qui cette attitude face aux choses de l'amour est considérée comme une qualité. Les deux autres grands noms à partager sa couche sont Orlov et ***Potemkine,*** qui la fait rire et an-

LES VILLAGES POTEMKINE

Pour cacher la misère du peuple à son impératrice (et maîtresse) Catherine II, le ministre Potemkine avait l'habitude de rénover les façades des bâtiments pour les rendre plus pimpantes lors des voyages officiels. Toutefois, il n'a jamais fait construire de faux villages en carton-pâte comme on l'a prétendu.

nexe la Crimée en 1783. Son amour pour l'art, son ouverture d'esprit et sa lecture des philosophes permettent à Catherine de mettre la Russie dans le sillon de la modernité : elle prône la tolérance religieuse (alors que Pierre le Grand fit abattre les mosquées), elle mène une énergique politique d'éducation, met en place un système de bourses, rédige un ouvrage sur la réforme du système législatif... Pourtant, la misère du peuple ne change guère. De la lecture des philosophes à l'application de leurs préceptes, il y a un pas que la tsarine ne franchit pas. Le servage, dont elle imagine un moment la suppression, ne sera pas aboli. Pis, la situation se dégrade. Elle mate les révoltes paysannes dans le sang, notamment celle menée par le cosaque ***Pougatchev*** en 1773. La Révolution française sera également vue d'un très mauvais œil par la tsarine vieillissante. Le niveau de vie de la « Russie d'en bas » ne s'améliore pas, mais elle fait entrer son pays dans la cour des grands.

ARTS ET CULTURE À L'ÉPOQUE DE CATHERINE II

Sous Catherine, Saint-Pétersbourg, qui reçoit la visite de nombreux philosophes et savants, devient l'un des hauts lieux européens des Lumières. La tsarine inaugure l'Académie des lettres, poursuivant ainsi l'œuvre de ses prédécesseurs, sous lesquels ont été créées l'Académie des sciences et celle des beaux-arts, ainsi que l'université de Moscou. Pour souligner l'importance désormais accordée à l'éducation des femmes, elle confie la présidence de la nouvelle Académie à l'une des grandes intellectuelles de son temps, la princesse ***Vorontsova-Dachkova.*** Poursuivant l'œuvre de Pierre le Grand, elle se lance dans l'acquisition à tout-va d'œuvres d'art en Europe. Ses collections prennent une telle ampleur qu'elles justifient l'adjonction au palais d'Hiver de plusieurs constructions nouvelles qui, au fil des décennies, donneront naissance à l'ensemble de l'Ermitage, regroupant aujourd'hui l'une des plus importantes collections d'art du monde, tout simplement.

L'APOGÉE DU CLASSICISME

De nombreux architectes européens participent au projet de l'Ermitage ou érigent de nouveaux palais : parmi eux, citons les Italiens Giacomo Quarenghi et Antonio Rinaldi, le Français ***Jean-Baptiste Vallin de La Mothe,*** mais aussi des Russes tels Youri Velten (d'origine allemande) ou Ivan Starov. Si Élisabeth était fan du baroque, Catherine II est une amoureuse du classique. De très nombreux édifices antérieurs sont donc remaniés dans ce nouveau style en vogue à la Cour, un peu ennuyeux mais toujours majestueux. De nombreux autres sortent de terre.
Puis Catherine embellit Tsarskoïe Selo en faisant bâtir l'élégant pavillon d'Agathe ainsi que les galeries attenantes, œuvres de l'architecte écossais Charles Cameron. Pour son fils ***Paul Ier,*** elle fait construire à quelques kilomètres de là un petit palais à l'intimité attachante, dessiné par le même architecte. C'est ainsi que naît Pavlovsk. Paul et son épouse Maria Feodorovna consacrent un long voyage en Europe à rassembler les œuvres d'art qui décoreront leur nouvelle résidence.
Le style classique imprègne la capitale elle-même, avec sa multiplication de places à colonnades, de portiques et d'arcades. La flèche de l'Amirauté, symbole de la ville, se dresse désormais sur un petit temple dorique – coiffant le corps central des bâtiments qui, autrefois, encadraient les chantiers navals. Un peu partout, des proues de navires,

CATHERINE SAIT DIRE MERCI

L'impératrice aimait faire plaisir à ses amants en leur offrant des palais. Le comte Grigori Orlov, qui lui avait facilité l'accession au trône en assassinant son mari Pierre III, en reçoit deux : le palais de Marbre et la résidence de campagne de Gatchina. Le palais de Tauride fut dessiné sur le modèle du panthéon de Rome. Catherine l'offre à Potemkine, qui avait annexé la Crimée (Tauride dans l'Antiquité). Il est ensuite nommé gouverneur, avec le titre de prince de Tauride.

des ancres ornent les colonnes qui s'élèvent au milieu des esplanades et aux extrémités des ponts. Elles nous rappellent que Saint-Pétersbourg et son infinité de lignes produites à l'équerre et au compas n'ont qu'une raison d'être : la mer, dont les côtes ne sont qu'à quelques kilomètres. C'est aussi et toujours un hommage rendu au fondateur de la ville.

Les racines du divorce entre l'intelligentsia et le pouvoir

La Cour ne supporte pas longtemps l'excentrique Paul Ier. Monté sur le trône en 1796 à la mort de sa mère, il est assassiné en 1801. Les murs de son palais-forteresse Saint-Michel, bâti par l'architecte Vassili Bajenov, franc-maçon comme Paul lui-même, ne lui auront pas servi à grand-chose.
Alors que Moscou, sacrifiée par le rusé ***Rostopchine*** pour mettre Napoléon en déroute, était livrée aux flammes en 1812, Saint-Pétersbourg devient, sous l'impulsion de Nicolas Ier, l'emblème de la toute-puissance impériale.
Mais l'empire a changé. Des milliers d'officiers et de soldats lancés à la poursuite de Napoléon ont vu et admiré Paris. La noblesse ne détient plus le monopole de l'érudition. Une langue moderne a fait son apparition. La fin du XVIIIe s voit naître ***Pouchkine,*** considéré jusqu'à aujourd'hui comme le plus grand poète qu'ait jamais connu la Russie. Le 26 décembre 1825, jour du couronnement de Nicolas Ier, des officiers insurgés réunissent 3 000 soldats sur la place du Sénat (rebaptisée après la révolution place des Décabristes) pour exiger l'instauration d'une monarchie constitutionnelle. L'insurrection est réprimée dans le sang, et ceux des instigateurs qui échappent à la potence sont invités à aller professer leur conception du progrès en Sibérie.

LA VILLE MODERNE ET SES PARADOXES

Nicolas Ier concrétise son idée de la grandeur impériale par une vaste opération d'urbanisme qu'il confie à Carlo Rossi, quatrième grand architecte italien à marquer de son empreinte l'identité de la ville après Trezzini, Rastrelli et Quarenghi. Il donne à la capitale sa physionomie actuelle, avec ses places et ses colonnades. Il développe aussi quelques idées utiles, comme celle de rationaliser les lois et l'administration. Mais, avec la manie qu'il a de tout organiser (il est le premier en Europe à réglementer le travail des prostituées !), Saint-Pétersbourg se voit investie par une armée de bureaucrates de tout acabit, ce qui généralise la corruption à tous les niveaux. Dans ses nouvelles, l'écrivain ***Nicolas Gogol,*** débarqué des plaines de son Ukraine natale en 1829, mêle à l'imaginaire le plus déjanté la description de cette réalité peu reluisante.
Alexandre II hérite d'une situation explosive qui ne lui laisse aucun choix. Des réformes de fond doivent être engagées dans tous les domaines : justice, administration, armée, paysannerie. La question du servage est centrale : elle concerne plus du tiers de la population de l'empire, soit 23 millions de personnes !
L'abrogation du servage, en février 1861, est accueillie dans la liesse populaire. On le retient comme la réforme majeure d'Alexandre II, mais c'est aussi, malheureusement, la moins réussie à cause des conditions qu'elle fixe pour l'acquisition de terres par les anciens serfs. Au mieux, ils se sortiront de leurs dettes en allant travailler l'hiver dans les usines. En 10 ans, ce sont près de 200 000 personnes qui affluent vers la capitale, dont la population atteint près de 700 000 personnes à la fin des années 1860. Étudiants et fonctionnaires miséreux, prostituées et ivrognes se massent autour de la place Sennaya (place des Foins), dans ce quartier fangeux qui constitue le décor de nombreux romans de Dostoïevski.

L'avènement de Nicolas II et l'essor de nouvelles formes d'expression

Les milieux révolutionnaires avaient en vain tenté de faire se soulever les masses paysannes. Le « lumpenprolétariat » des bas-fonds de la capitale constitue désor-

mais un vivier beaucoup plus réceptif. C'est dans ce contexte qu'***Alexandre II*** est assassiné, le 1er mars 1881. Une parenthèse réactionnaire s'ouvre avec le règne d'Alexandre III, son fils, et s'achève en 1894. ***Nicolas II,*** qui lui succède, répugne à l'exercice du pouvoir, dont il a cependant une conception fort arriérée. Il relâche pourtant l'étau de la censure, ce qui va précipiter les événements.
De nouvelles perspectives s'ouvrent à la création, aussi bien culturelle qu'architecturale. Les mouvements fusent, interprétant chacun à leur façon la réalité historique qui passe : symbolisme, réalisme, futurisme. Dans le même temps apparaît le béton armé. Les architectes s'emparent de l'Art nouveau, comme Gavril Baranovsky, qui transforme le magasin d'alimentation appartenant aux frères Elisséïev. L'*Elisséïev* de la perspective Nevski, tout comme celui de la rue Tverskaya à Moscou, resteront d'ailleurs longtemps les principales épiceries de ces villes.

Le berceau de la révolution

Le dimanche 22 janvier 1905 se produit un événement qui va consommer le divorce entre le peuple russe et le régime tsariste. Près de 100 000 ouvriers en grève, venus sur la place du palais d'Hiver porter au tsar une pétition, se font tirer dessus à bout portant par la troupe : c'est le Dimanche rouge. L'année qui suit est ponctuée de grèves qui débouchent sur de nouvelles grèves en octobre de la même année et sur une révolution avortée en décembre.
Suite à ces événements insurrectionnels et à la désastreuse guerre russo-japonaise, la première Douma est élue en 1906. Mais Nicolas II, parfaitement aveugle devant les changements qui affectent son époque, reste hostile à cette institution. De plus, il laisse sa femme ***Alexandra,*** férue d'ésotérisme, introduire dans le cercle de la famille impériale toute une clique de guérisseurs et de magnétiseurs. ***Grigori Raspoutine*** est sans conteste le plus célèbre d'entre eux. Ce personnage, moine mystique sans instruction, venu de Sibérie, prend rapidement une importance démesurée. Il est le seul, pense la tsarine qui l'idolâtre, à pouvoir juguler l'hémophilie du ***tsarévitch Alexis.*** Décrié et sanctifié tout à la fois, Raspoutine sait aussi plaire à la société aristocratique, férue d'occultisme et d'exorcisme, et organise, affirment certains, des rites orgiaques à la Cour... Partisans et détracteurs s'affrontent à son propos. Mais, dans la cohue, c'est bien l'image du couple impérial, déjà peu reluisante, qui souffre le plus.
La fin de Raspoutine se joue en 1916, alors qu'il est déjà largement discrédité. Il va faire preuve, à cet égard, d'une vitalité démoniaque. Le prince ***Félix Youssoupov,*** qui l'a attiré dans son palais pour l'assassiner, aura beaucoup de peine à en venir à bout. Mais la disparition de ce sulfureux personnage ne sauvera pas les Romanov pour autant.
Entre-temps, l'économie se trouve ruinée par le tourbillon de la Première Guerre mondiale, responsable de millions de morts, et le régime ne peut plus compter sur le soutien de l'armée.
Le monde politique est traversé par des mouvements extrémistes d'une violence inouïe. Le poète ***Alexandre Blok*** et la poétesse ***Anna Akhmatova*** livrent à leurs contemporains leurs visions d'apocalypse. Sous les traits des bolcheviks, les « démons », annoncés un demi-siècle plus tôt par le titre d'un des grands romans de Dostoïevski, déferlent sur la capitale, renversant d'un même coup le gouvernement provisoire et tout espoir de transition démocratique.

SAINT-PÉTERSBOURG DU XXe S AU DÉBUT DU XXIe S

Leningrad : de la ville martyre à celle de l'underground

La ville, rebaptisée ***Petrograd*** en 1914 sur la vague de l'élan patriotique qui avait accompagné l'entrée de la Russie dans le premier conflit mondial, est déchue de son rang de capitale par les bolcheviks. Staline la renomme ***Leningrad*** en 1924, quelques jours seulement après la mort du chef de la révolution, et la soumet à un épouvantable blocus idéologique, accompagné de rétorsions économiques. Toutes les minorités en souffrent. L'intelligentsia est systématiquement éradiquée.

Le terrible siège de Leningrad

Le martyre de la ville se poursuit durant la Seconde Guerre mondiale. Assiégée pendant 900 jours par les troupes de Hitler et presque entièrement encerclée, avec l'appui de l'armée finlandaise, elle reçoit 150 000 obus d'artillerie et plus de 100 000 bombes aériennes. Les objectifs visés sont les grandes entreprises, mais également les principaux monuments, les écoles, les dépôts de tramway, ainsi que les quartiers résidentiels pour tenter de démoraliser la population. Pour rompre l'encerclement, un ravitaillement est organisé en hiver par une route et une voie de chemin de fer posées sur le lac Ladoga gelé. Du fait de l'exposition de la route aux tirs d'artillerie, sur trois camions tentant de forcer le blocus, un seul parvient en moyenne à Leningrad. Plus de 1 million de personnes sont, malgré le danger, évacuées par cette voie, pour la plupart des enfants. L'hiver 1941-1942 est particulièrement froid, avec des températures de - 40 °C, et les habitants manquent de combustible pour se chauffer. Le siège a provoqué une terrible famine qui, couplée au froid et aux bombardements, entraîne la mort de près de 650 000 habitants, du moins selon les chiffres donnés par les Soviétiques au tribunal de Nuremberg. En réalité, c'est près de deux fois plus. En janvier 1944, une offensive soviétique sur le front sud permet de lever le blocus. Le courage et la débrouillardise des habitants ont hissé Leningrad la martyre au rang de « ville héroïque ».
Quelques artistes et intellectuels parviennent à entretenir la flamme d'une pensée et d'une création artistique libres. La figure d'***Anna Akhmatova*** (1889-1966), considérée comme la plus grande poétesse russe du XXe s, est emblématique de cette résistance héroïque.
Au milieu des années 1960, c'est la grande stagnation brejnévienne. Le blocage culturel n'aura jamais été si grand. Pourtant apparaît à Leningrad la chanson *Yellow Submarine* des Beatles, et c'est l'explosion de la scène underground du pop et du rock'n roll, avec les débuts des groupes *Machina Vremeni* (la « Machine du Temps »), *Aquarium* et *DDT* !

Vers une deuxième résurrection ?

Saint-Pétersbourg retrouve son nom d'origine en juin 1991, à la suite d'un référendum organisé par son maire ***Anatoli Sobtchak,*** l'une des figures du réveil démocratique en Russie. L'implosion de l'Union soviétique précipite l'ancienne capitale dans le chaos avec l'ensemble du pays. L'éloignement du centre, la proximité des frontières avec l'Europe, source de toutes sortes de trafics bien tentants, lui valent d'acquérir, dans les années 1990, la réputation de « capitale du crime » de Russie. Sobtchak, accusé de corruption pour avoir détourné des montants incroyables, s'enfuit à Paris. ***Vladimir Yakovlev*** lui succède en 1996 au poste de gouverneur de la ville. Mai 2003 marque le tricentenaire de Saint-Pétersbourg, dignement fêté grâce à l'appui de ***Vladimir Poutine,*** soucieux de l'image de sa ville natale. On parle de 2 milliards d'euros investis sur les fonds publics pour lui refaire une toilette. Les grands monuments sont restaurés tous azimuts, même si l'on peut regretter une certaine hâte à redorer les façades en oubliant les arrière-cours... Le quotidien *Novyé Izvestia* a même écrit : « On restaure les palais pendant que les maisons s'effondrent ! »
Une nouvelle gouverneure, ***Valentina Matvienko,*** s'est installée aux rênes du pouvoir local en octobre 2003. Son credo : faire de Saint-Pétersbourg une ville « correspondant aux critères européens » en tentant d'améliorer le faible niveau de vie de ses concitoyens, le réseau des transports publics et le parc de logements. Nommée présidente de la chambre haute du parlement russe, elle a été remplacée par Georgui Poltavchenko.

LES NUITS BLANCHES... ET NOIRES

Un vrai phénomène que ces nuits blanches ! Située sur le 60e parallèle nord, tout comme Oslo et Helsinki, Saint-Pétersbourg est la grande métropole la plus nordique du monde. Posée sur cette exotique latitude, la ville de Pierre le Grand est le jouet d'un phénomène ensorcelant : de fin mai à début juillet, le soleil ne se couche pratiquement pas. Au plus profond de la nuit, l'astre roi disparaît à 6° sous l'horizon, ce qui ne suffit pas à éteindre la lumière diffuse du crépuscule. Les journées de la fin juin durent au moins 19h et les nuits sont presque blanches.
Pour comprendre la joie qu'éprouvent les habitants devant cet été retrouvé, il faut d'abord imaginer la rigueur et la longueur de l'hiver, sombre et déprimant. Impatients de revoir le franc soleil et la verdure, les gens du Nord exultent quand viennent enfin les nuits blanches. Ils sortent comme des plantes avides de lumière, rien que pour le plaisir de prendre un bain de soleil. D'ailleurs, dès qu'un rayon pointe son nez, les membres du Club des morses se retrouvent en maillot de bain au pied de la forteresse Pierre-et-Paul. Parfois même en plein hiver... L'été, on se balade sur les quais, jusque tard le soir avec les copains ou en amoureux, une canette de bière à la main, à attendre de voir se lever, l'un après l'autre, les ponts sur la Neva. La navigation fluviale redémarre, la vie s'accélère. La journée, on déambule sans fin dans les rues grouillantes de monde. Bref, on s'abreuve (on s'imbibe) d'une saison plus clémente... Ça, ce sont les « nuits blanches » au sens large.
L'hiver est très différent. La nuit tombe dès 15h, le thermomètre plonge parfois à - 30 °C les jours de blizzard, les trottoirs verglacés sont glissants, les Pétersbourgeois font la tronche en attendant des jours meilleurs. La saison possède pourtant quelques avantages : pas de queues dans les musées et du blanc partout pour nimber les rêves de Russie éternelle.

PONTS ET CANAUX, OU LE DOMPTAGE D'UN DELTA SAUVAGE

Décidé à édifier Saint-Pétersbourg sur un delta marécageux, Pierre le Grand a dû trouver un moyen d'assécher les zones inondées et de canaliser les quelque 60 rivières et cours d'eau qui s'épanchaient à l'embouchure de la Neva. Le tsar a donc calqué sa nouvelle capitale du Nord sur le modèle d'Amsterdam, dont il était grand admirateur.
Le premier pont était un ouvrage flottant ; on l'a ensuite remplacé par un pont de bois sur pilotis. Situé à la place de l'actuel *Ioannevski most,* il reliait l'île Petrogradskaya à la minuscule île des Lièvres, où l'on bâtissait la forteresse Pierre-et-Paul. Quant à enjamber la Neva, c'était encore hors de portée, vu les techniques de l'époque : face aux eaux tumultueuses du fleuve venu du lac Ladoga, à son importante largeur (qui justement atteint son maximum en face de la forteresse) et au gel de ses eaux pendant 4 ou 5 mois d'hiver, la construction et la pérennisation d'un tel pont auraient relevé de l'exploit.
Le premier ouvrage à enjamber la Neva reliait l'Amirauté à l'île Vassilievski. Il s'agissait encore d'un pont flottant sur des barques. Vers la seconde moitié du XVIIIe s, les quais furent refaits en granit ; les ponts de pierre suivirent. Dès lors, ils poussèrent comme des champignons. Le témoin le plus remarquable de cette période est le *pont Lomonossov* sur la Fontanka, avec ses quatre tourelles de granit. Puis vint l'âge du métal : par leur solidité et leur beauté, ces ouvrages remportèrent tous les suffrages. Le *pont Sini* (pont bleu) qui prolonge la place Isaakievskaya *(plan couleur IV, L9)* est issu de cette nouvelle vague.
Au début du XIXe s, on se mit à édifier des ponts suspendus : ainsi virent le jour le *pont aux Lions (Lvini most)* et le *pont de la Banque (Bankovski most),* avec ses quatre griffons et un panorama sur l'église de Saint-Sauveur-sur-le-Sang-Versé, qui figure sur toutes les cartes postales. Après la terrible inondation de 1824 (4,10 m

au-dessus du niveau normal), on engagea des travaux importants de remblai pour rehausser le niveau de la ville et éviter les crues tragiques.
Les ponts, devenus de véritables œuvres d'art, se parèrent finalement de sculptures monumentales, comme le *pont Anitchkov (plan couleur III, J8)*. Les grands ouvrages permanents sur la Neva, en acier et fonte, remplacèrent les ponts flottants dans la seconde moitié du XIXe s : le *Blagovechtchenski most (plan couleur IV, K9)* joignant l'île Vassilievski, le *Liteiny most (plan couleur V, O12)*, prolongement de la Liteiny prospekt, le *Troïtski most (plan couleur II, F4)* démarrant la Kamennoostrovski prospekt sont des ouvrages particulièrement ambitieux. Le plus impressionnant reste le pont Pierre-le-Grand, de son ancien nom *Bolcheokhtinski most (plan couleur V, P13)*, inauguré en 1911, qui traverse le fleuve à hauteur de l'ensemble Smolny.
Saint-Pétersbourg compterait aujourd'hui 342 ponts sur des canaux et des rivières, dont 218 réservés aux seuls piétons (deux fois plus qu'à Venise). On n'a pas vérifié. On ne peut pas parler d'une « visite » à faire, mais il est bon de savoir qu'un pont ne se fait pas tout seul et que ce réseau dense et complexe est né par étapes, fruit d'un long processus de « domestication » du delta. La maîtrise d'un tel environnement a permis l'aménagement et le développement de tous les quartiers, jusqu'aux zones industrielles pour lesquelles on a creusé le canal de dérivation, l'*Obvodny kanal*. Celui-ci marquait la limite de la ville au XIXe s : voilà qui donne une idée de son expansion. Aujourd'hui, Saint-Pétersbourg s'étend sur 30 km du nord au sud et 20 km d'est en ouest !
La circulation intense rend peu agréable la traversée des plus grands ponts de la Neva, même s'ils livrent de très beaux panoramas. Un des spectacles les plus fabuleux qui soient est cette vision de la Neva complètement gelée au cœur de l'hiver. Mais attention aux images d'Épinal : il est impossible de faire du patin à glace sur le fleuve... D'abord parce qu'il est couvert de neige, ensuite parce que c'est interdit. Des canalisations d'eau chaude passent en effet sous la Neva et rendent la couche de glace fragile à certains endroits.
Les canaux sont bien plus sympathiques pour une promenade paisible, principalement la *Moïka*, le *canal Griboïedova* et la rivière *Fontanka*. Pas de banc pour s'asseoir, c'est dommage. Mais on vous conseille de faire halte sur l'un des embarcadères d'où partent les bateaux d'excursion : il y a toujours quelques tables et un petit bar pour se rafraîchir en contemplant les façades se mirant dans les eaux. Lire nos textes sur les promenades le long des canaux et de la Fontanka.

SAINT-PÉTERSBOURG ET LA FRANCE

La contribution française à l'édification et au rayonnement de l'ancienne capitale impériale russe a été considérable. Après les Allemands et les Suédois, les Français ont longtemps été les étrangers les plus nombreux à Saint-Pétersbourg, en particulier avant la révolution, où cuisiniers, tailleurs, commerçants de luxe et coiffeurs français, mais aussi banquiers et, bien sûr, gouvernantes et répétitrices dans les familles nobles (ou chez les riches francophones) pullulaient. Des descendants des émigrés ci-devant après la Révolution française avaient pris le relais des artistes et des philosophes du XVIIIe s (Voltaire, Diderot) pour assurer l'influence culturelle française, abondamment portée par l'intelligentsia russe elle-même.
Même si les architectes italiens se sont taillé la part du lion, des Français ont aussi joué leur partition. C'est sur les plans d'un architecte français que fut construit le bâtiment actuel de l'Académie sur les bords de la Neva. Et c'est sur le modèle de l'École française des beaux-arts et avec des enseignants français que fut fondée en 1758 l'Académie d'où devaient sortir les architectes russes les plus célèbres. Des architectes français ont construit le *Gostiny Dvor* (galerie marchande), l'*église Sainte-Catherine* (l'un et l'autre sur la perspective Nevski), le *palais Tchernychev*, le *Vieil Ermitage* (Vallin de La Mothe), la *Bourse de commerce* (devenue le musée de la

Marine), la *cathédrale Saint-Isaac,* la *statue équestre de Nicolas Ier* et la *colonne Alexandre* sur la place du palais d'Hiver (Auguste de Montferrand).

L'un des plus célèbres artistes français fut le sculpteur ***Falconet,*** auteur, avec son élève ***Marie-Anne Collot,*** de la *statue équestre de Pierre le Grand,* le « Cavalier de bronze ». L'Ermitage et d'autres palais de la ville abritent une bonne cinquantaine de toiles réalisées par ***Mme Vigée-Lebrun,*** qui s'était réfugiée à Saint-Pétersbourg après la Révolution française. ***Alexandre Benois*** (rien à voir avec Bérurier), qui appartenait déjà à la troisième génération des Benois en Russie, s'est signalé au public français par ses décors pour les ballets de Diaghilev. Toujours dans le ballet, ***Marius Petipa,*** arrivé en Russie en 1847, est considéré comme le fondateur de l'École russe de ballet. Professeur à l'École impériale de ballet, puis inspecteur de cette école et enfin maître de ballet du théâtre Marinski où il resta jusqu'en 1904, il est célèbre pour ses chorégraphies de *Don Quichotte,* de *La Belle au bois dormant,* de *Cendrillon,* du *Lac des cygnes.* Il forma les étoiles des Ballets russes de Diaghilev. Il est mort à Saint-Pétersbourg et est enterré au cimetière des artistes de la laure Alexandre-Nevski. Le *théâtre Michel,* théâtre impérial de Saint-Pétersbourg (aujourd'hui théâtre Mikhaïlovski), a dû sa notoriété pendant la seconde moitié du XIXe s à la troupe française qui s'y produisait. La plupart de ses membres venaient de la Comédie-Française. Les spectacles étaient naturellement donnés en français, langue communément parlée à la Cour. ***Sarah Bernhardt*** s'y est produite à plusieurs reprises. Pendant plus de 80 ans, la troupe française a fait les beaux jours de ce qu'on appelait alors le « théâtre français ». C'est à la présence dans cette troupe de son père Lucien que ***Sacha Guitry*** doit d'être né à Saint-Pétersbourg. ***Diderot*** a séjourné à Saint-Pétersbourg pendant l'hiver 1773-1774, sur invitation de Catherine II. ***Mme de Staël*** y arriva en 1812, réfugiée politique fuyant la France de Napoléon. ***Honoré de Balzac*** s'y installa pour 2 mois en 1843. ***Alexandre Dumas*** père y débuta son *Voyage en Russie* (juin 1858-mars 1859), dont le récit fut mieux apprécié des Russes que celui du ***marquis de Custine,*** en 1839. Ce dernier est considéré comme le chef de file du courant russophobe dans la littérature française. Toujours dans le domaine littéraire, Saint-Pétersbourg détient une collection de manuscrits et la bibliothèque personnelle de ***Voltaire*** (7 000 volumes). Beaucoup de livres sont annotés de sa main, notamment *Le Contrat social* de Rousseau. Ils ont été acquis par Catherine II en 1778. Le fonds Voltaire est conservé à la Bibliothèque nationale de Russie, sur la perspective Nevski, face à la place Ostrovski.

Dans le domaine de la musique aussi, les Français ont été présents. D'abord parce que beaucoup de professeurs de musique dans les familles russes étaient français. Par exemple ***Claude Debussy*** qui, étudiant, avait donné des cours de piano aux enfants d'un riche mécène russe à Paris, Mme von Meck (protectrice de Tchaïkovski). Il est ensuite venu en tournée en 1913 à Saint-Pétersbourg. Avant lui, ***Saint-Saëns*** vint à deux reprises, en 1875 et en 1887, comme pianiste et chef d'orchestre.

Les enseignes en français prédominaient sur la perspective Nevski au XIXe s : *Madame Louise* (modiste), *Fleurs de Nice, Magasins de Lyon, Talon,* le restaurant de la perspective Nevski immortalisé par Pouchkine dans *Eugène Onéguine.*

Des usines et des entreprises appartenaient à des Français : la Société des usines franco-russes de constructions mécaniques, fondée en 1881, a employé jusqu'à 6 500 ouvriers. Rousski Renault a eu des usines à Saint-Pétersbourg. Parmi d'autres établissements figuraient les usines Saint-Nicolas, des chantiers navals, l'usine de carbures de Chirlain et la scierie Holbard. Dans le secteur bancaire, plus de la moitié des établissements étrangers exerçant leur activité à la veille de la révolution étaient français. Le plus anciennement implanté, le ***Crédit lyonnais,*** avait ouvert son agence en 1879 sur la perspective Nevski, non loin du bâtiment qu'il occupe actuellement. La ***Société générale*** et la ***Banque de Paris et des Pays-Bas*** avaient contribué à la création en 1910 de la plus importante banque russe, la Banque russo-asiatique. D'où, probablement, le succès en France des emprunts russes – parallèlement poussés par l'État auprès du public pour dédommager la Russie du manque de soutien militaire français lors de la guerre de 1904-1905 contre le Japon.

La présence française à Saint-Pétersbourg et les relations bilatérales ont été particulièrement intenses lors de l'alliance franco-russe (fin XIXe-début XXe s), avec toute une alternance de visites politiques. En 1907 s'était ouverte l'Alliance française de Saint-Pétersbourg, qui allait fonctionner jusqu'en 1917 avant de renaître en 1991. ***Léon Zitrone*** y voit le jour en 1914, mais quitte la ville avec ses parents en 1920. La présence française actuelle n'a pas encore atteint l'importance et l'influence qu'elle avait autrefois, mais les restos français recommencent à occuper le marché de la clientèle aisée. Les parfums et boutiques de luxe français ont repris leurs quartiers au Gostny Dvor et sur la perspective Nevski. Des supermarchés à capitaux français se sont ouverts en 2003. Le palais d'Hiver est illuminé la nuit grâce au savoir-faire d'une société française... Cocorico !

SAINT-PÉTERSBOURG AU CINÉMA

Saint-Pétersbourg est souvent le cadre d'adaptations d'œuvres littéraires, notamment les classiques de la littérature russe : d'***Anna Karénine*** à *L'Idiot* d'après Dostoïevski.
Les fictions utilisent la ville pour l'arrière-plan impressionnant qu'elle fournit. ***Golden Eye*** (1995) de la série des James Bond montre une ville quasiment post-apocalyptique. Un autre film d'action, ***Minuit à Saint-Pétersbourg*** (1996) avec Michael Caine, tente de compenser son absence de contenu par de magnifiques scènes tournées au milieu des principaux monuments. ***Onéguine*** (1999, avec Liv Tyler), dont le scénario s'inspire du roman en vers homonyme de Pouchkine, délaisse le déroulement de l'histoire au profit de vues panoramiques.
Les seuls films ayant eu une audience internationale sont ***L'Arche russe*** d'Alexandre Sokourov, qui retrace 400 ans de l'histoire de la ville au travers d'un seul plan-séquence de 96 mn tourné à l'Ermitage. Une performance époustouflante. On le sait peu, mais le film allemand ***La Chute,*** qui retrace l'histoire des derniers jours de Hitler, a été en partie tourné à Saint-Pétersbourg parce que des parties du centre-ville présentaient de grandes ressemblances avec Berlin en 1945. La ***Maison Russie,*** un thriller d'après John Le Carré, avec Sean Connery, Michelle Pfeiffer et Klaus Maria Brandauer, donne de la ville une image romantique grâce à des prises de vues esthétisantes et une bande-son symphonique.

INFORMATIONS PRATIQUES ET CULTURELLES

Arrivée à l'aéroport

✈ ***L'aéroport domestique Pulkovo 1*** **(Пулково 1)** *et* ***l'aéroport international Pulkovo 2 :*** *pas très loin l'un de l'autre, se trouvent à 17 km au sud du centre-ville (hors plan couleur I par C3). Infos pour Pulkovo 2 : ☎ 704-3444 ; pour Pulkovo 1 : ☎ 704-3822.* • *pulkovoairport.ru* • *pulkovo.ru* • On y trouve des distributeurs acceptant les cartes *Visa, MasterCard, Cirrus* et *Maestro* (dans le hall d'arrivée), un guichet de change (taux normal), des comptoirs d'agences de location de voitures et un point d'infos touristiques *(tlj 10h-19h).*
Attention : les appellations « domestique » et « international » ne sont pas exactes à 100 % puisque certains vols Paris - Saint-Pétersbourg de la compagnie *Rossiya Airlines* (en partage de code avec *Air France*) atterrissent à Pulkovo 1 (et en décollent également).

Transports vers la ville

DE L'AÉROPORT INTERNATIONAL (PULKOVO 2)

➢ ***En bus puis métro :*** le bus n° 13 relie, ttes les 10-20 mn 6h-0h45, Pulkovo 2 et la station de métro Moskovskaya. Billet : 21 R. L'arrêt est à gauche en sortant du terminal. De la station Moskovskaya (descendre après l'énorme rond-point où se dresse le monument aux Défenseurs de la ville de Leningrad), on peut prendre la ligne n° 2 jusqu'au centre. Compter encore 25 R pour le billet et env 45 mn de trajet en tt (avec le bus).

➢ ***En taxi collectif :*** le K-3 (on appelle ça taxi, mais c'est une sorte de minibus) part du même endroit que le bus n° 13, s'arrête aussi à la station de métro Moskovskaya, mais, à la différence du bus, poursuit aussi jusqu'au centre-ville (pl. Sennaïa). Pratique. Fonctionne grosso modo 7h-23h avec des départs ttes les 15-20 mn. Compter 30 R.

➢ ***En taxi :*** une compagnie officielle, baptisée *Baltar,* a son comptoir dans le hall d'arrivée, mais elle demande des prix imbéciles (genre 50-60 € pour le centre-ville !). Mieux vaut encore se rabattre sur un des taxis un peu pourris qui stationnent devant la sortie. Ils n'ont pas de compteur (et même s'ils en ont un, ils peuvent l'avoir traficoté), donc pensez à marchander ! Un Russe s'en sortira peut-être pour 600 R mais, en tant qu'étranger, il vous faudra négocier ferme pour obtenir un prix comme celui-là. En général, on se fait extorquer 800 à 1 200 R selon l'endroit où l'on se rend en ville et selon aussi son talent à négocier. Davantage, c'est trop.

DE L'AÉROPORT DOMESTIQUE (PULKOVO 1)

➢ ***En bus :*** n° 39 jusqu'au métro Moskovskaya. Ttes les 12-20 mn de 5h30 à 0h40 env. Billet : 21 R.

➢ ***En taxi collectif :*** le K-39 passe par la pl. Moskovskaya, la Ligovski pr. et s'arrête à l'hôtel *Moskva,* sur la pl. Alexandra-Nevskovo *(plan couleur V, P14).* Billet : 30 R.

➢ ***En taxi :*** mêmes remarques que pour l'aéroport international.

Transport de l'aéroport international à l'aéroport domestique

➢ 2 bus/h assurent la liaison entre les 2 aéroports. Si vous avez un billet de Saint-Pétersbourg vers une autre ville de Russie, c'est gratuit. Sinon, compter env 80 R. Se rendre au guichet « Information Transfer », à côté du comptoir de change dans le hall d'arrivée de Pulkovo 2.

Orientation

Il est assez facile de se repérer à Saint-Pétersbourg. Au centre-ville (sur la rive gauche de la ***Neva,*** c'est-à-dire au sud de celle-ci), vous pouvez compter sur la ***Nevski prospekt,*** véritable colonne vertébrale de la cité. Et puis il y a les trois canaux centraux disposés en anneau autour de l'Amirauté : dans l'ordre, la ***Moïka,*** plus proche de la Neva, puis le ***Griboïedov,*** et enfin la ***Fontanka,*** le canal le plus large (presque une autoroute à bateaux-mouches). On peut aussi faire confiance au vaste dôme doré de la cathédrale ***Saint-Isaac,*** à la flèche de l'***Amirauté,*** et aux bulbes « pâtisserie chimique » de l'église du Saint-Sauveur pour nous fournir de bons repères juste en levant la tête.

Sur la rive droite de la Neva, citons l'***île Vassilievski,*** la plus à l'ouest (à gauche sur la carte, on le rappelle pour les têtes en l'air !) avec ses deux colonnes rostrales rouges en guise de figures de proue. C'est la plus grande île, et sa pointe abrite de nombreux musées. Au nord, face au quai du Palais (de l'Ermitage), l'île de ***Petrogradskaya,*** berceau de la ville, se reconnaît grâce aux murs rouges de la forteresse ainsi qu'à la flèche dorée de la cathédrale ***Saints-Pierre-et-Paul.***

Les noms des rues sont quelquefois (rarement) écrits en caractères latins (dans les endroits touristiques et les grandes avenues), mais dès que vous vous écarterez du centre (et on vous le conseille), vous regretterez de ne pas avoir appris à lire le cyrillique ! Sachez quand même que *ulitsa* (abrégé *ul.* – ул. en cyrillique) signifie rue, que *pereoulok (per.)* désigne une ruelle, *prospekt (pr.)* une avenue (on traduit souvent par « perspective »), *plochad (pl.)* une place et *naberejnaya (nab.)* un quai. Lorsqu'une adresse comporte deux numéros séparés par un trait oblique (comme Nevski pr., 7/9), cela signifie qu'elle se trouve au croisement de deux rues, en l'occurrence au n° 7 de la Nevski et au n° 9 d'une autre rue.

Adresses utiles

Informations touristiques

i *Offices de tourisme* – Туристическое бюро *(plan couleur III, G7 et I8) : 2 adresses, Sadovaya ul., 14, et Dvortsovaya pl., 12 (le pavillon en verre à gauche de l'entrée du musée de l'Ermitage).* ☎ *310-2862.* • *visit-petersburg.com* • *eng.ispb.info* • *Le 1er, le principal, ouv lun-ven 10h-19h, sam 12h-18h ; le 2e tlj 10h-19h.* Répondent en anglais aux questions courantes et donnent, outre un plan de la ville, de petits guides (en anglais toujours) avec des infos pratiques sur la ville, avec une section musées, hôtels, restos, théâtres, etc. Ils peuvent réserver (sans com' !) une chambre d'AJ, d'hôtel ou un appartement. Enfin, on peut s'y rendre en cas de problème important (vol, agression), les employés étant à même de vous aider dans vos démarches avec la police. Il existe également à cet effet une *help line :* ☎ *300-233-33 (accueil en anglais).*

i *Autres kiosques d'informations touristiques :* *près de l'église Saint-Isaac (plan couleur IV, L9), à la gare ferroviaire de Moscou (plan couleur V, 013) et à la forteresse Pierre-et-Paul (plan couleur II, F4). Tlj 10h-19h.* Fournissent des brochures et des plans de la ville.

■ ***Tsar Voyages** (plan couleur IV, N10, **12**) : Razyezjaya ul., 7, bureau 341.* ☎ *336-60-80.* • *spb@tsarvoyages.com* • L'antenne locale de l'agence installée à Moscou (voir « Comment y aller ? »). Même services qu'à Moscou. Très utile, notamment pour les réservations de billets de train. Excellent accueil.

■ ***Peter's Walking Tours :*** ☎ *943-1229.* • *peterswalk.com* • Fondée en 1996 par Piotr (Peter) Kozyrev, un Russe d'origine anglaise, l'équipe des *Walking Tours* est animée par de jeunes Russes parfaitement anglophones et propose tous les jours des balades guidées à pied à travers la ville, pleines d'anecdotes intéressantes : les quartiers connus ou méconnus, sur les traces de Dostoïevski, de Raspoutine... Le thème de la promenade se décide le jour même, avec les participants. Pas de résa nécessaire : il suffit de se présenter au lieu de rendez-vous. Les prix sont très abordables : 650 R pour 4h de balade, un peu plus pour celle du samedi sur la Seconde Guerre mondiale (en été seulement). Également, le vendredi soir (en saison toujours), la tournée des bars et même une excursion à vélo (autour de 1 200 R) le dimanche matin. Enfin, *Peter's Walking Tours* propose toutes sortes de balades à thème sur demande (possibles en français), mais là, mieux vaut être un petit groupe, car c'est plus cher. Vraiment un bon plan pour rencontrer de jeunes Russes enthousiastes et amoureux de leur ville !

Représentations diplomatiques

Sauf indication contraire, tous ces consulats sont ouverts du lundi au vendredi.

■ ***Consulat de France* – Консульство Франции** *(plan couleur III, H6, **1**) : nab. Reki Moïki, 15.* ☎ *332-2270. Numéro d'urgence (perte/vol) en dehors des horaires d'ouverture :* ☎ *+ 7 812-939-7042.* • *consulat@francespb.org* • *amba france-ru.org/france_russie/* • *Lun et jeu 9h-13h, mar et mer 14h-18h et ven 14h-17h.* La Russie n'est pas le meilleur pays pour perdre son passeport. Au cas où cela arriverait (mais laissez-le donc à la réception de l'hôtel !), il faut d'abord déclarer la perte ou le vol à la *militsia,* la police. Vu les chances très minces pour que quelqu'un parle votre langue à la maréchaussée, faites-vous accompagner par quelqu'un qui parle le russe. Ils vous délivrent un papier. Ensuite, présentez-vous au consulat avec ce papier, ainsi qu'avec d'autres papiers permettant de vous identifier (CNI, permis de conduire) et 2 photos. Contre environ 1 000 R, vous recevrez un laissez-passer pour rentrer en France.

■ ***Consulat de Suisse*** – **Консульство Швейцарии** *(plan couleur V, O12,* ***2****) : pr. Chernyshevskogo, 17. ☎ 327-0817. • vertretung@stp.rep.admin.ch • Ⓜ Tchernyshevskaya. Joignable par tél lun-ven 9h-12h30, 13h30-17h (ferme à 13h30 ven). Guichets ouv lun-ven 9h-12h.*

■ ***Consulat de Belgique*** – **Консульство Бельгии** *(plan couleur V, 013,* ***21****) : Saperny Pereulok, 11. ☎ 579-5791. Ⓜ Tchernichevskaya. Lun-ven 9h-12h30 et 13h30-17h30.*

■ ***Consulat de Biélorussie*** – **Консульство Белоруссии** *(plan couleur V, P12-13,* ***3****) : ul. Bonch-Brouyevitcha, 3. ☎ 274-7212. • mfa.gov.by • Demande de visas 10h-13h, 14h-15h.* Si vous rentrez en Europe de l'Ouest par le train, vous devez nécessairement acheter un visa de transit biélorusse. Il coûte 20 US$ (36 US$ pour 2 jours de délai contre 5 normalement). Vous devez fournir un billet de train ou de bus, plus une photo et le visa russe. Les visas de tourisme, eux, sont uniquement délivrés sur invitation *originale* (pas de copie !) d'une agence de voyages biélorusse agréée par le ministère des Affaires étrangères. Compter 60 US$, ou 108 US$ pour 2 jours de délai.

■ ***Consulat d'Ukraine*** – **Консульство Украины** *(plan couleur V, P13,* ***4****) : ul. Bonch-Brouyevitcha, 1 V. ☎ 331-5169.* Les ressortissants de l'UE, de la Suisse et du Canada n'ont plus besoin de visa. Un passeport valide pour la durée du séjour suffit.

Postes et télécommunications

✉ ***Poste principale*** – **Главпочтамт** *(Glavpotchtamt ; plan couleur IV, K9) : Potchtamtskaya ul., 9. Tlj 24h/24.* Inutile de faire la queue à l'un des nombreux guichets, l'espace journaux au milieu vend timbres, enveloppes et cartes postales. Glissez ensuite votre lettre dans la grande boîte bleue dehors, juste à côté de l'entrée. Cela étant, on vous rappelle qu'un courrier met environ 10 jours pour parvenir en France... Dans le petit box central, un service (payant) de ***retro-lettre*** où vous pouvez écrire à la plume une lettre, que l'employé met ensuite dans une enveloppe ficelée pour l'expédition. Anachronique, mais si romantique...

■ ***DHL*** *(plan couleur III, G7,* ***5****) : Nevski pr., 10. ☎ 326-6400. • dhl.ru • Lun-ven 9h-21h, sam 10h-16h. Autre bureau Izmaïlovski pr., 4 (plan couleur IV, L11), ouv aussi dim (10h-16h).* Encore plus cher que la poste finlandaise.

■ ***Cabines téléphoniques*** – **Телефон-автомат** *: un peu partout en ville.* Elles sont souvent vert et blanc et fonctionnent à carte, certaines encore avec des pièces. On peut se procurer une carte pour l'international (celles pour les appels locaux sont nettement plus dures à dénicher !) dans de nombreux kiosques, notamment ceux des stations de métro, et dans les boutiques de téléphonie. Mieux vaut toutefois parler un peu le russe (ou se faire aider par un Russe qui parle l'anglais) pour se faire conseiller, car le choix de cartes est vaste ! Sinon, demandez simplement une *karta dlya mejdunarodnykh zvonkov* (une carte d'appels longue distance, quoi !), on vous en proposera probablement une standard, type *Zebra* ou *Apollo.* Une autre solution, pour appeler vers l'étranger, est d'utiliser ***Skype*** d'un centre Internet, nombreux sont ceux qui proposent désormais ce service, ou encore d'appeler d'un centre téléphonique (il y en a un *Bolchaya Morskaya, 28 ; plan couleur IV, L9*).

@ ***Internet*** – **Интернет** *:* la plupart des hôtels et auberges de jeunesse possèdent un ordinateur sur lequel les clients peuvent surfer librement sur le Web. Sinon, tous les grands hôtels ont leur *business center,* souvent accessible aux non-résidents, mais c'est assez cher. Mieux vaut alors trouver un cybercafé. Il n'y en a pas à tous les coins de rue, mais voici quelques adresses stables et centrales :

– ***Subway*** *(plan couleur III, G7,* ***7****) : ouv tlj 24h/24.* Traverser le fast-food.

– ***Cafemax*** – **Кафемакс** *(plan couleur V, O13,* ***6****) : Nevski pr., 90/92. ☎ 273-6655. Ouv 24h/24.* Pas moins de 200 terminaux. Au comptoir, on vous donne un code d'accès à entrer avant de pouvoir démarrer. On peut revenir plus tard s'il reste du crédit. Également présent dans le musée de l'Ermitage.

Argent et change

■ ***Change* – Обмен валюты :** nombreux bureaux de change dans les rues commerçantes, à commencer par la Nevski prospekt *(plan couleur III)*. Aucun problème pour en trouver un ! La plupart sont ouverts tous les jours, certains même 24h/24. Tous prennent les euros, à un taux très semblable, proche du taux officiel. Il y a juste une petite com' (d'environ 1 €) à payer. Certains acceptent aussi les francs suisses et dollars canadiens et/ou proposent un service de transfert de fonds *Western Union*.

■ ***Distributeurs automatiques* – Банкомат :** là encore très nombreux. Retrait en roubles, évidemment. Ils acceptent *MasterCard, Visa, Cirrus, Maestro* et parfois *American Express*. On en trouve tout le long de la Nevski prospekt, de la Kamennoostrovski prospekt (sur l'île Petrogradskaya), dans les grands magasins (plusieurs dans Gostiny Dvor, Passaj...), dans le hall des grands hôtels, les 4 gares ferroviaires, et même dans les stations de métro du centre-ville. Pas de souci. Pour ceux qui ne sont pas fortiches en anglais, choisir l'option *cash withdrawal*. Attention au plafond de retrait fixé par votre banque.

Santé, sécurité et urgences

■ ***Pompiers* – Пожарные :** ☎ *01.*

■ ***Police* – Милиция :** ☎ *02.*

■ ***Ambulance* – Скорая помощь :** ☎ *03.*

■ ***Pharmacies* – Аптека :** *nombreuses, surtout dans le centre. Certaines ouv 24h/24, comme au n° 22 de la perspective Nevski (plan couleur III, H8, **8**) ou rue Vosstanya (plan couleur V, O13, **9**). En cas d'urgence, on peut connaître les pharmacies de garde en composant, 24h/24, le ☎ 003 (mais mieux vaut parler le russe !).* Les officines sont bien approvisionnées (beaucoup de médocs allemands).

■ Les 2 ***centres médicaux* – Медицинский центр** suivants sont destinés aux étrangers, étant donné leurs tarifs. Ils emploient des médecins formés ou ayant travaillé en Europe ou aux États-Unis. Ils disposent de matériel de pointe et sont gérés à l'américaine, avec des sourires « pub pour dentifrice », par un staff parfaitement anglophone. Ambulances disponibles 24h/24. Ils fonctionnent directement avec certaines assurances. Pour les autres, le remboursement marche aussi, mais c'est plus long. Renseignez-vous auprès de la vôtre, et aussi sur les sites web de ces cliniques.

– ***Euromed Clinic* – Евромед** *(plan couleur V, P12, **10**) : Suvorovski pr., 60. ☎ 327-0301. • euromed.ru •*

– ***American Medical Clinic and Hospital* – Американская Клиника** *(plan couleur IV, L9, **11**) : nab. Reki Moïki, 78. ☎ 740-2090. • amclinic.ru •*

Centre de réservation de billets de transport, compagnies aériennes et agence de voyages

■ ***Bureau central de réservation* – Центральная железнодорожная касса** *(plan couleur III, H8, **22**) : nab. Kanala Griboïedova, 24. Ⓜ Nevski Prospekt. Tlj 8h-20h (16h dim).* Les horaires des trains sont affichés. Ici le numéro d'appel (pour infos, en russe seulement) est le ☎ 067.

■ ***Air France* – Эр Франс** *(plan couleur III, G8, **14**) : Malaya Morskaya ul., 23. Lun-ven 9h30-18h. Pour les résas et reconfirmations : ☎ 336-2900 pdt les heures d'ouverture normales et ☎ 324-3241 w-e et j. fériés, 11h30-14h, 17h-18h.*

■ ***Aeroflot* – Аэрофлот** *(plan couleur IV, N9, **15**) : ul. Roubinchteina, 1/43. ☎ 438-5583. Lun-ven 9h30-19h, sam 10h-17h.*

■ ***Rossia Airlines*** *(plan couleur IV, N9, **16**) : Nevski pr., 61. ☎ 333-22-22. Tlj 10h-21h.*

Guides francophones

■ ***Yulia Chiliaeva :*** *• julia.spb.007@mail.ru •*

■ ***Ludmila Outkina :*** *• utkinfamily@yandex.ru •*

Location de voitures

■ ***Hertz :*** *aux aéroports Pulkovo 1 et 2 ; Malaya Morskaya ul., 23 (plan couleur III, G8,* ***14****). ☎ 326-4505. • hertz.ru • Lun-sam 10h-18h (tlj 11h-23h à l'aéroport). Avec ou sans chauffeur. Bonnes voitures mais assez cher (environ 50 €/j.).*

■ ***Europcar :*** *à l'aéroport international (Pulkovo 2). ☎ 385-52-02. • europcar.ru • Tlj 9h-21h.*

Culture

■ ***Institut français de Saint-Pétersbourg*** **– Французский Институт** *(plan couleur III, G7,* ***17****)* ***:*** *Nevski pr., 12, 3e étage. ☎ 571-0995. • ifspb.com • Tlj 9h30-18h30 (17h ven). En principe, fermé en août.* Installé dans la maison natale de Sacha Guitry. Bibliothèque très bien fournie, hebdos et magazines, CD et DVD. Organise aussi des activités culturelles et propose des cours de français.

■ ***Journaux français*** **– Французские газеты** ***:*** le ***Grand Hôtel Europe*** *(plan couleur III, I8,* ***70****)* reçoit *Le Monde* et *Le Figaro* en semaine (kiosque au rez-de-chaussée à droite au bout du couloir). Assez cher.

■ ***Billetteries*** **– Театральная касса** ***:*** preuve s'il en fallait de la passion des Pétersbourgeois pour la haute culture, on trouve des caisses théâtrales *(teatralnaya kassa)* dans tous les quartiers de la ville. On peut y acheter ses places à l'avance pour les concerts, shows folkloriques, théâtres, ballets... Les calendriers des spectacles, généralement affichés sur les piliers ou les murs, sont uniquement en russe, sauf exception, et les caissières ne parlent pas un mot d'anglais. Mieux vaut donc savoir quel spectacle vous intéresse et où vous souhaitez le voir (à moins, bien entendu, de pouvoir déchiffrer le cyrillique) ! La plus centrale des caisses est située *Nevski pr., 42,* en face de *Gostiny Dvor (plan couleur III, I8,* ***18****) ; tlj 10h-22h (20h w-e).* On peut bien sûr aussi acheter les billets directement à la caisse des théâtres. Les hôtels les vendent également, mais là, bien sûr, ça coûte plus cher. Très pratique, les places au Mariinsk peuvent aussi être réservées directement sur Internet. Enfin, n'oubliez pas que certains théâtres font relâche en été.

Centre commercial ouvert 24h/24

■ ***Lend*** **– Супермаркет « Ленд »** *(plan couleur IV, N10,* ***13****)* ***:*** *Vladimirskii pr., 19. Ⓜ Dostoievskaya.* En face de l'église Notre-Dame-de-Vladimir, de l'autre côté du boulevard, juste à gauche de l'hôtel *Dostoievsky.* Grand centre commercial ouvert jour et nuit, avec une cafétéria au rez-de-chaussée et un supermarché alimentaire au sous-sol.

Comment s'informer ?

Bonne nouvelle pour ceux qui ne lisent pas le russe, il existe plusieurs livrets, magazines et journaux gratuits en anglais détaillant l'actualité culturelle de la semaine ou du mois. On les trouve un peu partout : à l'office de tourisme, dans les halls d'hôtel, dans certains cafés, bref, vous n'aurez pas de difficulté à en attraper un !

– ***Saint-Petersburg in your pocket :*** *• inyourpocket.com/russia/st-petersburg#at •* Le plus complet des livrets gratuits, doublé d'un site très bien fait De plus, il est entièrement en anglais (les autres, *Saint-Petersburg The Guide Saint-Petersburg The City Guide* ou encore *Saint-Petersburg The Official City Guide* sont moitié en russe, moitié en anglais). Y figurent, outre l'actualité mensuelle des spectacles, une section pratique, une rubrique musées, un plan de la ville et une sélection d'hôtels, de restos et de bars.

– ***The Saint-Petersburg Times :*** *• sptimesrussia.com •* Journal hebdomadaire gratuit en anglais, d'un ton plutôt libre. Pour s'informer de ce qui se passe en ville. Également des petites annonces d'appartements à louer.

– ***Where Saint-Petersburg :*** un magazine grand format en couleur, moitié en russe, moitié en anglais, qui sort tous les mois. Édité par la maison qui publie le *Rolling Stone* russe. Beaucoup de pub et d'adresses commerciales, mais aussi des rendez-vous culturels, des balades à travers la ville et des adresses de restos. Peut donner de bonnes idées de sorties.

Comment se déplacer en ville ?

En métro – Метро

Pour le plan du métro, se reporter au cahier couleur 2.

De loin le moyen de transport le plus pratique pour les grandes distances. Mais vous vous apercevrez vite de ses limites : les stations sont extrêmement éloignées (minimum 1 km, mais souvent plus de 2 km, avec un record d'environ 3,5 km !), et bien des endroits ne sont pas desservis. Dans tout le centre, les lignes se croisent, mais, de nouveau, les ***distances entre les stations*** font qu'il faut beaucoup marcher. De même, les deux îles principales, Petrogradskaya et Vassilievski, ne comportent que peu de stations alors qu'elles sont très vastes.
Vous l'aurez remarqué, certaines stations portent deux noms (voire trois dans un cas) différents : cela en fonction de la ligne qui les dessert. Les correspondances sont aisées (parfois sur le quai d'en face) et bien indiquées (les noms sont également écrits en caractères latins), mais parfois il faut beaucoup marcher pour changer de quai.
– Le métro est ***ouvert de 5h45 à minuit*** (tout dernier train vers 0h30). Le matin et le soir, à la sortie des bureaux, les wagons sont bondés. Ne vous trompez pas, dans la marée humaine, il est parfois impossible de faire demi-tour !
– Pour entrer, vous pouvez acheter soit un ***jeton*** (ça se dit *jetonn,* avec un « n » qui sonne, et *jetona* au pluriel) qui vaut 25 R, soit une carte magnétique (par exemple 10 jetons pour 210 R), ce qui évite de devoir faire la queue (souvent fort longue, même tard le soir).
Attention : parfois, guichet différent pour les jetons et les cartes. Le prix de celles-ci *(magnitnaya karta)* est plus intéressant que les jetons à l'unité, mais vous devez payer en plus une trentaine de roubles pour le prix de la carte que l'on vous rembourse à la fin de son utilisation au guichet, du moins si vous décidez de ne pas la recharger.
Sinon, le plus simple à notre avis est encore d'utiliser les ***distributeurs orange de jetons*** : vous recevez 5 jetons, le tout sans faire la queue ! Si vous voulez plutôt une carte de 10 voyages, demandez à la caisse « *na diéciat' (10) païezdok* » (**на десять поездок**).
Attention cependant, ces cartes ne fonctionnent que pour une personne : une sécurité électronique empêche de l'utiliser deux fois de suite à moins de 10 mn d'intervalle. Possibilité aussi d'acheter une ***carte mensuelle*** (photo nécessaire) pour tous les transports publics à 1 195 R, mais, attention, celle-ci n'inclut « que » 70 trajets par le métro.
Si vous portez des bagages volumineux, prendre un jeton « *bagaj* » qui donne accès à un passage plus large. Ce jeton est échangé contre deux jetons normaux. Et les contrôleurs veillent au grain pour que vous n'empruntiez pas le passage normal.
– La première descente dans le gouffre du métro pétersbourgeois est curieuse : on a l'impression de s'enfoncer dans les entrailles de la ville, tant la pente est raide. Les escalators gigantesques, interminables, semblent nous emmener à la mine. On se surprend à observer le flux opposé pour capter un regard, discerner un rare sourire. En fait, les tunnels doivent passer sous l'eau, ce qui explique leur profondeur. Ce sentiment de descente abrupte est accentué par la disposition des lampadaires, sur des supports non pas verticaux mais légèrement inclinés.
– Côté pratique, le nom de chaque station est inscrit (en cyrillique mais aussi en caractères latins) sur le mur du fond, souvent caché par des colonnes. Certains tunnels de métro sont isolés des quais par des portes en métal qui ne s'ouvrent qu'au dernier moment, libérant brusquement des flots impressionnants de passagers. Normal, certaines stations furent pensées en tant qu'abri antiatomique.
Si vous vous fiez à l'annonce vocale (en russe), attention, la voix annonce en premier la station où l'on arrive, puis la

prochaine. Ne les confondez pas ! Les ***principaux « nœuds » du réseau*** sont les stations Nevski Prospekt/Gostiny Dvor, Sennaya Plochad/Sadovaya/Spasskaya, Mayakovskaya/Plochad Vosstanya et Tekhnologuitcheski Institout 1/2.

– Le métro de Saint-Pétersbourg est très loin d'être aussi somptueux que celui de Moscou, il est toutefois efficace (on n'attend jamais plus de 3 ou 4 mn) et plutôt sûr, et quelques stations sont vraiment dignes d'intérêt (se reporter à la rubrique « Visitez le métro ! »). Les plus belles, ouvertes dans les années 1950, se situent toutes sur la ligne n° 1. Elles avaient la prétention de refléter la perfection du style stalinien, alors forcément...

En bus (автобус), trolleybus (троллейбус) et tramway (трамвай)

Les trams, tout croulants dans les banlieues, sont corrects dans le centre. Ils sont pratiques, surtout sur les grands axes, qu'ils remontent en général d'un bout à l'autre (assurez-vous-en tout de même auprès du chauffeur, par un signe clair de la main). Sinon, fendez-vous d'un plan du réseau (**транспортный путеводитель**), en vente dans les kiosques. En revanche, on ne vous les conseille pas aux heures de pointe. On paie au receveur (19 R), pas au chauffeur. Tous ces transports publics fonctionnent de 6h à minuit.

En taxi collectif – маршрутное такси

Un peu le complément des trams et bus. Ce sont en fait des minibus de 10 à 12 places, en général blancs et avec un numéro écrit en gros chiffres noirs, qui suivent un parcours fixe. On paie au chauffeur, ou à un type qui est là pour encaisser. Un poil plus cher que les trams, bus ou trolleys. Ce sont aussi d'excellents moyens pour se rendre aux châteaux de Peterhof, Pavlovsk et Tsarskoïe Selo (voir la rubrique « Comment y aller ? » pour chacun de ces sites) et dans les quartiers périphériques. Ils possèdent des arrêts fixes, souvent les mêmes que ceux des bus, ou à la sortie des stations de métro excentrées. Là encore, attention aux embouteillages aux heures de pointe. Ça avance mal et vous risquez d'attendre pendant 1h.

En taxi – такси

L'aventure continue, les amis ! En gros il y a deux solutions :

– ***Faire appeler un taxi*** (☎ 068, ☎ 069, ☎ 6-000-000 ou 7-000-000) par quelqu'un (de votre hôtel par exemple, ou même d'un resto) qui parle le russe. La compagnie de taxis communique par téléphone le prix de la course (qui n'est pas négociable) et vous n'avez plus qu'à l'attendre dans la rue. Avantage : on est sûr d'arriver à bon port dans de bonnes conditions. Inconvénient : c'est assez cher.

– ***En attraper un dans la rue.*** Là, ça se corse ! Car il y a toutes sortes de voitures arborant le signe « taxi » : des neuves, des moins neuves, des carrément déglinguées, pouvant être rouges, bleues, noires, jaunes, orange, vertes, avec ou sans compteur... qui de toute façon n'offre aucune garantie de payer un prix juste, car il peut avoir été trafiqué pour tourner vite ! Bref, c'est un peu comme aller à la pêche... Surtout, il est difficile de se faire une idée précise de ce que l'on va payer ; cela dépend beaucoup de la capacité de l'intéressé à marchander... en russe. De plus, le prix est fonction du temps de la course et de la difficulté d'accès tout autant que de la distance. Une course en ville revient en moyenne à 500 R environ.

La nuit, attention à l'ouverture des ponts : ils peuvent forcer le taxi à faire un très grand détour. Ne pas prendre les taxis qui attendent sur les parkings des hôtels vous économisera aussi quelques billets.

En fait, les moins fortunés se rabattront plutôt sur les voitures de M. Tout-le-Monde, ou ***taxis « non officiels »,*** qui n'arborent aucun signe. Ce sont souvent des vieilles *Jigouli* (Lada) conduites par des types seuls... Le principe est simple : postez-vous sur un axe assez passant et tendez le bras. Assez vite, vous verrez une de ces Lada s'arrêter à votre hauteur. Le chauffeur n'annon-

cera pas toujours le prix de la course, mais mieux vaut le fixer avant de monter.
Pour cela, quelques conseils : 1) annoncez la destination, en respectant la règle d'or, à savoir pas de nom d'hôtel, mais plutôt une station de métro, un édifice connu ou un grand magasin, bref, un point de repère ; 2) demandez : « *Skolka ?* » (« Combien ? »), le chauffeur écrira la somme sur un bout de papier, on tape au-dessus, en dessous, on tombe d'accord, et ça roule ma poule. Si le prix demandé est trop élevé à votre goût, partez. Une autre voiture s'arrêtera dans la minute qui suit. On se base en général sur une grosse moitié du prix de la course d'un taxi officiel (qui reste à connaître, on vous l'accorde...).

À pied

Saint-Pétersbourg est une ville agréable à parcourir à pied, mais les distances entre les centres d'intérêt sont parfois très grandes. Pour les visites, mieux vaut choisir un quartier et l'explorer à fond plutôt que de zigzaguer sans cesse. Ou alors, s'aider des transports en commun.
Attention sur les grands axes, où la circulation est assez folle. La rareté des passages protégés fait de la promenade une activité peu sûre. Il faut parfois parcourir 100 m pour pouvoir traverser. Résultat, tout le monde traverse un peu n'importe où. Pour traverser la perspective Nevski, mieux vaut emprunter les passages souterrains ou bien attendre sagement le petit bonhomme vert.
Attention aux rails de tramway et aux bouches d'égout ouvertes. Préférez le bord des canaux, on y respire un peu mieux et la circulation est moindre.

À vélo

Même si la ville est plate, vous constaterez vite que Saint-Pétersbourg n'est pas un paradis pour cyclistes ! Aucune piste cyclable, trafic automobile sauvage... Les deux-roues sont donc denrée plutôt rare en ville, peut-être aussi en raison du rude climat. Reste qu'il est possible de louer un vélo. Mieux vaut toutefois s'en tenir alors aux petites rues et aux bords des canaux.

■ ***Skat Prokat*** – **Скат Прокат** *(plan couleur V, O13, **19**) : Gontcharnaya ul., 7. ☎ 717-6838 (anglais parlé). • skatprokat.ru • Tlj 11h-20h. Compter 500 R de 11h à 20h et 700 R la journée de 24h.* Propose une cinquantaine de VTT en assez bon état à la location. On laisse une caution, et roule Simone... On peut aussi se faire livrer le vélo.

OÙ DORMIR ?

Les colossaux hôtels à la soviétique, dont certains comptent plus de 1 000 chambres, sont progressivement rénovés (ce qui n'en fait pas pour autant des monstres de beauté) tandis que se multiplient les plus petits hôtels, notamment les mini-hôtels, aménagés dans des appartements communautaires en général entièrement refaits à neuf. L'avantage de ces derniers est double : non seulement ils sont tout récents, plus accueillants que les blockhaus de l'ère communiste, mais en plus ils sont généralement très bien situés – ce qui n'est pas le cas des grands hôtels qui, à l'exception des palaces, sont souvent disséminés à la périphérie.
La ville compte aussi désormais pas mal d'AJ privées *(hostels)*, une bonne nouvelle pour les étudiants car, d'une manière générale, les tarifs des hôtels restent élevés pour la prestation fournie.
Presque tous les établissements, même les plus modestes, sont désormais en mesure de vous fournir l'invitation nécessaire à l'obtention du visa (on parle de ***« visa support »***), pour un coût allant de... 0 (rare, mais ça arrive !) à 40 € par personne. C'est vital pour eux. Dans le cas contraire, nous l'indiquons dans la description. À noter aussi, la plupart des prix sont maintenant affichés en roubles plutôt

qu'en dollars américains ou en euros. Enfin, sachez que la haute saison va grosso modo de mai à septembre, avec un pic en juin, mois des fameuses « nuits blanches ».

Auberges de jeunesse

La plupart de ces AJ sont installées aux étages de petits bâtiments. L'entrée est parfois discrète, et il faut généralement un code (indiqué sur la porte ou qu'on vous donne au moment de la résa) pour y accéder de la rue. Rares sont celles qui prennent les cartes de paiement. Il n'y a pas de limite d'âge.

Bon marché (jusqu'à 1 000 R/pers en dortoir – 25 € ou jusqu'à 2 500 R pour deux – 62,50 €)

Missis Hudson – Миссис Хадсон *(plan couleur IV, N9, **48**) : Nevski pr., 88, appart. 43. ☎ 272-4353. • mrshudson.ru • Entrez dans la grande cour intérieure, c'est à droite, panneau sur le mur, sonnette 43, montez au 2e étage. Lit en dortoir 600 R/pers ; double 1 800 R. Wifi.* Une grande auberge ou un mini-hôtel ? Les deux à la fois. Plus grand, plus moderne que les petits *hostels*, mais plus collectif dans le décor et l'aménagement qu'un mini-hôtel familial. Les dortoirs ont 4, 6, 8 ou 10 lits. Impeccables et propres, avec vue sur la cour, donc calmes. Nombreux services : cuisine à disposition, excursions. On y parle l'anglais.

Hostel Life – Хостел Лайф *(plan couleur III, J8, **43**) : Nevski pr., 47. Entrée par Vladimirski pr., 1. C'est au 4e étage (ascenseur). ☎ 318-1808. • hostel-life.ru • Ⓜ Mayakovskaya. Compter 600-800 R en dortoir 8 lits, 800-1 000 R en dortoir 4 lits. Doubles 1 700-2 600 R. Petit déj en plus. Wifi et Internet.* AJ flambant neuve de 15 chambres et dortoirs aux couleurs vives, toutes rénovées en 2010, et au design gentiment tendance. Les dortoirs sont un peu petits, c'est vrai, mais la cuisine équipée est spacieuse et les espaces communs agréables et bien conçus.

Apple Hostel – Хостел Apple *(plan couleur III, I8, **31**) : Italanskaya ul., 12. Code porte 22, 2e étage. ☎ 458-8830. • applehostel.ru • Ⓜ Nesvki Prospekt/Gostiny Dvor. Compter 600-700 R/pers. Wifi et Internet.* Cette AJ, qui a récemment déménagé, quittant la perspective Nevski pour un quartier plus calme, dispose de 5 chambres ou dortoirs de 3 à 12 lits. Cuisine équipée avec espace commun (assez petit). Ordinateur dans chaque chambre et dortoir (accès gratuit). Casiers fermés également. Bien située, près du Musée russe et de la rue des théâtres. Atmosphère décontractée et sympathique.

Nord Hostel – Гостиница Норд *(plan couleur III, G7, **30**) : Bolchaya Morskaya ul., 10. ☎ 571-0342. • nordhostel.com • Ⓜ Nevski Prospekt ou Gostiny Dvor. Dortoir 24 €/pers (18 € de fév à mi-mars) ; doubles 65-82 €. « Visa support » 35 €. Internet.* Impossible de faire plus central : cette AJ récente et agréable est située à 100 m de la place du Palais, quasiment en vue de l'Ermitage. Dortoirs (de 6 à 10 lits) un peu chers, mais tout est propre et neuf, le personnel accueillant, l'accès possible 24h/24 et le petit déj (thé, café, pain et yaourt) servi dans la cuisine... Machine à laver payante. Transfert possible depuis l'aéroport (environ 32-38 €).

Hostel Rudolf Manukyan – Гостиница Рудольф Манукян *(plan couleur III, J8, **39**) : Nevski pr., 74. ☎ 272-9563. • hostel.sp.ru • Ⓜ Gostiny Dvor ou Nevski Prospekt. À l'intérieur du même pâté de maisons que le* Nevski 74 Mini Hotel *(voir plus loin), tt au fond (cherchez le panneau vert « Hostel »), au 2e étage. Compter 19-25 €/pers en saison selon type de chambre ; doubles 1 400-1 900 R. Moins cher en intersaison et encore moins en hiver. « Visa support » 30 €.* Excellente situation. Accueil en russe. Même style qu'un mini-hôtel, mais ici les chambres (de 2, 4 ou 6 lits) fonctionnent comme des dortoirs. Rien à redire, c'est moderne, hyper propre et à prix compétitifs. Sanitaires communs. Pas de petit déj, juste du café et du thé à dispo (payants, y compris le sucre !) dans la cuisine. Personnel anglophone.

Hostel All Seasons – Гостиница Все Сезоны *(hors plan couleur I par C3,* ***35****) : Yakovlevski per., 11 ; au 4e étage. ☎ 327-1070. • hostel.ru • Ⓜ Park Pobiedy. Loin du centre, dans un quartier tranquille mais un peu délabré ; à la sortie du métro à droite, longer le parc, ensuite encore à droite (rue Kouznetsovskaya), c'est indiqué après. Prix défiant tte concurrence : 300-520 R en dortoir de 5-6 lits, 1 200-1 500 R pour une triple et 1 200-1 800 R en double ! Avec en plus une réduc symbolique pour les détenteurs de cartes ISIC ou HI. « Visa support » 1 200 R.* Chambres vieillottes, avec des remugles d'humidité, mais propres. Cuisine (avec frigo et micro-ondes), consigne. L'hôtel est en partie rénové. Accueil très variable.

Dans le quartier de Smolny et de la gare de Moscou (plan couleur V)

Bon marché (jusqu'à 1 000 R/pers en dortoir – 25 € ou jusqu'à 2 500 R pour deux – 62,50 €)

Saint-Petersburg International Hostel – Международная гостиница Санкт-Петербург *(plan couleur V, O13,* ***32****) : 3-ya Sovietskaya ul., 28. ☎ 329-8018. • ryh.ru • Ⓜ Plochad Vosstanya ou Mayakovskaya. Vu l'affluence en été, résa conseillée dès que possible. Dortoir 500-700 R/pers selon saison, petit déj compris. Également quelques doubles 1 400-1 600 R. Petite réduc pour les possesseurs de carte HI. Très efficace pour le « visa support » (env 50 €, incluant une nuitée en dortoir). Internet (1 R/mn).* À 10 mn à pied de la gare de Moscou, la 1re des AJ nées en Russie après la chute du communisme. Fonctionnelle, bien organisée, avec des chambres de 3 à 5 lits, correctes sans plus. Sanitaires à l'étage. Pas de couvre-feu ni de limite d'âge. Téléphone international, salle TV, cuisine équipée, casiers à bagages, etc. Le personnel est anglophone et accueillant.

Soul Kitchen Hostel *(plan couleur V, 013,* ***63****) : 1-ya Sovietskaya, 12. ☎ 237-7969. • soulkitchenhostel.com • Ⓜ Plochad Vosstanya. Lit en dortoir 600-850 R ; double 2 500 R. Petit déj compris. Internet et wifi.* Non loin de la gare de Moscou, dans une portion de rue piétonne, c'est indiqué sur le mur. Pour ceux qui veulent une petite AJ propre et accueillante, à taille humaine, avec des dortoirs bien tenus (de 6 à 10 lits). Cuisine à disposition. Laverie. Location de vélos et excursions. Une bonne adresse.

Apricot Hostel – Абрикос Мини-отель *(plan couleur V, O13,* ***37****) : Nevski pr., 106. ☎ 272-7178. • abrikos-hotel.ru • Ⓜ Mayakovskaya. Lit en dortoir 500-900 R/pers selon saison ; doubles 1 600-2 400 R. Internet et wifi.* Occupe le 5e étage d'un immeuble. L'accueil est bon, classique pour ce genre d'auberges. Les quelques chambres et dortoirs, tous équipés de lits superposés (de 4 à 6 lits), sont modernes, pas chers et très soignés. Sanitaires en nombre suffisant, sur le palier. Petite cuisine, laverie, *lockers*. Également une adresse sœur sur Tchekhova ul., en fait un mini-hotel avec 9 chambres doubles.

Puppet Hostel – Гостиница Большого Театра Кукол *(plan couleur V, O13,* ***34****) : ul. Nekrassova, 12 ; aux 4e et 5e étages. ☎ 272-5401. • hostel-puppet.ru • Avr-sept, compter 600 R/pers en dortoir et 1 600 R pour une double, petit déj inclus. Moins cher hors saison. « Visa support » 35 US$. Internet.* Une dizaine de chambres doubles ou triples et un dortoir de 5 lits. Assez vieillot quand même. Douches et toilettes collectives. Pour ceux qui savent se contenter d'un confort sommaire, « l'hôtel du théâtre des marionnettes » a néanmoins l'avantage d'être assez bien situé. En plus, on peut avoir des places gratos pour les spectacles de marionnettes (voir « Théâtres pour enfants »). L'ascenseur à lui tout seul vaut le détour...

Prix moyens (2 500-4 000 R / 62,50-100 €)

Europe Nouvelle *(plan couleur V, 013,* ***65****) : 23/6 ul. Makayovskaya (entrée par Baskov per. 6). ☎ 272-21-52. • mi* *ni-hotel.eu • Au 2e étage (avec ascenseur). Ⓜ Tchernychevskaya. Tte l'année. Doubles « econom » 1 700-2 200 R, doubles standard 3 000-4 400 R. Wifi.* Ancien appartement communautaire autrefois occupé par 4 familles, reconverti en mini-hôtel de 9 chambres, de la standard économique (avec salle de bains partagée) à la « de luxe », plus spacieuse. L'ensemble, très classique, est bien tenu. Quelques artistes contemporains y exposent leurs œuvres. Le propriétaire est français (et le personnel en grande partie francophone) et saura vous conseiller pour vos visites. Petit déjeuner servi jusqu'à 11h30.

Chambres chez l'habitant

C'est un mode de logement qui se développe à Saint-Pétersbourg. Une bonne occasion d'entrer en contact avec les familles russes, mais, attention, les conditions de confort sont assez variables. Généralement, on partage la salle de bains. On peut passer au choix par une agence spécialisée sur place ou par une agence de voyages en France. Sinon, tous les jours devant la gare de Moscou, des quidams proposent de louer un lit dans leur appartement. Ils tiennent un petit panneau marqué « **комната** » (chambre) et attendent qu'on les aborde. On peut négocier à partir de 300 R, mais il paraît presque indispensable de parler le russe.

Prix moyens (2 500-4 000 R / 62,50-100 €)

■ ***HOFA (Host Families Association) :*** *3-ya Linia, 10, sur l'île Vassilievsky. • hofa.ru • (version française disponible). Chambres à partir de 28 €/j. par pers (en été), avec petit déj (sur une base double), apparts (1-2 pers) à partir de 60 €. « Visa support » 30 € – mais on peut aussi obtenir l'invitation sans recourir à leur service d'hébergement (auquel cas c'est 40 €).* Créé au début des années 1990 par des professeurs d'université de Saint-Pétersbourg, ce collectif propose désormais des hébergements en famille d'accueil (et des locations d'appartements) dans plus de 60 villes de Russie et des anciennes républiques soviétiques. Les hôtes, rigoureusement sélectionnés, parlent en principe la langue de leurs invités – ou seulement le russe si vous choisissez de venir en séjour linguistique. Beaucoup sont liés au milieu enseignant. *HOFA* propose en outre de faire vos résas pour les spectacles, les billets de train, d'avion, etc. Pratique si l'on souhaite n'avoir qu'un intermédiaire.

■ ***OST-WEST Kontaktservice*** *(plan couleur V, O13, **20**) : Nevski pr., 100. ☎ 327-3416. • ostwest.com • Bureau 1er étage, ouv lun-sam 10h-18h. Le « visa support » est gratuit pour ts ses clients et env 465-750 R pour les autres (en commandant sur Internet).* Spécialisée dans le voyage individuel, cette agence de bonne réputation (liée au tour-opérateur allemand *TUI*) propose hébergement chez l'habitant, résas en hôtel et mini-hôtel, transferts depuis l'aéroport, billets pour les spectacles, etc. Organise depuis peu des voyages en Transsib'.

Mini-hôtels et *Bed & Breakfast*

La plupart de ces établissements sont situés dans d'anciens appartements communautaires refaits à neuf, et proposent des chambres confortables, en général avec salle de bains privée. Comme pour les AJ privées, l'entrée n'est pas toujours bien visible (il n'y a pas toujours d'enseigne), et il faut sonner de la rue pour qu'on vous ouvre – à moins que l'on ne vous ait donné le code d'accès au moment de la réservation. Beaucoup d'entre eux acceptent les cartes de paiement, mais assurez-vous-en tout de même avant.

Prix moyens (2 500-4 000 R / 62,50-100 €)

Bed & Breakfast Pio – **Мини-отель Пио** *(plan couleur III, H8, **62**) : nab. Kanala Griboïedova, 35, appart. 5, inter-*

com 5. ☎ 273-60-45. • hotelpio.ru • Doubles 3 000-3 600 R, petit déj compris. Wifi. Dans un vieil immeuble rénové (y compris la cage d'escalier), un vaste appartement dont le propriétaire est un Italien tombé amoureux de la Russie (et d'une Russe sans doute...). Chambres de 2 ou 3 personnes, impeccables et bien décorées, avec salle de bains sur le palier, et vue sur le charmant canal (double vitrage). Ambiance familiale. La réceptionniste parle un peu l'anglais. Très bon rapport qualité-prix.

Randhouse Bed & Breakfast *(plan couleur III, G8,* ***53****) : Bolchaya Morskaya ul., 25. ☎ (921) 407-7002 ou (812) 314-6333. • randhouse.ru • Double env 3 200 R. Internet.* Au-dessus du *Comfort Hotel,* un grand appartement rénové, apprécié des clients américains, new-yorkais en particulier. Chambres confortables donnant sur la cour intérieure. Espace, calme, propreté, bon service.

Comfort on Chekhov – Гостиница Комфорт *(plan couleur V, O13,* ***40****) : ul. Tchekhova, 2 ; au 4e étage (sans ascenseur). ☎ 272-5408. • comfort2@yandex.ru • Ⓜ Mayakovskaya/Plochad Vosstanya. À 15 mn à pied de la gare de Moscou. Mai-sept, doubles 3 300-3 800 R, petit déj compris. Moins cher hors saison.* Ce tout petit hôtel, très accueillant, a été aménagé dans un grand appartement retapé. 2 des chambres ont leur salle de bains, les autres en partagent 2. Toutes portent un nom, qui fait écho à leur déco : la « Pink », la « Japonaise », la « Goblins ». On aime bien celle « des enfants », toute bleue, avec des poupées aux murs... Thé et café gratuits dans la cuisine commune. On y parle plus ou moins l'anglais.

Old Nevsky Hotel – Мини-отель Староневский дом *(plan couleur V, P14,* ***41****) : Perekupnoï per., 3-1. ☎ 717-4043. • spb-hotel.ru • Ⓜ Plochad Alexandra Nevskovo. Porte de rue rouge. Compter 2 200-3 300 R pour 2 selon saison, petit déj inclus. « Visa support » 1 100 R.* Mini-hôtel de 9 chambres occupant les 1er et 2e étages d'un bâtiment du XIXe s, à l'est de la perspective Nevski. Toutes sont modernes, très propres et plutôt spacieuses, avec plancher, téléphone, TV satellite et AC. Les salles de bains sont communes mais nickel. Cuisine et machine à laver à dispo.

Bubyr's – Бубырь *(plan couleur IV, N9,* ***44****) : Stremiannaya ul., 11. ☎ 310-6615. • bubyrs@mail.ru • Ⓜ Mayakovskaya/Plochad Vosstanya. Doubles 70-90 €, petit déj inclus.* Résidant en Russie depuis plus de 15 ans, John a racheté un grand appartement au 6e et dernier étage de ce bel immeuble Art nouveau dessiné par Alexeï Bubyr – d'où le nom des lieux. Il l'a patiemment restauré, rendant tout leur lustre aux planchers, aux moulures et aux grands poêles en faïence présents dans chaque chambre. Chacune des 3 grandes chambres dispose de sa propre salle de bains avec baignoire. La verte, la plus belle, possède une large fenêtre panoramique en bow-window. Cuisine et salon, déco chic et pleine de caractère. John loue 4 autres chambres, aussi belles et encore plus grandes, dans un appartement proche du précédent. La « Cobalt » est sans doute la plus agréable. Avis aux intéressés : les intellectuels, artistes, cinéastes... paient moins cher !

Sovetskaya-5 – Советская-5 *(plan couleur V, O13,* ***45****) : 5-ya Sovietskaya ul., 21 ; au 1er étage. ☎ 923-0575. • rentroom.ru • Ⓜ Mayakovskaya/Plochad Vosstanya. Aucune indication sur place : c'est la 1re porte à droite une fois franchi le porche. Code fourni lors de la résa. Compter 80-90 € mai-sept, 60-70 € le reste de l'année, petit déj inclus. « Visa support » 35 €.* Ne vous fiez pas à l'aspect négligé de la cour, l'intérieur est impeccable. L'appartement a été entièrement restauré en 2003 dans des tonalités chaleureuses de bois de pin. Accueil d'André, un Suisse. Planchers et moulures d'origine ont été conservés. Des 4 chambres, les 2 plus grandes, avec TV, donnent sur la rue, les 2 autres (10 € moins cher), plus calmes, sur la cour. Elles se partagent 2 salles de bains nickel-chrome. Thé et café gratuits dans la cuisine. Une très bonne adresse.

Swiss Star – Свис Стар *(plan couleur IV, M10,* ***42****) : nab. Fontanki, 93/26. ☎ 929-2793. • swiss-star.ru • Ⓜ Sadovaya ou Sennaya Plochad. Porte donnant sur la rue (pas d'indication). On vous donnera le code à la résa. Doubles*

85-109 € mai-sept, 60-80 € le reste de l'année, petit déj inclus. Internet. Agréable situation, en bordure du canal de Fontanka. Même proprio que l'adresse précédente, et même type d'hébergement, exactement. La différence, c'est qu'ici il y a aussi des chambres avec salle de bains privée (les plus chères), qui plus est garnie de petits carreaux de faïence... On y retrouve donc le même soin dans la déco, et la même propreté bien sûr (voir le nom du lieu). Cuisine.

Nevski 74 Mini Hotel – Отель На Невском 74 *(plan couleur III, J8,* ***39****) : Nevski pr., 74. ☎ 970-0433 ou 579-2509. • minihotel74.com • Ⓜ Gostiny Dvor/Nevski Prospekt. Franchir le porche et la 1re cour, c'est indiqué. Doubles standard 3 000 R en hte saison.* Beaucoup d'hôtels, décidément, dans ce pâté de maisons qui s'organise autour de 2 cours. Ne vous trompez donc pas d'établissement ! Celui-ci propose une vingtaine de chambres confortables et plutôt bien finies, réparties dans plusieurs petits immeubles. Certaines, équipées de double vitrage, donnent sur Nevski prospekt. De plus, la patronne est accueillante et parle un peu l'anglais.

Location (même pour une nuit !) de studios ou d'appartements

Prix moyens (2 500-4 000 R / 62,50-100 €)

Oksana's *(plan couleur V, O13,* ***46****) : Nevski pr., 69 ; suite 10. ☎ 970-6802. • oksanas.net • Selon saison et standing, studios, 58-117 € la nuit. Également des appartements avec 1 et 2 chambres. Réduc à partir de 1 sem. « Visa support » (plus enregistrement) 40 €. Internet.* Gérée par Oksana, qui est russe, et son mari américain, cette petite société propose une trentaine de studios et appartements à la location, même pour une seule nuit, en plein centre de Saint-Pétersbourg, sur Nevski prospekt ou dans les rues perpendiculaires. Certains studios ou appartements ont été entièrement refaits à neuf, d'autres non, mais tous (décrits par le menu, avec photos, sur le site web) sont très bien tenus et bien équipés, avec souvent TV câblée, machine à laver, coin cuisine. Enfin, transfert possible depuis l'aéroport, réservation de billets de train, etc.

Hôtels plus traditionnels

Chic (4 000-7 000 R / 100-175 €)

Stony Island Hotel – Стоуни Айлэнд Отель *(plan couleur III, H8,* ***67****) : Lomonossova, 1. ☎ 337-2434. • stonyisland.ru • Ⓜ Gostiny Dvor/Nevski Prospekt. Doubles 3 900-4 500 R. Internet et wifi.* Derrière le grand centre commercial *Gostiny Dvor*, dans une petite rue tranquille mais pas inanimée, voilà la nouvelle génération des hôtels de charme. Le style russe s'inspire du Japon, ce qui donne des chambres coquettes (boiseries sombres, brique) et de caractère où l'on a tout de suite envie de s'installer avec son amoureuse ou son égérie. L'ensemble est à taille humaine, et tellement bien situé !

Hôtel Les Frères Karamazov – Гостиница Братья Карамазовы *(plan couleur IV, N10,* ***58****) : ul. Socialistitcheskaya, 11 A. ☎ 335-1185. • karamazovhotel.ru • Ⓜ Vladimirskaya. Doubles standard 4 500-6 500 R en saison, petit déj inclus. « Visa support » 20 €.* Situé dans un quartier calme du centre historique, cet hôtel de 3 étages abrite une vingtaine de chambres confortables et bien arrangées. Les « intérieures », plus luxueuses et raffinées encore, portent chacune le nom d'un personnage féminin des romans de Dostoïevski. Espaces communs très classe, avec bibliothèque, chaises transparentes... Certaines salles, comme celle du resto, mêlent avec brio modernisme et ambiance fin XIXe s. Grand buffet au petit déj.

Hôtel Grifon – Отель Грифон *(plan couleur III, H8,* ***47****) : nab. Kanala Griboïedova, 35. ☎ 315-4916. • grifonhotel.ru • Ⓜ Gostiny Dvor/Nevski Prospekt. En saison, doubles 4 400 R (et 5 500 R* *pdt les nuits blanches). Internet et wifi.* Le long d'un charmant canal central, non loin du pont aux Grifons (Bankovski most), un vieil immeuble restauré abrite cet hôtel installé sur deux niveaux (4e et 5e étages, sans ascenseur). La plupart des chambres, de taille variable, donnent sur le canal et sont bien équipées (douche, w-c, TV), propres, agréables, même si leur déco n'a rien de remarquable. Accueil avec quelques mots d'anglais. Laverie.

Comfort Hotel – **Комфорт Отель** *(plan couleur III, G8, **53**) : Bolchaya Morskaya ul., 25 ; au 2e étage. ☎ 570-6700. • comfort-hotel.org • Ⓜ Gostiny Dvor/Nevski Prospekt. Doubles classiques 4 400-6 200 R, supérieures 5 100-7 000 R, petit déj compris. Aussi des deluxe et des suites.* Idéalement situé, entre la cathédrale Saint-Isaac et l'Ermitage. Ça, c'est un 1er atout. Ensuite, il y a les chambres, chaleureuses, confortables (TV câblée, AC, coffre...), bref, d'un rapport qualité-prix tout à fait honorable. Plusieurs catégories évidemment, les standard étant les plus petites, avec douche. Petit déj-buffet avec quelques plats chauds, servi dans un espace moderne et lumineux. Accueil très sympathique.

Nevsky Grand Hotel – **Невский Гранд Отель** *(plan couleur III, H7, **49**) : Bolshaya Konyuchennaya ul., 10. ☎ 312-12-06. Ⓜ Nevski Prospekt. • nevskygrandhotel.com • Doubles standard 4 600-6 800 R, petit déj compris. Wifi.* À deux pas de la perspective Nevski, sans ses inconvénients, un « grand » hôtel par le nombre de ses chambres (135) sur 6 niveaux, avec ascenseur. Chambres classiques donnant soit sur la rue (calme), soit sur l'arrière. Salle de bains avec cabine d'hydromassage. Copieux petit déjeuner, servi jusqu'à 11h (mais, attention, la salle où on le prend est rapidement pleine vers 8h30, l'heure du rush).

Hôtel Nevsky Aster – **Невский Астер Отель** *(plan couleur III, H7, **50**) : Bolchaya Konyuchennaya ul., 25. ☎ 336-6585. Double 4 600-6 800 R, petit déj inclus. Internet et wifi.* Très bien situé, près de la perspective Nevski (250 m), au fond d'une cour, cet hôtel de la chaîne Nevsky propose des chambres calmes (vue sur cour), confortables et bien équipées (téléphone, petit bureau). Accueil standard mais professionnel (avec un peu d'anglais).

Nevsky Central Hotel – **Невский Централь Отель** *(plan couleur V, O13, **60**) : Nevski pr., 90-92. ☎ 273-7314. • nevskyhotels.com • Ⓜ Mayakovskaya/Plochad Vosstanya. À proximité de la gare de Moscou. Même entrée que Cafemax (au 3e étage, sans ascenseur). Doubles 4 600-6 800 R, petit déj inclus. Internet.* Ce petit hôtel récent, très central, propose des chambres modernes. Elles sont assez petites, mais toutes disposent de leurs propres cabine de douche et toilettes, d'une TV câblée, d'un sèche-cheveux, et même d'un coffre. Service pro et bon petit déjeuner. Dommage que ce soit si cher.

Nevsky Express Hotel – **Невский Экспресс Отель** *(plan couleur V, O13, **61**) : Nevski pr., 93. ☎ 717-1888. • nevskyhotels.com • Ⓜ Mayakovskaya/Plochad Vosstanya.* Appartenant aux mêmes propriétaires que le *Nevsky Central Hotel*, ce mini-hôtel sur 3 niveaux, ouvert peu après, ne s'en distingue en rien, sinon par des chambres un peu plus grandes et un sauna. Prix et services identiques.

Korona – **Корона** *(plan couleur III, H7, **59**) : Malaya Konyuchennaya ul., 7. ☎ 571-0086. • korona-spb.com • Ⓜ Gostiny Dvor/Nevski Prospekt. Au 1er étage d'un immeuble néoclassique, dans une large rue piétonne entre les canaux Moïka et Griboïedova (accès depuis la rue, par la porte brune à gauche de l'arche). Doubles classiques 5 000-6 700 R et supérieures 5 800-7 100 R selon saison, petit déj compris.* Ce mini-hôtel propose une petite dizaine de chambres luxueuses dans un appartement très classe et très calme. Certes, pas donné, mais le niveau des prestations est à la hauteur. Petit déj dans le hall d'entrée sur 2 petites tables riquiqui, dommage...

De chic à plus chic (7 000-10 000 R / soit 175-250 €)

Pushka Inn – **Пушка Инн** *(plan couleur III, H7, **66**) : nab. Reki Moïki, 14. ☎ 312-0913. • pushkainn.ru • Comp-*

ter 5 500-8 300 R pour une double standard en saison, et 6 500-9 800 R pour une double « comfort », petit déj continental inclus. Bien plus cher pdt les nuits blanches. Wifi. Situé à 100 m de la place du Palais et de l'Ermitage, ce petit hôtel chic propose une vingtaine de chambres et 4 appartements de 2 ou 3 pièces avec cuisine. Très jolie façade classique décorée de bustes, devant la Moïka, c'est dire si c'est bien situé. Récent et fort bien équipé : douche ou bains, TV satellite. Vraiment un bon niveau de confort, et surtout à proximité des plus grands sites à visiter.

Nash Hotel – **Наш Отель** *(plan couleur I, B2,* ***36****) : 11e ligne, 50. • nashotel.ru • Ⓜ Vassileostrovskaya. ☎ 323-2231. Chambre double standard 5 400-9 400 R (moins cher ven-dim) et plus cher en très hte saison (nuits blanches). Wifi.* Sur l'île Vassilievski, dans un quartier tranquille, un hôtel moderne d'une soixantaine de chambres sur 8 niveaux. La façade de brique ne laisse pas présager des couleurs pastel des chambres, disposant toutes de grandes salles de bains. L'ensemble est plaisant, lumineux et confortable. Restaurant. Accueil très pro.

Boutique Hotel Rachmaninov – **Отель Рахманинов** *(plan couleur III, H8,* ***51****) : Kazanskaya ul., 5 ; au 2e étage. ☎ 327-7466. • hotelrachmaninov.com • Ⓜ Gostiny Dvor/Nevski Prospekt. Double « economy » 3 900-6 900 R, « comfort » 4 600-7 600 R. « Junior suites » un peu plus chères. Petit déj compris. « Visa support » 370 R.* Installé dans ce qui ne fut pas l'appart de Rachmaninov mais celui de sa tante. N'empêche, le grand compositeur y vécut 1 an, à l'âge de 11 ans. Surtout, le lieu a été aménagé en hôtel et possède bien du cachet, avec ses fauteuils en velours et son parquet luisant... Vous y trouverez 26 chambres, dont 12 « junior suites », toutes très soignées et très bien meublées, à l'ancienne. La suite « Rachmaninov », la plus chère, est carrément géniale ! Salle de petit déj très lumineuse, aux tables garnies de partitions de musique, mais où l'on peut aussi jouer aux échecs l'après-midi. Un beau mariage de confort et de charme, quoi !

Trezzini Art Hotel – **Арт Отель Trezzini** *(plan couleur I, B2,* ***52****) : Bolchoï pr., 21, sur l'île Vassilievski. ☎ 332-1035. • trezzini-hotel.com • Ⓜ Vassileostrovskaya. Doubles classiques env 4 800-6 300 R mai-sept, petit déj inclus (et encore un peu plus cher pdt les nuits blanches). Les « concept » et « romantic » sont plus chères. « Visa support » 700 R.* Bienvenue dans le 1er « hôtel d'art » de Saint-Pétersbourg, ainsi nommé parce qu'il s'y tient des expos temporaires de photos ou de peinture dans la cage d'escalier, ainsi qu'une grande fresque de Venise au XVIIIe s à côté de la réception (où l'on distingue le fameux architecte italien Trezzini, qui a œuvré à l'édification de la toute jeune Saint-Pétersbourg)... En clair, voici encore un hôtel de charme, proposant 17 chambres fort plaisantes et très confortables.

Très chic (plus de 10 000 R / 250 €)

Il est difficile de ne pas évoquer deux des fleurons de l'hôtellerie pétersbourgeoise, même si leurs prix dépassent la mesure.

Grand Hôtel Europe – **Гранд Отель Европа** *(plan couleur III, I8,* ***70****) : Mikhaïlovskaya ul., 1/7. ☎ 329-6000. • grandhoteleurope.com • À partir de 20 000 R env en saison...* Le plus ancien des palaces russes, le *Grand Hôtel Europe* a ouvert ses portes en 1875. Bien des grands noms y ont défilé depuis – artistes, membres de familles royales et politiciens à ne plus savoir qu'en faire. Méticuleusement restauré, des couloirs intérieurs aux atlantes extérieurs, il compte 300 chambres d'un standing 5 étoiles. C'est tout dire... Il vous faudra débourser encore un peu plus pour une belle vue sur la perspective Nevski ou la place des Arts. Les 17 chambres du 5e étage, dominant la ville, possèdent chacune une terrasse de 20 m². Inabordable évidemment. Le petit déj, très copieux, est en plus. Pour faire passer l'addition, on commence la journée au son des notes fluides d'une harpiste. Le soir venu, ceux qui ne dédaignent pas le luxe et le romantisme peuvent s'offrir un plateau de 4 caviars au *Caviar Bar* (voir « Où manger ? Où manger du caviar ? »).

Hôtel Astoria – **Гостиница Астория** *(plan couleur IV, L9,* ***71****) : Bolchaya Morskaya, 39. ☎ 494-5757. • theastoriahotel.com • Double « classique » env 36 000 R et à ce prix le petit déj n'est pas compris !* Plusieurs fois rénové depuis sa construction au début du XXe s, ce bien bel hôtel de 210 chambres, dont 42 suites, qui accueille lui aussi les plus grandes figures politiques ou artistiques mondiales, présente une façade finalement assez sobre. Il offre évidemment un service impeccable dans un écrin de toute beauté, même si le style global est plutôt hybride et semble hésiter entre l'Art déco et quelques éléments Art nouveau. Superbe cage d'ascenseur à l'ancienne. On ne va pas vous parler du confort des chambres puisqu'on ne peut pas se les payer mais, en revanche, on pourra profiter du salon de thé, d'un des 2 bars (situés sur la droite du *lobby*), dont l'un très joli en rotonde, ou du resto.

OÙ MANGER ?

La scène culinaire a bien évolué depuis l'ère communiste ! Les restos se sont multipliés et, en gros, on peut maintenant goûter (outre à la cuisine russe bien sûr, qu'on vous recommande) à toutes les grandes cuisines du monde. Dans le centre, on ne compte plus non plus les endroits aux allures de cafét', à la déco aseptisée, où l'on peut manger un bout rapide et pas cher à toute heure du jour. Certains sont même ouverts 24h/24 et proposent des petits déj. Sinon, il y a les kiosques à blinis (**блины**) : on les fait devant vous, comme dans une roulotte à crêpes. Sans oublier les chaînes locales de cafés-pâtisseries, telles que ***Sladkoïejka*** – **Сладкоежка,** ***Cafés House*** – **Кофе Хауз** ou ***Idealnaya Tchachka*** – **Идеальная Чашка.**
D'une façon générale, les restos sont moins chers que chez nous... sauf si on lorgne du côté des plus chic. Là, subitement, les prix peuvent s'envoler (surtout avec le vin) ! Méfiance donc. Mais bon, en se cantonnant à la catégorie « Prix moyens », on s'en sort généralement à bon compte. D'autant que beaucoup de restos, notamment le long et autour de Nevski prospekt, proposent des *business lunch* très abordables, le plus souvent de 12h à 16h, voire 17h. À noter aussi, la plupart sont ouverts tous les jours et pratiquent l'horaire continu de 11h à minuit. Ils disposent souvent aussi d'un menu en anglais. Enfin, sachez que beaucoup sont susceptibles de fermer sans prévenir s'ils peuvent recevoir un groupe pour un anniversaire ou un mariage.

Dans le centre – В центре (entre la Neva et le canal Fontanka)

Bon marché (moins de 300 R / 7,50 €)

Pas grand-chose de bien palpitant dans cette catégorie, au cœur de Saint-Pétersbourg ; plutôt de quoi se sustenter le midi et basta. Si vous voulez bien manger, passez directement à la catégorie suivante...

Teremok – **Теремок** *(plan couleur III, G8,* ***86****) : Bolchaya Morskaya ul., 11. Tlj 8h-23h. Plats 80-180 R.* Crêpes, blinis, soupes, bouillie *(kacha),* ces bonnes choses sont servies toute la journée dans ce fast-food typiquement russe faisant partie d'une chaîne nationale. La carte est en anglais. Les Russes préfèrent *Teremok* à *McDo* car, disent-ils, les plats sont meilleurs et plus sains.

Bushe – **Буше** *(plan couleur III, G7,* ***98****) : Malaya Morskaya ul., 7. Ⓜ Nevski Prospekt. Tlj 8h-22h.* *Pirojki,* tourtes, viennoiseries et (bon) pain pour caler un petit creux. Entre 12h et 16h, quelques plats (200-220 R) sont également servis. Quelques tables.

Stolle – Штолле *(plan couleur III, H7, **81**) : Konychennaya per., 1/6. Ⓜ Nevski Prospekt. ☎ 312-1862. Tlj 9h-21h. Env 200 R.* Genre de fast-food à la russe connu pour ses *pirogi* au kilo (à la viande, saumon... ou aux fruits, pour un dessert). Il est nécessaire de faire la queue pour passer sa commande, ensuite on peut manger sur place dans 2 salles décorées de photos anciennes de la ville. Bon et pas bien cher, tout le monde le sait et c'est souvent plein. Également d'autres établissements avec la même enseigne, notamment un sur Dekabristov ul. (à côté du *Café Stolovaya*).

***Sandwich-bar Trio* – Сэндвич-бар Трио** *(plan couleur III, I8, **83**) : Italianskaya, 17. ☎ 595-4153. Tlj 11h-6h. Sandwichs et salades à partir de 90 R.* Bien situé, près du Musée russe. Une petite salle en sous-sol, à l'enseigne de l'Italie. Simple, propre et sans prétention, avec carte en anglais et prix économiques pour des sandwichs ou des plats suffisants, par exemple après une visite du Musée russe.

***Lakomka* – Лакомка** *(plan couleur V, O13, **68**) : Pouchkinskaya ul., 16. ☎ 764-58-08. Tlj 9h-22h. Compter env 100-150 R.* Adresse gentiment démodée, genre années 1970-1980, proposant, à tarifs très démocratiques, des petits blinis, des *pirogi* au kilo ou des *pirojki* ainsi que quelques plats (on peut aussi se les composer soi-même). Tout est fait sur place. Quelques tables pour déguster.

***Action Cafe Federation* – Федерация** *(plan couleur III, H7, **112**) : nab. Reki Moïki, 37. ☎ 571-75-91. Tlj midi et soir. Env 250-300 R.* Dans une salle en demi sous-sol, un peu basse de plafond, une sorte de snack sans prétention (petites tables, banquettes). *Pielmeni*, blinis au caviar rouge (à prix fort démocratique), saumon, *draniki*, borchtch... de quoi se composer un repas bon marché, offrant un excellent rapport qualité-prix. À côté, c'est le resto-cabaret *NEP*, très touristique, qui partage les mêmes cuisines !

***Café Stolovaya* – Кафе Столовая** *(plan couleur IV, K10, **102**) : ul. Dekabristov, 19. Tlj jusqu'à 2h. Repas 100-150 R.* Non loin du théâtre Mariinski et du palais Youssoupov. Simple, sans prétention, propre, bon et pas cher : voilà, cela suffit bien, après une visite du quartier. Salades, *pirojki*, aubergines farcies... Dans une ambiance de snack-self.

***Bistrot Samson* – Бистро Самсон** *(plan couleur III, G8, **82**) : Bolchaya Morskaya, 28. Ouv 9h-22h. Compter moins de 200 R.* Une cantine pleine à craquer à l'heure du déjeuner, avec clientèle autochtone. Les plats sont affichés en russe derrière la caisse, mais vous pouvez demander un menu en anglais. Porc grillé, gelée de langue de bœuf, salade de moules aux légumes... Pratique pour manger vite.

***Pirojkovaya Metropol* – Пирожковая Метрополь** *(plan couleur III, I8, **80**) : Sadovaya ul., 22. ☎ 310-1938. Tlj 8h (10h dim)-21h (20h dim).* Très fréquenté, ce salon de thé aux allures de snack vend des *pirojki* (petits pains fourrés) à prix dérisoire. On peut manger sur place, mais ça débite ferme et l'espace n'est pas toujours suffisant pour accueillir tout le monde.

De prix modérés à prix moyens (300-600 R / 50-15 €)

***Teplo* – Тепло** *(plan couleur IV, L9, **104**) : Bolshaya Morskaya ul., 45. ☎ 570-1974. Tlj jusqu'à 22h30 ou 23h (n'ouvre qu'à 13h le dim). Résa nécessaire. Plats 250-450 R.* Situé juste à côté de l'appartement-musée de Nabokov, ce petit restaurant s'est rapidement fait une excellente réputation. Clientèle jeune, gentiment branchée et service exclusivement féminin. Une petite salle intérieure, cosy, et une sympathique terrasse (pour la belle saison) où des couvertures vous attendent sur les chaises au cas où il ferait frisquet en soirée. Dans l'assiette, cuisine cosmopolite : soupes, du borchtch à la soupe thaïe en passant par le gaspacho, des salades de tous horizons et quelques plats chauds à tarif très raisonnable.

***Soup Vino* – Суп Вино** *(plan cou-*

leur III, G-H8, **106**) : Kazanskaya ul., 24. ☎ 312-7690. Ⓜ Sennaya Plochad. Ouv 12h-23h. Compter 200-300 R le plat. Une des meilleures adresses de la rue, réputée pour ses 5 tables sur lesquelles sont servis de bons petits plats pas bien chers, des soupes et des salades.

|●| ***Artichoke*** – **Артишок** *(plan couleur IV, K9,* ***84****)* **:** Galernaya ul., 11. ☎ 570-66-61. Ⓜ Nevski Prospekt/ Gostiny Dvor. Plats env 200-500 R. Un restaurant ouvert il y a peu, qui doit son nom à l'intérêt qu'on y manifeste pour un certain légume (mais qu'on se rassure, rien d'obligé !). Seulement deux petites salles en demi-sous-sol, plutôt intimes. À la carte, salades, zakouski, plats de viande (bœuf Stroganov par exemple), mais aussi pâtes. Bons desserts, notamment ceux au chocolat. Service agréable.

|●| ***The Other Side Gastro Bar*** *(plan couleur III, H7,* ***114****)* **:** Bolchaya Konyuchennaya ul., 1. ☎ 312-9554. Ⓜ Nevski Prospekt. Ouv 12h-1h (2h ven-sam). Repas env 400-500 R. La nouvelle génération des bars-restos, pardon un « Gastro Bar Refuge ». Celui-ci est tenu par 2 sympathiques expats américains (russes de cœur) qui proposent les délicieuses saveurs de la cuisine fusion, du Mexique à la Chine en passant par les épices de Thaïlande. Blinis, salades, *pita,* bagels et autres sandwichs. Un des endroits à ne pas rater quand on veut boire un verre et manger un morceau avant de se lancer dans la nuit de Pétersbourg. *The Other Side,* c'est le côté cosmopolite de la grande ville russe.

|●| ***Russkaya Zabava*** – **Русская Забава** *(plan couleur III, G7,* ***100****)* **:** Gorokhovaya ul., 3. ☎ 570-0618. Plats 300-400 R. Près de l'Amirauté. Petit resto de quartier décoré de rondins dans le style rustique russe avec un animal en peluche en vitrine (un loup gris ?). Carte en anglais, ce qui facilite les échanges. Cuisine traditionnelle simple et honnête.

|●| ***Lagidze*** – **Лагидзе** *(plan couleur III, J7,* ***108****)* **:** Belinskogo ul., 3. ☎ 579-11-04. Midi et soir. Plats 200-500 R. L'accueil manque sans doute de chaleur, comme la déco, mais si l'on veut bien se concentrer sur son assiette, les plats (copieux) servis dans des caquelons sont tout à fait à la hauteur, et ce, pour des prix plus que raisonnables, moins élevés que dans d'autres restaurants géorgiens. Nous avons apprécié les soupes *(khartcho, solyanka georgian style),* le *suluguni* (un succulent fromage grillé) ou, comme plat de résistance, le *chakapury* (veau, oignons, herbe, vin).

|●| ***Yakitoria*** – **Якитория** *(plan couleur III, I8,* ***91****)* **:** pl. Ostrovskovo, 5/7. ☎ 315-8343. Tlj 11h-6h. Plats 250-500 R. Business lunch (12h-16h) en sem 300-360 R. Avec un nom pareil, direz-vous, rien de très russe... Eh bien, justement, si vous en avez ras la chapka des blinis, venez goûter les excellents sushis et sashimis (qui plus est fort bien présentés) de ce petit resto japonais. Tout est fait sous vos yeux, dans un cadre soigné et très agréable. Petite terrasse pour les beaux jours.

|●| ***Oliva*** – **Олива** *(plan couleur III, G8,* ***92****)* **:** Bolchaya Morskaya ul., 31. ☎ 314-6563. Tlj 12h-minuit. Plats 300-600 R. Grande salle à l'étage dans les tons blanc et bleu, avec des tables carrées en bois, des cuivres aux murs : ici, vous êtes dans un grec. On vous avait dit qu'on trouve maintenant toutes les cuisines à Saint-Pét' ! Intéressant buffet de hors-d'œuvre, grillades, moussaka, souvlaki, *spanakopita* (tourte aux épinards)... Service virevoltant des souriantes serveuses coiffées d'un foulard blanc. Certains soirs, beaucoup d'ambiance (petit orchestre)

|●| ***Chez Jules*** – **Ресторан У Жуля** *(plan couleur III, J6,* ***116****)* **:** Gangoutskaya ul., 16. ☎ 788-3269. Ouv 8h-23h. Plats env 300-520 R. Katia, une charmante Russe (francophone), et Éric, son jovial époux originaire de Cannes, tiennent avec soin ce joli salon de thé qui fait aussi bar, bistrot parisien et restaurant. Photos de Paris et d'acteurs ou d'actrices aux murs, chansons françaises, meubles et buffet ancien, banquettes couleur vin de Bordeaux, livres et machine à écrire, la décoration intime et chaleureuse invite à faire une pause après des kilomètres de marche. Soupes, salades, plats locaux, café, thé, chocolat chaud... Vins français. Une escale à ne pas manquer dans ce quartier un peu excentré.

Plus chic (600-1 200 R / 15-30 €)

|●| ***Kavkaz Bar* – Кавказ Бар** *(plan couleur III, J8, **93**)* **:** *Karavannaya ul., 18. ☎ 312-1665. Tlj 11h-1h. Plats 270-700 R.* Restaurant au cadre soigné pour une bonne cuisine géorgienne. Pourquoi ne pas débuter le repas par une *khartcho,* une soupe de bœuf goûteuse, ou un *kholodni borchtch* (en été seulement, car c'est froid) ?

|●| ***Restaurant Pushka Inn* – Ресторан Пушка Инн** *(plan couleur III, H7, **66**)* **:** *nab. Reki Moïki, 14. ☎ 312-0913. Plats 350-600 R.* Attenant à l'hôtel du même nom, en bordure du canal, tout près du musée Pouchkine, un restaurant discret, à l'écart du bruit, où l'on peut boire et manger dans une petite salle intimiste et accueillante, excepté le mobilier de style cafétéria améliorée. Prix raisonnables pour la qualité des plats (cuisine russe traditionnelle). En automne, on y sert des plats mijotés à base de chanterelles.

|●| ***Restaurant The Idiot* – Ресторан Идиот** *(plan couleur IV, L9, **85**)* **:** *nab. Moïki, 82. ☎ 315-1675. Ouv 11h-1h. Plats 500-850 R.* Il faut descendre d'un demi-étage pour pénétrer dans cet univers recomposé de l'ami Dostoïevski. Des livres dans des bibliothèques, des buffets, une succession de petits salons avec sofas, fauteuils clubs au cuir patiné, tables et chaises dépareillées, gravures... toute une atmosphère pour grignoter un petit morceau, prendre un thé ou faire un vrai repas : pâtes au caviar rouge, risotto, poivrons farcis, nouilles chinoises, la cuisine est surtout végétarienne. Ceux qui n'ont pas faim jouent aux cartes... ou lisent... ou piquent un somme. C'est vrai qu'on s'y sent comme dans un cocon, même si l'endroit n'a pas grand-chose de russe (grosse concentration d'expats, d'ailleurs).

|●| ***Restaurant Gastronom* – Ресторан Гастроном** *(plan couleur III, I6-7, **88**)* **:** *Marsovo Pole, 7. ☎ 314-3849. À deux pas de l'église Saint-Sauveur. Tlj 12h-minuit. Plats 400-700 R.* Si vous êtes dans le coin un midi (pas mal de choses à voir de ce côté), on vous conseille une petite halte dans ce resto, pour le buffet très complet, avec borchtch, plats froids (crudités), gâteau de poisson, 1 ou 2 plats chauds soignés. Installez-vous de préférence à la terrasse couverte sur le trottoir. Ou dans le ravissant petit salon indien à l'intérieur... Possibilité aussi de manger à la carte, mais c'est plus cher.

|●| ***Park* – Парк** *(plan couleur III, I7, **89**)* **:** *nab. Kanala Griboïedova, 2 B. ☎ 571-7309. Installé dans un pavillon, à deux pas du resto* Gastronom. *Ouv 11h-3h. Pâtes 400-500 R. Bonnes pizzas cuites au feu de bois env 300 R le soir.* Un resto de cuisine italienne qui ne ressemble pas à une trattoria, mais à un resto plus chic. La cloche retentit ? Ça y est, votre pizza est prête, apportée avec le sourire par une serveuse en tablier vert, blanc, rouge. Sinon, il y a aussi des pâtes, des risottos de bonne tenue et des lasagnes fondantes à souhait.

|●| ***Literaturnoye Café* – Литературное Кафе** *(plan couleur III, G-H7, **94**)* **:** *Nevski pr., 18. ☎ 312-6057. Tlj 11h-23h. Plats 500-800 R.* C'est ici, dans l'ancienne confiserie *Wolf et Béranger,* que le poète Pouchkine s'arrêta pour boire un dernier chocolat avant d'aller se faire trucider en duel, par une froide journée de janvier 1837. Une effigie en cire du bonhomme, l'air pensif, se poste derrière la fenêtre. L'endroit, longtemps fort réputé mais à des prix un peu surfaits pour la qualité déclinante, a été entièrement rénové. Très XIXe s avec sa grosse moquette rouge, ses lampadaires style Empire et son piano, la salle, située à l'étage, s'ouvre d'un côté sur Nevski prospekt, de l'autre sur le canal Moïka. On peut venir y prendre un chocolat l'après-midi (comme Pouchkine), au son du piano et du violon, mais le soir, c'est seulement resto, et en chansons !

|●| ***Restaurant Akter* – Ресторан Актер** *(plan couleur III, G8, **96**)* **:** *Voznessenski, 4. ☎ 315-0675. Ouv 12h-1h. Plats 400-850 R.* Très bien situé, entre la cathédrale Saint-Isaac et l'Amirauté. Un restaurant en sous-sol, décoré chaleureusement mais sans excès, où la cuisine russe présente encore un bon rapport qualité-prix. Fait aussi mini-hôtel.

|●| ***Caravan* – Караван** *(plan couleur IV, L10, **95**)* **:** *Voznessenski pr., 46.*

☎ 310-5678. Tlj 12h-2h. Plats 250-600 R. Ce grand et beau resto propose une excellente cuisine d'Asie centrale, en particulier de l'Azerbaïdjan. Cadre raffiné, un poil kitsch mais très plaisant : murs peints de fresques évoquant des miniatures, lourdes chaises en fer forgé et... un chameau en carton-pâte qui vous regarde du coin de l'œil ! Il est bien agréable de se vautrer sur les coussins d'un des petits salons orientaux pour déguster un *lioulia kebab*, un *khan kebab* (agneau roulé dans de fines tranches de veau) ou des *manti* (gros *pielméni*).

|●| ***1913 God* – 1913 Год** *(plan couleur IV, L9, **97**) : Voznessenski pr., 13/2. ☎ 315-5148. Ouv 12h-1h. Attention, souvent de petits groupes : résa conseillée. Plats 300-750 R.* 1913, c'est l'année du tricentenaire de la dynastie des Romanov (coïncidence, la maison est au n° 13...). Pas de manifeste tsariste ici, mais une cuisine traditionnelle qui aspire, par sa qualité, à « restituer l'esprit de la table à l'époque impériale »... Sur la carte se côtoient des recettes raffinées, faisant appel au caviar ou au homard (évidemment beaucoup plus chers que le reste), et des plats plus simples comme le borchtch ukrainien, la *solianka*, les *pielméni* sibériens (excellents), ou encore les *draniki*, des pommes de terre paillasson au lard et aux champignons. Les produits de saison sont bien mis en valeur. Le poisson également (carpe, sandre). Le cadre est élégant sans être compassé malgré le service attentif. Le soir, vous pouvez compter sur des musiciens tsiganes.

|●| ***Barbaresco* – Барбареско** *(plan couleur III, H7, **99**) : Konyuchennaya Pl., 2. ☎ 647-82-82. Tlj midi et soir. Compter env 600 R.* Dans les anciennes écuries impériales, un restaurant italien, comme il en existe beaucoup à Saint-Pétersbourg. Celui-ci est bien situé et bénéficie d'un cadre agréable, au design très contemporain. Sur la carte, tous les grands classiques de la Botte. À l'entrée, la photo d'un certain Gérard Depardieu rappelle qu'à l'ouverture, l'acteur (qui tournait *Raspoutine* dans le coin) était présent, notamment pour donner des conseils en matière de vins ! Au fait, *Barbaresco* n'évoque pas une remontée de la Neva par des pirates, mais un village du Piémont italien, connu pour son vin rouge justement.

|●| ***Vesna* – Весна** *(plan couleur III, H7, **99**) : Konyuchennaya Pl., 2. ☎ 913-45-45. Tlj 11h-24h (2h ven et sam). Plats 400-1 000 R.* Installé lui aussi dans les anciennes écuries impériales, un resto tendance qui bénéficie de magnifiques volumes. 3 espaces différents : la « bibliothèque » à l'entrée, un deuxième donnant sur la cuisine et enfin un intérieur pétersbourgeois. Les classiques russes sont à la carte, des soupes (borchtch, *okroshka*), salades, viandes et poissons, bien préparés et servis de manière très pro. Selon le plat de résistance choisi, on frôlera ou non la catégorie « Chic ».

Chic (plus de 1 200 R / 30 €)

|●| ***Saint-Petersburg Restaurant* – Ресторан Санкт-Петербург** *(plan couleur III, H7, **107**) : nab. Kanala Griboïedova, 5. ☎ 314-4947. Ⓜ Nevski Prospekt. Juste à côté de l'église du Saint-Sauveur-sur-le-Sang-Versé. Tlj 12h-2h. Plats 600-1 000 R.* Une adresse à fréquenter pour les spectacles de danse folklorique de qualité qu'on y présente tous les jours (sauf le dimanche), midi et soir. Nom d'un chameau, que les danseuses sont jolies ! Clientèle très touristique et applaudissements à la clé, musique avant et après. On ne va pas tourner autour du pot, la nourriture n'est pas mauvaise mais vraiment quelconque : choisir une table proche de la petite scène, piocher dans la carte les trucs les moins chers et les moins compliqués (ils se plantent dès qu'ils veulent trop bien faire), commandez une bonne bière... et profitez du spectacle, pro et amusant. Le décor ? Clinquant, un peu kitsch.

|●| ***Za Scenoï (Backstage)* – За Сценой** *(plan couleur IV, K10, **101**) : Teatralnaya pl., 18/10 (derrière le théâtre Mariinski) ; accès par le bord du canal Krioukov. ☎ 327-0521. Ouv 12h-2h. Plats 500-1 300 R.* Fondé par un antiquaire russe de retour de son exil hollandais, le resto « Les Coulisses » a une atmosphère chic et élégante, mais un décor de boutique de brocanteur : tout,

ici, vient du théâtre Mariinski – vieux piano, candélabres, statues égyptiennes tirées d'un *Aïda* ancien. Artistes et spectateurs s'y retrouvent surtout le soir après les représentations (personne le midi). Jusqu'à Placido Domingo, qui a griffé une vitre de son autographe... Du côté de la carte, plats un peu fusion (bélouga aux champignons sauce béchamel, agneau aux truffes, crème de homard) avec, bien sûr, le borchtch et le caviar.

Sur l'île Petrogradskaya – На Петроградской стороне

Bon marché (moins de 300 R / 7,50 €)

I●I *Troïtski Most* – Троицкий мост *(plan couleur II, F4, **103**) : Kronverski pr., 35. ☎ 232-6693. Ouv 9h-23h. On y mange pour 200 R max.* Sans doute ce qu'il y a de mieux pour grignoter un morceau sain et pas cher sur l'île Petrogradskaya. Bon petit choix de plats végétariens, de soupes, de salades (au poids), de jus de fruits frais et de thés bio dans un cadre simple.

De prix modérés à prix moyens (300-600 R / 7,50-15 €)

I●I *Café Mozart* – Кафе Моцарт *(plan couleur II, F4, **105**) : Kronverkski pr., 23. ☎ 232-3393. Ⓜ Gorkovskaya (face à la station). Tlj 9h-23h. Salades 200-400 R, plats 300-600 R. Carte en français (mais ts les plats n'y sont pas).* « Le premier café de style viennois à Saint-Pétersbourg », comme ils le disent eux-mêmes. Salle non-fumeurs, magazines à feuilleter, fleurs sur chaque table. Goûter aux gâteaux (strudel) en les accompagnant d'un chocolat chaud Marie-Thérèse (au cognac, un délice !), ou un de ces petits plats fort bien préparés, tel le goulasch « à la vieille Vienne ». Boisson gratuite pour ceux qui s'appellent Mozart ou Gorki (il résida un temps dans la maison)... pas de quoi couler la maison !

Plus chic (600-1 200 R / 15-30 €)

I●I *Tbilissi* – Тбилиси *(plan couleur II, E4, **113**) : Sytninskaya ul., 10. ☎ 232-9391. Non loin de la forteresse, au nord du parc Alexandrovski (face à un grand marché de quartier). Tlj 12h-1h. Plats 170-850 R.* Resto géorgien de qualité très satisfaisante. On vous conseille de prendre plein de petits plats, à la manière grecque, et de les partager pour découvrir cette cuisine colorée et savoureuse, assez épicée. Beaucoup de préparations à base de viandes grillées. À goûter : le *satsivi,* du poulet sauce noix et curry, les *dolma,* feuilles de vigne farcies au bœuf et crème aigre, les *shashlick,* brochettes de viande marinée puis grillée... Prendre une assiette de légumes marinés dans du vinaigre, pour picorer en même temps. Les végétariens trouveront aussi des plats de légumes et fromage. De plus, déco superbe et claire, avec des petites alcôves isolées par de fins rideaux... Musique géorgienne les mercredi et samedi de 20h à 22h.

I●I *Na Zdorovie !* – На здоровье ! *(plan couleur II, E4, **111**) : Bolchoï pr., 13. ☎ 232-4039. Ⓜ Sportivnaya. Tlj à partir de 12h. Plat env 400-650 R.* Charmant décor, très gai, avec des fauteuils couverts de tissu bariolé, boiseries peintes, lanternes à huile sur les tables, outils agraires aux murs... À peine installé, on vous présente, avec des pinces, une serviette en tissu, puis on vous laisse choisir. Menu 100 % russe, et même « soviétique » : *pielméni* aux bolets, borchtch servi dans une miche de pain, *shashlick* flambés, truite sauce aux amandes, perche au fromage et à l'aneth, veau *velikoruski* (farci aux cerises, sur lit de purée), canard au chou, et, en dessert, la pyramide de blinis chauds... Délicieux, tout simplement, et à prix très raisonnables ! C'est aussi le moment ou jamais d'essayer le kvas, cette boisson russe pétillante à base de pain de seigle fermenté... Musique tous les soirs bien sûr, avec chants un jour sur deux.

I●I *Fortetsia* – Фортеция *(plan couleur I, C2, **110**) : ul. Kouïbycheva, 7. ☎ 230-4707. Ouv 12h-minuit. Plats 300-750 R. Business lunch 12h-15h*

(20 % de réduc sur les plats). Nombreux plats plus ou moins élaborés, du bœuf Stroganov à la perche à la polonaise en passant par le porc aux pêches. L'attachant patron vous montrera avec passion son menu en photos, comme s'il s'agissait d'un album de famille. Cadre agréable, orné de tableaux évoquant le vieux Saint-Pétersbourg, avec vitraux aux fenêtres. Certains jours, dès 19h30, piano et chant. Juste à côté, un café fast-food, appartenant au même proprio, sert des petits plats et des pâtisseries pour trois fois rien.

|●| *Restaurant Austeria* – Ресторан Аустерия *(plan couleur II, F4, **115**) : au cœur de la forteresse Pierre-et-Paul, face à la Neva (à gauche, juste après le passage de la porte cochère). ☎ 230-0369. Tlj 12h-minuit. Plats 300-960 R ; mais également des sandwichs.* Ces anciennes salles de la forteresse abritent un resto dont la terrasse aux beaux jours se révèle bien sympathique. Mais l'intérieur est encore plus agréable, avec ses salons à la déco maritime où reposent des maquettes de bateaux. Il y a même une salle de banquet d'époque ! Certains soirs c'est assez plein, d'autres soirs il n'y a personne et l'atmosphère devient un brin surréaliste. Mais on aime bien, c'est ainsi. Essayez de soulever le lourd menu et pêchez-y un esturgeon à la russe, une truite à la tsar, ou, plus terrestre, un bœuf ambassadeur. Attention tout de même, l'addition peut monter rapidement. Le repas terminé, n'hésitez pas à vous glisser dans la somptueuse salle de billard (2 tables).

Sur l'île Vassilievski – На Васильевском острове

Plus chic (600-1 200 R / 15-30 €)

|●| *Restoran* – Ресторанъ *(plan couleur II, E5, **120**) : Tamojenny per., 2. ☎ 327-8979. En face de la Kunstkamera. Ouv 12h-minuit. Parfois squatté par des groupes : résa utile. Buffet à volonté midi et soir, de zakouski (entrées) et de kacha (bouillie de sarrasin), ou de thé et petits gâteaux, l'un et l'autre 400 R. Youpi ! Que ça a l'air bon, tt ça ! Pour déjeuner ou dîner, compter plutôt 580-1 000 R le plat de viande.* Au programme : canard aux pommes et choucroute, blinis au caviar, *kurnic* (tourte au poulet et champignons) et *okroshka,* une soupe froide... pétillante (servie en été uniquement) ! Bref, rien que du russe. L'intérieur, dessiné par Andreï Dimitriev (le même que celui du resto *Za Scenoi*), marie sobriété et élégance : fauteuils et sets de table en toile écrue, planchers en bois, grands miroirs à cadres dorés et, dans la salle du fond, un vieux poêle russe où l'on faisait cuire les plats et le pain. Le resto est installé dans les salles voûtées d'une ancienne imprimerie de l'Académie des sciences. Bon accueil stylé.

Dans le quartier de Smolny, autour de la gare de Moscou (Moskovsky Vokzal) et au-delà du canal Fontanka – За каналом Фонтанка

Bon marché (moins de 300 R / 7,50 €)

|●| *Russkie Blini* – Русские блины *(plan couleur III, J6, **122**) : Gagarinskaya ul., 13. ☎ 279-0559. Lun-ven 11h-18h. On dépense 150 R max.* Parmi les meilleurs blinis et *blinchiki* de la ville ! Par exemple, prendre des *blinchiki* (blinis fourrés) à la purée avec, en supplément, des harengs salés ou des œufs de saumon. *Blinchiki* à la viande, aux champignons, etc., ou sucrés, au miel, à la crème aigre... le tout arrosé de thé brûlant. Copieux et divinement bon. Cadre authentique, 3 fois moins cher que sur la Nevski et avec un menu en anglais en prime ! Très fréquenté par les Russes qui travaillent dans le quartier et font leur pause, vers 13-14h. Conclusion : venir avant ou après si vous ne voulez pas faire la queue jusque sur le trottoir.

|●| *Rousskie Blini ou Natachi* – Русские блины у Наташи *(plan couleur V,*

O13, ***123****) : 5-ya Sovietskaya ul., à l'angle de Suvorovski. ☎ 577-2925. Ⓜ Plochad Vosstanya ou Mayakovskaya. Tlj 10h-22h. Rien au-dessus de 200 R.* Une petite *blinaya* de quartier qui ne demande rien à personne, avec une dizaine de tables en bois et des habitués. Menu en russe uniquement. Outre les blinis (excellents et tout fumants) et les *blinchiki* sucrés, bon choix de soupes traditionnelles, de salades, et même quelques plats plus consistants. Le cadre est simple mais soigné ; l'accueil est à son image.

De prix modérés à prix moyens (300-600 R / 15-30 €)

|●| *Zavodnye Yaïtsa* – Заводные яйца *(plan couleur V, O12,* ***129****) : Furchtatskaya ul., 48. ☎ 275-8896. Ⓜ Tchernychevskaya. Tlj 11h-1h. Plat env 300-400 R. Business lunch à midi.* Ce café un peu bohème qui met « les œufs à l'usine » propose une cuisine soignée (quoique pas si bon marché, si on compte les garnitures). Poussez d'abord la porte de la « bibliothèque », ne serait-ce que pour vous rendre compte qu'il n'y a rien derrière... et que l'entrée est à gauche. Atmosphère très « machine infernale », avec des tuyaux dans tous les sens, des cafetières en guise de lampes. La carte est en russe seulement : remettez-vous-en à la serveuse, elle est de bon conseil !

Plus chic (600-1 200 R / 15-30 €)

|●| *Art-Kafe Sunduk* – Кафе Сундук *(plan couleur V, O12,* ***128****) : Furchtatskaya ul., 42. Ⓜ Tchernychevskaya. Tlj 10h-minuit. Plats 350-900 R.* On aime bien ce petit « café-resto-concert », qu'on vous recommande aussi dans « Où sortir ? Où écouter de la musique ? ». On y mange de bons petits plats russes pas trop chers, tout en écoutant un artiste pousser la chansonnette ou un combo jouer de la musique. Attention, il y a un supplément (120 R) le soir pour les musiciens, sauf si vous vous installez dans la petite salle à l'entrée. Au menu : salades, soupes aux légumes, porc farci aux champignons, agneau au vin...

Chic (1 200-2 000 R / 30-50 €)

|●| *Restaurant Demidoff* – Ресторан Демидовъ *(plan couleur III, I7,* ***132****) : nab. Reki Fontanki, 16. ☎ 272-9181. Tlj dès 12h. Plats 400-1 200 R.* C'est l'un des établissements les plus réputés de la ville, mais aussi l'un des plus réservés par les petits groupes de touristes et la bourgeoisie locale pour ses mariages et banquets. Il est donc impératif de réserver. Alors, seulement, on pourra profiter de cette jolie adresse, constituée de 3 salles, dont une de style russe avec plafond voûté couvert de fresques néopétroviennes (copies de l'époque de Pierre le Grand). Le resto se targue de réaliser les recettes comme au temps des tsars. C'est possible, car c'est vraiment réussi : assiette de saumon et perche à la crème, truite Gatchinskaya, tournedos sibérien, ou encore ce plat de porc fumé à la choucroute. Pour les plus fortunés, il y a les spécialités : le sterlet *Demidov* (au vin blanc, sauce écrevisse) et le ragoût d'ours...

Où manger du caviar ?

|●| *Caviar Bar – Grand Hôtel Europe* – Икорный Бар – Гранд Отель Европа *(plan couleur III, I8,* ***70****) : Mikhaïlovskaya ul., 1/7. ☎ 329-6000. Tlj 17h-1h. Bon, on va être clairs : c'est 3 750-6 000 R les 15 g ! Refroidi ? Les plats, eux, ne dépassent pas les 1 250 R.* Prêt à dilapider toutes vos économies ? Que vous n'ayez encore jamais mangé de caviar ou que vous en soyez fou, voilà l'adresse idéale pour un repas d'exception dans un cadre ultra-chic bercé par les violons des musiciens tsiganes. La maison propose des doses homéopathiques (pour ne pas faire fuir, vu l'énormité du prix, les éventuels candidats !) de caviars de bélouga, oscietre et sevruga. Avouez que, quand même... la meilleure formule est finalement l'assiette russe (avec assortiment de caviar et poissons crus ou séchés) arrosée de vodka.

Où faire des courses alimentaires ?

Ceux qui voudraient faire des courses dans le centre (toutes les AJ possèdent une petite cuisine pour faire sa popote) trouveront une épicerie de proximité à presque chaque coin de rue. En général, elles vendent au moins des produits laitiers, de la charcuterie sous vide et des plats surgelés. Certaines ont même un petit rayon frais. On vous donne deux adresses à titre indicatif :

Supermarché : *par exemple Nevski pr., 48, juste à droite du* Trade House Passaj *(plan couleur III, I8,* ***239****). Tlj 10h-22h.*

Diéta 18 **– Диета 18** *(plan couleur IV, M10) : sur Sadovaya ul., un peu avt la pl. Sennaya (en venant du centre), côté gauche. Tlj 8h-21h.* C'est une sorte de petit marché couvert rassemblant bouchers, charcutiers, poissonniers, maraîchers, traiteurs... Sympa et pratique.

OÙ BOIRE UN BON CAFÉ ? OÙ DÉGUSTER UNE BONNE PÂTISSERIE ?

Depuis quelques années, la folie du café s'est emparée de Saint-Pétersbourg. Adieu le thé traditionnel, bonjour les *kafeïni.* Rendez-vous des étudiants et de la jeunesse, ces petits cafés-cafétérias tout beaux tout neufs ont poussé à travers la ville, proposant un choix de boissons chaudes, pâtisseries et glaces à commander au comptoir. Plusieurs chaînes dominent le marché, comme ***Sladkoiejka*** **– Сладкоежка,** ***Café House*** **– Кофе Хауз** ou ***Idealnaya Tchachka*** **– Идеальная Чашка,** mais on trouve aussi plein de petits établissements moins formatés. On ne vous indique que ces derniers, d'abord parce qu'on les préfère, ensuite parce que vous n'aurez pas de difficulté à trouver les autres, ils sont sur toutes les grandes artères.

Café-librairie Singer **– Литературное Кафе** *(plan couleur III, H8,* ***237****) : Nevski pr., 28. ☎ 571-8223. Ⓜ Nevski Prospekt. Ouv 9h-23h.* Au 1er étage de ce grand immeuble Art nouveau. Il faut passer les rayonnages remplis de livres pour atteindre ce salon de thé-pâtisserie exceptionnel par son emplacement et sa qualité. Il donne, à travers ses baies vitrées, sur la perspective Nevski et les belles colonnades de l'église de Kazan. Superbe endroit ! On y sert le meilleur chocolat chaud de Saint-Pétersbourg, si bon, si onctueux, que même l'empereur aztèque Moctezuma en serait enchanté... Cadre et décor très agréables, un de nos coups de cœur dans le quartier.

Kafeïnia Abrikossov **– Кофейня Абрикосовъ** *(plan couleur III, I8,* ***145****) : Nevski pr., 40 (face au Gostiny Dvor). Tlj 9h-2h.* Décor authentique du XIXe s, tout en chinoiseries. En fait, un des seuls de la ville à avoir conservé son habillage d'origine. Cafés de grande qualité, torréfiés sur place (au chocolat, à la cannelle, au rhum...), et beau choix de thés, sucrés à la confiture. Le soir, les cocktails maison débarquent, dont cet *abrikossov* à réveiller un mort, au champagne, eau-de-vie et jus d'abricot. Service lent.

Café People **– Кафе Пипл** *(plan couleur III, H7,* ***149****) : Italianskaya ul., 2. ☎ 315-4326. Ouv 8h-6h.* Grand café à la décoration design : lèvres féminines rouges, chaises hautes, tables noires. Bien pour boire un verre, prendre le petit déj, ou un plat en soirée. Le soir, musique avec DJ.

Pishki **– Пышки** *(plan couleur III, H7,* ***146****) : tlj 9h-20h. Bolchaya Konuychennaya ul., 25.* Dans un quartier chic, une adresse sans façon qui semble sortir tout droit de la période communiste. Rien d'autre à se mettre sous la dent que des beignets (11 R l'unité) mais c'est normal, c'est la spécialité maison, et c'est unique à Saint-Pétersbourg. À accompagner d'un café ou d'un thé. On y vient en famille ou entre amis.

Cofe Sol – **Кофе Сол** *(plan couleur IV, N9,* ***148****)* **:** *ul. Roubinchteina, 9/3. Tlj 9h (10h w-e)-23h.* Petite *kafeïnia* bien plaisante à deux pas de Nevski prospekt, fréquentée par les étudiants et des habitués. Déco dans des tonalités ocre et thème mexicain. Superbe assortiment de tartes et gâteaux. N'hésitez pas à pousser la porte !

Café Mozart – **Кафе Моцарт** *(plan couleur II, F4,* ***105****)* **:** *sur l'île Petrogradskaya ; voir « Où manger ? Sur l'île Petrogradskaya. Prix moyens ».* Déjà chaudement recommandé pour y casser une graine, on peut aussi y faire halte sur le coup de 16h pour un délicieux chocolat accompagné d'un strudel. Avis aux amateurs !

Morie Tchaya – **Море Чая** *(plan couleur IV, M10,* ***150****)* **:** *nab. Reki Fontanki, 91. ☎ 310-3698. Tlj 10h-22h.* Si vous vous promenez sur les berges de la Fontanka, ce magasin-salon de thé peut faire l'objet d'une halte ressourçante. À l'arrière de la boutique, qui propose un choix considérable de thés russes et d'ailleurs, on plonge dans l'atmosphère sereine de 2 salles japonisantes, dont l'une est même éclairée à la bougie. Carte toutefois pas facile à comprendre, et mieux vaut être au moins 2, car ils ne servent que des théières entières.

Mezzanine Cafe – Grand Hôtel Europe – **Кафе Мезонин – Гранд Отель Европа** *(plan couleur III, I8,* ***70****)* **:** *Mikhaïlovskaya ul., 1/7. ☎ 329-6000. Tlj 10h-22h.* La terrasse à l'entresol de l'hôtel a été judicieusement couverte d'une verrière, faisant de ce lieu l'endroit idéal pour une pause l'après-midi. On peut y prendre le *high tea* à l'anglaise (de 14h à 19h), mais il est tellement cher qu'on vous conseille plutôt d'opter pour une des pâtisseries maison, accompagnée d'une boisson chaude...

OÙ SORTIR ?

Où boire un verre ?

Datcha – **Дача** *(plan couleur III, H8,* ***162****)* **:** *Dumskaya ul., 9.* Ⓜ *Nevski Prospekt ou Gostiny Dvor. Tlj à partir de 18h.* Ouvert en 2004, cet *art bar,* au proprio hambourgeois, a immédiatement connu un succès fulgurant. Tout le monde se connaît et l'endroit est plein à craquer tous les week-ends au moment des 12 coups de minuit. Les DJs qui y officient (à partir de 22h) sont pour certains musiciens, et les rythmes versent surtout dans la soul et le ska, avec une pointe de *retro soviet* de temps en temps (l'une des dernières tendances). Sans doute le seul endroit de la ville où l'on est servi dans des verres en verre... contre une caution pour éviter qu'ils ne finissent à terre... en morceaux. À 10 m, le ***café Fidel,*** au cadre un peu similaire (un brin pourrave), brasse à peu près la même quantité de joyeux lurons...

Roussky Kitch – **Русский Китч** *(plan couleur IV, K9,* ***164****)* **:** *Universitetskaya nab., 25. ☎ 325-1122. Face au pont de l'Annonciation. Tlj 12h-2h.* Ce « grand café de la Perestroïka » explore au-delà du kitsch proclamé toute l'iconographie détournée du modèle russe. Entrée avec statues de portier noir en livrée rouge, peau d'ours au sol et moto rutilante. On peut y manger ou boire un verre, au choix, dans un décor un peu baroque, assis sur des banquettes aux gros coussins ou des chaises multicolores au dépareillé recherché. Musique indéfinissable, en russe, espagnol, bref, un peu n'importe quoi. Le menu ? On vous l'apporte glissé à l'intérieur d'un des tomes des œuvres de Lénine. Même la note est kitsch : rouge et longue de 36 pieds... Le mauvais goût est à ce point assumé que la maison a même créé un « salon des nouveaux riches » !

Crocodile Bar – **Крокодил Бар** *(plan couleur IV, K9,* ***163****)* **:** *Galernaya ul.,*

18. ☎ 314-9437. Ouv 12h-minuit. Sympa pour prendre un verre, en faisant une partie d'échecs ou de backgammon. Choix de 25 whiskies pour changer de la vodka. Le mieux, c'est d'y boire un verre puis d'y manger, ou d'y manger et de terminer par un verre !

Mollie's – **Молис** *(plan couleur IV, N10,* ***167****) : ul. Roubinchteina, 36. Ouv 12h-2h (3h ven-sam, 1h dim).* Un bon pub irlandais bien dans la tradition. Chaleureux et animé, bien sûr. Est-il besoin de plus de détails ? Ah, peut-être que la Guinness arrive tout droit d'Irlande (les connaisseurs apprécieront)... Possibilité d'y manger, mais c'est un peu cher. Terrasse sur le trottoir en été.

Purga – **Пурга** *(plan couleur III, J7,* ***168****) : nab. Reki Fontanki, 11. ☎ 570-5123. Tlj 16h-6h. Entrée : 100 ou 200 R.* Un bar à lapins tout à fait original. Aux murs, au plafond, dans les tiroirs et tous les recoins, des lapins. Des serveuses souriantes à oreilles de lapin (non, ce n'est pas le manoir de *Playboy* !) vous apporteront pressions, vodkas et cocktails dans cette déco qui met de bonne humeur. Pour accéder aux tables, on est prié de passer par la porte prévue à cet effet... même s'il n'y a pas de murs autour. Au comptoir, on s'assied sur des tiroirs ouverts. N'abusez pas de l'automate qui agite M. et Mme Lapin dans une position cochonne : il y a déjà assez de rongeurs comme ça ici ! La musique est festive ou rock, mais toujours de bonne qualité. Grosse info qui bouleversera peut-être votre séjour : chaque soir, on y fête le Nouvel An à minuit ! Le 1er janvier tous les jours, ça vaut le coup, non ? Mais inutile de venir trop tôt. À côté, le *Purga II (tlj sf lun et mar 20h-4h)* où l'on peut aussi se marier, tout de blanc vêtu (payant, demander sur place) avec, à la clé, un vrai-faux certificat. Pratique, on redevient célibataire à peine ressorti. Le staff est joyeux et hyper sympa. On peut grignoter quelque chose (mais pas de civet au menu). La fête se continue souvent sur le bateau du club. Le videur refoule parfois les clients français, sans que l'on comprenne vraiment pourquoi.

– Sinon, ne négligez pas les ***pontons*** sur la Moïka et le canal Griboïedova, surtout l'après-midi quand il fait chaud. Le canal Fontanka, lui, est un peu moins calme.

Où écouter de la musique ?

La scène musicale pétersbourgeoise est assez animée. Comme vous pourrez le constater, il est parfois difficile de faire la distinction entre les endroits où l'on boit un verre en écoutant de la musique (plutôt les bars, avec petits concerts fréquents) et les lieux où l'on écoute de la musique et danse en buvant un verre (plutôt les clubs)... Surtout, on vous rappelle que plusieurs magazines ou journaux gratuits en anglais (*Where Saint-Petersburg, The Saint-Petersburg Times...* ; voir plus haut « Comment s'informer ? ») peuvent vous tenir au courant des spectacles musicaux qui se déroulent aux quatre coins de la ville.

Jazz

Gravitsapa Jazz Club – **Гравицапа Джаз Клуб** *(plan couleur IV, L9,* ***170****) : Potchtamski per., 8. Ⓜ Nevski Prospekt. Ouv 10h-23h (minuit le w-e). Entrée : 100 R. On peut y manger des petits plats autour de 300 R.* Un café-bar qu'on aime bien, car sa petite taille et son faible éclairage en font un endroit convivial et calme... jusqu'à ce qu'un groupe vienne y mettre le feu, le soir venu. Et là, croyez-nous, ça chauffe, voire guinche, de 7 à 77 ans (véridique !) sur du jazz (beaucoup). 3 petites salles chaleureuses, tables en bois et murs de brique.

JFC Jazz Club – **ЖФС Джаз Клуб** *(plan couleur V, O12,* ***171****) : Chpalernaya ul., 33. ☎ 272-9850. Ⓜ Tchernychevskaya. Retiré dans une cour ; facile à repérer avec ses vieux trombones accrochés aux fenêtres... Ouv 19h-23h. Entrée : à partir de 200 R.* Voilà un club qui conçoit le jazz au sens large : jazz-rock, acid, fusion, vocal, parfois du blues, etc. Un groupe chaque soir à 20h, en général d'excellente qualité. Staff super sympa, y compris les gorilles de l'entrée, donc bon esprit dans la salle.

Clientèle entre deux âges, pas trop pauvre, beaucoup d'étrangers. Gros volume sonore pour un si petit endroit.

♩ ***Jazz Philharmonic Hall*** – **Филармония Джазовой музыки** *(plan couleur IV, M10,* ***173****) : Zagorodny pr., 27. ☎ 764-8565. Ⓜ Vladimirskaya ou Dostoïevskaya. Caisse ouv 14h (15h lun)-20h. Entrée : 400-500 R ; ½ tarif étudiants.* La salle du jazz par excellence à Saint-Pétersbourg, lancée par David Golochtchokin du temps de l'URSS. À l'époque, les spectateurs n'avaient pas le droit de chanter. Concerts du mercredi au dimanche, à 19h, dans la grande salle. Pas de performance de mi-août à mi-septembre. Ambiance sympa et plutôt intime. Formations de qualité. Très populaire. On peut y grignoter un morceau.

Rock

♩ ***Fish Fabrique*** – **Фиш Фабрик** *(plan couleur V, O13,* ***176****) : Ligovski pr., 53. ☎ 764-4857. Ⓜ Plochad Vosstanya ou Mayakovskaya. Près de la gare de Moscou. C'est le bar à concerts du* Pouchkinskaya-10 Art Center *(voir la rubrique « À faire. Culture et loisirs. Culture alternative ») ; 1re porte à gauche après avoir descendu les marches. Tlj 17h-6h. Concerts jeu-sam à partir de 21h : 100-200 R.* Une petite salle à l'atmosphère sombre, avec un bar décoré d'arêtes de poisson. Clientèle jeune et d'habitués : ici, tout le monde se connaît. Projections bizarroïdes sur grand écran le dimanche soir, ou films plus classiques. Venez-y plutôt en fin de semaine, lorsqu'un groupe de rock plus ou moins bourrin vient faire résonner ces vieux murs ! À défaut, on peut toujours se rabattre sur le baby-foot... Une terrasse dehors pour l'après-midi ou les soirées d'été.

♩ ***Money Honey*** – **Мани Хани** *(plan couleur IV, M9,* ***177****) : Sadovaya ul., 28/30, et Apraksin Dvor, korp 14. ☎ 310-0549. Ⓜ Gostiny Dvor ou Nevski Prospekt. Tlj 10h-5h30. Entrée : 100-250 R en sem ; 200-400 R ven, sam et dim.* Situé près d'un grand marché aux puces, dans un quartier d'émigrés le jour et plutôt mal famé la nuit. Ouvert en 1994, *Money Honey* est le tout 1er club rockabilly à avoir vu le jour à Saint-Pétersbourg – et sans doute en Russie. Rien n'a changé depuis. On vous fait la totale sur les thèmes Elvis et *Wild West*, avec tête de vache à la clé... Groupes à 20h et 0h30 qui ressassent les standards des fifties et sixties.

Alternatif, techno

♩ ***Griboyedov*** – **Грибоедов** *(plan couleur IV, N11,* ***179****) : Voronejskaya ul., 2 A. ☎ 764-4355. Ⓜ Ligovski Prospekt. Tlj 18h-6h. Entrée : 200-300 R ; gratuit jusqu'à 20h.* Fondé il y a une douzaine d'années par le groupe de ska *Dva Samoliota* (« Deux Avions »), le *Griboyedov* a élu domicile dans un ancien abri antiaérien, débité en toutes petites pièces (pas commode quand il a plein de monde). Groupes de 22h à minuit, suivis d'une soirée DJ, tous les jours. Styles variés : techno, reggae, disco et maintenant *retro soviet*, trip hop ; mais, dans la pratique, c'est plus souvent techno et rave. Les bonnes nouvelles circulant vite, on y rencontre désormais un taux impressionnant d'expatriés et d'étudiants étrangers. Une valeur sûre qui vieillit bien. Sécurité très correcte.

♩ ***GEZ 21*** – **ГЭЗ 21** *(plan couleur V, O13,* ***176****) : Ligovski pr., 53. ☎ 764-5263. • tac.spb.ru • Ⓜ Plochad Vosstanya ou Mayakovskaya. Dans le centre d'art* Pouchkinskaya-10 *(où se trouve le* Fish Fabrique*), au 3e et dernier étage (consulter le plan sur place pour trouver). Ouv 17h-23h30 (sam-dim 15h-23h30). En principe, concerts jeu, ven et sam à partir de 20h. Entrée : 100-400 R.* Un lieu que nous ne conseillerons pas à toutes les oreilles... On peut assister, sur des chaises en plastique, aux concerts donnés dans le cadre de la galerie du son expérimental – aussi expérimental que *destroy*, aussi décalé que postmargeo. Si vous n'aimez pas la musique, allez descendre une bière à côté, en compagnie des étudiants, dans un salon mansardé... Là, pas de musique, mais atmosphère très bon enfant presque garantie.

Divers

♩ ***Art-Kafe Sunduk*** – **Кафе Сундук** *(plan couleur V, O12,* ***128****) : Furchtatskaya ul., 42. ☎ 272-31-00. • cafesunduk.*

ru • Ⓜ *Tchernychevskaya. Tlj 10h-minuit. Entrée : 120 R à partir de 20h30.* Beaucoup y viennent pour casser la croûte (voir « Où manger ? » plus haut), mais on peut se contenter d'y prendre un verre et de profiter des spectacles musicaux qui s'y tiennent. On peut tout aussi bien tomber sur Édith Piaf que sur un combo de musique latino, ça dépend. Quoi qu'il en soit, le lieu est sympa et dégage souvent d'excellentes vibrations !

Cabaret

♩ ***Chaplin Club*** – **Чаплин Клуб** *(plan couleur V, O12, **180**) : ul. Tchaïkovskovo, 59.* ☎ *272-6649. Ouv 12h-1h. Shows tlj sf lun à partir de 20h. Entrée : 200-500 R.* Club de clowns dans une petite salle feutrée, genre cabaret, avec des tables. Spectacles d'humour, théâtre-bouffe, chants, quelques groupes et ensembles musicaux aussi. Certains shows sont compréhensibles par tous, mais renseignez-vous : un comique qui palabre en russe vous laissera certainement de marbre. On peut aussi y manger, et, au dire des convives, la cuisine à elle seule mérite le détour...

Où danser ?

♫ ***Tunnel*** – **Тоннель** *(plan couleur II, E4, **181**) : à l'angle de Zverinskaya ul. et Lioubansky per.* Ⓜ *Sportivnaya. Tlj minuit-6h. Entrée : 50-400 R, parfois même plus.* C'est le prix à payer pour attirer des DJs renommés. Un peu similaire au *Griboyedov* dans le sens où il occupe lui aussi un vieil abri antiaérien, le *Tunnel* est cependant plus musique électronique – c'est même le 1er club techno à avoir vu le jour en ville. Ajoutez à cela des pointes de house, de R'n'B, de hip-hop... Murs du bunker, fringues de la foule (plutôt jeune), même combat : couleurs camouflage. 2 pistes de danse.

♫ ***Havana Club*** – **Гавана Клуб** *(plan couleur IV, L11, **183**) : Moskovski pr., 21.* Ⓜ *Tekhnologuitcheski Institut (c'est juste en face). Lun-ven 12h-6h ; w-e dès 18h. Entrée : 100-300 R selon j. et heure (plus cher le w-e) ; gratuit pour les Latinos le mer... et pour les filles (qui en plus reçoivent une coupe de champagne !) dim avt 23h.* Belle et grande boîte prise d'assaut par les 18-25 ans. Plusieurs salles : une pour la pop russe et la dance, une pour la house, une avec des billards, une pour le bar, avec des tonneaux métalliques aux couleurs pétantes, et une pour manger (sushis et cuisine mexicaine). Également des soirées latinos de temps en temps, histoire de justifier le nom du club. Multiples recoins où se poser au calme. C'est plein à craquer toute la semaine et, à toutes fins utiles, on vous signale que le *Havana* est un véritable temple de la drague. Consos pas chères. Portiers patibulaires mais pas sélectifs.

♫ ***Metro*** – **Метро** *(plan couleur I, C3, **184**) : Ligovski pr., 174.* ☎ *766-02-04. • metroclub.ru • À env 15 mn au sud du métro Ligovski Prospekt. Tlj 22h-6h. Entrée : 210-420 R.* La boîte de chez boîte par excellence, genre usine à drague, avec des minettes de 20 ans en minijupe prêtes à se frotter au premier bel inconnu... Allez bon, on exagère un peu. Quoique ! 3 pistes de danse : soupe russe au 1er, R'n'B au 2e, etc. Spécificité locale : le chewing-gum est prohibé ! À l'entrée, une charmante jeune fille vous demandera si vous en avez. Ne mentez pas car, en cas de doute, elle appellera un gorille sur son talkie-walkie... Allez, sur ce, bonne soirée !

À VOIR

Présentation des quartiers de la ville

Pas si facile d'appréhender cette ville énorme, qui regorge de palais, de musées, traversée par des artères interminables. Tout d'abord, on ne sait pas vraiment où

donner de la tête, comment faire le tri entre les trucs à ne pas louper, les « incontournables », et les visites accessoires. Avec seulement quelques jours devant soi, il est indispensable, avant de se lancer à corps perdu dans cette cité dévorante, d'en évaluer les réalités, et surtout les dimensions.
Pour ce faire, commençons par distinguer plusieurs quartiers qui se répartissent de part et d'autre de la petite et de la grande Neva peu avant leur embouchure.
– ***L'île Petrogradskaya* – Петроградская сторона :** sur la rive nord de la Neva : en russe, littéralement, on ne dit pas l'île mais « le côté de Petrograd ». Elle marque le point de naissance de la ville. La forteresse Pierre-et-Paul se dresse juste en face, sur une toute petite île, appelée île des Lièvres. Faisant face à l'Ermitage, Pierre-et-Paul constitue le point de départ logique de toute visite qui se respecte. Mais on peut aussi remonter la longue *avenue Kamennoostrovski* pour profiter des richesses que recèle « l'île de Pierre » : bâtisses classiques, modern style et Art nouveau, hôtels particuliers raffinés.
– ***L'île Vassilievski* – Васильевский остров :** passage obligé par la pointe de cette île. Cette dernière regorge de musées, et c'est d'ici qu'on profite des plus beaux panoramas sur les deux rives de la Neva. Deux époques se croisent : du *palais Menchikov* à la *Kunstkamera,* c'est une fresque du baroque pétrovien du XVIIIe s. Entre l'université et les anciens bâtiments du port, c'est la plongée assurée dans le Saint-Pétersbourg classique du XIXe s.
– ***La perspective Nevski* – Невский проспект :** l'axe principal de la ville, long de 4,5 km, colonne vertébrale et historique de la cité depuis sa création. On y passe, repasse, certains même y trépassent (ne pas traverser n'importe où !). Plusieurs palais d'importance la jalonnent.
– ***Autour de Gostiny Dvor* – Вокруг Гостиного Двора :** le cœur commercial de la ville, autour des stations de métro Nevski Prospekt et Gostiny Dvor (dans la partie ouest de l'avenue). Toujours beaucoup de monde dans ce secteur. Juste au sud de la Nevski, la belle place Ostrovski et, derrière, l'ensemble architectural Alexandra.
– ***À l'ouest et au sud de la perspective Nevski* – На западе и на юге от Невского проспекта :** encore de grands ensembles monumentaux, mais plus épars. L'Amirauté, si importante aux yeux de Pierre le Grand, la place des Décabristes et la cathédrale Saint-Isaac. Plus loin, le théâtre Mariinski et l'église Saint-Nicolas-des-Marins, notre préférée.
– ***À l'est du centre* – На востоке от центра :** deux ensembles importants au bord de la Neva, passé la gare de Moscou, l'institut Smolny, créé par Élisabeth Ire, et la laure Alexandre-Nevski, monastère fondé par Pierre le Grand au début du XVIIIe s.

SUR L'ÎLE PETROGRADSKAYA – НА ПЕТРОГРАДСКОЙ СТОРОНЕ

À l'origine peuplée par les ouvriers qui travaillaient à la forteresse. Petrogradskaya s'est développée avec la construction du pont Troïtski (de la Trinité) la reliant au centre-ville et les gens « importants » en ont fait leur quartier de résidence. Nombreuses visites à faire sur cette île, injustement dédaignée par les touristes, qui se contentent d'un saut de 1h à la forteresse.

La forteresse Pierre-et-Paul – Петропавловская крепость *(plan couleur II, F4)*

Sur l'île des Lièvres, face au quai du Palais et à l'Ermitage. Ⓜ *Gorkovskaya.* ☎ *230-64-31.* ● *spbmuseum.ru* ● *Enceinte tlj 6h-23h (entrée libre et gratuite). Musées tlj sf mer 10h-19h (18h en hiver) ; pour y accéder, 2 caisses, ouv 10h-18h30 vendent les billets : l'une à gauche après l'entrée est (par le pont Ioannovski) et l'autre devant l'entrée de la cathédrale. Chaque site est payant (voir plus bas pour chacun d'eux),*

mais il existe un billet groupé à 350 R valable 48h ; réduc pour les étudiants. Taxes photo et vidéo incluses dans le billet. Audioguide : 250 R (disponible en français).
C'est ici que Saint-Pétersbourg est née. En mai 1703, Pierre le Grand choisit cet endroit stratégique pour bâtir sa forteresse (en bois et en terre), parce que la Neva y est la plus large et que cette petite île dans l'île offre la meilleure sécurité. Dès 1706, la citadelle est reconstruite en brique : 40 000 hommes ont sué sang et eau pour parvenir à cet exploit, beaucoup sont morts. Les remparts mesurent environ 20 m d'épaisseur, mais ils sont creux. Ce fort n'a jamais vraiment servi à lutter contre les Suédois ; en revanche, il fut une prison politique redoutable, où ont été torturés rebelles et conjurés. Entre ces murs, les sites à visiter sont nombreux, mais pas tous intéressants. On viendra principalement pour la cathédrale. Un détail : si vous entendez un fort coup de canon, ce n'est pas la Troisième Guerre mondiale qui commence, mais réglez vos montres, on tire tous les jours à 12h.

La cathédrale Saint-Pierre-et-Saint-Paul et les tombeaux des Romanov – **Петропавловский собор** *(Petropavlovski sobor ; plan couleur II, F4)* **:** *ouv 10h-17h30 (20h juin-août). Fermé mer, sf en été. Billet : 200 R.*
Construite de 1712 à 1733 sur les plans de l'architecte Trezzini. La flèche, redorée en 2002, domine la ville de ses 123 m (seule l'antenne TV la dépasse). Cet édifice rompt avec le style des églises russes orthodoxes : de tendance baroque, il accueille sculptures et tableaux, et même une chaire, ce qui est rare. En fait, l'architecture mélange les styles européens. C'est ici que reposent la plupart des Romanov, de Pierre le Grand à Nicolas II. À droite de l'entrée, à l'arrière de la nef, on a aménagé la chapelle des derniers représentants de la dynastie. Exécutée en 1918, la famille de Nicolas II (enfin, les restes) a été transférée ici en 1998, après authentification par des tests ADN.

LE PRINCE ET L'ADN

Le prince Philippe d'Édimbourg, époux de la reine d'Angleterre, est le petit-fils du cousin du tsar Nicolas II. Il a donc du sang Romanov dans les veines. Pour aider les recherches au moment de l'exhumation des restes de la famille impériale russe, il a donné son sang aux chercheurs pour faciliter leur travail d'identification des ossements. Le test d'ADN de ce prince anglais a ainsi servi la mémoire meurtrie des Romanov de Russie. Une petite goutte de sang pour l'homme, mais un grand pas pour l'Histoire.

Entrons dans la nef. Murs intérieurs peints en imitation de stuc vert et rouge, et tombes pour la plupart en marbre de Carrare. Deux tombes se détachent, sur l'aile gauche : la verte (en jaspe de l'Altaï) est la ***tombe d'Alexandre II,*** tsar libérateur et martyr, qui abolit le servage en 1861 pour finalement se faire assassiner. D'autres tsars, qui en firent beaucoup moins pour le peuple, ne subirent pas ce triste sort. La rouge (en rhodonite, pierre semi-précieuse de l'Oural) est celle de sa femme Marie. Chacune pèse près de 6 t. La porte Sainte de l'iconostase est en cuivre, incrustée de 43 icônes. L'arc de triomphe est en tilleul plaqué d'or. La croix qui trône au centre (réplique de celle dessinée par Pierre le Grand) est en ivoire... de mammouth ! Eh oui, l'ivoire d'éléphant est interdit, mais on n'a pas encore prohibé celui de son cousin préhistorique.
À droite de l'iconostase se trouvent d'autres tombes de la famille impériale. L'aigle bicéphale à chaque coin signifie que le souverain a régné. Sur le marbre de la ***tombe de Pierre Ier*** sont scellées de nombreuses médailles saluant ses faits d'armes : il faut savoir que sous son règne il n'y a eu qu'une seule année sans guerre ! Sur la rangée de derrière repose ***Catherine II,*** la dernière impératrice de Russie.
– ***La tombe de la Marie Fiodorovna :*** cette princesse danoise (fille du roi Christian IX) était l'épouse d'Alexandre III et la mère du tsar Nicolas II. Après la révolution de 1917, elle s'enfuit en Crimée puis s'exile en 1919 au Danemark. Elle avait

souhaité reposer auprès de son époux après son décès. Ses cendres ont donc été rapatriées en grande pompe en 2006.
– Enfin, on peut aussi faire l'ascension du ***clocher,*** pour une vue à 42 m au-dessus du sol. Dommage qu'il faille alors encore payer 100 R et que la visite soit obligatoirement guidée (en russe : en principe à 11h30, 13h, 14h30 et 16h). Celle-ci permet toutefois de voir les rouages du carillon (51 cloches, totalisant plus de 15 tonnes, fabriqué en Belgique, à Malines, et cadeau de la Flandre) ainsi qu'une petite expo sur la construction de cette partie de la cathédrale.

Le bastion Troubetskoï – **Трубецкой Бастион** *(Troubetskoï bastion ; plan couleur II, F4-5) :* *billet 130 R.* C'est une ancienne prison, nommée « ravelin Alexeïevitch » avant sa reconstruction en 1884, située dans le coin sud-ouest du fort, où l'on enfermait les prisonniers politiques en attente de leur jugement. Au fait, un ravelin, qu'est-ce que c'est ? Dans des fortifications de type Vauban, c'est la partie en V qui s'avance en pointe devant la forteresse. Merci tonton Routard ! Il est « amusant » de penser que, jusqu'en 1917, ses pensionnaires étaient des révolutionnaires (les décabristes, par exemple) ou des artistes aux idées jugées trop libérales (Dostoïevski y resta 8 mois, Gorki 1 mois tout juste...). Après, ce sont les monarchistes et les ennemis de la révolution qui y séjournèrent.

La maison du Commandant – **Комендантский дом** *(Komendantski dom ; plan couleur II, F4,* ***207****) :* *tlj sf mer 11h-18h (19h en été). Entrée : 100 R ; réduc. Fait partie du billet groupé à 350 R.*
À l'époque de Pierre le Grand, chaque printemps, le commandant de la forteresse se rendait en personne auprès du tsar lui annoncer... le dégel ! Le dernier commandant de la place, au moment de la révolution de 1917, était le père du peintre Nicolas de Staël.
Face à la cathédrale, elle met en scène l'histoire de la ville (de 1703 à 1918) de manière assez vivante. Chaque pièce (surtout sur la fin) mêle la grande et la petite histoire à travers mille et un objets du quotidien. On commence, au rez-de-chaussée, par une expo classique sur les fouilles et les objets médiévaux mis au jour dans la région. À l'étage, on découvre uniformes, gravures de la ville, tableaux et objets de marine, souvenirs impériaux et même napoléoniens. Encore rien de transcendant, même si le parcours n'est pas désagréable.
Enfin se profile le XXe s, avec toute une enfilade de salles sur ce thème. Le train arrive, la machine à écrire, de belles bottines façon 1900, et même une rangée de coffres de banque pour y enfermer ses valeurs... Voilà la Russie de Nicolas II dans son quotidien. Un peu plus loin, remarquez ces reproductions de menus des grands restaurants de la ville à l'époque : presque tous sont en français. Ah, avant de finir, petit détour dans une pièce solitaire, avec les premières toilettes émaillées en faïence ! Dommage qu'il n'y ait aucune explication en anglais.

La maison des Ingénieurs – **Дом Инженеров** *(Dom Injénierov ; plan couleur II, F4,* ***208****) :* *à gauche avt d'arriver à la cathédrale. Tlj sf mer 11h-18h (19h en été). Dernière admission 30 mn avt fermeture. Entrée : 50 R ; réduc. Fait partie du billet groupé à 350 R.* Consacré à l'histoire de la forteresse. Un peu le complément de la maison du Commandant, mais sans les mises en scène. Beaucoup de tableaux, porcelaine en vitrines, poêles en céramique fabriqués en Saxe. Pas incontournable.

La porte de la Neva – **Невские Ворота** *(Nevskiie vorota ; plan couleur II, F4,* ***209****) :* aussi appelée porte des Morts, car les prisonniers sortaient par là pour être embarqués vers leur dernière galère. Sous la voûte, des plaques commémorent les plus graves inondations. Record en 1824. Quand on passe cette porte, panorama de rêve sur le quai du Palais. Petit appontement d'où l'on peut embarquer pour des balades en bateau. Si l'on a encore 150 R supplémentaires à dépenser, on peut opter pour la promenade sur la courtine entre les deux bastions qui regardent en direction du sud. L'escalier est à côté de la porte de la Neva.

Le musée de l'Astronautique – **Музей Астронавтики** *(Mouzeï Astronavtiki ; plan couleur II, F4,* ***210****)* **:** *à droite de l'entrée de la forteresse quand on arrive par le Ioannovski most. Tlj sf mer 11h-18h (19h en été). Entrée : 50 R ; réduc. Fait partie du billet groupé à 350 R.* Moteurs de réacteurs, fusées d'essai et satellites, rutilants comme de vieux robots ménagers. Combinaisons spatiales, nourriture en tubes et coupures de presse sur les premiers pas de la conquête. Photos de Laïka, la célèbre chienne qui fut le premier être vivant à connaître les joies de la mise en orbite. Le clou, une authentique capsule du *Soyouz 16*, utilisée en 1974, où l'on pouvait jadis s'asseoir et se faire prendre en photo. Plus aujourd'hui, car les touristes chipaient toujours des bidules à l'intérieur.

Le fronton de la porte principale de la forteresse montre Simon le Magicien, en réalité le roi de Suède Charles XII, qui voulait monter au ciel mais que saint Pierre a fait chuter.

On peut faire le tour de la forteresse à pied par l'extérieur. Droit de passage par la plage en été. Vous risquez d'apercevoir, en contrebas, des habitants de Saint-Pétersbourg en petite tenue, collés à la muraille, les bras en croix, cherchant à capter la moindre petite parcelle d'UV parcimonieusement distillée par l'astre solaire, et ce, même en plein hiver. En hiver, le Club des morses brise la glace pour piquer une tête dans les eaux gelées. Possibilité également de rejoindre la courtine (voir plus haut).

Dans le reste de l'île

Le musée de l'Artillerie – **Музей Артиллерии** *(Mouzeï artillérii ; plan couleur II, F4)* **:** *Alexandrovski Park, 7 (entrée par le quai Kronverskaya). ☎ 610-3301. • artillery-museum.ru • Situé dans l'ancien Arsenal, un bâtiment de brique rouge en forme de fer à cheval, face à la forteresse Pierre-et-Paul. Ouv 11h-18h (17h pour les caisses). Fermé lun-mar et dernier jeu du mois. Entrée : 300 R ; réducs scolaires et étudiants.* Toute l'histoire de l'armement, du mousquet au lance-roquette en passant par les « produits dérivés », uniformes et drapeaux. L'aspect très martial de l'ensemble (dès l'entrée, on est accueilli par des blindés et des canons énormes) sélectionne de lui-même les candidats à la visite : il faut être passionné (et connaisseur) pour apprécier une telle collection.

UNE BOMBE ABSOLUE ET STUPIDE

En 1961, les Soviétiques font exploser en Nouvelle-Zemble (poubelle nucléaire dans l'océan Arctique) une bombe H de 57 mégatonnes « bridée », avec un potentiel de 10 fois la puissance de tous les explosifs utilisés en 1940-1945. Une vraie stupidité : l'effet radioactif était tellement dangereux que jamais ils ne prirent le risque de l'utiliser à pleine puissance.

Le musée d'Histoire politique – **Музей политической истории** *(Mouzeï politicheskoï istorii ; plan couleur II, F4)* **:** *ul. Kouïbycheva, 4. ☎ 313-6163. • polithistory.ru/en • Ⓜ Gorkovskaya. Tlj sf jeu 10h-17h30 ; fermé le dernier lun du mois. Entrée : 200 R ; réduc. Photos : 100 R.*
Il est logé dans le superbe hôtel particulier de *la Kchessinskaya* (1872-1971), l'une des plus célèbres danseuses russes de l'histoire, étoile au Mariinski (célèbre aussi pour sa liaison avec le futur tsar Nicolas II et quelques autres membres de la Cour). Construit en 1914, dans un style Art nouveau éblouissant, juste avant son déclin. Les lecteurs ne lisant pas le russe auront un peu de mal à suivre cette muséographie touffue. Photos et affiches contribuent cependant à recréer l'atmosphère d'une période donnée. Dans un certain nombre de salles, des petits récapitulatifs en anglais ont été mis en place, donnant au moins l'esprit et le sens de l'époque abordée. Allez, quelques directions.

– Au rez-de-chaussée, à droite de l'entrée, les salles passent en revue l'histoire russe des années 1900 jusqu'à la fin de la Seconde Guerre mondiale. Elle est assez bien mise en lumière à travers toutes sortes d'affiches et de photos, mais aussi des uniformes, des reconstitutions d'intérieurs, de vieilles armes rouillées et autres affaires de soldats.
– À gauche de l'entrée, petite salle consacrée aux grandes figures pétersbourgeoises dans l'histoire russe. Puis on découvre une pièce consacrée aux réformes et aux réformateurs du XIXe s, surtout à la période d'Alexandre II – qui supprima le servage (1861). Juste après, section sur le développement économique de la Russie de 1860 à 1890. Documents, photos et reconstitution d'un bureau de banquier. Sur la table, au centre, les billets en cours à l'époque. Celui de 500 roubles est presque aussi grand qu'une feuille A4 !
– Passons à l'étage. *Salle 18* consacrée à l'architecture de la maison et à l'histoire de Matilda Kchessinskaya. En février 1917, elle abandonna sa maison par peur des représailles en raison de ses rapports privilégiés avec la famille impériale. En avril 1917, pièce occupée, avec d'autres, par le Comité central du parti bolchevik. Puis, de juillet à octobre, par les troupes antibolcheviks. Nombreux dessins d'architecture et de décoration de la demeure. Photos de la ballerine et de certains de ses amis (Chaliapine, le chanteur Sobinov et différentes personnalités du théâtre). Aussi, un tableau figurant Lénine dans un de ses discours depuis le balcon de la maison (on y arrive bientôt). Dans la pièce suivante, reconstitution d'un bureau du parti bolchevik.
– ***Le bureau de Lénine :*** on y montre des copies de journaux de l'époque et le dernier discours aux marins de Kronstadt qui protestaient contre la politique du gouvernement provisoire. Ici se tinrent de nombreuses réunions avec Sverdlov, Kamenev, Zinoviev et... Staline. Du balcon de cette pièce, Lénine haranguait des milliers de soldats et d'ouvriers révolutionnaires noyés dans une forêt de drapeaux rouges. Pièce suivante consacrée à Lénine et aux dirigeants soviétiques sous toutes leurs formes : assiettes illustrées, sculptures, affiches, bannières, bustes en bronze... Oh, le beau vase Brejnev ! Ce qui est nouveau, c'est que, désormais, on a mélangé ces objets à des éléments de propagande critique ou anticommuniste. Superbes images d'Épinal, porcelaine révolutionnaire, esquisses d'affiches, etc. Remarquez cette bannière intitulée « Voyage en socialisme »... pas manichéenne pour deux sous ! Le capitaliste en costume, enserré par le serpent fasciste, rend gorge sous le marteau du peuple.
– ***La salle de la Douma :*** histoire de la Douma jusqu'à nos jours. Riches documents, mais pas d'explications en anglais et c'est vraiment trop touffu, on a du mal à suivre. Dommage !
– Grande salle avec expo en forme de bilan comparatif sur les années 1917-1990. Là aussi, un seul panneau général en anglais, mais photos de bataillons armés d'ouvriers et de soldats et galeries de photos d'apparatchiks. Sur le chemin de la sortie, impossible de louper cette vieille carriole brinquebalante utilisée comme plate-forme de mitrailleuse mobile durant la guerre civile des années 1920.
– Ne pas manquer les splendides verrières patriotiques dans l'escalier menant au sous-sol. Exaltation du combat héroïque du peuple, dans des tons rouges flamboyants et le style bolcho le plus pur. De gauche à droite : les paysans, le peuple, Lénine, les soviets, la famine.

La maisonnette de Pierre le Grand – **Музей-домик Петра I** *(Mouzeï-domik Petra Piervovo ; plan couleur I, C2,* ***211****) : Petrovskaya nab., 6, au bord de la Neva. Ouv mer-dim 10h-18h (fermeture des caisses à 17h), lun 10h-17h (caisse fermée à 16h). Fermé mar et dernier lun du mois. Entrée : 200 R ; ½ tarif étudiants. Photos et vidéos payantes (250 R).* Pour surveiller les travaux de la forteresse, Pierre Ier avait installé ses quartiers dans une cabane en bois, à proximité du chantier. C'est en fait la première maison de la ville, bâtie en 1703, en 3 jours seulement, dans la tradition de l'architecture suédoise de l'époque. Il n'y passa que l'été 1703. En fait, elle n'avait pas été construite là où elle se trouve aujourd'hui, mais de l'autre côté de la Neva, à proximité de l'emplacement du futur palais d'Hiver. En 1711, on la déménagea. Elle est conservée à l'abri d'un bâtiment moderne de brique. Dès 1723, le tsar lui-même la fit protéger par un toit sur piliers. Elle ne possède que trois pièces. On se demande comment sa grande carcasse de 2 m (vrai ! il y a même une plaque dans le coin en haut à droite de la porte d'entrée) a pu tenir dans une chambre à coucher aussi riquiqui (environ 7 m²). Mais il passait plus de temps sur le terrain et dans son cabinet de travail, dont il a lui-même façonné le fauteuil en poirier. On n'entre pas dans la maisonnette proprement dite : on regarde par les fenêtres. Dans les années 1740, Élisabeth Ire transforma cette cabane en chapelle (voir les photos).

***Le croiseur Aurore* – Крейсер Аврора** *(Kreïsser Avrora ; plan couleur I, C2) : amarré sur le quai Petrogradskaya, en face de l'école de la Marine. • aurora.org.ru • Tlj sf lun et ven 10h30-16h. Accès gratuit.*
Tôt le matin, on peut voir les cadets arriver en uniforme et au pas (plus ou moins) cadencé. À peu près au même moment, levée des couleurs sur le pont de l'*Aurore* au son du clairon.
L'*Aurore* ? C'est ce célèbre vaisseau qui, le 25 octobre (7 novembre selon le calendrier actuel) 1917, tira le coup de canon à blanc annonciateur de l'assaut des bolcheviks sur le palais d'Hiver. L'arme en question est le 152 mm situé à la proue.
Construit à la fin du XIXe s dans les chantiers navals de la ville, l'*Aurore* était le plus puissant navire de la flotte de la Baltique et s'illustra brillamment lors de la guerre russo-japonaise (pas dans la Baltique !), puis à nouveau durant la Première Guerre mondiale. Au moment de l'insurrection bolchevik, les matelots s'insurgèrent, tuèrent leur hiérarchie, désertèrent de la base de Cronstadt et rallièrent la Neva. Le coup de canon à blanc devait donner le signal de l'assaut du palais, selon le plan de Trotski. L'unique garnison restée en ville, cantonnée dans la forteresse Pierre-et-Paul, tourna vite casaque et s'allia aux bolcheviks. Le palais d'Hiver, faiblement défendu par quelques centaines de cosaques (qui, eux, ne tournèrent pas casaque...) et un bataillon féminin (!), fut rapidement maîtrisé.

RÉVOLUTION DOUCE...

La révolution à Saint-Pétersbourg, en 1917, ne fit que huit morts, et la ville fut cueillie comme un fruit mûr en une nuit. Au petit matin, c'est à peine si les bourgeois s'aperçurent du changement politique. Kerenski, chef du gouvernement depuis juillet, n'opposa aucune résistance à la prise du pouvoir et dut s'enfuir déguisé en... femme. Pas super glorieux ! Mais enfin, il sauva sa peau ; il émigra aux États-Unis et mourut tranquillement dans son lit à New York, en 1970, à près de 90 ans. Ça valait le coup d'enfiler une robe pour ne pas connaître Staline.

On peut se balader librement sur le pont, bien briqué, et descendre au niveau inférieur : un pan du quartier des matelots a été reconstitué, avec des hamacs suspendus aux poutrelles métalliques (mais comment faisaient-ils pour grimper dedans ?), des plans, des maquettes, de vieilles photos, des uniformes et des armes – bref, toute la panoplie des souvenirs héroïques soviétiques. Une escale incontournable du pèlerinage historique pétersbourgeois. D'ailleurs, tous les Russes se font prendre en photo devant.

***Le parc Alexandrovski* – Александровский парк** *(plan couleur II, F4) : au nord de la forteresse et du musée de l'Artillerie, qui en occupe une grande section. Ⓜ Gorkovskaya.* Dans sa partie ouest, zoo triste et mal entretenu. La section la plus calme et la plus boisée se situe à l'est, parallèle à la Kamennoostrovski prospekt.

***La mosquée* – Мечеть** *(Mietchiet ; plan couleur II, F4, **213**) : face au parc Alexandrovski, de l'autre côté de Kamennoostrovski prospekt. Ouv slt pour les offices religieux, 5 fois/j.* Repérable à sa haute coupole bleue en céramique et à ses deux minarets gris. Construite au début du XXe s, elle mélange une rigueur imposante (murs gris et abrupts, base monolithique et rectangulaire) et un côté oriental inspiré du mausolée de Gour-Emir, à Samarkand. Les fidèles sont surtout des Caucasiens. La grande salle est couverte de multiples tapis et orientée vers le sud (direction de La Mecque). Moyennant un salut et un sourire, le gardien vous laissera peut-être entrer. Bien entendu, les femmes se couvrent la tête et tout le monde enlève ses pompes.

***Kamennoostrovski prospekt* – Каменноостровский проспект** *(plan couleur I, C1)* **:** cette avenue part de la forteresse Pierre-et-Paul et fend l'île de Petrogradskaya dans sa totalité. Elle est bordée de beaux bâtiments fin XIXe-début XXe s en modern style, dont beaucoup étaient des hôtels particuliers de gens fortunés et des maisons de rapport.
– Aux n°s 10 et 12 se tiennent les ***studios Lenfilm,*** la plus importante compagnie de production de Saint-Pétersbourg. Le bel immeuble du n° 14 a été bâti au début du XXe s à l'intention des artistes qui travaillaient pour ces studios (décorateurs, peintres...). Observez sur cette façade rouge rosé les masques et bas-reliefs.

Le musée-appartement de Kirov* – Музей-квартира Кирова** *(Mouzeï-kvartira Kirova ; plan couleur I, C1,* ***202*)* **:** *Kamennoostrovski pr., 26-28 ; au 5e étage (n'entrez pas au 26-28, c'est la porte d'après, plus haut dans la rue). ☎ 346-0217. • kirovmuseum.ru • Ⓜ Petrogradskaya. Tlj sf mer 11h-18h (17h30 pour les caisses). Entrée : 90 R ; réduc étudiants. Plaquettes explicatives en anglais et français, visites guidées possibles en anglais.*
Ici vécut Sergueï Kirov, premier secrétaire du parti communiste de Leningrad. Il fut assassiné en 1934, et ce fut l'un des prétextes évoqués pour lancer les Grandes Purges. Bien plus qu'un mémorial, ce musée est une très belle et touchante plongée dans le quotidien des années 1930. Omniprésents, les portraits de Staline et de Lénine créent un climat très politique. Même les objets personnels n'arrivent pas à respirer hors de ce contexte du sacro-saint parti. La bibliothèque de 20 000 volumes abrite ostensiblement des œuvres de Marx, Staline... Les beaux objets disséminés dans les pièces sont des cadeaux « de rapport » offerts au haut fonctionnaire de la révolution.
Des babioles qui n'ont rien à voir nous parlent sans détour : une radio en forme d'œuf écarlate, un étui à cigarettes avec l'esquisse de Staline, encore lui... et un frigo General Electric made in America ! Affiches de propagande, celles-là mêmes qui reviennent à la mode dans notre Occident capitaliste. Étonnant portrait réalisé tout en plumes d'oiseau. On en arrive presque à s'attacher au personnage, aimé par le peuple, rival de Staline, et sans doute éliminé par ce dernier. On peut voir ici le costume qu'il portait, et même l'impact de la balle. Devinez qui l'on soupçonne d'avoir orchestré cet attentat... Peu de gens visitent ce musée, et c'est un tort. Il est le seul témoignage parlant de cette fascinante tranche d'histoire. À ne pas manquer (à condition de bien vouloir supporter l'assiduité nostalgique des innombrables gardiennes !).

➢ En continuant, on arrive sur la ***place Tolstoï*** – **Площадь Толстого** *(plochad Tolstovo).* Tout de suite se détache la silhouette de l'***immeuble Belogrud*** – **Здание Белогруда** *(Zdaniie Belogrouda)* de 1915, presque bâti comme un château médiéval. Également à admirer, les atlantes qui supportent les pilastres de l'immeuble d'en face. Marcher dans cette rue est l'occasion d'engranger une somme de petits émerveillements. Des squares permettent de se reposer fréquemment tout en humant l'atmosphère alentour. Une balade à faire si on a un peu de temps, au moins jusqu'à la station de métro Petrogradskaya, tant pour les immeubles magnifiques et tous différents que pour l'agréable ambiance de cette rue, et bien sûr pour le musée Kirov.

Le musée-appartement de Chaliapine* – Мемориальная квартира Шаляпина** *(Mouzeï-kvartira Chaliapina ; plan couleur I, C1,* ***205*)* **:** *ul. Graftio. ☎ 234-1056. Tlj sf lun-mar et dernier ven du mois 12h-18h (17h pour les caisses). Entrée : 100 R ; réduc.*

Chaliapine (1873-1938) était une star en son époque : grande voix d'opéra (basse), il a joué au théâtre Mariinski et au Bolchoï de Moscou, et tourné dans le monde entier. Il s'installa en France en 1922. Dans cet appartement à l'ameublement plutôt austère, il recevait ses amis Gorki, Rachmaninov, l'écrivain Blok, le poète Maïakovski...
Aujourd'hui, on peut voir ses costumes de scène, des affiches de ses spectacles, etc. Des toiles où il pose en héros biblique révèlent une personnalité limite mégalo. Mais à moins que ses convaincantes métamorphoses de Méphisto à Ivan le Terrible puis à Don Quichotte ne vous passionnent, cette visite est loin d'être indispensable.

SUR L'ÎLE VASSILIEVSKI – НА ВАСИЛЬЕВСКОМ ОСТРОВЕ

C'est sur cette île, la plus grande du delta de la Neva, que Pierre Ier pensait installer le centre administratif de Saint-Pétersbourg. En fait, il prétendait créer une nouvelle Amsterdam. Devant renoncer à cause de l'isolement et des inondations fréquentes, le « chantier » Vassilievski fut abandonné. Mais on avait commencé à percer des canaux du nord au sud, au centre de l'île. Après la mort du tsar, ils furent rebouchés et leurs quais transformés en rues. D'où une curieuse numérotation : les rues « verticales », appelées *lini,* n'ont pas de nom mais portent deux numéros (par exemple « 8-9 lini »), un pour chaque côté. L'île Vassilievski a été offerte par Pierre à son ami Menchikov, gouverneur de la ville et véritable maître de la Russie après la mort du grand tsar.
La pointe est se nomme *Strelka,* « l'Aiguille ». Plantée de ses deux colonnes rostrales rouges, elle abritait à l'origine le port de Saint-Pétersbourg. Comme les bateaux de guerre et de marchandises se faisaient plus volumineux, on a transféré le port (fin XIXe s, sous Alexandre III) au bord du golfe de Finlande. Aujourd'hui, la Strelka abrite une concentration de musées occupant les bâtiments du port et des douanes construits au XIXe s, en partie par l'architecte français Thomas de Thomon. Sur les pavés de l'ancien quai, les jeunes mariés viennent casser une flûte de champagne pour se porter bonheur, avant de jeter leur bouquet dans la Neva. La Strelka offre l'un des plus beaux panoramas sur la ville, plutôt le soir quand la lumière tombante chauffe la façade du palais d'Hiver et illumine la flèche de la cathédrale Saint-Pierre-et-Saint-Paul.

Le palais Menchikov – Меншиковский Дворец *(Menchikovski dvorets ; plan couleur II, E5)* **:** *Ouniversitetskaya nab. ☎ 323-1112. Tlj sf lun 10h30-18h (17h dim ; 16h30 pour les caisses). Entrée : 200 R ; gratuit pour les étudiants. Photo et vidéo : respectivement 100 et 350 R. Pour l'audioguide en français (pas terrible), ajouter encore 100 R. Feuilles explicatives en français.*
Alexandre Menchikov fut le gouverneur de Saint-Pétersbourg, mais surtout le grand ami et compagnon d'armes de Pierre le Grand. Le somptueux palais qui porte désormais son nom fut l'un des premiers de la ville à être construits en pierre (commencé en 1710). Menchikov n'était pas d'origine noble : avant de rencontrer Pierre le Grand, il vendait des *pirojki* dans la rue... À sa mort, comme Catherine était incapable de régner, c'est Menchikov qui tira les ficelles. Au passage, il profitait grassement des biens de l'État pour financer son train de vie luxueux, et, du coup, le « prince » se fit un paquet d'ennemis. Ses partisans affirmaient qu'il s'agissait de fausses accusations pour le discréditer. Allez savoir... En tout cas, lorsque l'impératrice mourut à son tour, il tomba brusquement en disgrâce et fut exilé en Sibérie où il mourut en 1729. Son palais fut donné au corps des Cadets formé en 1731 par l'impératrice Anna Ioannovna.
La visite du palais vous donnera une idée du faste dans lequel se vautrait ce prince parvenu. À commencer par le modeste vestibule orné de colonnes et de statues à l'antique. L'escalier d'apparat en chêne, somme toute assez simple, est d'origine.

Dans les appartements de Menchikov, à l'étage, les murs et le plafond sont tapissés de carreaux de faïence peinte de style hollandais, très en vogue à ce moment-là. Les sols sont en bois marqueté. Nombreux objets ayant appartenu à Pierre et à Menchikov, outils de travail, instruments de navigation et d'astronomie, costumes. Vous pourrez constater que certaines horloges n'ont qu'une aiguille : c'est qu'à l'époque les minutes n'avaient pas autant d'importance qu'aujourd'hui. La cerise sur le gâteau est le salon aux murs plaqués en noyer, la pièce la mieux conservée. Vue superbe sur la Neva. Au plafond, une splendide fresque de Philippe Pillement – un peintre français qui travailla quelque temps à Saint-Pétersbourg. Certains des portraits de femmes seraient ceux des filles de Menchikov. Juste après s'ouvre la grande salle Dorée, de style classique, où avaient lieu cérémonies et représentations théâtrales. Les quartiers de Daria, la femme de Menchikov, contiennent de nombreux objets orientaux, tentures de soie chinoises, porcelaines japonaises, etc.

Le musée de la Marine – **Военно-морской музей** *(Voenno-morskoï mouzeï ; plan couleur II, E5,* ***214****)* **:** *Birjevaya pl., 4, dans l'ancien bâtiment de la Bourse, entre les 2 colonnes rostrales. ☎ 328-2502. Ouv 11h-18h (17h15 pour les caisses). Fermé lun-mar et dernier jeu du mois. Entrée : 400 R ; réduc. Photos payantes (mais pas trop cher).* Deux aspects à cette visite : d'une part les maquettes de bateaux (et la fameuse barque hollandaise trouvée par Pierre le Grand adolescent), les instruments, armements, vieilles cartes de navigation, etc., et, d'autre part, la série de superbes tableaux illustrant avec puissance des scènes de batailles navales (grandioses toiles d'Aïvazovski). L'épopée des marins de Cronstadt est à l'honneur. Également une grosse section sur la Seconde Guerre mondiale. D'ailleurs, en russe, le musée s'intitule « de la Marine de guerre ». On peut voir les Russes se recueillir devant la maquette du *Koursk,* à l'étage, près de l'escalier principal.

La Kunstkamera – **Кунсткамера** *(plan couleur II, E5,* ***215****)* **:** *face à la flèche de l'Amirauté. ☎ 328-0812. Ouv 11h-18h et 11h-19h juin-août (17h pour les caisses, 18h en été). Fermé lun et dernier mar du mois. Entrée : 200 R ; réduc. Photos payantes (50 R).*
C'est le tout premier musée de la Ville, créé par Pierre le Grand pour exposer les curiosités qu'il collectionnait avec passion ou qu'il avait rapportées de voyages. Très gracieux bâtiment de style baroque pétrovien, la Kunstkamera domine en hauteur la pointe de l'île. Sa silhouette se rétrécit au fur et à mesure, finissant en une tourelle ronde où se trouvait l'observatoire du savant Lomonossov. Au lieu d'une girouette, la tour est chapeautée par un cadran solaire en forme de globe. Façade bleue, pilastres blancs, fenêtres à petits carreaux. Le week-end, les Russes font la queue pendant 1h pour visiter le Musée anthropologique et ethnographique qui est à l'intérieur.
Rien de bien extraordinaire : la collection de costumes, masques, armes et ustensiles des différents peuples du monde a beau être riche, on rencontre ce genre de musée n'importe où dans le monde et ce n'est pas la peine de venir à Saint-Pétersbourg pour voir ça. En fait, les Russes viennent aussi pour frissonner devant les bocaux de fœtus difformes baignant dans du formol, encore une collection bizarre de Pierre le Grand. Il a également collectionné les dents : piètre dentiste amateur redouté par les membres de la Cour, il a rempli un plein sac de molaires ! Drôle de bonhomme tout de même...

Le Musée zoologique – **Зоологический музей** *(Zoologuitcheski mouzeï ; plan couleur II, E5,* ***216****)* **:** *au pied du pont Dvortsovy. ☎ 328-0112. Tlj sf mar 11h-18h (16h50 pour les caisses). Entrée : 200 R ; gratuit dernier jeu du mois.* Une galerie impressionnante : toute l'arche de Noé est là. Squelette entier de baleine bleue, mammouths conservés dans le permafrost sibérien, morses, phoques et ours blancs empaillés, et puis tous les autres animaux que l'on connaît déjà. Amusant, mais les taxidermistes n'étaient pas super doués : beaucoup de bestioles ressemblent à des copies en plastique. Une des plus importantes collections du monde, cependant.

Le musée de l'Académie des beaux-arts – **Музей Академии Художественных искусств** *(Mouzeï Akademi Khoudojestvennikh iskousstv ; plan couleur I, B2, **217**) : sur le quai, après le palais Menchikov. ☎ 323-3578. Mer-dim 11h-18h. Entrée : 300 R ; réduc.* On y expose les travaux des artistes russes qui ont étudié ici (Repine, Voronikhine...). Bel édifice classique datant de la seconde moitié du XVIIIe s.

L'université – **Университет** *(plan couleur II, E5, **218**) : Mendeleievskaya linia.* C'est le bâtiment rouge avec des pilastres blancs et des toits à la hollandaise. Il fut construit de 1722 à 1742 pour abriter les 12 ministères (que l'on appelait les « collèges ») créés par Pierre le Grand. Cet élégant édifice baroque tout en longueur fut attribué en 1819 à l'Académie, et depuis ce temps-là y siège l'université de Saint-Pétersbourg. De prestigieux savants y ont enseigné : Mendeleiev (l'auteur du tableau des éléments qui torture nos lycéens) et Pavlov (vous savez, le réflexe du chien !). Qui n'aimerait pas étudier dans une fac aussi belle et riche en histoire ?

Les colonnes rostrales – **Ростральные колонны** *(Rostralnyie kolonny ; plan couleur II, E5, **219**) :* ces deux colonnes de granit peintes en rouge servaient de phares. Elles portent des proues de bateaux en souvenir des victoires navales passées. Au pied de chacune se dressent deux statues à l'antique, personnification d'un grand fleuve russe : la Neva (au socle couvert de fleurs et d'offrandes), la Volga, le Dniepr et le Volkhov.
– De là, on peut bien admirer le nouveau *complexe de fontaines* installé au milieu du fleuve, entre l'Ermitage et la forteresse Pierre-et-Paul. Du mercredi au dimanche, dès 12h, près de 700 pompes s'activent pour propulser l'eau de la Neva vers le ciel, créant des figures sans cesse changeantes et parfois surprenantes, surtout lorsqu'elles sont accompagnées du son et lumière qui a lieu (en principe) à 22h, 23h et minuit !

Le brise-glace Krassin – **Ледокол Красин** *(Ledokol Krassin ; plan couleur I, B3) : amarré à 2 km env du palais Menchikov, sur le même quai, au-delà de l'endroit où accostent les navires de croisière ; l'occasion d'une balade à pied le long de la Neva. ☎ 322-7199. Tlj sf lun, mar et dernier mer du mois 10h-18h (visites guidées 11h-17h). Entrée : 200 R. Gratuit 1er mer du mois. Photos et vidéos payantes. Guide anglophone ou francophone (si disponible) inclus dans le prix d'entrée. La visite est obligatoirement guidée (et interminable).* La tradition des brise-glace russes remonte, vous l'apprendrez sur place, aux premiers bateaux en bois à la proue renforcée de plomb conçus à Arkhangelsk, sur l'océan Arctique. Ce navire à vapeur fut, lui, construit en Angleterre en 1916 sur commande de la Russie. Tout petit par rapport aux immenses brise-glace nucléaires de la période soviétique. Le *Krassin* a sillonné l'océan Arctique pour mener à bien diverses missions scientifiques et opérations de sauvetage, en particulier celle de la célèbre expédition italienne Nobile (dont le dirigeable s'abîma au retour du pôle), avant de se poser à quai pour devenir un musée (en 1997). Il a une sacrée histoire, retracée en photos et témoignages. On visite les cabines, les parties communes, la salle de commandes, le pont, etc. Toutes les pièces du mobilier sont vissées au sol ! Un bon moment pour ceux que le Grand Nord fait rêver.

Le Musée géologique – **Геологоразведочный музей** *(Gueologorazviedotchny mouzeï ; plan couleur I, B2) : Sredny pr., 74. ☎ 328-9481. Au centre de l'île. Lun-ven (sf dernier ven du mois) 10h-18h. On n'y entre pas comme dans un moulin : il faut composer le ☎ 481 sur le téléphone du hall pour que quelqu'un vienne vous ouvrir. Si l'un des responsables est disponible, il (ou elle) se fera un plaisir de vous guider (certains parlent l'anglais) de vitrine en vitrine dans les méandres de cette très vaste et riche collection. Sinon, visite libre.*
Ce musée est un peu particulier : il partage un imposant bâtiment avec l'Institut de recherche géologique, et l'on voit des scientifiques en blouse écumer les couloirs, la tête occupée par leurs travaux pratiques.

La salle occupe tout le 3e étage et regroupe plus de 80 000 espèces de minéraux. Les amateurs de beaux cailloux seront comblés. Plus intéressants pour les profanes, des fossiles d'oiseaux et de poissons disparus, des squelettes de dinosaures (dont un entier de mandchourosaure de près de 5 m de haut). Et enfin, le clou de la visite, une carte de l'ex-URSS réalisée tout en minéraux : ce plan, pesant 3,5 t et utilisant 67 sortes de pierres précieuses et semi-précieuses, a reçu le grand prix de l'exposition Arts et Techniques dans la vie moderne de Paris en 1937. Il a été exposé à l'Ermitage jusqu'en 1982. Pour l'instant, la visite est gratuite, mais une urne en plexiglas près de la porte fait appel à vot' bon cœur. Pour la science, bien sûr !

LE TRIANGLE D'OR *(plan couleur III)*

Le musée de l'Ermitage - Эрмитаж *(plan couleur III, G6-7)*

Pour le plan du musée de l'Ermitage, se reporter au cahier couleur 2.

Sur Dvortsovaya pl., la pl. du Palais. Ⓜ Nevski Prospekt ou Gostiny Dvor. L'entrée se trouve sur la pl. du Palais, comme autrefois, quand la tsarine arrivait en carrosse. Infos : ☎ 710-9079 ou 9625. • hermitagemuseum.org •

Infos pratiques

- ***Horaires :*** *mar-sam 10h30-18h, dim et j. fériés 10h30-17h (dernière entrée 1h avt). Les expos temporaires ferment 30 mn plus tôt.*
- ***Prix d'entrée :*** *pour les étrangers, 400 R ; gratuit pour les enfants et les étudiants (sur présentation d'une carte justificative) ; gratuit 1er jeu du mois. Photos et vidéos payantes : 200 R.* Le billet n'est valable que le jour de son achat. Et chaque personne n'a le droit d'acheter que 5 tickets. Il est aussi possible d'acheter par avance des tickets d'entrée pour 1 ou 2 j. via le site internet : 17,95 US$ et 25,95 US$. C'est évidemment bien plus cher, mais grâce à cela on ne fait pas la queue. Veillez à bien imprimer le reçu de la transaction par Internet. Les photos sont tolérées (mais sans flash).
- Possibilité de ***visites guidées en français.*** *Voir au bureau des excursions (Museum Tour Office), tlj sf lun 11h-13h, 14h-16h (15h dim et j. fériés). Résas : ☎ 571-8446. Tarif : 3 000 R, valable pour 1-25 pers.* L'astuce est d'arriver un peu avant 12h et de voir si un groupe est dans les starting-blocks. Sinon, il reste l'audioguide en français, 10 fois moins cher (300 R). On le prend après avoir passé le contrôle des billets, juste avant le grand escalier d'apparat.
- Également des ***visites guidées en anglais.*** *2 fois/j., en général vers 12h et 14h30 (voir à ce sujet l'info écrite juste à droite de la caisse), pour 500 R/pers.*
- ***Autres infos :*** plan gratuit donné à l'accueil. Laissez vos sacs au vestiaire. Il y a deux cafés-sandwicheries dans le hall et, si vous cherchez des livres sur le musée, des boutiques-kiosques à chaque étage.
- ***Attention :*** les départements « mineurs » et isolés (par exemple, l'art préhistorique au rez-de-chaussée ou la Chine et le Proche-Orient au 2e étage) ont coutume de fermer avant l'heure dite (on vous pressera gentiment de hâter le pas...) ou sont tout simplement fermés quand il y a trop de monde. En outre, certaines salles ferment en alternance à l'heure du déjeuner. Certaines salles peuvent aussi rester fermées pour diverses raisons (consultez, avant votre visite, le site qui, en principe, les indique). Enfin, ne soyez pas étonné si vous ne trouvez pas tel tableau indiqué dans le guide : il peut être en vadrouille pour une exposition.

Ouf ! Après tant d'infos pratiques, entrons dans le vif du sujet.

Orientation

S'il n'est pas le plus grand musée du monde en superficie (un titre revendiqué par le Louvre), le musée de l'Ermitage l'est cependant par l'étendue de ses collections (3 millions d'objets répertoriés dont 60 000 exposés !). Employant 2 500 personnes, il occupe, avec près de 1 000 salles, 4 bâtiments d'époques différentes, reliés par des galeries. Le principal est le ***palais d'Hiver* – Зимний Дворец** *(Zimni dvorets),* par lequel on entre. Collé à son flanc est, le ***Petit Ermitage* – Малый Эрмитаж** *(Maly Ermitaj).* Puis viennent le ***Vieil* – Старый** *(Stary)* et le ***Nouvel Ermitage* – Новый Эрмитаж** *(Novy Ermitaj),* joints l'un à l'autre comme un seul et même bâtiment. On ajoute à ces quatre édifices le ***théâtre* – Театр,** qui ne se visite pas mais où l'on donne encore des spectacles (voir la rubrique « À faire. Culture et loisirs. Théâtres, ballets et musique classique »).

Un peu d'histoire et visite de l'extérieur

Le musée de l'Ermitage est né de la passion de Catherine II pour la peinture. C'est même elle qui a plus ou moins lancé le virus de la « collectionnite » parmi l'aristocratie. En réalité, il s'agissait sûrement plus d'une volonté d'étaler la grandeur de l'empire que d'un véritable goût pour l'art. L'histoire a germé entre les beaux murs du ***palais d'Hiver,*** construit dans le style baroque par l'Italien Rastrelli au milieu du XVIIIe s (1754 exactement) sur ordre de l'impératrice ***Élisabeth Petrovna,*** fille de Pierre le Grand, qui avait initié, quant à lui, le tout premier palais d'Hiver en 1711.
Le palais d'Hiver que l'on peut admirer aujourd'hui a conservé le style et les couleurs du baroque, avec une dominante de vert, ocre et blanc. Après sa destruction lors d'un terrible incendie en 1837, il a été reconstruit à l'identique, en moins de 2 ans. Côté Neva, la façade possède un fronton à colonnes surmonté de l'emblème du pouvoir et de la puissance russes : l'aigle à deux têtes en bas-relief. Au-dessus, Poséidon avec son trident. Sur la longue corniche, série de personnages mythologiques romains (avec un masque, une cithare...). Ce fut la résidence officielle de la famille impériale de 1732 à 1917, mais après la mort d'Alexandre II, en 1881, les tsars n'y résidèrent plus qu'épisodiquement, en raison de problèmes de sécurité (une tentative d'attentat, en 1880, avait failli tuer le tsar, dans le palais même).
Dès que la Grande Catherine commence à acquérir des collections entières, elle se rend compte que les intérieurs sont déjà surchargés à n'en plus pouvoir de froufrous, miroirs et appliques fantaisistes : on ne peut pas accrocher grand-chose, tellement le décor est déjà lui-même en exposition. Elle décide alors de faire construire un bâtiment tout en longueur, sur le flanc est du palais d'Hiver, le ***Petit Ermitage,*** relié à celui-ci par deux galeries à l'italienne.
La construction du Petit Ermitage, dessiné par ***Jean-Baptiste Vallin de La Mothe,*** est considérée comme la date de naissance du musée lui-même, car il fut créé et pensé en tant que tel, pour accrocher les collections de Catherine II. On y place donc les meilleurs tableaux pour qu'elle puisse se vanter de sa collection devant ses invités. En 1764, elle reçoit du marchand ***Gotskovsky*** (qui doit payer ses dettes) un magnifique ensemble de 225 tableaux, surtout des peintures flamandes et hollandaises (dont 13 Rembrandt et 11 Rubens), qui ouvre de nouveaux horizons à son patrimoine. Avec l'augmentation des collections, il faut bientôt construire, à côté, le Grand Ermitage (qu'on appellera ensuite ***Vieil Ermitage,*** après la construction du Nouvel Ermitage, mais ça, c'est pour plus tard). Catherine II comprend l'effet que l'art peut avoir sur la diplomatie. Elle décide de

MAIS AU FAIT, POURQUOI « ERMITAGE » ?

Eh bien, amis lecteurs, le mot vient du français et désigne un endroit isolé, tranquille, où aimerait vivre un ermite et, en l'occurrence, un lieu réservé aux intimes de la famille impériale !

supplanter dans ce domaine Frédéric II de Prusse, grand mécène. Pendant 30 ans, elle va acquérir 60 % des collections d'art européen actuellement présentes à l'Ermitage. Elle fait acheter dans toutes les ventes aux enchères, elle envoie des spécialistes dans toutes les cours européennes (Voltaire dirige ses achats en France), elle se fait conseiller par les hommes les plus illustres en matière d'art. Car, de son propre aveu, elle n'y connaît rien et est même considérée comme n'ayant que peu de goût en la matière. Son vrai génie, c'est de bien s'entourer. Dans le même temps, Quarenghi met les dernières touches au ***théâtre de l'Ermitage,*** relié à l'ensemble par une galerie surplombant le canal d'Hiver, inspirée par le pont des Soupirs à Venise. À la mort de Catherine, les galeries impériales (réservées aux invités) comptent déjà 4 000 tableaux. Mais le grand incendie de 1837 réduit le palais d'Hiver en cendres. Heureusement, la plupart des œuvres sont sauvées à temps. L'édifice est reconstruit à l'identique avec des matériaux moins inflammables.

Au milieu du XIXe s, Nicolas Ier décide de construire un quatrième bâtiment, le ***Nouvel Ermitage,*** situé derrière le Vieil Ermitage (qui donne dans la Millionnaya ulitsa, à l'arrière de la Neva) et d'en ouvrir les portes au public... mais seulement au public noble ! Une partie des collections y est alors transférée pour son inauguration en 1852. Façade néoclassique à mort, dessinée par l'Allemand von Klenze (il n'y est pas allé avec le dos de la cuillère !), surtout notable par son porche gigantesque, soutenu par des atlantes aux muscles saillants, taillés dans de gigantesques monolithes de granit (tenez bon, les gars !). Ce néoclassique pouf-pouf s'exprime également par les statues des personnages évoquant les arts, sur les côtés.

Le XXe s va bouleverser l'histoire du musée : avec la révolution socialiste, le catalogue de l'Ermitage s'enrichit considérablement, mais là, on n'achète plus, on confisque, c'est moins cher. On rafle la plupart des collections privées. Plus gros contributeur : le marchand moscovite ***Chtchoukine,*** qui fait ainsi « don » à l'État de 27 œuvres de Matisse et 31 de Picasso ! Bon, en réalité, ses œuvres furent nationalisées et Chtchoukine partit en exil à Paris... Point positif, le musée s'ouvre enfin véritablement au grand public : on fait visiter les palais aux ouvriers afin de dénoncer la « fracture sociale » dont ils étaient les victimes et justifier la confiscation des biens privés. De 1922 à 1927 il est même gratuit. Mais l'argent manque vite, et l'État organise même la vente de près de 3 000 œuvres entre 1928 et 1933... Pendant la Seconde Guerre mondiale, de nombreuses œuvres sont évacuées à Sverdlovsk (aujourd'hui Ekaterinbourg), en Sibérie : en juin 1941 un premier train secret part avec 1 million d'œuvres, suivi d'un deuxième en juillet avec 700 000 œuvres. Un troisième est prévu mais l'encerclement de la ville par les troupes nazies empêchera de compléter l'évacuation. Ce qui est resté (par exemple les statues colossales, les grandes toiles, les plafonds et parquets...) a été gravement endommagé par les bombes allemandes. Les importantes rénovations (on peut même dire reconstructions) ont remis tout cela en état à partir de 1944-1945.

– Derrière (ou devant, comme on voudra), la ***place du Palais,*** qu'on décrit dans la partie « Le Triangle d'Or ».

La visite

Une nécessité : se concentrer sur les sections qu'on aime plutôt que de faire la course pour tout voir. Un adage dit que si l'on s'arrête 1 mn devant chaque œuvre, on peut y passer 5 ans... Comme on n'a pas trouvé d'adresse « Où dormir ? » dans l'Ermitage, faites vos choix. Une visite succincte des 1er et 2e étages suffit pour les groupes, qui passent en général 2 à 3h à galoper sans s'arrêter. Pour bien voir les pièces les plus intéressantes, il faut compter la journée. Pour tout voir et comprendre (mais ce serait de l'acharnement !), 2 jours semblent indispensables. Notre visite des trois niveaux du musée se base sur la seconde hypothèse : prenez une journée si vous voulez vraiment pouvoir vous vanter d'avoir « fait » l'Ermitage et en garder un bon souvenir. Commencez par le 1er étage, puis le 2e, et visitez le rez-de-chaussée s'il vous reste du temps et de l'énergie.

1er étage

– Démarrons par une noble et gracieuse montée de l'***escalier du Jourdain*** (ou grand escalier d'apparat ou encore escalier des Ambassadeurs). Pour commémorer le baptême du Christ dans le mythique fleuve de la Terre sainte, la famille royale empruntait cet escalier afin de rejoindre la rive de la Neva où se déroulait la cérémonie. D'où l'allusion au Jourdain. La rampe est en marbre blanc de Carrare. L'escalier original baroque, dû à Rastrelli, était en bois et a brûlé dans l'incendie de 1837. Stassov l'a refait. Ça en impose, non ?
– En haut, par la porte de gauche, on traverse la ***salle Pierre-le-Grand (salle 194),*** ou petite salle du Trône, tendue de toile rouge armoriée. Candélabres en argent massif. Cette salle était réservée aux réceptions diplomatiques. ***Salle des Armoiries (salle 195),*** étendue sur près de 1 000 m², aux innombrables colonnes dorées. Pourtant, on n'a utilisé que 12 kg d'or pour recouvrir tout ça : quand on a peu de confiture, il faut bien l'étaler. Abrite d'incroyables collections d'argenterie française dans ses vitrines. Le service Orlov, le plus connu, fut commandé pour Catherine II. Une des plus riches collections au monde (faut être intéressé, évidemment). Sous une cloche, belle table marquetée du XVIIIe s, dans le style chinoiserie, avec incrustations de carapaces de tortues, nacre et or, offerte par Marie-Antoinette à Maria Fiodorovna.
– ***Salle 197 :*** longue galerie présentant tous les portraits des généraux, maréchaux russes et empereurs de la coalition antinapoléonienne, liés à la guerre de 1812.
– ***La grande salle du Trône (salle 198) :*** elle en jette, tant elle est lumineuse et clinquante. C'est du pur Quarenghi, le pape du néoclassique. Remarquez surtout le superbe plancher en marqueterie, mêlant 16 bois différents. Il est si bien conservé qu'on doit vous avouer un truc : il est refait régulièrement, tous les 12 à 15 ans, vu le nombre de visiteurs qui le malmènent. Ses motifs reproduisent ceux du plafond, qui sont en cuivre – à l'exception de l'aigle bicéphale et de l'image de saint Georges trucidant son dragon, car il était interdit de marcher dessus ! Sinon, la salle est vide, car le seul meuble autorisé était, bien entendu, le trône.
– À l'arrière de la salle du Trône, on tombe sur les premières galeries de peintures. Laissez, à droite, les ***salles 261 et 262*** pour plus tard – peinture néerlandaise des XVe et XVIe s.
– À gauche, section consacrée aux ***arts décoratifs et appliqués de l'Europe et du Moyen Âge (salle 259),*** galerie ouverte par Catherine II. Beaucoup d'art roman et médiéval : objets de culte, mobilier. Admirable vitrine de sculptures en ivoire du XIVe s, notamment une série de Vierges et de retables de France des XIIIe et XIVe s. Mobilier et objets liturgiques. On doit cette collection à un historien russe qui la légua à l'Ermitage. Riche ensemble d'émaux français de Limoges (coffrets, crosses), ivoires, mobilier, belle majolique italienne et faïence espagnole. Autel portable. La galerie dans le prolongement accueille l'art roman.
– Dans le prolongement du long couloir s'ouvre la ***salle du Pavillon (salle 204),*** l'une des plus raffinées à notre goût, avec ses influences orientales, visibles dans les arcades de la galerie supérieure, soutenue par une double rangée de colonnes blanches aux motifs dorés. Telle qu'on la voit actuellement, on la doit à l'architecte Stakenschneider. Par cette salle, Catherine II accédait (pas nous !) aux jardins suspendus peuplés de plantes et d'oiseaux exotiques. De l'autre côté, belle vue sur la Neva. À propos d'oiseaux, attardez-vous sur l'*horloge du Paon,* appelée aussi *horloge de Coxe* (du nom de son fabricant anglais). Elle fut achetée par Grigori Potemkine. Merveille d'art et de technique de la fin du XVIIIe s. Chaque heure, le paon faisait la roue, le coq chantait, etc., tout bougeait. Ce n'est plus le cas maintenant, mais si l'on visite le musée un mercredi, s'arranger pour être dans cette salle à 13h (et même un peu avant pour être bien placé) pour voir le technicien, qui remonte ce jour-là toutes les horloges du musée, mettre en marche le mécanisme de l'horloge du Paon. À voir également, une belle mosaïque octogonale à l'antique.
– En passant par le hall de l'escalier, au fond de la salle, on pénètre dans le ***Vieil Ermitage.*** Ici commence le riche département de ***peinture et sculpture italiennes (salles 207 à 238)*** du XIIIe au XVIIIe s. Pour avoir une idée de l'évolution tech-

nique de cette période, regardez la *Madone de l'Annonciation* (salle 207), attribuée à Simone Martini, peinte au début du XIVe s. C'est une sorte d'icône sur fond doré, typique de l'art byzantin. Et continuez le voyage dans le temps : les changements de mode sont flagrants. Peu à peu, les visages s'animent, affirment un caractère propre. La perspective va naître et révolutionner la peinture.

– On a le choix entre la ***galerie de Florence*** à gauche et ***celle de Venise*** à droite. Celle de Florence est plus intéressante. On y voit l'unique fresque de l'Ermitage, avec *La Vierge à l'Enfant* de **Fra Angelico *(salle 209),*** représentée entre saint Dominique et saint Thomas d'Aquin. La symétrie de la composition, dont la Vierge est l'axe central, répondait, selon les canons de l'époque, au nom de « sainte conversation ». Au passage ***(salle 210),*** ces étonnants hauts-reliefs en céramique (majolique) de Della Robbia. Apparaissent quelques portraits laïcs, comme la femme peinte par Lorenzo Costa ***(salle 212).*** Ça tombe bien, on commence à être saturé de scènes religieuses. D'ailleurs, l'évolution est notable : on voit maintenant des paysages, des perspectives aériennes... Dans la galerie vénitienne, surtout des portraits.

– À la sortie de la galerie, on y est, c'est la magnifique ***salle de Léonard de Vinci (salle 214),*** ancien cabinet de travail de Nicolas Ier, avec deux tableaux du maestro devant lesquels les touristes bivouaquent. Il s'agit de *La Madone Benois* (du nom de l'architecte Léon Benois) et de *La Madone Litta.* Une lumière chaude se dégage de leur peau et les signes du destin abondent. Voyez comme tout s'oppose dans le visage de ces deux madones : les traits de la *Benois* sont ceux d'une banale jeune fille charmée par son enfant, pas vraiment belle ni idéalisée (malgré son auréole). Au contraire, la *Litta* possède une plastique parfaite, des traits nobles et quasiment divins. Quant à l'enfant, autant sur la *Benois* il paraît absorbé dans la contemplation d'une fleur (prise de contact avec le monde environnant), autant son regard déjà mûr et profond sur la *Litta* préfigure son destin d'agitateur et de messie.

– Passons, dans la petite ***salle 221,*** à une belle série de ***Titien,*** dont un *Saint Sébastien,* grande toile aux couleurs chaudes et richement nuancées où le saint transformé en hérisson regarde avec fatalisme vers le ciel. Lorsqu'il l'a peint, un an avant sa mort, le maître était à moitié aveugle : le fond du tableau en est presque impressionniste avant la lettre. Tout comme *Marie Madeleine repentante* qui, de ses yeux rougis par les larmes et empreints de sincérité, la main sur le cœur (qu'elle a fort beau, d'ailleurs), implore le pardon divin. Comparer sa *Danaé* avec celle de Rembrandt. Dans la ***salle 222,*** notons *L'Adoration des mages* d'Alvise Benfatto del Friso, pour cette curieuse idée qu'a eue le peintre de représenter Joseph, la Vierge et les Rois mages en habits à la mode du XVIe s et parés de bijoux. Une facétie qui, on s'en doute, fit scandale à l'époque de l'Inquisition. Voir aussi ce magnifique autoportrait de ***Véronèse,*** à qui la salle est majoritairement consacrée.

– Puis voici la ***galerie des Loges de Raphaël (salles 226 et 227),*** réplique de celle du Vatican : un caprice de Catherine II, qui voulait absolument posséder la copie des fresques du Saint-Siège.

– L'éminent ***Raphaël*** (***salle 229,*** parallèle aux précédentes) se distingue par deux tableaux (le musée en a possédé 8 du maître : 6 ont été vendus !) une *Sainte Famille* assez visiblement inspirée de maître Léonard, où Joseph est, pour une fois, représenté imberbe et non paré de sa longue et vénérable barbe. Juste à côté, splendide *Madone à l'Enfant* miniaturiste peinte à l'âge de 17 ans. Parlons enfin de ce *Garçon accroupi* de ***Michel-Ange (salle 230),*** dans une position bien inconfortable. Il semblait destiné à orner la chapelle funéraire des Médicis à Florence, mais n'a jamais été véritablement achevé. À moins, affirment certains, que ce ne soit une technique destinée à faire ressortir le tragique de la situation. Admirer le rendu de sa musculature. Il a échoué ici, issu d'une collection anglaise, et se trouve être l'unique œuvre du maître en Russie. Beaucoup plus poignant, en tout cas, que la statue de ***Mazzuola (salle 238),*** *La Mort d'Adonis,* où l'éphèbe se fait attaquer par un sanglier (effrayant !) avec une expression de théâtralité à hurler de rire. Sans le savoir, vous êtes passé dans le ***Nouvel Ermitage,*** inauguré en 1852. Peut-être avez-vous remarqué que le toit est tout en verre, ce qui éclaire les toiles d'une manière inhabituelle.

– Revenez un instant sur vos pas. Dans le prolongement de la galerie des Loges, la ***salle des Chevaliers (salle 243)*** abrite une amusante collection de boîtes de conserve appelées armures (mais comment entre-t-on là-dedans ?) et d'armes de grande qualité artistique. Armures allemandes de la fin du XVe s avec visière mobile extrêmement fine. Les parties mobiles étaient recouvertes de mailles d'acier ou de plaquettes. Fusil de chasse fabriqué en Normandie, qui aurait été offert à Henri IV et légué ensuite à son fils Louis XIII. Plein d'arquebuses et fusils à pierre des XVe et XVIe s.

– Les deux salles de ***peinture espagnole (salles 239 et 240)*** regorgent de merveilles. Parmi les chefs-d'œuvre exposés, les deux *Apôtres Pierre et Paul* du **Greco** (salle 240) emportent bien des faveurs : on lit dans leurs regards les différences de caractère des deux hommes, un saint Pierre au regard tendre et compatissant, et un saint Paul dur, à la poigne lourde et décidée, au premier plan, vainqueur des débats. ***Murillo*** a pris un magnifique cliché avec son *Garçon au chien,* spontané, vivant, espiègle (salle 239). Bien plus triste mais tout aussi poignant est le *Portrait de l'actrice Antonia Zarate,* de ***Goya*** : tout le drame de cette femme se joue dans le contraste entre son regard sombre plein de détresse et la fragilité de ses voiles de mousseline.

– Voilà que l'on débouche sur la ***peinture hollandaise du XVIIe s (salles 249 à 254),*** une des sections les plus importantes du musée. La filiation intellectuelle entre Pierre le Grand et la Hollande n'est plus à démontrer. On retrouve sur les murs tout ce que le tsar aimait ou aurait aimé pour lui-même et pour sa ville. La pièce maîtresse de cette section est la salle 254 (à droite) où sont exposées 28 œuvres de ***Rembrandt*** (rien de moins), deuxième collection par son importance après celle d'Amsterdam, achetée par Catherine II. Les panneaux de bois qui sectionnent la salle accueillent toutes les toiles de Rembrandt, tandis que le long mur présente celles de son école. *Le Retour de l'enfant prodigue* est le tableau le plus important. L'artiste consacra plus de 12 ans de sa vie à cette toile (sa dernière œuvre, pas tout à fait achevée), dont le thème est selon lui le mythe fondamental du retour de l'enfant à son père. Tableau très codifié, touché de manière subtile par la lumière. Rembrandt s'y peignit (béret noir). Voir encore le *Portrait d'une vieille femme et d'un vieil homme juif,* travail de commande, où il arrive à exprimer tant de choses sur les visages. Et encore *La Sainte Famille,* avec toujours une lumière irréelle, où les personnages sont replacés dans un cadre familial. De nouveau, l'artiste s'est représenté dans la toile. Série de séduisants petits portraits *(Vieil homme en rouge, Adoration des mages, Jeune femme aux boucles d'oreilles, Vieux guerrier...).* Noter *La Descente de la Croix,* commande de l'Église que celle-ci ne paya jamais, car la hiérarchie considéra la représentation du Christ, tel un cadavre de chair, comme dégradante. Pis encore, la Vierge blanchâtre, au visage décomposé, ne plut guère. Ce fut l'Ermitage qui récupéra la toile. Tant mieux. Rembrandt perdit dès lors toutes les commandes de l'Église. Encore *Flora,* enceinte, rayonnante : c'est Saskia, la femme de Rembrandt, qui posa. C'est la meilleure partie de la vie de l'artiste. Un mot sur *Danaé,* la fille d'Acrisios, qui ne peut enfanter. Alors Zeus descend sur terre pour arranger ça, sous la forme d'une pluie d'or. Ce qui n'a pas l'air de déplaire à Danaé. C'est ce manifeste de l'érotisme qui fut aspergé d'acide sulfurique en 1985 et lacéré par deux coups de couteau. On mit 12 ans à restaurer la toile.

– ***Salle 251,*** toiles de ***Van der Helst,*** avec un violent *Nieuwmarkt in Amsterdam* (tripes à l'air sur un marché). Les ***salles 250 et 249*** (les chiffres remontent) rassemblent les toiles de ceux qu'on a appelés les « Petits Hollandais ». Moins réputés que les « Grands », les « Petits Hollandais » réalisaient de petits formats. Ils étaient spécialisés dans les natures mortes, les marines, les scènes de bataille, les tableaux d'animaux, et influencèrent Watteau et Chardin. Voir également les grands paysagistes hollandais : ***Jan Asselijn*** et les deux ***Ruysdael,*** avec ***Jacob*** en leader indiscutable. Voir *The Marsh* (le marais) et son étrange lumière. Autre chef-d'œuvre, *La Cour de ferme,* de ***Paulus Potter,*** acheté par Marie-Antoinette, qui s'aperçut, mais trop tard, qu'une vache pissait sur la toile. Prévue pour le Petit Trianon, elle le refusa. S'attarder aussi devant le remarquable *Punition du chasseur* où le personnage est vraiment puni par les animaux. On mêle ici le païen et le religieux. Le chasseur rencontre la déesse dans la forêt et fait le serment de ne plus chasser. Mais il tue un lièvre. Alors les animaux vengent ce dernier en organisant un tribunal dirigé par un lion. On fait rôtir le chasseur vivant, on tue ses chiens... et les animaux festoient tout autour. Quelle rigolade ! Plein de détails croustillants sur cette toile qui se présente comme une B.D. De ***Gérard de Borch,*** grande qualité de la robe dans *La Dame lisant une lettre,* où la femme est de dos car l'artiste est surtout intéressé par le travail du drapé. De ***Jan Steen,*** encore des scènes de genre, mais très humoristiques, comme dans *Les Buveurs,* autoportrait caché de sa famille, où il présente sa femme complètement bourrée ! De ***Frans Hals,*** voir *Portrait d'un jeune homme tenant un gant,* très fier. Une toile fameuse. Nombreuses marines.

– ***La peinture flamande (salles 248 à 245),*** avec un splendide ensemble d'œuvres de Bruegel l'Ancien et Van Dyck. À gauche, la ***salle Rubens (salle 247)*** accueille 22 tableaux et 19 esquisses du grand maître. Côté mur, plutôt les grandes toiles réalisées par son atelier. Rubens peignait le personnage central, son école faisait le reste (notamment Antoine Van Dyck, un de ses élèves). Voir, de ce côté, *L'Union de la mer et de la terre,* réalisée pour l'arrivée de l'archiduchesse Isabelle à Anvers (grand format). Rubens fait là une découverte picturale particulièrement notable. Il parvient à traiter la chair des femmes et celle des hommes de manière différente en préparant le fond de la toile : vert-bleu pour les femmes, et couleur brique pour les hommes. Cette technique sera utilisée pendant tout le XVIIIe s et est toujours enseignée dans les écoles académiques. À côté, *Festin chez Simon le pharisien.* Incroyable *Bacchus,* gras comme un cochon et totalement asexué, réalisé pour sa propre salle à manger et dernière œuvre du peintre. Il tente de transmettre l'esprit flamand, la joie de vivre : un personnage pisse, une femme est ivre... Puis admirable *Descente de croix,* où pose la deuxième femme de Rubens (sous le Christ). De l'autre côté, voir *Nessus et Dejanire* et ce touchant portrait de *La Camériste de l'archiduchesse Isabelle infante d'Espagne.* Le personnage serait la fille de Rubens, qui devait devenir caméristе de la souveraine des Pays-Bas espagnols à Anvers (la place lui avait été réservée), mais qui mourut à 12 ans. C'est une projection dans le temps qu'a réalisée le peintre. Ce qu'aurait été sa fille si elle avait vécu. Amour tendresse et tristesse. Voir encore la série de cinq tableaux, esquisses des portraits des Habsbourg. Sur *Persée et Andromède,* Rubens travailla 5 jours seulement. Pour rendre toute la vérité du cheval, il versa la peinture directement sur la toile, puis dirigea les couleurs avec le doigt et le bout du pinceau.

– ***Salle 246, Van Dyck :*** côté mur sont présentés les grands portraits d'apparat, réalisés durant la période anglaise du peintre, invité comme portraitiste à la cour de Charles Ier. C'est Rubens qui fut d'abord convié à occuper ce poste, mais il céda sa place à Van Dyck, en déclarant : « Il n'y a pas de place à Anvers pour deux grands artistes. » Hommage du maître à l'élève. Van Dyck en profite pour « inventer » le trois-quarts face en pied. Il allonge les silhouettes des personnages pour leur donner plus de majesté (voir *Henriette de France, Charles Ier*). Côté fenêtre : portraits de commande, périodes italienne et flamande.

– ***Salle 245, Frans Snyders,*** le plus grand peintre animalier et de natures mortes du XVIIe s. Cet élève de Rubens réalisa 10 toiles impressionnantes. Dans la partie haute, les différentes chasses (léopard, ours, cheval fou...). Scènes sauvages où les animaux sont égorgés par des chiens. En bas, les échoppes et les étals : gibier, fruits, poissons... Un côté orgiaque dans l'étalage des produits en abondance. À cette époque, pour les peintres, il y avait d'un côté les commandes religieuses et, de l'autre, les toiles commandées par les grandes cours de France et d'Angleterre. Les premières étaient rigoureuses et académiques, les autres débridées et parfois ironiques. Vivacité des couleurs, éclat de la mise en scène, exubérance des personnages ou des animaux.

– On revient sur ses pas jusqu'à la ***salle 248*** avant de pénétrer, en face, dans la section consacrée à la ***peinture de l'école néerlandaise*** (avant la séparation de l'art flamand et de l'école hollandaise à la fin du XVIe s) : elle se concentre sur les ***salles 258, 262 et 261.*** On remonte donc dans le temps. Sont exposées là, entre autres, des toiles de ***De Clerck*** et de ***Pierre Bruegel le Jeune*** et ***Jan Bruegel l'Ancien*** (dit de Velours). Voir *Paysage avec carnaval,* très sombre, où personne n'a l'air de s'amuser, et *Kermesse,* fourmillant de scènes populaires (un couple s'embrasse, un type vomit, on commerce, on mendie...). De Bruegel le Jeune également, *Adoration des mages,* ironique, où tout le monde mène sa petite vie, sans véritablement prêter attention aux Rois mages et à l'Enfant Jésus. On notera *La Trinité et la Madone,* de l'école néerlandaise pure, aux couleurs chaudes, où la Madone est représentée dans son intérieur. Salle 261, chef-d'œuvre de ***Van der Weyden,*** *Saint Luc dessinant le portrait de la Vierge,* peint sur bois. Observez bien le milieu du tableau. Celui-ci fut découpé en deux parties pour en augmenter le prix de vente. L'une était chez un collectionneur, tandis que la seconde était aux Pays-Bas, chez le roi Guillaume II. Ce n'est qu'à la fin du XIXe s qu'on s'en aperçut et qu'on rassembla les deux morceaux. Finesse remarquable du dessin, douceur des couleurs. Les maisons à l'arrière présentent l'architecture des Pays-Bas à l'époque. Vous voilà revenu derrière la salle du Trône, la première boucle est bouclée.

– Poursuivons (si vous avez encore un peu d'énergie) par les ***peinture et sculpture françaises du XVe au XVIIIe s (salles 272 à 297).*** Remontez les deux salles de peinture néerlandaise et tournez à droite. Vous repassez dans le palais d'Hiver. C'est là. Cette vingtaine de salles regroupe des toiles académiques, par exemple celles des ***frères Le Nain*** avec une intéressante *Visite chez grand-mère* et une *Famille de la laitière,* où l'âne tire une tronche particulièrement expressive. Le monde entier semble arrêté, sauf dans le visage de cet âne. La ***salle Poussin*** ravira les amateurs, mais on a préféré la série de quatre paysages de ***Claude Le Lorrain*** peints à différentes heures de la journée (matin, midi, soir et nuit). Ce peintre avait la particularité de ne pas réaliser lui-même les personnages de ses toiles : il faisait le paysage et d'autres peintres se chargeaient des gens. De la sous-traitance, quoi. Filons droit pour terminer la section française, car il reste bien des merveilles ici : de petits ***Watteau*** d'une finesse technique ébouriffante. *La Boudeuse* par exemple, où l'on épie un galant qui tente de se justifier auprès de sa dulcinée : « Ma biche, cette fille, je ne l'avais jamais vue de ma vie... » Mais la boudeuse s'en tape comme de colintampon, histoire de justifier le titre du tableau. Aimez-vous ***Fragonard*** ? Parce qu'il y en a des vraiment bien, surtout *Le Baiser volé* : la jeune galante a autant l'air terrifiée d'être prise en flagrant délit que son amant s'en moque. Puisqu'on est en pleine époque des Lumières, disons un mot de ***Jean-Baptiste Greuze,*** ami de Diderot et représentant du courant des moralisateurs en peinture. Il dépeignait dans ses toiles les mœurs pures et douces des gens simples, glorifiant ainsi la vertu populaire. On décèle pourtant dans nombre de ses œuvres un érotisme sous-jacent. Un peu plus loin trône la *statue de Voltaire* par ***Houdon (salle 287).*** Une commande de Catherine II qui, comme chacun sait, tenait le sage philosophe en très haute estime. Houdon n'y est pas allé avec le dos de la cuillère : rides profondes, bouche édentée, posture voûtée... Mais le principal est encore là : le regard futé et affûté... Très beaux petits ***Chardin*** *(La Lavandière).* Et puis le coquin *Éros* de ***Falconet,*** dont l'original était destiné à orner l'un des pavillons du parc de Versailles. Cette version de l'Ermitage fut commandée par le comte Stroganov (oui, celui du bœuf !). Les ***salles 290 à 297*** présentent des ***collections d'art appliqué français*** du XVIe au XIXe s (porcelaines et biscuits de Sèvres, horloges, lustres, mobilier, tapisseries des Gobelins...).

NATACHA ET SES CHATS

Pour protéger les peintures et les toiles de l'Ermitage qui ne sont pas exposées au public, le conservateur du musée emploie une brigade de 70 chats. Leur maîtresse s'appelle Natacha ! Ils vaquent librement dans les sous-sols du musée, tuent les souris et évitent ainsi que les œuvres ne soient irrémédiablement grignotées par elles.

– Les petites ***salles d'art allemand et autrichien du XVe au XVIIIe s (salles 263 à 268)*** : art médiéval tout d'abord, et quelques bas-reliefs ***(salle 263),*** avec notamment *Nicolas protégeant les jeunes orphelines.* Belle *Adoration de l'Enfant Jésus* du XVIe s, sur bois. Certaines toiles sont largement sous influence italienne. L'œuvre qui marque le début de la Renaissance de l'art allemand est sans doute *Portrait d'un jeune homme,* de **Hans Holbein,** où tous les éléments Renaissance apparaissent dans le cadre (architecture, paysage, habits...). De ***von Kulmbach,*** *Le Christ et Marie devant Dieu le Père,* très narratif. Sur un bas-relief (de deux panneaux), tortures sordides de la Saint-Barthélemy, le bide ouvert. ***Salle 264,*** de **Lucas Cranach l'Ancien,** voir le petit tableau en hauteur d'une rare finesse d'exécution, *Portrait d'un chevalier avec ses enfants. Vénus et Cupidon* montre une Vénus qui porte l'écharpe de la transparence, symbole du péché (ventre rebondi, seins ronds).
À voir encore, *La Vierge à l'Enfant sous un pommier,* où l'Enfant Jésus mange la pomme. Finesse extraordinaire du visage. Les couleurs restent très proches de l'art médiéval allemand. De **Lucas Cranach le Jeune,** *Christ et la Pécheresse* où Jésus tient la main de la femme adultère de manière presque familière.
Salle 266, exemple de mobilier allemand du XVIIe s (incroyable meuble Renaissance avec des décors en perspective). ***Salle 267,*** *Nature morte* de **Christopher Pauliss,** d'intéressante facture. ***Salle 268,*** les Autrichiens avec ce *Portrait de Frédéric II*. L'école de Vienne est représentée par ***A. Querfurt.***
– Passons, après les arts appliqués français, au minuscule espace consacré à la ***peinture anglaise (salles 298 à 302).*** La pièce maîtresse en est la célèbre *Dame en bleu* de **Gainsborough,** avec son visage et son cou blancs comme de la porcelaine. Quelle beauté ! Quel appel séduisant ! ***Thomas Lawrence*** a également marqué de son empreinte l'art du portrait au XIXe s : rois, généraux et ambassadeurs, tout le gratin se tirait la bourre pour être « portraitisé » par lui. Voir la lumineuse *Lady Raglan* sur fond de ciel orageux, un tableau commandé à l'occasion du mariage de la future lady.
– Retournons un instant au coin Fragonard pour passer par quelques salles réservées aux appartements impériaux : la ***salle Blanche*** d'abord, puis une splendide salle recouverte à la feuille d'or ***(salon Doré).*** Moulures dorées du plafond, stucs dorés des murs, portes dorées... Lui succède un ***salon Framboise*** (de la couleur, entre fraise et cerise, quoi), boudoir de l'impératrice Maria Alexandrovna, épouse d'Alexandre II, qui devait avoir un faible pour le luxe tapageur et les tabatières surchargées. Les sièges baroquisants, framboise et or, viennent de chez Cartier.
– ***La section sur la culture russe (salles 156 à 187) :*** toute la façade ouest du palais d'Hiver est consacrée à la richesse de l'art appliqué russe, réalisé du XIXe s au début du XXe s, et provenant des différentes manufactures du pays. Deux longues séries de pièces parallèles qui obligent à revenir sur ses pas. Au centre, une sombre ***galerie (salle 303)*** où l'on peut voir des tapisseries européennes. Les objets sont exposés dans les anciens appartements privés des Romanov. La majeure partie du mobilier faisait partie du palais lui-même. À l'angle nord-ouest du palais d'Hiver se trouve une série de ***petits salons*** et de ***boudoirs*** richement décorés, de styles classique, baroque, puis rococo, pompéien (pompeux aussi), Empire. ***Fumoir*** avec maints narghilés et pipes, et la superbe ***bibliothèque*** de Nicolas II, tout en noyer, des étagères au plafond.
Les salles sont d'inégale valeur, évidemment. Petite sélection des meilleurs morceaux. ***Salle 168 :*** galerie des portraits d'illustres personnages du XVIIIe s (avec Catherine II en majesté évidemment). ***Salle 170 :*** instruments de musique, mobilier... ***Salle 171 :*** c'est ici que le tsar Alexandre II succomba après l'attentat dont il fut victime en 1881. D'où le buste à sa mémoire. Dans la salle voisine, le trône de Paul Ier, avec la croix de Malte, rappelle que ce tsar au règne bref (4 ans) était un grand ami de cet ordre. Lui aussi a péri assassiné. C'était la mode à l'époque. ***Salle 173 :*** arts décoratifs de la seconde moitié du XVIIIe s. Argenterie époustouflante, dont ce *plat de ménage* en argent massif, qui permettait de porter carafes, épices et bougies. *Montre en forme d'œuf* composée de plus de 400 pièces, qui fut offerte à Catherine II. Elle faisait boîte à musique et automate en même temps. Pas

inintéressante non plus, la ***salle 175,*** qu'on pourrait appeler néorusse. C'est une reprise de l'art décoratif populaire (vaisselle et meubles en bois). Fauteuil en forme de joug de cheval, accoudoirs en forme de hache, paire de gants sculptés... Style de la fin du XIXe s et du début du XXe s, très en vogue pendant quelques décennies. Buffet avec bas-relief racontant des légendes russes. Assez drôle.
Salle 176 : on attaque l'Art nouveau, arrivé ici juste avant la Première Guerre mondiale. Superbe buffet et bibliothèque avec incrustations de bois et volutes végétales. ***Salle 178 :*** bibliothèque de Nicolas II, style néogothique chargé. Noter la cheminée lourdingue. Murs en cuir repoussé. En vitrine, une partie de la bibliothèque impériale. ***Salle 179 :*** honneur au style oriental, prisé à une certaine période où l'on rapportait des trophées du Caucase et de Perse, après les guerres contre les Turcs. On leur piquait des trucs qu'on exposait au retour et qui faisaient fureur à la Cour. On en commandait alors en série dans les manufactures impériales. ***Salle 181 :*** style néopompéien, dessiné par Alexandre Brioullov, peintre et artiste qui réalisa une fameuse toile sur Pompéi (qu'on peut voir au Musée russe).
Salle 183 : mobilier appelé Second Rococo, c'est-à-dire encore deux fois plus lourd que le premier. Noter la boîte à ouvrage sur la gauche, le secrétaire, l'horloge à angelot (bois peint) décoré de biscuits. Buffet deux-corps. ***Salle 184 :*** chouette mobilier en bouleau de Carélie. Deux vases « bavardeuses » de Voronikhine, ancien serf devenu architecte de Notre-Dame-de-Kazan (comme quoi, le servage mène à tout). ***Salle 185 :*** beau bureau à cylindre (fin XVIIIe s), particulièrement lourd et très en vogue au XIXe s. Curieux clavecin à cordes verticales. ***Salle 186 :*** ensemble de mobilier réalisé d'après les cartons de Carlo Rossi, toujours de style Empire (fauteuils, cheminée, chaises...). Cabinet de travail. ***Salle 187 :*** salon musical du palais (mobilier Empire à tête de griffon).

– Encore quelques ***salles d'apparat*** à traverser, et non des moindres : d'abord le très ostentatoire ***salon de Malachite (salle 189),*** avec plus de 2 t de cette élégante pierre verte dont sont faits colonnes, cheminées, grands vases et petits objets. Riche et minutieuse ornementation du plafond. En prime, on a une des plus belles vues sur la Neva. Ici se déroula, en octobre 1917, la dernière session du gouvernement provisoire dirigé par Kerenski. Et c'est dans la ***petite salle à manger blanche*** attenante ***(salle 188)*** que furent arrêtés les membres (l'horloge est encore bloquée sur l'heure de cet événement, 2h10 !). Mélange de classique et de rococo. La richesse des moulures est atténuée par la monochromie. Jolies tentures de style baroque provenant des manufactures impériales. Lustre de fabrication anglaise, renfermant un mécanisme musical.
Dans la ***salle de concerts (salle 190)*** est exposée la châsse en argent qui devait contenir les restes du prince de Novgorod, Alexandre Nevski. Monumental machin de 1 500 kg commandé par la tsarine Élisabeth au milieu du XVIIIe s et qui n'a finalement pas servi, puisque le héros repose dans la laure qui porte son nom. Pièce suivante, la ***grande salle (salle 191)*** est la plus imposante du palais (1 100 m^2) ; elle accueille des expos temporaires. Décor très classique et simple. Plafond divisé en trois parties, soulignées par des bandes peintes en grisaille (camaïeu de gris censé donner du relief). On termine par la ***salle 192,*** appelée l'***avant-salle,*** ou ***salle d'attente,*** avec sa rotonde de malachite, œuvre aussi gracieuse qu'inutile offerte à Nicolas Ier par les ouvriers des mines de l'Oural. En attendant une entrevue avec le tsar, on tournait autour de la rotonde... Cette partie du palais mérite vraiment d'être vue, surtout si vous n'êtes pas un fan exclusif de peinture. Vous voilà revenu en haut de l'escalier d'honneur. Une ultime visite à cet étage.
– ***Les impressionnistes retrouvés (salles 146 à 143) :*** même si la grande majorité de la peinture du XXe s est abritée au 2e étage, on trouve là quatre salles qui présentent une petite collection d'impressionnistes, volée par les nazis durant la Seconde Guerre mondiale à de grandes familles juives (Krebs et Siemens, notamment). Elles furent retrouvées par l'armée russe en 1945. ***Salle 146, Courbet*** avec *Femme allongée* et *Nature morte.* De **Renoir,** *Femme sur un escalier,* de toute beauté. Quelques Degas également. ***Salle 145,*** de ***Manet,*** *La Seine à Rouen.* ***Salle 144, Cézanne,*** avec *Montagne Sainte-Victoire, Baigneurs* et un célèbre *Auto-*

portrait. ***Salle 143,*** quatre ***Gauguin*** (toiles de Tahiti), quatre superbes ***Van Gogh,*** dont *La Maison blanche de nuit.* Toiles de ***Marquet*** et ***Derain*** également. Voilà qui met en bouche pour la suite...

2e étage

Cet étage se concentre sur une partie du ***palais d'Hiver.*** Il abrite les collections les plus fameuses de l'Ermitage, qui ont largement contribué à la renommée mondiale du musée : les impressionnistes français de la fin du XIXe s et du XXe s (salles 314 à 330, puis 343 à 349). Également, une riche et intéressante section de peinture européenne occidentale et d'Amérique de la même période. Large section d'art chinois également, d'art perse et du Proche-Orient, et petite collection d'art byzantin. Nous abordons cet étage dans le sens logique de la visite (qui n'est pas toujours le sens logique de la numérotation).

– ***La peinture française académique de la fin du XIXe s (salle 314) :*** on y trouve le célèbre *Bonaparte sur le pont d'Arcole* par ***Gros*** (dynamisme du geste, regard un peu fou). Dans un autre genre, *Joséphine de Beauharnais* par ***François Gérard,*** d'un ennuyeux et d'un classique confondants, typique de l'époque.

Salle 331, excellent ***Delacroix,*** *Marocain sellant un cheval* (1855). ***Salle 330,*** portrait de la tsarine Maria Alexandrovna, parente de Marie-Antoinette. Les ***salles 323, 322 et 321*** accueillent les artistes de l'***école de Barbizon*** et ceux qui en étaient proches. Nombreux paysages de ***Jules Dupré, Théodore Rousseau, Millet.*** Dans la ***salle 322,*** un poignant *Femme portant un fagot de bois.* Quelques ***Corot*** également, ainsi que des ***Daubigny.*** Bref, un panorama assez complet de cette manière de peindre la campagne, le plein air, les valeurs de la terre, très particulière à ce mouvement qui se laissait imprégner par la lumière sans laisser de côté la condition humaine.

– ***La section des impressionnistes :*** c'est une collection créée par des millionnaires russes (Sergueï Chtchoukine et Ivan Morozov), qui avaient un flair particulier pour la peinture. Ils furent parmi les premiers à repérer cette nouvelle manière de peindre qu'on appellerait bientôt « impressionnisme ». Régulièrement, ils achetaient des toiles, passaient des commandes aux impressionnistes et postimpressionnistes, et cela bien avant la mode. Ils émigrèrent au moment de la révolution. Il fut décidé de partager leurs tableaux entre le musée Pouchkine à Moscou et l'Ermitage de Saint-Pétersbourg. Le travail des artistes russes (Chagall, Kandinsky...) fut dispersé dans une trentaine de musées du pays. C'est pourquoi on en trouve peu (ou pas) ici.

Salle 320, plusieurs ***Renoir,*** dont *Jeune femme à l'éventail* et le célèbre *Portrait de l'actrice Jeanne Samary* (1878). ***Salle 319,*** à noter *Villeneuve-la-Garenne* de ***Sisley*** et *Pont de Waterloo* de ***Monet. Salle 318,*** *Le Fumeur, Montagne Sainte-Victoire* de ***Cézanne*** et son célèbre *Autoportrait à la casquette,* ainsi que quelques travaux de ***Rodin.*** Quatre toiles de ***Van Gogh*** vous attendent ***salle 317,*** dont *Les Arènes d'Arles,* sublime de couleurs et de technique. La salle ***Gauguin (salle 316),*** avec une grande série de 15 toiles de Tahiti. Parmi les plus sublimes, *Trois femmes tahitiennes sur fond jaune, Conversation* et l'envoûtante *Femme au fruit.* Tellement profonde, tellement paisible, aux attitudes tranquilles.

Par une galerie, on passe au-dessus de la ***salle d'Alexandre*** pour gagner la deuxième partie des impressionnistes. Clou de cette partie, la ***salle 344,*** consacrée à ***Matisse.*** Deux toiles maîtresses : *La Musique* et, en face, *La Danse,* réalisées en 1910. Une des toiles les plus connues du peintre, et aujourd'hui une des plus fédératrices qui soient, mais ce ne fut pas toujours le cas. C'est Chtchoukine, ami de Matisse, qui commanda à l'artiste ces deux panneaux pour l'entrée de son musée privé à Moscou. Mais le mécène, qui adorait pourtant le travail de son ami, fut choqué et refusa les tableaux... qu'il finit par accepter. Par ces deux œuvres, Matisse écrit son manifeste du fauvisme. Des couleurs fortes, crues, sorties presque intactes du tube. Les sentiments passent par les couleurs, par leurs juxtapositions. Très riche dans sa gamme chromatique et par son organisation de l'espace, attardez-vous sur *La Chambre rouge* où les couleurs de la nappe se confondent avec le dessin du mur, avec d'intéressantes lignes de fuite. En face, deux *Nature morte.* ***Salle 345,*** *Portrait de la famille de l'artiste,* à la construction encore plus riche. Incroyable ornementation de chaque morceau du tableau, où la perspective est sciemment abandonnée (canapé, tapis). Construction d'une grande originalité. Violente *Conversation.*

Salle 347, salle ***Derain*** et ***Vlaminck,*** très cubistes. Éclatante *Danseuse rouge* (1908) de ***Van Dongen.*** On retrouve ***Picasso (salles 348 et 349)*** avec *La Buveuse d'absinthe* (1901), complètement torturée, pâlichonne, réfugiée en elle-même, symbole éclatant de cette période bleue plutôt lancinante. *Danse aux voiles* (1907), où le cubisme s'exprime à plein. Crue et impressionnante *Femme assise* (1908), où la déstructuration du corps s'exprime au maximum. Série de tableaux plus tardifs (1912-1914) sur le thème des instruments de musique. ***Utrillo, Marquet, Léger, Dufy*** occupent les murs de la ***salle 350.*** Noter l'étrange *Autoportrait* de ce dingue et génial ***Soutine.***

– ***L'art moderne, peinture occidentale et américaine (sauf les Français) des XIXe et XXe s (salles 333 à 342) :*** cette section est parallèle à la précédente. La ***salle 334*** présente quelques œuvres particulièrement intéressantes de ***Kandinsky.*** On s'aperçoit que le maître vient de très loin pour aboutir à cette épure abstraite *(Hiver, Paysage).* Un ***Malevitch*** également. Toutes les salles suivantes permettent de faire le point sur les grandes tendances internationales.

La ***salle 335*** présente un aperçu de la sculpture moderne italienne, avec plusieurs œuvres d'***Emilio Greco.*** Voir *Béatrice* de ***F. Messina,*** légère et fragile. Du célèbre ***Giacomo Manzu,*** *Tebe assise,* originale et légère, ou encore *Portrait de Tebe,* au délicat visage. De l'Allemand ***Waldemar Otto,*** *Homme en novembre,* ratatiné sur lui-même, effrayant.

– ***L'art chinois et l'Asie centrale (salles 351 à 370) :*** dans l'aile ouest. Soyons francs, on ne fait pas tant de kilomètres pour voir de l'art chinois, ou alors vous êtes descendu à la mauvaise station. On présente ici l'essentiel de l'art et de l'artisanat d'une bonne partie de l'Asie. En quelques mots, voici de quoi il retourne : riches soieries, verrerie, panneaux peints et laqués, éléphants émaillés, mobilier... Les ***salles 360 à 367*** accueillent les arts du Tibet et de Mongolie. ***Salle 356,*** beaux émaux cloisonnés de la dynastie Ching (du XVIIe s au XIXe s). ***Salles 355 et 354,*** superbes porcelaines, céladons, potiches et plats classés par dominante de couleur. ***Salle 353,*** soies peintes des XIIe et XIIIe s. Panneaux de bois polychromes, vitrine de bouddhas en argile. ***Salles 352 et 351 :*** encore des étoffes peintes, des bouddhas dans toutes les positions, scènes guerrières et religieuses.

– ***Les salles d'art byzantin (salles 381 et 382) et d'art perse (salles 383 à 397) :*** pour les spécialistes, cette section est intéressante car très riche, depuis la période sassanide jusqu'à l'époque tapageuse du déclin sous la dynastie des Qadjars.

Rez-de-chaussée

Cet étage est consacré aux ***cultures primitives,*** ainsi qu'à l'***art antique grec, romain et égyptien.*** Vous pouvez zapper tout cela si vous êtes à court de temps. Nous ne parlons ici de toute manière que des pièces exceptionnelles.

– ***L'aile ouest du palais d'Hiver :*** elle abrite les résultats des fouilles menées sur l'immense territoire russe (et est-européen). Le bon état de conservation de certains objets est étonnant : ils ont été retrouvés dans le permafrost, sol gelé en permanence, ce qui explique la découverte de corps, de peaux en bon état, et même de nourriture. Dans la ***chambre funéraire,*** une momie d'homme des Ve-VIe s av. J.-C., avec toutes ses dents et encore des cheveux, et le ravissant corps d'un cheval desséché. De la même époque date ce ***char funéraire reconstitué,*** tout en bouleau, assemblé sans écrous ni boulons mais grâce à des sangles de cuir. Clou de cette partie, le ***plus vieux tapis du monde*** (même période), tissé en laine et provenant du sud de la Sibérie. Les ***salles 15 à 20*** abritent une collection d'***objets scythes,*** un redoutable peuple de guerriers qui sévit au nord de la mer Noire du XIIe au IIe s av. J.-C. Ces braves gaillards nous ont laissé de nombreux ornements zoomorphes. À partir du IVe s av. J.-C., les nomades scythes se sont vaguement sédentarisés. Du coup, ils ont commencé à s'encombrer de pesantes babioles, comme ces ***vases en argent*** dont les motifs dénotent une évidente influence grecque. C'est la découverte de l'art de l'inutile chez les peuplades barbares...

– ***La collection de l'or des Scythes (Golden room) :*** *cette collection ne se visite qu'avec un guide et fait l'objet d'un billet supplémentaire (300 R). Attention, il faut l'acheter dès le mat (à la caisse du musée, comme le billet d'entrée), car il n'y a que 1 visite/j. (vers 13h30) pour les étrangers et le nombre de places est, en principe, limité à 15. Cet horaire peut changer : il est affiché chaque matin.*

Parmi les exceptionnelles collections de l'Ermitage, celle de cette peuplade du nord de la mer Noire, considérée comme sauvage et barbare, est à notre sens une des plus intéressantes, non seulement parce que belle, mais aussi parce que très évocatrice des peuples qui vivaient dans le secteur à une époque reculée. Les Scythes apparurent aux alentours du XIIe s avant notre ère sur le territoire de l'actuelle Ukraine, dans le Caucase, et dans tout le sud de la Russie en général. Ils disparurent de la région vers le IIe s av. J.-C., assimilés progressivement par une autre peuplade, les ***Sarmates.***

L'art scythe rayonna de toute sa splendeur du VIIIe au IVe s av. J.-C. Leurs cousins, les Scythes d'Asie centrale, subsistèrent sur le territoire des actuels Iran et Afghanistan jusqu'au IVe s apr. J.-C. La plupart des merveilles présentées ici furent trouvées dans des nécropoles, dans un excellent état de conservation. Ce sont souvent des paysans labourant leur champ qui mirent la main, ou plutôt la charrue, sur les plus beaux sites. On commença à rassembler des objets scythes dès le XVIIIe s sous Pierre le Grand, et la collection ne fit que s'enrichir au fil du temps.

Parmi les chefs-d'œuvre, on verra les nombreuses ***boucles de ceintures en or.*** Notamment une superbe ***panthère,*** prête à bondir sur sa proie. Autre œuvre, une ***biche,*** d'une incroyable légèreté. Admirables colliers torsadés en or, à gueule de lion. Rare peigne sur lequel des personnages sont dessinés, qui renseigne beaucoup sur le mode de vie des Scythes. Des dizaines de kilos de colliers, bracelets, bagues, parures... Voir les boucles d'oreilles, d'une finesse étonnante.

– Dans le ***Nouvel Ermitage,*** atteint en traversant une galerie dédiée à l'Égypte, voici ***Rome*** et la ***Grèce.*** Cette section possède maintes belles copies de statues. Faites au moins un tour pour admirer la beauté des salles. Le ***vase de Kolyvan,*** en jaspe de Revnev, pèse 19 t et son diamètre atteint 4,5 m. Il est monolithique, taillé d'une seule pièce (à part le socle). Bien sûr, il ne passait pas par la porte, alors on l'a posé là avant que le bâtiment soit fini, et on a monté le quatrième mur ensuite... Pièces qu'on a tous vues dans nos livres d'histoire : la ***Vénus de Tauride*** (achetée par Pierre le Grand pour le jardin d'Été) et le ***portrait de Socrate,*** ridé et pensif. Dans l'ensemble, c'est très loin de valoir le Louvre ou le British Museum, mais les férus de l'Antiquité trouveront des pièces de qualité. Et puis il y a le côté architectural, qui mérite un petit passage par le rez-de-chaussée.

– ***La réserve spéciale, la galerie des Bijoux (Diamond room) :*** *comme pour la collection de l'or des Scythes, ne se visite qu'avec un guide. Billet : 300 R, là encore à acheter dès l'ouverture du musée, car il n'y a que 2 visites/j. pour les étrangers, en anglais (vers 12h45 et 15h15). Là aussi, horaire pouvant varier quotidiennement.*

Cette section regroupe tous les bijoux du pays (les plus beaux évidemment), depuis le IVe s av. J.-C. jusqu'au XIXe s : colliers en or et bracelets d'avant notre ère, trouvés dans le Caucase ou en Sibérie (certains sont bouleversants de finesse), des amphores avec bas-reliefs, des objets liturgiques des XIIe et XIIIe s, puis du XVIIe s (tabernacles, croix, ciboires...). Une salle expose une intéressante ***collection d'épées et de sabres*** (harnachement de cheval incrusté d'émeraudes). Vitrine de perles irrégulières détournées en bijoux... Voir encore les ***vitrines de cadeaux faits aux tsars*** et la grande collection d'objets achetés par Catherine II sur les conseils de ses amis français (Rousseau, Diderot...). Du XIXe s, bouquets de fleurs en perles, diamants, argent et pierres précieuses (collectionnés par Élisabeth). Vitrines d'***horloges,*** véritables morceaux de bravoure artisanale (bonjour la galère pour faire la poussière). Beaucoup d'orfèvrerie du XVIIIe s composant des bouquets de fleurs aussi chers que moches. Couronnes de Fabergé, et l'on en passe.

Le théâtre de l'Ermitage (plan couleur III, G-H6)
Construit par l'Italien Quarenghi dans les années 1780, il ne se visite pas. La fastueuse salle de spectacle en amphithéâtre reste en revanche un sanctuaire dédié à l'opéra et à la musique. Cet élégant théâtre termine l'ensemble de l'Ermitage, auquel il est relié par une galerie surplombant le petit canal d'Hiver.

Balade dans le Triangle d'Or

***La place du Palais* – Дворцовая Площадь** *(Dvortsovaya plochad ; plan couleur III, G7)* **:** bel espace pour débuter votre visite. Immense ? Non, gigantesque ! Cette esplanade relègue la place de la Concorde au rang de bac à sable. Presque inhumaine dans ses dimensions. Le dégagement qu'offre la place permet d'embrasser l'ensemble de ce bâtiment, très riche, qui a conservé son aspect purement baroque, rythmé par une double rangée de colonnes et de pilastres aux chapiteaux dorés et ouvragés, surmonté par une corniche décorée de personnages de bronze allégoriques et de vases maousses. Ce qui frappe, c'est qu'on a su donner de justes proportions à ce bâtiment complètement délirant. De la hauteur des colonnes à la taille des statues, l'ensemble prend presque – on a dit presque – des allures aériennes. Avec du recul, on devine la coupole à bulbe doré de la chapelle, enserrée dans les bâtiments du palais. Vision également de la flèche de l'Amirauté, à l'ouest. Retournez-vous ! Le bâtiment en hémicycle qui ferme la place au sud fut dessiné par Carlo Rossi au XIXe s et s'étire sur 500 m ! Il abritait l'état-major de l'Empire russe au temps des tsars. L'arche centrale, monumentale, est coiffée par une *Victoire sur son char,* élevée après les guerres napoléoniennes (1824). On y voit Athena Niké, déesse grecque de la Victoire, diriger six chevaux, symbole de l'Empire russe en main. On remarque la concentration des symboles du pouvoir sur et autour de cette place : le palais d'Hiver (résidence de l'exécutif et du pouvoir culturel), l'état-major (bras armé du pouvoir), l'Amirauté (importance de la marine de guerre) et, un peu plus loin, le Sénat et le Synode (pouvoir religieux).
Au centre de la place, la ***colonne d'Alexandre,*** haute de 48 m, en granit monolithique de Carélie, réalisée par Auguste de Montferrand et coiffée par un archange qui porte la croix. Son visage serait celui d'Alexandre Ier lui-même, mais il est tellement haut que seuls les pigeons doivent pouvoir le reconnaître. La colonne fut élevée en 1830 sur ordre de Nicolas Ier pour commémorer son prédécesseur. Le socle présente des hauts-reliefs glorifiant les grands moments de sa vie – surtout guerriers, les moments... Il est à noter que la plupart des ensembles sculpturaux de la ville ont été réalisés pour rendre hommage aux tsars précédents. Saint-Pétersbourg a passé son temps à figer dans la pierre ou le bronze ses hommes et femmes disparus. L'Ermitage (et donc le palais d'Hiver) est traité ci-dessus.

***L'église du Saint-Sauveur-sur-le-Sang-Versé (officiellement Résurrection-du-Sauveur)* – Храм Спаса на крови** *(Khram Spassa na Krovi ; plan couleur III, H-I7)* **:** *nab. Kanala Griboïedova, 2 B. Tlj sf mer 10h-19h (caisses fermées à 18h). Entrée : 250 R ; réduc étudiants. Audioguide : 100 R. Photos sans flash autorisées. Visites guidées slt en russe (incluses dans le prix du billet), sinon une feuille explicative en français pour la visite libre.*

Un peu d'histoire
Avec un nom pareil, vous vous doutez bien qu'il y a un beau mor-

C'EST MON TSAR QU'ON ASSASSINE !

Le 1er mars 1881, Alexandre II revient du théâtre, à bord de son carrosse. Alors qu'il longe le canal, un terroriste jette une bombe sous le fiacre. Elle explose, mais le tsar n'est pas blessé. Il descend de l'attelage alors qu'une seconde bombe est lancée et il tombe sur le quai, mortellement touché. Il mourra quelques heures plus tard et quelques jours, dit-on, avant de présenter la première Constitution libérale au Conseil d'État.

ceau d'histoire derrière. L'église fut en effet édifiée à partir de 1883 à l'endroit précis où Alexandre II fut mortellement blessé lors d'un attentat, 2 ans plus tôt (voir encadré). Rappelons le contexte historique : Alexandre II n'a certainement pas été le pire des tsars, il a aboli le servage (maladroitement, certes), organisé de grandes réformes, introduit le service militaire pour tous et décentralisé le pouvoir. Mais nombre de revendications sociales sont restées dans les cartons en tardant à être prises en compte par le pouvoir. Aussi, les groupes révolutionnaires, très menaçants, décident du passage à l'acte.
Alexandre III succède à son père (logique) et fait machine arrière. Il décide néanmoins, « sur proposition des citadins », de faire élever un édifice en hommage à son père ; un concours est lancé. Le peuple se cotise même pour financer la construction de la basilique. Le chantier arrive à son terme en 1907, sous Nicolas II. Pendant 10 ans, elle n'accueille d'abord que des offices commémoratifs à la mémoire d'Alexandre. Si elle n'a pas été trop endommagée par la guerre, l'église a été en revanche laissée à l'abandon durant la période soviétique. On l'appela même pendant un temps Saint-Sauveur-sur-les-Patates quand elle servit à stocker des pommes de terre. Dans les années 1930, elle fut aussi entrepôt pour décors de théâtre – une reconversion toute désignée. Sa restauration prit un quart de siècle et s'acheva en 1997.

L'extérieur
On choisit un style néomoscovite, appelé aussi Renouveau russe, ou encore néo-Renaissance (ou tout ce que vous voulez d'autre d'ailleurs). Sorte d'énorme pâtisserie colorée, qui n'invente rien, mais qui répond assez bien à une volonté d'esthétique démagogique – et plutôt réussie dans le genre –, copie de ce qui se faisait déjà au XVIIe s (elle ressemble étrangement à Basile-le-Bienheureux à Moscou). On peut considérer que cet édifice fait le lien entre la Russie d'hier et le Saint-Pétersbourg moderne. À l'est, l'église est entourée par une superbe grille Art nouveau aux généreuses volutes végétales et métalliques.
Au sommet, une envolée de ***cinq gros bulbes*** « oignons » de différentes tailles et hauteurs. Noter le jeu des couleurs, typiques (bleu, vert, blanc et jaune), et des formes géométriques, qui donne du rythme à l'ensemble. Le plus haut s'élève à 81 m. Pour l'anecdote, par coïncidence cette hauteur correspond à l'année de la mort du tsar, mais aussi la hauteur du clocher (62 m) correspond à l'âge du monarque. Façade chargée à l'extrême, avec un fond de brique rouge. Des dizaines de niches et fenêtres entourées de marbre blanc et surmontées de *kokochniki,* sorte d'accolade pointue (simple ou double) qui évoque la coiffe traditionnelle des femmes russes de la Renaissance et qu'on retrouve un peu partout.
Sous les arcades, des dizaines de mosaïques avec figures de saints. Avalanche de jeux de colonnettes et d'arcades qui se superposent jusqu'aux tourelles. En fait, même si elle n'apporte rien sur le plan architectural, cette église rompt avec le style baroque, classique et néoclassique du reste du centre-ville. Sur le flanc ouest (à droite de l'entrée), une série de niches carrées accueille près de 150 blasons en mosaïque, évoquant les régions, villes et villages qui firent des offrandes pour élever l'édifice. À l'ouest, au bord du canal, une niche au toit doré abrite un Christ en Croix, toujours en mosaïque.

L'intérieur
La vision extérieure n'est rien comparé à ce qui vous attend à l'intérieur ! Débauche de marbre dans les soubassements, sol étonnant aux motifs en marqueterie de marbre et, au-dessus, des milliers de mètres carrés couverts de mosaïques de Smalte (verre et oxydes métalliques) qui racontent le Nouveau Testament. Les scènes sont disposées selon les canons iconographiques de l'Église orthodoxe : vie du Christ (jusqu'à son baptême) sur le mur sud, ses miracles et guérisons sur le mur nord et les scènes de la Passion à l'ouest (à l'est, il y a l'iconostase). Le désir des bâtisseurs était aussi de tisser des parallèles entre les bienfaits de Jésus et ceux du tsar (marqués sur les murs à l'extérieur). Tous les piliers sont dédiés aux saints de l'Église orthodoxe : Vladimir, Alexandre Nevski, Olga... C'est fait exprès, les saints

étant les piliers du temple, ce sont eux qui soutiennent l'église. On vous laisse admirer toutes ces merveilles. En tout, environ 7 500 m² de mosaïques réalisées par 32 artistes russes sur une période de 12 ans. Noter que le travail est de niveau inégal : les réalisations de grande finesse côtoient des œuvres presque maladroites. L'***iconostase*** en marbre, en forme de *kokochniki*, est admirable. Elle fut réalisée sur commande spéciale en Italie. De chaque côté, on peut en voir deux autres, plus petites, du même style. Dans l'abside (peu visible), admirable *Eucharistie*. Au centre, *Christ en majesté* entouré d'anges. En gardant la tête levée (attention au torticolis !), dans la chapelle de droite, *L'Assomption*. Au-dessus, *La Fuite en Égypte*. Mais il n'y a pas que les fresques.

Remarquer également les riches décors floraux, tous différents, qui font le lien entre les scènes. Sous la coupole, le *Christ pantocrator* (celui qui juge et qui bénit l'humanité). Entre les piliers, les archanges, et tout autour, dans le tambour, les 12 apôtres et, aux angles, les quatre évangélistes. La hiérarchie est respectée. Et puis vous ne pouvez louper, au fond, ce ***lourd baldaquin aux colonnes de jaspe,*** entouré de marbre et serpentine, élevé à l'endroit exact où le tsar fut tué. On a même conservé le morceau de quai original. Cela a nécessité de faire avancer une partie d'église sur le canal (bien visible de l'extérieur). Ça confine à l'idolâtrie, cette histoire ! En tout cas, les Russes s'y pressent en rangs serrés, motivés sans doute par leur besoin de renouer avec leur passé présoviétique.

La rue Millionnaya *(plan couleur III, G-H6-7)* **:** cette longue rue parallèle au quai Dvortsovaya (le long de la Neva) relie l'Ermitage au palais de Marbre. Elle s'appelle « Millionnaya », car seules les familles très riches pouvaient y habiter, des millionnaires. Avant la révolution de 1917, les riches propriétaires de l'aristocratie russe y possédaient des palais, des immeubles ou des appartements, non loin de la cour des tsars. Membre d'une de ces puissantes familles, la comtesse ***Ewa Hanska,*** égérie et maîtresse d'Honoré de ***Balzac,*** séjournait habituellement dans son château de Verkhovnia, en Ukraine polonaise (sous dépendance du tsar de Russie). Elle venait de temps en temps à Saint-Pétersbourg, habitant la maison Koutaïssoff, au n° 27 de la rue Millionnaya. Après des années d'attente, espérant l'épouser alors qu'elle était veuve du comte Hanski, Balzac rendit visite à sa « fiancée » en juillet 1843. Il resta 9 semaines à Saint-Pétersbourg et logea dans une pension tenue par Mme Tardiff, située au n° 16 de la même rue, soit à un saut de puce du palais de sa dulcinée... Les amants se revirent après des années de séparation (raisons : la distance entre Paris et l'Ukraine, et le fait qu'elle était mariée). « Il n'y a que dans ce pays que les mirages prennent vie », disait Balzac. Le 14 mars 1850, il finira enfin par l'épouser à Berditchev (Ukraine), puis, tel un marathonien, il s'éteindra le 18 août 1850 à Paris. « Atteindre le but en expirant comme le coureur antique ! Obtenir celle qu'on aime au moment où l'amour s'éteint... » Rien que pour cette histoire romantique d'amour fou entre un génie de la littérature et une égérie russe, la rue Millionnaya mérite de ne pas être oubliée.

Le palais de Marbre **– Мраморный Дворец** *(Mramorny dvorets ; plan couleur III, H6)* **:** *Millionnaya ul. ☎ 312-9196. Tlj sf mar 10h-18h (17h lun) ; caisses fermées 1h avt. Entrée : 300 R, ce qui est proprement hors de prix ; ½ tarif enfants et étudiants. Supplément pour appareil photo et caméra (100 R). Le palais de Marbre est une annexe du Musée russe. Billet commun aux annexes du Musée russe : 600 R ; réduc.*
On aime plus l'histoire de ce palais que le palais lui-même. C'est Catherine II qui le fit construire pour Grigori Orlov, l'un de ses principaux amants. Ce n'est d'ailleurs pas un hasard si cette demeure est à proximité du palais d'Hiver où résidait la tsarine. Orlov n'en profita guère : il tomba en disgrâce dans les années 1770, quitta Saint-Pétersbourg et mourut même avant l'achèvement définitif du palais, en 1785. Dans la cour, statue équestre d'Alexandre III, du début du XXᵉ s. Massive et de très belle facture, elle montre le côté imposant, conservateur et paternaliste de ce tsar (qui semble écraser son cheval de son poids), qui stoppa les timides réformes de son père Alexandre II et traqua les révolutionnaires de tout poil. À période lourde, sculpture lourde.

Le palais lui-même est l'œuvre d'Antonio Rinaldi, qui supplanta Rastrelli auprès de la Grande Catherine. Il remplaça petit à petit le baroque par le néoclassique. Ici, c'est du néoclassique pur jus (1768-1785). C'est le premier palais à avoir été décoré avec du marbre, à l'extérieur comme à l'intérieur (d'où son nom). Rinaldi voulait prouver que cette pierre, bien que fragile, pouvait servir au parement extérieur. Il en utilisa plus de 30 sortes, provenant de Russie, mais aussi d'Italie. L'ensemble fait plus penser à un immense crématorium qu'à un palais fastueux.
Transformé en musée Lénine durant la période soviétique, il abrite aujourd'hui des expositions temporaires, issues des collections permanentes. Quelques accrochages d'artistes modernes également.
Escalier monumental, tout en marbre (18 sortes). Admirer la salle à l'italienne, un des chefs-d'œuvre de l'art néoclassique de Rinaldi. Jeu incroyable des nuances de couleurs et des rythmes, décoration raffinée (pilastres roses, chapiteaux dorés, guirlandes, médaillons en bas-relief). Les fines nuances du marbre contrastent avec la lourdeur de la pierre. Si elle est ouverte (surtout pour les expos), voir aussi la salle gothique, néogothique cette fois. Elle fut conçue par Alexandre Brioullov au milieu du XIXe s : murs de stucs blancs, incroyables et colossaux lustres de bronze doré à la feuille. Travail très fin sur les colonnettes, les chapiteaux et sur le plafond voûté.

***Le pont de la Trinité* – Троицкий мост** *(Troitski most ; plan couleur III, H-I6)* **:** avec ses six arches métalliques du début du XXe s, il permettait de gagner l'église de la Trinité. Réalisé sous Nicolas II par la compagnie française Batignolles, la même qui construisit le pont Alexandre-III à Paris, d'ailleurs offert par les Russes pour symboliser l'alliance franco-russe. Chouettes lampadaires.

***Le champ de Mars* – Марсово поле** *(Marsovo pole ; plan couleur III, H-I6)* **:** vaste espace laissé libre entre le jardin d'été et la zone du palais de Marbre. Côté quai, statue de Souvorov, qui mena les troupes alliées contre Napoléon et à qui il infligea sa première défaite. Allégorie de son talent de guerrier (il est représenté en Mars, dieu de la Guerre). Pendant la Seconde Guerre mondiale, on cacha la plupart des statues, sauf celles des maréchaux qui devaient montrer le soutien indéfectible des anciens militaires, même sous forme de statues.
Le champ de Mars est le lieu de toutes les parades militaires, défilés et grèves en tout genre. Autrefois, c'était une grande zone sablonneuse que les habitants appelaient le Sahara, à cause des nuages de sable qui montaient jusqu'à la perspective Nevski les jours de grand vent. On éleva dans les années 1930 le monument central dédié aux héros de la révolution (la flamme qui brûle en permanence date de 1957). Sur le flanc ouest, longue façade jaune du bâtiment qui abritait les casernes du régiment Pavlovski, un de ceux créés par Pierre le Grand dans sa jeunesse et qui devint un appui militaire important pour le tsar. Allégorie classique au fronton, colonnes, etc.

***Le palais et le jardin d'Été* – Летний Дворец и сад** *(Lietni dvorets i sad ; plan couleur III, I6)* **:** *entrée du jardin soit par le côté de la Neva, soit par le sud, à l'angle de la Fontanka et de la Moïka. Jardin tlj 10h-22h (19h en hiver). Palais mer-dim 10h-18h (mai-nov) ; caisses fermées 1h avt. Fermé mar et dernier lun du mois. ☎ 314-0374 pour réserver une visite guidée. Achat des billets dans une petite cahute à l'extérieur. Entrée : 300 R ; ½ tarif étudiants. Supplément pour appareil photo et caméra. Le palais et le jardin doivent rouvrir en 2012 après 2 ans de fermeture. Horaires et conditions de visite pourront alors avoir changé.*
On parlera du jardin un peu plus loin, pour l'instant invitons-nous plutôt chez le tsar. Le palais se situe à l'angle de la Fontanka et la Neva. On distingue le palais d'Hiver, immense et prestigieux, et cette modeste demeure (qui n'a de palais que le nom). Sise à l'angle nord-est de ce beau parc, elle fut la première résidence d'été de Pierre le Grand à Saint-Pétersbourg. Dans l'entrée, les plans du projet. C'est la seule demeure datant de l'époque de Pierre le Grand qui subsiste en ville. La maison était à l'origine entourée d'eau (un des canaux a été comblé). On s'aperçoit immédiatement que Pierre le Grand, qui avait par ailleurs des projets grandioses pour sa ville, vivait assez modestement.

– ***Au rez-de-chaussée,*** les appartements du tsar ; à l'étage, ceux de sa femme. On découvre d'abord un salon de style espagnol, avec une table en marqueterie ornée d'un blason de la Russie. Portraits du tsar et de ses proches. Dans une sorte de vestiaire, costume du tsar, qui permet de rappeler qu'il mesurait 2,04 m alors qu'il ne chaussait que du 39. Très grand, petite tête (sa demi-sœur ne l'appelait-elle pas « cigogne » ?), épaules étroites et pourtant très fort.
Dans le ***bureau du secrétaire,*** noter les carreaux de Delft sur les murs. Superbe poêle hollandais, secrétaire à secrets, chaise en noyer que Pierre aurait faite de ses blanches mains et échiquier. Petite chambre : Pierre le Grand n'aimait pas les grandes pièces. Noter les faibles dimensions du lit, qui s'expliquent par le fait qu'à l'époque, on dormait à l'équerre (la position allongée était réservée aux morts). Portrait du tsar et de Catherine Ire. Au plafond, Morphée, déesse du Sommeil. Pour mieux arriver au pays des songes, sa tiare se pare de têtes de pavots...
Puis voici le ***cabinet de travail,*** qui témoigne du grand intérêt du tsar pour tous les travaux manuels. On voit ici un ensemble sculpté allemand à trois cadrans (1714) : l'un donne l'heure, les deux autres servaient à mesurer la direction et la force du vent. Le mécanisme est relié à une girouette sur le toit. Tout cela fiché dans un énorme cadre de bois couvert de hauts-reliefs où apparaissent des figures mythologiques. Salle à manger sombre, au mobilier lourdingue (le tsar mangeait très simplement, comme les paysans). ***Petite salle du Trône*** – ou devrions-nous dire cabinet de chaise... On finit avec le rez-de-chaussée par une intéressante cuisine à la hollandaise, c'est-à-dire quasiment intégrée sous une vaste hotte. Dans un angle, un lavabo, le premier à distribuer de l'eau courante de la ville. Murs en céramique. D'un côté la salle à manger, de l'autre les toilettes (noter le système de chauffage). La boucle est bouclée.
– ***À l'étage,*** les ***appartements de la tsarine*** tranchent avec ceux du bas : ici, c'est le raffinement qui prime. Toujours une cuisine avec un curieux meuble-lavabo. Salon très décoré, beaucoup moins lourd que les salles du bas. Des pièces plus raffinées, plus décoratives, mais aussi moins meublées. Salon chinois (panneaux de soie), puis chambre à coucher de Catherine, avec un lourd miroir orné de scènes de chasse, pour lequel Pierre le Grand mit la main à la pâte. Suit la chambre des enfants (ils en eurent 12, dont 10 moururent en bas âge) et, après, la salle de bal, dont les modestes dimensions n'empêchaient pas le couple de recevoir très régulièrement. De 17h à 22h précises, jamais plus tard... Boire, fumer, danser, discuter librement, tout était permis, sauf jouer aux cartes ! On finit par le ***Cabinet vert,*** aux murs couverts de panneaux de bois peint. Le tsar y exposait ses collections.
– ***Le jardin d'Été*** – **Летний Сад** *(Lietni sad)* **:** à l'origine conçu à la française, ce joli jardin agrémenté de statues en marbre italiennes fut complètement refait à l'anglaise après l'inondation de 1824. Ce fut le premier espace vert de Russie réalisé dans les règles de l'art des jardins. C'est aujourd'hui le préféré des jeunes Pétersbourgeois qui viennent s'y bécoter. Il a des faux airs du jardin du Luxembourg (à Paris). On y trouve un ancien *pavillon de café* (ouvert de 11h à 18h) et un *pavillon de thé* (ouvert de 11h à 20h), où l'on peut prendre un verre, même si le cadre n'est plus aussi prestigieux.
Pierre le Grand contraignit l'aristocratie à boire du café le matin, et il créa ce pavillon pour en implanter la mode. Il y emmenait ses invités lors des réceptions et leur servait le fameux breuvage. Ainsi les odeurs de torréfaction se propageaient-elles aux alentours. Le pavillon de thé a été bâti sur le même principe. Il lança au passage la mode de la pipe, et du tabac en général. En face du pavillon de thé se dresse la statue du poète Krilov, qui écrivit des fables. Sur le piédestal, les animaux qu'on retrouve dans ses écrits. Une sorte de La Fontaine russe, quoi.

Le musée Stieglitz – **Музей Штиглица** *(Mouzeï Chtiglitza ; plan couleur III, J6,* ***200) :*** *Solianoï per., 15. ☎ 273-3258. • stieglitz-museum.ru • Ouv 11h-16h30 (fermeture des caisses à 16h). Fermé dim-lun, le dernier ven du mois et en août. Il arrive que ce musée, assez peu visité, soit fermé en dehors des j. habituels. Entrée : 60 R ; réduc étudiants ; gratuit pour les élèves des écoles d'art. Suppléments pour appareil photo et caméra (100 R et 200 R).*

L'édifice est né de l'idée de son généreux et riche mécène, le baron Alexandre Stieglitz, un riche industriel qui avait besoin de spécialistes pour ses entreprises de tissage. En 1876, il donna 1 million de roubles pour créer, dans la cour du Sel, une école de dessin industriel chargée de préparer les artistes en herbe aux arts appliqués : porcelaine, bijouterie, soins du visage, ébénisterie, artiste capillaire, peinture sur soie, tapisserie, macramé, peinture sur T-shirt, graveurs (cherchez l'intrus !). Certains de ses élèves travaillèrent chez Fabergé (les moins nuls, assurément). Stieglitz rassembla par ailleurs une collection d'objets d'art, dans l'optique de servir aux étudiants de son école. À la fin du XIXe s, il y avait tellement d'œuvres qu'on ouvrit ce musée, directement relié à l'école des arts appliqués qui le jouxte.
L'édifice, conçu comme un musée, avait pour objet d'abriter tous les styles de l'art décoratif, de tous les pays et de toutes les époques, Russie comprise. Aussi découvre-t-on l'art décoratif russe, français, allemand, italien... une gageure. Certaines fresques murales sont des copies de palais italiens ou moscovites, notamment le décor médiéval du palais des Terems au Kremlin. Largement abîmé pendant le siège de la ville, le musée n'a pas retrouvé son faste d'antan. Dire que les collections qu'on voit ici sont lisibles serait beaucoup dire. Gentil foutoir serait plus approprié. Dommage d'ailleurs, car cela nuit vraiment à l'intérêt de la visite.
Parmi les sections les plus notables : petite collection de poupées en costumes russes du XIXe s. Porcelaines, céramiques et faïences françaises et d'autres manufactures européennes. Collection de serrures. Un peu d'art portugais, espagnol et allemand (mobilier essentiellement)... Pas mal d'art russe, notamment une salle entière de poêles en faïence provenant de toutes les régions du pays, du XVIIIe s essentiellement, avec différentes dominantes de couleurs, la plupart de style baroque populaire. Dans la même pièce, une vitrine abrite cinq céramiques réalisées par le peintre Vroubel, de la fin du XIXe s (plusieurs de ses œuvres sont au Musée russe). Mobilier Empire russe. Expos temporaires régulières où sont présentés les travaux de certains des 1 200 élèves de l'école. Voir encore la vaste salle d'exposition, éclairée par une large verrière et son escalier de marbre italien.

Le jardin Mikhaïlovski – Михайловский Сад *(Mikhaïlovski sad ; plan couleur III, I7) : tlj sf dernier mar du mois.* Ce grand parc boisé s'étend sur plus de 9 ha, au sud du jardin d'Été et de la Moïka, entre l'église du Saint-Sauveur-sur-le-Sang-Versé et le château Mikhaïlovski (voir plus loin). Il a été restauré dans l'esprit des années 1830. En fait, c'est un jardin à l'anglaise conçu sur des bases antérieures de jardin à la française.

Le pont Panteleimon – Пантелеймоновский мост *(Panteleïmonovski most ; plan couleur III, I7) : à l'angle de la Moïka et de la Fontanka.* Refait au début du XXe s pour laisser passer le tramway, c'est l'un des plus petits, mais sans aucun doute un des plus beaux. Élégant tablier décoré de dorures. Aux extrémités trônent des aigles bicéphales coiffant un fagot de flèches, symbole du pouvoir impérial. Style Empire russe pur jus.

PETIT OISEAU, ES-TU LÀ ?

À l'angle du pont des Ingénieurs n° 1, on peut voir, au-dessus du parapet, un minuscule oiseau en bronze fiché dans le mur. Appelé Tchigik-pigik, il fait référence à une comptine, qui dit : « Tchigik-pigik, où es-tu ? – Je suis allé boire de la vodka, sur la Fontanka ! » Et, du coup, Tchigik-pigik est devenu le surnom des étudiants de l'école de droit (située en face), que l'on sait portés... sur la vodka.

Le château Mikhaïlovski – Михайловский Замок *(Mikhaïlovski zamok ; plan couleur III, I7) : Sadovaya ul., 2. ☎ 313-4173. Tlj sf mar 10h-18h (17h lun) ; caisses fermées 1h avt. Entrée : 300 R ; ½ tarif étudiants. À notre avis, bien trop cher pour ce qu'on peut voir. D'autant qu'il faut s'inscrire à une visite guidée (qui fait l'objet*

d'un ticket séparé) pour voir la chambre de Paul Ier. Photos : 250 R. Fait partie du billet groupé à 600 R donnant accès au palais de Marbre et au palais Stroganov.
On l'appelle « château » en référence à son architecture massive dans le style forteresse anglaise, quadrangulaire à l'extérieur et octogonale pour la cour intérieure. Il fut construit pour le malheureux Paul Ier, fils de Catherine II et de Pierre III, à la fin du XVIIIe s. Paul, qui ne voulait pas vivre dans le palais d'Hiver parce qu'il redoutait un complot (prédit par une voyante), préféra se faire construire ce château, telle une forteresse, pour se sentir protégé. Il se fit malgré tout assassiner 60 jours après son emménagement. On n'est décidément tranquille nulle part. Paul Ier n'avait régné que 4 ans. Après sa mort, le palais devint rapidement une école d'ingénieurs de l'armée (École supérieure du génie), sur les bancs de laquelle Dostoïevski usa ses fonds de culotte.

Le château est à nouveau cerné par des canaux artificiels (comme des douves) et même un pont-levis. Côté Moïka, jardin d'Été, façade précédée d'une loggia et de statues d'Hercule et Aphrodite. Côté ouest apparaît la haute flèche de la chapelle privée du château. On pénètre dans la cour par l'entrée principale, au sud du palais. Façade à pilastres de marbre, réalisés comme des obélisques, avec toute une panoplie militaire romaine en bas-relief, blocs de marbre en pointes de diamant, colonnes doriques et inscription en cyrillique qui dit : « À ta maison, bénédiction de Dieu pour de longues années. » Manque de pot ! À l'intérieur, cour octogonale où tout autour s'organisaient les appartements privés de Paul. Il demanda à son architecte de créer de fausses fenêtres, des couloirs cachés, des escaliers dérobés et des passages secrets menant jusqu'au champ de Mars, afin de prévenir tout complot (ses craintes étaient vraiment justifiées, puisque même le chef de sa garde faisait partie des comploteurs). Décor de la cour avec blason de Paul Ier, accompagné des aigles bicéphales. Sculptures à l'antique peu gracieuses dans les niches. Au premier registre, guirlandes et armes en vrac. Toujours cette manie sécuritaire de Paul qui le poursuivait partout.
Le château abrite aujourd'hui le ***département des peintures des Romanov et des maquettes du Musée russe.*** S'y tiennent essentiellement des expos temporaires. À vrai dire, rien de vraiment incontournable. Possibilité de visiter (avec supplément) quelques pièces d'habitation de Paul, notamment la chambre où il fut assassiné, transformée en chapelle. Voir aussi le grand escalier inspiré de celui de l'Ermitage. Et, éventuellement, les originaux des sculptures du jardin d'Été au rez-de-chaussée.
Devant l'entrée, au début de l'allée, majestueuse statue équestre de Pierre le Grand, réalisée par Rastrelli père (sculpteur) et placée ici à la demande de Paul, très admiratif de son aïeul. Sur le socle, beau bas-relief des victoires de Pierre Ier (une bataille navale et une bataille terrestre).
Au bas de l'allée, deux pavillons rose saumon abritaient la garde du palais.

★★★ ***Le Musée russe*** – **Русский музей** *(Rouski mouzeï ; plan couleur III, I7) : Injenernaya ul., 4. ☎ 595-4248 ou 314-3448 pour réserver un guide. • rusmuseum.ru • Ⓜ Gostiny Dvor ou Nevski Prospekt. Tlj sf mar 10h-17h (16h lun) ; caisses fermées 1h avt. Entrée : 350 R ; ½ tarif étudiants. Photos payantes (250 R). Audioguide en français à louer dans le hall d'entrée après la caisse : encore 350 R de plus. Vestiaire, cafétéria, vente de livres et w-c au sous-sol.*
Attention : comme à l'Ermitage, certains tableaux indiqués dans le texte peuvent être temporairement absents.
L'idée de faire construire ce palais revient à Paul Ier : il le destinait à son quatrième fils, Mikhaïl, d'où le nom de palais Mikhaïlovski (palais Michel en français). C'est Alexandre Ier qui confia à ***Carlo Rossi*** la réalisation de ce superbe palais néoclassique qui donne sur la place des Arts. Alexandre III imagina sa transformation en musée d'Art russe et c'est son fils, Nicolas II, qui la réalisa à la fin du XIXe s. Les édifices latéraux furent ajoutés plus tard. Voilà pour l'histoire de l'édifice.
L'idée sous-tendant la création du musée était de montrer que la ville savait aussi s'intéresser à la culture russe et pas seulement à l'occidentale, considérée par cer-

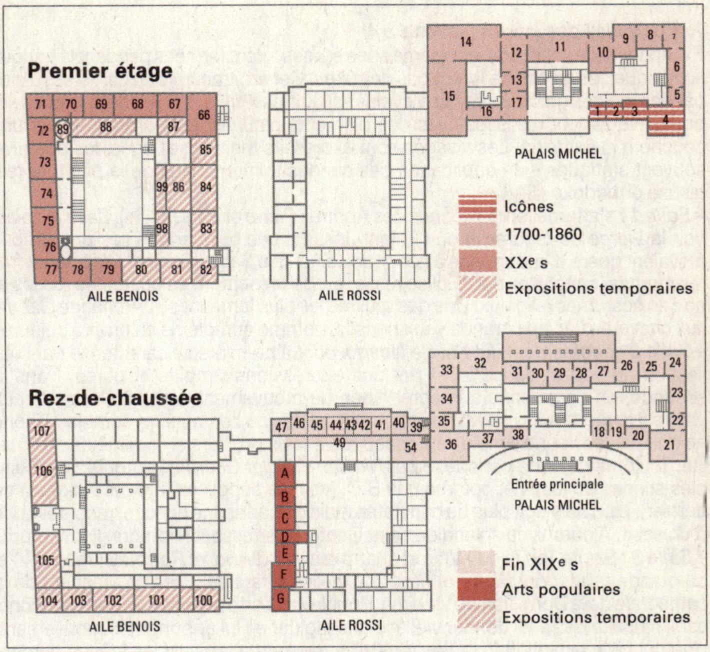

LE MUSÉE RUSSE

tains comme trop largement représentée à l'Ermitage. Juste un chiffre pour comprendre l'importance de ce musée : seulement 3 % des collections qu'il gère sont exposées. C'est tout simplement la plus grande collection d'art russe du monde, en concurrence avec la galerie Tretiakov de Moscou. Outre les bâtiments qu'on voit ici, certaines collections plus mineures sont présentées dans d'autres édifices (palais de Marbre, château Mikhaïlovski, palais Stroganov...). Il existe un billet valable 24h à 600 R qui inclut leur visite, mais il est vraiment difficile de tout faire dans le temps imparti.

L'extérieur

Sommet du classicisme, la façade s'organise autour d'un portique à colonnes corinthiennes, surmonté d'un fronton triangulaire, décoré d'un bas-relief avec allégorie romaine et la lettre M au sommet. Ouf ! Bon, rien de décoiffant. Entrée à l'angle droit du bâtiment principal, au fond de la cour.

Le musée abrite une richissime collection de peintures russes, depuis les icônes du XIIe s jusqu'au XXe s. Bien plus que l'Ermitage, qui présente surtout l'art européen, c'est véritablement ce musée qui vous aidera à comprendre l'évolution artistique du pays au cours des siècles. C'est un véritable voyage à travers l'art, mais aussi à travers l'histoire, car on y retrouve tous les personnages, tsarines, tsars, ministres, éminences grises, les grandes batailles, des scènes de genre, les révoltes, les conflits... Bref, ce musée est un des clous de la visite de la ville, et on vous suggère même d'en faire votre première visite, histoire de vous mettre tout de suite dans le bain.

Les œuvres sont présentées de manière chronologique, ce qui facilite la visite. On débute par le 1er étage, puis on redescend au rez-de-chaussée avant de remonter au 1er étage... et de redescendre une dernière fois. Accès aux salles par l'escalier monumental décoré de trompe-l'œil en grisaille dans la corniche et de bas-reliefs de haute facture.

L'intérieur

➢ ***Les salles des icônes (salles 1 à 4)***

Exceptionnelle collection, car même si les églises furent fermées pendant la période soviétique, les icônes ne furent pas détruites. Cet art, transmis aux artistes russes par des moines grecs, ne cessa d'évoluer du XIIe au XVIIe s. Il s'agit de peintures sur bois, uniquement réalisées avec des pigments naturels, puis protégées par une couche d'huile de lin. Les visages sont expressifs mais assez figés, les postures souvent statiques – en application des canons immémoriaux de la peinture religieuse orthodoxe.

– ***Salle 1 :*** s'attarder sur les icônes des *Apôtres Pierre et Paul* (XIIIe s), *Saint Nicolas*. Voir la *Vierge de tendresse* où l'Enfant Jésus a une taille adulte (les proportions n'avaient guère d'importance à l'époque), ainsi que *Saints Boris et Gleb,* deux frères martyrs, canonisés par l'Église russe, qui se présentent en costumes russes et non en costumes religieux. Une des œuvres les plus fameuses : l'*Archange Gabriel aux cheveux d'or,* aux grands yeux pensifs, comme auréolé de sa propre coiffure.

– ***Salle 2 : écoles de Pskov et de Novgorod.*** La première se caractérise par l'utilisation du vert et du rouge et par des expressions simples et pures. Dans la seconde, on commence à intégrer l'idée de mouvement. Voir *La Descente aux enfers* (Novgorod), fin du XIVe s, aux traits précis, où l'on mesure combien l'icône ne doit pas avoir une simple vertu décorative mais doit être empreinte de spiritualité. Toujours de cette période, *Saint Nicolas* et *Saint Georges,* entourés de multiples scènes de leur vie, comme une B.D. (voir les supplices atroces infligés à ce dernier). Là, il ne s'agit plus de constater, mais de narrer une histoire, raconter la vie d'un saint. Ajoutons ce splendide saint Georges terrassant le dragon (Novgorod).

– ***Salle 3 :*** *Sainte Trinité* du XVIe s et quatre œuvres d'***Andreï Roublev*** (début XVe s) de grande taille, dont *Pierre* et *Paul,* d'excellente facture. Elles proviennent de la cathédrale de la Dormition de Vladimir. Roublev apporta beaucoup à l'art de l'icône, car il n'hésita pas à lui donner vie, à le désengluer en lui apportant le mouvement. Une nouvelle évolution aura lieu au XVIe s, période à laquelle les icônes perdent naïveté et pureté. Il s'agit désormais plus de prouesses techniques que de ferveur religieuse : souci du détail, importance de la perspective, mise en valeur du décor. On sent que la Renaissance est passée par là.

– ***La salle 4*** présente surtout des œuvres plus tardives, allant dans le même sens (école de Moscou, *La Trinité de l'Ancien Testament*). Les personnages sont présentés de profil et non plus de face. Superbes *Archange Gabriel* et *Archange Michel* du XVe s.

➢ ***La peinture du XVIIIe au XIXe s (salles 5 à 23)***

Ça y est, la peinture sort de son carcan religieux, notamment grâce à Pierre le Grand qui met en place un système de bourses pour les jeunes talents. On peint enfin autre chose que des saints ! Le tsar et sa famille se font tirer le portrait. On n'en est pas encore à peindre le peuple, mais ça va venir.

– ***Salle 5 :*** nombreuses toiles représentant Pierre le Grand dont celles peintes par ***Ivan Nikitine,*** artiste officiel de la Cour, dont un beau *Pierre le Grand sur son lit de mort.* Voir le buste du tsar, réalisé par ***Rastrelli père***.

– ***Salle 6 :*** galerie de portraits de personnages de la Cour. Intéressant *Portrait de Catherine II* en mosaïque de Smalte, technique mise au point par le savant et poète ***Lomonossov,*** et qui fut utilisée plus tard pour recouvrir entièrement les murs intérieurs de l'église du Saint-Sauveur-sur-le-Sang-Versé. En fait, il fit le portrait de la reine afin d'obtenir de l'argent pour développer ses techniques.

– ***Salle 7 :*** c'est le parquet en marqueterie de bois, mais aussi le plafond qu'on observera, couvert d'allégories et de scènes romantico-baroques. Célèbre tapisserie de *Pierre le Grand* à la bataille de Poltava, couronné par un aigle. Au centre, l'impératrice Anna Ioannovna, œuvre baroque de Rastrelli père.

– ***Salle 9 :*** à noter surtout, une belle *table en marqueterie de marbre* semée d'oiseaux exotiques colorés. Plusieurs sculptures de ***Kozlovski*** (fin XVIIIe s).

– ***Salle 10 :*** œuvres de ***Dimitri Levitski,*** qui pousse loin l'art du portrait en mettant de plus en plus en scène ses personnages. Il peint Catherine II sous toutes les

coutures et réalise quelques portraits de jeunes filles ayant été élevées à l'Institut Smolny, créé par la tsarine. Quelques tableaux montrent ces jeunes demoiselles qui chantent, font du théâtre, étudient les sciences... Tout cela est très apprêté, très urbain finalement. Ça devait plaire à tout le monde et montrer l'ouverture d'esprit de la Grande Catherine. Sur un grand portrait, on peut la voir brûler des fleurs de pavot : fleurs du sommeil, c'est une scène symbolique, montrant que la tsarine donne même son sommeil pour le pays. Ben, voyons ! Sûrement dormait-elle très peu, même si elle passait pas mal de temps au lit ! Plusieurs marbres (*Catherine II, Paul Ier,* et bien sûr l'incontournable *Grigori Orlov*) de ***Choubine,*** un ancien serf libéré, qui obtint une bourse pour étudier. Belle ascension.
Arrêtons-nous un instant pour évoquer un point d'histoire de l'art. En 1757, la Grande Catherine crée l'Académie des beaux-arts. Pour pouvoir y entrer, les artistes devaient réaliser une grande œuvre répondant à des canons esthétiques assez précis. La peinture était libre certes, mais l'entonnoir du goût officiel tenait plus ou moins le pinceau des artistes. On retrouve ces œuvres en nombre aujourd'hui sur les murs du musée. Faciles à reconnaître : ce sont en général de très grands formats et elles traitent souvent de sujets religieux et/ou antiques.
– ***Salle 11 :*** consacrée à l'art russe appliqué. Objets et meubles provenant des différentes manufactures impériales (bronze, cristallerie, mobilier, candélabres...). Tout fut ici réalisé d'après les dessins de ***Carlo Rossi.*** Bas-relief au-dessus des portes, frises courant tout autour de la pièce, et tout le reste en trompe l'œil. C'était le ***salon de musique*** d'Helena (la femme de Mikhaïl). Colonnes, fresques, allégories en tout genre et toujours un beau plancher marqueté.
– Dans la ***salle 12,*** on notera le *Portrait de Paul Ier* par ***Borovikovski*** en grande tenue d'apparat. Il doit bien y en avoir pour 5 kg de perles, argent et autres babioles...
– Faire une petite halte ***salle 14,*** dédiée au travail de ***Brioullov*** (milieu du XIXe s), important portraitiste de l'époque. Superbe et gigantesque *Dernier jour de Pompéi.* L'artiste vécut longtemps en Italie et fut très marqué par la célèbre tragédie. Il reçut pour cette toile le grand prix au Salon de Paris. Portraits de la *princesse Elena Pavlovna,* de la jolie *Elizabeth Saltykova* (1841), éventail en plumes de paon à la main, de *Tolstoï jeune à la chasse, Crucifixion.* Du sculpteur ***Orlovski,*** *Faune et Bacchante.* Et encore, des marines et scènes de naufrage d'***Ivan Aïvazovski.*** Il fut d'abord officier de marine avant de devenir peintre officiel. Une de ses toiles les plus célèbres : *La Vague* (en fait, une tempête). Splendides *Vues d'Odessa et de Constantinople à la pleine lune.* Peut-être encore plus impressionnante, *La Neuvième Vague,* poignant naufrage.
– ***Salle 15 :*** surtout des grandes toiles aux allégories mythologiques, avec ***Ivanov.*** L'esquisse de l'*Apparition du Christ à la foule* (au fond), avec, autour du tableau, toutes les études qu'il a utilisées pour les personnages. Le tableau définitif se trouve à la galerie Tretiakov, à Moscou.
– ***Salles 16 et 17 :*** dessins réalisés par les étudiants de l'Académie des beaux-arts et portraits de responsables de la noble institution.
Voilà que l'on retourne au rez-de-chaussée. L'époque reste la même : toujours le début du XIXe s.
– ***Salle 18 :*** consacrée à ***Fedotov,*** portraitiste et humoriste comme dans *Les Fiançailles d'un Major,* où l'on apprête une jeune fille avant qu'un officier ne vienne demander sa main.
– ***Salle 21 :*** de ***Flavitsky,*** toujours dans le registre très académique, voir *Les Martyrs chrétiens au Colisée* aux expressions très franches, et puis l'incroyable *Phriné à la célébration de Poséidon à Eleusis* de ***Semiradsky*** (1889), œuvre gigantesque évoquant une scène antique, baignée de soleil, où aucun des nombreux personnages n'est laissé au hasard.
– La ***salle 23*** est intéressante car elle met en exergue les œuvres du ***réalisme critique,*** dont ***Perov*** fut l'un des fers de lance. Comme dans cette toile manifestement anticléricale, Réfectoire de monastère, où l'on voit les membres du clergé s'empiffrer et boire tandis que les pauvres mendient à leurs pieds. Hypocrisie et bigoterie s'opposent à pauvreté et dévotion. Très beau portrait de Tourgueniev.

➢ ***Les Ambulants***

Les salles qui suivent témoignent d'un important courant pictural connu sous le nom des **Ambulants.** Tout débute au milieu du XIXe s, lorsque quelques étudiants, menés entre autres par ***Ivan Kramskoï,*** expriment leurs désaccords avec les règles de l'Académie et l'académisme en général. Pour ce faire, ils décident d'organiser leurs propres expositions ambulantes (d'où le nom, mais ça, vous l'aviez compris, non ?). Leur objectif ? Se rapprocher du peuple, témoigner des problèmes sociaux, montrer la difficulté de vivre. Ils aiment également la nature. Alors ils se mettent à peindre en plein air. Rejetés à leurs débuts par l'Académie (comme toujours !), ils entrent doucement dans les salons de la riche bourgeoisie, qui apprécie leur travail. Parmi eux, ***Savrassov,*** dont l'œuvre évoque merveilleusement les paysages de la Russie centrale. Scènes d'hiver aux lumières blafardes comme dans *Crépuscule sur les marais.*

– La ***salle 24*** est consacrée à ***Kramskoï*** donc, un des plus marquants portraitistes ambulants. Il croque les intellos, les artistes, les éditeurs, les journalistes. Tels quels, sans fioritures. Le peintre de ceux qui pensent, quoi ! Il s'oppose ainsi aux portraitistes officiels de la Cour, qui s'intéressent essentiellement au beau linge.

– ***Salle 26 :*** on verra les travaux de ***Gay,*** un autre Ambulant qui réalisa de nombreuses fresques historiques. Ambulants ou pas, les peintres, pour devenir « académiciens » (participation aux Salons, obtention de bourses), devaient tout de même réaliser une œuvre académique. Ainsi, de ***Gay,*** ce *Dernier repas* avec un Jésus sur le canapé.

– ***Salles 27 et 28 :*** toujours de l'école ambulante, paysages de **Chichkine** et *Paysages de Saint-Pétersbourg.* Plusieurs **Vassiliev.** Voir *Le Dégel*, où le peintre sait rendre ce curieux sentiment qui se dégage de la contemplation de la nature russe. Un respect profond mêlé d'une infinie tristesse. Noter *L'Automne.* Le peintre a déjà un « toucher » impressionniste sans avoir jamais vu une seule toile de cette nouvelle tendance française.

– ***Salle 29 :*** *Moisson* de **Miasoyedov** est une toile fraîche et très populaire.

– La ***salle 30*** présente, entre autres, ***Zhuravlev,*** où l'on retrouve le réalisme critique. De **Makovsky,** *L'Accusé.*

– ***Salle 31 :*** *Sur le départ* de **Yaroshenko,** et *Départ à la guerre* de **Savitsky.** Les familles de soldats y laissent transparaître un puissant sentiment d'angoisse.

– ***Salle 32 :*** autre tableau académique, de **Polenov,** *Le Christ et la femme adultère,* où notre bon Jésus, pris à témoin, ne semble pas trop savoir quoi faire ni quoi dire.

– ***Salle 33 :*** l'importante toile *Haleurs de barge sur la Volga* d'***Ilia Repine,*** un des membres les plus influents du mouvement des Ambulants, exprime avec force le réalisme social. Observez bien, seul le plus jeune des personnages se dresse fièrement dans la lumière au milieu des autres. Une sorte de glorification d'un des travaux les plus pénibles de l'époque, dont il dénonce – en prime – le caractère inhumain.

– ***Salle 34 :*** autre tableau extrêmement populaire, toujours de ***Repine,*** *Cosaques écrivant une lettre moqueuse au sultan turc,* important portrait collectif, témoignage peint de la réponse donnée par les Cosaques aux Turcs qui leur proposaient de trahir Catherine II. La réponse écrite fut violente, cinglante et ironique.

– ***Salle 35 :*** tableaux de ***Kuindji*** *(Nocturne, Arc-en-ciel).* De curieuses œuvres, très sombres et très dépouillées. En fait, ces toiles subissent en permanence l'outrage du temps et s'assombrissent au fil des années, à cause du goudron (matière vivante) utilisé par l'artiste pour fabriquer ses pigments. Vraiment un peintre des lumières extrêmes.

– ***Salle 36 :*** c'est **Sourikov** (fin XIXe s) qui est à l'honneur. Il ne réalisa que 12 toiles dans sa vie. Mais, vu leur taille, on lui pardonne... *La Prise d'une forteresse de neige* illustre une tradition païenne, sorte de fête hivernale, très populaire jusqu'au début du XXe s. Autre grande composition historique, *Souvorov traversant les Alpes* (1799). Pour pénétrer en Italie, il fallait passer par la Suisse, donc par la montagne. Or, les armées russes connaissaient le froid, mais pas les cimes. Sou-

vorov envoya tout de même ses troupes et défit Napoléon comme on sait. Noter le cocasse de ces soldats gelés, glissant sur les fesses comme des gamins, devant leur fier général.
– ***Salle 37 :*** de ***Sourikov*** toujours, *Stepan Razin* raconte l'histoire de ce légendaire Cosaque, sorte de Robin des Bois russe !
– ***Salle 38 :*** de ***Vasnetsov*** (1882), *Chevalier russe à la croisée des chemins.* Cet important tableau illustre de manière allégorique la détresse d'un pays qui ne sait plus vraiment où aller (pauvreté croissante du peuple, pas d'ouverture sociale de la part des dirigeants, industrialisation lente...). À droite, à gauche, devant... il y a de l'horizon partout, mais plus d'avenir. Le cheval baisse la tête. Face au cavalier fatigué, la mort, symbolisée par des ossements, et tout autour le vide, et le crépuscule. Le cavalier a son bouclier dans le dos. Comme s'il n'y avait plus de combat à mener. Pas gai, tout ça.
– Revenez maintenant sur vos pas pour descendre les quelques marches menant à la ***salle 54,*** côté gauche : encore de ***Repine,*** le plus grand tableau collectif du monde, *La Séance du Conseil d'État.* Œuvre incroyable commandée par Nicolas II. Académique certes, mais une prouesse technique avant tout. Tout autour de la toile apparaissent les travaux de préparation des visages de chaque membre du Conseil. À droite, on retrouve la ***salle 39.***
– ***Salle 40 :*** consacrée à ***Lévitan.*** Voir *Le Lac* en particulier. On devine qu'il utilise les techniques impressionnistes. Lévitan sut donner de la force aux grands paysages.
– ***Salles 43, 44 et 45 :*** toujours la fin du XIXe s. Œuvres de ***Brodsky, Benois, Bakst*** et ***Ryabushin*** (de ce dernier, voir cette *Rue de Moscou*). *Leon Bakst* est connu pour avoir réalisé (entre autres) les costumes pour *Les Saisons russes,* qui firent les belles heures du Châtelet à Paris. Voir son beau portrait de Serge Diaghilev et de sa nounou. Et, pour le fun, deux toiles très « gauguinesques » d'***Alexandre Benois*** – peintre russe d'origine française qui devint conservateur de l'Ermitage et a donné son nom à l'aile du Musée russe.
– Dans la ***salle 47,*** consacrée à ***Maliavin,*** touchante *Elisaveta Martynova* alitée et un portrait vraiment réussi de l'artiste Konstantin Somov.

➢ ***Les arts populaires***

Ne pas louper, dans le prolongement, les ***salles A à G,*** consacrées à l'art russe appliqué, classé par genres. Travail de l'os très impressionnant, du bois, du fer forgé, des perles, dentelles, broderies, plateaux peints, bois laqués, miniatures, etc., provenant des écoles Palekh, Mstiora, Khaloivi... On verra de très beaux encadrements de fenêtres sculptés, et même tout le fronton en bois d'une maison de la région de Nijni Novgorod.

➢ ***Le XXe s : le mouvement du « Monde de l'art » et les avant-gardistes (aile Benois)***

On remonte vers le 1er étage, où est concentré tout l'art du début du XXe s (salles 66 à 79). Le basculement artistique se fait à la fin du XIXe s avec la création du mouvement « Le Monde de l'art » par ***Alexandre Benois*** et ***Serge Diaghilev.*** C'est aussi le nom d'une revue qui présente les créations occidentales et fait sortir l'art pictural russe de son carcan. Toute la peinture s'organise autour de ce mouvement, qui compte bien rompre avec la notion d'« utilité de l'art ». On cherche de nouvelles voies en divorçant radicalement du passé.
– ***Salle 66 :*** tableaux symbolistes de ***Vroubel*** : rêve et mysticisme se mêlent dans une sorte de fête païenne inquiétante comme dans ce *Démon volant.*
– ***Salle 68 :*** le *Prince Dimitri,* fils d'Ivan le Terrible, qui fut assassiné, de ***Nesterov.*** Petit symbole d'innocence avec l'apparition du Christ en haut de la toile. Le travail de ***Roerich*** ne passa pas non plus inaperçu. Toiles aux grands aplats de couleurs dominantes. Il participait régulièrement à des expéditions ethnographiques et mourut au Tibet. Pas besoin d'être grand lama pour deviner le côté mystique de son œuvre. Il y a un côté Munch chez lui, en moins effrayant sans doute. L'art russe se cherche, tâtonne, se laisse imprégner des courants venus de l'Ouest, notamment de France et d'Italie.

– ***Salles 69 et 70 :*** on rencontre ***Serov,*** un excellent portraitiste (début XXe s). Arrêtez-vous à son *Portrait de la comtesse Olga Orlova.* L'artiste, comme pour se moquer, peignit la comtesse avec un visage hautain. « Mon Dieu qu'elle a l'air fine avec toutes ces breloques », semble lui dire le peintre ! Elle détesta le tableau. Il n'était pourtant que le reflet d'elle-même. Un autre d'Ida Rubinstein, juste en face alors que les deux femmes se détestaient !
– Influences des primitifs et des cubistes chez ***Natan Altman (salle 72),*** auteur d'un très peau *Portrait de la poétesse Anna Akhmatova,* puis des expressionnistes chez ***Mastikov*** et ***Konchalovsky (salle 73).*** Belle *Danse espagnole* de ce dernier.
– ***Salle 74 : Natalia Goncharova*** et ***Mikhaïl Larionov,*** son compagnon dans la vie, fondateurs du groupe de recherche picturale « La Queue de l'âne », qui enfantèrent le cubo-futurisme et le rayonnisme. Puis se profile l'abstrait ***(salle 80),*** visiblement marqué par l'influence de l'Europe occidentale.
– ***Salles 75 et 76 :*** les nouveaux courants trouvent leur expression ultime avec ***Malevitch,*** fondateur de l'école cubiste russe, puis pionnier de l'abstraction complète. Formes simples et géométriques, mises à côté les unes des autres. La peinture n'a-t-elle plus rien à dire ? s'interroge l'artiste. Une démarche intellectuelle plus qu'esthétique. Ici, les toiles sont présentées par roulement. Certaines des tendances avant-gardistes disparurent dans les années 1930, d'autres marquèrent toute la peinture moderne. ***Kandinsky,*** représenté par 3 tableaux, et Malevitch furent sans nul doute les figures les plus importantes de cette période. De ***Filonov,*** artiste longtemps interdit, voir *Le Banquet des rois,* très troublant, où apparaît la mauvaise conscience des puissants (1913) ou la *Formule du prolétariat de Petrograd* (1920). Vision terrible.
– ***Salles 79 à 82 :*** elles accueillent des peintres soviétiques, dont des toiles de ***Petrov-Vodkin,*** considéré comme le fondateur du socialisme réaliste, soutien infaillible à la révolution.
Le rez-de-chaussée de l'aile Benois accueille également des expositions temporaires, consacrées à l'art du XXe s.

Le Musée ethnographique – **Этнографический музей** *(Etnografitcheski mouzeï ; plan couleur III, I7) : Injenernaya ul., 4, juste à côté du Musée russe. ☎ 570-5421. • eng.ethnomuseum.ru • Tlj sf lun et dernier ven du mois 10h30-18h (16h45 pour les caisses) ; fermé à 17h le dim. Entrée : 350 R ; ½ tarif étudiants. Petit kiosque de souvenirs (pas trop chers) près de la caisse. Attention : le musée organise souvent des expos temporaires qui modifient l'organisation des salles.*
Un des plus grands musées du genre dans le monde, né de la volonté du pouvoir de présenter la diversité de la Russie ainsi que des pays voisins (ex-Union soviétique), la richesse de ses cultures et la variété de ses ethnies. C'est Alexandre III qui a réuni le plus d'objets. Il était important de glorifier la nation dans toutes ses composantes : plus de 100 peuples, 100 langues, c'est dire ! Les autorités ont donc essayé de donner un aperçu de toutes les entités nationales, avec les défauts de ce genre « accumulatif », pas très didactique ni pédagogique. Si les sections sont plutôt bien organisées, on manque en revanche cruellement d'informations sur ce qu'on voit. Il s'agit plus de ne pas fâcher les groupes ethniques présentés que d'ouvrir les visiteurs étrangers sur ces différents peuples.
Le musée est organisé en sections géographiques et présente, pour chacune d'elles, des objets et des costumes du XIXe s, l'habitat, des dioramas du mode de vie, etc.
– ***Grande salle*** en face de l'entrée commandée par Nicolas II en l'honneur de son père Alexandre III. Remarquez le plafond en cristal et les colonnes de marbre d'une seule pièce. Aujourd'hui la salle est utilisée pour des expos temporaires ou... pour des soirées privées.
– On commence la visite par l'aile gauche avec la ***présentation générale de la Russie.*** Objets ruraux, costumes, barque de lac très plate. Costumes de pêcheurs, photos de bergers, traîneau. Présentation d'une économie d'autarcie. Les métiers : teinturier, brodeuse, photos des premières manufactures. Diorama des ateliers de

tissage. Section sur l'habitat : isba miniature. Beaucoup de tissus rouges, symbole de santé. Superbe série de linteaux de bois ciselés, plan de construction d'une isba, en rondins superposés. Photos de maisons... Noter que les chaises dans les isbas étaient rares. Elles n'apparaissent qu'à la fin du XIXe s. Avant cela, on se contentait de bancs (gain de place). Plus loin, évocation des fêtes et du mariage, scène de carnaval. Présentation d'un enterrement, ancien costume *sarafane,* longue robe brodée à bretelles, décorée de multiples boutons, tenue d'apparat du XIXe s.

– Revenir sur ses pas pour emprunter un petit escalier menant au 1er étage avec la ***région de la Volga :*** présentation des peuples bordant la Volga (peuples finno-ougriens). Ces ethnies ont peuplé la Hongrie, la Finlande et l'Estonie. Ces sont des chasseurs. Bel exemple de cabanes qu'on pouvait trouver en pleine forêt et ouvertes à tous ceux qui passaient dans le coin et qui souhaitaient y passer la nuit. Nombreux costumes (bas tricotés, fichus colorés, broderies, fourrures...), qui montrent la joie de vivre de cette population qui subit longtemps l'influence mongole. Habitat traditionnel en rondins. Voir les *bachkir,* sortes de tentes. Également, des costumes couverts de pièces en argent et morceaux de coraux. Photos en noir et blanc.

– ***La Sibérie :*** la principale occupation des populations de souche mongole était l'élevage des rennes. Tente *yaranga* faite en peaux d'animaux. Toujours au même étage, quelques vitrines consacrées aux peuples du Caucase. Derrière, présentation des peuplades habitant au nord du cercle polaire, dans la toundra. Et puis les peuples des forêts : chaman (sorte de guérisseur ou sorcier qu'on retrouve dans nombre d'ethnies à travers le monde) avec son tambour, costumes de mariage... Intéressants costumes de *Bouriatie,* petite république située aux alentours du lac Baïkal. Il s'agit de bouddhistes de rite tibétain. Voir le *tchum,* fait en peaux de renne. En fait, c'est à la femme de construire cette habitation en attendant le retour de son mari de la chasse. Retour au rez-de-chaussée.

– ***L'exposition « Peuples de la mer » :*** peuples du Nord-Ouest et pays baltes aux XVIIIe-XXe s. Costumes, métiers (pêche), fêtes et coutumes.

On passe dans l'aile droite du musée. La salle centrale présente la ***parade des peuples*** : multitude de costumes traditionnels, et quelques outils dans les vitrines.

– ***La section sur les Slaves d'Europe de l'Est*** *(Ukraine, Biélorussie, Moldavie)* **:** à droite de l'entrée. Habitat, objets et costumes des XIXe et XXe s. Maquette d'un village ukrainien, zone des célèbres terres noires, très riches (les tchernozioms). Grande tradition de pêche. Charrette en bois lourd, potier. Présentation des différents artisanats. L'***Ukraine*** est riche en charbon et ce fut la base de l'industrialisation de la région. Toujours des costumes, reconstitution d'un intérieur avec les classiques murs passés à la chaux et les motifs décoratifs floraux. On passe à la ***Moldavie,*** avec d'intéressantes photos en noir et blanc de logements populaires. On s'aperçoit ici que cette région est d'une grande richesse artisanale et culturelle : évocation des vendanges (les vins moldaves sont réputés et souvent excellents), nombreux tapis de toute beauté, tricots en laine, mobilier de bois... Vraiment des artistes.

VEUVES NOIRES

Les femmes géorgiennes ne portaient quasiment que des habits noirs. Explication : vu que c'étaient leurs costumes de deuil ; que le deuil était très long ; que ce peuple plutôt guerrier se battait beaucoup ; que la femme le portait (le deuil) pour le mari, les parents, les enfants et la fratrie ; eh bien, une femme géorgienne passait une bonne partie de sa vie en noir. Accessoirement, ça faisait aussi faire des économies de toilette à la famille. CQFD.

– ***La Biélorussie*** *(Russie blanche)* **:** voici une république pour l'instant indépendante, proche de la Pologne et de la Lituanie, et qui souhaite revenir au sein de la Fédération russe. De nouveau, reconstitution d'un intérieur, outils agraires, photos

de la population, habitat, costumes colorés et coiffes blanches simples et élégantes. Ici, les femmes sont blondes et élancées, très proches des Nordiques, en fait. On n'est plus dans une économie de subsistance, mais déjà dans des principes de désirs, de recherche du confort et de joie de vivre.
– Section consacrée aux ***autres peuples slaves des régions sud*** de la Russie. Là encore, costumes, maquette de village...
– ***Les peuples du Caucase :*** admirables tapis de toutes les régions. D'***Arménie,*** photos en noir et blanc d'un chef de l'Église arménienne, outils, belles broderies et costumes chatoyants. De ***Géorgie,*** grande photo de *Tbilissi,* la capitale, telle qu'elle était il y a un siècle. Belles poteries, éléments sur la chasse et la pêche.

➢ Rejoindre ***Italianskaya ulitsa*** – **Итальянская улица** sur la droite, dénommée ainsi à cause du théâtre italien qu'on y trouve. Non loin, sur la droite, dans une courette, statue de l'écrivain Tourgueniev.

➢ ***La Malaya Sadovaya ulitsa*** – **Малая Садовая улица,** agréable. L'espace central abrite de nombreuses terrasses. Rue élégante, à l'écart du tumulte de la Nevski prospekt (sur laquelle elle débouche), et où l'on découvre de jolies façades classiques du XIXe s aux couleurs chaudes. Tiens, entrez donc dans la cour du n° 3, chargée de graffitis. Dans une niche sur la droite, un petit chien métallique et, à côté, une boîte à lettres où les enfants déposent leurs vœux. À force, elle a fini par être pleine. On commença alors à écrire des souhaits sur les murs. La municipalité combattit mollement le mouvement, puis laissa faire. Ainsi, la totalité des murs de la cour se couvrit rapidement de graffs, comme autant de souhaits, d'ex-voto modernes ou de prières de toutes sortes. Inscrivez donc le vôtre, il n'est pas si fréquent qu'on puisse écrire sur les murs.

➢ Au bout de la rue, près de la Nevski, intéressante fontaine moderne en pierre, censée donner l'heure (avec une grosse boule en suspension sur un bassin d'eau). On n'a rien compris à son fonctionnement. À l'angle de la Nevski prospekt, le ***magasin Elisséïev*** – **Елисеевский гастроном** *(Elisseïevski gastronom),* temporairement fermé pour travaux de rénovation.

🍒 ***La place des Arts*** – **Площадь Искусств** *(plochad Iskusstv ; plan couleur III, I7) :* Italianskaya ulitsa mène à cette jolie place, une des plus importantes de la ville. Ensemble néoclassique de Carlo Rossi dessiné pour compléter l'ensemble du Musée russe – qui ferme le flanc nord de la place. La rigidité des édifices est compensée par un parc central arboré. Au centre, la statue du grand poète Pouchkine, réalisée par Mikhaïl Anikouchine dans les années 1950. Pouchkine a l'air un rien posé dans cette attitude figée, bras tendu. Tout autour, plusieurs théâtres du XIXe s. On y trouve l'un des plus fameux cabarets chantants de la ville, *Le Chien Errant* (voir « Où sortir ? Où écouter de la musique ? »), la salle philharmonique (salle Chostakovitch) et le théâtre Moussorgski (opéras et ballets de tout le répertoire russe).

AUTOUR DE GOSTINY DVOR

Autour de la perspective Nevski, plusieurs centres d'intérêt très différents les uns des autres.

🍒 ***La cathédrale Notre-Dame-de-Kazan*** – **Казанский собор** *(Kazanski sobor ; plan couleur III, H8) : Nevski pr. Ouv en général 8h30-20h. Entrée gratuite. Messe avec chants orthodoxes à 7h, 10h et 18h (sublime).*
Encore un délire de tsar ! Celui-ci est de Paul Ier, qui en décida la construction en 1801, en l'honneur de l'icône de Notre-Dame-de-Kazan, « Mère de Dieu », censée avoir des pouvoirs miraculeux (vous l'apercevrez à gauche de l'iconostase, avec toujours une file d'attente devant, principalement des femmes). L'icône serait apparue à Ivan le Terrible durant le siège de la ville de Kazan par les Tatars. Une fois le siège levé, on lui attribua la libération de la cité. La légende raconte qu'au début

du XVIIe s elle aida les milices populaires de Moscou à se défaire des Polonais. Puis elle accompagna l'armée russe durant les campagnes contre Napoléon. L'église devint LE symbole des victoires militaires russes. Dernière info croustillante : durant la Seconde Guerre mondiale, Staline, difficilement soupçonnable de religiosité excessive, demanda même la bénédiction de l'icône par le patriarche. Un dernier mot : il s'agit d'une copie, l'original ayant disparu en 1904. Elle fut volée et sans doute détruite, ce qui fit dire à certains que les malheurs de la Sainte Russie qui suivirent (défaite face au Japon, mouvement révolutionnaire de 1905) avaient eu pour origine ce vol... Dans l'orthodoxie, l'icône peut être un objet de culte, mais on peut aussi lui vouer un culte propre. L'objet de culte devient alors culte de l'objet. L'importance que prit l'icône au cours de l'histoire est donc plus politique et stratégique (voire militaire) que religieuse. Ainsi les deux statues de bronze devant l'église rendent-elles hommage à deux feld-maréchaux : Koutouzov et Barclay de Tolly. Koutouzov, déjà âgé, donna ses dernières forces dans la bataille de Moscou (technique de la terre brûlée).
Pour la construction de l'église, le tsar confia le projet à Voronikhine, qui devait s'inspirer de Saint-Pierre de Rome. Elle fut terminée 10 ans plus tard, sous Alexandre Ier.

L'extérieur
Ce qui frappe depuis la perspective Nevski, c'est évidemment ce vaste hémicycle de 111 m de long, rythmé par plusieurs rangées de lourdes colonnes. On utilisa pour la première fois la pierre calcaire naturelle. Au centre, le classique fronton triangulaire agrémenté d'un soleil. Cet étrange hémicycle, austère et simple à la fois, est en fait une sorte de subterfuge. En effet, l'église devant être axée vers l'est, on déguisa le flanc nord (donnant sur la perspective Nevski) pour que celui-ci présente tout de même un aspect noble et majestueux. L'architecte imagina donc ce vaste hémicycle. Sur l'autre flanc, au sud, devait se greffer son jumeau, en symétrie. La mort du tsar Paul Ier, le déclenchement de la guerre et les réductions de budget empêchèrent ce projet d'être réalisé. Haute coupole de près de 80 m, classique, vraiment classique. Non, on n'a pas dit ennuyeux.

L'intérieur
Impressionnante nef soutenue par une double rangée de colonnes de granit rose de Finlande. Voûte à caissons en perspective qui appuie le sentiment de hauteur. Tambour de la coupole en belle grisaille. L'ensemble se révèle plus sobre que Saint-Isaac. Style pompeux mais pas pompier. À l'entrée, sur la droite, la tombe de Koutouzov qui fut enterré ici en 1813. Au-dessus encore, *Le Miracle de l'icône de Notre-Dame-de-Kazan,* qui raconte la bénédiction de la population avant que la milice populaire moscovite ne libère la ville de l'invasion polonaise en 1612. À gauche du tableau, les clés des villes prises par les Russes durant les guerres napoléoniennes : Nancy, Lubeck... Également, des étendards pris à l'ennemi.

La galerie marchande Gostiny Dvor – Гостиный Двор *(plan couleur III, I8, et plan couleur IV, M9)* **:** *tlj 10h-22h (22h30 mer-jeu).* Gostiny Dvor, c'est la « cour du commerce des marchands ». C'est une des plus grandes galeries du monde : conçue par Rastrelli, transformée quelques années plus tard par le Français Vallin de La Mothe. Avec ses deux rangées d'arcades superposées, son pourtour fait près de 1 km. À l'intérieur, des centaines de boutiques en tout genre, de la plus chic à la plus cheap. Par curiosité, jetez un coup d'œil aux boutiques de mode du 1er étage : pas le Pétersbourg de tout le monde... Bon, rien de bien transcendant. Accès au métro directement depuis l'intérieur de la galerie.

La place Ostrovski – Площадь Островского *(plochad Ostrovskovo ; plan couleur III, I8, et plan couleur IV, M-N9)* **:** une des places les plus importantes de la ville, avec la place des Arts et la place du Théâtre. Elle doit son nom à Alexandre Ostrovski, fondateur du théâtre russe. Les locaux l'appellent « le jardin de Catherine » Au centre du square, immense statue de Catherine II, réalisée bien après sa mort, sous le règne d'Alexandre II, sur une idée Mikhaïl Mikéchine. On y voit la tsarine en robe d'apparat, tenant le sceptre de l'empire. Piédestal en forme de cloche, qui accueille neuf personnages illustres qui furent parmi ses proches et participèrent à la gloire de l'empire, chacun dans son domaine. On y retrouve notamment le feld-maréchal Souvorov, le comte Orlov (celui du palais de Marbre) et Potemkine (prince de Tauride), tous amants de Catherine, mais aussi le poète Derjavine et Vorontsova-Dachkova, directrice de l'Académie Impériale russe.

CATHERINE LA DÉVOREUSE

Voltaire, qui avait demandé à Catherine combien d'amants elle avait eus, reçut en réponse une liste de 38 noms, mentionnant également que, s'il en souhaitait une plus exhaustive, elle devrait recenser une bonne partie de la Russie. Pas froid aux yeux, la Catherine !

Le jardin autour fut dessiné par Carlo Rossi. Derrière, le théâtre et l'ensemble Alexandra.

L'ensemble du théâtre Alexandra – **Ансамбль Александрийского Театра** *(Ansamble Alexandriïskovo teatra)* **:** cet ensemble urbain, d'une cohérence et d'une harmonie rares malgré son aspect massif, représente l'apogée du style de Carlo Rossi, qui le conçut dans les années 1830. On peut le considérer comme son chef-d'œuvre architectural (avec la place des Arts et la place du Palais), car il réussit à glisser d'imposants monuments dans un espace finalement restreint. S'il peut laisser froid par son style, l'œil se plaît à constater son équilibre global.

– ***Le théâtre Alexandra*** – **Александрийский Театр** *(Alexandrinski teatr ; plan couleur IV, M-N9,* ***220****)* **:** *derrière la pl. Ostrovski, à moitié cachée par les arbres, se profile la silhouette fière du plus vieux théâtre de la ville, orné d'imposantes colonnades corinthiennes.*

C'est le cœur d'un gigantesque centre culturel qui s'étend tout autour et où l'on trouve, outre le théâtre lui-même, le foyer des artistes, le musée du Théâtre, la bibliothèque du théâtre et la célèbre académie de danse Vaganova, ainsi que la Bibliothèque nationale (sur la droite en regardant le théâtre).

La façade du théâtre est considérée comme l'une des architectures classiques les plus pures. Portique à colonnades et niches abritant des muses. Au fronton, deux archanges encadrant une lyre, symbole des Arts. Au sommet, un quadrige de chevaux conduit par un bel Apollon.

Le théâtre a toujours revêtu une grande importance dans la vie des Pétersbourgeois. C'est en 1756 qu'un théâtre professionnel national s'ouvre à Saint-Pétersbourg. Avant cela, on jouait dans la rue. À l'époque d'Élisabeth Ire, pour attirer les gens au spectacle, on leur offrait de la vodka à l'entrée. Ça aide, évidemment. En deux siècles d'histoire, le théâtre russe parvint à se hisser au niveau des plus hauts (Tchekhov, Stanislavski...).

Pendant le siège de la dernière guerre, si la plupart des troupes furent évacuées, celle de l'Opéra lyrique continua à jouer. La population assistait aux spectacles, même quand il n'y avait rien à manger. On pouvait mourir de faim dans la rue, mais certains ne pouvaient se passer d'aller au théâtre. Les artistes jouaient gratuitement, pour donner du courage aux assiégés. Ce qui explique l'importance de l'activité théâtrale dans la ville encore aujourd'hui (on y compte plus de 30 théâtres dramatiques). Pas de doute, l'amour de l'opéra et du ballet fait partie intégrante de l'âme russe.

– ***Le Musée théâtral et de l'Art musical*** – **Музей Театрального и музыкального искусства** *(Mouzeï Teatralnovo i mouzikalnovo iskousstva ; plan couleur IV, M-N9,* ***221****)* **:** *à l'angle sud-est de la place Ostrovski, derrière le théâtre Alexandra. ☎ 571-2195. Ouv 11h-18h (13h-19h mer). Fermé mar et dernier ven du mois. Billet : 200 R. Visite guidée.*

C'est à cet endroit que les grands danseurs, compositeurs et acteurs venaient chercher leur salaire. Ce musée, ouvert en 1918, présente en quelques salles deux siècles d'histoire de l'art dramatique russe : peintures, dessins de costumes, documents originaux, photos d'acteurs, affiches. Beaucoup de documentation sur le théâtre dramatique. Esquisses de l'école d'avant-garde russe.

– ***La rue Rossi*** **:** le fin du fin, c'est en contournant le théâtre qu'on peut l'admirer. La rue Rossi est l'expression la plus rigoureuse de la symétrie en architecture. Deux édifices, rigoureusement identiques, longs de 220 m et hauts de 22 m, encadrent une rue large de 22 m (soit 10 fois moins que sa longueur). L'un des côtés accueille l'académie de danse Vaganova où étudièrent Anna Pavlova, Vaslav Nijinski, Fokine (qui mit en scène les célèbres Ballets russes, qui eurent tant de succès à Paris au début du XXe s). Autant dire que Rossi a bien calculé son affaire. Rangée de doubles colonnes, pilastres qui rompent la monotonie et se terminent par de légers décrochements. Simplicité et efficacité. Seule coquetterie décorative, quelques guirlandes. Certains la jugeront un peu ennuyeuse.

– L'ensemble se termine par la ***place Lomonossov*** *(plan couleur IV, M9-10).* C'est d'ailleurs d'ici qu'on peut le mieux apprécier la perfection des proportions de la rue. Rossi dessina la place ronde afin de casser le rythme trop anguleux des autres édifices. Juste derrière, le pont Lomonossov. Pour plus de détails, voir plus loin « Balade le long de la Fontanka et de la Moïka ».

L'OUEST ET LE SUD DE LA PERSPECTIVE NEVSKI

★★ *L'Amirauté* – Адмиралтейство *(Admiralteïstvo ; plan couleur III, G7, et plan couleur IV, L9)* **:** créée par Pierre le Grand dès 1704, c'était pour lui, avec la forteresse Pierre-et-Paul et le port, le troisième pôle névralgique de la ville. L'Amirauté fut de tout temps un très important chantier naval et gérait toute l'administration du port. Cette véritable forteresse, d'abord construite en bois, était entourée de canaux, ce qui permettait d'apporter le bois pour la construction des bateaux. D'ici, les principales artères de la ville partent en étoile, comme des rayons. C'est Versailles qui inspira le tsar. On retrouve d'ailleurs cette composition en étoile à plusieurs endroits de la cité. L'édifice fut reconstruit au début du XIXe s par Zakharov, dans un style néoclassique.

Sur la façade principale, ouverte au sud, un haut-relief glorifiant la flotte russe montre Neptune donnant son trident à Pierre le Grand. Sympa, Neptune ! Sur la droite, évocation de la construction des bateaux et nombreux symboles maritimes. Encadrant le portail, deux groupes de nymphes géantes portent chacun un globe terrestre. La haute flèche effilée, culminant à 72 m, est visible de nombreux endroits en ville. Elle repose sur une lourde tour carrée elle-même appuyée sur des colonnes. Levez les yeux : au sommet de la flèche, un bateau, symbole de Saint-Pétersbourg, copie du premier bateau de Pierre le Grand. L'Amirauté ne se visite pas, car c'est toujours aujourd'hui l'école navale.

★ *Le jardin Alexandrovski* – Александровский сад *(Alexandrovski sad ; plan couleur III, G7, et plan couleur IV, L9)* **:** il s'étend au sud de l'Amirauté et remplace les canaux qui furent asséchés. Fontaine centrale encadrée de bustes en bronze de personnages publics, tel l'écrivain Nicolas Gogol. Plus loin, en direction de Saint-Isaac, un autre buste est souvent pris pour celui de Staline (c'est vrai qu'il lui ressemble). C'est en fait un certain Prjevalski, officier et grand explorateur de l'Asie centrale, représenté ici avec un chameau à ses pieds. Au cours de ses pérégrinations, il découvrit d'autres bestiaux : les derniers petits chevaux sauvages, auxquels il a donné son nom.

★ *Le Charpentier de Maasdam* – Памятник Плотнику из Маасдама *(Pamiatnik Plotnikou iz Maasdama ; plan couleur II, E5,* ***222****)* **:** *devant l'Amirauté, sur le quai même.* Une sculpture de Pierre le Grand le représentant en train de travailler sur le chantier naval de Maasdam en Hollande, où il fit de longs séjours pour apprendre les techniques de construction navale. Hommage à ce tsar plus amoureux d'artisanat que de fastes impériaux. On l'a placé sur le site même des chantiers qu'il fit édifier. Au pied du pont, départs des bateaux de tourisme pour les balades sur la Neva.

La place des Décabristes (ou place du Sénat) – **Площадь Декабристов** *(plochad Dekabristov ; plan couleur IV, L9)* **:** grand espace verdoyant et engazonné. C'est ici qu'eut lieu l'insurrection armée des décabristes, en 1825. Il s'agissait de la révolte d'un groupe d'aristocrates et d'officiers, réunis en cercle clandestin. Leur objectif était de forcer le tsar Nicolas Ier, au moment de son sacre, à signer la première Constitution russe, limitant la monarchie absolue et abolissant le servage. Ils s'installèrent sur la place en menaçant les sénateurs pour qu'ils ne prêtent pas serment de fidélité au tsar tant que celui-ci n'aurait pas signé la Constitution qu'ils avaient rédigée. L'insurrection eut lieu en décembre, d'où le nom. Évidemment, elle échoua. Ce sont les bolcheviks qui rebaptisèrent le site « place des Décabristes », qui était redevenue « place du Sénat ».

– ***Le Cavalier de bronze*** – **Медный Всадник** *(Miedni Vsadnik ; plan couleur IV, K-L9,* ***223****)* **:** *au centre de l'esplanade, face à la Neva.* Le fier *Cavalier de bronze*, statue équestre de Pierre le Grand, fut réalisé par le sculpteur français Falconet sous le règne de Catherine II. Il avait été recommandé à cette dernière par Diderot. Le cheval incarne l'Empire, mené par Pierre le Grand, qui montre de sa main le lieu de construction de la ville. Sous les sabots, remarquer le serpent, symbolisant l'ennemi du tsar et de ses réformes. À noter que la tête n'est pas l'œuvre de Falconet lui-même, mais de son apprentie, Marie-Anne Collot, alors âgée de 18 ans, qui l'avait suivi jusqu'ici. Elle fut réalisée d'après le masque mortuaire et divers portraits de Pierre. Enfin, noter que le tsar monte sans étriers, comme tous les empereurs romains. Folie des grandeurs, grandeur de la folie.

UN ROCHER DIGNE DE PIERRE !

Le piédestal du Cavalier de bronze *est un monolithe de granit de 1 600 t, trouvé à 10 km de Saint-Pétersbourg. Il fallut 9 mois et 400 hommes pour l'acheminer vers son emplacement actuel ! Puis il fut travaillé de sorte que ses formes évoquent les vagues qui baignent la ville. De fait, il possède un dynamisme qui change des socles classiques et ennuyeux.*

– Sur la gauche de la place (quand on regarde la Neva), deux longs édifices jaunes reliés par une arcade. Il s'agit du ***Sénat*** – **Сенат** et du ***Synode*** – **Синод** *(plan couleur IV, K-L9,* ***224****)*. Dans le premier siégeait le Sénat (vous l'aviez compris) quand la ville était capitale. Dans le second, on dirigeait la vie religieuse. Le Synode fut inventé par Pierre le Grand pour maîtriser le pouvoir de l'Église. L'arche qui relie les deux bâtiments symbolise le rattachement du pouvoir religieux au pouvoir politique. Ce sont aujourd'hui les archives d'État. Au sommet, comme d'hab', un bouclier orné de l'aigle à deux têtes avec, en dessous, une tripotée d'anges arrimés au mur par le dos au cas où le vent soufflerait un peu fort...

La cathédrale Saint-Isaac – **Исаакиевский собор** *(Isaakievski sobor ; plan couleur IV, L9)* **:** *Isaakievskaya pl. Tlj sf mer 11h-18h et même 22h en été. Entrée : 250 R ; ½ tarif étudiants. Plus cher à partir de 18h15 : 350 R. Appareil photo et vidéo : 50 et 100 R. Possibilité de monter au balcon de la coupole (la colonnade) pour admirer la vue sur la ville, tlj 10h-22h (11h-18h en hiver) ; entrée : 150 R ; réduc étudiants. Plus cher à partir de 18h : 300 R. Le guichet de vente des billets se trouve à l'arrière de l'église (côté droit quand on regarde le porche d'entrée), près du kiosque d'infos touristiques.*

Pierre le Grand est né un 30 mai, jour de la Saint-Isaac-le-Dalmate. Superstitieux, il débuta l'édification de la ville le jour de son anniversaire – et fit de même pour cette église. Tout d'abord modeste et en bois, elle subit plusieurs transformations avant de prendre cette allure de gigantesque pâtisserie de marbre, de pierre, de fonte, de bronze, de cuivre et d'or. C'est dans la première version en bois que Pierre le Grand se maria avec Catherine Ire. Détruite par la foudre (l'église, pas Catherine), il fallut la reconstruire, mais un peu plus à l'écart de la Neva (à l'intérieur, gravures des pre-

mières versions). La poussée d'une telle coupole exigeait une structure de métal, conception nouvelle à l'époque. C'est ainsi que prit forme le bâtiment actuel, incroyable prouesse technologique, bien plus qu'un exemple de finesse et de beauté architecturales. Car cette église est aussi froide que gigantesque.
Mais revenons un instant à l'histoire de son édification : le tsar Alexandre Ier lança un concours en 1816. Mais le cahier des charges était tel que personne ne voulut se mouiller. Le souhait de Sa Majesté ? Bâtir un édifice sur le modèle de Saint-Pierre de Rome. Rien de moins.
C'est le jeune et naïf ***Auguste de Montferrand*** qui remporta la mise, un Français de 30 ans dont les dessins plurent au tsar, bien qu'il n'eût pas le diplôme d'architecte et surtout pas d'expérience... C'est surtout le seul qui voulut bien se lancer dans cette folie. On débuta donc la construction sur des sols marécageux. Et ce qui devait arriver arriva. Les calculs mal faits, le poids trop important entraînèrent l'affaissement de l'église. Katastroff ! Alexandre mourut entre-temps et Montferrand se fit aider pour recalculer toutes les portées. Le projet redémarra après qu'on eut enfoncé plus de 24 000 piliers de mélèze dans le fond des marais pour s'appuyer dessus. On disposa ensuite une lourde chape de plomb pour rendre étanche le socle, car le mélèze privé d'air ne pourrit pas. Et l'on put enfin élever la pâtisserie.

L'extérieur

Sans entrer dans des détails inutiles, on peut dire que cette œuvre ne répond à aucun style architectural précis, mais pioche dans chacun d'entre eux – avec, peut-être, une prédilection pour le néoclassicisme. Le résultat est avant tout éclectique. Enfin, on voulait que ce soit imposant, et ça l'est. On notera les quelques dizaines de colonnes de granit rouge de plus de 114 t chacune, dressées sur chacun des quatre côtés, et les gigantesques frontons triangulaires ornés de hauts-reliefs (*Résurrection* en façade nord). Nombreuses statues un peu partout avec, dans tous les angles, des œuvres monumentales où des anges portent des flambeaux, quatre clochetons... Et puis cette écrasante coupole dorée, soutenue par des colonnes et cernée d'un balcon.

L'intérieur

Transformée en musée de l'Athéisme durant la période soviétique, l'église resta musée après cela. Il n'y a donc pas d'office – même si la chapelle de gauche a été rouverte au culte. Des expositions temporaires, présentant les techniques de construction ou des œuvres artistiques, sont organisées sur les bas-côtés. Mais, soyons honnêtes, on vient surtout pour la cathédrale en elle-même. À certains endroits, panneaux explicatifs en plusieurs langues, dont le français.
Les murs sont essentiellement recouverts de marbres italiens. À droite du chœur apparaît saint Isaac, l'icône locale. Sous les voûtes, hauts-reliefs en bronze doré. Tout le registre haut est couvert de fresques et de tableaux. À cause de l'humidité, on a remplacé les toiles par des mosaïques de Smalte. L'***iconostase*** est ornée de trois rangées superposées de portraits de saints, du Christ et de la Vierge, séparées par de hautes colonnes en malachite (vert). Celles encadrant la porte sont en lapis (bleu). La porte de l'iconostase, justement, est surmontée d'une sculpture du *Christ en majesté,* dorée à la feuille (1859). Au-dessus, une *Cène* en mosaïque, et, au-dessus encore, sous la voûte principale, un *Jugement dernier.*
Enfin, la ***coupole,*** dont la fresque couvre plus de 800 m^2 (sur un dessin de Brioullov), représente la *Vierge en majesté.* Une œuvre immense, bien plus grande qu'elle n'en a l'air, mais qui, du fait de sa position en hauteur, devait être gigantesque pour ne pas avoir l'air ridicule vue d'en bas. Bon, elle est tellement loin qu'on ne voit pas grand-chose. Dans le tambour, comme d'hab', les apôtres et les évangelistes. Au centre du creux de la coupole, la colombe fait descendre l'Esprit saint. On termine par les portes de chêne, recouvertes de bronze, de plus de 20 t chacune. Voilà des lourdes qui portent bien leur nom. Elles sont décorées de bas-reliefs de scènes religieuses, notamment la porte ouest où l'on raconte la vie de saint Paul et de saint Pierre. Sur la porte nord, la vie de saint Isaac.

Ne manquez pas, au fond de la nef, à gauche, le ***buste géant en bronze de Montferrand,*** sculpté par Ivan Vitali, avec un des morceaux de relief du fronton ; nez fièrement dressé et cheveux arrangés comme une couronne de laurier. Heureusement que le sculpteur n'a pas dû faire les chevilles, elles auraient eu l'air disproportionnées... Et puis un autre buste, en marbre cette fois. Montferrand s'occupa pendant 40 ans de la construction de son bébé. L'inauguration eut lieu juste avant sa mort. Il demanda à être enterré sous la voûte, ce qui lui fut refusé car il n'était pas orthodoxe (il est inhumé au cimetière Montparnasse à Paris).
Ceux qui en ont le courage grimperont au ***balcon de la coupole*** (on l'appelle la Colonnade). Certainement une des plus belles vues sur l'ensemble de la ville. L'entrée étant à côté de celle de la cathédrale (et la sortie de la cathédrale de l'autre côté), vous en serez quitte pour refaire tout le tour du monument par l'extérieur. Un peu moins de 250 marches pour atteindre le sommet. Là-haut, notez l'escalier en colimaçon qui permet aux ouvriers chargés de l'entretien d'atteindre le toit.

La place Saint-Isaac – **Исаакиевская площадь** *(Isaakievskaya plochad ; plan couleur IV, L9)* **:** gigantesque place dessinée au milieu du XIXe s avec, au centre, la statue équestre de Nicolas Ier. De facture classique, celle-ci est surtout notable pour sa technicité. En effet, le cheval ne repose que sur deux points d'appui. Après de savants calculs, Béthencourt, le sculpteur, décida de lester la queue pour que l'ensemble tienne en équilibre. Sur le piédestal, quatre statues représentant Foi, Force, Sagesse et Justice. Au n° 9 de la place (côté ouest), la ***maison Miatlev,*** où Diderot résida, d'octobre 1773 à mars 1774. Une plaque rappelle son passage. Au fond, le ***palais Mariinski,*** qui abrite le conseil régional.

L'église Saint-Nicolas-des-Marins – **Никольский собор** *(Nikolski sobor ; plan couleur IV, K10)* **:** *entrée par pr. Rimskogo-Korsakova, au nord, ou par la berge du canal Krioukov. Tlj 9h-19h, mais si vous voulez voir la partie haute, accessible slt pdt les offices, il faut y aller... à l'heure des offices, à savoir 7h, 10h ou 18h, tlj.*
On adore cette église, sa couleur bleue, sa taille, son style. Elle fut édifiée au milieu du XVIIIe s par Tchevakinski, un élève de Rastrelli, sur une commande d'Élisabeth Ire. Chaque membre de la famille impériale était patron d'un corps d'armée. Élisabeth, c'était les marins, si chers à son père. Devenue impératrice, elle décide de faire édifier cette église en leur honneur, sur la base d'un petit édifice religieux en bois datant de Pierre le Grand. Il faut dire que nous sommes dans le quartier des marins, justement, non loin des chantiers navals de l'Amirauté. C'est d'ailleurs à un navire qu'elle ressemble. On remarque immédiatement le clocher, séparé du corps de l'église par une large allée. Regardez bien : l'architecte a voulu symboliser la structure d'un bateau. L'église elle-même est le poste de commandement, l'allée représente la nef, tandis que le clocher fait office de figure de proue. Équilibre des proportions, majesté de l'ensemble, tout en conservant une taille humaine. Baroque à mort, car Élisabeth adorait ce style généreux et éclatant. L'église décline toute la panoplie décorative propre à ce style : fenêtres cintrées surmontées d'angelots, colonnes corinthiennes, fronton d'où partent des rayons de soleil, petites lucarnes, trois balcons en fer forgé qui lui donnent des airs de loges d'opéra, cinq tours à coupoles et bulbes dorés et tutti quanti... À propos, saviez-vous que le nombre de coupoles est symbolique : 1 coupole (le Christ), 5 coupoles (le Christ et les évangélistes), 12 coupoles (les apôtres) ? Et donc, au bout de cette allée généreuse, au bord du canal Krioukov, l'élégant clocher conçu sur trois niveaux, parfaitement équilibré et prêt à fendre les eaux du canal. Tout autour de l'église, des grilles ouvragées (coiffées pour certaines d'ancres marines) semblent former le bastingage.
À l'intérieur, on trouve deux niveaux : inférieur (pour l'hiver) et supérieur (pour l'été). En bas se déroulent surtout les baptêmes et les enterrements. À l'étage, les mariages, les messes et les fêtes religieuses. Venir pendant les offices pour pouvoir y monter, car c'est vraiment là que tout se passe. Tout d'abord parce que c'est plus joli, et puis parce qu'assister à une messe dans un endroit pareil est un vrai plaisir. Visiblement, la présence de touristes (discrets et silencieux, évidemment) ne semble pas déranger l'assistance. Vraiment intéressant de voir le culte orthodoxe, où

tout le monde reste debout. Dans l'église supérieure, donc (prendre l'escalier à gauche de l'entrée), débauche de dorures incroyables, tarabiscotées jusqu'à l'écœurement, d'icônes entourées de cadres d'argent.
Voir l'iconostase, superbe, avec colonnes enguirlandées. Parmi les icônes, voir celle de la Vierge à trois mains. Près de l'autel, le drapeau de la Marine russe (croix bleue sur fond blanc). À droite, accolé à un pilier, un baldaquin doré, fermé par une petite grille. C'était la place du tsar. Sur le côté droit, noter contre le mur le gros poêle qui servait à chauffer l'église, et, juste à côté, plusieurs plaques en hommage aux marins morts durant la guerre russo-japonaise du début du XXe s. On y ajouta les morts des sous-marins perdus par la Russie. C'est d'ailleurs fou le nombre de sous-marins coulés dans ce pays. On note la présence du *K19*, qui fit l'objet d'un film américain fin 2002 (qui ne ravit d'ailleurs pas les Russes). En redescendant, jetez un œil à l'église inférieure : beaucoup plus ramassée, basse de plafond, moins fastueuse. Icône de la Vierge et une de saint Nicolas.

LE SACRIFICE DES MARINS DU K-19

En pleine guerre froide, le 4 juillet 1961, le commandant du sous-marin nucléaire K-19 est averti d'une fuite dans le circuit de refroidissement du réacteur. La température monte dangereusement, risquant de déclencher une réaction en chaîne et une catastrophe semblable à celle de Tchernobyl. Huit marins se portent volontaires pour une mission-suicide dans le compartiment contaminé afin de refroidir le réacteur. Ils en ressortent le visage boursouflé et les yeux en sang. Ils mourront tous 2 jours après. L'affaire fut gardée secrète. En 1990, Gorbatchev déclassifia le dossier et proposa, en vain, l'équipage pour le prix Nobel de la paix à titre posthume.

Le quai des Anglais – **Английская набережная** *(Angliïskaya naberejnaya ; plan couleur IV, K9)* **:** à l'ouest de la place Saint-Isaac, le long de la Neva, s'étire le quai des Anglais. Ce secteur fut peuplé par des sujets de Sa Majesté à l'époque de Pierre le Grand. De nombreux palais s'édifièrent tout le long au fil des siècles. Tous les styles sont donc présents : baroque pétrovien, néo-Empire, classique et néo-classique. Grande artère ventée et très passante, elle n'offre pourtant qu'un attrait fort limité au promeneur. On notera tout de même...
– ***Au n° 28 du quai,*** le ***palais des Mariages*** – **Дворец бракосочетания**, une annexe de la mairie. C'est ici que tous les mariages civils furent (et sont encore) célébrés. À l'époque soviétique, suite à l'abandon des mariages religieux (mal vus par le régime) et donc du côté festif de la cérémonie, le pouvoir eut l'idée de donner un peu de relief à la partie civile du mariage. On choisit donc de le transformer en une petite fête. On fit de même pour l'enregistrement civil des nouveau-nés, toujours dans l'idée de remplacer dans le cœur des gens le baptême religieux. La municipalité se mit donc en quatre pour offrir une jolie petite médaille à l'enfant, un discours de circonstance était même lu par un officier municipal et une petite collation était proposée par la Ville (à un prix dérisoire). Si aujourd'hui on se marie de nouveau beaucoup à l'église, les mariages civils se déroulent toujours ici et revêtent encore un certain caractère solennel.
– ***Le pont de l'Annonciation*** – **Благовещенский мост** *(Blagovechtchenski most)* **:** c'est le plus ancien pont-levis de la ville sur la Neva et le dernier avant la mer. Venir en observer l'ouverture pendant la période des nuits blanches, à 1h25 précise, est une activité très en vogue. C'est ici, au pied du pont, que les bateaux attendent la délivrance avant de s'engouffrer dans la Neva.
– Plus loin, ***au niveau du n° 44, côté quai,*** une borne de granit rappelle que le cuirassé *Aurore* accosta en ces lieux dans la nuit fatidique du 25 octobre (7 novembre selon le calendrier actuel) 1917. C'est d'ici, précisément, que le coup de canon à blanc fut tiré en direction du palais d'Hiver.

BALADE LE LONG DE LA FONTANKA ET DE LA MOÏKA

La ***Fontanka*** est une rivière naturelle qui part de la Neva et se jette dans la Neva. Eh ben oui, elle fait une boucle ! Une rivière de 6,7 km qui n'avait même pas de nom jusqu'au XVIIIe s. On l'appela même Petite Neva pendant un temps. La rivière des Fontaines (c'est sa traduction) doit son nom au fait qu'elle alimentait des fontaines créées dans le jardin d'Été, aujourd'hui disparues. Comme elle était plus tranquille que la Neva, c'est ici que les premières habitations s'installèrent avant même la création de la ville. Large mais peu profonde (seulement 2 à 3 m), elle avait des abords marécageux, couverts de roseaux. On l'aménagea « proprement » à l'époque de Catherine II, aux alentours de 1780-1789. C'est à cette époque que la majorité des 250 km de quai de granit de la ville furent édifiés. Les eaux occupent encore aujourd'hui près de 7 % de la surface de la ville.
Pierre le Grand parlait d'une ville située sur 100 îles, complètement orientée vers l'eau et le large. Une ville au fil de l'eau, pour être vue de l'eau, voilà ce que voulait le tsar. Il considérait d'ailleurs les voies d'eau comme les véritables artères de la ville. Les quartiers les plus prestigieux s'élevèrent donc naturellement sur leurs berges. Après avoir fait déménager toute la Cour de Moscou à Saint-Pétersbourg, Pierre le Grand exigea de son entourage qu'il joue le jeu de l'eau. Certains le firent de bonne grâce, d'autres pour entrer en grâce.

➢ ***Le pont Panteleimon*** – **Пантелеймоновский мост** *(Panteleïmonovski most ; plan couleur III, I6-7)* **:** on démarre cette promenade à l'angle de la Fontanka et de la Moïka, au sud du jardin d'Été. L'histoire de ce petit pont vous est contée plus haut dans « Le Triangle d'Or ». Juste au nord-est, le long de la Fontanka, on trouvait la ***cour du Sel.*** La vente du sel et de la vodka était monopole d'État et rapportait beaucoup. C'est pourquoi le bâtiment revêt un aspect défensif. À deux pas de là, dans la Pestelia ulitsa, se dresse la petite ***église de Saint-Panteleimon.*** C'est l'une des plus anciennes de la ville. Elle fut réalisée par l'architecte de la forteresse Pierre-et-Paul. Style baroque allemand (brique rouge, pilastres blancs, bas-reliefs...). Clocher séparé doté d'une petite flèche, style qu'appréciait particulièrement le tsar.

➢ ***Au no 14,*** deux édifices baroques ocre et brique qui abritaient la police secrète des tsars.

➢ ***Aux nos 18, 20 et 22,*** trois édifices semblables qui étonnent par leur large fronton triangulaire du début du XIXe s. Il s'agit de trois hôtels particuliers privés construits ensemble, avec une idée de cohérence. C'est Rossi, le grand architecte de ce siècle, qui les dessina. En fait, il conçut une quarantaine de modèles de maisons qu'il proposait aux riches bourgeois, un peu comme sur catalogue. Les clients avaient ainsi le sentiment d'être originaux, d'avoir la main sur les décisions en choisissant leur propre fronton, le type de colonnes, l'ornementation des chapiteaux. Mais la conception restait toujours la même, classique et finalement peu décoiffante. Plusieurs décabristes vécurent ici. On trouve le même genre de demeure au no 26.

➢ ***La place et le pont Belinski*** – **Площадь и мост Белинского** *(plochad i most Belinskovo ; plan couleur III, J7)* **:** une placette et une modeste église Saint-Siméon-et-Sainte-Anne, mignonnette, en baroque pétrovien. Relativement notable, car les édifices datant véritablement de la période de Pierre le Grand sont en fait assez rares. Et encore ce clocher à la flèche élancée.

➢ De l'autre côté du pont, le ***cirque de Saint-Pétersbourg*** – **Санкт-Петербургский цирк** *(Sankt-Peterbourgski tsirk ; plan couleur III, J7),* appelé aussi le *cirque de Tchinezelli.* Un cirque célèbre auprès des petits comme des grands et dont les spectacles changent souvent. De la haute qualité, dans la droite ligne de la grande tradition russe. Jolie façade rose de 1877 ornée de muses, de masques de la commedia dell'arte et... de deux têtes de chevaux. Voir la rubrique « À faire » pour plus d'infos. Il fait penser au Cirque d'Hiver à Paris.

Le palais Cheremetev – **Шереметевский дворец** *(Cheremetevski dvorets ; plan couleur III, J7-8)* **:** *sur le quai de la Fontanka, au nº 34.*
Un beau palais qui abrite deux intéressants musées, celui des Instruments de musique (entrée par le quai) et celui de la poétesse Anna Akhmatova (on y accède par la Liteiny prospekt, 53).
Depuis sa création en 1712 et jusqu'à la révolution de 1917, la grande et puissante famille des Cheremetev (plus de 100 000 serfs à leur actif) résida dans ce palais. Le bâtiment actuel, à la façade baroque, fut commandé par le comte Cheremetev au milieu du XVIIIe s, à l'époque où cette partie de la ville était encore un peu la campagne, avec une large cour devant et un vaste jardin sur l'arrière. Plus tard, il fut interdit de prendre tant de place. Les constructions s'ouvrant sur la rivière devaient dès lors suivre une ligne rouge au bord de la rue. Pour avoir le privilège de reculer la façade, donc de rompre l'harmonie, il fallait payer un impôt. Jolie grille en fer forgé où apparaît au centre le grand blason des Cheremetev.
La famille, grande amatrice de musique, entre autres, collectionneuse d'instruments, organisait de fréquents concerts au palais. C'est pourquoi on y trouve le superbe musée des Instruments de musique. Celui-ci fut transformé en appartements communautaires durant la période soviétique. La poétesse Anna Akhmatova, quant à elle, vécut de 1924 à 1952 dans un de ces appartements. C'est là que se trouve son musée.

TRAGÉDIE RUSSE

Les Cheremetev – une famille de mécènes éclairés – possédaient un théâtre, art qu'ils prisaient particulièrement. Un jour, le comte Cheremetev tomba amoureux d'une de ses chanteuses, une paysanne asservie. Il l'envoya à la Scala pour améliorer sa formation, avant de demander la permission à l'empereur de se marier avec elle. Paul Ier accepta, et c'est alors qu'il fit construire ce palais pour elle. De faux documents furent même établis pour lui créer de toutes pièces une ascendance aristocratique. Mais l'histoire était sans doute trop belle, et la jolie chanteuse mourut peu de temps après avoir mis au monde son premier enfant.

Le musée des Instruments de musique – **Музей музыкальных инструментов** *(Cheremetevski dvorets et Mouzeï mouzikalnykh instroumentov ; plan couleur III, J7-8)* **:** *nab. Reki Fontanki, 34. ☎ 272-3898. • museum.ru • Tlj sf lun-mar et dernier mer du mois 12h-18h. Entrée : 220 R ; réduc. La visite guidée (slt en russe) a un avantage : le guide essaiera peut-être devant vous certains des instruments parmi les plus curieux.*
Le musée est installé dans le palais Cheremetev. On y pense rarement et, pourtant, les musées de ce type peuvent se révéler fort divertissants : instruments magnifiques et rares. Le fonds est constitué de 3 000 objets, mais seulement un millier est exposé, dans deux galeries : au rez-de-chaussée, une longue salle où l'on trouve l'essentiel de la collection ; au 1er étage, une enfilade de pièces du palais restaurées où sont exposés du mobilier et quelques autres instruments (surtout des pianos ayant appartenu à des musiciens célèbres). Une partie du fonds fut donnée par Nicolas II et provient de l'Ermitage. Cette collection unique fut fondée par un de ses parents, le baron Schtakelberg (1848-1945). Il faut dire que la pratique de la musique était courante chez les tsars et dans la noblesse.
– ***Salle du bas :*** à l'entrée sur la droite, un ensemble de ***cors*** unique au monde, qui apparut au XVIIIe s et disparut dans la première moitié du XIXe s. Cette tradition fut remise à l'honneur à l'occasion du couronnement d'Alexandre III en 1881. Chaque cor ne produit qu'un seul et unique son, et seuls les serfs en jouaient (mais les instruments appartenaient à leur maître, de riches proprios). Pour compliquer la chose, on ne pouvait jouer que dehors, car le son était audible jusqu'à 7 km (il fallait aimer le son du cor au fond des bois !).

Autre curiosité, une présentation de huit ***cloches*** : elles furent commandées par le créateur de la collection pour le premier orchestre symphonique impérial, à la fin du XIXe s. Elles sont les premières et dernières cloches « en forme de cloche » utilisées comme instrument de musique. Encore une fois, à chacune correspond un son (de cloche). Voir aussi les autres cors, magnifiques, en ivoire sculpté et d'autres en forme de serpent.

À côté des flûtes, un instrument incroyable : un ***harmonica à verres.*** Cet instrument de la fin du XVIIIe s est un emboîtement de verres, d'épaisseurs et de tailles différentes, fixés autour d'un axe dont la rotation permet de créer différents sons. Il existe une copie au Metropolitan Museum à New York. Voir aussi les ***guitares*** en forme de lyres, du XIXe s ; guitares incrustées de nacre, d'ivoire, aux essences de bois précieux. Et connaissez-vous ces ***vielles à roue*** (et à touches), dont la tête prend la forme d'une tête de femme ? Leur son rappelle un peu celui de la cornemuse. Dans le fond de la salle, superbe ensemble d'instruments à cordes : violons altos, violes de gambe, violoncelles... Une vitrine présente des petits violons dits « pochette » ; ce sont des ***violons de poche,*** surtout utilisés par les professeurs de danse qui donnaient des cours à domicile. La plupart de ceux qu'on voit ici sont originaires du Caucase.

– ***1er étage :*** une enfilade de plusieurs salles joliment restaurées. Vers le fond, une collection de ***pianos*** ayant appartenu à de grands musiciens et compositeurs : Rubinstein, Glinka, Chostakovitch ; mais aussi des clavecins et des harpes à touches. L'instrument le plus précieux est probablement le piano de Glinka, sur lequel il acheva de composer son œuvre *La Vie pour le tsar,* considérée comme le premier opéra russe. Quelques curiosités encore : une horloge musicale à cordes du XVIIIe s et un bureau à clavecin incrusté de nacre. Demandez à ce qu'on l'ouvre pour voir les deux personnages qui tournaient en rond au son de la musique. Encore de beaux instruments dans la pièce voisine, dont un authentique Stradivarius et un Amati de la même époque. Et puis aussi des costumes de scène et les malles des ténors où ils étaient conservés – beaucoup de souvenirs des grandes heures de la musique et de l'opéra en Russie et ailleurs.

– Le musée possède aussi un orchestre qui organise des ***concerts*** dans la très élégante salle blanche, joués avec les instruments du musée, ce qui est assez rare. Se renseigner au guichet pour avoir le programme. Un concert par mois environ, d'octobre à mai, en général à 16h. Achat des billets directement au musée. Pas cher du tout.

Le musée-appartement d'Anna Akhmatova – **Музей-квартира Анны Ахматовой** *(Mouzeï-kvartira Anny Akhmatovoï ; plan couleur III, J7-8)* **:** *Liteiny pr., 53. ☎ 579-7239. • akhmatova.spb.ru • Ⓜ Mayakovskaya. Installé dans une dépendance du palais Cheremetev. De la rue, passer sous la voûte, puis traverser vers la gauche un superbe jardin ; au milieu, « l'arbre du Poète », avec des tas de vers et de messages affichés sur le tronc. Si on vient du musée des Instruments de musique, on peut éviter de faire tt le tour du pâté de maisons (énorme) en empruntant la ruelle au fond de la cour (à gauche, dos à la Fontanka). Mar-dim 10h30-18h30. Entrée : 200 R ; réduc. Audioguide en français : 150 R.*

La poétesse (1889-1966) vécut ici avec deux de ses trois maris : d'abord Shileiko, poète et orientaliste, tuteur des enfants du comte Cheremetev, dont elle divorça, puis l'historien d'art Nicolas Pounine, de 1924 à 1952. Avant, elle avait partagé la vie de Goumilev, chef de file des poètes « acméistes », fusillé par la Tchéka en 1921. C'est ici qu'elle écrivit son célèbre poème *Requiem* dont, en pleine répression stalinienne, elle donnait des morceaux à ses amis pour qu'ils les apprennent par cœur.

L'appartement-musée est plein de souvenirs émouvants, livres et objets dégageant eux-mêmes une puissante poésie. Chaque pièce évoque une époque de sa vie. On passe ainsi de l'époque faste avec servante à l'appartement devenu communautaire, où celle-ci et son fils disposaient de droit d'une chambre. Puis bientôt vinrent s'installer un fils, des beaux-frères, des belles-sœurs et, plus drôle encore, la belle-mère de Pounine ! Les joies du collectivisme au sens premier du terme. Ne pas manquer l'enregistrement audio qui est consacré à Anna Akhmatova. Même si on ne comprend pas le russe, la lecture qu'elle fait de ses propres poèmes et le récit de sa vie se révèlent d'une grande musicalité. Également les images en noir et blanc de son enterrement dans la neige étreignent particulièrement.

Sinon, au fil des pièces, vous découvrirez sa chambre-mémorial et le bureau de son mari, reconstitués fidèlement, avec meubles d'époque, objets familiers, livres, etc. Nombreux portraits exécutés par des peintres célèbres, amis, ainsi que des photos prises par Pounine qui évoquent bien cette période noire pour la création littéraire et poétique. Un album est posé sur la table de la cuisine. Parmi les nombreux et émouvants témoignages du musée, ce livre de ses poèmes, écrit sur des feuilles d'écorce de bouleau par une prisonnière du goulag... Elle en fit elle-même cadeau à la poétesse sur la fin de sa vie.

Une dernière pièce est consacrée à la période 1944-1952, temps où elle écrivit *Poème sans héros.* À cause de ses origines bourgeoises, Akhmatova ne fut presque pas publiée pendant 30 ans – sauf de 1938 à 1946 car, dit-on, la fille de Staline aimait ses vers...

➢ ***Devant le n° 36,*** départs des ***promenades en bateau*** individuelles sur la Fontanka. Sur l'autre rive, bateaux collectifs, beaucoup moins chers. Départs réguliers en fonction de l'affluence.

➢ ***Au n° 21, la Maison des métiers*** – **Дом Ремесел** *(Dom Remesel),* à la façade néoclassique. Intéressante surtout pour sa frise entrecoupée d'amours dans des niches. Palais ayant appartenu à des décabristes.

➢ On traverse la perspective Nevski au niveau du ***pont Anitchkov*** – **Аничков мост** *(Anitchkov most ; plan couleur III, J8),* dont on raconte l'histoire plus loin dans « Balade le long de la perspective Nevski ».

➢ ***Au n° 46,*** la datcha d'un duc du XVIIIe s. Datcha, c'est-à-dire résidence d'été. En effet, à cette époque, on était déjà à la limite extérieure de la ville, à la campagne donc. Façade rose travaillée, avec masques au fronton des fenêtres et balcon de fer forgé.

➢ ***Au n° 54,*** un curieux édifice, la Maison Tolstoï, notable par son très haut porche, réalisé en 1912 par l'architecte russe (d'origine suédoise) Fiodor Lidval. Il s'agissait d'une maison de rapport, au style hybride, mélange d'éléments Art nouveau et néoclassiques. L'architecte essaya de lutter contre le concept de cour-puits, enfilade de petites cours de plus en plus mal éclairées au fur et à mesure qu'on s'y enfonce. Pour ce genre d'immeubles (censés rapporter le plus d'argent possible à leurs propriétaires), on tentait d'économiser l'espace au maximum, de réaliser une façade grandiose et majestueuse pour en mettre plein la vue, mais en rognant sur les arrière-cours. Ici, avec un certain courage, l'architecte voulut rompre avec cette hypocrisie propre au XIXe s en créant des espaces d'égale valeur. D'où ce porche très ouvert, arche magistrale qui donne sur de larges cours, sans chercher à économiser l'espace. En façade, jeu de fenêtres ovales, niches à vases et décor de guirlandes aux fenêtres.

➢ ***Le pont Lomonossov*** – **Мост Ломоносова** *(most Lomonossova ; plan couleur IV, M10) :* un des derniers ponts égyptiens que compte la ville. Décor de tourelles et de chaînes lourdes, en forme de petits temples égyptiens. Jolis lampadaires griffés de chimères en forme de licornes ailées. De l'autre côté du pont, la place Lomonossov. Au fait, Lomonossov était un grand scientifique du XVIIIe s.

➢ On jettera, au ***n° 70,*** un coup d'œil à la ***banque d'État*** – **Госбанк** *(Gosbank),* du début du XXe s, où trône l'aigle bicéphale de l'Empire russe au fronton. Lourd, ce n'est rien de le dire.

➢ Un peu plus loin, de l'autre côté du pont Lechtukov, au ***n° 65,*** se dresse le très beau ***théâtre*** dramatique ***Tovstonogov,*** vert et blanc, du début du XIXe s (refait en 1901). Certainement le meilleur de la ville. Façade à pilastres, porche en fer forgé, fenêtres à frontons triangulaires et bustes dans des niches.

➢ Après le croisement de la Fontanka et de la Moskovski prospekt, le dos d'un des palais des Youssoupov, avec un grand jardin public.

UN CASSE BIEN PROPRE !

On conservait dans la banque d'État les trésors de la Couronne. Mais son image de solidité fut légèrement mise à mal en 1917 car, malgré la puissance de cette forteresse, elle fut vidée en à peine 15 mn. Pendant la révolution d'Octobre, un navire militaire qui soutenait les bolcheviks remonta la Fontanka avec ses canons et se positionna face à la banque. Boum-boum ! Les boulets firent exploser les portes, on pénétra à l'intérieur et les coffres-forts furent vidés en quelques minutes. L'insurrection dirigée par Trotski fut décidément menée de main de maître.

➢ Au niveau du ***pont Izmaïlovski*** *(plan couleur IV, L11),* on peut s'écarter un peu de la rivière et prendre à gauche la Izmaïlovski prospekt jusqu'à l'***église de la Trinité*** – **Троицкий собор** *(Troïtski sobor),* créée en l'honneur du régiment Izmaïlov à la demande d'Élisabeth Ire. C'est Stassov qui s'y colla, celui qui réalisa les salles d'apparat du palais d'Hiver après le grand incendie, dans un style néoclassique en diable. Juste à côté, le ***marché de la Trinité*** – **Троицкий рынок** *(Troïtski rynok)* : vêtements en cuir, fringues, chapkas, pantoufles, couvre-lits tigre et autres merveilles. On peut le traverser pour ressortir directement sur la berge de la Fontanka.

➢ ***Retour le long de la Fontanka,*** qu'on traverse par la passerelle de Krasnoarmeyski (pont de l'Armée-Rouge). Et, un peu plus loin, le ***pont Égyptien*** – **Египетский мост** *(Eguipetski most),* l'un des trois du genre en ville à être encore debout, décoré de sphinx en bronze. Il a été reconstruit au milieu du XXe s, après s'être effondré, en 1905, sous le poids d'un régiment à cheval passant par là.

➢ ***Le canal Krioukov*** – **Крюковский канал** *(Krioukovski kanal ; plan couleur IV, K10-11)* **:** laissons tomber la dernière section de la Fontanka et bifurquons sur la droite, le long du canal Krioukov qui remonte vers le nord jusqu'à la Moïka. Il fut créé pour relayer plus rapidement la Fontanka à la Moïka et se prolonge par le canal de l'Amirauté juste avant la Neva. Les matériaux de construction destinés aux chantiers navals pouvaient facilement transiter par la Moïka au temps de Pierre le Grand, mais ils auraient dû alors traverser les quartiers chic, ce qui faisait désordre. On préféra faire passer les bateaux par la Fontanka, par l'arrière.

➢ On remonte doucement ce canal jusqu'au ***pont Staronikolski*** – **Староникольский мост** *(Staronikolski most ; plan couleur IV, K10),* qui traverse le canal Griboïedova. C'est de ce point-là, à la croisée des canaux, qu'on retrouve l'image unique du Saint-Pétersbourg de l'époque de Pierre le Grand. Une certaine vision de cette Venise du Nord, d'où l'on peut voir sept ponts à la fois. On passe à la proue de l'*église Saint-Nicolas-des-Marins,* dont on parle plus haut dans « Le sud de la perspective Nevski ». Au milieu des arbres, belle vision de ses bulbes dorés.

➢ Sur cette partie du canal, le minéral cède un peu le pas au végétal. Tiens, au ***n° 14,*** à l'angle du pont Kachin, gros immeuble noir. Si la façade est austère, à droite et à gauche du porche et autour des fenêtres, bas-reliefs décrivant des scènes de tragédies shakespeariennes. L'édifice fut réalisé pour un riche mécène passionné d'art théâtral. À côté, sur la gauche, une salle de danse privée. Elle avait été construite tout exprès pour une danseuse vedette du théâtre Mariinski voisin, qui pouvait quasiment s'y rendre en tutu. Avec des moufles en hiver, quand même !

➢ Le canal longe justement l'arrière du ***théâtre Mariinski*** – **Мариинский театр** *(Mariinski teatr ; plan couleur IV, K10)*. Petit détour par cette place Théâtrale *(Teatralnaya plochad)*. Le Mariinski, c'est le plus grand théâtre d'opéras et de ballets de la ville. On trouve face à face deux édifices qui sont à la source de l'épanouissement de l'art musical russe : le Mariinski (dédié à la tsarine Marie, épouse d'Alexandre II), autrefois nommé Kirov, et, en face, le conservatoire musical de Saint-Pétersbourg Rimski-Korsakov. Énorme façade verte, néoclassique, avec les sempiternels masques et sculptures. Ce qui frappe également, c'est le gigantesque tambour, un peu écrasant.
Le Mariinski est né en 1859 sur les décombres de l'ancien théâtre du cirque, détruit par un incendie. L'année suivante, il fut inauguré par la représentation de *La Vie pour le tsar,* de Glinka, considéré comme le premier véritable opéra russe. Ami lecteur, découvre-toi, car ici dansèrent les plus grands : Pavlova, Nijinski, Barychnikov, Noureev, Makarova. Et Chaliapine y chanta. Marius Petipa (1818-1910), le grand danseur et chorégraphe marseillais, y fut maître de danse presque jusqu'à sa mort. Il mit en scène plus de 60 chorégraphies, qui restent aujourd'hui comme les plus marquantes du répertoire russe : *Le Lac des cygnes, Casse-noisette* (ballet qui ne l'est pas du tout).
Le Mariinski est aujourd'hui dirigé par Valery Guerguiev. Tchaïkovski, Moussorgski, Glinka, Borodine, Rimski-Korsakov, Chostakovitch, Prokofiev, Stravinski, tous enseignèrent en face, au conservatoire. À gauche et à droite de l'entrée, statue de Rimski-Korsakov, justement, et de Glinka.
L'énorme chantier derrière le théâtre est la construction d'une nouvelle scène, projet dirigé par le Français Dominique Perrault.
Rien à voir, mais ceux que cela intéresse pourront visiter la synagogue, deux rues plus à l'ouest.

La Grande synagogue chorale – **Синагога** *(synagoga ; plan couleur IV, K10,* ***225)*** **:** *Lermontovski pr., 2. Ouv à la visite tlj sf sam 9h30-18h.* Ensemble de deux synagogues, de style arabo-mauresque, construit à la fin du XIXe s, avec restaurant et magasin de produits casher. La grande est la deuxième d'Europe par la taille (plus de 1 200 personnes). Petit rappel historique : en 1792, Catherine II annexe une partie du territoire de la Pologne, où la communauté juive est importante. Mais Catherine-la-Grande-Tolérante interdit aux juifs de vivre dans les grandes villes. Voilà pourquoi la première grande synagogue ne vit le jour qu'à la fin du XIXe s, sous Alexandre II. Elle dessert aujourd'hui une population d'environ 100 000 juifs vivant à Saint-Pétersbourg et dans les environs. Dans le hall, des panneaux en anglais détaillent l'histoire des lieux et de la communauté. Y compris la visite du couple Bush en 2002...

➢ On reprend le canal jusqu'au croisement de la Moïka, qu'on traverse à gauche par le ***pont Matveev*** pour jeter un œil à l'île triangulaire de la Nouvelle Hollande.

La Nouvelle Hollande – **Новая Голландия** *(Novaya Gollandiya ; plan couleur IV, K9)* **:** *encerclée par la Moïka et le canal de l'Amirauté.*
Au temps de Pierre le Grand, c'était le quartier des Hollandais qui travaillaient sur les chantiers navals de l'Amirauté, situés juste derrière. L'idée de créer des chantiers navals fut donnée au tsar par les Hollandais, chez qui il avait passé de longs mois pour apprendre la charpenterie navale. Si le détour par ici s'avère bucolique, on n'entre pas à l'intérieur du quartier. Il s'agit avant tout d'un ensemble d'entrepôts, lieu de séchage du bois qui arrivait par la Neva. Ce gigantesque ensemble en brique qui longe le canal est rythmé par de larges et hautes portes-fenêtres de bois par lesquelles on faisait pénétrer les rondins qui servaient à fabriquer les bateaux. Un vaste projet est à l'œuvre : c'est le magnat Roman Abramovitch qui le finance. À terme, un centre culturel doit voir le jour.

Retour sur vos pas pour reprendre le fil de la Moïka vers l'est (on conseille de se placer sur le côté impair).

*** ***Le palais Youssoupov*** – **Юсуповский Дворец** *(Youssoupovski dvorets ; plan couleur IV, K9)* **:** *nab. Reki Moïki, 94. ☎ 314-9883. • yusupov-palace.ru • Tlj 10h45-17h (fermeture des caisses). Fermé le 1er mer du mois d'oct à avr. Entrée : 500 R ; réduc. Visite guidée slt (et en russe), ttes les heures 11h-17h. Dans le prix du billet, on fournit gratuitement un audioguide en français (mais caution de 1 000 R demandée). Demandez la version française : elle présente les points les plus importants. Attention, le tour Raspoutine (Murder of Raspoutin) coûte 300 R ; il n'est accessible que sur résa, en suivant la visite guidée en russe à 13h45 (téléphoner avt).*

Les Youssoupov sont des descendants de la célèbre dynastie des khans mongols, qui se convertirent à l'orthodoxie à l'époque d'Ivan le Terrible. Un des khans, Yousouph, se mit au service du tsar au XVIe s et devint Youssoupov. Deuxième grande famille après les Romanov, grands propriétaires terriens, ils occupèrent de hauts postes dans l'administration. L'un d'entre eux fut un collectionneur d'art acharné. Grand serviteur de Catherine II, il dirigeait les achats pour le musée de l'Ermitage. Pour donner le ton de sa fortune, il possédait une bonne vingtaine de Rembrandt. Nous sommes dans le plus grand des cinq palais qui appartenaient aux Youssoupov. Celui-ci fut racheté en 1830 par Boris Youssoupov, qui le reconstruisit presque entièrement. Félix Youssoupov, quant à lui, se maria avec une nièce du tsar. Une partie du trésor des Youssoupov fut, dit-on, conservée dans les caves du palais (on ne mit jamais la main dessus). L'accumulation des œuvres des Youssoupov s'explique en partie par le fait que la famille n'eut à chaque génération qu'un seul enfant. Ainsi, rien ne fut éparpillé. Transformé en *ambassade de Suède* après le transfert de la capitale à Moscou, le palais devint *Club des enseignants,* il ne fut ainsi jamais saccagé.

Du fait de sa perpétuelle rénovation, il n'a cependant pas de véritable unité architecturale. La façade est longue, classique, simple et dépourvue d'ornements (à part les six colonnes soutenant un modeste portique). À l'intérieur, même impression, tous les styles du XIXe s et de la première partie du XXe s sont présents. Fait historique important, c'est ici que Félix Youssoupov, aidé par deux acolytes, tendit le piège qui fut fatal à un certain Grigori Raspoutine, en 1916. Mais on garde ça pour la fin...

On visite les appartements privés ainsi que les salles d'apparat, le tout enrichi de meubles authentiques, mobilier de famille pour l'essentiel, ainsi que le charmant petit théâtre où l'on joue encore aujourd'hui de petits opéras et de la musique de chambre. C'est à coup sûr une visite des plus recommandable. Elle permet de se rendre compte du train de vie somptueux des princes sous l'ancien régime.

La visite

L'***escalier d'apparat,*** tout en marbre, a été fabriqué en France sur commande spéciale, acheminé en plusieurs morceaux et remonté ici. La légende, plus belle sans doute que la réalité, raconte que Nicolas Youssoupov l'aurait vu en Italie et aurait décidé de l'acheter. Comme le propriétaire refusait, il aurait acheté tout le palais... Dessiné par Mikhaïlov dans les années 1830 et redécoré dans le style baroque 30 ans plus tard. Colonnes de marbre, stucs travaillés foisonnants (guirlandes, angelots, masques...), grand lustre de bronze et de cristal.

La visite débute véritablement par le ***salon des Gobelins,*** dont le nom fait chic, mais qui ne possède plus que des copies de tapisseries. Beaux meubles Boulle en revanche. La ***chambre à coucher d'apparat,*** avec sa cheminée en onyx et ses portes d'acajou, ouvre la série des salons d'apparat, qui ont conservé le décor conçu par Mikhaïlov dans un style historiciste (mélange de styles !). Le ***salon bleu,*** entièrement tendu de panneaux de soie bleue et or, possède en outre d'admirables plafonds agrémentés d'allégories de la mythologie grecque. Dans le ***salon rouge*** (ou cramoisi, ou doré, ou impérial...), mêmes panneaux de soie aux murs, rouges bien entendu, plafond très travaillé orné d'une peinture de l'*Iliade* et lustre à corbeille en bronze – dont les motifs sont repris sur le plancher en marqueterie de bois rares. Le ***salon vert,*** plus sobre, accuse un style Empire russe. Mobilier authentique en bouleau de Carélie et cheminée en malachite (ajoutée en 1860).

Dans le prolongement s'ouvre la ***salle de bal,*** encadrée de pilastres ioniques : au-dessus de la porte, grille qui permettait la transmission de la musique dans la salle de banquet attenante. Pour mieux danser, on éclairait à fond : le lustre magistral comptait autrefois 132 bougies (sympa à allumer...), et des appliques tapissent tout le tour de la pièce. Noter les pampilles, travaillées comme des diamants. Remarquable plafond avec de multiples nymphes dansantes et frise d'angelots à l'italienne. Dans la ***salle de banquet*** attenante, concerts réguliers. Alors, là, le pompon : la pièce est carrément encadrée par une colonnade à l'antique ! Noter les trois énormes lustres, qui semblent particulièrement lourds. De fait, les plafonds ne pourraient les soutenir. C'est pourquoi ils sont... en papier mâché imitant le bronze.
La visite se poursuit par le ***salon de passage,*** où l'on peut voir le beau portrait de Zénaïde en costume russe, mère de Félix et considérée comme « fiancée » numéro un de la Russie. Belle et très désirée, elle était fort douée pour le théâtre. Mais sa position ne lui permit pas de faire carrière. On refit d'ailleurs le théâtre du palais pour elle, car c'était le seul lieu acceptable où il était toléré qu'elle joue.
Puis voilà que se dessine l'enfilade des salles d'exposition, où l'on peut encore voir une (petite) partie de la collection d'œuvres d'art des Youssoupov. Elle compta jusqu'à 45 000 pièces (dont 1 500 tableaux), mais fut largement dispersée après la révolution. Plusieurs salles furent créées exprès pour l'accueillir. Dans la ***salle précieuse*** (« La Preziosa »), portrait équestre de Boris Youssoupov en costume oriental avec un sabre courbé qui rappelle ses origines tatares (copie). Voir aussi l'impressionnante cheminée en marbre italien sur laquelle folâtrent des amours. Juste après se dessine la ***rotonde de Canova,*** où étaient exposées des sculptures de ce grand artiste italien, ami de la famille. Les marbres que l'on peut voir aujourd'hui dans la ***salle antique,*** qui suit, ne leur arrivent pas à la cheville. À l'origine, on pouvait y admirer des sculptures rapportées de Rome par la famille. Levez la tête un instant pour jeter un œil au lustre, qui imite les lampes à huile grecques.
Dans la ***salle romaine,*** voir la cheminée en marbre de Sienne avec colonnes à doubles visages. Candélabres aux lions (le lion fait partie du blason des Youssoupov). L'escalier au milieu mène à l'adorable ***petit théâtre*** qui reprend les proportions de la Scala, en beaucoup plus petit évidemment (180 places quand même) : fosse d'orchestre, loges impériales, velours rouge, dorures et médaillons évoquant les arts. Le style est incontestablement rococo. Acoustique exceptionnelle. Liszt et Chaliapine y auraient joué. On peut encore assister, de temps en temps, à des concerts de musique classique.
En revenant sur vos pas, en direction de l'escalier d'apparat, vous verrez (à gauche) la ***salle à manger*** en chêne, couverte de boiseries sombres style Renaissance. Les panneaux évoquent les palais de Venise. Le lustre, carrément original, avec ses amours et ses cornes d'abondance (en abondance), est lui aussi en chêne !
Retour au rez-de-chaussée pour la visite des ***appartements des hommes*** : dans le ***salon de musique,*** orgue mécanique de Vienne, assez étonnant, contenu dans une armoire. Dans le ***salon Henri II,*** en poirier, miroirs à consoles style Louis XIV ; puis ***bibliothèque*** tout en bois, qui était aussi le cabinet de travail du prince. C'est sous la galerie, derrière une porte secrète, que l'on retrouva 27 lettres de Pouchkine adressées à l'une des filles Youssoupov. Dans les armoires à glaces, *Œuvres complètes* de Voltaire, *Histoire de la révolution de 1848* par Lamartine... et quelques livres en russe quand même ! Un tout petit échantillon de la bibliothèque d'origine : elle contenait 55 000 volumes.
On passe le petit ***cabinet turc,*** avec une table de billard. Juste après une des pièces les plus intéressantes, le ***salon mauresque,*** où la famille rendait hommage à ses origines. L'orientalisme fut très à la mode en Russie dans la seconde moitié du XIXe s. D'une incroyable richesse, il mélange différents matériaux : marbre de la fontaine, cuir sur les murs, stucs des arabesques, onyx de la cheminée française. Plafond à caissons et deux personnages en marbre de toute beauté. La visite se poursuit par le ***vestiaire du prince,*** qui faisait aussi salle de bains (baignoire dans un cagibi), puis par la ***salle aux vitraux,*** ancienne chambre à coucher du prince, où l'on peut voir des portraits de famille. Celui de Zénaïde, où elle porte une énorme

perle dont la dernière propriétaire fut Elizabeth Taylor. Également celui de l'arrière-petite-fille de Youssoupov, une dame qui vit en France et qui vient ici de temps en temps. La dernière pièce est une sorte de ***salle à manger intime*** couverte de cuir repoussé polychrome. Incroyable vaisselier du XIXe s en marqueterie de palissandre et bois de rose. On y exposait l'argenterie de la famille (désormais à l'Ermitage), histoire de faire plus riche encore...

– ***Le musée Raspoutine*** – **Музей Распутина** *(Mouzeï Raspoutina)* **:** *dans les sous-sols du palais. On rappelle qu'il n'est accessible qu'en suivant la visite guidée en russe, à 13h45.*

On a reconstitué ici, à l'endroit même où cela se déroula, l'histoire de l'assassinat de Raspoutine. Nombreuses photos des Romanov et de Félix Youssoupov, l'assassin. On vous raconte l'histoire parce que, à moins de comprendre le russe, vous risquez de vous assoupir lors des longs arrêts debout en attendant la fin du commentaire.

Raspoutine était un personnage curieux. Paysan guérisseur et hypnotiseur, originaire de Sibérie, il abandonna un jour femme et enfants, et partit sur les routes jusqu'au mont Athos, en Grèce. Au fil de ses errances, il acquit peu à peu une réputation de *storetz,* mystique, sujet à des rêves prémonitoires. Il arriva à Saint-Pétersbourg, où sa petite notoriété parvint aux oreilles de la tsarine par l'intermédiaire d'une des femmes de sa suite. Prête à tout pour tenter de guérir (ou au moins de soulager) le tsarévitch Alexis atteint d'hémophilie (une maladie cachée, car elle risquait de poser des problèmes de descendance), Alexandra fit venir Raspoutine. Celui-ci, dit-on, aurait réussi dans sa délicate mission, gagnant reconnaissance et bientôt influence sur le couple impérial. Déjà, on murmurait à la Cour, et même dans le peuple, qu'Alexandra était parvenue, par ce biais, à mettre son tsar de mari sous influence (faut dire que Nicolas II n'avait pas une personnalité éclatante).

Des accusations de plus en plus virulentes se mêlèrent aux cancans : Raspoutine était un pervers, un être méprisable, disait-on. D'autres, à commencer par la tsarine, l'assimilaient à un saint. On peine encore, aujourd'hui, à démêler le vrai du faux. Mais c'est alors que fut prise, dans le clan des Romanov, la décision de liquider cet encombrant personnage. Observez les photos du bonhomme : gigantesque, cheveux longs, barbu, regard perçant. Raspoutine focalisait toutes les terreurs. Félix Youssoupov organisa donc un dîner guet-apens où il invita l'individu, en décembre 1916 (sous prétexte de lui faire rencontrer sa propre femme, qu'il savait convoitée par Raspoutine !). Au lieu de se dérouler dans le salon à l'étage, la rencontre eut lieu dans un salon aménagé (pour la circonstance) dans les sous-sols pour des questions de discrétion.

DRÔLE D'ASCÈTE

À Saint-Pétersbourg, Raspoutine menait une vie dissolue, de beuveries et de débauche, et conservait ses cheveux graisseux et sa barbe emmêlée. Il organisait des fêtes dans son appartement, où le sexe et l'alcool étaient les éléments primordiaux. Il prêchait sa doctrine de rédemption par le péché auprès des dames. Elles étaient impatientes d'aller au lit avec lui pour mettre ces préceptes en pratique, ce qu'elles considéraient comme un honneur.

Parmi les personnages de cire, à la fenêtre, on peut voir le médecin qui devait bientôt constater le décès de Raspoutine. Plutôt que les coups de feu, on choisit finalement le cyanure, plus discret (il y avait un commissariat de police pas loin !), qu'on plaça dans le vin et la pâtisserie. Surprise et frayeur chez Youssoupov lorsque l'invité déclina d'abord toute boisson et nourriture... avant, finalement, de s'exécuter. Ouf ! Mais les effets, inexplicablement, ne vinrent pas... et Félix, interdit, remonta un instant à l'étage pour prendre des avis. Quand il redescendit, Raspoutine, le regard fou, observait une croix. Félix alors dégaina et tira sur lui. Le docteur constata la mort du géant et tous remontèrent, rassurés.

C'est alors qu'on entendit un raffut pas possible et des claquements de portes provenant du sous-sol. Raspoutine s'enfuyait ! On finit par le rattraper et lui loger d'autres balles dans le corps (dont une dans le crâne), avant de le rouer de coups de crosse. Le pensant cette fois vraiment mort, on l'enveloppa dans un manteau de fourrure, on l'emmena sur l'île Petrovsky et on immergea le cadavre dans un trou gelé de la Neva. Deux ou trois jours plus tard, on retrouva le cadavre. L'autopsie révéla qu'il était mort... par noyade, et non pas des suites du poison ou des coups de revolver !

Plusieurs personnes ayant eu vent de la nouvelle vinrent récolter l'eau dans laquelle Raspoutine fut trouvé mort. Ils espéraient ainsi recueillir un peu de son pouvoir mystérieux. Raspoutine avait eu la vision de la chute et de la disparition des Romanov, ses prédictions se confirmèrent. La révolution fit abdiquer le tsar 2 mois plus tard, en février 1917, préparant l'assassinat de toute la famille en juillet de l'année suivante.

À la fin de la visite, petite salle avec des photos de Youssoupov en exil à Paris, ainsi que de la fille de Raspoutine (Maria) et de l'une de ses descendantes (Laurence Huot-Solovieff). Descendre Raspoutine n'a pas été facile, mais descendre de lui est encore plus difficile, non ?

➢ À l'angle fermé de la Moïka et de la Bolchaya Morskaya ulitsa, un édifice en lame de couteau, doté de quatre balcons arrondis sur la droite. Il s'agit d'une ancienne église protestante, décapitée à l'époque soviétique et transformée en Club des employés de la poste. Difficile aujourd'hui d'imaginer que ce fut un jour une église.

➢ On abandonne un instant la Moïka pour emprunter la ***rue Bolchaya Morskaya* – Большая Морская улица.** Autrement dit la « grande rue de la mer » : y ont d'abord habité les ouvriers qui travaillaient aux chantiers navals de l'Amirauté. Une des plus calmes de la ville, bordée de nombreux petits palais aristocratiques et élégants. Au n° 47, bel édifice aux accents Art nouveau, Art déco. Frise végétale colorée. C'était la maison de la famille Nabokov.

Le musée-appartement de Vladimir Nabokov* – Музей Набокова** *(Mouzeï Nabokova ; plan couleur IV, L9,* ***206**) :** *Bolchaya Morskaya ul., 47. ☎ 315-4713. • nabokovmuseum.org • Mar-ven 11h-18h, w-e 12h-17h (caisses fermées 30 mn avt). Entrée : 100 R ; réduc ; gratuit le dernier jeu du mois.* Nous sommes dans la maison natale de l'écrivain, où il vécut 18 ans et où il écrivit son premier recueil de poèmes. Il émigra en 1919 en Angleterre, puis en Allemagne, en France, aux États-Unis et en Suisse où il mourut le 7 juillet 1977. Il ne revint jamais en Russie. On peut y voir quelques photos de lui et de sa famille, des objets divers, une paire de lunettes et un jeu de Scrabble ayant appartenu au maître. Grand écrivain, mais aussi grand chasseur et spécialiste des papillons dont on peut voir des collections épinglées dans des boîtes vitrées, sans oublier le filet avec lequel il les chassait. Les passionnés s'attarderont devant la vidéo présentant sa vie et des interviews tour à tour en russe, en anglais, en allemand et en français. Enfin, ne pas manquer des extraits des livres de Nabokov en samizdat (version clandestine) du temps où son œuvre était bannie en URSS (jusqu'en 1986).

***Le musée de l'Histoire des religions* – Музей истории религий** *(Mouzeï istorii religui ; plan couleur IV, K-L9)* **:** *Potchtamtskaya ul., 14. ☎ 314-5838 (pour les visites guidées). • relig-museum.ru • Tlj sf mer 11h-18h (17h pour les caisses). Gratuit le 1er lun du mois. Entrée : 240 R ; réduc. Photos : 100 R. Visite guidée en russe slt. Attention, en 2011, de nombreuses salles étaient fermées « jusqu'à nouvel ordre ».*

Autrefois situé dans l'église Notre-Dame-de-Kazan sous le nom de musée de l'Athéisme, ce musée récent, installé dans un ancien bâtiment des postes, ne possède pas encore toutes ses sections. Sa vocation est essentiellement pédagogique. Neuf salles en tout. Pas d'explications, pas de guide, mais un système de plaquettes plastifiées en anglais, prêtées à l'entrée, permet de comprendre ce qu'on voit dans certaines salles. On commence la visite par l'aile gauche.

– ***Salle 1, les croyances archaïques :*** objets issus des minorités de Sibérie et de l'Oural (autels, tambours). Costumes et instruments de chamans. Objets en buis sculptés évoquant les esprits protecteurs.
– Les ***salles 2 et 3*** présentent les croyances liées à l'***ancienne Égypte*** et à la ***Grèce*** (sarcophage authentique, masque funéraire pour l'Égypte et poteries, céramiques et présentation des dieux de l'Olympe pour la Grèce). Noter la petite sculpture du dieu Priape, en bronze, bien reconnaissable.
– ***Salle 5, syncrétisme du monde antique :*** dans l'Empire romain, les religions se propagent à grande vitesse. Voir Artémis d'Éphèse, vénérée de manière majeure en Asie Mineure. Une version grecque la représente avec sept seins. Pierres tombales.
– ***Salle 6, le judaïsme :*** vitrines présentant la naissance et le développement de cette religion à travers moult objets de culte (candélabres, table des commandements...).
– ***Salle 8, le christianisme antique :*** vitrine sur les premiers symboles du christianisme. Fresque des premiers apôtres. Icône de saint Constantin, l'empereur qui légalisa le christianisme à Rome en 313 (édit de Milan). Nombreuses icônes évoquant la vie de Jésus, de l'Annonciation au Jugement dernier. La dernière représente les pères fondateurs de l'Église orthodoxe chrétienne (Basile le Grand, Grégoire l'Évangéliste, saint Jean à la bouche dorée). Objets de culte (calices, tabernacles...). Pour finir, illustration en peinture du schisme entre l'Église chrétienne occidentale et l'Église orthodoxe orientale.
– La ***salle 9*** se compose en fait d'une enfilade de salles, toutes dédiées à l'***orthodoxie russe.*** Longue évocation de la christianisation de la Russie par Vladimir de Kiev en 988 sur une grande toile du XIXe s. On le voit opter pour le christianisme, tout en rejetant l'islam et le judaïsme. Présentation des premières églises chrétiennes dans la région de Vladimir, au XIIe s. Évocation de l'expansion du culte de Kiev à Moscou, qui devint le centre religieux de l'orthodoxie. Toile du couronnement de Michel, en 1613. Série d'icônes. Tiens, saviez-vous que le clergé blanc pouvait se marier, ce qui n'était pas le cas du noir, car ce dernier faisait vœu de chasteté (mauvaise pioche !) ? On comprend bien ici l'importance de l'iconographie, qui permettait aux croyants de se repérer dans leurs prières. La section sur l'***orthodoxie populaire*** permet de réaliser l'importance du lien entre la foi chrétienne et les forces de la nature. Les saints étaient les protecteurs de l'agriculture. Importance des traditions populaires, avec le pain d'épice, les œufs de Pâques... Au XVIIe s, l'Église se réforme et on assiste à un deuxième schisme : d'un côté les vieux-croyants et de l'autre les « croyants orthodoxes ». Noter la forme particulière de la croix des vieux-croyants au XVIIIe s. Un tableau illustre bien les deux traditions liturgiques. Plus loin, intéressante toile de 1907 expliquant la révolution russe de 1905, vue par l'Église officielle : le Christ est avec le tsar Nicolas II, sa femme et ses enfants, entouré par « l'union du peuple russe », les ennemis du peuple (anarchistes, Tolstoï, rabbins et révolutionnaires portant le drapeau rouge).
– Revenir sur ses pas pour visiter la ***salle 10,*** consacrée au thème ***catholicisme et société au Moyen Âge.*** Vitrine avec dessins représentant les couches sociales de l'époque. Création de la papauté, croisades, Jeanne d'Arc... Ensuite, salles aux thématiques différentes : les moines catholiques dans une série de tableaux et gravures, la Renaissance avec quelques livres et les médailles représentant des papes. On arrive au Siècle des lumières avec quelques gravures (pour une fois, on n'a pas besoin de traduction). Enfin, salle consacrée aux guerres de Religion et au protestantisme ainsi qu'une nouvelle salle dédiée à l'islam.

Le musée de la Vodka *(plan couleur IV, K9,* ***249****)* ***:*** *Konnogvardeiski, 4. ☎ 570-6422. • vodkamuseum.ru • Ouv tlj 10h-20h. Entrée : 150 R ; 300 R avec dégustation. Compter 300 R avec un guide russe anglophone, et 450 R avec dégustation en plus.*
Au rez-de-chaussée, à gauche, c'est un restaurant chic et touristique. À droite, le musée de la Vodka. Il existe bien des musées du Vin, du Rhum, du Whisky, du Saké, selon les pays, alors voici la boisson nationale russe présentée d'une

manière didactique, de son origine jusqu'à nos jours. Les Russes surnomment la vodka « le pain liquide » car elle se boit, mais en même temps elle nourrit. Le mot « vodka » signifie « petite eau ». Contrairement aux idées reçues, elle est faite à base d'orge (ou de blé) comme la bière et le whisky, et non d'alcool de pommes de terre.

À travers les vitrines et les personnages de cire, on découvre que la vodka fut homologuée, peut-on dire, par le tsar Ivan le Terrible, et que c'est le savant ***Mendeleiev*** qui a mis au point la formule scientifique de la vodka. On apprend aussi que le prince Vladimir (969-1015) avait hésité avant d'adopter l'Islam et y renonça finalement pour l'unique raison que la consommation d'alcool était interdite par la morale musulmane. Savez-vous en outre que Pierre le Grand avait inventé une punition qui consistait à boire cul sec un énorme verre (capacité 1 l) de vodka ? La visite se termine dans une grande salle où se déroulent les dégustations. Collectionneurs de bouteilles, ne manquez pas cette pièce, et ne ratez pas la plus insolite des bouteilles de vodka en forme de mitraillette Kalachnikov AK47... qui vaut plus cher que l'arme elle-même...

QU'IMPORTE LE FLACON, POURVU QU'ON AIT L'IVRESSE !

Coco Chanel avait un amant russe, le grand-duc Dimitri Pavlovitch (un des comploteurs de l'assassinat de Raspoutine). Il initia la célèbre couturière française à la vodka. Dimitri voulait faire découvrir à Coco les saveurs de la Russie. Le flacon du parfum Chanel N° 5 doit ainsi sa forme à celle des bouteilles de vodka (hautes et carrées), en vogue à l'époque, que son amant lui offrait comme preuve d'amour... sans modération.

***La place Saint-Isaac* – Исаакиевская площадь** *(Issaakievskaya plochad ; plan couleur IV, L9)* **:** au centre de cette place, chaleureuse comme un hall de gare, l'imposante statue équestre de Nicolas Ier, qu'on doit à Klodt (celui des chevaux du pont Anitchkov). À ses pieds, autour du socle, la Vertu, la Force, la Justice et la Foi. Au fond, vers le nord, on ne peut échapper au dôme de la cathédrale Saint-Isaac (dont on parle en détail plus haut dans « À l'ouest et au sud de la perspective Nevski »), pas plus attachante que le reste. La place est en partie sise sur le pont le plus large de la ville, qui couvre la Moïka sur près de 100 m. Près de l'une des piles, une sorte de nilomètre (ou plutôt de « nevamètre ») pyramidal indique le niveau du canal (et donc du fleuve). On repère aisément le niveau atteint en 1824, date de la crue record qui détruisit un tiers de la ville et prit autant de vies. Toutes les habitations en bois furent réduites à l'état de petit-bois. L'année 1924 ne fut pas mal non plus dans le genre.

Les habitants ont toujours considéré les inondations comme une sorte de malédiction envoyée sur la ville et sur son fondateur (Pierre le Grand) par Eudoxie Lapoukhina, première femme de Pierre le Grand, dont il divorça pour épouser Catherine Ire. De la prison où le tsar la fit enfermer, elle maudit la ville. Encore aujourd'hui, on rappelle cette malédiction lors des inondations.

➢ À l'angle du quai et de la Gorokhovaya ulitsa, au n° 73, bel ***édifice Art nouveau*** *(plan couleur III, G8, et plan couleur IV, L9,* ***226****)* à la structure métallique. C'est encore une commande cousue main par la société Sin-

PIERRE LE GRAND AVAIT LA DENT DURE

Rappelons que le tsar, mal marié, soupçonnait également Alexis, le fils qu'il eut avec Eudoxie, d'avoir comploté contre lui. Il le priva de son héritage, bien que celui-ci n'avouât jamais sa participation à ce complot. Normal, il n'y était, en fait, pour rien. Il mourut des suites des tortures ordonnées par son père. Ce « détail » de l'histoire est souvent oublié.

ger, bien que l'ensemble ne fasse pas dans la dentelle. Si les deux premiers niveaux sont sobres, la partie supérieure est couverte de bas-reliefs végétaux.

➢ À l'angle sud-est de la Nevski prospekt (au n° 17), le ***palais Stroganov*** – **Строгановский дворец** *(Stroganovski dvorets),* et au n° 18, le ***Literaturnoye Café,*** deux lieux dont on parle plus précisément dans notre « Balade le long de la perspective Nevski » plus loin.

On traverse la Nevski prospekt. Juste passé le pont, au pied de celui-ci, ***bateaux de promenade*** *(plan couleur III, H7-8,* ***227****)* sur la Moïka et la Fontanka. Départs très fréquents l'été (de 11h à 23h).

➢ Dans ce secteur, les quais de la Moïka sont bordés de nombreux palais, assez majestueux, dont la construction s'étale de la seconde moitié du XIXe s au début du XXe s. On perçoit déjà une plus grande économie de moyens dans la décoration. Un peu plus loin, sur la gauche, au niveau du ***pont Pevchesky,*** une large percée donne accès à la gigantesque ***place du Palais*** *(plan couleur III, G7)* dont on parle dans « Le Triangle d'Or » plus haut. Sur la droite, la Capella, actuelle salle de concerts de musique classique et de chœur.

➢ En poursuivant juste quelques dizaines de mètres débute sur la gauche le plus petit canal de la ville, le ***canal d'Hiver,*** jonction entre la Moïka et la Neva qui borde le flanc de l'Ermitage, enjambé par la galerie de l'Ermitage menant au théâtre de... l'Ermitage.

➢ Reprenons la Moïka. Au n° 12, palais où vécut le poète Pouchkine, très cher au cœur de tous les Russes. C'est là qu'il mourut. Ces appartements ont été transformés en musée.

Le musée-appartement de Pouchkine – **Музей-квартира Пушкина** *(Mouzeï-kvartira Pouchkina ; plan couleur III, H7,* ***201****)* **:** *nab. Reki Moïki, 12. ☎ 571-3531. • museumpushkin.ru • Tlj sf mar et dernier ven du mois 10h30-18h (17h pour les caisses). Entrée : 200 R, audioguide inclus.*

Les appartements du poète se situent dans un palais rénové au début du XIXe s. Ici vécut une princesse passionnée par la poésie de Pouchkine. Elle lui loua le rez-de-chaussée de sa vaste demeure, où il vécut avec femme et enfants en 1836-1837. C'est également là qu'il rendit son dernier souffle après son duel. Sa famille partit 2 semaines plus tard. On décida de transformer son logement en musée à la révolution. La visite des appartements de Pouchkine, si elle revêt un côté historiquement intéressant, ne révèle aucun secret sur le personnage, et le commentaire parfaitement idolâtre et mielleux de l'audioguide n'arrange pas les choses. Bref, de la langue de bois bien cirée ! Ce qui ne va pas nous empêcher de vous fournir quelques infos sur le bonhomme !

Dans la cour, ***statue de Pouchkine.*** Attardez-vous un moment sur son visage. Le cheveu est crépu, la lèvre épaisse, la peau sombre. Tout cela témoigne de ses origines africaines. Rares sont les gens qui savent que son arrière-grand-père (début XVIIIe s) était un prince africain tombé en esclavage et élevé par Pierre le Grand, qui s'en occupa comme d'un filleul. Abraham Annibal, c'était son nom, se hissa d'ailleurs au poste d'amiral de la marine et se maria à une aristocrate russe. Voilà en préambule les origines de Pouchkine : noble et esclave à la fois (comme Alexandre Dumas, qui avait une ancêtre noire et esclave). Il fit ses études dans un lycée prestigieux, là où l'on formait les élites (à Tsarskoïe Selo). Pouchkine, très proche du tsar, comptait pourtant nombre de décabristes parmi ses amis, même si lui-même ne participa pas à l'insurrection. Il fut pourtant interrogé par Nicolas Ier en personne, qui lui pardonna ses accointances parmi les insurgés.

La visite commence par deux petites pièces en bas. Gravures du poète, copies de ses manuscrits sur lesquels il avait l'habitude de dessiner des personnages de son entourage.

Grand duelliste, il fut tué par un Français, un certain Georges d'Anthès, officier de cavalerie, qu'il accusa de cavaler derrière sa femme. Car des lettres anonymes circulaient dans la bonne société aristocratique, racontant comment le poète était « l'historiographe de l'ordre des cocus ». Grand coureur de jupons lui-même, il ne supportait pas l'idée que sa femme, Natalia Nikolaevna, soit regardée. C'est l'une de ces missives qu'on peut voir en vitrine (rédigée en français) qui déclencha le duel. Malheureusement, cette lettre n'est pas bien mise en valeur et on peut passer devant sans la remarquer si on ne sait pas qu'elle est là. Pour faire taire les rumeurs, d'Anthès, menacé, se maria... avec la propre sœur de la femme de Pouchkine ! Mais les lettres continuèrent à circuler de plus belle et les soupçons à perdurer. D'autres témoignages affirmèrent que d'Anthès était homosexuel et que c'est pour dissimuler cette tendance très mal vue dans « la haute » que celui-ci s'affichait – trop ostensiblement – avec des femmes. Quoi qu'il en soit, Pouchkine, dragueur invétéré (on retrouvera la liste de ses maîtresses), prit la mouche, avant de prendre le fusil. Touché, coulé, fin du grand Pouchkine, tué par son beauf... Juste à côté de la lettre, on peut voir des dessins de ses témoins et une intéressante note en français (on parlait et écrivait le français dans le beau monde) décrivant les conditions du duel. Et pour finir, une ***paire de pistolets*** similaires à ceux qui furent utilisés par les deux hommes.

Plus loin, sur une porte de l'escalier montant au 1er étage, voir aussi la lettre du médecin donnant des nouvelles sur l'état de Pouchkine après sa blessure. Visite, ensuite, de la ***salle à manger,*** du ***salon en acajou*** (portrait et copie du cahier de travail du maître), boudoir où dormaient ses deux belles-sœurs, pièce avec les portraits de trois de ses quatre enfants et un exemplaire des *Contes* de Charles Perrault, dernier livre acheté par le poète. Gravure de sa maison de campagne, qui lui venait de sa mère et où il fut exilé deux fois par Alexandre Ier à cause de ses écrits, trop politiques au goût du tsar.

UNE FIGURE ADULÉE...

Dès la parution de ses premiers poèmes, Pouchkine fut porté au pinacle et, encore aujourd'hui, il est un peu à la littérature russe ce que Shakespeare est au théâtre anglais. Enfant gâté, buveur et coureur de jupons, on lui pardonnait tout en raison de son talent. Même le tsar essaya de faire éviter le fatal duel. Après sa mort, c'est d'ailleurs lui qui paya ses dettes et fit éditer ses œuvres complètes aux frais de l'État, laissant les droits à sa famille pendant 50 ans. Il s'arrangea même pour faire nommer ses enfants à des postes importants !

Enfin vient le clou de la visite : son ***cabinet de travail.*** Au fond, une très belle bibliothèque remplie d'ouvrages de Byron, Voltaire et Dante, entre autres. À l'origine, elle comptait 4 000 volumes en 14 langues ! Portrait de l'artiste et souvenirs variés : un sabre turc, des portraits d'amis, sa canne (à la pomme d'améthyste), ses pipes, sa plume, etc. Peut-être l'objet le plus connu est-il cette ***écritoire*** posée sur le bureau, décorée d'un personnage noir censé lui rappeler son ancêtre. Fauteuil Voltaire pliable avec repose-pieds qui devait plus inciter à la sieste qu'à l'écriture acharnée. Sur la table de travail, la dernière lettre (sous cloche) écrite par l'auteur à sa traductrice avant qu'il ne se rende à la confiserie *Wolf* (actuel *Literaturnoye Café*), puis à son rendez-vous fatal. Dans la série idolâtrie (et dans la pièce voisine), à l'abri dans une vitrine, le ***gilet porté le jour du duel*** et le gant de l'un de ses amis. L'autre a été mis dans son cercueil. Dans la même lignée, une mèche de ses cheveux et son masque mortuaire.

➢ Un peu plus loin, au ***n° 23,*** joli palais vert du début du XXe s, aux cinq médaillons en façade. Le ***consulat de France*** *(plan couleur III, H6,* ***1****)* est au n° 15.

➢ En face, les ***anciennes écuries impériales*** *(plan couleur III, H6-7,* ***228****)*, un grand édifice oblong cerné d'épaisses colonnes.

➢ On boucle le circuit en retrouvant l'***église du Saint-Sauveur-sur-le-Sang-Versé*** et le canal Griboïedova.

BALADE LE LONG DU CANAL GRIBOÏEDOVA ET DANS LE QUARTIER DOSTOÏEVSKI (plan couleur IV)

Cette promenade emprunte le plus charmant canal de la ville. Il est artificiel et fut creusé en l'honneur de la Grande Catherine, avant de prendre le nom de cet écrivain russe, contemporain de Pouchkine. Suffisamment profond, il fut le seul à pouvoir accueillir d'importants bateaux dès le XVIIIe s.

➢ Notre balade débute au croisement de la Moïka et du canal Griboïedova, là où un pont en trépied, le *Malo-Koniouchenny most* – **Мало-Конюшенный мост** *(plan couleur III, H7)*, enjambe à la fois les deux voies d'eau. Ce ***petit pont des Écuries*** fut nommé ainsi du fait de la proximité des anciens manèges de la garde montée. Élégants lampadaires en fonte dorée et reliefs dans le plus pur style classique des années 1830.

➢ Plus loin, le ***grand pont des Écuries*** – **Большой Конюшенный мост** *(Bolchoï Koniouchenny most)*, juste devant l'église du Saint-Sauveur-sur-le-Sang-Versé. À côté, un marché aux babioles pour touristes. En longeant le canal, on passe sur le flanc de l'église et devant la niche dorée, indiquant l'endroit où fut assassiné le tsar Alexandre II. Au niveau du ***nº 11,*** un de ces nombreux ponts piétons qui font tout le charme du canal. ***Au nº 13,*** édifice éclectique, aux styles mélangés, et plutôt réussi. À l'angle avec la Nevski prospekt, au ***nº 28,*** le ***bâtiment Singer*** *(plan couleur III, H8, **237**)*, édifice Art nouveau édifié par cette société (on en parle plus loin dans « Balade le long de la perspective Nevski »).

➢ ***Le pont de la Banque*** – **Банковский мост** *(Bankovski most ; plan couleur IV, M9)* **:** passerelle piétonne décorée de quatre beaux griffons aux ailes dorées à chaque angle, qui tiennent les chaînes du pont dans leur gueule. Dans la mythologie grecque, les griffons sont les gardiens des trésors. Pas un hasard si l'on a choisi ces symboles, juste en face de l'entrée de l'ancienne banque d'État.

➢ Un peu plus au sud, au niveau du ***pont Demidov*** – **Демидов мост** *(Demidov most ; plan couleur IV, L9-10)*, nous débutons notre petit circuit Dostoïevski, à la recherche des personnages de ses romans. Au fait, pourquoi Dostoïevski place-t-il toujours l'action de ses bouquins autour du canal Griboïedova ? Parce que c'est le seul à avoir un parcours un peu sinueux, qui donnerait presque le sentiment d'un léger cahot au regard de la rectitude du reste de la ville.
Au milieu du XIXe s, le quartier sombre dans la pauvreté et la tension sociale monte. On y trouve toutes les couches sociales, alors que les autres quartiers sont plus homogènes. Les immeubles de rapport se dégradent. La structure est souvent la même : au rez-de-chaussée, le proprio (souvent riche marchand), puis il y a l'étage des domestiques. Encore plus haut habite une vieille veuve de militaire, un colonel à la retraite, un commerçant ou un usurier. Pour finir, sous les toits, un étudiant sans le sou. Tensions, agressivité de voisinage et mesquinerie, c'est tout cela que met en lumière l'écrivain.

➢ Du pont Demidov, on prend la Grajdanskaya ulitsa. À l'angle avec la rue Prjevalckovo, premier rendez-vous avec l'auteur et son héros de *Crime et Châtiment.* Un haut-relief fiché dans le mur montre l'écrivain devant la ***maison de Raskolnikov*** *(plan couleur IV, L10, **229**)*. « Dans une petite pièce, grande comme un coffre, habite le jeune Raskolnikov, où il prendra la hache cachée dans l'escalier pour tuer son usurière. » L'escalier apparaît d'ailleurs sur le relief. Sur la droite, l'indication du niveau atteint par la Neva en 1824 (plaque en allemand), décrit par Pouchkine dans *Le Cavalier de bronze.* Prendre à gauche.

➢ À l'angle avec Kaznatcheiskaya, au nº 7, la ***maison de Dostoïevski*** *(plan couleur IV, L10, **230**).* Il y vécut de 1864 à 1867 et y écrivit son roman *Les Nuits blanches.* Quelques fleurs sous la plaque en mémoire de l'écrivain. De fait, il pouvait surveiller la maison du jeune assassin et ses allées et venues depuis ses fenêtres. On s'y croirait. Tous ses personnages résident d'ailleurs dans le quartier, et plus précisément dans la boucle du canal. Lire *Les Nuits blanches,* roman dans lequel Lisa rencontre le rêveur. Toute l'action se déroule durant les nuits blanches le long du canal. Quand l'obscurité reviendra sur les nuits de la ville, le rêve partira, les personnages reviendront à la réalité et Lisa retrouvera son fiancé.

➢ ***Le pont Kokouchkin*** – **Кокушкин мост** *(Kokouchkin most ; plan couleur IV, L10,* ***231****)* **:** rien de particulier sur le plan architectural, mais c'est à l'un de ses angles que se tenait le resto où de nombreux personnages de *Crime et Châtiment* viennent s'alcooliser, notamment le père de Sonia Marmeladova, qui ruine sa famille en buvant, et qui amène Sonia à se prostituer pour sauver ses frères et sœurs. Tout près, le pont Sennoy (une passerelle) permet d'accéder à la place Sennaya.

➢ Au niveau de la Voznessenski prospekt, tourner la tête sur la droite. Vue sur la flèche de l'Amirauté. Poursuivons le long du canal et traversons le ***pont Podyatchesky*** *(plan couleur IV, L10,* ***232****),* encadré de quatre lanternes dorées.

➢ Le pont Lviny, le célèbre ***pont des Lions*** *(plan couleur IV, K10,* ***233****),* est en fait une passerelle tenue par quatre lions blancs à la belle crinière.

➢ ***Au nº 104 du quai,*** un grand édifice simple et plutôt moche, où l'on retrouve les héros de Dostoïevski. C'est là que réside l'usurière assassinée par Raskolnikov. Il fait bien des détours avant d'arriver jusque chez elle. Entrez donc dans la cour, une des cages d'escalier mène chez l'usurière. Bon, pas la peine de monter, elle n'est plus là. On peut ressortir par la Podiatcheskaya ulitsa.

➢ Reprenons le canal jusqu'au ***nouveau pont Nikolski*** – **Ново-Никольский мост** *(Novo Nikolski most ; plan couleur IV, L10,* ***234****).* Passez l'angle de la rue. De là, Raskolnikov voit la haute tour rose de l'enquêteur. Sous sa pression psychologique et pour l'amour de Sonia, il décide d'avouer. Sonia est d'ailleurs derrière lui. À l'angle du pont, il voit les dômes de l'église Saint-Nicolas-des-Marins et sent une main divine se poser sur lui. Il met genoux à terre, se signe et demande pardon. Il file ensuite chez le juge.

LE QUARTIER SENNAYA

La place Sennaya et ses alentours – **Сенная площадь** *(Sennaya plochad ; plan couleur IV, L10)* **:** cloaque de Saint-Pétersbourg autrefois, Sennaya, en dépit de sa rénovation complète en 2003, est encore aujourd'hui le quartier populaire par excellence. C'est la plus ancienne place de la ville. Au début du XVIIIe s, on y trouvait le grand marché au foin. Aujourd'hui, dans un mélange de styles et de populations, les habitants se bousculent pour faire leurs courses au marché Sennoï rinok ou dans l'immense cour Apraksin Dvor, à 5 mn de là. Les Caucasiens vantent les mérites de leurs légumes, sous des abris en forme de pastèque, les vendeuses de blinis et de fleurs attendent sagement le client dans leurs kiosques, les M. et Mme Tout-le-Monde traversent la place avec l'air affairé, tandis que d'autres traînent des regards rêveurs d'envies inassouvies devant les stands bourrés d'électronique et les parfumeries – où l'on vend aussi de la lessive...
Si tout a certainement changé depuis l'époque où Dostoïevski y traînait ses guêtres (et où son héros Raskolnikov promène ses incertitudes et ses pulsions assassines), le quartier a évolué dans la même direction. La misère et la crasse du XIXe s sont devenues celles du XXIe s : plus commerciales, plus rapides, plus fuyantes, plus éclairées par les enseignes (celle du *McDo,* par exemple...). L'église, détruite pendant la période soviétique, a laissé place à une station de métro, qui semble toujours dégorger plus de monde qu'elle n'en avale, et seul reste du XIXe s le bâtiment de la garde, jaune avec ses huit colonnes frontales, avec son allure anachronique parmi cet ensemble moderne.
La place exerce toujours le même pouvoir d'attraction et les Pétersbourgeois ne se privent pas d'en faire encore une agora populaire, s'installant sans hésiter sur les bancs en forme d'affût de canon le temps de partager une bière ou un sandwich.

Par temps gris, malgré la prolifération des affiches colorées, tout le quartier exhale une sorte de tristesse, mais aussi d'espoir : la débrouille, le petit commerce, les figures résolues d'un pays qui ne se résume pas à ses musées et à ses églises. Dernière précision : ce quartier n'est absolument pas dangereux, on le trouve même très tranquille, tant chacun semble vaquer à ses propres occupations. Un quartier d'affaires, en quelque sorte. De petites affaires. Des affaires humaines.

L'océanarium – **Океанариум** *(plan couleur IV, N11,* ***248****)* **:** *ul. Marata, 86. ☎ 448-0077. • planeta-neptun.ru • Ⓜ Pouchkinskaya. Tlj 10h-21h. Entrée : 450-650 R selon j. (plus cher le w-e) et heure ; 250-350 R enfants et étudiants.* L'entrée n'est pas donnée, mais l'aquarium renferme des créatures étonnantes des quatre coins du globe (poissons transparents du bassin amazonien, *Bothus mancus,* lottes de mer...). Si vous venez un mercredi ou un dimanche à 12h, vous pourrez voir les piranhas s'adonner à leur passe-temps préféré : manger. Sinon, spectacle avec les requins tous les jours à 19h (la tranche horaire la plus chère !). Pour les fans du genre.

Le musée-appartement de Rimski-Korsakov – **Музей-квартира Римского-Корсакова** *(Mouzeï-kvartira Rimskovo-Korsakova ; plan couleur IV, N10,* ***203****)* **:** *Zagorodny pr., 28. ☎ 713-3208. Passer sous la voûte ; dans la cour, longer par la gauche l'aire de jeux pour enfants, c'est la 1re porte sur la droite ; tirer la porte et sonner à l'interphone ; c'est au 2e étage. Mer-dim 11h-18h. Fermé le dernier ven du mois. Entrée : 100 R ; réduc étudiants. Audioguide en anglais inclus. Photos : 100 R ; vidéo : 200 R. Oct-mai, le musée organise régulièrement des* ***concerts de musique de chambre,*** *généralement le w-e. Résas au ☎ 713-3208. Prix dérisoire. On peut y assister même sans résa, en venant 30 mn avt.*
On visite l'appartement où vécut le grand compositeur de 1893 à 1908. Après la révolution, l'immeuble fut transformé en appartements communautaires. Nombreuses photos de l'artiste. Photos de ses amis et de ceux qu'on appela le groupe des Cinq, composé de Borodine, Moussorgski, Cui, Balakirev et Rimski-Korsakov. Ce dernier travailla au conservatoire près de 37 ans (on lui donna son nom), et fut, entre autres, le professeur de Prokofiev. Stravinski fut, quant à lui, son élève privé. Sur le mur de la première salle, une lettre de l'Académie des beaux-arts de Paris de 1907, le nommant correspondant. Partitions, baguette. Dans son bureau, son fume-cigare, ses lunettes. C'est attablé à ce bureau qu'il composa 11 de ses 15 opéras. Avez-vous remarqué qu'il composait sans piano ? Le bonhomme avait tout dans la tête.
On peut voir aussi des photos de Mme Rimski-Korsakov, excellente musicienne, mais qui arrêta ce qui aurait pu être une brillante carrière quand elle se maria. Elle devint sa secrétaire, sa conseillère, sa critique aussi, mais elle dut mettre ses ambitions musicales sous le bras. Son bureau, plus petit, se trouve à l'arrière de celui du maître. Ça doit être cela, vivre dans l'ombre de... Fallait pas trop avoir le bourdon. Quelques gravures originales : Wagner, Schumann, Chopin, Liszt, Berlioz, et même une photo de Tolstoï. Beau salon dans lequel, deux fois par mois, il organisait ce que ses amis appelaient les « mercredis de Korsakov ». Il y invitait des chanteurs comme Chaliapine, et de nombreux artistes du Mariinski qui venaient ici avec plaisir pour jouer, chanter, déclamer... Tout le salon est meublé d'époque et le piano est l'original où jouèrent les meilleurs. Dans la salle à manger, les portraits de ses aïeux, qui furent pour la plupart de grands officiers de marine, ce qu'il fut lui-même pendant 3 ans. Rappelons qu'outre ses opéras l'ami Rimski-Korsakov composa nombre d'œuvres symphoniques *(Sheherazade, Capricio, Antar...)* et plus de 100 romances, dont la plupart furent très populaires.

Le musée-appartement de Dostoïevski – **Музей-квартира Достоевского** *(Mouzeï-kvartira Dostoïevskovo ; plan couleur IV, N10,* ***204****)* **:** *Kouznetchny per., 5/2, à l'angle de Dostoïevskovo ul. ☎ 571-4031. • md.spb.ru • Ⓜ Dostoïevskaya ou Vladimirskaya. Tlj sf lun 11h-18h (17h pour les caisses). Entrée : 160 R ; réduc. Photos payantes : 70 R. Audioguide en français : 170 R.*

Ces pièces, où le grandissime écrivain vécut de l'automne 1878 jusqu'à sa mort en janvier 1881, furent elles aussi aménagées en appartement communautaire pendant le régime soviétique. De nombreuses modifications ont donc eu lieu, mais l'appartement fut restauré vers la fin des années 1960, d'après les écrits laissés par les amis et la femme de Dostoïevski, puis ouvert au public en 1971, le jour même du 150e anniversaire de sa naissance.
C'est un logement somme toute assez modeste, avec seulement deux petites chambres, une salle à manger, un salon, le cabinet de l'écrivain et un vestibule...
C'est uniquement dans les dernières années de sa vie que Dostoïevski commença à connaître le succès : élu membre de l'Académie des sciences en 1878, il fut au même moment traduit à l'étranger. Mais il demeura toujours dans une situation financière inconfortable.
Peu d'objets personnels, à part son chapeau, sous cloche dans le vestibule, et une boîte à tabac, sur laquelle sa fille griffonna, le jour de son décès : « Aujourd'hui, papa est mort. » C'est le tabac, qu'il fumait comme un sapeur, surtout en écrivant qui avait eu raison de son emphysème. De la fenêtre du cabinet de travail, Dostoïevski pouvait voir l'église Notre-Dame-de-Vladimir : il aimait louer des endroits avec vue sur un clocher. Il travaillait là de longues heures, de 23h jusqu'à l'aube – le meilleur moment, selon lui, sans bruit pour le déranger. C'est ici que fut écrit *Les Frères Karamazov*.
Dans l'appartement voisin, une petite expo rassemble des objets faisant référence à ses romans majeurs, de vieilles photos, des gravures et une incontournable vitrine consacrée au jeu. Vraiment intéressant pour ceux qui possèdent quelque connaissance de la vie et de l'œuvre de l'auteur.

L'église Notre-Dame-de-Vladimir – **Владимирская церковь** *(Vladimirskaya tserkov ; plan couleur IV, N10,* ***235****)* **:** *Vladimirski pr. ; à la sortie du métro Dostoïevskaya.* Cette église de style baroque (seconde moitié du XVIIIe s) abrite un grand nombre de très belles icônes. Pour accéder à l'église, on monte à l'étage. À droite de l'iconostase, l'icône principale de Notre-Dame-de-Vladimir.

Le marché Kouznetchny – **Кузнечный рынок** *(Kouznetchny rinok ; plan couleur IV, N10,* ***236****)* **:** *Kouznetchny per. ; entre Notre-Dame-de-Vladimir et l'appartement de Dostoïevski.* Marché couvert typique. On vous proposera de goûter aux légumes marinés, aux dizaines de sortes de miel, aux fromages blancs... presque de quoi faire un repas à l'œil ! Sinon, demandez : « *Mojna paprobovat ?* » (« Je peux goûter ? »).

Le marché Apraksin – **Рынок Апраксин Двор** *(rinok Apraksin Dvor ; plan couleur IV, M9)* **:** une immense cour et des travées sans fin qui sentent le bon vieux souk. Vêtements en cuir et fourrures, contrefaçons de marques sportives et babioles de consommation courante. On découvre ici un aspect très cosmopolite de Saint-Pétersbourg.

BALADE LE LONG DE LA PERSPECTIVE NEVSKI (plan couleur III)

Pour résumer, on pourrait dire que la perspective Nevski est en quelque sorte les Champs-Élysées de Saint-Pétersbourg. Et on n'aurait pas tort. La création de cette longue avenue (appelée *prospekt,* perspective) est due à Pierre le Grand, qui inventa ce néologisme pour désigner cette large artère dont la vue était particulièrement dégagée. Cet axe de 4,5 km devait relier l'Amirauté à la laure Alexandre-Nevski (monastère). Elle fut donc dessinée dès la création de la ville. Son tracé rectiligne devait être réalisé par deux équipes différentes : d'une part par les soldats de Pierre le Grand pour la partie ouest, et d'autre part par les moines du monastère pour la partie est.
Malheureusement, on s'aperçut trop tard qu'un des deux tracés (ou les deux) ne rejoignait pas l'autre. Bref, la route n'était pas droite. On décida donc de créer une

place entre les deux tronçons non alignés pour « tricher » un peu. C'est là que se trouve aujourd'hui la gare de Moscou. Il suffit d'observer une carte pour s'apercevoir que la Nevski n'est en effet pas droite. Pas cool pour un tsar qui n'aimait rien tant que la rectitude et l'exactitude... À la décharge des fautifs, il faut préciser qu'à l'est de la Fontanka on se trouvait déjà en pleine forêt, le canal constituant les limites de la ville. Au-delà, ce n'étaient que bois touffus et marécages, abritant animaux et bandits. Des rapports de voyageurs ne précisent-ils pas que des ours rôdaient régulièrement autour de la laure Alexandre-Nevski ? Un Français affirme même en avoir vu un sur la perspective Nevski ! Bon, il l'avait peut-être confondu avec Ivan Rebroff, ou avait abusé de la vodka. Ou les deux.
Aujourd'hui, la perspective a bien changé. C'est une grande artère souvent embouteillée (un peu comme les Champs-Élysées donc), très chic dans la première partie (boutiques des plus grandes marques) et qui devient plus populaire au fur et à mesure qu'on se dirige vers la gare de Moscou et qu'on la dépasse. La pub, qui a été pendant un moment jusqu'à coloniser certaines façades de palais, tend à retrouver une place plus raisonnable. Au sud de la station de métro Gostiny Dvor, c'est le coin des bars et des rendez-vous de la jeunesse le soir.
Notre balade a pour unique but de faire comme les habitants le samedi : traîner sans raison, flâner le nez en l'air, regarder les boutiques et observer les édifices les plus remarquables. On attaque par le début de la perspective, juste au niveau du jardin Alexandrovski, devant l'Amirauté.

➢ ***Aux n°s 8 et 10*** de la perspective Nevski, deux des premiers édifices (modestes) élevés sur la Nevski.

➢ ***Au n° 7,*** la ***maison Wawelberg,*** massif édifice en granit noir, du début du XXe s, est censé imiter le palais des Doges à Venise et les palais florentins. Ah bon ! Le bâtiment a longtemps accueilli les bureaux de l'*Aeroflot*. Le bâtiment devrait être transformé en hôtel (de luxe, bien sûr !).

➢ ***Au n° 14,*** noter cette modeste *plaque bleue,* sur la colonne de droite. Elle dit : « Citoyens, au moment des tirs d'artillerie, ce côté de la rue est le plus dangereux. » Il s'agit d'un avertissement qui date du siège de la ville durant la Seconde Guerre mondiale. Les éclats d'obus risquaient de blesser les passants dans cet espace très exposé où se dressait une école. On laissa la plaque en souvenir de cette période terrible.

➢ Juste à l'angle, la Bolchaya Morskaya ulitsa, avec une arche qui permet d'accéder à la place du Palais (Dvortsovaya plochad).

➢ À l'angle de la Moïka, au ***n° 18,*** le ***Literaturnoye Café*** *(plan couleur III, G-H7,* ***94****)* où Pouchkine passa ses derniers instants avant d'aller se faire tuer en duel. À l'époque c'était la pâtisserie Wolf et Béranger.
On enjambe le ***Zeliony most,*** le pont vert, autrefois appelé le pont des Policiers, car Nikolaï Tchitcherine, le chef de la police, à la fin du XVIIIe s, habitait la maison d'en face.

Le palais Stroganov – **Строгановский дворец** *(Stroganovski dvorets ; plan couleur III, H8,* ***199****)* ***:*** *au n° 17.* Réalisé par Rastrelli, il accueille aujourd'hui les œuvres secondaires du Musée russe, mais aussi un musée de Cire et un musée du Chocolat. C'est un gros palais baroque qui rappelle la façade du palais d'Hiver : jeu de pilastres, fenêtres ornementées de bas-reliefs. Superbe.

➢ Presque en face, un ***temple protestant*** *(église luthérienne)* où se retrouvait la communauté hollandaise. Pas passionnant en soi, mais c'est simplement pour souligner que la perspective Nevski se devait d'accueillir toutes les communautés et toutes les religions pour pouvoir se donner une dimension internationale. Ainsi, sur la Nevski même ou à proximité, trouve-t-on les lieux de culte de toutes les religions présentes dans l'Empire russe.

➢ Juste après, en retrait, modeste ***temple luthérien*** qui accueille la communauté évangéliste. Pendant la période soviétique, on ferma le temple, on mit de l'eau dedans et on le transforma en piscine.

➢ Entre le n° 25 et le n° 27, la ***cathédrale Notre-Dame-de-Kazan*** – **Казанский собор** *(Kazanski sobor ; plan couleur III, H8),* dont on parle plus haut dans « Autour de Gostiny Dvor ». Face à elle, la piétonne ***Malaya Konyouchennaya ulitsa,*** où se nichent plusieurs petits restos. Cette ruelle accueille une récente statue de Nicolas Gogol, enveloppé dans son long manteau, moustache et cheveux au vent, romantique en diable. Au bout de la ruelle, la sculpture en bronze d'un gendarme. Récemment, la municipalité a en effet décidé de rendre hommage aux personnages typiques du XIXe s : on trouve en ville un photographe, un balayeur, un allumeur de réverbères...

Le bâtiment Singer – **Дом Зингер** *(Dom Singer ; plan couleur III, H8,* ***237****)* ***:*** *Nevski pr., 28.* L'immeuble, parmi les plus renommés de l'avenue, fut édifié pour la société *Singer* au début du XXe s. Il abrite une grande librairie au rez-de-chaussée et au 1er étage, et un salon de thé-pâtisserie réputé pour la qualité de son chocolat chaud. Observer la tourelle au sommet, surmontée d'un globe. C'est le seul subterfuge que l'on trouva pour contourner la règle qui voulait qu'aucun édifice ne dépassât le palais d'Hiver en hauteur (23,50 m). Façade de granit brun, décors floraux, panneaux de bronze doré, grandes fenêtres de verre.

➢ Au pied du canal Griboïedova, ***balades en bateau.*** Départs toutes les heures, de 11h à 23h environ l'été, jusqu'à 18h le reste de l'année. Commentaire en russe, ici comme ailleurs.

La Petite Philharmonie – **Малый Зал Филармонии** *(Mali Zal Philarmoni ; plan couleur III, H8,* ***238****)* ***:*** *Nevski pr., 30.* Une excellente salle populaire où se déroulent, presque tous les soirs à 19h, sauf en période de relâche estivale, des concerts de musique classique. Voir nos informations à ce sujet dans « À faire. Culture et loisirs. Théâtres, ballets et musique classique ».

L'église Sainte-Catherine – **Церковь Святой Екатерины** *(tserkov Sviatoï Ekateriny)* ***:*** *Nevski pr., 32-34.* Une des deux seules églises catholiques de la ville. Mélange de baroque et de néoclassique. Pas grand-chose à voir. Devant, sur la Nevski, portraitistes, peintres du dimanche... et pickpockets s'en donnent à cœur joie.

➢ ***Au n° 31,*** la tour rose de l'ancienne Douma. Cette tour permettait de surveiller les départs de feu.

Le Grand Hôtel Europe – **Гостиница Европа** *(Gostinitsa Evropa ; plan couleur III, I8,* ***70****)* ***:*** *Mikhaïlovskaya ul., 1/7.* Un des plus beaux palaces de la ville, avec une façade entièrement soutenue par des atlantes. Édifié vers 1830 par Carlo Rossi, transformé à la période Art nouveau par Lidval, un architecte russe d'origine suédoise, il fut (et demeure) très apprécié par l'aristocratie et le gotha. La grande classe, quoi. Bon, inutile de vous dire les prix, c'est bien plus cher qu'un appartement communautaire. En face, la ***Grande Philharmonie,*** où, le 9 août 1942, fut jouée la *7e Symphonie* (dite « Leningrad ») de Chostakovitch, le jour précis que Hitler avait choisi pour célébrer la prise de la ville... encore lui aurait-il fallu réussir ! Encore un qui vendait la peau de l'ours (russe) avant de l'avoir tué... Le concert, dirigé par Eliasberg, fut retransmis par haut-parleur et était supposé galvaniser les Soviétiques. On eut beaucoup de mal à reconstituer un orchestre : seuls 15 instrumentistes (sur les 100 que comptait la phalange) étaient encore vivants ou en état de jouer, on dut recruter parmi les soldats qui jouaient dans des orchestres militaires...

➢ Encore une église au ***n° 40,*** une *église arménienne* cette fois. Plutôt jolie, de style néoclassique et en forme de croix grecque.

SAINT-PÉTERSBOURG / À VOIR

➢ Juste à côté, au ***n° 42,*** une caisse générale où l'on peut acheter tous les billets pour le théâtre, les ballets, les concerts. Mais attention, si vous achetez vos billets ici, il faudra ajouter le supplément pour étranger à la caisse du théâtre même. En face, la vaste galerie commerciale de Gostiny Dvor.

Trade House Passaj – **Пассаж** *(plan couleur III, I8,* ***239****)* **:** *Nevski pr., 48. Ouv 10h (11h dim)-21h.* Longue galerie commerciale de 180 m, percée au milieu du XIXe s et coiffée d'une verrière. Elle rappelle, en moins grandiose, celles de Paris. Au rez-de-chaussée, souvenirs, antiquités, bijouteries. On peut voir encore le nom des anciennes boutiques, en français (« Maison Annette », « Maison Michel », « À la ville de Genève »...). À l'étage, grandes marques internationales de fringues. Au sous-sol se trouve l'un des plus grands supermarchés du centre-ville.

Le magasin Elisséïev – **Елисеевский гастроном** *(Elisseïevski gastronom ; plan couleur III, I8,* ***240****)* **:** *Nevski pr., 56.* Construit en 1902-1903. De l'Art nouveau, et du plus beau. Dans cette ville avant tout minérale et assez rigide, il y a quelques édifices qui rappellent que la pierre et le fer peuvent parfois rendre hommage au végétal. Cet admirable édifice en est le témoignage le plus expressif. Arabesques, bustes généreux de femmes, colonnettes métalliques en volutes, motifs floraux... Dommage, le magasin qu'il abritait est actuellement fermé et ne rouvrira vraisemblablement pas avant un certain temps. Affaire à suivre, donc...

➢ Juste en face du magasin *Elisséïev*, la ***place Ostrovski*** – **Площадь Островского** *(plochad Ostrovskovo ; plan couleur III, I8, et plan couleur IV, M-N9)*, dont on parle plus haut dans « Autour de Gostiny Dvor ».

Le palais Anitchkov – **Аничков дворец** *(Anitchkov dvorets ; plan couleur III, J8)* **:** *Nevski pr., 39.* Voici un édifice qu'Élisabeth Ire fit élever pour son amant Andrei Razoumovski. D'origine cosaque, ce beau et grand gaillard fut chanteur dans une chorale de son village d'Ukraine et invité à venir chanter à Saint-Pétersbourg, avant de faire tourner la tête de la tsarine. Ils s'aimèrent, mais comme la tsarine craignait les intrigues, s'ils se marièrent, ce dont on n'est pas totalement sûr, ce fut de manière secrète. Élisabeth confia sans doute à Rastrelli (celui du palais d'Hiver), ou bien au russe Zemtsvov, le soin d'édifier ce beau palais pour Razoumovski, qui y habita toute sa vie. La façade a perdu ses contours baroques sous la férule de Carlo Rossi, qui transforma tout en néoclassique. Le palais revint aux Romanov à la mort des propriétaires. C'est là qu'on organisait les grands bals du palais, moins prestigieux que ceux réservés au gratin du palais d'Hiver certes, mais pas faits pour les gueux non plus. La famille de Nicolas II, le dernier empereur, préférait même y séjourner, plutôt qu'au palais d'Hiver.

Le pont Anitchkov – **Аничков мост** *(Anitchkov most ; plan couleur III, J8)* **:** il enjambe la Fontanka. Ce qui frappe, ce sont les imposantes et dynamiques sculptures des chevaux et de leurs dompteurs qui animent les angles du pont, réalisées par Klodt au milieu du XIXe s. Allégorie de la lutte éternelle de l'homme qui tente de dompter la nature sauvage. Quatre phases de dressage sont ici décrites (même si c'est l'ensemble qu'on admire plus que le cours de dressage). La puissance dégagée par les chevaux est presque palpable. Admirable

PAUVRE NAPOLÉON...

Concernant le cheval situé au sud-ouest du pont Anitchkov (vous avez une boussole, pas vrai ?), le fondeur, homme facétieux, modifia très légèrement un détail de l'œuvre. Il donna à l'un des testicules et au bout de la verge de l'animal le profil de Napoléon, tourné piteusement vers le sol. Pas facile à identifier, mais on y arrive avec un poil (si l'on peut dire) d'imagination. Il faut dire qu'on est en 1840 et que les Russes ne portent pas vraiment l'ex-empereur dans leur cœur.

SAINT-PÉTERSBOURG PLANS ET CARTES EN COULEURS 2

Palais Elaguine
Île Elaguine
Елагин остров
Île Kamenny
Каменный остров
Stade S.M. Kirova
Île Krestovsky
Крестовский остров
Крестовский Остров
Krestovsky Ostrov
BOL. KRESTOVSKI MOST
Levachovski pr.
PETROGRADSKAYA STORONA
Петроградская сторона
Чкаловская
Tchkalovskaya
Terminal passagers (bateaux de croisière)
Malaya Neva
Малая Нева
Bolshoi
Большой
Приморская
Primorskaya
TUCHKOV MOST
Спортивная
Sportivnaya
8-ya et 9-ya
12-ya et 13-ya
16-ya et 17-ya
36
Syezdovskaya et 1-ya linii
Cimetière de Smolensk
Maly pr.
Василеостровская
Vassileostrovskaya
52
VASSILIEVSKI OSTROV
Васильевский остров
Sredni pr.
Musée géologique
linii
217
Bolchoi
Большой
PONT DE L'ANNONCIATION
NOUVELLE HOLLANDE
Morskoï Terminal
Brise-glace Krassin
Golfe de Finlande
Bol. Neva
Бол. Нева
SENNAYA PLOCHAD
Église St-Nicolas-des-Marins
Fontanka
Rijski pr.
Staro-Petergofski pr.
voir plan IV
Obvodni Kanal
Балтийская
Baltiiskaya
Gare de la Baltique (Baltiskiï vokzal)
Parc Ekateringof
A
B
1
2
3

SAINT-PÉTERSBOURG – PLAN GÉNÉRAL (PLAN I)

Adresse utile

21 Eurolines

Où dormir ?

35 Hostel All Seasons
36 Nash Hotel
52 Trezzini Art Hotel

Où manger ?

110 Fortetsia

Où danser ?

184 Metro

À voir

202 Musée-appartement de Kirov
205 Musée-appartement de Chaliapine
211 Maisonnette de Pierre le Grand
217 Musée de l'Académie des beaux-arts
245 Église de Tchesmé
246 Monument aux Défenseurs de la ville de Leningrad

SAINT-PÉTERSBOURG – REPORTS DU PLAN I

Où manger ?

103 Troïtski Most
105 Café Mozart
111 Na Zdorovie !
113 Tbilissi
115 Restaurant Austeria
120 Restoran

Où boire un bon café ? Où déguster une bonne pâtisserie ?

105 Café Mozart

Où danser ?

181 Tunnel

À voir

207 Maison du Commandant
208 Maison des Ingénieurs
209 Porte de la Neva
210 Musée de l'Astronautique
213 Mosquée
214 Musée de la Marine
215 Kunstkamera
216 Musée zoologique
218 Université
219 Colonnes rostrales
222 Charpentier de Maasdam

Culture et loisirs

257 Music Hall

SAINT-PÉTERSBOURG – REPORTS DU PLAN II

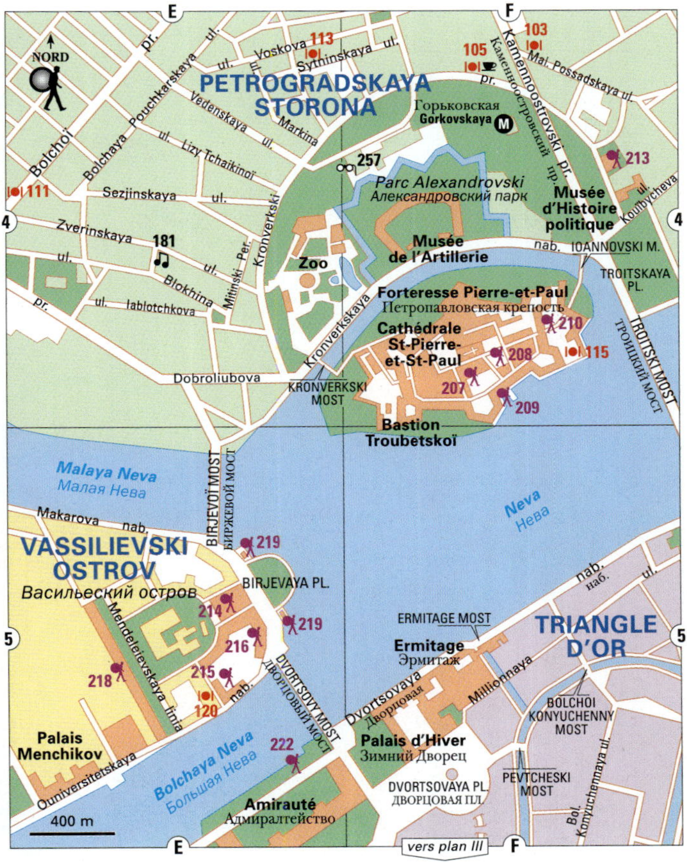

SAINT-PÉTERSBOURG – LA FORTERESSE PIERRE-ET-PAUL ET LA POINTE DE L'ÎLE VASSILIEVSKI (PLAN II)

G
H
0
200
400 m
NORD
Neva
Нева
PONT DE LA TRINITÉ (TROÏTSKI M.)
ТРОИЦКИЙ МОСТ
Palais de Marbre
Мраморный Дворец
nab.
наб.
ulitsa
Aptekarski
per.
Mochkov
Dvortsovaya
Дворцовая
ERMITAGE MOST
Théâtre de l'Ermitage
BOLSHOI KONYUCHENNY MOST
Reki
реки
Moïka
Мойки
MALO KONYUCHENNY MOST
KONYUCHENNAYA PL.
Millionnaya
DVORTSOVY MOST
ДВОРЦОВЫЙ МОСТ
Musée de l'Ermitage
Музей Эрмитаж
Entrée
Glinka Capella
Église du Saint-Sauveur-sur-le-Sang-Versé
Храм Спаса-на-Крови
PEVTCHESKI MOST
TRIANGLE D'OR
PLACE DU PALAIS
(DVORTSOVAYA PL.)
ДВОРЦОВАЯ ПЛ.
Admiralteiskaya nab.
Amirauté
Адмиралтейство
Alexandrovski Sad
Chvedski per.
Volinski per.
Kanala Griboïedova
Грибоедова
Bol. Konyuchennaya
Mal. Konyuchennaya
Nevski
Невский
Admiralteiski pr.
Kirpichni
Gorokhovaya
Morskaya
Admiralteyskaya
(en construction)
Невский проспект
Nevski prospekt
ZELIONY MOST
KAZANSKIÏ MOST
Cathérale Notre-Dame-de-Kazan
Казанский собор
Malaya
Bolchaya
per. Sergueia Tiulenina
SPASSKI OSTROV
KRASNY MOST
ISAAKIEVSKAYA PL.
per. Grivtsova
Kazanskaya
BANKOVSKI MOST
Dumskaya
Lomonossova
Sadovaya
1
5
7
8
14
17
22
30
47
49
50
51
53
59
62
66
67
81
82
86
92
94
96
98
99
100
106
107
112
114
146
149
162
199
201
226
227
228
237
238
260
262
271
274
6
7
8

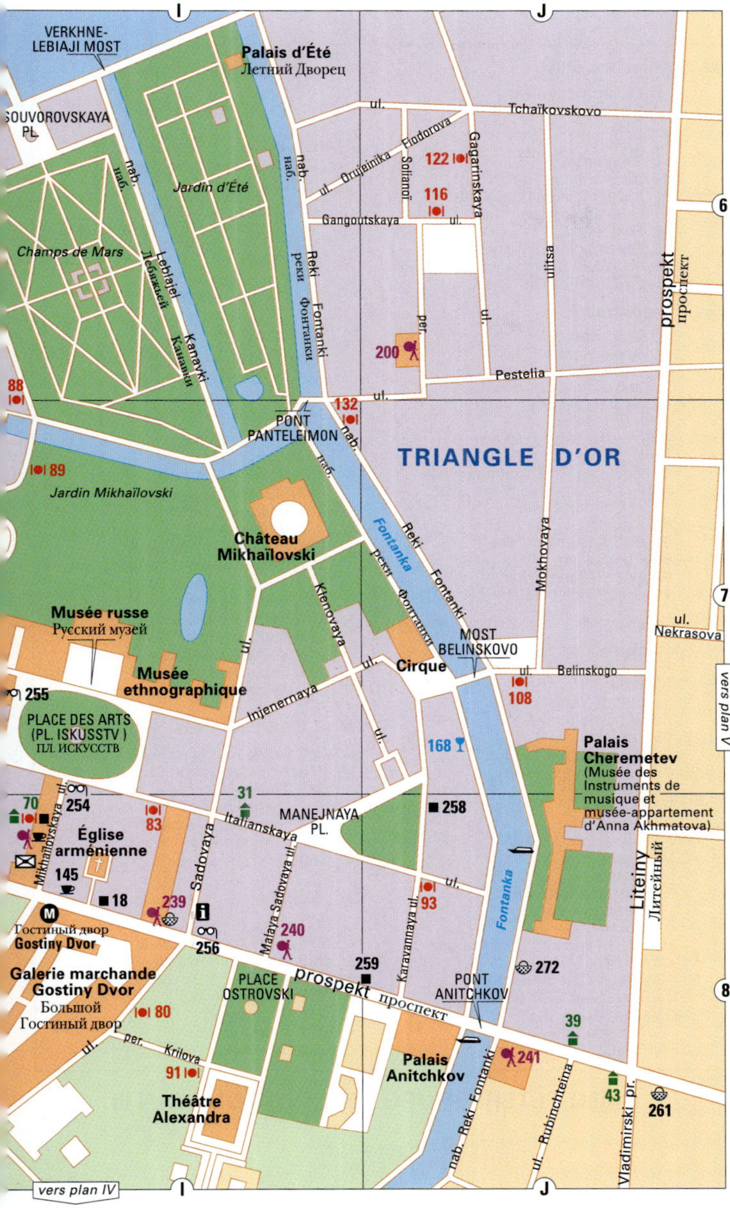

SAINT-PÉTERSBOURG – LE TRIANGLE D'OR
ET LA PERSPECTIVE NEVSKI (PLAN III)

Adresses utiles

- Offices de tourisme
- 1 Consulat de France
- 5 DHL
- @ 7 Subway
- 8 Pharmacie
- 14 Air France et Hertz
- 17 Institut français de Saint-Pétersbourg
- 18 Billetterie
- 22 Bureau central de réservation
- 70 Journaux français (Grand Hôtel Europe)

Où dormir ?

- 30 Nord Hostel
- 31 Apple Hostel
- 39 Hostel Rudolf Manukyan et Nevski 74 Mini Hotel
- 43 Hostel Life
- 47 Hôtel Grifon
- 49 Nevsky Grand Hotel
- 50 Hôtel Nevsky Aster
- 51 Boutique Hotel Rachmaninov
- 53 Randhouse Bed & Breakfast et Comfort Hotel
- 59 Korona
- 62 Bed & Breakfast Pio
- 66 Pushka Inn
- 67 Stony Island Hotel
- 70 Grand Hôtel Europe

Où manger ?

- 66 Restaurant Pushka Inn
- 80 Pirojkovaya Metropol
- 81 Stolle
- 82 Bistrot Samson
- 83 Sandwich-bar Trio
- 86 Teremok
- 88 Restaurant Gastronom
- 89 Park
- 91 Yakitoria
- 92 Oliva
- 93 Kavkaz Bar
- 94 Literaturnoye Café
- 96 Restaurant Akter
- 98 Bushe
- 99 Vesna et Barbaresco
- 100 Russkaya Zabava
- 106 Soup Vino
- 107 Saint-Petersburg Restaurant
- 108 Lagidze
- 112 Action Cafe Federation
- 114 The Other Side Gastro Bar
- 116 Chez Jules
- 122 Russkie Blini
- 132 Restaurant Demidoff

Où manger du caviar ?

- 70 Caviar Bar – Grand Hôtel Europe

Où boire un bon café ? Où déguster une bonne pâtisserie ?

- 70 Mezzanine Cafe – Grand Hôtel Europe
- 145 Kafeïnia Abrikossov
- 146 Pishki
- 149 Café People
- 237 Café-librairie Singer

Où boire un verre ?

- 162 Datcha et café Fidel
- 168 Purga

À voir

- 70 Grand Hôtel Europe
- 94 Literaturnoye Café
- 199 Palais Stroganov
- 200 Musée Stieglitz
- 201 Musée-appartement de Pouchkine
- 226 Édifice Art nouveau
- 227 Bateaux de promenade
- 228 Anciennes écuries impériales
- 237 Bâtiment Singer
- 238 Petite Philharmonie
- 239 Trade House Passaj
- 240 Magasin Elisséïev
- 241 Palais Belosselski-Belozerski

Culture et loisirs

- 238 Petite Philharmonie
- 254 Philharmonique Chostakovitch
- 255 Théâtre d'opéra et de ballet Mikhailovski
- 256 Teatr Marionetok
- 258 Dom Kino
- 259 Cinéma Avrora

Achats

- 237 Singer
- 239 Trade House Passaj
- 260 Marché touristique
- 261 Tatiana Parfionova
- 262 Beluga Deluxe
- 271 Boukvayed
- 272 Anglia
- 274 Severnaya Lyra

SAINT-PÉTERSBOURG – REPORTS DU PLAN III

Adresses utiles

- Kiosque d'informations touristiques
- 11 American Medical Clinic and Hospital
- 12 Tsar Voyages
- 13 Centre commercial Lend
- 15 Aeroflot
- 16 Rossia Airlines

Où dormir ?

- 42 Swiss Star
- 44 Bubyr's
- 48 Missis Hudson
- 58 Hôtel Les Frères Karamazov
- 71 Hôtel Astoria

Où manger ?

- 84 Artichoke
- 85 Restaurant The Idiot
- 95 Caravan
- 97 1913 God
- 101 Za Scenoï (Backstage)
- 102 Café Stolovaya
- 104 Teplo

Où boire un bon café ? Où déguster une bonne pâtisserie ?

- 148 Cofe Sol
- 150 Morie Tchaya

Où boire un verre ?

- 163 Crocodile Bar
- 164 Roussky Kitch
- 167 Mollie's

Où écouter de la musique ?

- 170 Gravitsapa Jazz Club
- 173 Jazz Philharmonic Hall
- 177 Money Honey
- 179 Griboyedov

Où danser ?

- 183 Havana Club

À voir

- 203 Musée-appartement de Rimski-Korsakov
- 204 Musée-appartement de Dostoïevski
- 206 Musée-appartement de Vladimir Nabokov
- 220 Théâtre Alexandra
- 221 Musée théâtral et de l'Art musical
- 223 Cavalier de bronze
- 224 Sénat et Synode
- 225 Grande synagogue chorale
- 226 Édifice Art nouveau
- 229 Maison de Raskolnikov
- 230 Maison de Dostoïevski
- 231 Pont Kokouchkin
- 232 Pont Podyatchesky
- 233 Pont des Lions
- 234 Nouveau pont Nikolski
- 235 Église Notre-Dame-de-Vladimir
- 236 Marché Kouznetchny
- 248 Océanarium
- 249 Musée de la Vodka

Culture et loisirs

- 220 Théâtre Alexandra
- 250 Yamskie bani

Achats

- 269 Ountsia

SAINT-PÉTERSBOURG – REPORTS DU PLAN IV

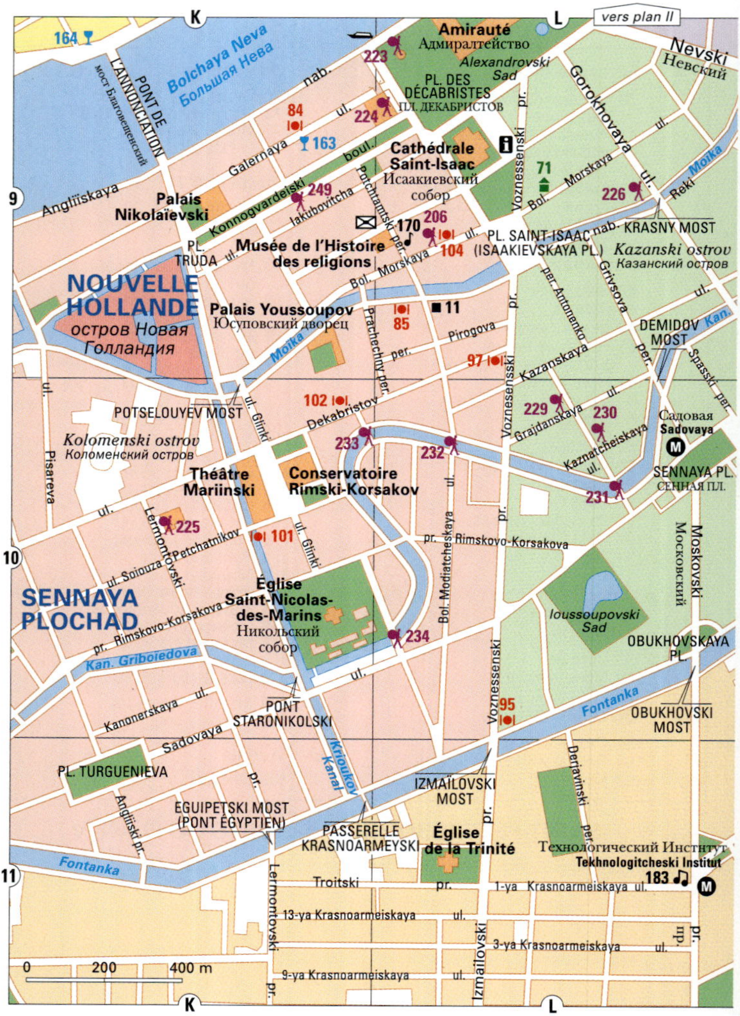
K
L
vers plan II
164
Bolchaya Neva
Большая Нева
PONT DE L'ANNONCIATION
мост Благовещенский
223
Amirauté
Адмиралтейство
Alexandrovski Sad
Nevski
Невский
nab.
PL. DES DÉCABRISTES
ПЛ. ДЕКАБРИСТОВ
84
ul.
224
Gorokhovaya
pr.
Galernaya
163
Cathédrale Saint-Isaac
Исаакиевский собор
Voznessenski
71
ul.
Moika
boul.
Konnogvardeiski
Bol. Morskaya
226
Reki
249
Potchtamtski
Palais Nikolaïevski
Angliiskaya
9
Iakubovitcha
170
206
104
PL. SAINT-ISAAC (ISAAKIEVSKAYA PL.)
nab.
KRASNY MOST
Kazanski ostrov
Казанский остров
PL. TRUDA
Musée de l'Histoire des religions
Bol. Morskaya
per. Antonenko
Grivsova
NOUVELLE HOLLANDE
остров Новая Голландия
Palais Youssoupov
Юсуповский дворец
85
11
Pirogova
DEMIDOV MOST
Kan.
Moika
Prachechny per.
per.
97
Kazanskaya
Spasski per.
ul.
POTSELOUYEV MOST
Glinki
102
Dekabristov
229
230
Садовая
Sadovaya
Grajdanskaya
Kaznatcheiskaya
Kolomenski ostrov
Коломенский остров
233
232
SENNAYA PL.
СЕННАЯ ПЛ.
231
Pisareva
Théâtre Mariinski
Conservatoire Rimski-Korsakov
Lermontovski
225
101
Glinki
pr. Rimskovo-Korsakova
Moskovski
Московский
10
ul. Soiouza Petchatnikov
Église Saint-Nicolas-des-Marins
Никольский собор
Bol. Modiatcheskaya
SENNAYA PLOCHAD
pr. Rimskovo-Korsakova
Ioussoupovski Sad
OBUKHOVSKAYA PL.
234
Kan. Griboiedova
ul.
Voznessenski
Fontanka
Kanonerskaya
PONT STARONIKOLSKI
95
OBUKHOVSKI MOST
Sadovaya
Kriukov Kanal
Derjavinski per.
PL. TURGUENIEVA
IZMAÏLOVSKI MOST
Angliiski pr.
EGUIPETSKI MOST (PONT ÉGYPTIEN)
PASSERELLE KRASNOARMEYSKI
Église de la Trinité
Технологический Институт
Tekhnologitcheski Institut
Fontanka
11
Troitski
pr.
1-ya Krasnoarmeiskaya ul.
183
Lermontovski pr.
13-ya Krasnoarmeiskaya ul.
Izmailovski
3-ya Krasnoarmeiskaya ul.
9-ya Krasnoarmeiskaya ul.
0 200 400 m

SAINT-PÉTERSBOURG – LES CANAUX (PLAN IV)

Adresses utiles

2 Consulat de Suisse
3 Consulat de Biélorussie
4 Consulat d'Ukraine
@ 6 Cafemax
9 Pharmacie
10 Euromed Clinic
19 Skat Prokat
20 OST-WEST Kontaktservice
21 Consulat de Belgique

Où dormir ?

32 Saint-Petersburg International Hostel
34 Puppet Hostel
37 Apricot Hostel
40 Comfort on Chekhov
41 Old Nevsky Hotel
45 Sovetskaya-5
46 Oksana's
60 Nevsky Central Hotel
61 Nevsky Express Hotel
63 Soul Kitchen Hostel
65 Europe Nouvelle

Où manger ?

68 Lakomka
123 Rousskie Blini ou Natachi
128 Art-Kafe Sunduk
129 Zavodnye Yaïtsa

Où écouter de la musique ?

128 Art-Kafe Sunduk
171 JFC Jazz Club
176 Fish Fabrique et GEZ 21
180 Chaplin Club

À voir

242 Basilique de la Transfiguration-du-Saint-Sauveur
243 Cimetières Saint-Lazare et Tikhvine
244 Cathédrale de la Sainte-Trinité
247 Musée de l'Érotisme

Culture et loisirs

34 Bolchoï Teatr Kukol
176 Pouchkinskaya-10 Art Center

Achats

176 Baza
264 Prialka
267 Liviz
273 Kaïlas

SAINT-PÉTERSBOURG – REPORTS DU PLAN V

SAINT-PÉTERSBOURG – À L'EST DU CENTRE, L'ENSEMBLE SMOLNY ET LA LAURE ALEXANDRE-NEVSKI (PLAN V)

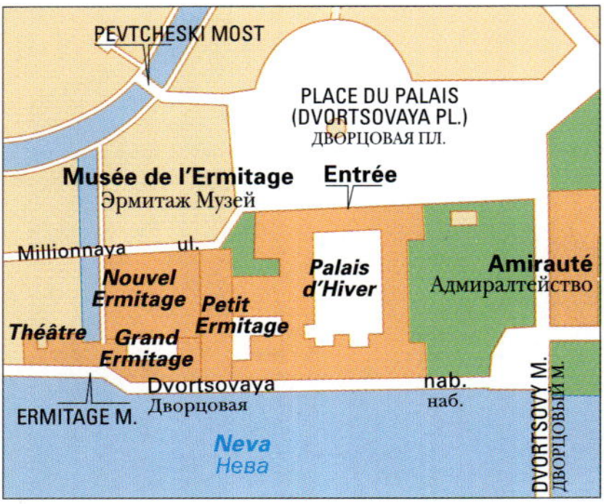

Deuxième étage

- Peinture française académique de la fin du XIXe s et section des impressionnistes
- Art moderne, peinture occidentale et américaine (XIXe-XXe s)
- Art chinois et Asie centrale
- Art byzantin
- Art perse

Premier étage

Peinture et sculpture des XVe-XVIIIe s

- françaises
- allemandes et autrichiennes
- anglaises

- Culture russe
- Salles d'apparat
- Peinture et sculpture italiennes (XIIIe-XVIIIe s)
- Peinture espagnole (XVe-XIXe s)
- Peinture hollandaise (XVe-XVIIe s)
- Peinture flamande (XVIIe s)
- Arts décoratifs et appliqués de l'Europe et du Moyen Âge

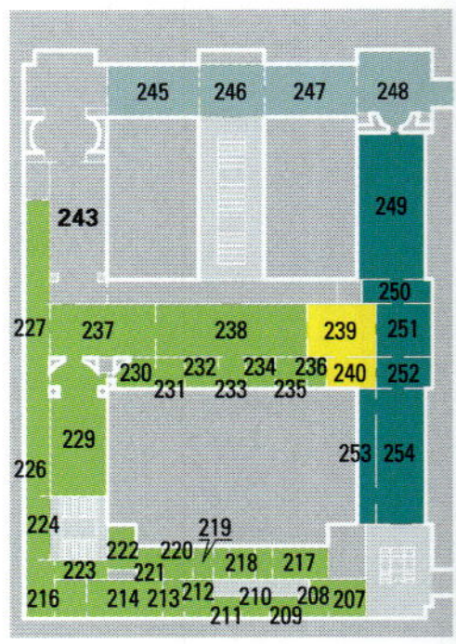

Rez-de-chaussée

- Galerie des trésors
- Cultures primitives
- Art antique grec et romain
- Art du Proche-Orient antique
- Art de l'Égypte ancienne

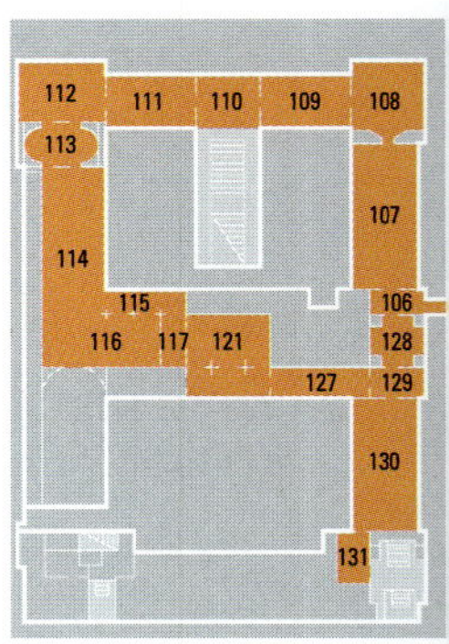

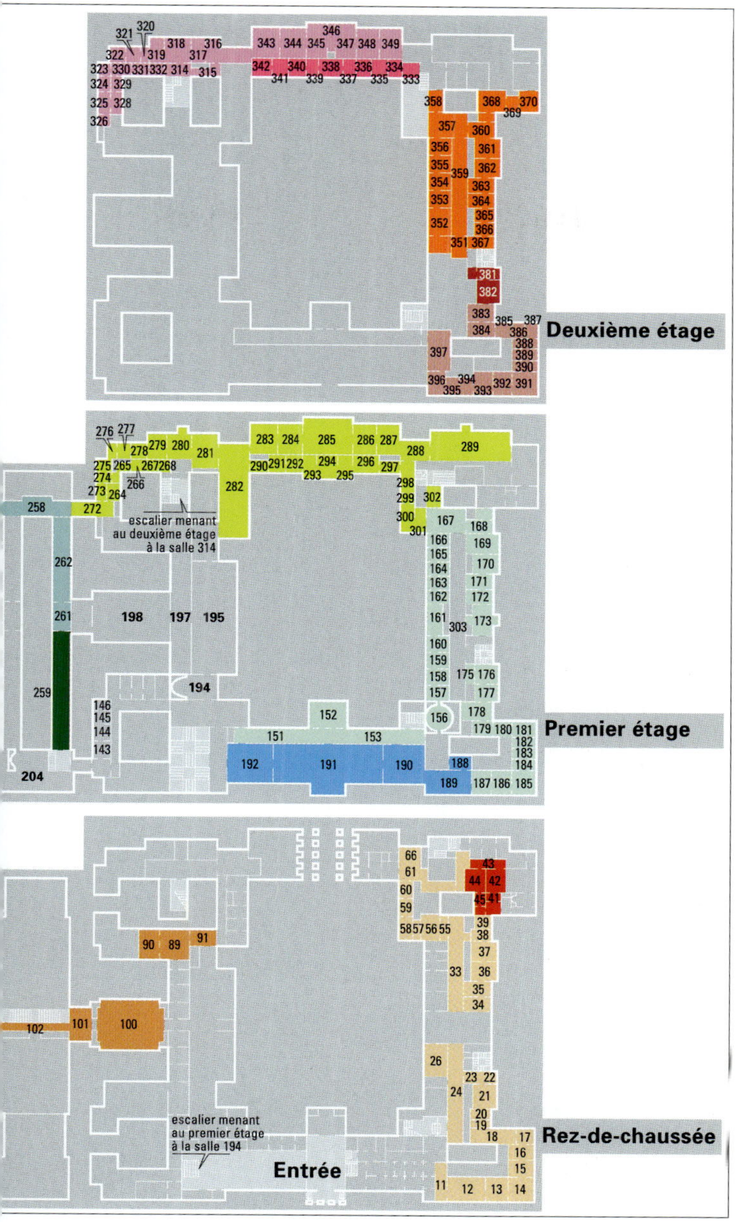

SAINT-PÉTERSBOURG – L'ERMITAGE

SAINT-PÉTERSBOURG – PLAN DU MÉTRO

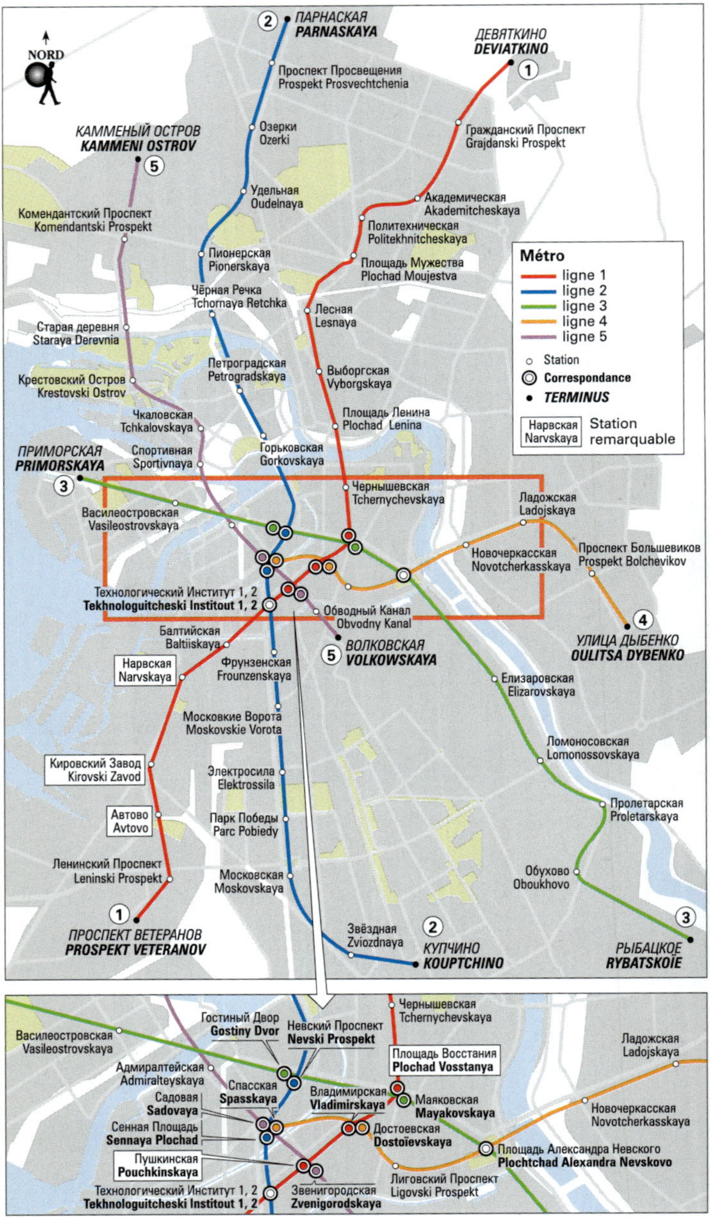

SAINT-PÉTERSBOURG – PLAN DU MÉTRO

équilibre entre la force brutale des animaux et la finesse de l'exécution. Bravo Klodt ! Une anecdote : au départ, deux de ces sculptures étaient des commandes faites par Nicolas Ier pour être offertes au roi de Naples. Le tsar envoya son présent, qui eut un réel succès. Devant cet engouement, le tsar demanda à Klodt de refaire un moulage des deux sculptures envoyées à Naples, et de prolonger la série par deux autres œuvres sur le même thème. Ces chevaux allaient devenir bien plus célèbres que ceux de la ville italienne.

Le palais Belosselski-Belozerski – Дворец Белосельских-Белозерских *(dvorets Belosselskikh-Belozerskikh ; plan couleur III, J8,* ***241****) : Nevski pr., 41.* Tout de rose vêtu, cet imposant édifice ne manque pas de grâce. Il accuse un style éclectique à dominante baroque : il fut réalisé par 1750 et reconstruit par l'architecte Stakenschneider au milieu du XIXe s. Portiques à colonnes, pilastres, chapiteaux à feuilles d'acanthe, fenêtres à guirlandes, fronton richement décoré d'atlantes. Au rez-de-chaussée, soutenant l'édifice, d'autres puissants atlantes, barbus et chevelus. L'artiste avait le souci du détail (notez le travail de la toison sous les aisselles). Il abrite aujourd'hui un centre culturel où ont lieu des concerts de musique classique pendant l'année (notamment le dimanche). Même si vous n'assistez pas à un spectacle, notez les portes richement ouvragées, et entrez tout de même voir le superbe escalier monumental aux marches basses (pour donner de l'ampleur) et l'admirable rampe.

➢ L'intérêt de la perspective Nevski s'arrête quand elle bute sur la Fontanka, mais si vous êtes courageux ou qu'il vous reste quelques forces, allez donc un peu plus à l'est, à la ***Pouchkinskaya plochad,*** petite place à laquelle on accède par la Pouchkinskaya ulitsa. Adorable placette ovale, pour une fois pas trop monumentale, plutôt discrète même, encadrée d'immeubles du XIXe s. Au centre, la statue du poète Pouchkine.

➢ Notre promenade prend fin sur la ***place Vosstanya*** *(plan couleur V, O13),* autrement dit la place de l'Insurrection, où se situe la gare de Moscou. Au centre, encore un vilain obélisque (1985) dédié aux défenseurs de la ville.

UN PEU À L'EST DU CENTRE

Le quartier Smolny *(plan couleur V)*

C'est le secteur situé au nord-est du centre-ville, dans la boucle de la Neva. Autrefois, c'était la campagne. Sous Pierre le Grand s'est développée ici une zone industrielle appelée « la cour de goudron » (*smolny* veut dire « goudron »), où l'on brûlait le goudron qui devait servir à l'étanchéité des bateaux. Les odeurs étaient tellement fortes qu'il fallait réaliser cette opération à l'écart de la ville. Plus tard, sa fille Élisabeth décida d'établir son couvent et son institut juste à côté. Élisabeth était un personnage un peu compliqué : sa naissance hors mariage (mal vécue), sa permanente terreur des complots, sa vie privée difficile, son désir d'abdiquer et de prendre le voile à la fin de sa vie, tout cela la conduisit à faire édifier ce couvent (besoin de se soustraire au regard des autres) de taille « impériale » (manière de rappeler quand même qui elle était).

L'ensemble, datant du milieu du XVIIIe s, se compose de la cathédrale (au centre) et, tout autour, des bâtiments conventuels, parfaitement en symétrie. Ils ne furent jamais utilisés en tant que tels et appartiennent à l'université de la ville (pas de visite). Pour réaliser son projet, la tsarine fit appel à Bartolomeo Rastrelli, son architecte fétiche. En pleine époque baroque, il mêla habilement les influences italienne et orientale.

La cathédrale Smolny – Смольный собор *(Smolny sobor ; plan couleur V, P12) : tlj sf mer 10h-18h et même 19h de mai à mi-sept (caisses fermées 1h avt). Entrée : 210 R ; réduc.*

Jolie église bleu pastel, avec un clocher à bulbes multiples, des colonnes, des pilastres, des angelots joufflus, un fronton triangulaire, des chapiteaux ornementés. Élisabeth ne vit jamais son couvent, elle mourut avant la fin des travaux. En 1762, Catherine II fit arrêter la construction, car elle n'aimait ni le style baroque ni Élisabeth. L'église ne fut terminée que sous Nicolas Ier, dans les années 1830.
Intérieur fort simple et tout blanc (on dirait du ripolin), en dehors des lustres et des rideaux en velours rouge, symboles de statut. Transformée en salle de concerts. Pas grand-chose à voir, même si des petites expositions temporaires y sont organisées (peinture, artisanat, etc.). En revanche, on peut monter à la tour, haute de 68 m, pour une vue étonnante sur la ville (100 R). À ne pas louper, car on observe bien la boucle de la Neva. Concerts réguliers (en général deux fois par semaine, plus rares en été).

L'Institut Smolny – **Смольный Институт** *(Smolny Institut ; plan couleur V, P12)* **:** *Smolny pr. Juste à côté du couvent, vers le sud. Le lieu est surtout accessible aux groupes en visite guidée, mais en insistant un peu, on peut quand même le voir. Depuis les téléphones de l'entrée (à gauche des détecteurs), faites le ☎ 7321 et demandez à visiter, une personne viendra alors vous chercher. Mais attention, il vous en coûtera 300 R. Il est impératif de présenter son passeport (bâtiment officiel).* Fondé par Catherine II et dessiné par Giacomo Quarenghi au début du XIXe s, cet « institut des jeunes filles nobles » était réservé aux filles d'honneur de sa cour (nombreux tableaux de ces demoiselles au Musée russe). Ces demoiselles faisaient partie, après leur éducation et pour les meilleures, d'une sorte d'« escadron volant » sur le modèle de ceux de Catherine de Médicis. L'institut fonctionna ainsi jusqu'à la révolution de 1917. En octobre de cette année-là, il entra dans l'histoire lorsque Lénine en fit son camp de base pour mener son coup d'État. Il devint ensuite le siège du parti communiste de la ville de Leningrad. Deuxième événement : Kirov y fut assassiné en 1934. En 1991, le Parti partit, et l'institut devint le siège du gouverneur de la ville et la mairie.
Dans l'allée centrale du jardin, bustes face à face d'Engels et de Marx. Devant l'institut, statue de Lénine. L'édifice n'a qu'un intérêt architectural limité. Au fronton, l'aigle bicéphale, symbole de l'Empire byzantin. Une tête vers l'Orient, une autre vers l'Occident. Ce symbole de la Russie remontant au XVe s fut remis au goût du jour en 1991, après l'abandon de la faucille et du marteau. À l'intérieur, le bureau de Lénine, où il travailla durant une courte période avant le déménagement de la capitale à Moscou.

Le palais Kikine – **Дворец Кикина** *(dvorets Kikina ; plan couleur V, P12)* **:** *Stavropolskaya ul. Aujourd'hui lycée musical, on ne visite pas l'intérieur.* Ce petit palais fut édifié dans la première moitié du XVIIIe s pour le boyard Kikine, un compagnon d'armes de Pierre le Grand, qui sera d'ailleurs l'un des instigateurs d'un complot contre lui, dans le but de le destituer au profit du ***tsarévitch Alexis*** (qui, pour le coup, n'y était pour rien !). Kikine est démasqué en 1718 avant d'avoir pu passer à l'acte. Il n'aura ainsi pas eu loisir d'habiter ce petit palais : tous les comploteurs furent condamnés à mort (Kikine subissant le supplice de la roue).
Il faut bien imaginer qu'à l'époque c'est la campagne ici. Façade classique à trois frontons, escalier en fer à cheval à double révolution, balustrade. Noter l'entrée en demi-sous-sol, ancien niveau de la ville qui fut régulièrement rehaussé au cours des XVIIIe et XIXe s pour éviter les inondations de la Neva. C'est d'ailleurs pourquoi les restos sont aujourd'hui en bonne partie en sous-sol. Plus tard, Catherine II offrit le palais aux frères Orlov, dont deux furent ses amants (mais pas en même temps), pour les remercier de leur aide lors de son coup d'État de 1762. C'est en effet Alexis Orlov qui assassina Pierre III, le mari de Catherine...

Le palais de Tauride – **Таврический дворец** *(Tavritcheski dvorets ; plan couleur V, P12)* **:** *Chpalernaya ul. Fermé à la visite.*
Façade purement classique, de style palladien, presque ennuyeuse, mais son histoire ne l'est pas. Le palais fut élevé pour Grigori Potemkine, prince de Tauride (il

remporta d'importantes victoires en Crimée, l'ancien nom grec en était Tauride). On rappelle que Potemkine fut l'un des nombreux amants de Catherine II, et l'un des plus appréciés avec Orlov. Paul Ier, qui succéda à la Grande Catherine, n'aimait pas Potemkine. Il fit donc transformer sa grande salle d'apparat, qui pouvait recevoir jusqu'à 300 convives, en salle de manège pour ses chevaux. La première Douma siégea ici en 1906, et fut dissoute après la révolution de 1917 sur cette phrase : « La garde est fatiguée, veuillez libérer les locaux. »
C'est sur cette simple injonction que les gardes du palais, des matelots, mirent fin à l'existence de ce premier Parlement. Le palais de Tauride devint ensuite le siège du gouvernement provisoire. Si l'édifice lui-même ne se visite pas, en revanche le grand jardin sur l'arrière, sans symétrie, avec des coins sauvages, se révèle bien agréable. Une entrée à l'ouest (sur Potemskaya ulitsa), une autre à l'est (sur Tavritcheskaya). L'hiver, les enfants viennent y faire des glissades et leurs parents du ski de fond – directement au pied des immeubles, qui dit mieux ?

Le musée de l'Érotisme – Музей эротики *(Mouzeï erotiki ; plan couleur V, O12,* ***247****) : Furchtatskaya ul., 47/11. ☎ 320-7600. • prostata.ru • Ⓜ Tchernychevskaya. À deux pas du jardin Tauride. Tlj 8h-22h (9h-18h sam). Entrée : 100 R.*
« Le premier musée russe de l'Érotisme », comme il se dénomme fièrement, se situe dans une clinique d'urologie. Celle-ci est dirigée par le Dr Knyazkin, qui est un très sérieux médecin, intéressé par tout ce qui touche à la sexualité humaine À l'intérieur, on se déchausse, de charmantes infirmières font leur travail, des affiches érotiques évoquent un sex-shop médicalisé, propre, sérieux, fantaisiste... On peut sans rendez-vous visiter la collection érotique privée du directeur de la clinique, exposée dans des vitrines, le long du couloir de la salle d'attente. Photos, souvenirs, statuettes, objets phalliques et autres babioles un peu grivoises, mais il ne semble pas que ces objets possèdent une grande valeur marchande.
L'attraction principale reste le ***pénis de Raspoutine,*** enlevé à son propriétaire dans des conditions encore floues. Enfermé dans une vitrine, conservé dans un bocal rempli de formol, cet énorme organe sexuel mesure 24 cm (avant érection...). Selon le Dr Knyazkin, il aurait été retrouvé en 1999 dans les archives d'Akilina Laptinskaya, collègue et trésorière de Raspoutine, racheté auprès d'un antiquaire parisien, restauré par des experts russes, avant d'être exposé au public dans ce centre d'urologie. La petite brochure en russe (et en anglais en vers on raccourcie) vous présente le personnage (Raspoutine) et quatre hypothèses d'ablation (castration) dudit organe.

DRAGUE DURE

Est-ce un sexe humain ou un concombre de mer (holothurie) ? Des doutes ont été émis sur l'authenticité du pénis de Raspoutine. Adepte d'une secte religieuse pratiquant des cultes orgiaques, séducteur au regard magnétique, le moine Raspoutine embobinait les dames de Saint-Pétersbourg en leur assurant que l'Esprit saint les visiterait au moment de l'orgasme.

La basilique de la Transfiguration-du-Saint-Sauveur – Спасо-Преображенский собор *(Spasso-Preobrajenski sobor ; plan couleur V, O13,* ***242****) : Preobrajenskaya pl. Tlj 8h-20h.*
Pour replacer cette petite église dans son contexte historique, il faut rappeler que Pierre le Grand vécut à la campagne jusqu'à l'âge de 10 ans. Avec sa bande de copains, il créa deux équipes ; l'une d'elles prit le nom de Preobrajenski, « Transfiguration du Saint-Sauveur ». Cette bande d'amis devint, une fois adulte, un régiment militaire, véritable garde rapprochée du tsar, qui prit ses quartiers dans ce secteur de la ville devenu éminemment militaire. À noter que ce régiment, qui continua à exister, remporta de nombreuses victoires, notamment contre Napoléon. L'église fut élevée en l'honneur de ce bataillon spécial.

La première version ayant été incendiée, on la reconstruisit en 1824, après les guerres napoléoniennes. L'architecte Stassov utilisa des symboles pacifiques. À l'entrée, grilles ornementées de canons renversés et enchaînés. Belle image. Façade très classique, néoclassique précisément. À l'intérieur, beaucoup de dorures évidemment, surtout au niveau de l'iconostase. Nombreuses peintures religieuses du XVIIIe s et imposant lustre style Empire russe, ainsi que deux icônes du XVIIe s que Pierre le Grand avait toujours avec lui. C'est avec l'une d'entre elles que le tsar bénit la ville au moment de la mise en chantier de la forteresse Pierre-et-Paul. Une légende dit qu'il expira en la regardant. Sur la gauche du chœur, icône de la Vierge.

***Le pont de Pierre-le-Grand* – Большеохтинский мост** *(Bolcheokhtinski most ; plan couleur V, P13)* **:** long pont sur la Neva, élevé au début du XXe s. Double arcade métallique, dont la portion centrale se lève pour laisser passer les bateaux. En amont, on trouve une longue zone industrielle où s'élèvent encore de nombreuses cheminées, même si les immeubles d'habitation gagnent peu à peu. Les usines les plus connues continuent de fonctionner, comme la manufacture de porcelaine, l'usine *Nevski* (construction mécanique), les minoteries et la célèbre usine de vodka *Liviz,* certainement la meilleure marque à Saint-Pétersbourg (bâtiment tout rouge en bord de Neva). Cela dit, inutile de venir jusque-là pour voir ça.

La laure Alexandre-Nevski – Александро-Невская Лавра *(plan couleur V, P14)*

Tout au bout de la perspective Nevski, sur la place Alexandre-Nevski et à la sortie du métro du même nom. « Laure » est le nom donné dans la religion chrétienne orthodoxe à un important monastère. La Russie possède cinq laures en tout. Celle-ci fut fondée sur ordre de Pierre le Grand en l'honneur d'Alexandre, duc de Novgorod, dit Nevski, car il avait écrasé les Suédois sur la Neva, vers 1240, protégeant le pays contre l'envahisseur. Ce Charles Martel du golfe de Finlande a été canonisé au XVIe s, et il est aujourd'hui célébré comme un saint par les prêtres et les fidèles. Ses reliques, transférées en 1724, se trouvent dans la cathédrale de la Sainte-Trinité. La laure a été bâtie à l'endroit supposé où eut lieu la bataille décisive contre l'armée suédoise. On s'était trompé de quelques kilomètres, mais peu importe. La laure forme encore des apprentis moines. Sachez qu'on peut visiter seulement deux églises et deux cimetières. Pas ultra-folichon. Alors, ne vous déplacez pas exprès si vous êtes à court de temps.

Les cimetières Saint-Lazare et Tikhvine* – Лазаревское и Тихвинское кладбище** *(Lazarevskoe i Tikhvinskoe kladbiche ; plan couleur V, P14,* ***243**) :** *tlj 9h30-21h (en été, ferme à 18h hors saison). Entrée : 200 R pour les deux cimetières ; réduc.*
Dans ces deux cimetières, qui se trouvent de part et d'autre de l'allée menant au sanctuaire, reposent des célébrités qui ont modelé Saint-Pétersbourg ou en ont accru la renommée culturelle. Celui de gauche, baptisé « nécropole XVIIIe », accueille, entre autres, les tombes des grands architectes de la ville : Rossi, Thomas de Thomon, Quarenghi, Voronikhine… et aussi le savant encyclopédiste Lomonossov. Dans la « nécropole des grands artistes », à droite, on trouve surtout des tombes de musiciens, parmi lesquels ***Tchaïkovski, Rimski-Korsakov, Moussorgski*** ou ***Borodine,*** qui s'inspirent d'instruments de musique ou bien figurent des portées et des mosaïques de notes. Les tombeaux des trois derniers sont tout près les uns des autres, au fond à droite.
On trouve aussi des danseurs (dont Marius Petipa), des académiciens, quelques comédiens et peintres. Mais les touristes se massent surtout devant le ***tombeau de Dostoïevski,*** surmonté d'un buste le représentant. Facile à trouver : c'est l'attroupement, là-bas, à droite de l'entrée. Bref, que du beau linge par ici ! Il est

intéressant de noter que ce cimetière « pour artistes » a fait fi des querelles de religions : y sont enterrés aussi bien des orthodoxes que des catholiques et des juifs. La visite de ce cimetière est le seul moyen d'avoir un tête-à-tête avec les plus grands artistes. Et peut-être croiserez-vous, au hasard de la balade, cette touchante dalle gravée en français à la mémoire d'une jeune femme inconnue. « Elle avait tout ce qu'on envie / Elle reçut tout en naissant / Tout, excepté la longue vie [...] / Dans les anges du chœur céleste / Il manquait, sans doute, une voix. »

Passez le pont sur le ruisseau et la grille d'entrée. Sur la gauche se trouve l'***église de l'Annonciation-de-la-Vierge*** – **Церковь Милосердной Божей Матери** *(tserkov Miloserdnoï Bojeï Materi),* du début du XVIIIe s, la première bâtie sur ce site. Elle accueille désormais le panthéon national russe *(tlj sf lun et jeu 11h-16h30 ; petit droit d'entrée).* À l'intérieur de cette église se trouvent les tombeaux (encore !) de quelques membres de la famille impériale, telle Natalia, sœur de Pierre Ier. Dans la cour, occupée par un petit bois et des tombes éparpillées au pied des arbres, on se retrouve cerné par les bâtiments de l'ensemble monastique. Dirigeons-nous vers la cathédrale de la Sainte-Trinité. Auparavant, on peut passer à la boulangerie (petit panneau) où l'on vend du pain... bénit !

La cathédrale de la Sainte-Trinité – **Свято-Троицкий собор** *(Sviato-Troitski sobor ; plan couleur V, P14,* ***244*****) :** *tlj 6h-20h. Entrée : 100 R, mais on peut quand même accéder à la cathédrale lorsque la caisse est fermée (ça devient donc gratuit).* Surmontée d'une large coupole et flanquée de deux tours-clochers, cette cathédrale est la principale du site et l'une des plus importantes de la ville. Elle fut bâtie à la fin du XVIIIe s dans le style classique, avec force moulures et pilastres à l'extérieur. Le héros des lieux se nomme Alexandre Nevski, prince de Novgorod, canonisé en 1547 pour avoir protégé la frontière et repoussé les Suédois. Son portrait en pied figure sur une porte à droite de l'iconostase : curieux de voir un guerrier ainsi sanctifié après avoir occis nombre de gens. Ses restes reposent dans le transept de droite, où ils ont été transférés au XVIIIe s, sous un beau baldaquin de bois doré et de velours rouge. Beaucoup de fidèles viennent s'agenouiller devant. La ferveur est ici encore plus palpable que dans les autres églises.

À VOIR LOIN DU CENTRE

L'église de Tchesmé – **Чесменская церковь** *(Tchesmienskaya tserkov ; hors plan couleur I par C3,* ***245*****) :** *ul. Lensoveta, 12. Non loin de la pl. Moskovskaya. Ouv 9h-19h.* Construite pour célébrer la victoire de 1770 sur la flotte turque. Curieux style néogothique qui tient de la pâtisserie framboise-chantilly (extérieur rose avec des rayures verticales blanches). Plan classique, en croix grecque. Intérieur simple et pastel. Derrière se trouve un cimetière militaire aux tombes de pierre argentées. Loin, c'est vrai, mais elle vaut vraiment le coup d'œil.

Le monument aux Défenseurs de la ville de Leningrad – **Памятник защитникам города Ленинграда** *(Pamiatnik zachitnikam goroda Leningrada ; hors plan couleur I par C3,* ***246*****) :** *pl. Pobedy.* Ⓜ *Moskovskaya. À env 10 km au sud du centre. On accède à l'esplanade par un tunnel piéton sur Moskovski pr.* Cette gigantesque et vilaine colonne, qui trône au centre d'un vilain carrefour, ne donne pas envie de faire halte. Ce serait pourtant une erreur de ne pas s'y arrêter un petit instant pour se rendre compte de ce qu'a pu être le siège de 900 jours que subit la ville de 1941 à 1944, et auquel ce mémorial rend hommage. Autour du monument circulaire, l'inscription « À ton exploit, Leningrad – 900 jours, 900 nuits. » Dans la partie intérieure du cercle, ensemble de bronze où apparaissent la détresse et la fierté des vivants face à tous les morts de faim. Et, tout autour, des flammes. Faut-il rappeler que la ville fut bombardée sans arrêt et que plus d'un tiers des édifices furent détruits ? L'addition fut lourde : 1 200 000 morts de faim, de froid ou brûlés dans les incendies consécutifs aux bombardements.

À l'extérieur, deux ensembles de sculptures extrêmement réalistes évoquent le courage et la détermination de toute la population. Il y a le soldat, l'ouvrier, le baiser du militaire à sa femme, le travail de la fonte d'obus.
– Au sous-sol, petit ***musée-mémorial*** *(ouv 10h-18h – 17h mar ; fermé mer et dernier mar du mois ; entrée : 90 R)* dédié aux morts de la guerre. Une longue allée souterraine, où 900 petites lampes symbolisent les 900 jours de blocus, mène à une petite exposition. Plusieurs vitrines de souvenirs de ces jours de deuil et d'angoisse. Dans l'une d'elles, l'instrument du premier violon de l'orchestre qui joua pendant le blocus la 7e *Symphonie,* composée par Chostakovitch. Ce morceau évoque précisément l'invasion allemande. Intéressant bien que court, un film en noir et blanc sur les différentes étapes de l'attaque de la ville par les Allemands. Les images des terribles bombardements permettent de comprendre dans quel état se trouvait la ville après la guerre. Pendant le blocus, le seul moyen de ravitailler la cité était de traverser le lac Ladoga quand il était gelé. Mauvais tour du destin, les hivers, pendant le siège, furent parmi les plus rigoureux jamais connus. Le thermomètre afficha - 51 °C en 1942. Une seule fosse commune accueillit jusqu'à 500 000 morts. Au centre de l'immense salle, maquette de la ligne du blocus. Dans une vitrine, un morceau de pain sec, seule portion quotidienne autorisée. La détermination des habitants fut telle que la ville ne fut jamais prise.
D'autres historiens avancent l'hypothèse que les nazis préférèrent affamer la ville, ne sachant comment nourrir les survivants si elle était prise.

LES ÎLES KRESTOVSKY, ELAGUINE ET KAMENNY

Il s'agit de trois îles « d'agrément » situées au nord de l'île Petrogradskaya. On peut y faire de belles balades, sur les quais et parmi les forêts et belles demeures. Sympa pour s'échapper du trafic et de l'agitation citadine, en amoureux, en famille ou en esthète solitaire.

L'île Krestovsky – **Крестовский остров** *(Krestovsky ostrov ; plan couleur I, A-B1) :* Ⓜ *Krestovsky Ostrov.* La plus grande des trois, avec 365 ha. Un peu le bois de Boulogne de Saint-Pétersbourg : pas mal de verdure, mais aussi beaucoup de routes. Des lacs artificiels et canaux, un stade, des pistes de kart. L'empire des joggeurs, rollers et skateurs de tout poil. Et puis un parc d'attractions avec des « montagnes américaines ». Eh oui, c'est comme ça que les Russes appellent... les « montagnes russes » ! Elles furent pourtant inventées près de Saint-Pétersbourg. Fêtes organisées les week-ends et jours fériés. De la pointe ouest de l'île, on embrasse du regard le golfe de Finlande, moucheté de voiliers et de véliplanchistes en été.

L'île Elaguine – **Елагин остров** *(Elaguin ostrov ; plan couleur I, A-B1) : la plus petite et la plus charmante. Interdite aux véhicules. On y accède facilement à pied du métro Krestovsky Ostrov. Tlj 6h-minuit. Entrée payante (30 R) w-e et j. fériés.* Cette île a été offerte à Maria Feodorovna par son fils Alexandre Ier. Elle abrite un très élégant palais blanc de style purement classique, construit par Rossi de 1818 à 1822. Colonnes corinthiennes, vases d'extérieur et dépendances tout aussi raffinées. Gravement endommagé pendant la Seconde Guerre mondiale, mais restauré à merveille. Il abrite un *musée des Arts appliqués (☎ 430-1131).* Salles d'apparat et intérieurs du XVIIIe au XXe s.

L'île Kamenny – **Каменный остров** *(Kamenny ostrov ; plan couleur I, B1) : à une bonne trotte du métro Krestovsky Ostrov. Préférer la station Tchornaya Retchka : l'île est à 5 mn, il suffit de traverser le pont sur la grande Neva.* Ses arbres dissimulent les fastueuses datchas des anciens pontes du parti communiste.

VISITEZ LE MÉTRO !

Le métro – **Метро :** bien pratique à Saint-Pétersbourg, et même indispensable compte tenu des distances. Évidemment, il n'a pas le même intérêt ni le même faste que celui de Moscou. Malgré tout, certaines stations méritent qu'on y jette un coup d'œil. Les plus intéressantes se trouvent toutes le long de la ligne n° 1 (rouge), percée en 1953. Rappelons que l'idée du pouvoir soviétique était de transformer les lieux publics et populaires de telle manière qu'ils soient aussi beaux que ceux des anciens bourgeois. C'est réussi. Le métro est creusé très profondément (jusqu'à 80 m) en raison des contraintes géologiques de la ville. Les quais de certaines stations sont isolés des voies par d'épaisses portes automatiques métalliques car elles devaient servir d'abri antiatomique. En partant du centre et en allant vers le sud-ouest, toujours sur la ligne n° 1 :

– ***Plochad Vosstanya* – Площадь Восстания** *:* dédiée à la révolution d'Octobre. Intéressante pour ses deux petits médaillons de bronze dans le long couloir central. Sur l'un d'eux, Lénine prononce un discours après son retour d'exil en Europe de l'Ouest. Sur celui d'en face, il annonce la prise du pouvoir par les bolcheviks. Il le fit en ces termes : « La nécessaire révolution dont les bolcheviks ont parlé depuis longtemps a enfin eu lieu. »

– ***Pouchkinskaya* – Пушкинская** *:* au fond de l'allée centrale, statue de Pouchkine. La grande allée est bordée de lampadaires qui rappellent le style des palais des tsars. Quand l'époque stalinienne reprend le style Empire ! Bronze, dorures et coupoles de cristal. Des fleurs fraîches sont souvent déposées aux pieds du poète.

– ***Narvskaya* – Нарвская :** sur les hauts-reliefs, représentations de scènes ouvrières et populaires. Dédiées aux travailleurs qui habitaient ce quartier. Un peu partout, des visions de faucilles et de marteaux.

– ***Kirovski Zavod* – Кировский Завод** *:* une station dédiée à l'usine *Kirov*, productrice de chars et tracteurs. Sur les chapiteaux en métal massif apparaissent poulies, perceuses, derricks, pistons... La Foire de Paris en relief.

– ***Avtovo* – Автово :** dédiée à la victoire de la libération de la ville, car elle se trouve presque à la limite des lignes allemandes qui encerclaient la ville. Incroyables colonnes torsadées, recouvertes de cristal massif. Sur les murs, symboles de paix (des glaives vers le bas et dans leurs fourreaux). Étonnants lustres qui n'ont rien à envier à ceux des palais.

À FAIRE

Culture et loisirs

Bains russes *(bania)*

Rappelons que les bains russes sont déconseillés aux cardiaques (le choc thermique entre le sauna à 100 °C et la piscine gelée...). Mieux vaut apporter une serviette, du savon et du shampooing. On peut louer un drap sur place. Achetez un *venik* (rameaux de bouleau) à l'entrée pour vous fouetter les sangs : ça fait du bien. Excellent pour la circulation, dit-on. Si vous n'êtes pas accompagné d'un ami russe, observez comment font les autres. N'ayez pas peur de demander conseil, au risque de paraître tarte. Au *bania*, les gens sont détendus, ils vous aideront avec plaisir.

■ ***Yamskie bani* – Ямские бани** *(plan couleur IV, N10,* ***250****)* **:** *ul. Dostoievskovo, 9. ☎ 312-5836. • yamskie.ru • Ⓜ Dostoïevskaya ou Vladimirskaya. Tlj sf mar 8h-22h30. Compter 200-270 R pour 1h30 de bains.* L'un des bains les plus centraux et les mieux équipés. Les installations ne sont pas mixtes et les mercredi et vendredi, le public est plutôt gay. Possibilité de réserver un sauna privé. On y trouve aussi café-bar, club de fitness et même salon de bronzage. La version moderne et privée du *bania* classique. Personne n'y parle l'anglais.

Culture alternative

■ ***Pouchkinskaya-10 Art Center* – Пушкинская-10 Арт Центр** *(plan couleur V, O13,* ***176****)* **:** *Ligovski pr., 53.*

☎ 764-5371. • en.p-10.ru • Ⓜ Plochad Vosstanya. Près de la gare de Moscou. On y accède par le n° 53 de la Ligovski pr. en passant un porche tapissé d'autocollants et d'affiches, puis par une porte basse en face. Descendre les marches. À gauche, le Fish Fabrique *(voir « Où sortir ? Où écouter de la musique ? ») et, à droite, le magasin de disques* Baza *(voir « Achats » plus loin). Ressortir de l'autre côté. Mer-dim 15h-19h. Visite et expos gratuites.* On tombe sur une cour entourée de 3 bâtiments, anciens squats des années 1980 transformés en « Société de libre culture », puis en *art center* à la fin de la décennie. Vaste complexe constitué d'une vingtaine d'ateliers, galeries et petits musées répartis dans de vieux immeubles d'habitation. Le lieu fut en son temps une véritable pépinière d'artistes dans les domaines les plus divers. Aujourd'hui plus structuré. Grand panneau à l'entrée, avec la liste des ateliers où habitent et travaillent les artistes. Ici, c'est comme le gaz, il y a de l'art à tous les étages : musée des Arts anticonformistes, *techno-art center,* expos de photomontages, temple John Lennon « de l'amour, de la paix et de la musique »... du grain à moudre pour l'esprit curieux que vous êtes ! Au 3e étage, le *GEZ 21* propose des concerts le week-end (voir encore « Où sortir ? Où écouter de la musique ? »).

Tour en bateau sur les canaux

➢ Que diriez-vous d'une petite ***balade sur les canaux*** ? De nombreux embarcadères jalonnent les rives de la Moïka, du Griboïedov et de la Fontanka, notamment aux intersections de ces trois canaux et de la Nevski prospekt : à savoir les *ponts Zelioni, Kazanski* et *Anitchkov.* On achète le billet au kiosque d'en face ou directement à bord. Tarif : 300-400 R pour une balade d'environ 1h *(slt mai-oct).* Le ou la guide à bord parle en russe, mais n'hésitez pas à y aller, car il s'agit d'une agréable promenade esthétique plus que d'une visite culturelle. Sinon, une compagnie, *Anglotourismo English Guided Boat Tours (nab. Reky Fontanky, 27 ; 📱 921-989-47-22 • anglotourismo.com •; plan couleur IV, N9),* propose des tours en anglais et en espagnol, tout au long de la journée à partir de 11h30, et même 0h20, pour assister à la levée des ponts sur la Neva. Compter 400-500 R/pers et 600-700 R pour le tour nocturne. En tout cas, quel débit ! Il s'agit parfois de grosses barques, parfois de bateaux modernes et couverts. À vous de choisir votre style. Prévoyez un pull ou un coupe-vent. Quand il fait frisquet, on vous propose des couvertures.

➢ Même chose avec les ***balades sur la Neva.*** Mais on voit les bâtiments de plus loin, forcément, et les bateaux sont plus gros. Plusieurs points de départ : devant l'Ermitage *(plan couleur III, G7),* devant l'Amirauté, en face du *Cavalier de bronze (plan couleur IV, K9),* à la forteresse Pierre-et-Paul (devant la porte de la Neva), et aussi sur la rive nord, un peu avant l'*Aurore.* On recommande la compagnie qui est basée sur la Moïka, face au n° 26, qui dispose d'audioguides, dans la langue de son choix, même le français (propose aussi, en fin de semaine, des sorties à 00h30 pour assister à la levée des ponts).

« Piter » *by night* : l'ouverture des ponts

L'une des curiosités de Saint-Pétersbourg, ville étroitement liée à son fleuve, est l'ouverture nocturne des ponts sur la Neva, qui a lieu tous les jours d'avril à début novembre, période de navigation sur le fleuve. De 1h25 à 2h45, tous les grands ponts se lèvent à tour de rôle à une heure précise. Ce dispositif permet aux gros navires et aux cargos de circuler sans déranger le trafic routier (déjà suffisamment dense comme ça !) pendant la journée. Les taxis et fêtards pétersbourgeois connaissent par cœur les horaires d'ouverture des ponts.

Aller voir leur ouverture pendant la période des nuits blanches constitue d'ailleurs une véritable activité touristique. Les cars se pressent vers 1h15 du mat' pour assister aux premières ouvertures. Amusant ! Mais les touristes ne sont pas les seuls. En juin, à la fin des examens, des grappes d'étudiants font de même... en picolant. Le pont du

Palais, face au palais d'Hiver (l'Ermitage), est un des deux premiers à s'ouvrir, à 1h25. Toujours une foule importante ! Tiens, une anecdote : on dit que lorsqu'un(e) habitant(e) de la ville veut rester chez son amant(e), il (ou elle) appelle son (sa) conjoint(e) pour lui dire qu'il (elle) est coincé(e) par l'ouverture des ponts !
Voici les horaires d'ouverture, concernant les principaux ponts seulement, et classés d'ouest en est :
– ***Most Blagovechtchenski :*** *ouv 1h25-2h45, 3h10-5h.*
– ***Dvortsovy most :*** *à hauteur de l'Ermitage, ouv 1h25-4h55.*
– ***Birjevoy most :*** *ouv 2h-4h55.*
– ***Troïtski most :*** *ouv 1h35-4h50.*
– ***Liteiny most :*** *ouv 1h40-4h45.*
On espère que ça donnera des idées à ceux qui aiment vraiment la nuit et qui cherchent à faire une balade à la fois romantique et originale.
Sachez aussi que les kiosques à excursions situés vers Gostiny Dvor et le quai du Palais vendent des tours *by night*. Une formule intéressante : de 23h à 5h, vous faites (en bus, avec des escales) le tour des ponts pour les voir s'ouvrir dans les lumières de la nuit. Cool pour les insomniaques !

Théâtres, ballets et musique classique

Une précision qui nous paraît utile : même si vous êtes en vacances, on vous recommande amicalement d'aller au théâtre ou au ballet dans une tenue décente. On ne parle pas de smoking, mais au moins d'éviter les shorts et les sandales... Et puis, même si c'est beau ce qui se passe sur scène, souvenez-vous que les photos au flash tuent un peu le spectacle... quand ça ne dérange pas carrément les artistes. Pour des adresses de caisses centrales de réservation, se reporter à la rubrique « Culture » des « Adresses utiles », au début de Saint-Pétersbourg.

***Théâtre Mariinski* – Мариинский театр** *(Mariinski teatr ; plan couleur IV, K10)* **:** *Teatralnaya pl., 1. ☎ 326-4141. Caisses ouv 11h-15h, 16h-19h. Sinon, on peut réserver sur le site internet (en anglais, très bien fait) : • mariinsky.ru • Places 650-8 000 R selon emplacement. Les « Loges du tsar » sont les plus chères, évidemment.* C'est le théâtre le plus prestigieux, et toutes les meilleures compagnies s'y produisent. Opéras, ballets... La saison s'étire d'octobre à fin juillet, avec, en général, 2 spectacles par jour, sauf le lundi (relâche). Salle grandiose.

***Théâtre de l'Ermitage* – Эрмитажный театр** *(Ermitajni teatr ; plan couleur III, G-H6)* **:** *quai du Palais. ☎ 579-0226. • rus-ballet.com • Vente des billets sur Internet, dans les billetteries théâtrales ou à celle qui se trouve dans le musée de l'Ermitage. Env 4 000 R la place.*

Théâtre Alexandra* – Александрийский театр** *(Alexandriïski teatr ; plan couleur IV, M9,* ***220**)** **:** *pl. Ostrovskovo, 2. ☎ 312-1545. • en.alexandrinsky.ru • Caisses ouv 12h-19h. Pas de résas par tél. Places 100-4 000 R.* Le plus vieux théâtre de Saint-Pétersbourg, superbe édifice à façade jaune construit par Rossi. Il fonctionne sans interruption depuis 1756. Il est intégré dans l'un des ensembles les plus cohérents et étudiés de la ville : le théâtre lui-même, la place Ostrovskovo et la rue Rossi (se reporter à la rubrique « À voir. Autour de Gostiny Dvor »). En été, on y joue surtout des ballets pour faire plaisir aux touristes (grands classiques avec en tête d'affiche *Le Lac des cygnes*), hors saison plutôt des tragédies et comédies.

Philharmonique Chostakovitch (Bolchoï Zal)* – Филармония Шостаковича (Большой Зал)** *(Philarmonia Chostakovitcha ; plan couleur III, I7-8,* ***254**)** **:** *Mikhaïlovskaya ul., 2. ☎ 710-42-57. • philharmonia.spb.ru • En face du Grand Hôtel Europe. Caisses ouv 11h-19h avec pause 15h-16h. Places 160-500 R.* La saison va de fin septembre à début juillet. Concertos, symphonies et chœurs.

Théâtre d'opéra et de ballet Mikhailovski* – Михайловский театр оперы и балета** *(Mikhaïlovski teatr opery i baleta ; plan couleur III, I7,* ***255**)** **:** *pl. Iskusstv, 1. ☎ 595-4305. • mikhailovsky.ru • Résas possibles sur Internet. Relâche le mar. Caisses ouv 11h-15h, 16h-19h. Places 700-2 000 R.* De

SAINT-PÉTERSBOURG / À FAIRE

l'opéra et des ballets donc. À l'intérieur, jolie salle à l'italienne sur 5 niveaux. Balcons décorés et loges surmontées d'angelots.

Petite Philharmonie – Малый Зал Филармонии *(Maly Zal philarmoni ; plan couleur III, H8,* ***238****) : Nevski pr., 30. ☎ 571-8333. • philharmonia.spb.ru • Caisses ouv 11h-15h, 16h-19h. Fermé en été. Places 50-1 000 R.* S'y produisent notamment les lauréats de concours internationaux.

Capella – Капелла *(plan couleur III, H7) : nab. Reki Moïki, 20. ☎ 314-1058. • http://glinka-capella.ru • Caisses ouv 12h-15h, 16h-19h. Billets 150-1 000 R.* Chœurs, concerts d'orgue, musique classique et chants liturgiques. Parfois aussi des concerts de jazz ou de piano. Situé dans une harmonieuse cour donnant sur la place du Palais (la même cour que l'Alliance française). Des concerts gratuits y sont d'ailleurs aussi organisés en été.

– Plusieurs palais accueillent des spectacles de bonne qualité, de temps à autre. Par exemple les ***palais Youssoupov*** et ***Menchikov.*** Les églises et les cathédrales sont aussi des lieux de concert occasionnels.

– Enfin, la période des ***nuits blanches,*** en juin, donne le virus de la musique classique à tout le monde : palais, théâtres et églises proposent une série ininterrompue de concerts.

Théâtres pour enfants

Bolchoï Teatr Kukol – Большой Театр Кукол *(plan couleur V, O13,* ***34****) : ul. Nekrassova, 10. ☎ 273-6672. • puppets.ru • Représentations à 11h30, 14h et, hors été, 16h30, slt le w-e.* Théâtre de poupées et de marionnettes qui joue des pièces et des contes destinés à différentes tranches d'âge, des tout-petits aux 10-ans. On ne voudrait surtout pas vexer notre bon vieux Guignol, mais le *Bolchoï Teatr Kukol* met en scène des dizaines de marionnettes et de vrais décors de théâtre. Les marionnettistes sont déguisés et apparaissent souvent sur la scène, participant au spectacle au même titre que leurs personnages. Sympa, y compris pour les adultes.

Teatr Marionetok – Театр Марионеток *(plan couleur III, I8,* ***256****) : Nevski pr., 52. ☎ 571-2156. Caisses tlj 10h30-18h. Les spectacles ont lieu en général 2-3 fois/sem à 11h ou 14h. Rarement ouv en été.* Même genre que le précédent.

Danses traditionnelles

Palais Nikolaïevski – Николаевский дворец *(Nikolaïevski dvorets ; plan couleur IV, K9) : pl. Truda, 4. ☎ 312-5500 ou 8858. • folkshow.ru • À la belle saison, spectacles à 18h30 et 21h ; le reste de l'année, moins fréquent. Durée : env 1h45. On peut acheter les billets sur place (caisses ouv 11h-22h), jusqu'à 30 mn avt le spectacle. Entrée : 1 600 R, incluant une collation à l'entracte (canapés de caviar – rouge –, fruits et vodka).* Spectacle folklorique donné dans un beau palais du XIXe s (escalier superbe). Danses et chants populaires russes de différentes régions, notamment les célèbres danses cosaques. Costumes chamarrés. Beaucoup de groupes, évidemment.

Music Hall – Мюзик Холл *(plan couleur II, E-F4,* ***257****) : dans le parc Alexandrovski, en face du planétarium. ☎ 232-6165. Ⓜ Gorkovskaya. Les shows commencent à 19h. Achat des billets sur place 12h-15h, 16h-19h ou dans les billetteries. Bon marché.* Espèce de *Moulin-Rouge* local. Comédies musicales, revues, parfois aussi des danses folkloriques russes...

Cirque

Cirque de Saint-Pétersbourg – Санкт-Петербургский цирк *(tsirk ; plan couleur III, J7) : nab. Reki Fontanki, 3. ☎ 570-5390. • circus.spb.ru • Spectacles en fin de sem vers 19h. Également sam à 15h. Caisses tlj 11h-19h. Entrée : 300-2 000 R.*

Cinémas

Dom Kino – Дом Кино *(plan couleur III, J8,* ***258****) : Karavannaya ul., 12. ☎ 314-5614. • domkino.spb.ru •* Programmation de qualité, genre Art et Essai, mais aussi des films plus commerciaux. Le bâtiment en lui-même est déjà une œuvre d'art.

■ ***Cinéma Avrora*** – **Кинотеатр Аврора** *(plan couleur III, I-J8, **259**) : Nevsky pr., 60. ☎ 314-4854. • avrora.spb.ru* • Programmation plus inégale, des rétrospectives intéressantes en été. Il date de 1913 : pour gagner sa croûte, Chostakovitch y a joué comme pianiste de cinéma.

Achats

Souvenirs russes classiques

Force est de constater que les emporiums à souvenirs des sites touristiques vendent des machins plutôt ringards. Des matriochkas qu'on doit rapporter à tante Suzanne aux T-shirts *CCCP* ou *MacLénine* que le pote Jean-Louis veut pour ses soirées branchouilles, ça a tendance à faire dans la grosse caricature.

Par exemple, en face de l'église du Saint-Sauveur-sur-le-Sang-Versé se tient le plus grand ***marché touristique*** de Piter *(plan couleur III, H7, **260**)*. On y trouve la panoplie complète des gadgets : matriochkas hâtivement peintes (il y en a même à l'effigie de Harry Potter ou de Winnie l'Ourson...), gimmicks de l'ère soviétique, de la fausse casquette de l'armée Rouge au drapeau Lénine, en passant par le pin's Staline et la tasse à café Che Guevara. Franchement, c'est d'assez mauvais goût. Et puis il y a les bidules folklos bariolés, les œufs peints, les boîtes, le cristal, les bijoux en ambre et en malachite, les icônes toutes neuves, les chapkas... Sur la travée de droite, pour ceux que ça intéresse, petit stand de vieux appareils photo et jumelles de l'ex-armée Rouge. Attention aux pickpockets, parfois présents au marché.

– Quant aux ***art shops*** où les cars déversent leur contingent de touristes, ils proposent des articles de bonne qualité, mais gare aux prix ! Enfin, de nouveau, ça dépend de la qualité : par exemple, les petites boîtes peintes se vendent pour 200 à 1 000 R, voire beaucoup plus pour celles qui sont faites artisanalement avec de la nacre incrustée et tout et tout. Idem pour les collections de poupées (à part que, là, ça démarre souvent à 3 000-4 000 R). Bref, prudence.

– ***Icônes*** et autres symboles orthodoxes sont en vente dans toutes les églises. Préférer les petites églises non touristiques ; non seulement c'est moins cher, mais les objets sont plus authentiques.

Fringues

Prialka – **Прялка** *(plan couleur V, O13, **264**) : Pouchkinskaya ul., 10. Tlj 11h-20h.* Toute petite boutique qui vend des articles en lin, en laine, et surtout en cachemire. Gilets, robes, gants ultra-doux. Bons prix pour une fabrication vraiment artisanale. Pour repérer le magasin, cherchez la chèvre design en fer forgé qui coiffe la tonnelle, au-dessus de la porte.

Tatiana Parfionova – **Татьяна Парфёнова** *(plan couleur III, J8, **261**) : Nevski pr., 51. • parfionova.ru • Il faut sonner pour entrer (ça donne tt de suite un air plus chic). Tlj 12h-20h.* Boutique de la créatrice du même nom, histoire de se faire une idée de la mode russe du moment. On peut même voir les défilés maison sur le site internet.

Gourmet

Pour acheter de la ***vodka,*** deux endroits à éviter : les magasins de souvenirs, qui proposent la même bouteille qu'ailleurs mais deux fois plus chère, et dans la rue, où elle risque d'être frelatée. Préférer les débits de boisson ***Liviz*** (provenance directe de la distillerie ; par exemple au *10 de 2-ya Sovietskaya* ; *plan couleur V, O13, **267*** ; 24h/24). Autre option : les supermarchés. Ça permet de changer de marque, si vous préférez la Stolichnaya ou l'Altay.

De même pour le ***caviar*** *(ikra)*. On peut en trouver du bon au marché (on n'a pas dit bon marché !), mais il faut s'y connaître un minimum pour ne pas acheter un ersatz. Le faux caviar à 10 € la boîte n'est pas rare et il ressemble diablement à du vrai. Il arrive même qu'on vous aborde dans la rue pour vous en fourguer. Sinon, on vous conseille la boutique ***Beluga Deluxe*** *(pl. Iskusstv, 5 ; plan couleur III, H7,*

262), à deux pas du Musée russe. Elle vend surtout des bijoux et des fringues de luxe, mais aussi, dans un frigo près de la caisse, des petites boîtes de caviar : 329 € les 113 g ! Bon, d'accord, cela reste très cher, mais pas plus qu'au supermarché du ***Trade House Passaj*** *(Nevski pr., 48 ; plan couleur III, I8, **239**)*.

Les amateurs de ***thé,*** eux, fileront chez ***Ountsia*** – **Унция,** une petite boutique située au n° 63 Nevski prospekt *(plan couleur IV, N9, **269** ;* 10h-22h*)*. Tous les grands crus de thé russe (et mondiaux) y sont présentés dans de grands bocaux en verre, comme dans les anciennes pharmacies. On y entrerait rien que pour la bonne odeur.

Librairies

Boukvayed – **Буквоед** *(plan couleur III, G7, **271**) : Nevski pr., 13. Tlj 9h (10h dim)-23h.* Livres d'art, de tourisme, cartes géographiques et postales... Choix intéressant et prix doux. Nombreux autres magasins de la même enseigne dans le centre.

Singer *(plan couleur III, H8, **237**) : Nevski pr., 28. Au rdc du café du même nom.* Vaste choix de livres en tous genres.

Anglia – **Англия** *(plan couleur III, J8, **272**) : nab. Reki Fontanki, 38. Ouv 10h-20h.* Librairie anglophone avec tous types de livres.

Musique

– ***CD*** à gogo ! Impossible de ne pas les remarquer : on en vend dans les stations de métro et passages souterrains, aux abords des gares, dans la rue... Par rapport à chez nous, les prix sont ridiculement bas : souvent autour de 100 R pièce. À ce prix-là, ce sont bien évidemment des piratés. Copyright ? « *Chto eta ?* » (« Qu'est-ce que c'est que ça ? »)... Il s'agit de copies bâclées d'albums « Top 50 » et de piètres compil'. Parfois, on trouve quand même de bons trucs (mais qui, du coup, peuvent être plus chers). Pour les ***DVD,*** même remarque : de 100 à 300 R pièce, n'allez pas vous imaginer que les studios hollywoodiens producteurs de gros nanars touchent des droits d'auteur. Ça vous chagrine ?

Kaïlas – **Кайлас** *(plan couleur V, O13, **273**) : Pouchkinskaya ul., 10. Tlj 11h-21h (18h dim).* Pas mal de disques pop-rock et affiliés. Également des babioles « krishno-new wave » – pardon, des « objets rituels et culturels d'Orient » –, pour les babas.

Baza – **База** *(plan couleur V, O13, **176**) : Ligovski pr., 53. À l'intérieur du* Pouchkinskaya-10 Art Center *(à droite en bas des marches). Lun-sam 12h-20h.* Techno, dance, house, musique expérimentale, et tout un choix de 33 tours d'occase, du monde entier, à des prix vraiment bas. Les DJs de la ville viennent souvent s'y fournir. N'hésitez pas à demander conseil à Andreï.

Severnaya Lyra – **Северная Лира** *(plan couleur III, H8, **274**) : Nevski pr., 26. En face de Notre-Dame-de-Kazan. Tlj 10h-20h (11h-19h w-e).* Les routards mélomanes pratiquants peuvent s'y procurer des partitions de musique classique. Vaste choix de compositeurs.

Manifestations

– ***Nuits blanches :*** *fin mai-début, voire mi-juil.* En fait, il n'y a pas vraiment de dates officielles pour les nuits blanches : elles correspondent tout simplement aux quelques semaines durant lesquelles le soleil ne se couche que 3 ou 4h par jour (et encore, pas complètement). Pendant cette période, la ville est en effervescence : les théâtres et châteaux donnent des concerts de musique classique, la forteresse Pierre-et-Paul accueille des concerts de rock en plein air, il y a un carnaval à Tsarskoïe Selo, un festival de jazz et, un peu partout, des animations dans la rue. Bref, il peut être intéressant d'y être à ce moment-là, mais gare au coût de l'hébergement, qui atteint un pic de cherté...

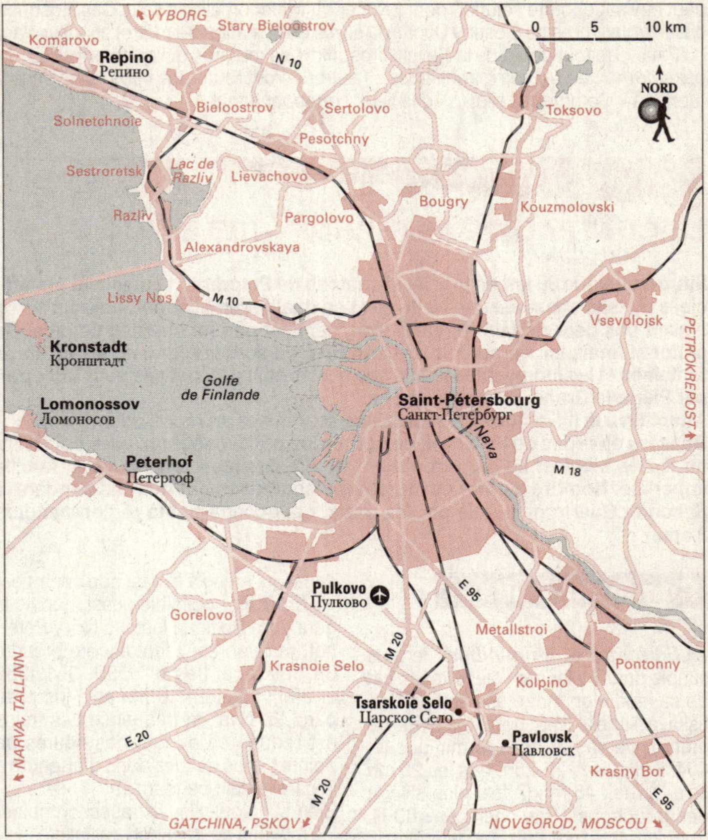

LES ENVIRONS DE SAINT-PÉTERSBOURG

À VOIR DANS LES ENVIRONS

Une visite de la ville ne peut être considérée comme complète si l'on n'a pas fait un tour vers les principaux châteaux, résidences d'été des tsars, où les délires architecturaux s'exprimèrent de la plus folle des manières.

Comment faire les excursions autour de Saint-Pétersbourg ?

Plusieurs kiosques proposent de courtes virées dans les environs ou en ville. Tour de Saint-Pétersbourg, de jour ou de nuit, visite des châteaux (Peterhof, Pavlovsk...), de l'île-forteresse de Kronstadt, ou même de Novgorod. Le guide du bus parle en russe. Mais comme ce n'est pas très cher (environ 800-1 000 R), on peut envisager cette solution pour profiter du transport aller-retour. Ces kiosques, on les trouve près de Gostiny Dvor (à la sortie de la station de métro) et aussi place du Palais, au tout début de la Nevski prospekt. Les routards qui préfèrent se rendre par eux-mêmes sur ces magnifiques sites trouveront toutes les infos utiles dans la rubrique « Comment y aller ? » des lieux correspondants.

LE CHÂTEAU DE PETERHOF – ПЕТЕРГОФ

Situé à quelque 30 km de la ville, le château de Peterhof, résidence d'été officielle du tsar, constitue une visite que l'on qualifierait d'incontournable si l'on n'avait pas peur de faire ringard. Non, ce n'est pas un château de plus. Ou plutôt si, mais ici, ce qui fait la différence, ce sont les jardins, les célèbres fontaines et les incroyables jeux d'eau qui les animent, pensés pour la plupart par Pierre le Grand. Vraiment unique.
Attention à la mi-octobre, les fontaines sont mises au repos pour l'hiver.
Dans les environs de Peterhof, de nombreux petits châteaux qui s'édifièrent au fil des siècles. La plupart étaient des résidences privées de la famille impériale. Nombre d'entre eux furent malheureusement détruits pendant la Seconde Guerre mondiale par les nazis, qui occupèrent la région pendant 3 ans.

Comment y aller ?

➢ ***En métro et en minibus :*** le plus simple pour y aller par voie terrestre est de se rendre en métro à la station Baltiskaya (ligne n° 1) et, de là (à la sortie du métro), de sauter dans le minibus K-404. Il circule tlj 7h-23h, ttes les 20 mn env. Durée : 45 mn (2 fois plus s'il y a des bouchons). Pas cher : env 60 R. Pour le retour, vous n'avez qu'à faire la même chose en sens inverse.
Sinon, toujours pour aller à Peterhof, on peut rejoindre la station de métro Avtovo (ligne n° 1 aussi, 3 stations après Baltiskaya) puis prendre le minibus K-300, K-420 ou K-424 ; ou encore la station Leninsky Prospekt (après Avtovo) et prendre le minibus K-224. Bref, vous n'avez que l'embarras du choix !

➢ ***En hydroglisseur :*** sur la Neva, à hauteur de l'Ermitage, 2 compagnies, *Vodohod* et *Russian Cruises*, assurent le transport jusqu'à Peterhof mai-oct. On vous conseille *Vodohod* *(☎ 335-1717 ; billets : 500 R l'aller, 800 R l'A/R ; petite réduc étudiants).* Départs ttes les 30 mn env, à partir de 9h30. Dernier retour de Peterhof à 17h30. Durée du trajet : 30 mn. Le bateau accoste devant le parc du château, à l'extrémité du canal qui mène à la cascade centrale.

➢ ***En train :*** possible aussi, depuis la gare de la Baltique jusqu'à Novy Peterhof, mais après, il faut encore prendre un bus local (les n°s 350, 351, 352 et 356 ; trajet en 10 mn env) jusqu'au parc. En hiver, la fréquence des trains est réduite en dehors des heures de pointe ; vous risquez donc d'attendre à la gare le train pendant 1h.
Bien sûr, vous pouvez aussi combiner les moyens de transport : à l'aller, choisir de se rendre à Peterhof par voie terrestre et, au retour, surtout s'il fait beau, prendre le bateau pour la belle vue sur la ville.

Où manger ?

🍽 Plusieurs ***cafétérias*** à Peterhof : 1 dans le Grand Palais et 3 dans le parc inférieur. ***L'Orangerie*** *(ouv 10h-18h)* est la plus sympa pour une pause-café. Un côté cafétéria, un côté service à la table. Salle agréable à l'intérieur s'il fait frais ou chaises et tables dispersées devant pour les jours ensoleillés. Pas bon marché, mais on peut se contenter de *pirojki*. Évitez les tartes. La cafét' proche du golfe de Finlande est une sorte de fast-food, mais elle possède une grande terrasse. Un vrai resto vient d'y ouvrir, le ***Standart* – Штандартъ,** aux plats quelconques et aux prix élevés. Et encore une sorte de buvette, le ***Bellevue* – Бель Вю,** derrière le palais de Marly – dont la vue, bien que proche du golfe de Finlande, s'ouvre plutôt sur une grosse usine limitrophe du parc... Rien n'empêche non plus d'apporter son pique-nique. On ne vous affirme pas que c'est encouragé, mais on a vu beaucoup de Russes le faire (à condition toutefois de ne pas s'asseoir sur l'herbe).

|●| *Restaurant Vena* – Ресторан Вена : *à 200 m env avt l'entrée de Peterhof, à l'extérieur donc, de l'autre côté de la route principale, près de l'église Saint-Pierre-Saint-Paul. ☎ 427-9447. Tlj 11h-23h. Plats 300-500 R.* Petit resto plutôt élégant et soigné (nappes en tissu, serviettes amidonnées, voilages...). Les oiseaux chantent chaque fois qu'on ouvre la porte ! Cuisine simple et efficace. Nombreuses salades, soupes et plats classiques. Possède l'énorme avantage de ne pas recevoir de groupes supérieurs à 50 personnes.

La visite

Informations générales et billetterie

Avant toute chose, préparez-vous à banquer sévère !

– ***Parc du château :*** *le château est situé dans un grand, un immense parc qui possède plusieurs entrées (kiosques juste avt de passer les grilles). ☎ 450-52-87. • peterhofmuseum.ru • Tlj 9h-20h (16h30 pour les caisses). Il peut se visiter seul pour 400 R ; ½ tarif étudiants. Le billet n'est valable que pour 1 entrée. Et attention, les fontaines ne fonctionnent qu'à la belle saison, de mi-mai à mi-sept en général (arrêtées dès les 1res gelées), 9h-18h.*

– ***Visite du palais :*** la caisse pour les visiteurs étrangers se situe dans le Grand Palais lui-même ; en entrant par la porte centrale, côté fontaine, prendre immédiatement sur la droite et poursuivre jusqu'au fond après les vestiaires et la consigne ; ce n'est pas la même que pour les Russes (la leur est à l'extérieur), donc vérifiez bien où vous faites la queue. Le palais se visite toute l'année *(tlj sf lun et dernier mar du mois 10h30-17h ou 18h – selon période).* Mais attention ! En raison de l'affluence, la journée a été découpée en tranches avec des créneaux horaires pour les différents types de visiteurs : groupes étrangers 10h30-12h, individuels 12h-14h, groupes russes 14h-14h30, à nouveau groupes étrangers 14h30-16h15 et re-individuels 16h15-17h (ou 18h). Ces consignes sont strictement respectées en été, mais en demi-saison il est fréquent qu'on vous laisse entrer même si vous n'êtes pas dans le bon créneau... Et méfiez-vous, tout cela pourrait bien changer ! *Entrée : 520 R ; ½ tarif étudiants. Audioguide : 500 R (pour le Grand Palais slt ; on paie à nouveau 150 R pour chaque audioguide spécifique aux pavillons du parc). Photos interdites.*

Un monde fou en été, et ce n'est pas une formule de style. La queue pour accéder à la billetterie du château est parfois tellement démente (jusqu'à 2h) que l'on peut parfaitement se contenter de la visite du parc et de ses célèbres fontaines, qui constituent en fait le clou de Peterhof, et faire l'impasse sur le palais lui-même sans trop de regrets.

Un peu d'histoire

Pierre le Grand avait la folie des grandeurs, ça, vous l'aviez compris. L'idée de se faire construire un palais grandiose à l'extérieur de la ville naquit quand il écrasa les Suédois à la bataille de Poltava en 1709, donc quelques années à peine après avoir planifié l'édification de Saint-Pétersbourg. Les travaux débutèrent un peu plus tard et s'achevèrent en 1723. Il fallut moins de 10 ans pour tout mettre en place. Entretemps, le tsar visita Versailles et en subit la forte influence architecturale. Son Peterhof prit donc un côté Versailles du Nord !

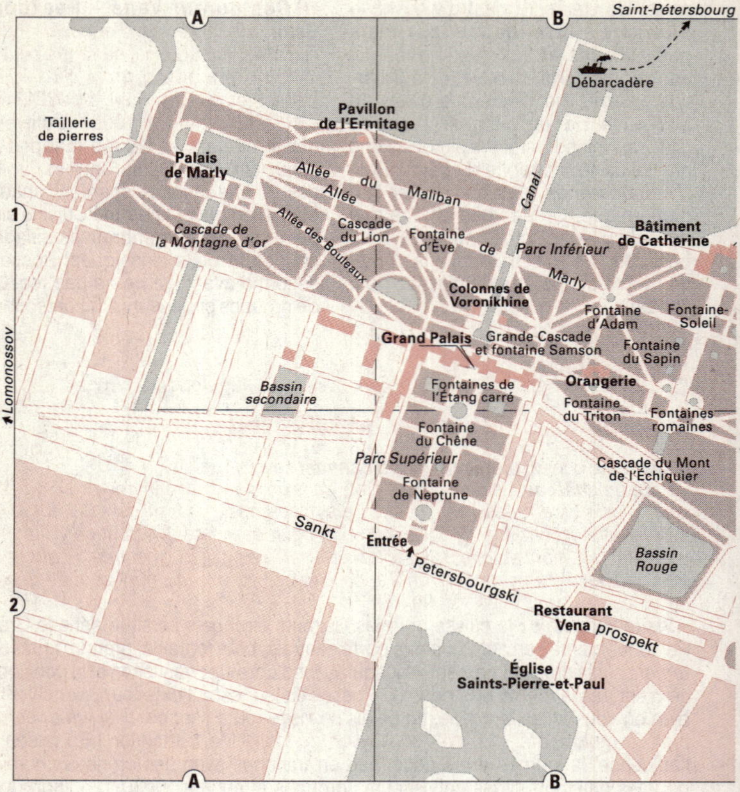

Le château est planté face au golfe de Finlande, au milieu d'un parc gigantesque qui se divise en deux parties. Il profite de la déclivité naturelle du terrain pour surplomber la mer. Entre la route et le Grand Palais, on trouve le jardin Supérieur, dessiné à la française, symétrique en diable et parsemé de bassins où batifolent des statues dorées. Entre le palais et la mer s'étend le jardin Inférieur, de style anglais, agrémenté de fontaines superbes et délirantes. On pense que la plupart, ainsi que le canal maritime, étaient déjà creusés à l'époque de ***Pierre le Grand.*** C'est cette partie qui est de loin la plus intéressante à découvrir. Peterhof fut durant deux siècles la résidence officielle d'été des tsars de l'Empire. Toute la Cour déménageait ici à la belle saison. Réunions, décisions, réceptions officielles, Peterhof devenait pour un temps le centre stratégique et politique de l'État. Sans oublier les fêtes et bals déments que les tsars et surtout tsarines (notamment Élisabeth Ire et Catherine II) y donnèrent. Car l'ensemble se devait d'avoir un caractère ludique. Le jeu des fontaines le démontre de manière éloquente.
En ce qui concerne le Grand Palais, long bâtiment central qui sépare les deux parties du jardin, c'est le grand architecte ***Jean-Baptiste Le Blond*** qui en réalisa la première version. Ce qu'on voit aujourd'hui est le résultat d'une évolution permanente. Le fruit de deux siècles d'agrandissements et d'aménagements successifs.

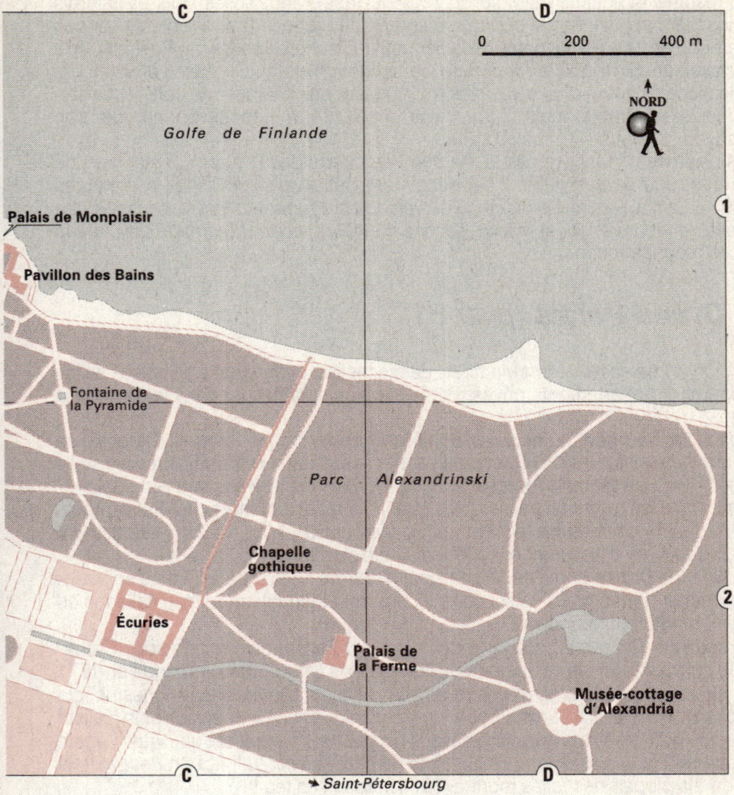

LE CHÂTEAU DE PETERHOF

Le Peterhof actuel n'a donc rien à voir avec le projet initial de Pierre le Grand, déjà grandiose pour l'époque. Sa façade est d'un baroque assez dépouillé, juste agrémentée de frontons arrondis ou triangulaires. À l'extrémité des ailes du Grand Palais, la chapelle (gros bulbes dorés). En symétrie, de l'autre côté, un édifice coiffé par un aigle à trois têtes, mais si habilement réalisé qu'on n'en voit que deux à la fois.
L'ensemble fut redessiné dès 1747, sous le règne d'Élisabeth Ire, fille de Pierre le Grand. Elle choisit ***Rastrelli,*** le préféré de la Cour, pour être le chef d'orchestre des opérations. Il fit élever le château d'un étage et y ajouta deux grandes ailes. Adorateur du style baroque comme son prédécesseur, il ne toucha finalement que très peu à la façade. En revanche, il redessina une bonne partie des salles intérieures pour en remettre une couche dans ce style-là. Dorures à gogo, angelots en veux-tu en voilà, arabesques et volutes à tire-larigot... Élisabeth y organisa de mémorables fêtes.
Mais hop ! à peine terminées, les salles subirent un nouveau changement avec le passage de Catherine II, qui se devait, en tant que grande tsarine, de laisser son empreinte sur l'édifice. Et comme elle détestait Élisabeth, et encore plus le baroque, elle demanda à Iouri Velten de refaire, dès 1770, certaines salles à la mode classique.

Pour résumer et pour faire simple, on trouve ici trois grands styles, donnés par trois grands tsars et tsarines : le baroque allemand de Pierre le Grand (il n'en reste pas grand-chose), le baroque russe de la période d'Élisabeth (réalisé par Rastrelli), et le néoclassique, ainsi que le rococo de Catherine II (Velten). On passe allègrement d'une pièce à l'autre, d'un style à l'autre. Il ne faut pas chercher de cohérence stylistique à l'ensemble, mais plutôt y voir la volonté de chacun de marquer son passage.
Mais l'histoire ne s'arrête pas là. La dernière guerre devait apporter son vent de folie destructrice au palais. Il fut quasiment détruit par les mines allemandes en 1944. La majeure partie de ce qu'on voit aujourd'hui est en fait le résultat d'une incroyable restauration, et même, soyons honnêtes, pour une grande part, d'une grande reconstruction.

Le Grand Palais *(plan B1)*

On passe en revue une vingtaine de pièces aux destinations diverses : salles d'apparat et appartements privés. Parmi les plus notables, et dans le sens de la visite :
– ***L'escalier baroque*** *(ou* ***escalier des Marchands****)* **:** signé Rastrelli. Baroque en diable avec ses statues des Quatre Saisons et ses dorures extraordinaires. La seule qui soit d'origine est celle représentant l'Hiver. Suit une intéressante série de photos montrant les ruines du palais après 1944. On se rend compte de l'état véritable dans lequel le château fut mis par les troupes nazies. Mais s'il fut pratiquement rasé, les œuvres d'art furent évacuées avant le conflit.
– ***La salle de Danse :*** près de 300 m^2 pour s'ébattre ! Bois dorés, miroirs en batterie, plancher de marqueterie (ici comme ailleurs) et gigantesque toile italienne au plafond rendant hommage à Élisabeth.
– ***La salle de Tchesmé :*** couverte de peintures. Entièrement refaite sous Catherine II, qui voulait y honorer le grand militaire Alexis Orlov. Elle commanda en 1771 à un peintre allemand de grandes toiles narrant la bataille navale de Tchesmé, qui opposa les Russes aux Turcs. Et pour que le peintre ait une impression plus réaliste de ce que pouvait être une bataille navale, Catherine II fit exploser une vraie frégate en rade de Livourne, juste pour lui (avec l'argent public ?). Il fit bon usage de la séance : la plupart des toiles montrent des bateaux en feu !
– ***La salle du Trône :*** refaite à la fin du XVIIIe s dans un style néoclassique tendance rococo. On y trouve de nombreux portraits des Romanov, à partir de Michel. Outre ceux de Pierre le Grand, de Catherine Ire et d'Anna Ivanovna, on y voit, au-dessus du trône, le majestueux portrait de Catherine II, commandé par elle-même, où elle monte à cheval, habillée comme un officier de régiment. La majesté de cette salle devait impressionner les visiteurs étrangers qui y étaient reçus, tout en les invitant, par une (très) relative simplicité, à s'attacher à l'essentiel : les portraits de la famille impériale. Les lustres ont été refaits dans les années 1990 (cristal de roche fondu, or et plomb).
– ***La salle d'audience :*** elle conserve le décor baroque de Rastrelli. Comme la salle de bal, elle est couverte de miroirs et entièrement dorée : 3,5 kg de feuilles d'or ont été nécessaires. On réalise l'importance de Versailles sur les choix faits ici. Multiplication des volumes par l'effet du jeu des glaces. Pilastres, fausses fenêtres, volutes et moulures en bois doré à la richesse insensée. La toile au plafond est d'origine. Collection de porcelaines.
– ***La salle à manger blanche :*** réaménagée par Velten sous Catherine II. Il s'en dégage un juste équilibre entre la rigueur du néoclassicisme et l'exubérance du baroque. On y organisait les très grands dîners d'apparat. Décor de stuc où apparaissent d'incroyables cornes d'abondance et des natures mortes en haut-relief. Le style chargé est habilement compensé par l'absence de couleurs (murs tout blancs). Noter le service de table en faïence de Wedgwood (sur les 900 pièces, seules ont été sauvées celles qui sont exposées, mises de côté avant l'arrivée des

nazis) et les verres en cristal de Russie et de Bohême. Énormes lustres en bronze et cristal aux tonalités lilas, avec pampilles en feuilles de chêne. Très bel effet général. Par une porte, à droite, on aperçoit un trône remontant à 1826.

– ***Les cabinets chinois :*** ouvert sur le monde, le palais se devait de présenter les arts orientaux. Ces cabinets étaient faits pour cela. Ils servaient en fait d'écrins pour abriter les collections d'objets rares, porcelaines et laques, panneaux peints et émaux. Ils furent entièrement refaits après la guerre. Attention, on regarde uniquement en passant : interdit de s'arrêter pour regarder – cela modifierait la température de la pièce.

– ***La salle des portraits :*** regardez bien les centaines de petits tableaux (368 en tout) qui ornent les murs de cette pièce, il n'y a presque que des femmes... C'est une idée de Vallin de La Mothe. Ils furent tous peints par l'Italien Rotari et devaient glorifier le pays en représentant des jeunes filles de toutes les couches sociales habillées dans des costumes nationaux différents, à travers les siècles, à différentes saisons. Si les toiles sont effectivement variées, on s'aperçoit vite que seules quelques modèles posèrent (un expert a prouvé qu'il n'y en avait eu que 7). Au-dessus des portes, les aigles dorées de l'Empire. Des fenêtres de cette étrange pièce on embrasse une perspective sur le canal maritime et la Baltique d'un côté et sur le jardin Supérieur de l'autre.

On quitte les salles de réception pour pénétrer dans les appartements privés des tsars.

– ***Le salon des Perdrix** (ou **de repos**) **:*** du nom des bestioles répétées à l'infini sur les soieries de Lyon qui couvrent les murs. Elles furent détruites par les nazis et refaites après la guerre. Mobilier du XVIIIe s. C'est une sorte de boudoir. Vitrine avec éventail et « attrape-puces » qu'on plaçait sous les crinolines des robes.

– ***Le salon au divan :*** voici une curieuse pièce. Il s'agit d'une chambre à coucher d'apparat. Une contradiction, n'est-ce pas ? Soit on est dans une salle d'apparat, soit on est dans une chambre à coucher, non ? Ne reculant devant rien, Catherine II fusionna les deux. Cette idée lui vint après les guerres contre les Turcs. Copiant les coutumes locales qui, selon elle, voulaient qu'on décide des choses importantes assis sur des sortes de gros divans, elle se fit donc installer deux larges lits, offerts par Potemkine, sur lesquels elle recevait et prenait les décisions. Elle convia dans ce lit-divan jusqu'à 12 personnes à la fois. De bien curieuses mœurs, cette Catherine. Au-dessus du divan, un portrait d'Élisabeth Ire enfant, qu'on appela pudiquement *Vénus jeune,* car l'apparition de la tsarine nue, fût-elle enfant, ne se faisait pas. Sur les murs, panneaux peints inspirés de l'art chinois.

– ***Le cabinet de toilette :*** soie du XIXe s sur les murs, miroir français, cadeau du roi de France à Élisabeth Ire alors que des pourparlers avaient été engagés avec le futur Louis XV en vue d'un mariage. Très élégante porcelaine de Sèvres.

– ***Le cabinet de l'impératrice :*** où elle signait les actes d'État. Authentique intérieur de l'époque, aux murs couverts de soies restaurées. Bronzes français, vases de Sèvres. Dans les angles, on reconnaîtra Rousseau et Voltaire. Style classique français des meubles, provenant des ateliers Jacob. Portraits de Catherine II et d'Élisabeth Ire.

– ***La salle des étendards :*** portraits des tsarines. C'est là que l'on conservait les symboles du pouvoir. La ***salle des chevaliers*** servait aux gardes pour la protection de la famille impériale. On peut y voir un magnifique poêle en faïence bleue.

– ***Le Grand Salon bleu :*** intérieur baroque de Rastrelli. Monogramme de Pierre et Catherine au-dessus de la porte. On y organisait des dîners intimes. Service du XIXe s orné du motif « feuille de chou », sorti des fours de la manufacture de porcelaine de Saint-Pétersbourg. À l'origine il comptait 5 500 pièces prévues pour 250 personnes. Incroyable lustre et candélabres de porcelaine.

– Ensuite, l'enfilade sud fait passer par quelques salles décorées au milieu du XIXe s, dans un style Empire. Poêles carrelés dans chaque pièce.

– ***La salle de la Couronne :*** c'est une chambre à coucher d'apparat. Le lit, entièrement doré, est niché dans une alcôve, comme l'exigeait la mode. Deux portes dérobées menaient directement au salon au divan. Panneaux de soie de Chine. Le beau siège, large, massif et doré, est effectivement un trône, comprenez la chaise percée de la tsarine.

– ***Le cabinet de Chêne :*** la seule salle dont la décoration témoigne encore véritablement de la période de Pierre le Grand, même si elle a été refaite en partie après la guerre. Elle fut dessinée par le premier architecte du palais, Jean-Baptiste Le Blond. On revient là à la simplicité pétrovienne. Pas de dorures, pas de faste, mais des matériaux simples, essentiellement du bois, et une pièce de petite taille. Superbe série de panneaux ciselés évoquant les signes du zodiaque : seule une moitié est d'origine. Sur le secrétaire, un sextant qui rappelle la passion du tsar pour les choses maritimes et un globe pour évoquer ses nombreux voyages.

Le parc, les pavillons et les fontaines du parc

Pavillons ouv 10h30-16h (17h l'été), sf par temps de pluie. Ils constituent des compléments de visite intéressants. Petit détail toutefois : l'entrée n'est pas comprise dans le billet du Grand Palais, et il faut repayer à chaque fois. Au bout du compte, ça revient sacrément cher. Si vous tombez en panne de liquide, vous trouverez un distributeur à la fin de la visite du Grand Palais, au milieu des boutiques de souvenirs.

Le parc abrite plusieurs petits édifices, minirésidences ou palais de poche qui possèdent tous un intérêt particulier, soit qu'ils témoignent du mode de vie d'une période, soit qu'ils ont été transformés en petit musée.

Le parc se compose de deux parties bien distinctes : la ***partie supérieure*** (derrière le Grand Palais), jardin classique à la française, et la ***partie inférieure,*** anglaise dans le tracé et délirante dans l'esprit, presque entièrement boisée. C'est là que se trouve l'essentiel de la richesse et de l'originalité du parc. Si vous ne disposez que de peu de temps, n'hésitez pas, c'est cette section qu'il faut voir en priorité.

– ***La Grande Cascade*** *(plan B1)* ***:*** *c'est la principale, juste devant le château. Mise en marche chaque matin à 11h, en musique.* Pour ces fontaines, les architectes sont allés capter l'eau d'une montagne située à une vingtaine de kilomètres de là. Dessinée et réalisée sous Pierre le Grand et en partie par lui, c'est le clou de la visite de Peterhof. On a profité de la déclivité naturelle du terrain pour obtenir la pression de l'eau. Cette impressionnante cascade qui dévale en vasques successives (dont le flanc est décoré de bas-reliefs dorés) est bordée de remarquables statues de bronze doré, qui allient la majesté et la finesse. Pour le coup, pas de grandiloquence ni pompe, mais de la finesse, de la force et de la noblesse. Elles évoquent la mythologie grecque. L'eau déboule dans une grande vasque centrale où trône un impossible Samson, ouvrant la gueule d'un lion, symbole des victoires de Pierre le Grand sur l'ennemi héréditaire, la Suède. Le lion, c'est la Suède. Sur le côté, des grenouilles cracheuses qui semblent prêtes à plonger. Derrière la fontaine centrale, on accède aux grottes (visite séparée et guidée). On peut y voir le système de vannes et de tuyauteries commandant l'ensemble. Le bassin central se prolonge par le canal maritime jusqu'à la mer. De chaque côté, deux pavillons de style romain.

– ***Le parc Inférieur*** *(plan A-B1)* ***:*** *au pied de la Grande Cascade.* Il se divise en deux parties et est donc séparé par le long canal maritime. À gauche en regardant la mer, les espaces de Catherine II, à droite, ceux de Pierre le Grand. Pour symboliser les séparations, une fontaine d'Ève et une fontaine d'Adam. Comme ça, pas de risque d'erreur. Les grands arbres et les essences variées plantés ici donnent l'aspect d'une forêt presque sauvage. La partie située à droite du canal, celle du tsar, est parsemée de nombreuses fontaines « surprises » : la *Fontaine-soleil* est au centre d'un bassin dont les jets, en tournant, décrivent les rayons du soleil. Pas très loin, la *Fontaine-champignon* où les amoureux qui s'assoient sur les bancs se retrouvent soudainement isolés par un rideau liquide. La *Fontaine-chêne,* quant à elle, est un arbre métallique, dont les branches (et les fleurs qui l'entourent) lancent des jets d'eau.

De temps en temps, au passage d'un imprudent, d'autres jets surgissent de... derrière les bancs ! Sur la *route des Fontaines,* un système de jets d'eau perfectionné permettait à Pierre le Grand de bien rigoler. Il demandait à ses invités de se promener dans cette belle allée, puis il actionnait des vannes dissimulées qui les trempaient jusqu'aux os. Amusant, non ? Moins ludique, la *fontaine de la Pyramide* dont les jets très fins et nombreux dessinent un obélisque. Et encore la *fontaine d'Adam* la *cascade du Mont de l'Échiquier* (la seule d'origine, non détruite par les nazis)... Côté ouest, à gauche du canal, voir surtout la *cascade du Mont de la Montagne d'or,* à côté du palais de Marly (on en parle ci-dessous).

– ***Le palais de Marly*** *(plan A1)* **:** *situé dans le parc Inférieur, complètement à l'ouest (donc à gauche en regardant la mer). Billet : 150 R ; réduc.* Voici l'exemple typique de demeure qu'appréciait Pierre le Grand. Quelque chose d'intime et de modeste. Décoration en baroque allemand. Construite pour recevoir les hôtes du tsar, elle prit le nom du pavillon de chasse du roi à Versailles. Catherine II en fit sa maison privée. Détruite pendant la guerre, elle fut presque entièrement refaite. Cuisine en carreaux de Delft. Dans la chambre à coucher, noter que le lit se trouve contre un mur. Voilà un détail qui correspond bien à l'état d'esprit de Pierre le Grand : pas de mise en scène en privé. Voir aussi la décoration rustique du petit cabinet de travail du tsar. À l'étage, manteau vert-de-gris de Pierre le Grand (passablement élimé) et un autre cabinet de travail avec une superbe mappemonde en vessie de porc. Meubles en marqueterie allemande. Salle à manger.

– À l'extérieur du palais, la ***cascade de la Montagne d'or*** *(plan A1),* dont les marches étaient ornées de bandes de bronze doré pour que l'eau qui y coule soit plus lumineuse. Elle ne fonctionne plus. Tout autour de l'étang de Marly (qui fait face à l'édifice), jolies fontaines-cloches. Dans les bassins s'ébattent esturgeons, saumons et truites. Croyez-le ou non, on peut même y pêcher, mais, là encore, c'est payant ! Dans la foulée, vous pourrez demander au restaurant *Standart* de préparer votre prise...

Encore quelques édifices concentrés au bord du golfe de Finlande. Chacun d'entre eux fait l'objet d'un billet séparé. Si vous devez vous contenter d'une seule visite, optez plutôt pour l'Ermitage.

– ***Le pavillon de l'Ermitage*** *(plan A1)* **:** *billet 150 R ; réduc.* Minuscule pavillon édifié en 1725 et situé dans le même secteur que le palais de Marly, dont il s'inspire (mais en bord de mer). Cette pièce unique, entourée d'une petite bande d'eau, est en fait une salle à manger dont les murs sont couverts de natures mortes. On y organisait les repas familiaux. Au rez-de-chaussée, un curieux chauffe-plat géant, une sorte de table-ascenseur permettait de faire monter les plats à la salle à manger située à l'étage. Malheureusement, le mécanisme n'est plus là.

– ***Le palais de Monplaisir*** *(plan B-C1)* **:** *fermé mer. Entrée : 360 R ; réduc.* Pierre le Grand aimait bien Monplaisir, édifié avant que le Grand Palais ne soit terminé. Son nom, encore une fois, est d'inspiration française. Le tsar y organisait des fêtes pas possibles, assez orgiaques en fait, où il imposait ses facéties infantiles à tous ses invités, en utilisant les jeux de fontaines (toujours aux dépens de ses hôtes, évidemment). C'est en fait une sorte de réplique du Grand Palais, mais en plus petit et en moins fastueux. On notera la grande salle de réception, avec ses beaux lambris, le cabinet des Laques avec ses décors d'icônes, la petite chambre. Partout, sur les murs, d'excellentes marines des écoles flamandes qu'affectionnait particulièrement le tsar. Son cabinet maritime offre une des plus jolies vues sur le golfe et lui permettait d'observer la forteresse de Kronstadt à la longue-vue. Carreaux de Delft décorés de motifs de bateaux. Belle vue aussi depuis la terrasse. D'ailleurs, avez-vous remarqué que le pavillon abrite bien plus de fenêtres qui donnent sur la mer ? C'est une sorte d'allégorie de l'œuvre de Pierre le Grand : la création de la flotte russe ouvrait en effet le pays à la mer...

– ***Le bâtiment de Catherine*** *(Ekaterinski korpus ; plan B1)* **:** *contigu au précédent. Fermé jeu. Billet : 360 R ; réduc.* L'édifice sur un étage date de l'époque d'Élisabeth Ire (milieu du XVIIIe s) et fut ajouté à Monplaisir. C'est ici que Catherine II vécut en exil, après l'échec de son mariage avec Pierre III. Elle y fomenta le coup d'État qui devait renverser son mari, largement aidée par le comte Orlov. L'intérieur date d'Alexandre Ier et accuse un style Empire. Salons, salle à manger, cabinet de travail. Comme d'hab'.

– ***Le pavillon des Bains*** *(plan C1)* **:** *contigu aux 2 précédents. Fermé mer. Billet : 360 R ; réduc.* Il correspond à l'aile est du palais de Monplaisir. Construction modeste, espace entièrement dédié aux soins du corps et à la détente. Curieux lustre-douche, bains russes, salon de repos.

– Intéressant ***jardin*** au centre des trois édifices cités ci-dessus. Modeste par sa taille mais mignon comme tout. Observez les bancs : ils sont agrémentés d'un système d'arrosage qui piège les enfants... qui adorent être piégés. Un peu plus loin, sur l'allée qui y mène, belle volière.

– ***Le golfe de Finlande :*** poussez votre balade jusqu'au golfe et hissez-vous sur la digue qui permet d'observer au loin, vers le nord-ouest (à gauche), l'importante forteresse de Kronstadt (ex-base navale), et à droite (à l'est) les contours de Saint-Pétersbourg. Des roseaux en bord de mer ? Eh oui, l'océan est loin et les eaux du golfe sont peu salées.

– ***Le parc Supérieur*** *(plan A-B2)* **:** moins amusant et moins inventif que l'Inférieur. Beaux parterres à la française (arbres classés par familles, alignés au cordeau). À noter, la fontaine baroque du bassin central, dite de Neptune, réalisée à Nuremberg, 50 ans avant Peterhof et acquise par Paul Ier en 1782.

DANS LES ENVIRONS PROCHES DE PETERHOF

🏛🏛 ***Le musée-cottage d'Alexandria*** – **Музей-коттедж в Александрии** *(Mouzeï-kottedge v Aleksandrii ; plan D2)* **:** *situé à env 2 km de Peterhof, sur la droite de la route en venant de Saint-Pétersbourg ; peu ou pas d'indications, mais un arrêt de bus juste devant. Tlj sf lun et dernier mar du mois 10h30-18h. Entrée : 200 R ; ½ tarif étudiants. Supplément pour appareil photo et caméra : 100 R.*

Sise dans un parc beaucoup plus petit, adjacent à celui de Peterhof, il s'agit d'une demeure coquette, mais relativement modeste, édifiée dans les années 1820 pour le tsar Nicolas Ier et sa femme. L'endroit est mignon, luxueux mais sans tapage. On pourrait même le qualifier de simple. L'impératrice Alexandra Fiodorovna n'aimait pas le style de son siècle, mais adorait le gothique. Tout fut donc réalisé en néogothique anglais. Grande romantique, refusant de vivre son époque, elle ne rêvait que de chevaliers, de tenues médiévales, de troubadours et de tournois. Mobilier d'époque, qui fut protégé pendant la guerre. Salles joliment décorées au rez-de-chaussée, pleines d'objets raffinés, toujours dans le style néogothique. Plus tard, Alexandre III et Nicolas II y séjournèrent régulièrement, mais la plupart des pièces conservèrent leur style d'origine.

Dans une des premières salles, sur les cheminées, maquettes des façades des cathédrales de Rouen et de Reims en argent et vermeil. À noter, la grande salle à manger avec ses étonnantes chaises. L'impératrice, toujours titillée par ses fantasmes médiévaux, s'était autoproclamée princesse de la Rose blanche, et se fit dessiner des armoiries (une épée pénétrant une couronne de roses blanches – aïe, aïe, aïe, il y a du Freud là-dedans...), de la vaisselle et de l'argenterie autour de ce concept imaginaire. Collections de figurines, de porcelaines... À l'étage, les pièces d'habitation. Amusant, cette sorte de meuble-lavabo, prémices de la salle de bains. Dans une autre pièce, curieuse horloge équipée de 60 cadrans. Jolie salle Art nouveau (plus tardive, donc). Une des pièces les plus intéressantes reste sans doute, tout en haut de la maison, ce cabinet de travail du tsar avec une vue dominant le golfe de Finlande.

Dans le jardin autour de la maison, statue du tsarévitch Alexis, seul fils de Nicolas II, fusillé avec toute sa famille en juillet 1918. Dans le secteur, la chapelle, toujours dans le style néogothique.

🏛 ***L'église Saints-Pierre-et-Paul*** – **Петропавловская церковь** *(Petropavlovskaya tserkov ; plan B2)* **:** *à quelques centaines de mètres de l'entrée de Peterhof,* *sur la gauche de la route*: Comme sa consœur du Saint-Sauveur-sur-le-Sang-Versé à Saint-Pétersbourg, son style néomoscovite est facilement reconnaissable. Plus lourde, aux proportions moins élégantes, ses six coupoles semblent trop petites par rapport à sa structure massive. Édifiée au début du XXe s (1904), détruite partiellement pendant la guerre, elle servit de poste de commandement pour l'artillerie allemande.

LE CHÂTEAU DE LOMONOSSOV (ORANIENBAUM) – ЛОМОНОСОВ

Situé à environ 8 km à l'ouest de Peterhof. Tout commence ici par un palais commandé par Alexandre Menchikov, un proche conseiller de Pierre le Grand. Repris par les Romanov et Élisabeth Ire, qui le donne à son neveu. Puis on construit plusieurs petits palais dans ce vaste parc. Tous sont ouverts à la visite.
Le *Grand Palais de Menchikov* (situé sur la grande route) fut édifié dès le début du XVIIIe s. C'est une construction au baroque épuré. Pierre III aimait y venir petit, pour jouer à la guéguerre. Il y avait sa flotte et ses soldats de plomb.
Mais si vous voulez notre avis, s'il n'y a qu'un seul édifice à visiter à Lomonossov, c'est le Palais chinois, réalisé pour Catherine II par Rinaldi de 1762 à 1768.

Comment y aller ?

➢ ***En métro et en minibus :*** les minibus K-300 et K-420 qui conduisent à Peterhof depuis la station de métro Avtovo (ligne n° 1) continuent jusqu'à Lomonossov. Sinon, il y a aussi le minibus K-343 depuis la station de métro Prospekt Veteranov (terminus de la ligne n° 1).

La visite

Ouv mai-fin sept, tlj sf mar et dernier lun du mois 10h30-18h (parc tlj 9h-19h). Hors saison, ouv le w-e slt. Entrée : 140 R ; réduc étudiants. Photos interdites.

🎭🎭🎭 ***Le Palais chinois*** **– Китайский дворец** *(Kitaïski dvorets)* **:** son style est unique et il a la particularité de ne jamais avoir été abîmé par les guerres, donc jamais restauré. Sa proximité de Kronstadt le préserva de l'Occupation. Il s'agit d'un vrai palais rococo, au décor très floral. Son style, sa taille modeste, sa – toute relative – simplicité en font un endroit de charme, ce qui manque souvent cruellement à la plupart des palais, qui se veulent avant tout démonstratifs.
Façade baroque assez sobre finalement. Ce qui frappe à l'intérieur, c'est la grande qualité des décors, la minutie des ornementations et les exceptionnels parquets. Le tout réalisé par une équipe italienne. On ne venait ici qu'en été, ça va de soi. Dès l'entrée, nombreuses fresques allégoriques et parquets remarquables. Dans le ***Salon rose,*** portrait de Catherine II et riche plafond à fresques. Sublime ***salle des Muses,*** avec ses grandes fenêtres cintrées, ses allégories au plafond (triomphe de Vénus), et tout autour des panneaux dans les tons pastel. Fresques délicates, un rien cucu, dans les tons rose et bleu layette. C'était une salle de bal. On ouvrait alors toutes les fenêtres pour danser. Noter que certains motifs du parquet se répètent au plafond.
Le ***cabinet des Perles*** est peut-être la salle la plus célèbre, assez unique en son genre. Ses murs sont entièrement couverts de perles brodées et de soie. Les panneaux peuvent être qualifiés de chinoiseries et sont séparés par des encadrements baroques en bois doré commandés par Catherine II. Jeter un œil aux deux curieuses tables réalisées en mosaïque de Smalte, cherchant à imiter les pierres naturel-

les. Dans la ***Grande Salle,*** bas-relief de Pierre le Grand et Catherine Ire entouré de mosaïque. Tous les murs de cette pièce sont réalisés en faux marbre. Là encore, les décorations du plafond rappellent celles du parquet en marqueterie. La ***salle des Enduits*** est remarquable pour ses décors muraux, ses moulures en enduits, réalisées à la main selon une technique particulière qui ne fait pas appel à des préformes. ***Petit cabinet chinois*** aux murs couverts de soies peintes, aux motifs végétaux et floraux parmi lesquels volettent des oiseaux. Noter la frise supérieure où apparaissent des *svastikas* (symbole religieux hindou en forme de croix gammée, repris par l'Allemagne nazie en l'inversant). Table de trictrac. Dans le ***grand cabinet chinois,*** encore des chinoiseries, avec des murs en panneaux décoratifs évoquant les paysages de l'empire du Milieu. Au plafond, l'union de l'Asie et de l'Europe. Approchez-vous des murs. Il s'agit de plaques de bois très fines, assemblées comme de la marqueterie et peintes. Une technique entre la fresque et la marqueterie pure. Assez étonnant. Coffres, chaises, émaux et laques. Mobilier chinois et japonais. Table de billard anglaise aux motifs chinois.

D'autres pavillons peuvent encore être visités, comme le ***pavillon de Pierre III*** (billet : 140 R).

Dans le secteur (mais encore en restauration), la ***Montagne aux cascades*** : il s'agit d'une curieuse construction, une sorte de pavillon perché en hauteur et garni d'un impressionnant toboggan. Les têtes couronnées et leurs enfants en mal de divertissement aimaient à se laisser glisser dans des luges de tout là-haut, sur plusieurs centaines de mètres. Ainsi naquirent les célèbres « montagnes russes », très populaires dès cette époque. On en édifia dans les villes durant les foires d'hiver. Les invités des tsars étaient conviés ici tout exprès. C'est vrai que ça devait être poilant !

LE PALAIS DE TSARSKOÏE SELO (OU POUCHKINE) – ЦАРСКОЕ СЕЛО (ПУШКИН)

À environ 25 km au sud de Saint-Pétersbourg. On l'appelle aussi le palais Catherine. Un ensemble impressionnant, vu de l'extérieur, quelques pièces sublimes et une bonne tranche d'histoire là derrière. Un agréable moment, même si l'on peut déplorer le peu de salles ouvertes aux visiteurs et le grouillement excessif de touristes qui, lié à l'étroitesse des couloirs, garantit des centaines de mètres de bouchons dans les salles...

Comment y aller ?

➢ ***En minibus :*** prendre le métro jusqu'à la station Moskovskaya (ligne n° 2) puis, de là, les minibus K-286, K-287, K-342 ou K-347. Les nos 286 et 299 s'arrêtent à la gare de Tsarskoïe Selo, puis 2 rues après le château, au bout de la Orangereinaya ul. De là, on devine le palais.

➢ ***En train, puis minibus :*** départs ttes les 10-15 mn de la gare de Vitiebsk. Une fois à Tsarskoïe Selo (arrêt Detskoïe Selo), il faut prendre le minibus n° 371 qui attend au grand rond-point, à la sortie de la gare, et s'arrête à côté de l'entrée du château (arrêt Dvorets). Si vous préférez faire le trajet à pied, comptez une bonne vingtaine de minutes.

Où manger ?

À l'intérieur du parc et du palais, il y a des cafés et sandwicheries, ainsi qu'un resto (le *Palace*), avec self d'un côté et service à la table de l'autre. Mais nous trouvons bien plus agréable et meilleur le petit café ***Milena*** – **Милена** *(plan B2 ; ouv 12h-23h),* situé dans une maison verte, Srednyaya ulitsa – 1re rue parallèle à celle du château. Pas cher, savoureux *shashlick* et salades, le tout sans aucun touriste, ce qui repose un peu.

La visite

Informations générales et billetterie

• *eng.tzar.ru* • *On paie une 1re fois pour entrer dans le parc : 100 R, mais l'entrée du parc est gratuite après 18h. Caisses du palais tlj sf mar et dernier lun du mois 10h-17h, caisses fermées 1h avt fermeture. Entrée : 320 R ; ½ tarif étudiants.* À l'occasion d'expositions saisonnières (en principe de mai à sept), certaines parties du palais ne se visitent que si l'on paie un billet supplémentaire. Bon tuyau : si vous êtes au moins 3 pers, vous pouvez demander un guide en français gratuit ! Audioguide 150 R (disponible en français). Photos et vidéo gratuites (interdites dans le salon d'Ambre). Consigne gratuite. Manteaux et sacs à déposer obligatoirement, sous peine de se faire refouler après s'être tapé la queue... Comme à Perterhof, l'affluence des visiteurs a obligé à définir des créneaux horaires restreignant sévèrement l'entrée. Les étrangers en groupes sont admis 10h-12h, 14h-16h (les groupes russes entre les 2) et les individuels slt 16h-17h ! Ces derniers sont parfois autorisés à entrer plus tôt s'il n'y a pas de groupe réservé.
Les billets ne sont pas vendus à l'avance ; il faut donc prévoir de ne pas arriver trop tard pour faire la queue. Sachez-le, c'est souvent la foire d'empoigne. Après, c'est pire. Ce palais est si envahi par les groupes et les passages sont par moments si étroits que la visite peut devenir un enfer (vous savez, être coincé entre trois groupes dans la même salle, sans pouvoir atteindre la sortie, avec les trois guides qui hurlent en anglais, japonais et finnois en même temps...).

Un peu d'histoire

Au départ, la ville s'appelait Tsarskoïe Selo, le « village du tsar ». En 1937, pour le centenaire de la mort du poète Pouchkine, qui y a étudié et vécu, elle fut rebaptisée Pouchkine, carrément. Il était revenu y vivre en 1831 avec sa femme, dans une datcha jaune que l'on voit sur la gauche avant d'arriver au château et que l'on peut visiter. Le palais, quant à lui, a pris le nom de palais Catherine. Il s'agit de la première Catherine, seconde femme de Pierre le Grand, blanchisseuse d'origine, qu reçut tout le domaine lorsqu'elle devint tsarine.
Mais la Catherine qui a vraiment marqué l'endroit de son empreinte est la deuxième dite « Catherine la Grande », dont Tsarskoïe Selo était la résidence d'été favorite La construction commença en 1711, mais le palais était encore modeste lorsque Élisabeth Petrovna, devenue impératrice en 1741, fit entreprendre de gros travaux à Tsarskoïe Selo. ***Rastrelli*** s'y colla et obtint le résultat fastueux et luxueux que l'on peut admirer aujourd'hui. Catherine II, à la fin du XVIIIe s, chargea l'Écossais Charles Cameron de remodeler les intérieurs baroques *has been* que Francesco Rastrelli avait conçus dans les années 1750 : la mode avait viré au classique.

Le palais
ttt Le Grand Palais a la particularité de s'étirer tout en longueur, sur plus de 300 m. Conçu par trois architectes russes, il doit sa cohésion à Rastrelli. La façade est rythmée par une alternance de colonnes trois-quarts et de pilastres sur le 2e niveau. Le rez-de-chaussée s'ouvre sur un jardin à la française par une série de portes-fenêtres encadrées d'atlantes identiques. Le fond de couleur bleu vif et les bulbes dorés de la chapelle lui confèrent un aspect imposant et fastueux.
Après avoir enfilé vos très élégants chaussons de protection et passé le détecteur de métal, empruntez l'escalier en marbre de Carrare. À mi-hauteur, splendide baromètre : plus la flèche va vers la droite, plus il va faire beau.
En haut, la première grosse surprise : la ***salle de bal.*** Conçue par le grand Rastrelli, cette immense pièce vide de 846 m² a l'air d'en faire le double, tant les miroirs

muraux multiplient l'espace. Tout est doré : atlantes, angelots à foison, ornements végétaux. La fresque du plafond représente le triomphe de la Russie impériale. Les dorures vous poursuivent dans l'***avant-salon,*** occupé par quatre poêles en faïence géants. Remarquez, dans la ***salle à manger des Chevaliers,*** la table qui forme une lettre « E », comme Ekaterina (Catherine). Le palais est truffé de monogrammes de ce genre, par exemple un « A » et un « M » entrelacés sur la rampe d'escalier, pour Alexandre et Marie, ou encore « E1 » pour Ekaterina Ire. Vous constaterez aussi qu'il y a un nombre impressionnant de poêles, souvent deux dans la même pièce. Ce n'est pas pour faire joli, mais parce que Catherine II était d'une extrême frilosité : elle se chauffait même en été !

Nous arrivons à la salle à manger d'apparat (Rastrelli), puis au très fameux ***salon d'Ambre,*** que l'histoire n'a jamais laissé reposer en paix. Les panneaux d'ambre sont un cadeau du kaiser Frédéric-Guillaume Ier à Pierre le Grand, de fabrication allemande donc. Rastrelli les a plaqués sur les murs de ce salon, en ajoutant de nombreuses sculptures et des mosaïques florentines. Le château était occupé par les Allemands durant le siège de Leningrad. Les panneaux ont été démontés en 1941 et vraisemblablement expédiés à Königsberg (aujourd'hui Kaliningrad), en Prusse orientale, les nazis considérant que cette réalisation décorative faite de 6 t d'ambre faisait partie du « génie allemand ». À la fin de la guerre, les Soviétiques ont tenté de récupérer leur trésor, mais en vain. Un tas d'hypothèses ont été échafaudées, et le salon d'Ambre est devenu l'objet d'une chasse au trésor effrénée. De-ci, de-là, des éléments disparates refaisaient surface au cours des années, mais la thèse de la destruction lors d'un incendie provoqué par les troupes russes elles-mêmes a finalement été admise (d'autant plus que l'ambre, constitué de résine fossilisée, est un excellent combustible). En 1979, les autorités soviétiques ont décidé de reconstituer les panneaux.

Si le pouvoir de l'époque était encore capable de financer ce projet très onéreux (autour de 4 millions de dollars rien que pour la matière première, selon le cours de l'ambre), après 1989 cela devint plus difficile. Finalement, le coût en a été supporté en grande partie par les Allemands du consortium Ruhrgas, prêts à payer une fortune pour peut-être dissiper un sentiment de culpabilité. Résultat : le salon a retrouvé, aux yeux de certains, son statut de huitième merveille du monde. Si l'on doit saluer la performance des artisans qui sont parvenus à reconstituer l'œuvre à partir de presque rien (il n'y avait pas d'archives, hormis quelques mauvaises photos en noir et blanc), on ne s'extasiera pas plus longtemps devant la thématique des panneaux, une allégorie des cinq sens pas vraiment géniale. On conclura qu'après l'inauguration en présence de ***Poutine*** et de ***Schröder*** en mai 2003, le salon d'Ambre est devenu la pierre d'angle de la nouvelle amitié germano-russe.

Voyons ensuite l'une des salles les plus étonnantes : la ***salle des Tableaux.*** Les deux murs latéraux sont littéralement tapissés de tableaux (130 toiles), sans aucun espace entre chaque et s'emboîtant comme un puzzle parfaitement symétrique. Une composition impeccable et des œuvres remarquables. Deux poêles couverts de carreaux de faïence créent la rupture. Après une enfilade de nouveaux salons baroques, on passe dans la deuxième partie, les ***appartements de Catherine II.*** Il s'agit de 11 pièces, hymne au style classique chanté par Cameron. Certaines, y compris parmi celles que nous décrivons ici, sont parfois malheureusement fermées.

Des murs pastel, rose et vert clair, ornés de moulures romaines, donnent le ton de la ***Salle à manger verte.*** Les influences antiques sont entrecoupées de sonates orientales, à l'image du ***Salon bleu*** tendu de soie chinoise sur laquelle sont peintes des scènes rurales (ou plutôt les fantasmes que les Occidentaux avaient à propos de l'Orient). L'audacieuse ***chambre à coucher de Maria Fiodorovna,*** tout au fond de cette aile, perd forcément en intimité, avec toutes ces portes rehaussées de panneaux allégoriques. Le détail qui change tout, ce sont ces séries de colonnettes de faïence rainurées et cannelées. Une autre section, consacrée aux Romanov, a été récemment ouverte : tableaux, costumes, vaisselle et un peu de mobilier. Rien de folichon.

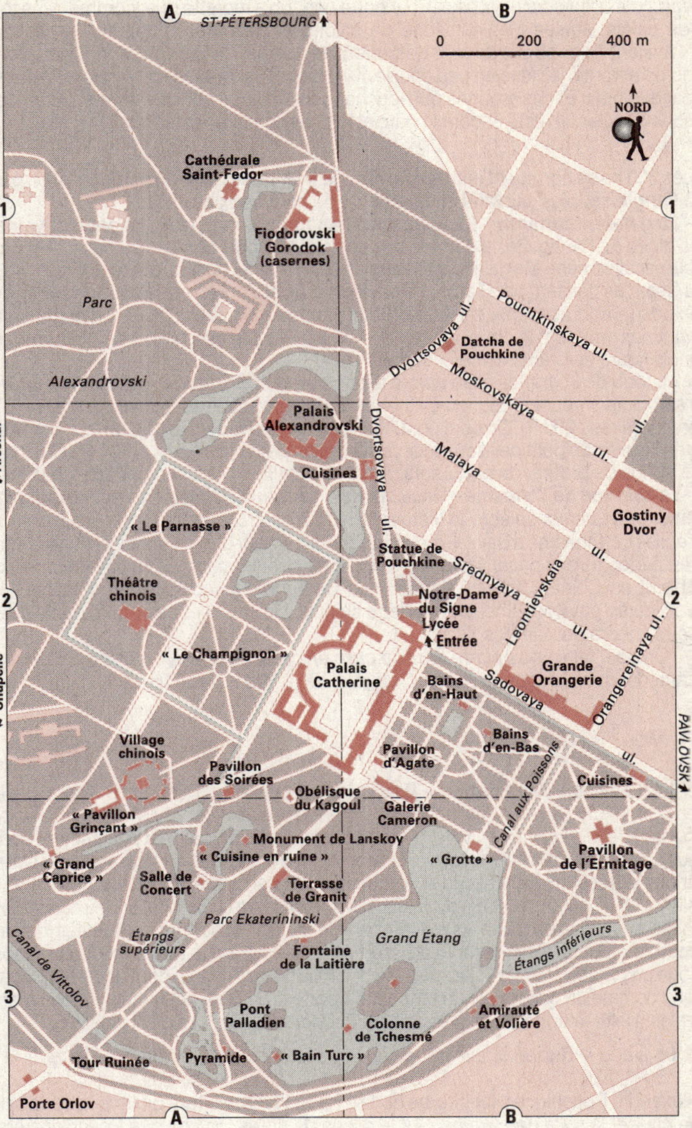

LE PALAIS DE TSARSKOÏE SELO ET LE PALAIS D'ALEXANDRE

Voilà, c'est fini pour l'intérieur. Pour notre part, on a regretté que, comme dans tous les palais, seules des enfilades de salons et de salles d'apparat se visitent. N'avaient-ils donc pas de salle de bains ni de cuisine, les tsars ? Sinon, il faut avouer qu'on a trouvé la visite un peu courte. Il y a bien plus de salles ouvertes à Pavlovsk, par exemple. Et ces groupes qui bouchonnent dans les couloirs étroits... Bon, cessons de râler ! Il reste encore le parc et les pavillons de l'extérieur.

Les jardins

Les 300 ha se partagent entre un ***jardin à la française,*** taillé au cordeau, et un ***parc à l'anglaise,*** plus sauvage et agrémenté de nombreux pavillons.

– ***La galerie Cameron*** – **Камеронова галерея** *(Kameronova galereia)* **:** hymne à la gloire de l'Antiquité, elle forme une sorte d'Acropole accolée au palais. Un double escalier mène à la galerie supérieure peuplée de 54 bustes, d'Alexandre le Grand à César en passant par Platon. Le ***pavillon d'Agate*** qui en est la base accueille des expos temporaires, nécessitant un billet supplémentaire (100 R). La dépense ne vaut pas vraiment le coup. Ouvert de 10h à 17h sauf mercredi et dernier mardi du mois (jours différents de ceux du palais).

– Au fond de la grande allée pointe le ***pavillon de l'Ermitage*** – **павильон Эрмитаж,** jadis entouré d'eau, où Catherine II recevait ses amis intimes à dîner (expos temporaires : 200 R). On peut continuer la balade en faisant le tour du lac. Au milieu, une île avec un petit pavillon, accessible par un petit bac très lent (100 R). Ça donne le temps de profiter du panorama. Autre possibilité : le tour en gondole (300 R) !

– ***La colonne de Tchesmé*** – **Чесменская колонна** *(Tchesmenskaya kolonna)* qui émerge des eaux célèbre la victoire de 1770 contre la flotte turque (tout comme l'église de Tchesmé à Saint-Pétersbourg). Tout autour du lac sont disséminés l'Amirauté (départ des bacs), les bains turcs et de beaux ponts. En suivant le canal, on atterrit en Chine... Très en vogue sous Catherine, la « campagne chinoise » se décline en pavillons, théâtre et village chinois. Un grand et beau parc, mais avez-vous encore des jambes ?

➢ On peut faire une ***balade dans le parc en calèche.*** Départ près de la mare aux canards, dans la cour du palais. Compter 200 à 400 R selon trajet.

À voir encore

★★ ***Le pavillon des Écuries*** – **Дежурные Конюшни** *(Diéjournye Koniouchni)* **:** *presque en face de l'entrée du parc, dans un renfoncement. Tlj sf mer et dernier mar du mois 10h-18h. Entrée : 100 R ; ½ tarif étudiants.* Le pavillon est entièrement dédié aux équipages de la famille royale. On commence par malles, mors, sangles et autres brides dorées, avant d'aborder la collection de carrosses impériaux des XVIIIe et XIXe s. Or et velours rouge à profusion. On remarquera en particulier deux cabriolets (phaétons) pour les beaux jours – qui servaient aussi, et surtout, aux défilés lors des couronnements. Celui réservé aux sorties de l'impératrice Maria Fiodorovna possède un parasol intégré ! Dans la salle du fond, des traîneaux (dont un de 15 places, long comme un camion) et un étonnant triporteur en osier actionné par deux manivelles. Celui-là appartenait à Alexandra Feodorovna, épouse de Nicolas Ier.

★ ***Le lycée*** – **Лицей** *(Litseï)* **:** *face à l'entrée du parc, tt près du précédent. Ouv 10h30-17h30 (16h30 pour les caisses). Entrée : 200 R ; réduc étudiants et enfants.* Alexandre Pouchkine y fut interne de 1811 à 1817. On visite la bibliothèque, la salle de classe, la salle des exams. Sur le relevé de notes, on voit que Pouchkine était l'as de la classe en langue russe et en français, ainsi qu'en escrime. Dommage que le duel qui lui fut fatal ait été livré au pistolet et non à l'épée ! En haut, les chambrettes des élèves. Une visite pas indispensable, que se coltinent obligatoirement tous les écoliers de Saint-Pétersbourg.

★ ***Le centre-ville de Pouchkine*** *(Tsarskoïe Selo)* est assez plaisant. Le trafic calme permet de flâner un peu dans les rues commerçantes, sous les arcades encadrant la place principale.

LE PALAIS ALEXANDROVSKI – АЛЕКСАНДРОВСКИЙ ДВОРЕЦ

À quelques centaines de mètres du Grand Palais de Tsarskoïe Selo, encore un palais divin et un parc superbe. A-t-on assez d'une journée pour faire Pavlovsk, Pouchkine et Alexandrovski en une fois ? Tout dépend de l'exhaustivité de vos visites. En tout cas, le palais d'Alexandre, du point de vue historique, vaut qu'on lui consacre une visite.

La visite

Informations générales et billetterie

À 300 m du palais de Tsarskoïe Selo. De l'entrée de ce dernier, remonter la rue Dvartsova vers le nord. Tlj sf mar et dernier mer du mois 10h-17h (fermeture des caisses). Entrée : 200 R ; ½ tarif étudiants. Certaines parties du palais, en cas d'expositions temporaires, font l'objet de billets séparés. Audioguide (en anglais) : 150 R. L'accès au parc est gratuit. Photos et vidéos 50 R et 150 R. Dans chaque salle, des explications en anglais.

Un peu d'histoire

Autre époque, autre style. Construit de 1792 à 1796 sur ordre de Catherine II pour son premier petit-fils adoré, l'héritier du trône, Alexandre Ier, par le merveilleux Giacomo Quarenghi, pape du style néoclassique. Les deux ailes de la façade sont reliées à leur base par une double colonnade majestueuse.
Alexandre a très peu vécu dans son palais, au contraire de Nicolas Ier, qui y passait les mois de printemps. Mais surtout, c'est ici que Nicolas II est né, a passé une partie de son enfance, et que, après 1905, la famille impériale a choisi de résider officiellement. En 1917, il a passé 5 mois en captivité dans cette prison dorée, en attendant d'être exilé à Ekaterinbourg et fusillé au nom de la révolution.

Le palais

👣👣 ***Les intérieurs :*** on visite en tout une dizaine de pièces au rez-de-chaussée, restaurées dans le style de la dernière reconstruction, ordonnée en 1896. Nombreuses influences Art nouveau. Ces salles nous ont intéressés par leur côté personnel, peuplées d'objets et de souvenirs rappelant le dernier des Romanov et sa famille. Jouets des enfants, costumes d'apparat originaux (y compris ceux des enfants), flacons de parfum, etc. Une hallucinante profusion d'icônes décore la chambre à coucher. À l'origine, Alexandra Feodorovna, l'épouse de Nicolas II, y conservait certains des fameux œufs de Fabergé. Dans le grand ***salon au Piano,*** une tapisserie représentant Marie-Antoinette et ses enfants évoquait la destinée assez semblable de l'impératrice. On a adoré le ***cabinet-salon de Nicolas,*** encore plus confortable qu'un pub irlandais. Mezzanine et plafond en bois rouge, tapis persans et cheminées authentiques, avec aussi un billard russe sur lequel le tsar avait coutume d'étaler les cartes militaires lorsqu'il tenait conseil de guerre avec ses généraux. Tout est comme il l'avait laissé. Le cabinet mauresque a, lui, été entièrement détruit. Dommage. Ce palais s'oppose radicalement à celui de Tsarskoïe Selo, car il est plus sobre, plus humain, plus proche de notre époque, plus personnel. En plus, très peu de groupes s'y aventurent. Une visite qui ne dépassera pas 30 mn toutefois.
Le ***parc*** est très agréable, car sauvage et moins ordonné que celui du palais voisin. On peut le traverser jusqu'à l'***église du Tsar,*** dont on distingue le bulbe noir depuis

la cour. Récemment restaurée après avoir été laissée à l'abandon, elle abrite la chapelle privée du couple impérial, à laquelle on accède par un escalier en colimaçon. C'est en fait une sorte de crypte voûtée au plafond peint, dotée d'une très belle iconostase en bois doré. Dans une vitrine, sous clé, un coussin brodé sur lequel Sa Majesté s'agenouillait... Près de l'église se dressent les ruines encore impressionnantes de la « petite ville » de Fédor. Chimères, aigles bicéphales et volutes végétales s'accrochent toujours aux encadrements des fenêtres ouvertes aux quatre vents.

LE PALAIS DE PAVLOVSK – ПАВЛОВСК

Ce palais dédié à Paul (Pavel) Ier, tsar qui périt assassiné en 1801, 5 ans après son accession au trône, se trouve à environ 30 km au sud de Saint-Pétersbourg (5 km après Tsarskoïe Selo). Une visite aussi riche dedans que dehors, de nombreuses pièces accessibles et un décor naturel féerique, plutôt intime. En somme, on a trouvé la visite de Pavlovsk plus intéressante que celle de Tsarskoïe Selo, le palais presque voisin : le lieu nous a paru plus gracieux, romantique, varié et personnel. Peu avant d'y parvenir, plein de jolies datchas en bois sur le bord de la route.

Comment y aller ?

➢ ***En minibus :*** comme pour Tsarskoïe Selo, prendre le métro jusqu'à la station Moskovskaya (ligne n° 2), puis un minibus. Attention, seuls les nos 286 ou 299 vont jusqu'à Pavlovsk (pour Tsarskoïe Selo, on peut aussi prendre les K-287 et K-342). Ils s'arrêtent devant le palais, après avoir traversé le centre-ville et dépassé le marché.

➢ ***En train :*** départs ttes les 10-15 mn de la gare de Vitebsk. Durée : 35 mn. L'entrée du palais est un peu loin de la gare de Pavlovsk : si vous avez de bonnes jambes et du temps, vous pouvez pénétrer dans le parc, directement en face de la gare, et le traverser entièrement. Mais c'est diablement long. Sinon, prendre un bus (nos 370, 383 et 493) depuis la gare (arrêt à droite en sortant) pour rejoindre l'entrée du palais.

La visite

Informations générales et billetterie

Rens : ☎ 452-2155. • pavlovskmuseum.ru • Musée et parc ouv 10h-18h (17h pour les caisses). Fermé ven de mi-sept à mi-mai et dernier lun du mois. La 1re caisse se trouve à l'entrée du parc : on doit d'abord acheter un billet 150 R (réduc) pour y pénétrer, avt de pouvoir atteindre le palais et de payer un 2e billet pour la visite (500 R ; ½ tarif étudiants). Photo et vidéo : 200 et 300 R. Entrée des individuels à gauche, groupes à droite. Ce palais est tellement fréquenté par les groupes (en particulier par les Français...) et les couloirs sont si étroits que la circulation à l'intérieur demande de la patience.

Un peu d'histoire

Au centre de la cour d'honneur trône la statue de Pavel Pétrovitch, devenu par la suite le tsar Paul Ier. C'est à lui que Catherine II, sa mère, a offert ce domaine, et c'est pour lui qu'elle a fait construire le palais de Pavlovsk, de 1782 à 1786. Non

qu'elle aimât beaucoup son fils, au contraire, mais parce qu'il venait de lui donner un premier petit-fils, le futur Alexandre Ier, qui resta toujours son chouchou.
En réalité, ce palais est marqué par l'empreinte de la femme de Paul, Maria Fiodorovna, qui s'appliqua à embellir et agrandir le domaine jusqu'à sa mort, bien après l'assassinat de Paul Ier. La statue de Paul est la seule œuvre à avoir été épargnée par les Allemands pendant la Seconde Guerre mondiale, car le tsar est représenté vêtu d'un uniforme de l'armée prussienne (qu'il avait en adoration) ! Le socle suggère la forme d'une croix de l'ordre de Malte, dont Paul Ier était chevalier.
Le reste du palais a été entièrement incendié, puis reconstruit après la guerre. Pour la réalisation de ce palais d'été, Catherine avait « prêté » un de ses architectes favoris, l'Écossais Charles Cameron, plus tard assisté par d'autres architectes réputés, comme Brenna, Voronikhine, Quarenghi ou Thomas de Thomon. Des pontes du classicisme ! De style austère mais élégant, il consiste en une partie centrale carrée coiffée d'un dôme aplati, assis sur un tambour entouré de 64 colonnes. Un portique corinthien à huit colonnes surmonte l'entrée. Plus tardivement sont venues s'ajouter deux ailes en arc de cercle, la colonnade du rez-de-chaussée soutenant une galerie raffinée, qui se referment presque totalement sur la cour.

Le palais
🚶🚶🚶 On passe d'abord par le ***Vestibule égyptien,*** réalisation de Cameron, dont les statues symbolisent les 12 mois, et les médaillons muraux les signes du zodiaque.
– ***1er étage :*** après avoir grimpé l'escalier, on se dirige vers la ***salle de la Garde,*** ornée de puissants atlantes à l'air de dieux grecs. Toute l'ornementation évoque l'armée. À droite, on admire la magnifique ***rotonde*** ou ***Salle italienne,*** où se tenaient les musiciens durant les bals. Murs de stuc, appliques de bronze français en forme de cors de chasse, étonnant lustre orné de plumes en cristal. La corniche de la coupole, soutenue par des cariatides sans jambes, est ornée de majestueux aigles en haut-relief. Grande élégance dans les proportions. La pièce s'ouvre sur le parc de part et d'autre, dans le prolongement de la grande allée centrale. Retour dans la salle de la Garde, puis entrée dans la ***bibliothèque Rossi,*** au plafond voûté peint en trompe l'œil.
Dans la ***bibliothèque d'apparat,*** juste après, on peut voir les tapisseries des fables de La Fontaine offertes par Louis XVI au couple impérial, lors de son voyage de noces « incognito » à Versailles. Ils ont aussi rapporté de France des tas d'horloges, car Maria Fiodorovna (portrait dans la pièce) et Paul les collectionnaient. L'une a été offerte par Napoléon lors de la signature de la paix de Tilsit. On trouve en tout plus de 200 horloges dans le palais – et pourtant, à l'époque, elles valaient le prix d'une maison !
Tout au fond, également accessible en direct par la rotonde, se trouve la ***Salle grecque*** ou ***salle de Danse.*** On y organise encore des concerts pendant le festival des Nuits blanches et le festival des Palais (tous les deux au mois de juin). Encadrement de belles colonnes corinthiennes plaquées de stuc vert imitant la malachite. Cette œuvre de Brenna, reprise par Voronikhine après l'incendie qui ravagea cette partie du château en 1803, dévoile un faste bien calculé, où la précieuse couleur verte trouve un écho dans les deux lustres de marbre blanc – protégés par du verre pour éviter, jadis, que la cire ne tombe sur les danseurs... Noter les deux superbes cheminées plaquées de lapis-lazuli et de bronze. La Salle grecque est encadrée par deux antichambres : la ***salle de la Guerre,*** et son pendant, la ***salle de la Paix.*** Un manichéisme discret, où tout se joue sur les symboles : on adore les masques de Pan qui se cachent dans la salle de la Paix ! Dans les appartements privés de Maria (120 R), le parquet marqueté a été refait comme à l'époque, mais avec des bois importés... du Viêtnam. On découvre d'abord la ***bibliothèque de Maria Fiodorovna*** (fermé le vendredi en été) : une seule des statues antiques que l'on peut y voir est vraiment antique. Pour les autres, eh bien... les envoyés de la tsarine s'étaient fait avoir !
L'une des plus belles pièces du palais est le ***boudoir.*** Cette petite salle aux murs blancs est ornée de pilastres en marbre de Carrare sur lesquels sont reproduites

les fresques de Raphaël au palais du Vatican. L'une d'entre elles a été privée de restauration, pour que l'on voie bien la différence entre avant et après. Encadrée par deux colonnes antiques rapportées par Paul Ier de Rome (authentiques, cette fois !), la cheminée forme un arc de triomphe.

Dans la ***chambre à coucher d'apparat,*** où avaient lieu les réceptions matinales au XVIIIe s, les murs sont recouverts de soie peinte et le mobilier est signé Henri Jacob, ébéniste français. Le tout, fleuri à souhait, avec des paons au plafond, prend des airs de bonbonnière. Le service de toilette en Sèvres (64 pièces) est un cadeau de Marie-Antoinette. Elle aurait fait briser les moules devant la tsarine pour l'assurer qu'il s'agissait de pièces uniques. Le service était si précieux que Maria ne l'utilisait pas ! On voit même deux tasses à café ornées du portrait de Louis XVI. Tiens, on comprend peut-être la raison pour laquelle les touristes français préfèrent Pavlovsk : la fierté nationale ?

Plus loin, après la galerie de peinture européenne, s'ouvre la plus vaste salle du palais : la ***grande salle du Trône*** (400 m^2) a connu sa dernière réception en 1814, pour fêter la victoire sur Napoléon. Comme elle n'est pas très haute, le peintre italien Gonzaga en a rajouté un maximum sur les perspectives en imitant un ciel, des colonnades et des balcons au plafond. Chacune des trois fenêtres et la porte ouvrant sur la pièce suivante sont flanquées de deux gracieuses cariatides ; les angles de la salle sont coupés et abritent des poêles. La ***galerie de Sculpture*** renferme des statues originales de la collection impériale, ainsi que des urnes funéraires. La croix de l'ordre de Malte peinte au plafond rappelle que Paul avait reçu le titre de grand maître des chevaliers de Malte, car il leur avait apporté son aide lorsque l'île fut prise d'assaut par les Français. La ***chapelle*** arbore des copies de toiles de l'Ermitage. Elle est ouverte au culte les samedi et dimanche.

– ***2e étage :*** intéressante virée dans les ***intérieurs du XIXe s.*** On traverse 100 ans d'histoire pièce après pièce. Succession d'élégants salons et cabinets, dominés par une couleur ou association de couleurs donnant une atmosphère particulière à chacun : Salon cramoisi, salon d'Érable, etc. Une partie importante du mobilier est en bouleau de Carélie. Dans le salon de toilette des jeunes filles, remarquez ce miroir rococo assez délirant. Dans la dernière pièce (chambre d'Érable), superbe mobilier Art nouveau. Revenu à l'entrée, on peut en outre accéder à la ***galerie supérieure de la rotonde*** (Salle italienne), qui abrite une petite exposition (payante) regroupant des objets du quotidien (impérial) de la fin du XIXe s.

– ***Rez-de-chaussée :*** là se trouvent d'autres ***appartements privés,*** du couple impérial et de Maria, notamment un salon d'angle dessiné par Rossi, avec des murs lilas, et une belle salle à manger intime avec des porte-plats dorés en batterie. Mais le gros de la visite se concentrait au 1er étage.

– ***Le jardin privé de Maria :*** *derrière le palais, côté gauche ; pour y accéder, il faut faire tt le tour par la droite. Entrée : 100 R.* C'est dans ce jardin que se trouvent le ***pavillon des Trois Grâces*** et les compositions de marbre de Paolo Triscorni, hymnes à la beauté féminine et au romantisme. On voit presque aussi bien de l'extérieur des grilles.

Le parc paysager

Après tant d'émotions, rien de tel que de se mettre au vert. Et pour cela, le parc paysager de Pavlovsk tient du jardin d'Éden. Aménagé à l'anglaise, dans un environnement naturellement exceptionnel avec des prairies, rivières, étangs et collines, ce parc de 600 ha est rehaussé de temples et de sculptures qui se fondent telles des allégories dans la nature. À l'automne, les habitants de Pavlovsk viennent y ramasser des champignons.

– ***La colonnade d'Apollon :*** œuvre de Cameron (1783), située derrière le Grand Palais (à l'ouest) après avoir passé le joli ***pont des Centaures.*** On la voit sur sa butte depuis le jardin de Maria. À l'origine placée à l'entrée du parc, elle fut transférée dans ce coin plus isolé et sauvage. Partiellement détruite à cause d'un gros orage, cette double colonnade circulaire, ruinée juste comme il faut, a tant gagné en romantisme que Maria a souhaité la conserver telle quelle. Ceux qui ont du temps et sont en jambes flâneront avec plaisir entre pavillons classiques et fantaisies de la nature.

– De l'autre côté du palais (à l'est), remarquons encore le ***temple de l'Amitié,*** achevé en 1782 par Cameron, en hommage à Catherine II. Belle unité pour ce monument tout rond, répondant parfaitement aux canons du genre classique avec sa colonnade à l'antique.
– Plus loin, en suivant le cours de la rivière, vous verrez la ***tour Peel,*** terminée par Brenna en 1797, qui imite un donjon à moitié délabré (peintures en trompe l'œil de Gonzaga, le même que dans la salle du Trône). À l'intérieur, les hôtes pouvaient se délasser dans un confortable salon, lors de leurs longues promenades. Alors que nous, on n'a même pas un banc pour se reposer les gambettes. Mais la révolution nous a vengés...
– Pour le ***pavillon Rose,*** où Maria Fiodorovna recevait artistes et écrivains, il faut encore payer : 100 R. Concerts parfois en été.
➢ ***Balade en calèche dans le parc :*** absolument hors de prix ! On paie au quart d'heure et par personne. Mais c'est tout de suite plus princier, comme visite, non ?

KRONSTADT – КРОНШТАДТ

Forteresse située sur une petite île du golfe de Finlande, aux avant-postes de Saint-Pétersbourg (30 km à l'ouest), Kronstadt a toujours joué le rôle de rempart pour défendre la cité, et de base de la flotte de la Baltique. C'est Pierre le Grand qui, en 1703, ordonna la construction de la forteresse sur un banc de sable au sud de l'île. Dès l'année suivante, les travaux s'achevaient et une armada de 40 navires suédois se cassait le nez sur ce nouvel obstacle. Après la victoire de Poltava, quais, remparts, hangars, ports, douane et chantiers navals virent peu à peu le jour.
Les palais suivirent : l'un pour le tsar, un autre pour Menchikov ; puis de vastes esplanades et de larges rues. Dès cette époque, Kronstadt fut pensée comme partie intégrante de Saint-Pétersbourg. Les remparts en terre et en bois furent remplacés par la pierre après la dramatique inondation de 1824, qui détruisit une grande partie des installations. L'île était désormais une base pour tous les navires de commerce et d'exploration.
L'île continua de jouer un rôle majeur durant la période soviétique. Les marins qui y étaient cantonnés ont participé à la fois au soulèvement orchestré par les bolcheviks, en février 1917, puis à la révolution d'Octobre. En mars 1921, l'île fut même le théâtre du dernier soulèvement armé contre les bolcheviks – un épisode souvent ignoré. Il dura 18 jours.
Héroïque, Kronstadt le fut encore durant la Seconde Guerre mondiale : assiégée par les troupes nazies et coupée de Leningrad, elle tint seule durant 900 jours. Environ 6 000 civils moururent de faim durant cette période.
Depuis 1984, l'île n'en est plus une : un pont la relie désormais

LA RÉVOLTE DE KRONSTADT

Tout commence, en 1921, par des grèves contre le manque de nourriture et l'autoritarisme du régime. La population et les marins demandent de nouvelles élections, la liberté de parole, et pour les paysans le droit de posséder terres et bétail. Le soviet de l'île adopte ces revendications. Craignant que la rébellion ne se propage, Trotski fait bombarder l'île, puis l'attaque avec 45 000 hommes de troupe. Si 8 000 rebelles antibolcheviks gagnent la Finlande, 2 168 d'entre eux sont exécutés et de nombreux autres, avec leurs familles, sont exilés au goulag. Les premiers camps communistes sont créés en guise de répression.

à la terre ferme. Depuis son retour partiel au règne civil, on peut visiter certains de ses monuments et se balader dans le centre-ville, plutôt agréable.

Comment y aller ?

➢ ***Par la route :*** des minibus desservant Kronstadt partent du métro Tchornaya Retchka (ligne n° 2). Pas cher et le trajet dure env 30 mn. Sinon, minibus K-405 depuis la station de métro Staraya Derevnia (ligne n° 5).

➢ ***En hydroglisseur :*** 35 mn de trajet depuis l'embarcadère n° 6, face au n° 34 quai Makarova. Départs ttes les heures 11h-16h.

➢ ***En visite organisée :*** le plus simple mais aussi le plus cher. Une excursion de 6-7h avec les principaux centres d'intérêt coûte env 1 500 R. Vendue par les kiosques autour de Gostiny Dvor et près de l'Ermitage.

À voir

Le musée de la Forteresse : *ouv mer-dim 11h-18h.* Consacré à l'histoire de l'île depuis ses origines, a élu domicile dans la cathédrale Saint-Nicolas (début XXe s), dédiée aux marins disparus en mer. Marines, maquettes et souvenirs divers avaient pour vocation de former les marins à l'esprit héroïque. La vingtaine de forts de l'île a été abandonnée, à l'exception du ***fort Konstantin,*** l'un des plus grands, peu à peu restauré.

Et encore sur la liste des centres d'intérêt : les ***docks,*** la ***maison de saint Jean de Cronstadt*** (rien à voir) et le ***musée d'Alexander Popov,*** l'inventeur de l'antenne, dont les travaux permirent à Marconi de réaliser les premières liaisons radio-télégraphiques. On vous y encouragera même à envoyer votre propre message sur les ondes. Et, bien sûr, tous les navires et sous-marins de l'armée dans le port.

REPINO – РЕПИНО

➢ ***Comment y aller :*** à un peu moins de 50 km au nord-ouest de Saint-Pétersbourg. Liaisons en train (env 12 trains/j., le mat et en fin d'ap-m surtout) depuis la gare de Finlande. Compter 50 mn-1h de trajet. De la gare de Repino, traverser l'autoroute et emprunter le sentier qui longe le supermarché pour arriver à la plage.

Une des sorties favorites des Pétersbourgeois le week-end : aller manger des *shashlick* sur la plage, se balader dans les forêts de sapins des environs du golfe de Finlande... Paysages scandinaves typiques. Grand calme, nombreux restos et bars au bord des lacs et du golfe. Les amoureux de peinture peuvent aussi y visiter la *maison-musée du peintre Repine (tlj sf mar 10h30-17h).*

QUITTER SAINT-PÉTERSBOURG

On peut réserver ses billets de train et de bus dans un central de réservation situé au centre-ville ou en agence (voir « Adresses utiles. Centres de réservation de billets de transport... »). Pratique, même s'il vaut mieux parler le russe pour se faire comprendre... Remarquez, on ne parle pas plus l'anglais dans les gares, ce qui fait que de toute façon, où que vous alliez, ce sera compliqué !

QUITTER SAINT-PÉTERSBOURG

EN TRAIN

Pour les renseignements (en russe...) sur les horaires et tarifs des trains, un numéro de téléphone commun pour toutes les gares : le ☎ 055. Site officiel d'information, avec version anglaise, mais l'achat des billets se fait uniquement en russe : • eng.rzd.ru •

***Gare de Moscou* – Московский вокзал** *(plan couleur I, D3, et plan couleur V, O13)* **:** *Nevski pr., 85.* ☎ *457-4428.* Ⓜ *Plochad Vosstanya/Mayakovskaya. Attention, on ne prend pas les billets dans la gare même, mais à gauche de celle-ci, dans le hall n° 2, séparé du hall principal par une allée bordée de kiosques et de boutiques.* C'est la gare qui dessert les villes russes de l'Ouest et du Centre, en particulier, comme son nom l'indique, Moscou. On vous le répète : personne ici ne parle aucune langue étrangère ni fait le moindre effort pour vous comprendre. Mieux vaut, si possible, acheter son billet à l'avance.

➢ ***Pour Moscou :*** voir le chapitre « Quitter Moscou ».

***Gare de Ladojski* – Ладожский вокзал** *(hors plan couleur I par D3)* **:** *Zhanevsky pr., 73.* ☎ *436-5310.* Ⓜ *Ladojskaya (à l'est de la ligne n° 4).* Une gare tte récente et fonctionnelle d'où partent désormais les trains longues distances vers les villes du Grand Nord : Mourmansk, Perm, Omsk, Novossibirsk.

➢ ***Pour Helsinki :*** par le train *Leo Tolstoy* (Moscou-Helsinki). Un train par jour. Billet env 2 500 R en seconde. Compter env 5h30.

***Gare de Finlande* – Финляндский вокзал** *(plan couleur I, D2, et plan couleur V, O12)* **:** *pl. Lenina, 6.* ☎ *436-6746.* Ⓜ *Plochad Lenina.* Dessert les bords du golfe de Finlande (Repino) et Helsinki.

➢ ***Pour Repino :*** prendre les trains à destination de Vyborg. Env 12 départs/j., le mat et en fin d'ap-m surtout. Compter 50 mn-1h de trajet. À noter, on peut acheter son billet aux automates (instructions en cyrillique) plutôt que de faire la queue. Taper d'abord le numéro de zone de la destination (Repino – **Репино** – 5), puis la lettre **П** (**полный**) pour un aller simple ou la flèche bidirectionnelle pour un A/R (**туда и обратно**). Ne reste plus qu'à payer (pièces ou billets).

➢ De cette gare partent aussi 2 trains/j. pour ***Helsinki,*** à 6h40 et 15h25. Vente du billet au guichet n° 6, où l'on parle un peu l'anglais. Ouf ! Le train à grande vitesse (trajet en 3h30) porte le nom d'*Allegro* et est fabriqué par Alstom. Pas bon marché cela dit : compter env 84 € en 2de classe.

***Gare de Vitebsk* – Витебский вокзал** *(plan couleur I, C3, et plan couleur IV, M10-11)* **:** *Zagorodny pr., 52.* ☎ *457-59-39.* Ⓜ *Pouchkinskaya.* Très belle gare de style Art nouveau, d'où partit la 1re voie ferrée de Russie en 1837.

➢ À l'époque, elle ralliait le ***palais de Tsarskoïe Selo*** et, aujourd'hui encore, c'est d'ici que vous partirez si vous choisissez d'y aller en train. Départs ttes les 30-90 mn. Arrêt à Pouchkine (Tsarskoïe Selo), puis Pavlovsk. Attention, l'achat des billets se fait aux caisses nos 14 et 15 (**Пригородная Касса**) qui se trouvent à l'étage, à côté du quai n° 3, tt au fond (juste avt l'accès aux autres quais). Compter 70 R. Pour Pouchkine, c'est le 8e arrêt, Pavlovsk le 9e.

➢ Partent également d'ici les trains pour ***Kiev, Odessa, Minsk, Tallin Vilnius, Berlin*** (via ***Varsovie,*** 1 train/j), ***Prague*** et ***Budapest.*** Attention, pour ces dernières destinations, vous avez besoin d'un visa de transit biélorusse.

***Gare de la Baltique* – Балтийский вокзал** *(plan couleur I, B3)* **:** *nab. Obvodnovo Kanala, 120.* ☎ *457-2859.* Ⓜ *Baltiiskaya.*

➢ Départs ttes les 30-60 mn vers ***Peterhof*** *(Petrodvorets)* et ***Lomonossov*** *(Oranienbaum).* Pour Peterhof, descendre à la station Novy Petergof. Mais on préfère y aller en bus, la gare étant assez loin du palais (voir « Comment y aller ? » au chapitre « Le château de Peterhof »). Distributeurs automatiques de billets entre les guichets, à gauche : Peterhof est en zone 4.

EN BUS

***Gare routière* – автобусный вокзал** *(Avtobusni vakzal ; plan couleur I,*

D3) : nab. Obvodnovo Kanala, 36. ☎ 766-5777. • avokzal.ru • Au sud-est du centre. De la station de métro Ligovski Prospekt, descendre l'av. Ligovski, tourner à gauche après le canal Obvodni et continuer sur 500 m ; c'est là. Sinon, tramways n°s 25 et 49. Caisses ouv 6h30-23h30. Les horaires sont affichés sur un grand tableau (en cyrillique), et les tarifs visibles à gauche du guichet des renseignements.

➢ ***Pour Tallinn*** *(Estonie)* **:** 7 bus/j., le mat surtout et en fin de soirée. Trajet en 7-8h.

➢ ***Pour Riga*** *(Lettonie)* **:** 2 bus/j., à 19h et 20h30. Un peu plus de 11h de trajet.

➢ ***Pour Helsinki :*** 2 bus/j., à 14h40 et 22h15. Env 6h de trajet.

➢ ***Pour Minsk :*** 1 bus/j., à 18h.

■ ***Eurolines*** *(plan couleur I, C3,* ***21****)* **:** *nab. Obvodnogo Kanala, 118. ☎ 441-3757. • eurolines.ru • Ⓜ Baltiiskaya. Tlj 9h-21h.*

➢ Ceux qui souhaitent se rendre dans les ***pays baltes*** lorgneront de ce côté : 6-7 bus/j. pour ***Tallinn*** (850-1 000 R le billet selon heure de départ) et 1 bus/j. jusqu'à ***Riga*** (à 18h30 ; 900-1 000 R).

➢ Il est aussi possible de rentrer en ***France*** (via la ***Belgique***) en bus *Eurolines,* mais on vous le déconseille fortement. Il s'agit là d'une vraie croisade (pas croisière !), la solution de loin la plus pénible : 2 nuits à passer dans le bus, assis. En plus, il faut prendre un visa de transit biélorusse. Et pour couronner le tout, ce n'est même pas bon marché puisque le billet (aller simple) tourne autour de 5 000 R. Cela dit, si ça vous intéresse, pensez à réserver car, curieusement, le bus est plein chaque semaine...

EN BATEAU

Gare maritime **– Морской вокзал** *(Morskoï terminal ; plan couleur I, A3)* **:** *pl. Morskoy Slavy, 1. ☎ 322-6052.* La gare maritime se trouve au sud-ouest de l'île Vassilievski. Une compagnie de ferries (*St-Peter Line*) assure des liaisons régulières entre Saint-Pétersbourg et d'autres ports de la Baltique.

EN AVION

Aéroport international – Pulkovo 2

COMMENT Y ALLER ?

➢ ***En bus ou minibus :*** fréquents départs avec le bus n° 13 ou le minibus K-3 de la pl. Moskovskaya (Ⓜ Moskovskaya). En descendant du métro, la direction « **аэропорт** » (aéroport) est indiquée sur le quai. Trajet rapide.

➢ ***En taxi :*** plus cher (voir « Arrivée à l'aéroport » au début du chapitre). Dites « Pulkovo Dva » (« deux »). Sinon, certains établissements (hôtels ou AJ) peuvent vous arranger le transfert en taxi (ou voiture privée, difficile à dire parfois) pour une vingtaine d'euros. N'hésitez pas à leur poser la question.

✈ ***Aéroport international Pulkovo 2*** **– Международный аэропорт Пулково 2** *(hors plan couleur I par C3)* **:** *situé à env 17 km au sud de la ville. ☎ 704-3444. Ouv 24h/24.* On peut y changer ses derniers roubles contre des euros.

– ***Douanes et réglementations :*** on fabule souvent sur ce qu'on a le droit de rapporter ou pas dans ses bagages. Voici les dernières réglementations (non exhaustives, car il y en aurait pour des pages !) de la douane russe. Susceptibles de changements brusques, bien entendu. Infos au ☎ 740-2597,

Alcool : maximum 2 l. Cigarettes : deux cartouches – mais la douane française n'autorise que la moitié de ces quantités par personne. Caviar noir : jusqu'à 250 g (deux petites boîtes, qui pèsent en général 113 g chacune).

On peut sortir avec des marchandises d'une valeur inférieure à 10 000 US$. Pour les objets à valeur culturelle, il faut toujours un certificat. Et même s'il s'agit d'un objet de peu de valeur mais qui a l'air un peu ancien, faites-vous faire un papier du vendeur avec la valeur d'achat.

– ***Interdits :*** les objets de plus de 100 ans d'âge, les bois de cerf, les peaux et fourrures (enfin, une chapka pour les hivers rudes sera acceptée sans problème...).

Les CD et DVD pirates ne sont pas vraiment limités, mais n'en rapportez pas

des centaines non plus : il faut que cela reste crédible, en tant que consommation personnelle. Les contrôles à la sortie nous ont paru très souples.
On vous conseille de ne pas entreposer vos cadeaux de valeur (caviar) dans les valises qui partent en soute, on nous a signalé des délestages pas forcément souhaités du côté des bagagistes...

Aéroport domestique – Pulkovo 1

COMMENT Y ALLER ?

➢ ***En bus :*** n° 39 du métro Moskovskaya.
➢ ***En minibus :*** le K-39 part de l'hôtel *Moskva* (pl. Alexandre-Nevski) et passe par la pl. Moskovskaya.
➢ ***En taxi :*** précisez « Pulkovo Adinn ». Mêmes remarques que pour Pulkovo 2.

✈ ***Aéroport domestique Pulkovo 1* – Аэропорт Пулково 1** *(hors plan couleur I par C3) : pas très loin de Pulkovo 2. ☎ 704-3822.*
➢ Vols vers ttes les villes du pays, de Moscou à Vladivostok en passant par des noms qui font rêver : Yakoutsk, Petropavlovsk-Kamtchatski... Mais pour l'instant, se déplacer en indépendant relève du fantasme, à cause des histoires d'enregistrement du visa. Dommage ! Également des départs de *Rossia Airlines* pour Paris.

LES GUIDES DU ROUTARD 2012-2013

(dates de parution sur **routard.com**)

France

Nationaux

- Les grands chefs du routard
- Nos meilleures chambres d'hôtes en France
- Nos meilleurs campings en France
- Nos meilleurs hôtels et restos en France
- Nos meilleurs produits du terroir en France
- Tourisme responsable

Villes françaises

- Lyon
- Marseille
- Nantes et ses environs
- Nice

Paris

- Paris
- Paris à vélo
- Paris balades
- Restos et bistrots de Paris
- Le Routard des amoureux à Paris
- Week-ends autour de Paris

Régions françaises

- Alsace (Vosges)
- Ardèche, Drôme
- Auvergne
- Berry
- Bordelais, Landes, Lot-et-Garonne
- Bourgogne
- Bretagne Nord
- Bretagne Sud
- La Bretagne et ses peintres
- Champagne-Ardenne
- Châteaux de la Loire
- Corse
- Côte d'Azur
- Dordogne-Périgord
- Franche-Comté
- Guadeloupe, Saint-Martin, Saint-Barth
- **Isère, Hautes-Alpes et stations des Alpes-Maritimes (mai 2012)**
- Languedoc-Roussillon
- Limousin
- Lorraine
- Lot, Aveyron, Tarn
- Martinique
- Nord-Pas-de-Calais
- Normandie
- La Normandie des impressionnistes
- Pays basque (France, Espagne), Béarn
- Pays de la Loire
- Picardie
- Poitou-Charentes
- Provence
- Pyrénées, Gascogne et Pays toulousain
- Réunion
- **Savoie Mont Blanc (avril 2012)**

Europe

Pays européens

- Allemagne
- Andalousie
- Angleterre, Pays de Galles
- Autriche
- Baléares
- Belgique
- **Budapest, Hongrie (nouveauté)**
- Catalogne (+ Valence et Andorre)
- Crète
- Croatie
- Danemark, Suède
- Écosse
- Espagne du Nord-Ouest (Galice, Asturies, Cantabrie)
- Finlande
- Grèce continentale
- Îles grecques et Athènes
- Irlande
- Islande
- Italie du Nord
- Italie du Sud
- Lacs italiens
- Madrid, Castille (Aragon et Estrémadure)
- Malte
- Norvège
- Pologne
- Portugal
- **République tchèque, Slovaquie (nouveauté)**
- Roumanie, Bulgarie
- Sardaigne
- Sicile
- Suisse
- Toscane, Ombrie

LES GUIDES DU ROUTARD 2012-2013 (suite)

(dates de parution sur **routard.com**)

Villes européennes

- Amsterdam et ses environs
- Barcelone
- Berlin
- Bruxelles
- Florence
- Lisbonne
- Londres
- Moscou, Saint-Pétersbourg
- Prague
- Rome
- Venise

Amériques

- Argentine
- Brésil
- Californie
- Canada Ouest
- Chili et île de Pâques
- Équateur et les îles Galápagos
- États-Unis Nord-Est
- Floride
- Guatemala, Yucatán et Chiapas
- Louisiane et les villes du Sud
- Mexique
- New York
- Parcs nationaux de l'Ouest américain et Las Vegas
- Pérou, Bolivie
- Québec, Ontario et Provinces maritimes

Asie

- Bali, Lombok
- Birmanie (Myanmar)
- Cambodge, Laos
- Chine
- Inde du Nord
- Inde du Sud
- **Israël, Palestine (mai 2012)**
- Istanbul
- Jordanie, Syrie
- Malaisie, Singapour
- Népal, Tibet
- **Sri Lanka (Ceylan ; mai 2012)**
- Thaïlande
- Tokyo, Kyoto et environs
- Turquie
- Vietnam

Afrique

- Afrique de l'Ouest
- Afrique du Sud
- Égypte
- Kenya, Tanzanie et Zanzibar
- Maroc
- Marrakech
- Sénégal, Gambie
- Tunisie

Îles Caraïbes et océan Indien

- Cuba
- Guadeloupe, Saint-Martin, Saint-Barth
- Île Maurice, Rodrigues
- Madagascar
- Martinique
- République dominicaine (Saint-Domingue)
- Réunion

Guides de conversation

- Allemand
- Anglais
- Arabe du Maghreb
- Arabe du Proche-Orient
- Chinois
- Croate
- Espagnol
- Grec
- Italien
- Japonais
- Portugais
- Russe

Et aussi...

- G'palémo (conversation par l'image)

NOS NOUVEAUTÉS

ISRAËL, PALESTINE (mai 2012)

Enfin un guide *Israël, Palestine* ! Malgré les apparences, les conditions d une paix durable semblent enfin se dessiner dans la région. De chaque côté, on découvre des opposants à la haine et au racisme. Partout, des gens de bonne volonté, plus proches les uns des autres qu'on ne le pense. Ils font entendre leur volonté de paix. D'une façon assourdissante. Voici un guide qui permet de découvrir une région dont les identités sont si fortement imbriquées... outre les lieux branchés, les hébergements pour tous les budgets, les gastronomies (tant de plats typiques et délicieux en commun), les cultures... Et puis aussi, de Tel-Aviv à Ramallah, des endroits inouïs. Une vraie mosaïque passionnante et foisonnante qui compose cette Terre sainte... trois fois sainte.

SRI LANKA (Ceylan ; mai 2012)

Montagnes verdoyantes, plantations de thé peignées comme un dimanche, cascades impressionnantes et villages de bout du monde. Des pluies chaudes, des lumières fortes, des forêts primaires... En guise de bienvenue, le sourire des enfants et la robe safran des moines qui colorie ce décor. Répondant au vert de la nature, le bleu des lagons, tout simplement. Les Anglais avaient le nez pour découvrir les lieux paradisiaques, ils ont laissé ici l'empreinte de petits cottages où il fait bon séjourner pour vivre en harmonie avec ce décor. Il est temps de redécouvrir ce paradis. Sri Lanka en a terminé avec la guerre civile et le tsunami. Soyez les premiers à en rouvrir les portes.

INDEX GÉNÉRAL

INDEX MOSCOU

A

B

C

D

E-F

INDEX GÉNÉRAL

G-H

I-J

K

L

M

INDEX GÉNÉRAL

N-O

P

INDEX GÉNÉRAL

Q-R

S

T

U-V-W

Y-Z

INDEX SAINT-PÉTERSBOURG

A

B

C

D-E-F

G-H

I-J

K

L

M

N-O

P

INDEX GÉNÉRAL

R

S

INDEX GÉNÉRAL

T

U-V-W

Y-Z

INDEX GÉNÉRAL

OÙ TROUVER LES CARTES ET LES PLANS ?

Les **Routards** *parlent aux* **Routards**

Faites-nous part de vos expériences, de vos découvertes, de vos tuyaux. Indiquez-nous les renseignements périmés. Aidez-nous à remettre l'ouvrage à jour. Faites profiter les autres de vos adresses nouvelles, combines géniales... On adresse un exemplaire gratuit de la prochaine édition à ceux qui nous envoient les lettres les meilleures, pour la qualité et la pertinence des informations. Quelques conseils cependant :

– Envoyez-nous votre courrier le plus tôt possible afin que l'on puisse insérer vos tuyaux sur la prochaine édition.
– N'oubliez pas de préciser l'ouvrage que vous désirez recevoir.
– Vérifiez que vos remarques concernent l'édition en cours et notez les pages du guide concernées par vos observations.
– Quand vous indiquez des hôtels ou des restaurants, pensez à signaler leur adresse précise et, pour les grandes villes, les moyens de transport pour y aller. Si vous le pouvez, joignez la carte de visite de l'hôtel ou du resto décrit.
– N'écrivez si possible que d'un côté de la lettre (et non recto verso).
– Bien sûr, on s'arrache moins les yeux sur les lettres dactylographiées ou correctement écrites !

En tout état de cause, merci pour vos nombreuses lettres.

Les Routards parlent aux Routards :
122, rue du Moulin-des-Prés, 75013 Paris

e-mail : ***guide@routard.com***
Internet : ***routard.com***

Le Trophée du voyage humanitaire ROUTARD.COM s'associe à VOYAGES-SNCF.COM

Ils ont aidé à la création d'un poste de santé autonome au Sénégal, à la reconstruction d'un orphelinat à Madagascar... Et vous ?
Envie de soutenir un projet qui favorise la solidarité entre les hommes ? Le Trophée du Voyage Humanitaire Routard.com est là pour vous ! Que votre projet concerne le domaine culturel, artisanal, écologique, pédagogique, en France ou à l'étranger, le *Guide du routard* et Voyages-sncf.com soutiennent vos initiatives et vous aident à les réaliser ! Si vous aussi vous voulez faire avancer le monde, inscrivez-vous sur • *routard.com/trophee* • ou sur • *tropheesdutourismeresponsable.com* •

Routard Assurance *2012*

Routard Assurance et Routard Assurance Famille, c'est l'Assurance Voyage Intégrale. Dépenses de santé et frais d'hôpital pris en charge directement sans franchise jusqu'à 300 000 € + caution + défense pénale + responsabilité civile + tous risques bagages et photos. Assurance personnelle accidents : 75 000 €. Très complet ! Tarif à la semaine pour plus de souplesse. Tableau des garanties et bulletin d'inscription à la fin de chaque *Guide du routard* étranger. Pour les départs en famille (4 à 7 personnes), demandez le bulletin d'inscription famille. Pour les longs séjours, contrat Plan Marco Polo « spécial famille » à partir de 4 personnes. Pour un voyage éclair de 3 à 8 jours dans une ville de l'Union européenne, bulletin d'inscription adapté dans les guides villes avec des garanties allégées et un tarif « light ». Également un nouveau contrat Seniors pour les courts et longs séjours. Si votre départ est très proche, vous pouvez vous assurer via Internet • *avi-international.com* • ou par fax : 01-42-80-41-57, en indiquant le numéro de votre carte de paiement. Pour en savoir plus : ☎ 01-44-63-51-00.

Édité par Hachette Livre (43, quai de Grenelle, 75905 Paris Cedex 15, France)
Photocomposé par Jouve (45770 Saran, France)
Imprimé par Lego SPA Plant Lavis (via Galileo Galilei, 11, 38015 Lavis, Italie)
Achevé d'imprimer le 6 avril 2012
Collection n° 13 - Édition n° 01
24/5332/2
I.S.B.N. 978-2-01-245332-6
Dépôt légal : avril 2012